Ao Soberano Congresso

Direitos do cidadão na formação do
Estado Imperial brasileiro (1822-1831)

Ao Soberano Congresso

Direitos do cidadão na formação do
Estado Imperial brasileiro (1822-1831)

Vantuil Pereira

Copyright © 2010 Vantuil Pereira

Publishers: Joana Monteleone/ Haroldo Ceravolo Sereza/ Roberto Cosso
Edição: Joana Monteleone
Editor Assistente: Vitor Rodrigo Donofrio Arruda
Projeto gráfico, capa e diagramação: Patrícia Jatobá U. de Oliveira
Revisão: Ana Paula Marchi Martini
Assistente de produção: Sami Reininger

Imagem da capa: *Pano de boca executado para a representação extraordinária dada no Teatro da Corte por ocasião da coroação de d. Pedro I, imperador do Brasil*, de François Debret.

CIP-BRASIL. CATALOGAÇÃO-NA-FONTE
SINDICATO NACIONAL DOS EDITORES DE LIVROS, RJ

P489s

Pereira, Vantuil
AO SOBERANO CONGRESSO: DIREITOS DO CIDADÃO NA FORMAÇÃO DO ESTADO IMPERIAL BRASILEIRO (1822-1831)
Vantuil Pereira.
São Paulo: Alameda, 2010.
486p.

Inclui bibliografia
ISBN 978-85-7939-052-4

1. Cidadania – Brasil – História. 2. Direito civil – Brasil – História. 3. Brasil – História – Império, 1822-1889. 4. Brasil – Política e governo – 1822-1831. I. Título.

10-4519.   CDD: 981.04
                    CDU: 94(81)"1822/1831"

                                        021476

ALAMEDA CASA EDITORIAL
Rua Conselheiro Ramalho, 694 – Bela Vista
CEP 01325-2400 – São Paulo – SP
Tel. (11) 3012-2400
www.alamedaeditorial.com.br

Dedico este livro aos meus pais (Benedita e Sebastião Pereira), a Aline (meu colibri) e a todos aqueles que um dia ousaram gritar contra as injustiças, em especial aos homens e mulheres pobres, cidadãos de um país a ser construído.

Proponente e Coordenador Acadêmico do CEO/PRONEX
José Murilo de Carvalho

Coordenadora Executiva do CEO/PRONEX
Gladys Sabina Ribeiro

Comissão Editorial
Lúcia Maria Paschoal Guimarães;
Lúcia Maria Bastos Pereira das Neves;
Manoel Luiz Lima Salgado Guimarães (*in memorian*);
Alexandre Mansur Barata;
Ivan de Andrade Vellasco;
Adriana Pereira Campos.

Apoio Técnico
Márcia Azevedo

Pesquisadores do CEO/PRONEX
Adriana Pereira Campos – UFES
Alexandre Mansur Barata – UFJF
Álvaro Pereira Nascimento – UFRRJ
Anita Correia Lima de Almeida – UNIRIO
Carlos Gabriel Guimarães – UFF
Gladys Sabina Ribeiro – UFF
Ivan de Andrade Vellasco – UFSJ
José Murilo de Carvalho – UFRJ
Keila Grinberg – UNIRIO
Lucia Maria Bastos Pereira das Neves – UERJ
Lucia Maria Paschoal Guimarães – UERJ
Manoel Luiz Lima Salgado Guimarães (*in memorian*) – UFRJ
Marcello Otávio Néri de Campos Basile – UFRRJ
Marco Morel – UERJ
Mariza de Carvalho Soares – UFF
Martha Abreu – UFF
Ricardo Salles – UNIRIO
Silvana Mota Barbosa – UFJF
Tania Maria Tavares Bessone da Cruz Ferreira – UERJ
Valdei Lopes de Araújo – UFOP
Vitor Izecksohn – UFRJ

Comissão Organizadora do 1º Concurso de Dissertações e Teses do CEO/PRONEX
Adriana Pereira Campos
Álvaro Pereira Nascimento
Marcello Otávio Néri de Campos Basile (presidente)

Comissão Julgadora do 1º Concurso de Dissertações e Teses do CEO/PRONEX
Izabel Andrade Marson – Unicamp
João Luís Ribeiro Fragoso – UFRJ

Sumário

Introdução 9

Capítulo I – Do "antigo governo" ao espírito de liberdade 57

A transição do "antigo governo" para o Constitucionalismo 60
A Revolução do Porto e as suas consequências: a fundação do Império do Brasil 65
Novo vocabulário político e nova noção de tempo: Liberdade e Direitos 70
Apreensões sobre as ideias de liberdades políticas e civis 78
O Parlamento brasileiro e as concepções de direitos do cidadão 89

Capítulo II – Parlamento: luta política e dissensões 113

A fundação do sistema representativo 115
O Parlamento brasileiro e o forjar dos direitos do cidadão 118
As faces da Crise: economia e sociedade 125
Um perfil do sistema representativo no Primeiro Reinado 145
Conflito político e dissensão entre a Câmara dos Deputados e o Senado Imperial 157
A luta política entre a Câmara dos Deputados e o Imperador 169
Assembleia Constituinte: o confronto em torno da soberania e o legado para o decênio 171
A soberania e suas matrizes políticas 185
O desfecho do conflito entre a Câmara dos Deputados e o Imperador: 1826-1831 202

Capítulo III – Ao "Soberano Congresso": novos espaços políticos e os direitos do cidadão 225

O mecanismo peticionário ressignificado 229
O mecanismo peticionário e o cidadão 233
O mecanismo peticionário no Primeiro Reinado 236

Ao "Soberano Congresso"	264
As novas noções de direito: os Direitos do Cidadão	269
O Parlamento no caminho da Justiça	280
Requerimentos como expressão do cotidiano	300
Ambiguidades: marcas e resquícios do Antigo Regime ou a força da tradição	316

Capítulo IV – Petições: suas repercussões no Parlamento e a construção de uma hegemonia na Câmara dos Deputados — 323

As petições e as suas repercussões no Parlamento	325
A construção discursiva do direito à liberdade e dos direitos individuais	331

Conclusão — 371

Fontes e Bibliografia — 379

"Visões valem o mesmo que a retina em que se operam. Um político, tornando a ver aquele corpo, acharia nele a mesma alma dos seus correligionários extintos, e um historiador colheria elementos para a História. Um simples curioso não descobre mais que o pitoresco do tempo e a expressão das linhas com aquele tom geral que dão as cousas mortas e enterradas."

Machado de Assis, *O Velho Senado*, p. 1.

Introdução

"Diz Cândida Joaquina de Jesus, presa na cadeia desta Corte, que sendo condenada em visita de cadeia de 12 deste mês de maio [...] Admira Augustos e Digníssimos Srs. Representantes da Nação Brasileira, que tudo isto se tenha feito à suplicante antes de serem findo os dez dias da lei para opor os embargos [...] Apesar de o haver representado às autoridades, a quem competia o fazer-lhe justiça. E como a esta se lhe faltasse [...]suplica e pede a tão Augustos e Digníssimos Representantes. Hajam por bem de prestar à suplicante os socorros de que se faz digna, para ser ouvida de sua justiça antes da partida para o dito degredo que lhe foi julgado..."[1]

A petição de Cândida Joaquina de Jesus é uma de muitas outras a demonstrar como a aprendizagem política no Brasil Império é terreno fértil para o historiador. O sistema representativo era algo novo nos trópicos, assim como o desejo do indivíduo em se fazer presente na vida política oitocentista; almejava a cidadania e, para conquistá-la, encontrou no ato de peticionar "ao Soberano Congresso" uma possibilidade de ser ouvido, em declarar sua existência. Estes reivindicavam aquilo que acreditavam ser um direito, contradi-

---

[1] Petição de Cândida Joaquina de Jesus, Anais da Câmara dos Deputados, sessão de 20/05/1826.

zendo a afirmação de Eric Hobsbawm, de que as pessoas comuns apenas aceitavam a sua condição subalterna.[2]

Imbuídos da ideia de que possuíam direitos, encaminharam demandas ao Poder Legislativo, instrumentalizando a luta política que teve início na Assembleia Constituinte e que se arrastou até a Abdicação de D. Pedro I. Petições e crise política nos revelam um universo distinto do que tem sido traçado acerca da cidadania e dos direitos no Brasil Império.

Em 2002, quando iniciei uma pesquisa nos *Anais da Câmara dos Deputados*, tinha a missão de encontrar discursos produzidos pelos parlamentares em relação ao antilusitanismo e à identidade nacional brasileira que se formava. Em face da vastidão de folhas que compõem aquela coletânea, a tarefa se tornou cansativa e interminável. Tratava-se de um conjunto de discursos, que, se vistos fora de contexto, se tornavam desconexos.

Já nas primeiras leituras das quase 15 mil páginas deparei com algumas petições e requerimentos de cidadãos que, como a de Cândida Joaquina de Jesus, reclamavam de cerceamento de direitos, abusos e desmandos das autoridades, prisões sem culpa formada, ineficiência da Justiça.

Observamos, então, que estas manifestações ocorriam paralelamente à discussão da Lei de Responsabilidade dos Ministros e da Lei de Liberdade de Imprensa. À época, Clemente Pereira, Teixeira de Gouvêa, Lino Coutinho, Ledo Gonçalves ou Bernardo Pereira de Vasconcelos explanavam suas concepções sobre direitos civis e sociais. Tanto os requerimentos quanto as discussões parlamentares formavam um conjunto que não indicava nenhum ato de voluntarismo por parte daqueles homens e mulheres, mas um contíguo, que parecia se movimentar dentro da lógica do Parlamento e com pulsação própria.

Quanto mais lia os *Anais da Câmara dos Deputados*, mais constatava que as centenas de petições, isoladamente, só revelavam a busca por desejos individuais e a aspiração por direitos civis. No seu conjunto, formavam uma espécie de onda,[3] revelando a crise política que se abateu sobre o Primeiro Reinado. Entendi que os discursos parlamentares e as petições formavam uma teia que só poderia ser compreendida se tais documentações fossem analisadas conjuntamente.

---

2   HOBSBAWM, E. J. "A História de baixo para cima". In: *Sobre História*. São Paulo: Companhia das Letras, 1998, p. 216-231.

3   As ondas políticas foram analisadas por Gladys Ribeiro; cf. RIBEIRO, Gladys S. *A liberdade em construção...*, op. cit. Veja também RIBEIRO, Gladys S. e PEREIRA, Vantuil. "O Primeiro Reinado em revisão". *In*: GRINBERG, Keila; e SALLES, Ricardo (org.). *Coleção Brasil Imperial*, 3 vol. Rio de Janeiro: Civilização Brasileira, 2007, no prelo.

Eram manifestações cidadãs que adentravam o Poder Legislativo, objetivando afirmar alguns direitos. Iniciado pelo clima de euforia da Assembleia Constituinte, apresentava as aspirações civis e políticas de inúmeros homens e mulheres. Ainda que em sua maioria os requerentes fossem homens ligados ao Estado, não eram membros das classes superiores, mas sim militares de baixa patente, funcionários modestos e viúvas de militares ou funcionários que encontravam, principalmente na Câmara dos Deputados, um espaço para reivindicar direitos. Alguns se valiam de um jogo de sutilezas para angariar benefícios relacionados ao Antigo Regime, mas o faziam por outro canal, o constitucional, representado pelo Legislativo, e revelavam ambiguidades de um tempo que lentamente se transformava.

Portanto, este trabalho tem como tema a luta por direitos civis e a cidadania por meio do exame dos requerimentos, petições, queixas e reclamações encaminhados à Câmara dos Deputados e ao Senado Imperial. Estes são imprescindíveis porque trazem no seu bojo o desejo de milhares de cidadãos em se fazerem ouvir pelas instituições políticas, notadamente pelo recém-fundado Parlamento brasileiro, referenciado como "Soberano Congresso" – visto como a instância da Justiça capaz de garantir o pleno exercício dos direitos individuais dos cidadãos.

Porém, o trabalho com estas petições tem claro quanto o passado nos legou um processo de lutas silenciosas e esquecidas. Conforme já afirmou John Burdon S. Haldane, tudo tem um passado que pode, em princípio, ser reconstruído.[4] Sendo assim, os "primeiros períodos da nossa infância"[5] podem iluminar os nossos caminhos no presente. E esta é uma das tarefas do historiador. Como nos ensinou Marc Bloch, o passado ilumina o presente, pois só se entende o presente se o olhar sobre o pretérito permitir certa compreensão do processo histórico.[6]

Fazer um recorte desse passado, em especial das primeiras décadas do Império do Brasil, pode nos revelar a riqueza de nossas tradições, o nascedouro de uma incipiente "cidadania" e a luta pelos direitos civis. Pretendemos submergir naquela que foi uma das décadas mais conturbadas da vida política imperial brasileira. Um momento que trouxe grandes expectativas e que muitos acreditavam poder transformar a sociedade sanando todos os males com leis, códigos e reformas políticas, que, à exceção da escravidão, fizessem desaparecer o passado colonial.

---

4 HALDANE, J. B. S. *Everything has a History*. Londres, 1951. Apud BURKE, Peter (org.). *A escrita da História. Novas Perspectivas*. São Paulo: Editora da Unesp, 1992, p. 11.

5 PAINE, Thomas. "A Crise". In: _____. *O Senso Comum e a Crise*. Brasília: UnB, 1982, p. 81.

6 BLOCH, Marc. *Introdução à História*. Lisboa: Publicações Europa-América, 1997, p. 71 e 94-102.

Como marco inicial de análise, delimitamos o ano de 1822, momento em que ocorreu a proclamação da Independência do Brasil, que foi resultado de um processo político desencadeado a partir da Revolução do Porto. Esta trouxe no seu bojo as ideias liberais e os princípios constitucionalistas que propiciaram o surgimento de novas demandas políticas e sociais, caracterizando as transformações políticas vividas pela então Colônia portuguesa. O resultado imediato da Independência foi que o recém-fundado país procurou se adequar ao novo momento, buscando um lugar no "concerto das nações". Discutia a sua configuração interna através da Constituição política, da divisão de poderes e das discussões em torno da soberania. Debatiam ainda a extensão dos direitos de cidadania.

A partir dessa realidade de transformações e das permanências, houve petições, requerimentos e representações, encaminhados primeiramente à Assembleia Constituinte de 1823, e a partir de 1826 aos órgãos do Poder Legislativo (Câmara dos Deputados e Senado Imperial) que compunham a representação política de todas as províncias do Império do Brasil.

Consideraremos como marco final o ano de 1831 por se tratar de um período em que houve uma releitura não só da Independência, como do próprio caráter do poder político e da liberdade. Foi o momento em que o grupo da oposição subverteu o poderio e o simbolismo de D. Pedro I, possibilitando a preponderância de outro projeto de Estado, fruto da "revolução" que transcorreu entre 1826 e 1831. Já nas primeiras sessões legislativas de 1831, falava-se em reformas da Constituição e limitação do poder da Regência, enquanto os movimentos de rua sobrepunham as vontades políticas.

Os primeiros meses da Regência foram marcados pela existência de propostas revanchistas contra os portugueses. Pensava-se atacar os partidários de D. Pedro I. As ruas foram tomadas por ações revoltosas, obrigando o Parlamento a instalar uma sessão permanente que duraria por dez dias. Justamente nesse momento surgiu uma petição de cidadãos e de militares pedindo a deportação daqueles que haviam se posicionado contra o sistema representativo. Exigiam que se proibisse, por dez anos, a emigração de portugueses.[7]

As petições ganhavam novo sentido político dialogando com a virada política que se iniciou com a Abdicação do Imperador. Só se compreenderá sua dimensão se acompanharmos os acontecimentos até a Maioridade, mas isto foge do nosso propósito, que é entender o primeiro movimento peticionário, fruto do constitucionalismo e do processo resultante da emancipação política brasileira.

---

7   *Anais da Câmara dos Deputados*, sessão de 17/07/1831.

A Historiografia da Cidadania no Brasil

Segundo Maria Odila Leite Dias, por questões de enfoque teórico-metodológico a historiografia do Império foi, durante muito tempo, o estudo das instituições e do discurso fundador da nacionalidade, orientado por um projeto homogeneizante. Esse projeto também preconizava o controle social, disciplinador e civilizador. Seria, afirma a autora, impossível chegar a documentar a pluralidade, as diferenças e os diversos modos de sobrevivência que envolviam os grupos sociais oprimidos durante o período em questão.[8]

Tal afirmação pode ser verificada principalmente por historiadores que consideramos pertencer a uma historiografia "tradicional",[9] que forjaram uma história em que as camadas populares, os indivíduos e as suas sociabilidades pouco diziam. Para estes autores, edificar uma história do Império pressupunha a construção de uma narrativa na qual o conflito se dava por outros prismas, como as intrigas palacianas, as grandes datas brasileiras, as personagens dissidentes. Logo, as relações sociais eram tecidas a partir da chamada "boa sociedade", colocando à margem a grande massa e os setores "médios" da população.[10]

A análise de Oliveira Lima sobre o povo brasileiro pode ser ilustrativa, pois neste caso o autor afirmou que no Brasil, como em toda a América espanhola, "faltava povo". Existia, para ele, a ralé, como "um elemento inteiramente fora da vida política", com seu "grau de ignorância e falta de cultura". A ela estava vedada qualquer participação consciente na vida da comunidade.[11] Em outras palavras, para Oliveira Lima, este segmento não seria capaz de levar adiante nenhum empreendimento.[12] Desse modo, qualquer manifestação da "ralé" sempre foi

---

8   DIAS, Maria Odila L. da Silva. "Sociabilidade sem História: votantes pobres no Império, 1824-1881". In: FREITAS, Marcos Cezar (org.). *Historiografia Brasileira em perspectiva*. 2ª ed. São Paulo: Contexto, 1998, p. 57.

9   Fala-se, especificamente neste trabalho, de VARNHAGEN, F. A. de. *História da Independência do Brasil até o reconhecimento pela antiga metrópole, compreendendo, separadamente, a dos sucessos ocorridos em algumas províncias até essa data*. 4ª ed. São Paulo: Editora Melhoramentos, s/d; LIMA, Oliveira. *O Movimento da Independência 1821-1822*. 6ª ed. Rio de Janeiro, Topbooks, 1987; e MONTEIRO, Tobias. *História do Império: A Elaboração da Independência*. Belo Horizonte: Editora Itatiaia; São Paulo: Editora da Universidade de São Paulo, 1981, t. 1.

10 Confira esta crítica em RIBEIRO, Gladys S. "Os portugueses na formação da nação brasileira – o debate historiográfico desde 1836". In: *Revista Ler História*. Lisboa, v. 38, 2000, p. 111-161.

11 Diferentemente de Adolpho Varnhagen, Lima dispensa algumas páginas de sua obra para falar do povo. Cf. *O Movimento da Independência...*, op. cit., p. 31-32 e 55-62.

12 *Idem*, p. 31-32.

estimulada por alguma personagem "esclarecida, e não por uma postura política própria da população, que pudesse indicar um desejo de participação na vida política".[13]

Sob outro foco de abordagem, autores como Caio Prado Jr., Nelson Werneck Sodré e Raymundo Faoro perceberam não só a existência de um povo, como alguns fundamentos a respeito da cidadania. Todavia, ao tratarem especificamente das camadas populares, viram-na a reboque da classe dominante. Os autores se distanciavam de uma proposição mais substantivada da construção da cidadania,[14] pois acreditavam que os projetos da classe dominante impossibilitavam a efetivação ou viam uma incapacidade por parte da população pobre em tocar os seus próprios ideários.

Foi a partir de Emilia Viotti da Costa[15] que a discussão acerca da cidadania ganhou novo enfoque. A autora viu as camadas populares de forma mais ativa e desejosa de participação política. Reformulou a discussão a respeito do tema ao indicar a existência de projetos distintos de cidadania entre a classe dominante e as camadas populares. Viu, por exemplo, que a população nativa e mestiça percebia no processo de Independência a possibilidade de eliminação das restrições que impediam os negros de estarem em posições superiores na hierarquia social.[16]

Contudo, correu pelo menos uma década para que trabalhos voltados para a análise específica da cidadania pudessem ganhar espaço na historiografia, tendo o tratamento mais variado possível. As análises procuraram contemplar, na maioria das vezes, os aspectos políticos da cidadania, relacionando-os, principalmente, com a participação política dos cidadãos.[17]

---

13   Idem, p. 78-80 e nota 28, p. 57.

14   RIBEIRO, Gladys S. "O desejo da liberdade e a participação dos homens livres pobres e 'de cor' na Independência do Brasil". In: *Cadernos do CEDES, n° 58. Memória, liberdade e liturgia política do cidadão*, dez./2002, p. 21-45; p. 22.

15   COSTA, Emília V. da. "Introdução ao estudo da emancipação política do Brasil". In: *Da monarquia à República – Momentos Decisivos*. 7ª ed. São Paulo: Editora da Unesp, 1999, p. 19-60.

16   Idem, p. 39.

17   Trata-se, especificamente aqui, de CASTRO, Jeanne Berrance de. *A milícia cidadã: A guarda nacional de 1831 a 1850*. São Paulo: Companhia Editora Nacional, 1979; URICOECHEA, Fernando. *O minotauro imperial*. São Paulo: Difel, 1978; e FLORY, Thomas. *El juiz de paz el jurado en el Brasil imperial, 1808-1871: Control social y estabilidad política en el nuevo Estado*. México, Fondo de Cultura Económica, 1986.

Seguindo esta linha, um dos trabalhos mais significativos foi o de Jeanne Berrance de Castro,[18] que, analisando a Guarda Nacional, indicou a existência da relação do Estado com o corpo de cidadãos. A autora demonstrou que o estabelecimento da Guarda foi também mediado por relações de poder entre as diversas camadas sociais.[19] Ao notar a existência de tensões políticas, sociais e econômicas, Berrance de Castro indicou o caminho para uma cidadania mais relacionada ao conflito do que propriamente a uma conformação passiva.

Outro trabalho que verteu para a análise da participação política foi *El juiz de paz el jurado en el Brasil imperial*, de Thomas Flory.[20] Publicada na década de 1970, a obra discutiu a relação entre o sistema de jurados e a consolidação do projeto político dos liberais exaltados na Regência. O autor demonstrou que, nesse período, existiam instrumentos políticos mais importantes para a formação de uma cidadania política, como o corpo de jurados e a eleição dos juízes de paz, ainda que houvessem barreiras intransponíveis entre os escravos e os livres.[21] Contudo, a chamada "década liberal" (1827-1837) foi marcada também pelo traço localista em detrimento da unidade nacional.[22] Se, por um lado, teria pululado um processo que marcava a afirmação da cidadania e do aprendizado político para o cidadão, por outro ele trazia consigo a instabilidade política que logo faria drenar o caminho de uma cidadania mais ampla.

Entre os anos de 1980 e 2000, outros trabalhos ampliaram a análise sobre a cidadania. Mas, se as pesquisas avançaram no sentido de se perceber os atores sociais e as manifestações políticas, a conjuntura brasileira e o modelo de Estado, que haviam se solidificado no início da década de 1980, influenciaram alguns autores a indicar limitações a uma cidadania brasileira. No campo teórico existia ainda uma discordância em torno da existência de uma cidadania no Brasil Império. Décio Saes, por exemplo, argumentou que, por questões estruturais e de ideias políticas remanescentes do passado colonial, não teria havido o desenvolvimento do liberalismo e, consequentemente, a cidadania só seria alcançável em uma sociedade em que as relações sociais e as forças produtivas estivessem plenamente amadurecidas.[23] Ainda segundo o autor, a cidadania no Estado burguês se caracterizaria pela sua desigualdade, sendo uma "máscara" ideológica apropriada para encobrir a explo-

---

18 CASTRO, Jeanne Berrance de. *A milícia cidadã...*, *op. cit.*

19 *Idem*, p. 137-138.

20 FLORY, Thomas. *El juiz de paz el jurado en el Brasil imperial...*, *op. cit.*

21 *Idem*, p. 12-13.

22 *Idem*, p. 37.

23 SAES, Décio. *A formação do Estado burguês no Brasil (1888-1889)*. Rio de Janeiro: Paz e Terra, 1985.

ração capitalista, já que os meios de produção estariam nas mãos dos proprietários, e não dos cidadãos trabalhadores.[24] Vista por esse ângulo, qualquer possibilidade analítica de cidadania no Brasil Imperial estaria comprometida, seja pelo caráter social, seja pelos seus fundamentos econômicos.

Distintamente de Décio Saes, outros autores analisaram o "amadurecimento" da sociedade e a presença de relações sociais e políticas que indicavam a existência de certa cidadania. Entretanto, persistia uma dicotomia entre a própria dinâmica e o caráter da cidadania. Foi o caso de Herbert Klein, que focou sua análise no processo eleitoral paulista, relativizando a ideia de que a participação política se constituía em um processo excludente. Demonstrou que o processo eleitoral anterior a 1881 incorporava uma parcela substancial da população nacional, em que cerca de 10% da população (ou a metade dos homens em idade para votar, em 1872) estava incluída no sistema político.[25] Todavia, esta participação política não significava a presença de uma cidadania substantivada, já que as relações se davam a partir de práticas clientelistas e pelo "favor". Desse modo, o cidadão ainda era passivo e esperava dos senhores as benesses que poderiam resultar de sua participação submissa na vida política.

Se os enfoques institucionais indicavam restrição da cidadania, uma gama de autores olhou os aspectos informais e cotidianos evidenciando uma relação entre os indivíduos e o poder de forma mais dinâmica e conflituosa. A dinâmica estaria dada pela relação de mão dupla estabelecida entre o poder público, que não controlaria todas as ações dos indivíduos, e a própria capacidade dos cidadãos em apresentar demandas políticas e sociais específicas, de modo a tecer novas configurações de poder. Era o caso, por exemplo, dos escravos e, principalmente, dos libertos, dos mulatos e brancos pobres.

Assim, a despeito de avaliações que enfocavam um papel preponderante do Estado ou a negação da sua existência no Brasil Imperial, formularam-se interpretações no sentido de perceber uma dimensão mais complexa da relação entre as camadas populares e o poder naquele cotidiano.

Foi o que fez Maria Odila Silva Dias,[26] que mostrou uma intensa participação das camadas pobres no estabelecimento de reivindicações e práticas que projetavam o forjar

---

24 SAES, Décio. *Estado e Democracia: Ensaios teóricos*. 2ª ed. Campinas: Editora da Unicamp, 1998, p. 23-27 e 35-38.

25 KLEIN, Herbert. "A participação política no Brasil do século XIX. Os votantes de São Paulo em 1880". In: Dados – Revista de Ciências Sociais, vol. 38, nº 3, 1995, p. 527-544.

26 Cf. nota 7.

da cidadania no Brasil do Oitocentos. A autora instrumentalizou suas análises a partir das relações cotidianas de poder, observando a emergência dos homens livres pobres nas suas constantes ações frente ao poder político.[27] Aprofundando aspectos já levantados por Emília Viotti, Maria Odila Dias[28] indicou que a construção da cidadania no Brasil Império foi motivada por questões exteriores, como por exemplo a Revolução Francesa. Segundo a autora, o "Brasil mulato" foi precursor ao reivindicar direitos políticos.[29] Para ela, existiam dois eixos no Brasil Império: o da Corte, centralista, e o das províncias e dos localismos, que "não representam apenas a herança do mandonismo [...], mas representam no decorrer de nossa história política, as reivindicações populares", o pólo da soberania popular.[30] Indicou ainda que o liberalismo brasileiro foi ambíguo, sendo considerado liberal demais em meados do século XIX, atravessando reformas que teriam procurado retrair a efetivação da cidadania.[31]

Outro autor que procurou desmistificar uma manipulação por parte do Estado ou das "elites" no processo de constituição da cidadania foi Hendrik Kraay.[32] Estudando os recrutamentos militares no Brasil Imperial, indicou que seria possível perceber uma relação em que cada participante tirava benefícios significativos do processo: se pelo lado das "elites" se evidenciava o patronato, para as camadas livres pobres o recrutamento funcionava como elemento de distinção entre os mesmos, havendo os homens "de cor" e os "sem honra".[33]

Seguindo este mesmo enfoque teórico-metodológico, outros historiadores aprofundaram as análises sobre a cidadania entre 1822 e 1831, evidenciando uma relação efetiva entre o cidadão e o poder público. Ao fazer análise sobre a afirmação do poder de D. Pedro I, Iara

---

27 DIAS, Maria Odila L. da Silva. *Quotidiano e poder em São Paulo no século XIX*. São Paulo: Brasiliense, 1984.

28 DIAS, Maria Odila L. da Silva. "A revolução francesa e o Brasil: Sociedade e cidadania". In: COGGIOLA, Osvaldo. *A Revolução Francesa e seu impacto na América Latina*. São Paulo: Nova Stella/Editora da USP/ Brasília: CNPq, 1990, p. 301.

29 *Idem*.

30 *Idem*.

31 *Idem*, p. 304.

32 KRAAY, H. "Repensando o recrutamento militar no Brasil Imperial". In: Diálogos, DHI/UEL, vol. 3, nº 3, 1999, p. 113-151.

33 *Idem*, p. 115-116, 126-127.

Lis Carvalho Souza[34] não deixou de perceber o quanto as camadas populares (ou as ruas) e a praça pública interferiram nos rumos políticos do processo de emancipação e nos primeiros momentos do recém-emancipado país. Ela ainda demonstrou que a praça pública representava o espaço privilegiado das camadas populares, expressando, no fundo, uma questão política de participação.[35] Para a autora, os motins dilatavam as percepções sobre os direitos, e, consequentemente, aumentavam o desejo junto às autoridades de um maior controle social: "o processo de adesão ao Imperador implicava [...] a ativação da noção de direitos", em que as camadas populares "vislumbravam novas chances de vida e mudança na sua condição social, a partir destas alterações da esfera política".[36]

Gladys Ribeiro[37] também viu os acontecimentos de 1822-1831 como o momento em que as camadas populares enxergaram a possibilidade de alargamento político de direitos e fizeram as suas próprias leituras sobre as ideias de liberdade e de autonomia. Entendeu que era preciso enxergar os conflitos antilusitanos desses anos não como disputa de nacionalidade. "Eles traziam em si, por um lado, propostas e ideias de liberdade e participação ativa; por outro, questões relacionadas ao mercado de trabalho".[38]

Já Keila Grinberg[39] e Hebe Mattos[40] enfocaram concretamente a questão dos direitos civis oitocentista. Grinberg resgatou a trajetória do advogado mulato Antonio Pereira Rebouças. Procurou vincular a luta dos homens livres de cor pela igualdade de direitos civis e políticos. Lançou, assim, luzes sobre o que seriam os entendimentos acerca dos direitos civis, bem como enfatizou, com clareza, o momento de disputas por direitos vivenciados pelos homens das décadas de 1820-1840.[41]

---

34 Souza, Iara Lis Carvalho. *Pátria coroada: o Brasil como corpo autônomo, 1780-1831*. São Paulo: Editora da Unesp, 1999, p. 99, 117-121, 150-169, 194 e 327.

35 Idem, p. 164.

36 Idem, p. 167 e 169.

37 Ribeiro, Gladys S. *A liberdade em construção. Identidade nacional e conflito antilusitano no Primeiro Reinado*. Rio de Janeiro: Relume-Dumará, 2002, p. 247.

38 Idem, p. 247.

39 Grinberg, Keila. *O fiador dos brasileiros. Cidadania, escravidão e direito civil no tempo de Antonio Pereira Rebouças*. Rio de Janeiro: Civilização Brasileira, 2002.

40 Mattos, Hebe Maria. *Raça, escravidão e cidadania no Brasil monárquico*. Rio de Janeiro: Jorge Zahar Editores, 1999.

41 Grinberg, Keila. *O fiador dos brasileiros...*, op. cit., p. 84 e 87.

Hebe Mattos recuperou o processo de construção da cidadania e concluiu que, apesar de a Constituição de 1824 garantir a igualdade de direitos civis e políticos, os brasileiros não brancos continuaram a ter seus direitos de ir e vir dependentes do reconhecimento costumeiro de sua condição de liberdade.[42] Demonstrou, também, que a discussão em torno da Independência, período que marcou a divisão no seio da classe dominante, suscitou a possibilidade de autonomia para os escravos por meio do alistamento junto ao Exército defensor da liberdade política do Império do Brasil.

Para além de movimentos de protesto ou de ruas, os cidadãos também se valeram dos caminhos legais para exigir medidas justas e direitos. Sendo assim, a despeito da enorme contribuição apresentada pela historiografia da cidadania nos últimos anos, faltava ainda demonstrar como os cidadãos se relacionavam com as autoridades, como estes indivíduos viam as instituições e de que forma se dirigiam à sociedade política para reivindicar direitos no Primeiro Reinado.

Muitas vezes estas constatações foram encobertas pela historiografia, que afirma apenas que o Estado era elitista, escravista e excludente. Todas estas caracterizações podem ser válidas, mas, para além do resultado do processo, é preciso combinar as rupturas, as fissuras e os choques de ideias, que, de alguma forma, influenciaram o resultado final. Só assim poderemos enxergar e entender o porquê ou da retórica do excesso de liberdade ter se tornado um temor para os "liberais exaltados", na transição entre a Regência e a Maioridade, ou de como os cidadãos poderiam tirar proveito de situações de crise, ao mesmo tempo que indiretamente municiavam um determinado grupo no interior do Parlamento.

Portanto, partimos de uma premissa de que o cidadão procurou intervir no jogo político, viu a cara do Estado com olhos positivos e, sobretudo, concebeu uma noção própria de direitos e de cidadania. Para tanto, valeu-se dos mecanismos legais que lhe eram facultados: o direito de petição, que, no sistema representativo, encontrava espaço privilegiado e promissor para se tornar, também, um possível propiciador de alargamento de direitos.

Como hipótese central, vou argumentar que as petições expressavam uma leitura acurada dos cidadãos em relação à realidade política da época. Ao reivindicar, os cidadãos procuravam alargar os seus direitos e, consequentemente, instavam o Parlamento a se posicionar frente às demandas originadas na sociedade.

De outro lado, os requerimentos expressavam o exercício dos direitos civis e políticos que estavam se consolidando. Definições sobre quem eram os detentores da prerrogativa de peticionar ao Parlamento ainda estavam em vias de construção. A ação dos cidadãos, indireta-

---

42 MATTOS, Hebe M. *Raça, escravidão e cidadania no Brasil monárquico...*, op. cit., p. 21.

mente, provocou o debate sobre a representação e o significado da Assembleia Constituinte e da Câmara dos Deputados como órgãos soberanos. Entenderam que essas instituições foram capazes de assumir a defesa dos direitos, em detrimento da representação do Imperador.

Se considerarmos que estes direitos ainda estavam se consolidando, a apresentação de petições alçava o problema para dentro do Parlamento de forma viva, pois "a população brasileira via a cara do Estado como algo atraente".[43] Não existe, portanto, uma construção única para a cidadania, sendo esta uma luta política permanente, com recuos e avanços. Não se pode compreender a sua construção como uma ação apenas desencadeada pelo Estado, ao contrário, já que intervinham na sua efetivação e no delinear dos seus rumos.

Outra hipótese que temos em mente é que, ao apresentar demandas, os requerentes fomentavam um debate político que se alinhavava com a conjuntura de disputa no interior do Parlamento e com a crise política mais geral, envolvendo os poderes Legislativo e Executivo. Portanto, estas petições podem ser vistas como geradoras de demandas que encontravam eco no Parlamento, ampliando o escopo de discussão acerca de temas como soberania, constitucionalismo, representação, direitos civis e políticos, por exemplo.

Todavia, ressaltamos que as petições simbolizavam precisamente uma via de mão dupla. Ao receber as petições, o Parlamento se legitimava para afirmar uma hegemonia política, bem como se configurava como órgão da soberania imperial. Este pelo menos era um desejo de parte dos parlamentares da oposição, que acreditavam ser os representantes da nação, e capazes de conter os abusos das autoridades, principalmente do Imperador.

Questões teórico-metodológicas

I

O verbete *cidadania* é recente na língua portuguesa; data de 1913, quando o *Novo Diccionario da Língua Portuguesa* Cândido Figueiredo[44] o catalogou. Ele designa o termo como *neologismo* e se refere a "qualidade de cidadão".

Aparição menos recente do vocábulo é na língua espanhola, datada de 1843. Segundo o *Diccionário da Real Academia Espanhola*, corresponde a "qualidade e direito do cidadão", com raízes no latim *civitatis jus*.[45]

---

43 GRINBERG, Keila. O fiador dos brasileiros..., op. cit., p. 32.

44 FIGUEIREDO, Cândido. *Novo Diccionário da Língua Portuguesa*. Lisboa: Livraria Clássica, 1913.

45 *Diccionario da Real Academia Espanhola de 1843*, disponível em <http://www.rae.es/>, acesso em: 15/12/2006.

Contudo, de acordo com o *Laboratoire d'Analyse et de Traitement Informatique de la Langue Française*, o termo data do século XVIII, aparece catalogado pela primeira vez no *Dictionnaire National ou Dictionnaire Universel de la Langue Française de Bescherelle*, em 1845, onde também designava a "qualidade de cidadão".[46]

Constata-se que, provavelmente, o termo nestas línguas não era corrente até pelo menos a década de 1840. Todavia, como todos os dicionários citados remetem à qualidade de cidadão, seria preciso localizar o entendimento que os mesmos dicionários tinham sobre este verbete.

Segundo o *Novo Diccionário da Língua Portuguesa*, cidadão era o "morador de uma cidade; aquele que está[va] no gozo dos direitos civis e políticos de um Estado".[47] Mas esta era uma definição em fins do século XIX. Para as primeiras décadas do século, Antônio de Moraes Silva designava cidadão como "o homem que goza dos direitos de alguma cidade" e como contraponto a fidalgo.

Já o *Diccionário da Real Academia Espanhola*, de 1822, afirmava que cidadão era o "morador da cidade". O sentido moderno de cidadão, aquele homem possuidor de direitos, só apareceria no final do século XX, quando se designava "aquele que está na posse de direitos de cidadania".[48] Portanto, a definição se limita aos direitos localistas, inexistindo ainda uma compreensão abrangente e nacional.

Porém, existia uma percepção de transformação, principalmente se olharmos para as definições francesas do termo. Segundo o *Laboratoire d'Analyse et de Traitement Informatique de la Langue Française*, a definição mais política de cidadão teria aparecido na Revolução Francesa, que, na Declaração dos Direitos do Homem e do Cidadão, atribuiu ao termo a ideia de "membro do Estado com direitos civis e políticos garantidos".[49] A Revolução Francesa deu ao termo cidadão um sentido universalizante e como pertencente, não a um espaço localista, mas como membro da Nação.

---

46 *Laboratoire d'Analyse et de Traitement Informatique de la Langue Française*, disponível em <http://www.atilf.fr/>, acesso em: 15/12/2006.

47 FIGUEIREDO, Cândido. *Novo Diccionário...*, op. cit.

48 *Diccionario da Real Academia Espanhola de 1899*, disponível em < http://www.rae.es/ >, acesso em: 15/12/2006.

49 *Laboratoire d'Analyse et de Traitement Informatique de la Langue Française*, disponível em < http://www.atilf.fr/>, acesso em: 15/12/2006. Cf. também o *Dictionnaire Universel de la Langue Française de Louis-Nicolas Bescherelle (1856)*, disponível em <http://www.lexilogos.com/francais_dictionnaire_ancien.htm#19>, acesso em: 15/12/2006.

O termo tem sentido ambíguo; portanto, ele tanto pode designar um homem do Antigo Regime quanto pode determinar um indivíduo em plena transformação social, o cidadão moderno.

Cidadania não é uma definição estanque, mas um conceito histórico,[50] que nos obriga a colocá-lo na sua devida temporalidade. A inexistência do termo antes da primeira metade do século XIX revela que a sua utilização de forma vaga implicaria anacronismo. Falar em cidadania no contexto em questão só tem sentido como categoria analítica (ou histórica), como "recurso para organizar uma evidência histórica cuja correspondência direta é muito mais escassa".[51] Como afirmou Jacques Le Goff, os conceitos do historiador devem remeter, ao mesmo tempo, para o concreto e para o abstrato.[52]

O seu significado no Brasil do século XIX estava em processo de construção. O decênio no qual nos concentraremos foi um momento privilegiado para acompanhar o quanto a apreensão da noção de cidadania foi conflituosa e ponto de disputa política. Em todas as sociedades que passaram por transformações econômicas e sociais, na esteira do processo revolucionário francês, o termo cidadão se encontrava indefinido, e, consequentemente, o conjunto de direitos que ele poderia sugerir estava em processo de elaboração.

Assim, pouco utilizarei o termo cidadania por nos remeter, na atualidade, a uma compreensão consolidada nas formulações de T. H. Marshall sobre divisão de direitos. Para este sociólogo, os direitos civis corresponderiam ao direito individual de liberdade, propriedade, igualdade, de ir e vir e à segurança. Eles teriam se firmado no século XVIII na Inglaterra, depois da longa trajetória iniciada com o *Bill of Rights*, em 1689, que consolidaram a fundação das liberdades civis. Já os direitos políticos se firmaram na Inglaterra do século XIX e corresponderiam ao direito de participação nas coisas públicas, ou seja, determinava os atributos para que o indivíduo gozasse plenamente do processo de decisão política. Desse modo, estabeleciam-se os parâmetros referentes aos direitos de eleger e de ser eleito, participar do júri e também o direito de associação, reunião etc. Os direitos sociais teriam se erigido no século XX e estariam ligados à garantia de trabalho, educação,

---

50 PINSKY, Jaime e PINSKY, Carla B. (orgs.). "Introdução". In: _____. *História da Cidadania*. São Paulo: Contexto, 2003, p. 1.

51 THOMPSON, E. P. "Algumas observações sobre classe e 'falsa consciência'". In: THOMPSON, E. P. *A peculiaridade dos ingleses e outros artigos*. Campinas, SP: Editora da Unicamp, 2001, p. 272. Essa noção também é encontrada em MARX, K. e ENGELS, F. *A ideologia alemã*. São Paulo: Martins Fontes, 2002, p. 36-37.

52 LE GOFF, Jacques. *História e memória*. 2ª ed. Campinas: Editora da Unicamp, 1992, p. 40.

saúde, aposentadoria etc. Estes direitos se relacionaram diretamente ao processo produtivo e ao surgimento de uma ampla massa de trabalhadores.

Na década de 1820, sobretudo depois da revolução vintista portuguesa, existia um entendimento acerca das liberdades naturais e civis. A primeira contemplava indivíduos não pertencentes à sociedade política de um Estado, ao passo que a outra simbolizava uma dimensão restritiva da participação social. Assim, por liberdade natural se entendia a dimensão das liberdades de expressão, de imprensa e a de se professar uma religião. Esta era uma dimensão essencial de toda pessoa humana, sempre tendo claro que a ideia de religião era restrita no início do século XIX. Já os direitos civis (ou liberdades civis) e os políticos eram estendidos apenas aos indivíduos que, considerados cidadãos, desfrutavam da prerrogativa de ter direitos concernentes às suas posições. Os direitos civis abarcavam o direito de petição, reclamação, inviolabilidade de domicílio e de acesso aos cargos do Estado; e os direitos políticos se estendiam aos cidadãos dotados de capacidade para participar com igualdade nas decisões políticas do Estado.[53]

A separação existente entre os direitos civis e os políticos era tênue e frequentemente causava tensões políticas quanto ao seu exercício. Este é, aliás, um profícuo debate que ocorreu por ocasião da Assembleia Constituinte brasileira, e que reproduziremos no transcorrer deste trabalho. Por enquanto, cabe afirmarmos que as noções apresentadas por Marshall são entendidas como um conjunto homogêneo, enquanto que, no momento em que nos atemos, inexiste uma compreensão neste nível. Alguns segmentos sociais entendiam que os homens não entravam da mesma forma no pacto social, e por isso não se admitia direitos idênticos a homens distintos.[54]

A partir desta premissa, trabalhamos com o termo na acepção mais próxima do que foi pensado pelos homens das primeiras duas décadas do século XIX. Falaremos em direitos do cidadão, tendo o entendimento amplamente difundido pela Revolução Francesa e que se disseminou nas sociedades que tomaram aquele evento como um ponto de referência para transformação. No caso brasileiro, a questão se torna mais complexa, pois a existência de um sistema escravista que vigorou por quase todo o século XIX trazia uma especificidade quanto à designação "cidadão".

---

53 Para uma apreciação desta discussão, cf. CASTRO, Zília Osório de. "A ideia de liberdade (1821-1823). Fundamentação teórica e prática política". In: *Cultura, Revista de História e teoria das ideias*. Centro de História da Cultura, Universidade Nova de Lisboa, vol. XIII/ 2000-2001, p. 19-53.

54 SIEYÉS, Emmanuel Joseph. *A Constituinte Burguesa – Que é o Terceiro Estado?* 3ª ed. Rio de Janeiro: Editora Liber Juris, 1986.

A historiografia contemporânea já superou o debate sobre a incompatibilidade entre a escravidão e as ideias liberais no Oitocentos.[55] Hoje, está claro que o liberalismo e o escravismo não só eram compatíveis como faziam parte do ideário da classe senhorial que montou um Estado a seu modo, definindo claramente quem eram os cidadãos e os não cidadãos. Ricardo Salles esclareceu:

> No escravismo, por definição, o conceito de cidadania requeria o de não cidadania. Mesmo quando [...] o direito e a ação do Estado desenvolveram códigos e formas complexas e abrangentes, permanecia uma clara distinção e descontinuidades entre a ordem privada e a pública nas relações sociais, principalmente entre senhores e escravos, no âmbito particular e cotidiano e no geral e político.[56]

Concordamos com Ricardo Salles, embora seja preciso apontar que ele não admite uma existência conflituosa entre escravidão e liberalismo. Mesmo aqueles que podiam gozar dos direitos de cidadão encontravam barreiras para este exercício, porque o sistema político erguido no Primeiro Reinado apartava parcela significativa da população do direito de voto e de participação do corpo de jurados ou da Guarda Nacional.

Portanto, devemos considerar o período em tela como um momento privilegiado, uma vez que ele marca as primeiras medidas para se erguer o Estado. Necessitava-se formular e compreender quais os atributos dos cidadãos e quais os instrumentos legais que resguardariam todos os membros daquela sociedade. A Lei era tida com um instrumento capaz de resguardar a sociedade dos arbítrios do poder. Segundo afirmou A. M. Hespanha, a Lei

---

55 Para este debate, cf. SCHWARZ, Roberto. "As ideias fora do lugar". In: _____. *Aos vencedores as batatas*. São Paulo: Duas Cidades, 1977, p. 149-161; FRANCO, Maria Sylvia de Carvalho. "As ideias estão no lugar". Cadernos de Debate. São Paulo. V. 1, 1976, p. 61-65; MALERBA, Jurandir. *Os brancos da lei: liberalismo, escravidão e mentalidade patriarcal no Império do Brasil*. Maringá/PR: Editora da Universidade Estadual de Maringá, 1994; PRADO, Maria Emília. "Ordem liberal, escravidão e patriarcalismo: as ambiguidades do Império do Brasil". In: GUIMARÃES, L. M. P. e PRADO, M.E. *O liberalismo no Brasil Imperial. Origens, Conceitos e Práticas*. Rio de Janeiro: Revan/UERJ, 2001, p. 163-189.

56 SALLES, Ricardo. *Nostalgia Imperial: a formação da identidade nacional no Segundo Reinado*. Rio de Janeiro: Topbooks, 1996, p. 136.

era "a legitimidade de toda a atividade social, quer dos indivíduos, quer do poder".[57] Porém, esta era matéria de disputa de diferentes projetos políticos, tanto os relacionados ao Antigo Regime quanto ao que se denominou constitucionalismo.[58]

As primeiras décadas do século XIX se inserem em um contexto revolucionário, quando se definiu e construiu novos conceitos políticos, incluindo o sentido dado ao termo cidadania, que, como vimos, até pelo menos a metade daquele século, foi entendido como direitos do cidadão – o conteúdo valorativo de cidadania. Sob este prisma, considero serem as duas ideias similares, ou seja, ao dizermos cidadania estamos dizendo direitos do cidadão, ou vice-versa.

Quanto ao conceito histórico de cidadania, considerando o movimento peticionário que se instalou no alvorecer do Império do Brasil, tomaremos emprestados alguns elementos indicados por Benedita Duque Vieira.[59] As petições, representações, queixas e os requerimentos evidenciavam a existência de conflitos de longa data, que agora se exprimiam mediante novo discurso. Dizer isto significa afirmar que os cidadãos faziam uma leitura política da realidade, expresso pelo discurso e pela capacidade de enxergar no Poder Legislativo o *lócus* para o exercício dos direitos de cidadão. No entanto, só é possível entender esta nova alocução se dermos a devida atenção ao fato de que ele se prendia às expectativas geradas pelo novo sistema político, tida por Duque Vieira como uma "panaceia", sendo a chave para a compreensão da construção de um cidadão e de uma cidadania efetivos na década de 1820.[60]

Tal afirmação não nos impede de perceber elementos do Antigo Regime na sociedade oitocentista. Como historiadores, enfatizamos que a tradição e a novidade estão presentes em meio ao contexto atribulado do Brasil do século XIX. O movimento peticionário traduz a emergência da consciência de cidadania. Indica mudança de comportamento, de atitude política e de mentalidade; expressa o desejo de se possuir direitos, sobretudo de capacidade de provocar o Legislativo a se posicionar sobre aquilo que se acredita ser justo.[61]

---

57 HESPANHA, A. Manuel *et alli*. *Justiça e litigiosidade – História e prospectiva*. Lisboa: Fundação Calouste Gulbenkian, 1993, p. 21.

58 *Idem*.

59 VIEIRA, Benedita Maria Duque. *O problema político português no tempo das primeiras cortes liberais*. Lisboa: Edições João Sá da Costa, 1992.

60 *Idem*, p. 4.

61 *Idem*, p. 4-6.

Portanto, afirmamos que o conceito de cidadania tem de levar em conta o processo de lutas políticas no Brasil das décadas de 1820-1830, o que evidencia não uma construção linear, mas um processo intricado de embates e indefinições sobre os entendimentos acerca dos direitos civis e políticos, entendidos *pari passu* com o processo de construção do Estado Imperial. Por processo, aqui compreendemos um longo caminho trilhado ou uma experiência que se construiu a partir de diversos conflitos e coesões de interesses, isto é, contingências, rupturas que compunham o cenário da história.[62]

Embora não seja recorrente na historiografia uma análise que procure valorizar as discussões na Assembleia Constituinte,[63] demonstraremos que dali surgiram, fruto de conflitos e dissensões, os elementos constitutivos centrais de projetos plurais de cidadania.

De outro lado, sugerimos que, a despeito da ausência de um código civil, outros instrumentos legais, como o Art. 179 da Constituição do Império, foram capazes de fornecer entendimentos sobre os direitos civis. Na ausência de um código, instalou-se um conflito sobre quais eram os seus limites. Foi neste momento que setores no interior do Parlamento passaram a apresentar propostas que limitassem a ação das autoridades com relação a alguns temas: prisão sem culpa formada, entendimentos sobre liberdades civis, fiscalização da ação dos ministros, de atuação do governo em relação à liberdade de imprensa.

Para nós, o que se confundiu foi a existência de certos elementos legais que encobriram alguns aspectos pelos quais os cidadãos procuravam adquirir e ampliar direitos. Conflitos sobre os entendimentos da Lei surgiam e, por algumas votações no Parlamento, acabavam normatizando as ações das autoridades na Assembleia Geral, do governo ou do judiciário. Por outro lado, é necessário compreender que a Lei é fruto de uma relação de forças, de lutas e de políticas que foram sendo travadas no cotidiano parlamentar.

II

Acima nos referimos à ideia de Antigo Regime. Para prosseguirmos, é necessário tecer algumas considerações sobre este termo polêmico na historiografia.

---

62 WOOD, Ellen. "Classe como processo e como relação". In: _____. *Democracia contra capitalismo. A renovação do materialismo histórico*. São Paulo: Boitempo, 2003, p. 73-98, especialmente as p. 87-93.

63 À exceção de alguns historiadores como OLIVEIRA, Cecília Helena Lorenzini de Salles. "Nação e cidadania: a Constituição de 1824 e suas implicações políticas". In: *Horizontes*, v. 16, 1998, p. 11-37; e SLEMIAN, Andréa. *Sob o Império das leis: Constituição e unidade nacional na formação do Brasil (1822-1834)*. Tese de Doutorado. São Paulo: FFLCH/USP, 2006.

Para autores como Bartolomé Clavero, a compreensão da existência de um Estado no Antigo Regime era inadequada, por se tratar de um tipo de sociedade regida por outras normas e conceitos que não eram os de uma sociedade capitalista. Segundo esse autor italiano, os historiadores, ao tratar da sociedade do período Moderno, fizeram-no mediante instrumentos anacrônicos. Termos como Estado e economia foram utilizados de forma arbitrária, por se tratar de sociedades que não conheciam este tipo de organização.[64]

Carlos Garriga tomou posição semelhante[65] para discutir as relações entre a ordem jurídica do Antigo Regime. Partindo das premissas de Clavero sobre a problemática de definição do Estado Moderno, o autor entendeu que, ainda que heuristicamente, não se podia fugir desta designação. Saber como se deu o processo de concentração de poder é a grande questão para Garriga. Ele afirmou que:

> Se o que interessa é reconstruir um processo de concentração do poder, então há que considerar os mecanismos de intervenção (administrativa) mais que os dispositivos (jurisdicional e para a defesa dos direitos tradicionais), atendidos no melhor dos casos como freios ou resistências à construção do Estado.[66]

Seria preciso estabelecer uma relação diacrônica, mais do que sincrônica, para se considerar o passado moderno, "o que supõe favorecer a conexão de elementos sucessivos (e afins) sobre a relação entre elementos coetâneos (e díspares)".[67]

Segundo Garriga, concordando novamente com Clavero, a teologia e o direito "antesobaram no mundo pré-contemporâneo um conjunto de saberes amplamente consensuados acerca do homem e a sociedade". A dimensão política do Antigo Regime não estaria, assim, reduzida ao Estado Moderno, só sendo possível a sua reconstrução mediante outra cultura, dando conta de outros dispositivos.

Já Antonio Manuel Hespanha forjou um conceito de Antigo Regime que apresenta particularidades. O autor português partiu da crítica do que ele chamou de "paradigma não

---

64 CLAVERO, Bartolomé. *Antidora...*, op. cit., p. 192.
65 GARRIGA, Carlos. "Orden Jurídico y Poder Político en el Antiguo Régimen". Disponível em: << http://www.istor.cide.edu/archivos/num_16/dossier1.pdf.>>. Acessado em 10/01/2005.
66 *Idem*, livre tradução.
67 *Idem*.

estadualista" para demonstrar que a relação Estado e sociedade civil não existia no Antigo Regime. Levantou alguns quesitos para se pensar na oposição entre o moderno conceito de Estado e o que se tinha no período denominado Antigo Regime. Segundo ele, Estado não pode ser compreendido fora do seu contexto. Não é uma palavra vazia de sentido, uma vez que engloba três dimensões conceituais: a) o Estado separou o público do privado, a autoridade da propriedade e a política da economia; b) o Estado promoveu a concentração de poderes em um só polo, eliminando o pluralismo político; e c) foi a entidade que instituiu o modelo racional de governo, funcionando segundo normas gerais e abstratas.[68]

Para ele, o comum das pessoas é enxergar no período moderno um momento de evocação do poder absoluto e ilimitado, o exercício despótico e quase pessoalmente do rei. A Revolução Francesa teria construído uma imagem de que houve uma deposição do antigo poder, tingiu-o com as cores negras da opressão e da arbitrariedade. O sistema do Antigo Regime, nesta apreensão, se passa como o de um sistema "estadual".[69] Mas, esse autor tem outra visão acerca do Antigo Regime, este se tornou um conceito à medida que diferencia o Estado contemporâneo do que existia no período anterior, pois

> Ao contrário do que acontece hoje, o poder político estava muito repartido nas sociedades modernas. Com o poder da coroa coexistiam o poder da Igreja, o poder dos conselhos ou comunas, o poder dos senhores, o poder de instituições como as universidades ou as corporações de artífices, o poder das famílias.[70]

Ainda para Hespanha, haveria uma indistinção entre poder político, poder econômico, e religioso, existindo uma dispersão do poder em múltiplas células sociais.[71] Em outro momento, chamaria isso de regime "polissinodal", ou seja, a existência de estruturas que concorriam entre si, de forma que não permitiam a existência de uma supremacia de um

---

68 Hespanha, A. M. "As estruturas políticas em Portugal na Época Moderna". In: Tengarrinha, José. *A Historiografia Portuguesa, Hoje*. São Paulo: Editora Hucitec, 1999, p. 117-181, p. 122.

69 Hespanha, A. M. "O debate acerca do Estado Moderno". In: Faculdade de Direito da Universidade Nova de Lisboa, nº 1, 1999, disponível em < http://www.fd.unl.pt/>. Acesso em: 15/02/2008.

70 *Idem*.

71 Hespanha, A. M. "Para uma teoria da história institucional do Antigo Regime". In: _____ *Poder e Instituições na Europa do Antigo Regime* (org.). Lisboa: Fundação Calouste Gulbenkian, 1984, p. 34-35.

órgão sobre o outro.[72] Hespanha, então, alinhou o poder político e o Estado como sendo espaços congêneres, e a partir destas constatações indaga: como pensar a sociedade anterior à Revolução Francesa?

Segundo as proposições básicas do autor, o centro da questão apresentada pelo Antigo Regime diz respeito à dispersão do poder, à ausência de uma racionalidade e à confusão entre o público e o privado. Tudo isto, diz-nos Hespanha, demonstra o poder real como um poder limitado na sua ação, na capacidade de se tornar absoluto ou de centralizar todas as decisões, que se tornavam mais desajustadas, se tomarmos em consideração o Império ultramarino português, principalmente localidades como Timor, Macau e Costa Oriental da África, que "viveram em estado de quase total autonomia até ao séc. XIX".[73]

Estas ideias de Hespanha abriram caminho para que se forjasse um conceito de "absolutismo negociado". Esse conceito tem sido usado por Xavier Pujol, para quem o que se convencionou chamar de Absolutismo, entendido como um domínio do soberano por todo o território nacional, porém existia uma limitada capacidade de ação. As monarquias não objetivavam a centralização, mas o fortalecimento de suas dinastias ou "a imposição do princípio de autoridade sobre os súditos, considerados pouco obedientes". Dessa forma, a ação intervencionista era um efeito para o alcance de tais objetivos.[74]

Se válido para o mundo europeu, o que se diria do mundo colonial? Sobre este ponto, autores como Francisco Bethencourt, Russel-Wood, Fernanda Bicalho, Fátima Gouvêa e João Fragoso[75] têm afirmado as particularidades das colônias, especialmente quando avaliaram alguns órgãos de poder local, como as Câmaras Municipais, consideradas o

---

72 HESPANHA, A. M. *As Vésperas do Leviathan. Instituições e Poder Político em Portugal – séc. XVII.* Coimbra: Livraria Almedina, 1994, p. 289.

73 *Idem.*

74 PUJOL, Xavier G. "Centralismo e localismo? Sobre as relações políticas e culturais entre capital e territórios nas monarquias europeias dos séculos XVI e XVII". *In: Revista Penélope*, nº 5, 1991, p. 124.

75 BETHENCOURT, F. e CHAUDHURI, K. "O complexo Atlântico". In: *História da Expansão Portuguesa. Volume II. Do Índico ao Atlântico (1570-1697).* Círculo de Leitores, s/d; FRAGOSO, João L., BICALHO, M. F. e GOUVÊA, M. F. (orgs.). *O Antigo Regime nos trópicos: A dinâmica imperial portuguesa (séculos XVI-XVIII).* Rio de Janeiro: Civilização Brasileira, 2001; RUSSEL-WOOD, A.J.R. "Centros e Periferias no Mundo Luso-Brasileiro,1500-1808". In: *Revista Brasileira de História*, vol. 18, nº 36. São Paulo: 1998; BICALHO, Fernanda. *A cidade e o Império: o Rio de Janeiro no século XVIII.* Rio de Janeiro: Civilização Brasileira, 2003.

contraponto da centralização monárquica[76] e o espaço de autonomia local em detrimento do poder do soberano e dos órgãos burocráticos da Coroa.[77] Na política colonial, a presença da Coroa era muito mais para negociar os conflitos que envolviam as partes do que para impor o seu ponto de vista.[78] Paralelamente, as classes dirigentes provinciais teriam assumido papéis decisivos na política do Estado moderno. "Esse processo fazia com que a Coroa não pudesse prescindir do apoio destes grupos, dando lugar ao florescimento de clientelas e de redes de intermediários sociais (...)", afirma-nos Pujol.[79]

Muitas análises da historiografia brasileira que se enquadram na problemática "não estadualista" se baseiam em estudos anteriores de Charles Boxer. Segundo esse brasilianista, com a possibilidade privilegiada de se corresponderem diretamente com o soberano, as Câmaras criaram as condições de os "homens da terra" interverem na política da Coroa. As Câmaras expressaram espaços de negociação entre os "homens bons" e o rei, reivindicando, em certos casos, privilégios por feitos.[80]

Em outras palavras, emergia um entendimento muito bem localizado por Russel-Wood, para quem forças centrífugas (ligadas a múltiplos pontos de tomada de decisão e a falta de coordenação entre administradores individuais e as agências administrativas) enfraqueciam as ações do governo, permitindo a participação de colonos na estrutura administrativa, na formulação ou implementação das políticas da Coroa.[81]

Segundo o autor, através de petições os colonos faziam as suas reivindicações: "almejavam com tais solicitações era o reconhecimento do seu valor, de seus serviços e sacrifícios, e tais pedidos eram feitos e concedidos em um contexto altamente pessoal de relação vassalo-soberano". A relação metrópole-colônia criou condições para conflitos e também para negociações.[82]

---

76 BICALHO, Fernanda. *A cidade e o Império: o Rio de Janeiro no século XVIII*. Rio de Janeiro: Civilização Brasileira, 2003, p. 346.

77 Sobre as Câmaras Municipais são apresentados outros enfoques nos seguintes autores: SCHWARTZ, Stuart. (título do livro???)São Paulo: Editora Perspectiva, 1979; e BOXER, Charles R. *O Império Marítimo Português, 1415-1825*. São Paulo: Companhia das Letras, 2002.

78 BETHENCOURT, F. e CHAUDHURI, K. "O complexo Atlântico"..., *op. cit.*, p. 336.

79 PUJOL, Xavier G. "Centralismo e localismo?..., *op. cit.*, p. 129

80 BOXER, Charles R. *O Império colonial português*..., *op. cit.*, p. 274.

81 RUSSEL-WOOD, A.J.R. "Centros e Periferias no Mundo Luso-Brasileiro, 1500-1808"..., *op. cit.*, p. 202.

82 *Idem*, p. 201.

O resultado prático destas elaborações foi um profundo questionamento sobre a existência de um real absolutismo no período do Antigo Regime. Existiam forças que dispersavam o exercício da autoridade das monarquias, ou, como afirmara A. M. Hespanha, as instituições do Antigo Regime eram um complexo de órgãos ou poderes que concorriam entre si no exercício da administração e do poder.[83]

Embora as críticas dos formuladores dessa visão recaíssem sobre as diversas abordagens que afirmaram a existência de um Estado Moderno ou o que podemos chamar de visão "estadualista",[84] em grande medida as restrições desferidas pela abordagem "não estadualista" se dirigiram ao marxismo, sobretudo a partir das formulações de Estado Absolutista apresentadas por Perry Anderson.

Em *Linhagens do Estado Absolutista*, Perry Anderson traçou um panorama do processo de constituição do Estado Absolutista. Rompendo com as formulações de K. Marx e F. Engels, que apresentavam o Absolutismo como uma ação do capitalismo, e as de outros teóricos, que viam que "os acontecimentos e as instituições parecem mergulhar em uma temporalidade mais ou menos contínua e homogênea".[85] Segundo P. Anderson, não havia temporalidades únicas capazes de abarcá-los. "A história do Absolutismo tem múltiplos e sobrepostos pontos de partida e pontos finais díspares; é real e profunda, mas não em um *continuum* linear".[86] Opondo-se a um antigo debate no seio marxista, onde se apresentava a ideia de que o Estado Moderno se constituiu na *Transição* para o capitalismo,[87] Anderson enfatizou o caráter de continuidade e reforço do modelo medieval.

> Essencialmente, o Absolutismo era apenas isto, um aparelho de dominação feudal recolocado e reforçado, e destinado a sujeitar as massas cam-

---

[83] HESPANHA, A. M. "As estruturas políticas em Portugal na Época Moderna...", *op. cit.*, p. 125-130.

[84] HINTZE, Otto. *Historia de las formas políticas*. Madri: Revista de Occidente, s/d.; NAEF, W. *La Idea del Estado em la Edad Moderna*. Madri: Aguilar, 1973; DULMEN, Richard Van. *Los inícios de la Europa moderna (1550-1648)*. Buenos Aires: Siglo Veintiuno Editores, s/d; SCHIERA, Pierangelo. "Sociedade "de estados", "de ordens" ou "corporativa". In: HESPANHA, A. M. *Poder e Instituições na Europa do Antigo Regime* (org.). Lisboa: Fundação Calouste Gulbenkian, 1984; e GARCIA-PELAYO, Manuel. *Frederico II de Suábia e o nascimento do Estado Moderno*. Faculdade de Direito, Universidade de Minas Gerais, s/d.

[85] ANDERSON, Perry. *Linhagens do Estado Absolutista*. 3ª ed. São Paulo: Editora Brasiliense, 1995, p. 10.

[86] *Idem*, p. 10.

[87] HILTON, Rodney *et alli*. *A transição do feudalismo para o capitalismo*. São Paulo: Paz e Terra, 2004; e SANTIAGO, Théo (org.). *Capitalismo: transição*. 2ª ed. Rio de Janeiro: Eldorado, 1975.

> ponesas à sua posição social tradicional (...). Em outras palavras, o Estado não foi um árbitro entre aristocratas e a burguesia, e menos ainda um instrumento da burguesia nascente contra a aristocracia: ele (o Estado moderno) era a nova carapaça de uma nobreza atemorizada.[88]

Portanto, para Anderson, a questão que se colocava era a de caracterizar o Estado não no seu aspecto econômico, mas no nível político, pois o poderio dos senhores feudais estava diretamente em risco com o desaparecimento gradual da servidão. "O resultado disso foi um deslocamento da coerção político-legal no sentido ascendente, em direção a uma cúpula centralizada e militarizada", diluída no nível da aldeia, ela se tornou concentrada no nível "nacional".[89]

A despeito da discussão sobre a Transição, a principal crítica formulada pelo pensamento "não estadualista" em relação a Perry Anderson situou-se no fato de o autor ter deixado de reconhecer a permanência de poderes locais capazes de colocar em xeque o poderio das dinastias.

É preciso que coloquemos as coisas no devido lugar. Independentemente da maneira pela qual Anderson caracterizou o Estado absolutista (como a manutenção do feudalismo em oposição a uma corrente que defende o conceito de Transição), ele o fez insistentemente, relativizando o poderio monárquico. Segundo esse autor inglês, o advento do Absolutismo não teria sido, como queria a classe dominante, um suave processo de evolução, "ele foi marcado por rupturas e conflitos extremamente agudos no seio da aristocracia feudal".[90] O Estado Moderno era uma continuidade do período medieval, que, conjugado à ideia de conflito e luta de classes, levou-o a afirmar que nenhum Estado absolutista conseguiu atingir uma centralização administrativa ou uma unificação jurídica completa, pois "os particularismos e as heterogeneidades regionais do período medieval marcaram o Ancien Régime".[91]

> A despeito das críticas pouco imprecisas do autor sobre a relação entre a "história a partir de cima" e a "história a partir de baixo", Anderson foi

---

88 ANDERSON, Perry. *Linhagens do Estado Absolutista*, op. cit.

89 *Idem*, p. 20.

90 *Idem*.

91 *Idem*, p. 50.

coerente com a dialética marxista. Isto é, pautou-se pela observância do constante embate entre a ruptura e a permanência no interior das sociedades. O autor reconheceu que muitas vezes a intenção dos soberanos esbarrava nos interesses das classes envolvidas, indicando a existência de projetos políticos conflitantes, mesmo no interior das classes superiores.

Podemos colocar algumas questões a respeito do Estado Moderno, que, ao final e ao cabo, acredito ser o ponto central da polêmica sobre o uso ou não do termo Antigo Regime. Como afirmou Laura de Mello e Souza, é que a existência de poderes difusos e concorrenciais, que revelam muito mais a presença de um Estado com outra lógica do que propriamente a ausência de Estado. Todos os poderes, tanto nas Metrópoles quanto no mundo colonial, eram exercidos em nome do rei.[92] É Mello e Souza uma das mais contundentes opositoras ao entendimento de A. M. Hespanha sobre o Antigo Regime. Destaca inúmeras imprecisões e limites na teoria formulada por Hespanha. Essencialmente, diz que não se pode tomar como ponto de partida as teorias do direito alemão em detrimento de outras escolas teóricas que ainda valorizam o debate sobre o Estado.

A crítica de Laura de Mello e Souza é extensiva aos autores brasileiros que partem das formulações do historiador português, diz respeito ao contexto colonial português de escravidão, pois

> Administrar uma sociedade composta predominantemente por brancos não era a mesma coisa que fazê-lo quando o contingente de escravos podia chegar – como chegava em algumas regiões – a 50% da população.[93]

Entretanto, sobre as observações acima, quero destacar dois aspectos que, como apontou o conjunto de Linhagens do Estado Absolutista, não houve uma única experiência de Estado, mas houve Estados Absolutistas. Dizer isso é reconhecer a peculiaridade dos eventos ocorridos entre os séculos XIV e XVIII. P. Anderson destaca que a sua pretensão era pontuar aspectos similares de um movimento heterogêneo no seu processo de formação.

---

92 SOUZA, Laura de Mello e. *O sol e a sombra: política e administração na América portuguesa do século XVIII*. São Paulo: Companhia das Letras, 2006, p. 51.

93 *Idem*, p. 53-57.

O segundo é que, a despeito do fechamento vivido pelo marxismo durante um longo período, a atual historiografia lança mão de outros instrumentos teóricos. Rodney Hilton, participante do debate sobre a Transição do feudalismo para o capitalismo, já nos alertava

> Os estudos marxistas não podem operar como um sistema hermeticamente fechado [...]. Eles devem absorver as contribuições positivas dos estudiosos não marxistas [...].[94]

Diante de todas essas problemáticas, como a ideia de Antigo Regime pode ser utilizada? Para responder precisamente esta questão, é sempre bom lembrar que o conceito de Antigo Regime surgiu antes mesmo que a polêmica acima citada tomasse a dimensão apresentada pelos autores "não estadualistas".

Segundo Aléxis de Tocqueville, Antigo Regime era a designação dada pelos revolucionários para "separar por um abismo o que tinham sido até então do que queriam ser de agora em diante".[95] Isto é, construiu-se uma ruptura entre as ações revolucionárias e o pretérito. Mais do que a centralidade, identificou-se as transformações sociais de uma sociedade desigual para uma sociedade de cidadãos.[96] Sendo assim, a sua validade transcende ao significado atribuído por A. M. Hespanha, que procurou enquadrá-lo dentro de uma nova perspectiva teórico-metodológica.

Quando muitos marxistas se valeram da ideia de Antigo Regime, fizeram-no com o entendimento apresentado por Tocqueville. As referências ao termo Antigo Regime são acessórias nas suas formulações. Os seus temas centrais estão situados na caracterização do Estado e do Absolutismo, exceção feita a Albert Soboul, que afirmou ser o termo menos uma abstração e mais uma forma de os homens entenderem a sociedade francesa do período anterior a 1789.[97]

---

94 HILTON, Ridney. "Introdução". In: SWEEZY, Paul (*et alli*). *A transição do feudalismo para o Capitalismo...*, op. cit., p. 9-36; p. 35.

95 TOCQUEVILLE. Alexis de. *O antigo regime e a revolução*. Brasília: Editora da UnB, 1989, p. 43.

96 *Idem*, p. 44.

97 SOBOUL, Albert. *Le Civilisation Et La Revolution Francaise – La Crise De L'ancien Regime*. Paris: Arthaud, 1978, tomo 1, p. 36-40.

III

O tema cidadania, se comparado com outros objetos, tem pouca tradição na disciplina histórica. Isto porque, como afirmou Francisco Falcon, a História teve uma pequena e fraca voz em relação ao assunto.[98] Estava mais preocupada com as mentalidades, com as estruturas, com a história totalizante.

As mudanças vividas pela historiografia com o surgimento daquilo que se pode denominar "novas histórias" modificaram a abordagem temática. Na discussão em tela, passou-se a perceber que a cidadania "não anda só". Não se trata de reconstruir a trajetória de uma ideia (ainda que isso seja sempre pertinente para não perdermos o sentido próprio do movimento histórico), mas, sim, de procurarmos sentir, nos mais amplos contextos ou realidades, as formas de substancialização das práticas e representações sociais que estão ligadas à matéria: individualismo, espaço público e privado, as solidariedades, a participação e as noções de Direito e Justiça.[99]

A partir de novos problemas e de novas perguntas, podemos extrair outra leitura daquilo que aparentemente soou como corriqueiro e que deixou de ser visto pelas tendências historiográficas anteriores. Assim, novos atores sociais podem emergir, enriquecendo a abordagem histórica. Segundo Jurandir Malerba, "a fonte geradora da historiografia é a necessária retificação das versões do passado histórico, operada por cada geração". A retificação é motivada e condicionada pela inserção social do historiador. Do mesmo modo, não se pode negar o progresso do conhecimento histórico, pois "cada geração conhece mais e melhor o passado do que a precedente".[100]

Mas, procuremos as novas abordagens porque, como afirmaram Jacques Le Goff e Pierre Nora, "novas abordagens modificam, enriquecem, subvertem os setores tradicionais". Ainda segundo os historiadores franceses, a história não é o absoluto dos historiadores do passado, mas produto de uma situação, de uma história. A História é a disciplina que procura, dentre outras coisas, construir a sua própria história. Isso obriga os historiadores

---

98 FALCON, Francisco "História e Cidadania". In: *Anais do XIX Simpósio Nacional da ANPUH*, Belo Horizonte/MG, vol. 1, 1998, p. 28.

99 *Idem*, p. 31.

100 MALERBA, Jurandir (org.). *A História escrita – teoria e história da historiografia*. São Paulo: Editora Contexto, 2006, p. 17.

a interrogarem e se interrogarem constantemente sobre os fundamentos da disciplina, como os seus próprios objetos de estudo.[101]

Tratando propriamente da "história vista de baixo", concluímos que ela pode nos fornecer um manancial importante para a abordagem do tema cidadania ao provocar um novo olhar para as fontes e ao estimular a procura por novas evidências documentais, aproximando-nos da realidade vivida pelas camadas sociais dos chamados "vencidos", se levarmos em conta que a história dita oficial deixou de lado as especificidades sociais desses grupos.

O surgimento da "história vista de baixo" esteve mais ligado ao que se denominou história do protesto popular. Autores como George Rudé e Eric Hobsbawm preocuparam-se com a chamada multidão, em especial da chamada era "pré-industrial", que teria um tipo próprio de agitação, observando as peculiaridades dos objetivos, das formas de ação, do comportamento e os participantes à época.[102]

Focalizava-se a vida e a ação do homem comum, isto é, "humildes moradores das florestas",[103] "pequenos agricultores, rendeiros", "o pobre tecelão de malhas, o meeiro luddita", mas também encontramos pequenos comerciantes e artesãos urbanos.[104] Assim, naquilo que Peter Burke enxergou como "classes inferiores", uma "multidão grosseira", que não tinha impulsos honrosos próprios,[105] Rudé percebeu uma multidão com um ajuntamento de elementos distintos, muitas vezes transitório, de valores, exigências e padrões de experiências e objetivos próprios.

Mas mesmo a "história vista de baixo" não foi uníssona na sua abordagem. Eric Hobsbawm, por exemplo, atribuiu sentido quase etapista do desenvolvimento dos grupos subal-

---

101 LE GOFF, Jacques e NORA, Pierre (orgs.). *História: Novos Problemas*. Rio de Janeiro: Francisco Alves, 1976, vol. 1, p. 12.

102 Sobre uma análise da historiografia do protesto popular, cf. PAMPLONA, Marco Antônio. "A Historiografia sobre o Protesto Popular: uma Contribuição para o Estudo das Revoltas Urbanas". In: *Estudos Históricos*, vol. 9, nº 17, p. 215-238.

103 THOMPSON, E. P. *Senhores e caçadores: A origem da lei negra*. Rio de Janeiro: Paz e Terra, 1987, p. 17; e THOMPSON, E. P. *A Formação da classe operária inglesa*. 3ª ed. Rio de Janeiro: Paz e Terra, 1987, vol. 1, p. 13.

104 RUDÉ, George. *Ideologia e protesto popular*. Rio de Janeiro: Zahar Editores, 1982, p. 24.

105 Apud RUDÉ, George. *A multidão na história*. Rio de Janeiro: Editora Campus, 1991, p. 3.

ternos.[106] Segundo ele, a turba não tinha laço firme e duradouro com qualquer ideologia ou política, ou seja, eram formas primitivas de movimentos sociais entre grupos de pessoas.[107]

O que aproximava George Rudé e Eric Hobsbawm eram as inquirições, as perguntas e os questionamentos, que procuravam entender e dar corporificação aos homens e mulheres de carne e sangue, com demandas, vivências e expectativas próprias de vida. Como viviam e qual a composição da multidão etc. Eram indagações que não podiam ser respondidas apenas com o uso das chamadas fontes tradicionais: memórias, folhetos, relatórios e atas parlamentares, jornais etc.

Estes personagens aparentemente não deixaram sua história inscrita nos jornais (a não ser pelas penas de algum intelectual mais sensível); não produziram panfletos; não participavam das discussões políticas mais acirradas no Parlamento, nas Câmaras Municipais etc. Mas isto não quer dizer que eles não tenham deixado os seus rastros nas devassas, nos processos criminais, nos inquéritos policiais, ou, mesmo, como já dissemos, através das penas sensíveis de algum intelectual. Portanto, seria nos materiais até então ignorados pela historiografia tradicional que poderíamos encontrar e iniciar a construção do perfil dos personagens subalternos.

Para além de uma historiografia do protesto popular, podemos ampliar a dimensão da abordagem "vista de baixo" para outras situações que permitissem compreensões da sociedade sob outro ângulo, entendimentos sociais, estratégias e comportamentos. Desse modo, surge um terceiro ponto de contato entre esses historiadores: a tentativa de entender a forma de construção mental dos "de baixo" e sua relação com a classe dominante, ou seja, as relações de poder entre as classes sociais.[108] A questão colocada neste âmbito é a possibilidade de os grupos subalternos construírem ou não uma concepção própria de sociedade, ou mesmo uma visão acerca de projetos políticos. Sobre este debate três autores chamaram nossa atenção: Michele Perrot, Natalie Zemon Davis e E. P. Thompson.

---

106 A designação "subalterno" foi utilizada por Antônio Gramsci em GRAMSCI, Antônio. *Cadernos do Cárcere*. Rio de Janeiro: Civilização Brasileira, 2002, vol. 5, p. 131-145. Mais recentemente, tem sido utilizado por cientistas sociais, literatos e historiadores indianos e africanos, tais como Ranajit Guha, Partha Chaterjje... Confira uma crítica a este grupo em AHMAD, Aijaz. "A literatura entre signos e nosso tempo". In: *Linhagens do Presente*. São Paulo: Boitempo, 2002, p. 15-51, em especial p. 20; e AHMAD, Aijaz. "Fascismo e cultura nacional: lendo Gramsci nos tempos do Hindutva". In: *Linhagens do Presente...*, op. cit., p. 249-287.

107 HOBSBAWM, Eric J. *Rebeldes Primitivos – estudos sobre as formas arcaicas dos movimentos sociais nos séculos XIX e XX*. Rio de Janeiro: Zahar Editores, 1970, p. 13.

108 THOMPSON, E. P. *Senhores e caçadores...*, op. cit., p. 17.

Embora as duas primeiras autoras não compartilhassem de elementos teórico-metodológicos próximos dos autores até aqui elencados, elas partilham da preocupação com as camadas iletradas e excluídas, isto é, a história das classes pobres ou inferiores e dos seus movimentos.

Natalie Davis preocupou-se com os sujeitos históricos ausentes da narrativa histórica, sem, contudo, deixar de vê-los entrelaçados em um emaranhado mais amplo, tal qual as relações sociais. Preocupou-se em mostrar a vida dos artesãos e do *menu peuple* das cidades, a relação entre sexo, com a propriedade e com a produção como características de suas vidas que moldavam "suas condições e seus objetos e limitavam ou ampliavam suas opções". A autora afirma ter visto estes homens e mulheres "utilizando os recursos físicos, sociais e culturais de que dispunham, agiam no sentido de sobreviver, resistir e, às vezes, mudar as coisas".[109]

Já Michele Perrot priorizou o estudo dos excluídos operários, mulheres e prisioneiros, aprofundando o seu caráter de resistência, ou seja, "a massa dos obscuros desde sempre excluídos da história, representantes de uma classe social.[110]

E. P. Thompson pode ser considerado um caso particular. Embora tenha dedicado parte de suas pesquisas para o entendimento da chamada "turba"[111] e com a formação da classe trabalhadora inglesa,[112] não deixou de contextualizar os seus modos de vivência e sua relação com a classe dominante inglesa, a *gentry*. Deve-se destacar a minuciosa discussão elaborada pelo autor em "Patrícios e plebeus", onde explorou a relação entre a *gentry* e os pobres: as classes fundamentais na Inglaterra do século XVIII, ressaltando a intrínseca rede social forjada naquela sociedade.

Contudo, é preciso destacar as particularidades de E. P. Thompson, observando que ele se preocupou com o contexto histórico e com as diferenças. Dando inteligibilidade à "história vista de baixo" sem que essa parecesse se constituir em uma metodologia de pesquisa, E. P. Thompson afirmou que, antes de tudo, os modelos devem ser testados.[113] Com

---

109 Davis, Natalie Zemon. *Culturas do povo. Sociedade e cultura no início da França moderna*. Rio de Janeiro: Paz e Terra, 1990.

110 Perrot, Michelle. *Os excluídos da História. Operários. Mulheres. Prisioneiros*. 2ª ed. Rio de Janeiro: Paz e Terra, 1988.

111 Destaco o artigo de Thompson, E. P. "A economia moral da multidão inglesa no século XVIII". In: Thompson, E. P. *Costumes em comum: Estudo sobre a cultura popular tradicional*. São Paulo: Companhia das Letras, 1998, p. 150-202.

112 Thompson, E. P. *A formação da classe operária inglesa...*, op. cit.

113 Thompson, E. P. "Folclore, Antropologia e História Social". In: Thompson, E. P. *A peculiaridade dos ingleses e outros artigos*. Campinas, SP: Editora da Unicamp, 2001, p. 229.

isso, mesmo que haja aproximação entre a História e as outras ciências sociais, não se deve esquecer a principal reserva que guarda a História, pois ela é

> Uma disciplina do contexto e do processo: todo significado é um significado-dentro-de-um-contexto e, enquanto as estruturas mudam, velhas formas podem expressar funções novas, e funções velhas podem achar sua expressão em novas formas.[114]

E. P. Thompson alerta para o que pode significar um evento tomado a partir de determinado ângulo. Assim, a análise "de cima" ou "de baixo" pode revelar aspectos muito diferentes, pois a estrutura entre pobres e ricos sempre corre em mão dupla,[115] de forma dialética.

Os autores aqui elencados, com exceção de Natalie Zemon Davis, norteiam suas análises a partir da teoria marxista. Em um primeiro plano, prevalecem como força de suas abordagens não só o conflito social, como também a busca por determinar a formação social das classes fundamentais na sociedade e o entrelaçamento global entre a base e a superestrutura.

Neste aspecto, G. Rudé e E. P. Thompson destacaram-se na contundente crítica ao estruturalismo e, em parte, aos historiadores da "Escola dos *Annales*", que teriam tirado os sujeitos históricos da História. Segundo E. P. Thompson, as teorias propagadas por L. Althusser continham fundamentos idealistas e economicistas e uma amplitude demasiadamente engessada dessa teoria. Esta, no pensamento althusseriano, "tudo repara".[116] O historiador inglês chegou a sugerir que o pensamento disseminado por Althusser possuía uma "visão teológica".

Rudé divergiu tanto dos estruturalistas marxistas (L. Althusser), quanto daqueles vinculados à "Escola dos *Annales*" (Emmanuel Le Roy Ladurie). Ao primeiro grupo, por tentarem impor uma análise baseada em uma rigidez marxista de consciência de classe. Ao segundo, por procurar construir a consciência dos camponeses do século XVIII como sendo de um resíduo de formas de expressão ultrapassadas.[117]

---

114 *Idem*, p. 243.

115 *Idem*, p. 245-246. Outro exemplo mais elaborado desse entendimento pode ser encontrado em THOMPSON, E. P. "Patrícios e plebeus". In: THOMPSON, E. P. *Costumes em comum...*, *op. cit.*, p. 25-85.

116 THOMPSON, E.P. *A miséria da teoria ou um planetário de erros*. Rio de Janeiro: Zahar, 1981, p. 20-22, 32.

117 KRANTZ, Frederick (org.). *A outra história...*, *op. cit.*, p. 12.

Face à restrição ao marxismo propagado pelos estruturalistas e à limitação indicada por autores como Ladurie, qual seria a alternativa teórica no campo de pensamento marxista?

IV

As propostas teóricas de G. Rudé e E. P. Thompson repousaram, em boa medida, nas teorias de Antônio Gramsci, nas quais o conceito de hegemonia ocupa um papel importante para a compreensão da relação entre dominantes e dominados.

Em *Ideologia e Protesto Popular*, por exemplo, Rudé reconheceu que boa parte da teoria marxista teve dificuldades em ver a massa pré-operária e operária com capacidade de forjar suas próprias ideologias. Mesmo Lukács, contemporâneo de Antônio Gramsci e um dos renovadores do marxismo, teve dificuldades em lidar com o assunto, pois ao formular seu pensamento acerca da ideologia deixara a massa proletária como um espectador silencioso, "enquanto o capitalismo abria a sua própria cova".[118]

Rudé rejeitou esta impassibilidade tanto dos operários, quanto dos grupos pré-operários. A operacionalidade do conceito de ideologia foi encontrada em Antônio Gramsci. Nas considerações de Rudé, a principal contribuição do autor italiano para o estudo social das ideias foi o uso que fez do fenômeno da hegemonia, que não seria apenas um sistema de dominação, seja de ideias, ou poder político. "Gramsci está mais preocupado com o processo do que com o sistema", que encontra respaldo naquilo que seria a sua antítese, isto é, a contra-hegemonia própria que o proletariado forjaria.[119] Logo, a divisão grosseira entre ideologia (consciência) verdadeira e falsa é desfeita,[120] e admite-se uma progressão histórica.

> A abordagem de Gramsci é mais histórica: ele se preocupa com o crescimento e o desenvolvimento, como se evidencia em sua noção de construção gradual de uma contra-ideologia para destruir a hegemonia da classe dominante [...] Gramsci ressalta também a importância do estudo de cada situação histórica, de novo e em profundidade[...].[121] [grifos meus]

---

118 RUDÉ, George. *Ideologia e protesto popular...*, op. cit., p. 21.
119 *Idem*.
120 GRAMSCI, Antônio. *A concepção dialética da História...*, op. cit., 1991, p. 25-29.
121 RUDÉ, George. *Ideologia e protesto popular...*, op. cit., p. 23.

Mas o autor norueguês também rejeitaria o pensamento de Emmanuel Ladurie,[122] de uma *mentalité* para grupos anteriores ao moderno movimento operário e suas organizações, porque essa definição transforma as ideias como sendo de uma massa, ou de uma sociedade sem grupos fundamentais que estão em concorrência. Limita, ainda, a possibilidade do estudo da ideologia "popular".[123] Podemos buscar em uma conclusão anterior do autor, como a chave da saída teórica para o problema:

Com exceção da noção gramsciniana de classes "tradicionais" (e "não tradicionais"), não se deixava muita margem para as lutas dos camponeses e dos pequenos comerciantes e artesãos urbanos, tanto na sociedade de hoje como na sociedade "pré-industrial"[124] [grifo meu]

Já E. P. Thompson dialogou, por diversas vezes, com o pensamento do teórico italiano,[125] principalmente no que se referiu ao conceito de hegemonia. Uma discussão "motora" para a compreensão historiográfica do pensamento do historiador inglês deriva deste conceito.[126] Assim, é quase impossível entender o universo que Thompson está trabalhando se não considerarmos o conceito de *hegemonia cultural*, isto é, as imagens do poder e da autoridade nas mentalidades populares da subordinação,[127]

> Uma hegemonia cultural desse tipo induz exatamente àquele estado de espírito em que as estruturas estabelecidas da autoridade e os modos de exploração parecem fazer parte do próprio curso da natureza.[128] [grifo meu]

---

122 LADURIE, Emmanuel Le Roy. *Montaillou – povoado occitânico 1294-1324*. São Paulo: Companhia das Letras, 1997.

123 RUDÉ, George. *Ideologia e protesto popular...*, op. cit., p. 24.

124 Idem.

125 Confira, por exemplo, THOMPSON, E. P. "A peculiaridade dos ingleses" e "Modos de dominação e revolução na Inglaterra". In: THOMPSON, E. P. *A Peculiaridade dos ingleses...*, op. cit., p. 75-179 (p. 146-149) e p. 203-226 (p. 209-213), respectivamente. Cf. também THOMPSON, E. P. "Introdução: costumes e cultura". In: THOMPSON, E. P. *Costumes em comum...*, op. cit., p. 20-21.

126 Assim, por exemplo, é difícil entendermos a discussão que o autor procede em "Modos de dominação e revolução na Inglaterra", quando ele faz uma distinção entre o processo histórico francês (revolucionário) do inglês (transformação via Estado), onde a gentry operou um processo de hegemonia cultural. Cf. THOMPSON, E. P. "Modos de dominação e revolução na Inglaterra". In: THOMPSON, E. P. *A peculiaridade dos ingleses...*, op. cit.

127 THOMPSON, E. P. "Patrícios e plebeus". *Costumes em comum...*, op. cit., p. 46.

128 Idem.

Percebe-se que Thompson faz uma formulação própria do conceito de hegemonia, que tem uma íntima relação com o autor italiano se consideramos que, para Gramsci, a hegemonia se faz pela expansão "universal" dos valores de mundo, ética e moral.[129] Mas, em que se assentaria, por exemplo, a utilização das teorias de Antônio Gramsci para a construção de um caminho teórico não esquemático?

Do ponto de vista teórico-metodológico já respondemos, em parte, esta questão. Tanto Rudé quanto Thompson perceberam (e esta parece ser a base comum dos dois autores) *a relação histórico/contextual* permitida por Gramsci. Nenhum dos dois autores tomou a formulação de Antônio Gramsci como um modelo, quer dizer, o uso dos conceitos do pensador italiano não é estático, ao contrário. Enquanto Rudé utilizou-se do autor italiano para forjar o conceito de *crença inerente*, quer dizer, um tráfego de constante interação das ideologias "estruturadas" com as "não orgânicas",[130] Thompson forjou o conceito de *hegemonia cultural*, que responde à necessidade contextual de uma Inglaterra onde os poderes constituídos, ou os órgãos de imposição da ordem estavam fracos. A relação das classes e do Estado se fazia mediante um consenso, que é bem relativizado, pois ele frequentemente se fez em uma tênue linha entre o protesto e a concordância, via paternalismo.[131]

Resulta daí uma variante imprescindível acerca dos conceitos, ou seja, eles podem ter validades no seu âmbito de formulação, como também inscrito em uma dimensão categorial (categoria analítica) ou heurística. Isso quer dizer que há uma interação dialética do conceito com a sua aplicabilidade prática. Parece-nos que, ao procedermos com esta aplicabilidade, estamos fugindo do *presentismo* e do *anacronismo*.[132]

---

129 GRAMSCI, Antônio. *Maquiavel, a política e o Estado...*, op. cit., p. 50. Para uma discussão sobre o conceito de hegemonia e Thompson, cf. WOOD, Ellen. "Classe como processo e como relação". In: _____. *Democracia contra capitalismo. A renovação do materialismo histórico*. São Paulo: Boitempo, 2003, p. 73-98, especialmente as p. 95-98.

130 RUDÉ, George. *Ideologia e protesto popular...*, op. cit., p. 26-27.

131 Confira mesmo as resistências e os limites apresentados pela hegemonia no campo empírico/prático (resistência dos pobres), isto é, ela se justificava em uma via de mão dupla; e teórico (crítica ao marxismo ocidental), de que a hegemonia impõe uma visão abrangente aos governados. E. P. Thompson faz uma explícita crítica ao grupo de P. Anderson, que propõe uma hegemonia cuja expressão seria "uma profunda supremacia cultural". Cf. THOMPSON, E. P. "Patrícios e plebeus". Costumes em comum..., *op. cit.*, p. 77-79, e "A peculiaridade dos ingleses"..., *op. cit.*, p. 146. Veja também parte deste debate em uma análise do uso do conceito de hegemonia efetuado por Edward Thompson em WOOD, Ellen. "Classe como processo e como relação"..., *op. cit.*, p. 96.

132 FALCON, Francisco "História e Cidadania"..., *op. cit., idem.*

Outro elemento que invoco quanto a este debate é a noção de *processo histórico* mais amplo, já que

> O passado humano não é um agregado de histórias separadas, mas uma soma unitária do comportamento humano [...] podemos definir essa soma como um processo histórico.[133]

O quarto elemento seria a compreensão do *materialismo histórico* como uma totalidade conceitual: um conhecimento em desenvolvimento, isto é, mais como expectativas do que como regra. Assim, nas palavras de E. P. Thompson, a história e o historiador teriam o papel de reconstruir, "explicar" e "compreender" seu objeto: a história real. As hipóteses são apresentadas "para explicar tal formação social particular do passado", e, mais, "qualquer momento histórico é ao mesmo tempo resultado de processos anteriores e um índice da direção de seu fluxo".[134]

V

Não tomarei a "história vista de baixo" no seu aspecto clássico, pois o conjunto de fontes que disponho e a indicação do perfil social que elas abarcam indicam que não se trata da polaridade entre os grupos fundamentais (um dos pilares da abordagem desenvolvida por Eric Hobsbawm, G. Rudé e E. P. Thompson). Mas isso não desvalorizaria, ou secundaria, tanto a pesquisa quanto os grupos nela envolvidos. Pelo contrário, reforça a ideia de que outros grupos sociais iam à luta e "forçavam a porta" para adquirir o reconhecimento e os direitos de cidadão.[135]

A "história vista de baixo" servirá como ponto de partida e como inspiração, já que ela explicitou o modo de vida das camadas inferiores da sociedade. No caso do Brasil imperial, não se pode negar que o escravo é o grupo social considerado inferior pela sua condição de sujeição, como propriedade de outrem (não possuindo o direito de ir e vir no seu sentido *lato*) sendo visto como mercadoria e estando em oposição à classe senhorial.

---

133 THOMPSON, E. P. *A miséria da teoria...*, op. cit., p. 50.
134 *Idem*, p. 50-61. Cf. também MARX, K. e ENGELS, F., *A ideologia alemã...*, op. cit., *idem*.
135 DIAS, Maria Odila L. "A Revolução Francesa e o Brasil: sociedade e cidadania". In: COGGIOLA, Osvaldo (org.). *A Revolução Francesa e seu impacto na América Latina*. São Paulo: Editora Nova Stella, Brasília/DF: CNPq; São Paulo: Edusp, 1990, p. 299-309.

Não se deve extrair dessa minha definição de sujeição nada que diga que estes escravos não pudessem elaborar estratégias próprias de mobilidade, ou forjar meios para viver em uma relativa liberdade,[136] mais próximo do sentido de libertação do que liberdade, considerando as definições de Hannah Arendt. Segundo esta autora, "liberdade e libertação não são a mesma coisa; que libertação pode ser a condição da liberdade, mas que não leva automaticamente a ela (...)".[137] Liberdade tem um significado muito mais amplo do que propriamente um sentido de libertação, da mesma forma que por liberdade não se deve compreender a emancipação.[138]

A proposta que defendemos tem como intuito não só indagar aquilo que os documentos oficiais dizem sobre a cidadania. Investimos na busca de novas fontes que desvendem o cotidiano e a experiência social de grupos distantes do "poder político", recuperando os aspectos do cotidiano, ao mesmo tempo em que propomos uma relação dialética entre o discurso oficial e as vivências dos homens e das mulheres da primeira década do Brasil Império.

Ao não abarcarmos apenas a "história vista de baixo", estamos querendo também dizer que, no presente estágio de desenvolvimento da historiografia, outras abordagens podem nos auxiliar no estudo e compreensão do tema da pesquisa. Nessa direção, será válido o uso de formulações apresentadas pela *micro-história*, que oferece uma gama enorme de recortes teóricos, não sendo, portanto, um bloco teórico homogêneo. Dessa forma, entendemos como mais profícuas as perspectivas adotadas por historiadores como Simona Cerutti, Giovanni Levi e Carlo Ginzburg.[139]

---

[136] PEREIRA, Vantuil. *Independência, libertação e liberdade: o dilema dos escravos no processo de independência do Brasil 1822-1835.* Trabalho de conclusão de curso: Universidade Federal Fluminense/ Niterói, RJ, 2004.

[137] ARENDT, Hannah. *Da revolução.* 2ª ed. São Paulo: Editora Ática. Brasília/DF: Editora da UnB, 1990, p. 24.

[138] Acerca da questão da emancipação, cf. MARX, Karl. *A questão judaica.* 4ª ed. São Paulo: Centauro, 2003.

[139] CERUTTI, Simona. "Processo e experiência: indivíduos, grupos e identidades em Turim no século XVII". In: REVEL, Jacques (org.). *Jogos de Escala: A experiência da Microanálise.* Rio de Janeiro: Editora da FGV, 1998, p. 173-201; LEVI, Giovani. *A herança imaterial: trajetória de um exorcista no Piemonte do século XVII.* Rio de Janeiro: Civilização Brasileira, 2000; GINZBURG, Carlo. *O queijo e os vermes. O cotidiano e as ideias de um moleiro perseguido pela Inquisição.* São Paulo: Companhia das Letras, 1987; GINZBURG, Carlo. *A micro-história e outros ensaios.* Rio de Janeiro: Bertrand/São Paulo: Difel, 1991.

Outra abordagem importante para a compreensão da pluralidade da sociedade oitocentista será dada pela *cultura política*,[140] da qual procuraremos incorporar a construção de entendimentos múltiplos da sociedade, as suas áreas de valores partilhados e as diferentes culturas políticas presentes em uma mesma época e a sua própria evolução.[141]

Paralelamente, apostaremos no diálogo com outras ciências humanas como a Sociologia e a Ciência Política, pois, como afirma Francisco Falcon, a história tem uma voz pequena e fraca no que se refere ao trato com a cidadania.[142]

Essas matrizes são essenciais para este trabalho porque consideramos que o historiador deve conduzir sua análise com o duplo auxílio linguístico: o da época estudada evitando anacronismos –, e o aparato verbal e conceitual da disciplina histórica atual, conforme os princípios defendidos por autores como Marc Bloch e Jacques Le Goff.[143]

Sobre as fontes
Requerimentos, reclamações, queixas e petições à Câmara dos Deputados e ao Senado Imperial

A utilização de petições e de representações encaminhadas à Coroa e aos órgãos do governo como instrumentos de pesquisa não são novidade na historiografia. Autores como Russel-Wood[144] e Guilherme Pereira das Neves[145] se valeram deste tipo de material para produzirem suas análises.

---

140 BERSTEIN, Serge. "A cultura política". In: RIOUX, J-P. e SIRINELLI, J-F (orgs.). *Para uma história cultural*. Lisboa: Editorial Estampa, 1998, p. 349-363.

141 *Idem*, p. 354-355.

142 FALCON, Francisco J .C. "História e Cidadania"..., *op. cit.*, p. 28.

143 LE GOFF, Jacques. "Prefácio...", *op. cit.*, p. 30 e "A nomenclatura". In: BLOCH, Marc. *Apologia da História ou o Ofício do Historiador*. Rio de Janeiro: Editora Zahar, 2001, p. 135-147; e BAKHTIN, Mikhail. *Marxismo e filosofia da linguagem*. São Paulo: Editora Hucitec, 1995.

144 RUSSEL-WOOD, A. J. R. "Vassalo e soberano: apelos extrajudiciais de africanos e de indivíduos de origem Africana na América Portuguesa". In: SILVA, Maria Beatriz Nizza da. *Cultura Portuguesa na terra de Santa Cruz*. Lisboa: Editorial Estampa, 1995, p. 215-233.

145 NEVES, Guilherme Pereira das. *E receberá mercê: a mesa da consciência e ordens e o clero secular no Brasil 1808-1828*. Rio de Janeiro, RJ: Arquivo Nacional, 1997.

No entanto, ao trabalharmos com outro *lócus* de poder político, surgido como consequência da implantação do sistema representativo no Império do Brasil, as petições e requerimentos trazem outras características.

Embora reconheçamos que tais documentos expressem elementos de continuidade do Antigo Regime português, especificamente quando se trata de peticionar para obtenção de uma graça, este material reflete igualmente uma ruptura, principalmente se levarmos em conta as próprias leituras que os cidadãos faziam da realidade política.

Dessa forma, não se pode afirmar que todas as petições refletem as mudanças revolucionárias, ou que propõem uma nova modalidade de pensamento político, pautada na ideia de um cidadão plenamente conhecedor de seus direitos. Trata-se de um material que revela ambiguidades do período em tela. Mostra, antes de tudo, ares de permanências e de rupturas.

Portanto, a fonte principal de nossa pesquisa são as petições, os requerimentos, as representações e as queixas à Câmara dos Deputados e ao Senado Imperial, produzidos em um ambiente de mudanças significativas e que refletem essas transformações e conflitos. As petições, os requerimentos, as representações e as queixas, embora dirigidos às autoridades, falam de elementos do cotidiano à época. Expõem a face do cidadão na sua dimensão civil, econômica ou social. Dessa forma, a sua análise nos leva a acreditar que existe uma relação dialética entre a conjuntura política e a entrada de representações no Parlamento. Podemos fazer conexões entre a ida dos cidadãos ao Parlamento e a crise política vivida no Primeiro Reinado.

O montante geral dos requerimentos exige um pequeno comentário. Ao iniciarmos a pesquisa, tínhamos referências dos arquivos históricos da Câmara dos Deputados e do Senado Federal. Entretanto, à medida que líamos os Anais do Parlamento, essencialmente da Câmara dos Deputados, percebemos que algumas petições não estavam relacionadas nos arquivos, o que era compreensível, por conta da transferência do Rio de Janeiro para Brasília, além da falta de conservação costumeira, que faz com que percamos parte da documentação.

Segundo levantamento que fiz para os anos de 1826 a 1829, grande parte dos requerimentos não está disponível na sua forma física no Arquivo Histórico da Câmara dos Deputados (Cedi). Restando-nos apenas recuperá-lo por sua citação ou reprodução parcial nos pareceres das Comissões. Isso também ocorre em parte dos requerimentos de 1823. Para os anos de 1830-1832 o arquivo está mais completo, o que nos permitiu uma leitura direta dos documentos.

Como forma de cobrir as lacunas e apresentarmos um resultado global do universo das petições, lemos os *Anais da Câmara dos Deputados* para os anos de 1826 a 1831. Este foi um trabalho árduo, cansativo e difícil porque todos os procedimentos foram verificados. Esta foi a parte da pesquisa em que o trabalho andou mais lentamente. Só para a Câmara dos Deputados, eram aproximadamente 600 sessões, com uma média de 13 páginas por sessão, ou seja, algo próximo de 10 mil páginas. Tal procedimento foi efetuado também no caso dos *Anais do Senado*, aumentando a carga para algo em torno de 15 a 20 mil páginas.

Todas as etapas do processo legislativo foram levadas em consideração: leitura da ata; expediente; ordem do dia: a) leitura e discussão de pareceres, b) leitura e discussão de projetos; leitura de ofícios, petições e documentos encaminhados à Câmara e; ofícios encaminhados para as repartições.

O quadro a seguir demonstra a importância da leitura dos *Anais da Câmara dos Deputados*.

Ano	Arquivo Cedi	Resultado obtido com a relação do Livro da Porta ou nos Anais da Câmara dos Deputados	Diferença encontrada
1823	99	365	266
1826	54	336	282
1827	56	191	135
1828	72	101	29
1829	75	135	60
1830	184	374	190
1831	319	—	—
1832	257	—	—
Total	859	1.502	962

Como se pode verificar, estendemos nosso corte até o ano de 1832, apenas para verificarmos a permanência do movimento peticionário depois de 1831. No entanto, não se levou em consideração as petições a partir de 1831, por fugir da proposta que acreditamos ser a mais coerente com o Primeiro Reinado e com o significado dos requerimentos encaminhados à Câmara dos Deputados.

Como o Senado possui um número bem inferior de petições em relação à Câmara dos Deputados, não houve grandes problemas. Ainda que não exista um instrumento de pesquisa, os documentos lá estão preservados. Isso nos obrigou a fazer um levantamento manual, ficha por ficha, do acervo disponível do Arquivo do Senado, em fichários do período imperial, que têm datas espalhadas e desconexas.

Por fim cabe ainda mais um esclarecimento. Embora o universo de petições abarque algo em torno de 2.078 petições só para a Câmara dos Deputados, ao elaborarmos os gráficos do capítulo III, utilizamos apenas 465 petições coletadas no Arquivo da Câmara dos Deputados. Elas nos forneceram elementos mais consistentes em relação a origem, ocupação e destinação, que ficaram assim distribuídos: 1823: 125; 1826: 11; 1827: 06; 1828: 01; 1829: 00; 1830: 72; 1831: 250. Já para o caso do Senado, utilizamos todo o material existente no seu Arquivo Histórico, isto é, 200 petições e requerimentos.

Anais da Câmara dos Deputados

O conjunto dos *Anais da Câmara dos Deputados* tornou-se uma importante ferramenta para se conhecer o pensamento político das principais lideranças do período histórico abrangido pela pesquisa. Além disso, cobriram as lacunas presentes no Arquivo Histórico da Câmara dos Deputados, pois havia o registro efetuado através dos pareceres das comissões às petições de cidadãos. Alguns volumes ainda registram a entrada de documentos que não chegaram a ser discutidos pelas comissões.

Consideramos também fundamental entender o contexto político e social do Brasil nos primeiros anos de emancipação. Este será importante à medida que não só os debates parlamentares expressam, *grosso modo*, as aspirações contidas na sociedade. O Parlamento, especialmente a Câmara dos Deputados, tornou-se um produtor de fatos políticos e irradiador de princípios que nortearam as principais polêmicas da época.

Autores como Lúcia Maria Bastos Pereira das Neves e Isabel Lustosa indicaram que a relação entre parlamentares e os periódicos era muito estreita, uma vez que muitos redatores também foram deputados.[146] Temos claro que a produção do discurso político parlamentar nutria e era alimentado pela propagação desses jornais. Apesar disso, os periódicos não se constituíram como elementos centrais das nossas análises, mas podem entrar em momentos específicos do trabalho. A nossa motivação central foi procurar perceber como os discursos foram construídos no interior do Parlamento.

Os *Anais* pesquisados se dividem em duas fases: a) o período da Assembleia Constituinte de 1823; b) e as legislaturas de 1826-1829 e 1830-1833. A Assembleia Constituinte de 1823 foi convocada pelo então regente, D. Pedro, quando o processo de cisão entre Brasil

---

[146] NEVES, Lúcia Maria Bastos P. das. *Corcundas e Constitucionais. A cultura política da Independência (1820-1822)*. Rio de Janeiro: Revan/Faperj, 2003; e LUSTOSA, Isabel. *Insultos impressos. A guerra dos jornalistas na Independência (1821-1823)*. São Paulo: Companhia das Letras, 2000.

e Portugal ainda não tinha se consumado e propunha-se a adaptar as leis emanadas das Cortes de Lisboa.

Instalada em 3 de maio de 1823, a Assembleia Constituinte recebeu o nome de Assembleia Geral Constituinte e Legislativa, ou seja, acumulava pelo menos duas funções básicas: confeccionar a Constituição do Império do Brasil e, ao mesmo tempo, dar conta das questões ordinárias, originadas principalmente pela remoção e pela reformulação das Leis ordinárias portuguesas. Além dessas tarefas, a Assembleia Constituinte, como o ocorrido em solo português, também recebeu a tarefa de analisar requerimentos, queixas, petições e reclamações de qualquer cidadão. Neste sentido, ela incorporava o artigo 14º. das *Bases da Constituição Portuguesa*, que previa que todo cidadão podia apresentar seus reclamos, por escrito, ao Governo e às Cortes.

As petições aparecem frequentemente no decorrer dos debates políticos da Assembleia e, invariavelmente, entrelaçavam-se com os debates legislativos ou do projeto constituinte. Os *Diários da Assembleia Constituinte e Legislativo do Império do Brasil* mostram este processo de demanda política, bem como outro aspecto essencial da vida política do recém-emancipado Império do Brasil: a formação do Estado e a Constituição dos poderes políticos emanados do pensamento Constitucionalista e da partição do poder, conforme o pensamento de Montesquieu.

Sobre a formação do Estado imperial, a análise do *Diário da Assembleia* nos revela um mosaico de forças políticas que tentavam consolidar as suas posições. Há pelo menos dois grupos políticos que refletem uma dispersão territorial e as disputas dos grandes proprietários por espaços políticos. Assim, temos de um lado o grupo reunido em torno do Imperador Pedro I, que intentava consolidar um poder central forte e que girasse em torno da figura do soberano. Um segundo grupo, mais radical na sua formulação, tentava a construção de uma monarquia onde a Assembleia assumisse plenos poderes, fosse na condução Legislativa, fosse na relação com as demais classes sociais.

É a partir desse quadro de disputas que o *Diário da Assembleia* nos será útil, ao revelar um momento de instabilidade política e a busca de novos rumos para o país. Os elementos do cotidiano legislativo, os pontos de vista dos parlamentares e as demandas da população aparecem como a consubstanciação de conflitos e interação de ideias que outras fontes de pesquisa não captam. No Parlamento, a discussão e a etiqueta caminhavam em uma tênue linha que as separava. As posições podem se apresentar de forma aberta no mesmo instante em que era produzido o contraditório, a fala oposta. Destaca-se, ainda, que o tipo de Parlamento que se tinha nas primeiras décadas do século XIX exigia a oratória, a capacidade de convencimento, valendo-se de poucos instrumentos acessórios, tais como discursos preparados, proibidos pela etiqueta da época.

Para entendermos o funcionamento do Legislativo, algumas palavras são necessárias. As discussões da Assembleia estavam organizadas a partir da ordem do dia, discussão de projetos de leis e de pareceres de Comissão. O primeiro ponto tratava do recebimento de qualquer correspondência de órgãos do Governo, de províncias ou autoridade civil e militar, bem como de correspondências de Câmaras Municipais. Era o momento menos importante do trabalho parlamentar; raramente esse momento se transformava em uma discussão mais substantiva.

A discussão dos projetos de leis, onde o deputado se restringia ao que estava sendo proposto e discutido, era um momento importante porque permitia que o parlamentar expusesse suas opiniões, que frequentemente avançavam para além do que se estava discutindo.

Na votação dos pareceres das comissões os debates ficavam mais abertos e francos. À medida que eles refletiam os pontos de vista sobre uma proposição parlamentar ou sobre demanda levantada por cidadãos, abriam-se espaços para longuíssimos debates.

A partir da apresentação do projeto de Constituição, que ocorreu em setembro de 1823, a Assembleia Geral e Constituinte se desdobrou para dar conta das suas tarefas. Foi nesse momento que afloraram as posições mais substantivadas dos deputados, e se discutiu os pontos de vista acerca da cidadania e dos direitos civis, dentre outros pontos.

Com a reabertura da Assembleia Geral, 1826, em um primeiro instante a Câmara dos Deputados não demonstrou a existência de uma cisão política. Ao contrário, percebe-se um esforço dos parlamentares para que os ânimos não se alterassem. Entretanto, isso não demorou muito para se desfazer, visto que já nos primeiros meses dos trabalhos chegaram ao Brasil informações acerca das cláusulas secretas do Tratado de Paz e Amizade assinado por Brasil e Portugal. Essa notícia foi mal digerida pelos parlamentares. Para agravar ainda mais a situação, naquele mesmo ano o rei de Portugal, D. João VI, faleceu. Cresceu a apreensão em torno da reunificação das Coroas portuguesa e brasileira.

Entre os anos de 1827 e 1831, houve um aprofundamento da tensão entre o Imperador e um grupo de parlamentares. As razões mais imediatas foram o fortalecimento de um setor denominado "grupo português", que determinava o jogo político palaciano; e, além disso, o desempenho negativo das políticas promovidas pelo Imperador e sua administração no conflito com Buenos Aires trouxe sérias consequências para as políticas regionais. O Norte arcava com um recrutamento cada vez maior. Na economia houve a interrupção do comércio de cabotagem, um declínio econômico causado pelo aumento do custo de vida para a população e a instável presença de tropas estrangeiras na Corte do Rio de Janeiro, focos de constantes manifestações, muitas vezes ruidosas e violentas.

O antagonismo entre o Imperador e a Câmara se acentuou ainda mais a partir do ano de 1830, quando a oposição passou a ser alvo de constantes ataques por parte dos periódicos governistas. Ao mesmo tempo, as manifestações da tropa e da população ganharam gradativamente as ruas. O confronto entre "brasileiros" e "portugueses" saiu das páginas dos jornais para ganhar os espaços públicos e as praças da Corte do Rio de Janeiro.

A rotina interna da Assembleia Geral, entre os anos de 1826 e 1831, foi semelhante à que ocorreu na Constituinte, visto que aquela adotou o mesmo regimento, enquanto debatia outro texto disciplinador.

Anais do Senado Imperial

É pouco frequente o uso dos *Anais do Senado* como fonte de pesquisa. Esta casa sempre foi vista como um espaço pouco produtivo e não despertou o interesse de historiadores que procuravam discussões mais densas. No entanto, observamos que o Senado, a despeito do número reduzido de membros (que não passou de 40 representantes até 1831), teve um papel muito maior do que se supunha. As suas discussões políticas eram tão qualificadas quanto as que ocorriam na Câmara dos Deputados. Um exemplo disso foi a discussão do projeto sobre a naturalização de estrangeiros, que nasceu naquela Casa, no momento em que os senadores elaboravam uma conceituação sobre os direitos do cidadão e uma visão acerca da Constituição que era muito refinada e que foi de suma importância para o entendimento dos direitos do cidadão, tarefa que foi demonstrada por nós no primeiro capítulo desta tese. No geral, foram discussões mais concisas e objetivas, menos extensas do que as encontradas na Câmara dos Deputados.

O mesmo ocorreu com a discussão sobre as municipalidades, que se transformou na Lei de regulamentação das Câmaras Municipais. O arcabouço elaborado pelos senadores nos permitiu avançar nas reflexões sobre os poderes políticos no Império do Brasil. Isto porque os senadores poucas vezes perdiam tempo com delongas e filigranas, expediente muito típico na Câmara dos Deputados.

Previsto para abranger a metade da representação da Câmara dos Deputados, o Senado foi instalado em 1826, absorvendo 19 antigos deputados constituintes de 1823. Ou seja, 44% dos seus membros viveram a experiência frustrada da dissolução da Assembleia. Uma olhada rápida nesses parlamentares nos dá mostras de que eles não estavam ali por mero acaso. Foram remanescentes da Constituinte de 1823 homens como Felisberto Caldeira

Brant, José da Silva Lisboa, José Joaquim Carneiro de Campos, Francisco Carneiro de Campos e Manoel Joaquim Nogueira da Gama.

Além de terem uma destacada atuação no processo Constituinte, esses parlamentares muitas vezes se posicionaram ao lado de uma política que dava amplos poderes ao Imperador, como foi o caso da votação sobre a anistia aos presos políticos, tema que mobilizou todos os setores da Assembleia Constituinte e se tornou uma espécie de divisor de águas entre as correntes políticas. Esta lei previa anistiar as pessoas detidas por ocasião de supostas tentativas de golpes, principalmente depois do 7 de setembro. No processo de discussão do projeto, não menos do que oito dos dez futuros senadores presentes na votação se colocaram ao lado do então Ministro dos Negócios do Império, e promotor das prisões, José Bonifácio de Andrada e Silva. O projeto foi derrotado. No decorrer dos acontecimentos, senadores como José Joaquim Carneiro de Campos e Francisco Carneiro de Campos foram os principais mentores da Constituição outorgada de 1824.

Não se pode esquecer o embate entre "portugueses" e "brasileiros" no Primeiro Reinado. Os debates no Senado refletiram essa tensão. Acreditamos, no entanto, que a abordagem dos parlamentares da Câmara Alta não foi a mesma adotada pelos membros da Câmara Baixa. Ao contrário, ao invés de expressarem a tensão das ruas, revelada nos periódicos, os senadores adotaram uma postura mais conciliatória, não só em relação ao elemento português como em quase todas as discussões. Entretanto, esta postura não pode ser tomada como ausência de discussão ou falta de posicionamentos acirrados com relação a algumas matérias.

Tudo isso faz parte do pano de fundo das fontes que estamos trabalhando. Remetemnos para alguns problemas específicos do tipo de material trabalhado, sejam elas oriundas da Câmara dos Deputados ou do Senado Imperial, e que deverão ser observadas no decorrer deste texto agora apresentado.

A primeira: as posições parlamentares refletem pontos específicos no decorrer de suas vidas parlamentares. Muitos dos personagens que estamos trabalhando tiveram uma longa carreira política após a Independência do Brasil. O período por nós trabalhado, 1823-1831, mostra um pequeno fragmento dessas carreiras. Trata-se de um período de maturação e afirmação da carreira de deputados e/ou de senadores. Quer dizer que podemos encontrar parlamentares que tiveram posição ambígua no decorrer dos oito anos abrangidos na pesquisa. Para o objetivo deste trabalho, sempre que possível observamos o ponto de inflexão das posições adotadas e as possíveis questões em jogo.

Sobre os capítulos

No primeiro capítulo, argumentamos que entre 1823 e 1826 houve uma transição entre dois sentidos de liberdade no Brasil. Na Assembleia Constituinte de 1823, valorizou-se os aspectos relacionados a um sentido mais amplo, que evocava certa "liberdade nacional". Atou-se a construção do pacto político, a soberania, a divisão de poderes e pensou-se sobre o tipo de cidadão que se queria formar e quais eram os seus direitos. Sobressaíam as ideias emanadas do movimento constitucionalista que agitavam a Europa e ocasionaram as revoluções na Espanha e em Portugal. Foi uma época de ferrenhos debates na Assembleia Constituinte, onde apareceram claramente dois projetos de Estado, conforme teremos oportunidade de expor.

Ao considerarmos a influência do constitucionalismo e as propostas de um novo pacto político entre os soberanos e a sociedade, retomamos alguns aspectos da Revolução do Porto de 1820, destacando o seu legado para a sociedade brasílica, principalmente as ideias que indicavam uma ruptura temporal que muitos acreditavam estar em curso. Além disso, um novo vocabulário político derivou desse movimento, onde se destacou a ideia de liberdade e todas as inquietações por ela suscitadas.

Em seguida, iremos nos ater às compreensões sobre os direitos políticos e civis na Assembleia Constituinte brasileira. Discute-se as ideias de "liberdade nacional". Nela, buscaremos compreender a transição entre as acepções concorrentes dentro da Assembleia e o debate político que, a partir de 1826, valorizou os aspectos concernentes às liberdades individuais.

Demonstraremos que se objetivava afirmar o sistema liberal e as liberdades individuais, no ano em que a Assembleia Geral retomou suas funções. Porém, nem sempre os projetos elaborados ou os discursos a favor das liberdades eram capazes de suplantar a realidade política, pois se vivia em uma sociedade escravocrata, onde a limitação de direitos era mais real do que os discursos.

Já no segundo capítulo, armaremos o cenário onde o cidadão expressou as suas vontades. Em um primeiro momento, analisaremos de forma geral o quadro econômico e político do Império do Brasil, na década de 1820. Destacaremos as dificuldades financeiras do pós-Independência, sobretudo com o início da Guerra da Cisplatina e com os pagamentos da dívida contraída por ocasião do Tratado de Paz e Amizade, assinado com Portugal. Além disso, traçaremos um perfil regional e político das representações provinciais, e destacaremos o desequilíbrio de certas regiões em face dos arranjos ocasionados pelas Instruções Eleitorais de 1824, que regularam a Câmara dos Deputados que tomou posse em 1826.

Em seguida, ressaltaremos a tensão entre as duas casas legislativas e o papel de freio político ocupado pelo Senado, uma vez que alguns senadores acreditavam que podiam segurar o ímpeto e o desejo de parcela dos deputados, que desejavam assumir um papel mais ativo na relação entre os poderes Legislativo e Executivo. Para alguns deputados, a questão central era tornar a Câmara um órgão onde os gabinetes lhes prestassem contas, o orçamento fosse amplamente discutido, os tratados políticos fossem por eles ratificados, além da tarefa precípua de fazerem leis que regulassem o sistema representativo. Não foi raro os parlamentares da oposição criticarem o ministério para atacar a política comandada por D. Pedro I.

Sendo assim, chegamos à origem do problema. A Assembleia Constituinte deu a partida para os debates centrais que consumiram todo o Primeiro Reinado e que trataram da soberania, da representação da nação e dos direitos individuais. De um lado, o Imperador e o grupo que o cercava, que propunham um sistema onde Sua Majestade desempenhasse um papel mais ativo. De outro, a oposição liberal, que indicava um sistema de representação onde a Câmara seria o órgão principal. Em seguida, faremos uma discussão geral da tensão que envolveu a Câmara dos Deputados e o Imperador ao longo dos anos de 1826 a 1831. Mostraremos a crescente oposição e as dificuldades encontradas pelo imperante para impor a sua política, que ao final seria derrotada.

Construído o cenário maior ou o contexto do Primeiro Reinado, partiremos para o terceiro capítulo. Este visa especialmente analisar os requerimentos encaminhados pelos cidadãos ao Parlamento. Como primeira tarefa, apresentaremos a construção dos sentidos de um requerimento, petição, queixa e representação. Juridicamente, em meados do século XIX, estes termos foram desmembrados. Entretanto, até pelo menos as décadas anteriores a 1840, eles eram compreendidos como pertencentes ao mecanismo constitucional de petição. A distinção que apresentaremos, construída a partir da leitura de Pimenta Bueno, demonstra que o direito de petição, entendido como um direito natural, teve um deslocamento de sentido, compreendido como direito político ou uma faculdade do cidadão ativo. No entanto, esta valoração era pouco clara no Primeiro Reinado.

A partir desta primeira etapa, argumentamos que o movimento peticionário se constituiu em uma onda política, que acompanhou as crises vividas pelo Império. Desta forma, procuraremos demonstrar a nossa argumentação central: que a Câmara dos Deputados não foi uma instituição escolhida ao acaso para o envio de petições. Isto se deu mediante uma avaliação política dos peticionários sobre a realidade circundante.

De forma alguma, indicaremos um rompimento absoluto dos cidadãos com o Antigo Regime. O que se tinha nesse período era uma sociedade ambígua nas suas relações. Podemos comprovar esta assertiva através de uma série de requerimentos que pediam empregos à Câmara ou ao Senado, sob o argumento da graça.

Por fim, no quarto capítulo, discutiremos a repercussão das petições na Câmara dos Deputados e no Senado Imperial. Temos em mente a disputa entre os grupos políticos e quais as visões apresentadas pelos tribunos diante dos requerimentos e argumentações e dos argumentos dos cidadãos. A nossa intenção foi demonstrar que alguns setores no interior da Câmara dos Deputados se valeram do recebimento de petições para fortalecer ou legitimar o Legislativo como centro da soberania, ou como o espaço de exercício da representação política, o que criou um ambiente de disputas entre os parlamentares.

Capítulo I
Do "antigo governo" ao espírito de liberdade

> Os BRASILEIROS QUEREM TER LIBERDADE, mas liberdade individual, e não as que tinham as repúblicas antigas, que era... a pública ou política. Não estão em estado de fazerem sacrifícios contínuos pessoais, para figurarem nas assembleias e na administração: assim, temo muito que o nosso edifício social não acabe em pouco tempo, logo que afrouxe o entusiasmo momentâneo que o gerou".[1]

O trecho destacado foi escrito por José Bonifácio durante seu exílio na França, depois da sua deportação do Brasil após fechamento da Assembleia Constituinte. Esta talvez seja uma síntese de um pensamento que vigoraria nos anos que culminaram na Abdicação de D. Pedro I.

Valendo-se dos conceitos de liberdade dos antigos e liberdade dos modernos defendidos por Benjamin Constant, Bonifácio indica uma questão cara aos cidadãos brasileiros. Segundo esta concepção, seria necessário priorizar a construção de um edifício legal que resguardasse mais os direitos individuais em detrimento dos políticos – questão que retomaremos mais adiante.

Porém, esta compreensão demoraria ao menos três anos para vir à tona. Antes, houve uma preocupação por parte dos membros do Parlamento em afirmar outro sentido de liberdade política. O discurso de José Bonifácio nos indica a elaboração de dois distintos momentos de concepção de liberdade na vida política brasileira da década de 1820.

---

[1] CALDEIRA, Jorge. *José Bonifácio de Andrada e Silva*, "Apontamentos sobre política". São Paulo: Editora 34, 2002, p. 248-249.

No contexto da Assembleia Constituinte brasileira, ele nos fornecia um entendimento mais amplo, onde propunha resguardar o conjunto da sociedade dos perigos iminentes que a rondavam. Ainda que este discurso fosse cercado de uma aura conspiratória, ele instrumentalizava um conceito de uma sociedade distinta da proposta por alguns grupos sociais, sobretudo aqueles ligados ao antigo movimento pernambucano de 1817. Dito de outra maneira, no período da Assembleia Constituinte tratava-se de garantir a "liberdade nacional".

Quando nos referimos a José Bonifácio e a utilização do pensamento de Benjamin Constant, temos em mente que tantos outros políticos se valiam dos conceitos operacionalizados pelo pensador francês.[2] Segundo Silvana Mota Barbosa, Constant foi uma referência essencial nos debates em torno do Poder Moderador e do constitucionalismo imperial.[3] E acrescentamos: também o foi em relação aos conceitos de liberdade, essencialmente a relação entre liberdades individuais e liberdades políticas.

A transição do "antigo governo" para o Constitucionalismo

Muitos homens conhecem os motivos que deram início ao intento a quase todas as revoluções. Não obstante, desconhecem as consequências, os caminhos e as combinações que podem levar aos mais imprevistos resultados. As incertezas e o improvável fazem com que esses movimentos reafirmem antigas tradições e, simultaneamente, criem valores novos, dando novos sentidos a velhos conceitos e trazendo de volta antigas reminiscências, consolidando práticas até então pouco disseminadas.

Esta é a conclusão que podemos tirar das afirmações apresentadas pelo redator do *Correio Braziliense*, que em 1820 anunciava o início da revolução constitucionalista do Porto. Segundo José Hipólito da Costa,

> Quando em uma nação aparece *nova ordem de coisas políticas*, efeito de comoção popular, é impossível determinar as combinações que resultarão de sucessos imprevistos; e contudo, é lícito conjeturar, com o auxílio

---

2   Barbosa, Silvana Mota. *A Sfhinge monárquica: o poder moderador e a política imperial*. Tese de Doutoramento. Campinas: Editora da Unicamp, 2002, p. 23-26.

3   *Idem*, p. 59.

da história e pelo conhecimento das circunstâncias presentes, o que acha ainda envolto na **obscuridade do futuro**.[4] [grifo meu]

Concebido como a recuperação e autorrepresentação das antigas Cortes de Lamego, enfatizava o pacto celebrado entre o rei e o povo. O movimento de 1820 propunha a regeneração do Reino de Portugal fazendo aflorar "a antiga Liberdade", dotando o monarca dos seus poderes dentro de um novo pacto político. Este acordo seria refeito a partir de nova realidade e novos parâmetros concernentes ao período de desenvolvimento das ideias Ilustradas e constitucionalistas do início do Oitocentos. Um pacto onde a soberania era da nação, sendo o rei o primeiro dos cidadãos.[5]

A proposta de convocação das Cortes não era nova, pois desde a primeira década do século XIX, na esteira da Revolução Francesa, já existiam sugestões para sua instalação.[6] Mas somente em 1820, depois da malograda revolta de Gomes Freire, em 1817, que os liberais portugueses conseguiram tornar a ação revolucionária efetiva.

Iniciada como uma revolta contra a situação de abandono e de crise política, repudiava-se a presença estrangeira. A Revolução inspirava-se nos princípios de liberdade que sacudiam a Europa. Logo o movimento sairia da cidade do Porto e em semanas alcançaria Lisboa. Imediatamente, instaurava-se um novo governo, que seria responsável pelos encaminhamentos políticos que dariam conta da eleição das Cortes Constituintes. Antes, porém, foi necessário enfrentar uma série de resistências no interior da sociedade, originadas de setores militares, alguns deles propugnando pela manutenção de membros dos antigos administradores portugueses, outros defendendo as ideias da Santa Aliança, sobretudo os membros do clero superior.[7] Diante dos impasses, chegou-se a entendimentos com alguns comandantes militares que tinham liderado o movimento de resistência. Procedeu-se uma dura ação contra os setores mais conservadores. Ao final, venceu a proposta de se encaminhar o processo eleitoral, que desaguaria na instalação das Cortes Constituintes.

Logo a seguir, foram promulgadas as *Bases da Constituição Portuguesa*, destacando-se, dentre outros pontos, a noção de liberdade, de segurança e de propriedade de todo

---

4 *Correio Braziliense*, outubro de 1820.

5 SOUZA, Iara Lis de. *Pátria Coroada. O Brasil como corpo político autônomo – 1780-1831*. São Paulo: Fundação Editora da Unesp, 1999, p. 81-83.

6 Idem.

7 VARGUES, Isabel Nobre. *A aprendizagem da cidadania em Portugal (1820-1823)*. Coimbra: Minerva História, 1997, p. 47-64.

cidadão (art. 1); a noção de direitos pessoais (art. 3) e o direito de todo cidadão apresentar por escrito às Cortes e ao Poder Executivo reclamações, queixas ou petições (art. 14).[8] Materializavam-se as primeiras medidas que afirmavam os princípios Ilustrados e constitucionalistas.

A historiografia mais recente, quando discorreu sobre o Constitucionalismo no mundo luso-brasileiro, destacou alguns aspectos que consideramos relevantes e que podem nos auxiliar a compreender as suas consequências para o desenrolar dos acontecimentos, sobretudo quando os direitos do cidadão no Império do Brasil estavam na ordem do dia. Em grande medida, os aspectos originados com o movimento portuense em muito colaboraram para a apreensão de concepções sobre direitos e participação política neste primeiro momento que destacamos.

Observando o transcurso dos acontecimentos anteriores à Revolução do Porto de 1820, Maria de Lourdes V. Lyra pôde destacar a forte influência das ideias ilustradas presentes no grupo dirigente lusitano, na transição dos séculos XVIII para o XIX, que já avistara a necessidade de reformas no Estado. Entretanto, no curso dos acontecimentos – sobretudo a partir de 1815, com o aprofundamento da crise vivida por Portugal e pelo desequilíbrio causado pela elevação do Brasil a Reino Unido – surgiu um movimento de resistência e de contestação em terras lusitanas.

A soma destes fatores contribuiu para que emergissem propostas de reformas e readequação política, reconhecendo-se a necessidade de ordenamentos jurídicos e políticos. Estas ideias tinham influências das Luzes e das transformações que varriam a Europa na virada dos séculos XVIII e XIX. Exigia-se

> a reelaboração teórica dos princípios de liberdade e de soberania, impondo-se como necessidade de novos sentidos da condição política do homem moderno e consequentemente a adoção de novos mecanismos de poder.[9]

Outro ponto acerca do Constitucionalismo destacado, principalmente por Isabel Nobre Vargues, é a percepção da busca de modelos que fossem passíveis de assimilação. Assim, os líderes do movimento constitucionalista português foram buscar no modelo

---

8   Bases da Constituição Portuguesa de 1821.

9   LYRA, Maria de Lourdes V. *A utopia do poderoso Império Portugal e Brasil. Bastidores da política – 1798-1822*. Rio de Janeiro: Sette Letras, 1994, p. 168-169.

francês os valores concernentes aos aspectos universalizantes de liberdade, direitos e de cidadania. No entanto, a similitude cultural, somada à própria especificidade do mundo ibérico, aproximando-os do movimento constitucional espanhol, que fornecia o modelo de monarquia representativa e dos moldes eleitorais a serem seguidos pela nação lusitana. Ainda segundo Vargues, a Revolução de 1820 consagrava o início de uma revolução legal e administrativa, implantando-se o parlamentarismo e o exercício da cidadania.[10]

Afirmar tais aspectos significa instar a ideia de que os revolucionários constitucionalistas portugueses apresentavam uma proposta que não extrapolava os limites de uma regeneração política e que não colocava em risco a sociedade e suas instituições. Para tanto, buscou-se o modelo de monarquia representativa como o mais condizente com a proposta política vintista. Além disso, buscava-se em Montesquieu a proposta de tripla partição do poder, objetivando-se evitar os abusos políticos.

A criação das Cortes significou o forjar da representação nacional,[11] quando surgiram as condições para a institucionalização do Poder Legislativo como espaço de debate e de conflito. Era o *lócus* do contraditório. Segundo Fernanda Maia, uma nova experiência histórica permitiu que as Cortes pudessem praticar muitos dos ideais que seus representantes defendiam e acreditavam.[12]

Neste contexto, emergia uma nova noção de indivíduo, agora transformado em cidadão. Sua relação com o soberano e com o poder se daria em consonância com a nova realidade. Embora guardadas as devidas proporções, o cidadão era colocado como aquele de quem emanava a soberania. Através de seus representantes, ele participaria da elaboração das leis e coadjuvaria com o rei no exercício do poder político. Nesta ótica, o monarca passava a ser executor da vontade geral. Tais aspectos, conforme destacara Nobre Vargues, alimentavam a expectativa dos cidadãos quanto aos seus novos direitos de reivindicar. Abria-se espaço para a participação na vida política. Participação esta que teve como um dos principais pilares o direito de apresentar petições ao Parlamento.

---

10 VARGUES, Isabel Nobre. *A aprendizagem da cidadania em Portugal (1820-1823)*. Coimbra: Minerva História, 1997, p. 22.

11 VARGUES, Isabel Nobre, e RIBEIRO, M. M. T. "Estruturas políticas: Parlamentos, eleições, partidos políticos e maçonaria". In: MATTOSO, José. História de Portugal. *O liberalismo (1807-1820)*. Lisboa: Editorial Estampa, 1994, 5º vol., p.183-211; p. 183.

12 MAIA, Fernanda Paula Sousa. *O discurso parlamentar português e as relações Portugal-Brasil. A Câmara dos Deputados (1826-1852)*. Lisboa: Fundação Calouste Gulbenkian, 2002, p. 26.

Além de forjar as noções de direitos inerentes ao cidadão, o constitucionalismo deu as ferramentas argumentativas aos homens, pois os princípios de liberdade e de igualdade estavam, com frequência, integrados na lógica da argumentação com a qual o cidadão se expressaria mediante discurso novo. O movimento peticionário traduziu a emergência da consciência de cidadania, que "advém do direito de falar e ser ouvido", segundo Duque Vieira.[13]

Outro aspecto relevante indicado pela historiografia que discute o constitucionalismo é defini-lo como o momento privilegiado para o surgimento de uma linguagem que se politizava, sobretudo através da recorrência às ideias das Luzes. Houve a releitura de antigas noções, criando-se novos significados para velhos termos,[14] segundo Lúcia Bastos.

Porém um dos aspectos mais importantes para o caso brasileiro é que o movimento Constitucionalista foi responsável, ainda que indiretamente, pela emancipação do Brasil. Dele partiram as noções de igualdade, de liberdade e de direito de representação. É preciso ter em mente este fato e, então, compreendermos o conflito iniciado neste solo desde os primeiros dias do processo revolucionário português.

A contribuição do constitucionalismo para a cultura política brasileira transpassou os limites da proposta de autonomia, transformada em proposta de Independência, pois a cultura política daí emanada pautara os grandes temas a serem tomados em consideração na instalação do sistema representativo brasileiro. Motivou, por outro lado, a "sociedade civil" e os cidadãos a se fazerem presentes na cena política por meio de petições, que potencializaram os debates provocados pelo embate de pensamentos entre o velho e o novo, entre a tradição e a possibilidade de contestação. De certa forma, debates que herdaram a atmosfera turbulenta do constitucionalismo.

O fato é que o processo desencadeado em Portugal pode ser visto como um só, mas com entendimentos distintos. Ele guardou similitudes dentro do contexto de transformações político-sociais. Assim, pode ser entendida a criação de novos âmbitos de poderes: a convocação de uma Corte Constituinte, com vista à elaboração de uma Constituição escrita.

Em outra analogia, os acontecimentos do Porto podem ser entendidos como o "movimento de uma pinça", com duas pontas a partir de um eixo de origem, que podiam se tocar. Dito de outro modo, houve um movimento similar tanto no Reino de Portugal quanto

---

13 VIEIRA, Benedita Maria Duque. *O problema político português no tempo das primeiras cortes liberais*. Lisboa: Edições João Sá da Costa, 1992, p. 4-5.

14 NEVES, Lúcia Maria Bastos Pereira das. "Liberalismo político no Brasil: ideias, representações e práticas (1820-1823)". In: GUIMARÃES, Lúcia Maria P. e PRADO, Maria Emília (orgs.). *O liberalismo no Brasil Imperial*. Origens, Conceitos e Práticas. Rio de Janeiro: Revan/UERJ, 2001, p. 73-101, p. 79.

no Reino do Brasil, dois movimentos que desafiaram a ordem. Em parte, tal similitude pode ser explicada pelo tipo de formação recebida pelos principais homens que viviam o processo político. Segundo argumentou Lúcia Bastos, baseando-se em José Murilo de Carvalho, isto se deveu ao tipo de educação adquirida pelos homens do vintismo português, quase todos formados pela Universidade reformada de Coimbra e com uma base intelectual fortemente influenciada por autores Ilustrados.[15]

A Revolução do Porto e as suas consequências: a fundação do Império do Brasil

Embora os acontecimentos em Portugal não tenham pegado de surpresa a Corte do Rio de Janeiro, tais eventos provocaram atropelos, conflitos e hesitações nos principais dirigentes lusitanos. Instalou polêmica sobre os caminhos futuros. Para alguns homens como Tomás Antônio Vila Nova Portugal, Secretário dos Negócios do Reino Unido e da Marinha, o monarca deveria manter a autoridade de rei, não cedendo aos desejos revolucionários, sob o risco da desmoralização política.[16] Enquanto isso, políticos como o Conde de Palmela, recém-chegado de Portugal, demonstravam o desejo de que D. João VI retornasse para Lisboa, conservando os laços políticos do Império Luso-brasileiro. Para Palmela, era mister enfraquecer o movimento pela convocação das Cortes Constitucionais,[17] com o intuito de neutralizar e/ou reverter as ações revolucionárias. Convocou-se procuradores das Câmaras de todas as localidades do Império português, assim como era formada uma comissão para apresentar as propostas de reformas políticas a serem adotadas. No entanto, D. João VI exclui deste processo importantes segmentos políticos brasileiros, motivando uma reação pró-constitucionalismo em terras americanas.

A despeito destas ações do governo, nas províncias do Pará e da Bahia já existiam movimentações em apoio às Cortes constituintes. Logo, não tardaram a surgir no Rio de Janeiro movimentos idênticos em favor da Constituição, sobretudo de militares portugue-

---

15 *Idem*, p. 77. Sobre a homogeneidade da formação da elite política brasileira da primeira metade do século XIX, cf. CARVALHO, José Murilo. *A Construção da Ordem: A elite política Imperial*. Brasília: Editora da UnB, 1981, p. 34-35.

16 Apud LUSTOSA, Isabel. *Insultos impressos. A guerra dos jornalistas na Independência (1821-1823)*. São Paulo: Companhia das Letras, 2000, p. 85.

17 *Idem*.

ses que se uniram aos novos grupos econômicos brasilienses. Sob a liderança de figuras como Gonçalves Ledo, Januário da Cunha Barbosa, Clemente Pereira e Augusto May, se encarregaram de atropelar as ações dos homens públicos, forçando D. João VI a jurar a Constituição que se faria em Portugal. Parte do povo e da tropa se antecipou e forçou uma decisão política imediata.[18]

As ações de grupos de brasileiros podem ser explicadas dentro de um contexto mais amplo que engloba aspectos relacionados à mudança da Corte para o Brasil. A chegada da Família Real portuguesa em terras brasileiras, em 1808, trouxe alterações à então Colônia. Estas foram iniciadas com a abertura dos portos, assim como a liberação para o funcionamento de fábricas. Do mesmo modo, D. João, o então príncipe regente, autorizou o estabelecimento de academias, tais como a escola cirúrgica. Autorizou também a criação da Biblioteca Real e do Jardim Botânico. Neste mesmo período, era permitido o funcionamento da incipiente imprensa brasileira. Incentivou-se a abertura de estradas, a dinamização do comércio e a integração das regiões do território brasiliense. Em certa medida, era a chamada autonomia voluntária dentro de um projeto de maior fôlego, que se passava a priorizar: a construção do Império Luso-brasileiro.[19]

Nas palavras de Maria de Lourdes V. Lyra, a partir de 1808 "o quadro de dominação colonial português sofrera profunda reviravolta".[20] Até 1808, diante das relações de força, havia dúvidas quanto à abonação dos residentes nas terras brasileiras. A partir das polí-

---

18 SOUZA, Iara Lis Carvalho. *Pátria Coroada...*, op. cit., p. 91-96.

19 LENHARO, Alcir. *As tropas da moderação: o abastecimento da Corte e na Formação Política do Brasil, 1808-1842*. Rio de Janeiro: Secretaria Municipal de Cultura, Turismo e Esporte, Departamento Geral de Documentação e Informação Cultural, Divisão de Editoração, 1993, passim.

20 LYRA, Maria de Lourdes V. *A utopia do poderoso Império...*, op. cit., p. 135-139, 143. Cf. também CUNHA, Pedro Octávio Carneiro da. "A fundação de um Império liberal", In: HOLLANDA, Sérgio Buarque (dir.). *História Geral da Civilização Brasileira*. 6ª ed. São Paulo: Difel, 1982, p. 153-202. Existe ainda uma historiografia mais tradicional que trata do assunto. Cf. MONTEIRO, Tobias. *História do Império: A Elaboração da Independência*. Belo Horizonte: Editora Itatiaia; São Paulo: Editora da Universidade de São Paulo, 1981; LIMA, Oliveira. *O Movimento da Independência 1821-1822*. 6ª ed. Rio de Janeiro, Topbooks, 1987. Além desses, alguns autores de viés marxista têm apontado alguns aspectos importantes sobre as mudanças ocorridas com a chegada da família real. Cf. PRADO Jr., Caio. *Evolução Política do Brasil e outros estudos*. 11ª ed. São Paulo: Editora Brasiliense, 1979; e NOVAIS, Fernando A. e MOTA, Carlos Guilherme. *A independência política do Brasil*. 2ª ed. São Paulo: Editora Hucitec, 1995; _____. *Portugal e Brasil na Crise do Antigo Sistema Colonial (1777-1808)*. 6ª ed. São Paulo: Editora Hucitec, 1995.

ticas desenvolvidas pela Coroa, criava-se um clima de otimismo, ao mesmo tempo em que o descontentamento passava para o lado dos portugueses de Portugal [21] – sentimento agravado, em 1815, com a elevação do Brasil a Reino.

Pari passu com o desenvolvimento político e econômico da colônia, disseminavam-se as ideias liberais através da influência de estudantes do Brasil sediados em Lisboa ou em universidades francesas. As novas ideias se propagaram a ponto de provocar movimentos como os de Pernambuco, em 1817,[22] e as atitudes mais radicais diante das notícias da Revolução do Porto, em 1820. Todos esses acontecimentos foram decisivos para as transformações que mudaram o cotidiano da sociedade brasileira, possibilitando o surgimento de uma esfera pública, capaz de conduzir a opinião pública para a politização e amadurecimento político.[23]

No decorrer dos anos de 1821 e 1822, com a instalação das Cortes Constituintes em Portugal, o processo político foi ganhando contornos não previstos, tanto pelos portugueses quanto para os brasileiros. De um movimento que pretendia regenerar a nação portuguesa, avançou-se para ações que permitiam a fundação de um novo pacto político, com a divisão de poderes e com o retorno de antigos estatutos do Reino de Portugal. Dava-se margem para desavenças entre os dois lados do Atlântico, já que o Brasil foi reconhecido como Reino, garantindo privilégios e o mesmo estatuto português. Portanto, no calor dos acontecimentos, o movimento portuense abria caminho para novos percursos e novas obscuridades, sobretudo quando este se travestia de desequilíbrios das partes do Império Português.

Nestes desentendimentos, os grupos de comerciantes, burocratas e proprietários residentes nas proximidades das Cortes do Rio de Janeiro, juntamente com proprietários mineiros e paulistas, começaram a se aliar em torno da figura de D. Pedro, o que mais tarde criaria as condições para a proposta de emancipação do Brasil.[24] Por estarem diante do dilema colocado pelos constitucionais lisboetas, seus interesses convergiram. Esta aliança política tinha como objetivo dar cabo da difícil tarefa que se anunciava: resistir à tentativa de retorno do regente para Lisboa.

---

21 LYRA, Maria de Lourdes V. *A utopia do poderoso Império...*, op. cit., p. 144-145.

22 Sobre este movimento, cf. MOTTA, Carlos G. *Nordeste: estruturas e argumentos*. São Paulo: Perspectiva, 1972; e CUNHA, Pedro Octávio Carneiro da. "A fundação de um Império liberal"..., op. cit.

23 NEVES, Lúcia Maria Bastos P. das. *Corcundas e Constitucionais. A cultura política da Independência (1820-1822)*. Rio de Janeiro: Revan/Faperj, 2003.

24 OLIVEIRA, Cecília Helena Lorenzini de Salles. "Nação e cidadania: a Constituição de 1824 e suas implicações políticas". In: *Horizontes*, v. 16, 1998, p. 11-37; p. 17.

Entretanto, é preciso ressaltar que a proposta de separação entre Brasil e Portugal não estava colocada até a atitude mais intransigente das Cortes Constituintes Portuguesas. Como tem defendido Gladys Ribeiro, o processo vivido pelo Brasil entre os anos de 1821 e 1822 foi caracterizado muito mais por ameaças e tentativas de construção de um caminho viável para a monarquia luso-brasileira do que por um confronto aberto e declarado pela Independência. A emancipação viria apenas depois de outubro de 1822, sob o signo da incerteza[25] e de um rompimento não dos brasileiros, mas dos portugueses de Lisboa.[26] Tais desavenças podem ser verificadas, no decorrer do processo político, pelo crescente desentendimento entre as diversas frações que ocupavam o poder político; nas tensões geradas na Assembleia Constituinte (resultando no seu posterior fechamento) e na resistência de parcela dos provinciais baianos, paraenses e maranhenses à Corte do Rio de Janeiro.

Podemos ainda citar outros exemplos de instabilidade no Brasil. Dentre eles: a Confederação do Equador (1824); as revoltas escravas surgidas na Bahia, e em diversos outros pontos do Império, que traziam o medo de uma possível *haitinização;*[27] o início da Guerra do Prata,[28] em 1825; a péssima repercussão do Tratado de Amizade celebrado entre Brasil e Portugal, em 29 de agosto de 1825;[29] a deficitária situação financeira do Império; os problemas das tropas estrangeiras[30] e, finalmente, a relação de D. Pedro I com os "portugueses" que aqui viviam. Tais fatos soldaram a consciência da solidariedade de interesses entre os membros da classe dominante.

---

25 RIBEIRO, Gladys S. "Os portugueses na formação da nação brasileira – o debate historiográfico desde 1836". In: *Revista Ler História*. Lisboa, v. 38, 2000, p. 111-161, *passim*.

26 MATTOS, Ilmar R. *O Tempo Saquarema. A formação do Estado Imperial*. 4ª ed. Rio de Janeiro: Access/INL, 1994.

27 REIS, J. J. *Rebelião escrava no Brasil. A história do levante dos malês (1835)*. São Paulo: Editora Brasiliense, 1986 e: _____ e SILVA, Eduardo. "O jogo duro do dois de julho". In: REIS, João José e SILVA, Eduardo. *Negociação e conflito*. São Paulo: Editora Brasiliense, 1997.

28 PEREIRA, Aline Pinto. *Domínios e Império: o Tratado de 1825 e a Guerra da Cisplatina na construção do Estado no Brasil*. Dissertação de Mestrado. Universidade Federal Fluminense, em fase de defesa, 2007.

29 RIBEIRO, Gladys S. "Legalidade, legitimidade e soberania: o reconhecimento da Independência através do Tratado de Paz e Amizade entre Brasil e Portugal (29 de agosto de 1825)". 2º Seminário Regional do CEO (Centro de Estudos do Oitocentos), S. João del Rei, MG, 2004.

30 SOARES, Carlos Eugênio L. "De motins e revolução: os capoeiras e os movimentos políticos de rua". In: _____. *A capoeira escrava e outras tradições rebeldes no Rio de Janeiro (1808-1850)*. 2ª ed. Campinas, SP: Editora da Unicamp, 2004, p. 323-426.

O experiente plenipotenciário inglês, Charles Stuart, afirmou na época:

> Não obstante tudo o que se tem dito a respeito do Poder e recursos deste País, os verdadeiros limites da autoridade do Príncipe Real não se estendem muito além das províncias do Rio de Janeiro e Minas Gerais, onde a influência de Sua Alteza Real tem feito a natureza do governo absoluto; entretanto que as cadeias que prendem as outras capitanias ao governo central, não sendo suficientemente fortes para as compelir a suportar alguma parte do peso do Estado, ou a contribuírem com alguma força para o sustentarem, vão gradualmente cedendo aos hábitos locais, melhor adaptado a um governo federativo, do que manutenção do sistema monárquico que se supõem formarem uma parte. O medo da opinião pública, ou melhor direi, das vociferações do povo, que se deixa perceber em todas as minhas comunicações com o Soberano e seus ministros, descobre a fraqueza real deste Estado, e confirma a minha crença de que uma grande porção do espírito revolucionário que se tem desenvolvido nas províncias do Norte e do Sul.[31]

Tal correspondência vem relativizar as afirmações precipitadas de que a unidade ou o Estado no Brasil teria se dado com o 7 de setembro. Estas afirmações são um tanto quanto apressadas,[32] uma vez que a autoridade de D. Pedro I era limitada, ainda que o desejo do monarca e dos seus aliados fosse em sentido contrário. A unidade deveria ser construída, "as cadeias que prendiam as diversas províncias ainda eram muito fracas".

Havia preocupação com o que poderia resultar em uma pressão mais dura contra o Império do Brasil, como uma possível fragmentação territorial ou o surgimento de repúblicas, como foi exteriorizado em outra carta de Stuart para lorde Canning, também

---

31 Carta de Charles Stuart ao Ministro inglês Canning 16/08/1825. Transcrição Fac-símile de documentos do Arquivo do Cosme Velho, doc. 795, Ofício, tradução nº 57. In: MENDONÇA, Marcos Carneiro de. *D. João VI e o Império do Brasil: a Independência e a Missão Rio Maior*. Rio de Janeiro: Xerox do Brasil, 1984, p. 508-509.

32 RIBEIRO, Gladys S. "Os portugueses na formação da nação brasileira...", *op. cit.*, *passim*.

escrita no mesmo dia 16 de agosto de 1825. O remetente aconselhou não se exagerar nas pressões ao governo,[33] pois "os laços eram frouxos" no Brasil.

O processo de construção da unidade territorial e da formação do Estado brasileiro foi conseguido a duras penas e por um longo consolidar de interesses e projetos.[34] Na verdade, estes projetos políticos distintos estiveram presentes desde os primeiros atos de cunho emancipatório.[35] Do mesmo modo, não se pode ver a independência como movimento inevitável e linear.[36] A marca indelével desse processo foi a incerteza, conforme descrito pela carta de Stuart. Autoridade e centralidade eram palavras-chave neste novo país que se forjava.

Os grupos políticos que juntamente com D. Pedro encaminharam os desfechos anteriores à proclamação, e com ele iniciaram o movimento de emancipação, não tinham determinado em quais bases se daria o novo Pacto Social. A partir de então, começaram a defender interesses específicos de acordo com as "necessidades" que vislumbravam e com as regiões de origem de indivíduos que pregavam no Parlamento e expressavam suas ideias através dos jornais.[37]

Novo vocabulário político e nova noção de tempo: Liberdade e Direitos

Construíam-se imagens e discursos sobre as principais noções caras aos homens do primeiro decênio da independência brasileira. Segundo Lúcia Bastos, o momento histórico entre 1820 e 1823 configurou-se como um período ímpar, em que a linguagem se poli-

---

33 Carta de Charles Stuart a Canning, 16/08/1825. *Apud* CALÓGERAS, João Pandiá. *A política exterior do Império II. O Primeiro Reinado. Contribuições para a biografia de d. Pedro I parte 2ª Revista do Instituto Histórico e Geográfico Brasileiro.* Tomo especial. Brasília, 1989, p. 288.

34 RIBEIRO, Gladys S. "Os portugueses na formação da nação brasileira...", *op. cit., passim.*

35 GIL, José Carlos Amador. *Projetos de Estado no alvorecer do Império.* Vitória: Instituto Histórico e Geográfico do Espírito Santo, 2002; LYRA, Maria de Lourdes V. "'Pátria do cidadão': a concepção de pátria/nação em Frei Caneca". In: *Revista Brasileira de História*, vol. 18, nº 36, 1998.

36 RIBEIRO, Gladys S. "Os portugueses na formação da nação brasileira...", *op. cit.*, passim.

37 Para exemplos de jornais, cf. RIBEIRO, Gladys S. "Nação e cidadania em alguns jornais cariocas na época da Independência do Brasil". *Seminário do Centro de Estudos do Oitocentos.* UERJ, 2006. Mimeo.

tizava e entrava na vida pública, buscando-se um novo vocabulário político pautado nas Luzes, que tanto influenciaram a geração formada na Universidade de Lisboa.[38]

Novos valores, novos vocábulos que logo foram disseminados pela imprensa. Em seguida, estes também seriam espalhados pelo Parlamento, que foi campo de discussão e formulação, mas também se revestiu no poder institucional que legitimou estes debates.

Os valores políticos que proporcionariam uma consciência quanto à possibilidade de alargamento de direitos se irradiavam para os indivíduos – que se tornavam cidadãos. Por enquanto, cabe ressaltar os princípios construídos pelos periódicos e discursos parlamentares, que contribuíram de forma pedagógica para o amadurecimento da sociedade. De uma "infância", como sempre ressaltavam alguns pasquins e tribunos, passou-se a uma primeira maturidade; a sociedade imperial viveria "dores de crescimento", com tensões, impasses e ambiguidades.

As transformações ocorridas na Europa ao longo dos séculos XVII e XVIII e que culminariam na Revolução Francesa tiveram um forte impacto na América Colonial.[39] De uma sociedade baseada nos valores medievais, assistiu-se à transição para uma sociedade moderna. Neste quadro (que de forma alguma se pode dizer homogêneo), assistiu-se a formação do Estado absolutista, fundamentado ora pelas doutrinas racionalistas, ora pela teoria do direito divino dos reis.[40]

Ao longo dos séculos XVII e XVIII, os pensadores iluministas passaram a propor uma nova relação de poder entre o Estado e seus membros. As posições de pensadores políticos como Locke, Montesquieu, Voltaire, Rousseau e Benjamin Constant foram potencializadas. Ao longo do século XIX, estas teorias, incorporadas às práticas políticas cotidianas, criaram uma nova noção de indivíduo e, consequentemente, nova relação entre este e o Estado. Contudo, devemos entender tais práticas como um processo de amadurecimento. A noção de indivíduo estava diretamente vinculada ao amadurecimento da discussão acerca dos direitos e das liberdades civis e políticas. Foi, portanto, sedimentando-se com o tempo.

Os novos ventos trazidos pelo pensamento revolucionário francês influenciaram a conjuntura Ibérica e trouxeram em sua essência uma nova ideia de indivíduo e de sua

---

38 NEVES, Lúcia Maria Bastos Pereira das. "Liberalismo político no Brasil: ideias, representações e práticas (1820-1823)"..., *op. cit.*, p. 79.

39 COGGIOLA, Osvaldo. *A Revolução Francesa e seu impacto na América Latina*. São Paulo: Nova Stella/Editora da USP; Brasília: CNPq, 1990.

40 Quem melhor discorreu sobre este pensamento foi Perry Anderson. Cf. ANDERSON, Perry. *Linhagens do Estado Absolutista*. 3ª ed. São Paulo: Editora Brasiliense, 1995.

relação com a sociedade. Nas palavras de Xavier Guerra, "o homem novo é um homem individual, desgarrado dos vínculos da antiga sociedade estamental e corporativa".[41]

No período temporal em que nos atemos, é preciso observar que a noção de indivíduo ainda estava em construção. Ela se situava em um espaço intermediário entre as concepções de liberdade, de justiça e de direitos. Portanto, foi a partir da disseminação destas concepções e pela publicização de um discurso concernente aos cidadãos que tal relação se sedimentou. Foram as concepções de liberdade que funcionaram como combustíveis para, primeiramente, o surgimento de um novo discurso e, mais adiante, para o exercício destas liberdades ser colocado em xeque.

Assim como a Revolução Francesa, o movimento espanhol em muito repercutiu entre os lusitanos. A principal característica do processo revolucionário espanhol, que serviu de parâmetro para o português, foi a elaboração da Constituição Espanhola de 1812, a chamada *Constituição de Cádiz*, que rompeu com a ideia de um reino pertencente somente a um indivíduo ou família (art. 2º); proclamou a soberania que residia essencialmente na nação, à qual pertencia o direito de estabelecer as Leis (art. 3º); e prescreveu as linhas gerais do fundamento da Lei, com base nos princípios de liberdade e de direitos legítimos de todos os indivíduos que compunham a Nação (art. 4º). A Constituição era, portanto, o fundamento da sociedade (art. 7º), e daí decorria o sentido constitucionalista daquela revolução.[42]

Em 1820, a Revolução do Porto se assemelhava profundamente com o movimento espanhol. Entretanto, a despeito de todas as ações políticas que originaram o processo que desaguaria nas Cortes de Lisboa, uma de suas principais marcas, como tem demonstrado a historiografia, foi sua rápida e intensa disseminação na sociedade.

Pode-se dizer que todas as transformações ocorridas ao longo de três décadas forneceram novas práticas e novos discursos, que deram origem a um novo momento político. Representaram, sobretudo, uma inflexão temporal que permitiu certa ruptura entre o passado e o presente. Os homens que realizaram estas revoluções passaram a se referir ao passado como o "antigo", em oposição ao presente, um momento onde a liberdade se exprimia de forma mais clara.

Desta forma, a Revolução do Porto e seus desdobramentos traziam como consequência ao recém-fundado Império do Brasil uma nova realidade política que podia ser compreendida a partir de três balizas: tempo, que criou uma dicotomia entre o passado e o presente;

---

41 GUERRA, François Xavier. *Modernidad e independencias. Ensayos sobre las revoluciones hispánicas.* México: Mapfre/Fondo de Cultura Económica, 1992, p. 15.

42 Constituição Política da Monarquia Espanhola de 1812.

uma nova concepção de liberdade, que afirmou a primazia do súdito, que a passos largos se constituía como cidadão; e uma nova concepção de direitos, afirmando-se principalmente os concernentes ao cidadão.

Acerca do tempo pode-se dizer que havia um confronto entre o velho regime e o novo sistema de governo. O velho regime era apresentado como o exercício da exacerbação, do abuso e do despotismo que reinavam na sociedade. Já o novo governo era considerado o momento em que se recobrava a liberdade e se discutia se esta deveria ser quantitativa ou qualitativa. Antigo e novo se confrontavam a partir da própria realidade. O "novo" é representado por "nova ordem de coisas políticas" – o que plasmava uma relação entre tempo e sociedade.

Descrevia-se o passado como um período onde não estava garantido o direito à vida, à segurança, pois havia um sistema "tenebroso", de "negridão" e de "trevas",[43] um princípio "oposto ao bem moral e físico".[44] Uma das formas de demonstrar a ruptura foi a publicização de posições políticas que fizessem coro com a nova realidade portuguesa. Para tanto, na edição de setembro de 1820, o periódico *Correio Braziliense* publicava a proclamação da Junta do Porto, que conclamava os soldados portugueses a aderirem ao movimento, para defender a causa da liberdade.

> Os portugueses, sem segurança em suas pessoas e bens, pedem o nosso auxílio, eles querem liberdade regrada pela lei [...] é necessário uma reforma, mas esta reforma deve guiar-se pela razão e pela justiça.[45]

Evocando a necessidade dos povos, os revolucionários puseram-se a caminho das reformas, indicaram a construção de uma regeneração política que restituísse ao rei e à sociedade os destinos da Nação.

O próprio redator do *Correio Braziliense*, ao refletir sobre os acontecimentos em curso, construiu a ruptura entre o passado e o presente, desencadeada pelo movimento portuense. "A revolução de Portugal soltou os diques",[46] dizia Hipólito da Costa. Face ao processo

---

43 *Correio Braziliense*, fevereiro de 1822.
44 *Revérbero Constitucional Fluminense*, 15/09/1821.
45 *Correio Braziliense*, setembro de 1820.
46 *Correio Braziliense*, novembro de 1820.

que tomava corpo, logo se formariam grupos defensores do "antigo sistema" e os adeptos do novo governo: o constitucional.[47]

Insistente e perspicaz na sua política de publicização, Hipólito da Costa enfatizou a ruptura. Procurou divulgar cada palavra proclamada pelos líderes revolucionários. Foi o caso da fala do presidente das Cortes Constituintes, que, no momento do retorno do rei D. João VI a Portugal, circunscrevia seu discurso como uma nova comemoração e feito da revolução. Novamente, enfatizava-se a ruptura temporal:

> A urgência de remediar os males, a ideia de realizar os bens, nos trouxe finalmente este dia feliz, em que uma lei justa e igual, de todos conhecida, e jurada por todos, preserva o governo político [...] estas são as condições mais essenciais do contrato, que Vossa Majestade jura [...][48] [grifos meus]

Outro aspecto destacado pelos liberais era a denúncia dos abusos cometidos no antigo governo. Segundo o presidente das Cortes Constituintes Portuguesas, não eram garantidos aos homens os seus direitos,

> Era um abismo, em que nenhum cidadão se julgava livre do perigo, era o estado de ruína, em que nenhum homem contava com sua vida, liberdade ou propriedade...[49]

Nele, "o soberano dispunha do pleno domínio da lei e da justiça"; "os magistrados eram-lhe subalternos" e "governava-se segundo a vontade individual". Os súditos (sujeitos) viviam à mercê do ente maior, representante do divino na terra, "em todos os países em que o despotismo tem calcado os Direitos dos homens, o Rei é um Deus".[50] No antigo governo, a relação entre o soberano e os súditos era tida como a de um contrato de submissão, onde os homens se sujeitavam aos desígnios de um só indivíduo, era impossível garantir a sua liberdade e a sua felicidade, pois o que valia era "apenas a vontade e felicidade do soberano".

---

47 *Correio Braziliense*, setembro de 1820.
48 *Idem*.
49 *Correio Braziliense*, fevereiro de 1822.
50 *Revérbero Constitucional Fluminense*, 01/10/1821.

Por outro lado, o presente era afirmado como um novo momento, novo tempo onde a felicidade e a liberdade grassavam. Se no antigo governo existia um contrato de submissão, já no constitucional, "regulado por leis fixas",[51] o acordo se aproximava de um contrato social ou um pacto, que limitava a ação do soberano mediante a partilha do poder, evitando-se abusos. O sistema constitucional, "a melhor forma de governo para a segurança, tranquilidade e prosperidade dos governados", se baseava em um pacto político: a Constituição.

> "Por ela as Leis são a alma de todo este corpo, e que lhe imprimem um movimento orgânico [...] por ela serão garantidos os primeiros bens dos Homens; e os seus direitos mais caros: a Liberdade, a Igualdade, a Segurança."[52]

Portanto, leis claras garantiriam ao cidadão o exercício de seus mais elementares direitos naturais. Mais ainda, avalizavam-lhe o direito de participar da coisa pública, na qual os cidadãos (entes livres) exerceriam a prerrogativa de escolher os seus representantes e teriam a liberdade como bem maior.[53]

A existência de duas realidades temporais pode ser descrita como a dicotomia entre o estado de natureza e o estado civil (sociedade civil). Utilizando os princípios defendidos por pensadores políticos como Hobbes, Locke e Rousseau, os revolucionários enfatizavam a oposição "estado de natureza" e "sociedade civil" como um momento histórico. De um lado haveria um período anterior ao constitucionalismo, uma época selvagem, de incerteza, insegurança e instabilidade. Foi no sistema constitucional que se criou a sociedade civil (ou civilizada), impondo limites ao soberano, sob a garantia da liberdade aos súditos, doravante cidadãos. Os limites, atribuições e direitos seriam garantidos por um contrato ou pacto, que teria na Constituição o seu fundamento. Se na sociedade anterior (ou do Antigo Regime) os homens abriram mão da sua liberdade para garantir a estabilidade, segurança e harmonia; na sociedade civil os homens retomavam-na para o pleno exercício dos seus direitos.

O novo homem seria um sujeito de direito. Rompia-se com os pressupostos absolutistas, sobretudo aqueles defendidos por Jean Bodin e Thomas Hobbes, que propunham uma

---

51   *Revérbero Constitucional Fluminense*, 15/09/1821.
52   *Revérbero Constitucional Fluminense*, 06/08/1822.
53   *Revérbero Constitucional Fluminense*, 01/10/1821.

soberania una, absoluta e indivisível. Em seu lugar, haveria um entendimento de partilha da autoridade, que se situava em uma crítica à concentração de poderes na pessoa do rei. Concomitantemente, a existência de um contrato não se daria mais em termos de uma submissão, mas pressupunha a consolidação de um pacto político entre governantes e governados, com a participação soberana do segundo. Irrompiam, assim, com a subordinação dos sujeitos, doravante cidadãos.

Do outro lado, ter-se-ia a libertação da sociedade, que se constituía em uma sociedade civilizada, isto é, que estava fora do mundo selvagem. Pode-se compreender o passado como uma prisão, onde a independência (entendida como anarquia) estava garantida, juntamente com as perturbações e inseguranças daquela vida. Vinculava-se este modelo ao passado absolutista. Portanto, a sociedade que se criava (ou que se pretendia criar) era uma sociedade civil.

Observe-se que este conceito de sociedade civil não estava vinculado a uma noção que nasceria em G. W. F. Hegel no primeiro decênio do século XIX, mas que só se consolidaria a partir da década de 1830. Hegel propunha uma distinção entre o espaço público e o espaço privado. No pensamento hegeliano, parte-se da ideia da existência de uma sociedade civil, que é a historicização do estado de natureza ou sociedade natural dos *jusnaturalistas*, que se transforma em uma realidade orgânica. O filósofo alemão produziu uma separação entre o público e o privado. Segundo ele, a sociedade civil é o campo de batalha dos interesses individuais. Já no Estado (sociedade política) se encontra o espírito corporativo, que nasce da legitimidade dos domínios particulares. O espírito corporativo (Estado) implica uma associação do particular ao universal. O Estado seria a substância que conserva os interesses particulares. A Sociedade Civil representaria uma esfera diferente do Estado, este correspondendo a uma entidade corporativa própria.[54]

Longe estavam, portanto, as concepções de sociedade civil pensadas pelos revolucionários portuenses e que se espalharam pelo mundo Luso-brasileiro. Estas se situavam em uma dimensão que não abrangia aspectos econômicos e políticos, nem uma dicotomia entre público e privado. Ao contrário, a revolução marcava os primeiros momentos dessa ruptura no mundo Luso-brasileiro. Foram as suas consequências, seus valores e seus ideais que principiaram esta separação, fazendo surgir os primeiros traços de uma esfera

---

54 HEGEL, G.W. *Fenomenologia do Espírito*. 4ª ed. Petrópolis/RJ: Editora Vozes; Bragança Paulista/SP: Editora Universitária São Francisco, 2007, p. 310-313; e _____. *Princípios da filosofia do direito*. 2ª ed. São Paulo: Ícone, 1997, p. 243.

pública.⁵⁵ Foi a partir do movimento revolucionário que os setores sociais portugueses eclodiram. A imprensa desempenhou um papel decisivo na disseminação dos ideais revolucionários. Do mesmo modo, no interior da sociedade se desencadeava um processo sem precedentes, com o intuito de influenciar os destinos da Nação.⁵⁶

---

55 HABERMAS, Jürgen. *Mudança estrutural da esfera pública: investigações quanto a uma categoria da sociedade burguesa*. 2ª ed. Rio de Janeiro: Edições Tempo Brasileiro, 2003. Para os diversos tipos de organizações civis no mundo Luso-brasileiro, cf. LYRA, Maria de Lourdes V. *A utopia do poderoso Império Portugal e Brasil. Bastidores da política, 1798-1822*. Rio de Janeiro: Sette Letras, 1994; MATTOS, Ilmar R. de. *O Tempo Saquarema. A formação do Estado Imperial*. 4ª ed. Rio de Janeiro: Access, 1989; OLIVEIRA, Cecília Helena Lorenzini de Salles. *A Astúcia Liberal. Relações de Mercado e Projetos Políticos no Rio de Janeiro (1820-1824)*. Bragança Paulista/SP: Ícone/UDUSF, 1999; PRADO Jr., Caio. *Evolução Política do Brasil e outros estudos*. 11ª ed. São Paulo: Editora Brasiliense, 1979; SODRÉ, Nelson Werneck. *Razões da Independência*. Rio de Janeiro: Editora Civilização Brasileira, 1965; SOUZA, Iara Lis Carvalho. *Pátria Coroada...*, *op. cit.*; MARTINHO, Lenita M. e GORENSTEIN, Riva. *Negociantes e caixeiros na sociedade da Independência*. Rio de Janeiro: Secretaria Municipal de Cultura, Turismo e Esporte, Departamento Geral de Documentação e Informação Cultural, Divisão de Editoração, 1993; LENHARO, Alcir. *As tropas da moderação...*, *op. cit.*; NEVES, Lúcia Maria Bastos P. das. *Corcundas e Constitucionais. A cultura política da Independência (1820-1822)*. Rio de Janeiro: Revan/Faperj, 2003; e _____. "Da repulsa ao triunfo. Idéias francesas no Império luso-brasileiro, 1808-1815". In: *Anais do Museu Histórico Nacional*, vol. 31, 1999; GUIMARÃES, L. M. P. e PRADO, M. E. *O liberalismo no Brasil Imperial...*, *op. cit.*; FONSECA, Maria Rachel Fróes da. "Luzes das ciências na Corte americana – observações sobre o periódico O Patriota". In: *Anais do Museu Histórico Nacional*, vol. 31, 1999, p. 81-106; COSTA, Emília Viotti da. "Introdução ao estudo da emancipação política do Brasil". In: *Da Monarquia à República. Momentos decisivos*. 7ª ed. São Paulo: Fundação Editora da Unesp, 1999; AZEVEDO, Célia Maria M. "Maçonaria, cidadania e a questão racial no Brasil escravagista". In: *Estudos Afro-Asiáticos (34): 121-136*, dezembro de 1998; LUSTOSA, Isabel. *Insultos Impressos...*, *op. cit.*; CARVALHO, José Murilo de. *A Construção da Ordem...*, *op. cit.*

56 PEREIRA, Miriam H. *A crise do Antigo Regime e as Cortes Constituintes de 1821-1822. Negociantes, fabricantes e artesãos, entre as velhas e as novas instituições*. Lisboa: Edições João Sá da Costa, 1992, vol. II; e _____. *Das revoluções liberais ao Estado Novo*. Lisboa: Editorial Presença, 1994; e VARGUES, Isabel Nobre. *A aprendizagem da cidadania em Portugal...*, *op. cit.*, passim.

Apreensões sobre as ideias de liberdades políticas e civis

Nesta ruptura de tempo, outros conceitos seriam relidos ou recriados. Talvez não existam palavras mais propaladas no decênio do Primeiro Reinado do que Constituição, liberdade e cidadão. Estas assumiram sentidos polissêmicos e se relacionavam entre si. Mais do que divulgadas, atravessavam as classes sociais, provocando transformações no universo mental entre os portugueses e nos habitantes da então Colônia portuguesa. Gradativamente, transformavam-se em valores absolutos e universais, e contribuíram para intensificar e potencializar as contradições sociais – razão para o amadurecimento dos direitos do cidadão e para a edificação da cidadania. Esta última, porém, é válida apenas para o século XX.

Neste momento, deter-nos-emos nas acepções da palavra liberdade. Embora reconhecendo que não se pode separá-la dos entendimentos sobre Constituição, faremos um recorte didático com o intuito de demonstrar a nossa argumentação principal.

A palavra liberdade ganhava uma conotação polissêmica. Saldava-se a revolução dos portuenses como um marco para a liberdade do povo português. Entendiam-na como um momento de inflexão entre a ausência de liberdades (no passado) e o nascimento do mais célebre dos direitos do homem.

Segundo Hipólito da Costa, redator do *Correio Braziliense*, a liberdade tinha um sentido ímpar para o povo lusitano, pois este ficou muito tempo à mercê do domínio francês e inglês. O acontecimento do Porto, primeiramente saudado como uma revolta, logo ganhou um entendimento revolucionário não só pelas consequências de curto e médio prazo, mas por fazer emergir novos sentidos de liberdade, segurança e garantia da propriedade. Esta euforia foi seguida pelo redator do *Revérbero Constitucional Fluminense*, que saudou o movimento do Porto como um momento de erupção entre o antigo governo para o liberalismo.

A liberdade tornava-se matéria de intensas disputas, ganhando interpretações de acordo com os oradores e discursos políticos. Para alguns, tratava-se de uma liberdade "bem entendida" que se opunha a uma "liberdade momentânea". Esta última foi exercida nos processos revolucionários, em especial no período do Terror da Revolução Francesa, onde as camadas populares exerceram na plenitude os direitos políticos, participando de forma direta das decisões da república. Mas também se podem vislumbrar estas práticas no processo constitucionalista das antigas colônias espanholas na América. A liberdade "bem entendida" foi constantemente defendida por homens como José Bonifácio e José de Alencar nos diversos espaços por eles frequentados.

É neste contexto que devemos recuperar a epígrafe deste capítulo, e relacioná-la com a posição de Andrada na Assembleia Constituinte. Já nos primeiros meses da independência brasileira, ele não se cansava de afirmar o que tinha em mente quando se reportava à liberdade e à forma de participação dos indivíduos. Segundo Bonifácio, esta seria uma liberdade com limites claros de direitos, os indivíduos que decidiriam politicamente seriam aqueles os mais preparados.

Já nas primeiras sessões da Assembleia Constituinte, o debate surgia de forma mais aberta e polêmica. A fala de abertura de D. Pedro I motivou uma discussão parlamentar sobre os limites dos poderes do monarca e o papel a ser cumprido pelo Imperador. Após a ruptura com os portugueses e com a instalação dos trabalhos constituintes, uma parcela considerável de deputados acreditava estar exercitando as prerrogativas de uma Assembleia soberana, em detrimento dos poderes do imperante. Era a fase aguda do entendimento da Assembleia como o "Soberano Congresso", isto é, o Poder Legislativo revestido do exercício da soberania nacional.

O então deputado José Bonifácio lançava as bases de seu pensamento. Segundo ele, dever-se-ia afirmar a "liberdade de que somos capazes, aquela liberdade que faz a felicidade do estado, e não a liberdade que dura momentos, e que é sempre a causa e o fim de terríveis desordens".[57] O também Ministro vinculava o sentido de liberdade aos interesses do Estado. Por isso Bonifácio contrapôs dois tipos de liberdade, optando pela duradoura, que se atava ao Estado. Aparentemente esta posição contradiz os argumentos de Andrada sobre as liberdades individuais e políticas indicadas anteriormente. Embora pareçam excludentes, são, na verdade, complementares.

Para entendermos melhor, consideramos a matriz discursiva utilizada por José Bonifácio, que foi o pensamento político de Benjamin Constant. A partir deste, também localizamos o cerne dos debates entre os contemporâneos de Bonifácio e todas as outras concepções que se deram a partir das elaborações do pensador francês. Quanto a este aspecto, será útil localizarmos qual o principal interlocutor de Benjamin Constant, esperando esclarecer os motes políticos em que versavam não só o debate brasileiro no interior

---

[57] *Diários da Assembleia Constituinte de 1823*, sessão de 06/05/1823. Veja também a sessão de 30/09/1823, quando o projeto de Constituição começava a ser discutido e as concepções de Liberdade Política passavam a dar a tônica.

da Assembleia Constituinte, mas, em grande medida, o processo posterior à reabertura da Assembleia Geral, em 1826.

É importante que fique claro que, a despeito das ideias de Benjamin Constant e de outros publicistas, os atores políticos do processo político brasileiro da primeira década da Independência construíram seus entendimentos sobre os autores das Luzes a partir de suas próprias experiências e interesses políticos, conforme alertado por Silvana Mota Barbosa.[58] Ela chama atenção para o fato de que as obras de Benjamin Constant não devam ser tomadas como um pensamento único. Segundo arguiu Mota Barbosa, o autor, por diversas ocasiões, refez as suas ideias, incluindo as formulações sobre o sistema representativo. Ainda segundo Barbosa, para se compreender o pensamento do jurista francês, é necessário ter em conta que foram justamente as opiniões sobre o sistema representativo que se tornaram a espinha dorsal do seu pensamento.[59]

Porém, nenhuma discussão acerca dos direitos do cidadão na primeira metade do século XIX no Brasil procede sem que se tenha em conta as matrizes teóricas formuladas, de um lado, por Jean Jacques Rousseau e, de outro, por Edmund Burke e Benjamin Constant. Não deixemos de notar que os dois últimos formularam uma teoria mais consoante com um liberalismo mais conservador.[60] Tais pensamentos influenciaram os rumos da construção da cidadania no Brasil Império, seja na Assembleia Constituinte, seja na confecção da Constituição de 1824. Também se fizeram presentes ao longo do período, quando se discutia o trabalho compulsório e o direito civil e criminal brasileiro.

Segundo Montesquieu, não existia palavra que tivesse recebido as mais distintas significações e que, de tantas maneiras, tenha impressionado os espíritos como a liberdade. "Cada um chamou liberdade ao governo que se adequava aos seus costumes ou às suas inclinações", argumentava.[61]

De acordo com Rousseau, renunciar à liberdade era renunciar à qualidade de homem.[62] A liberdade era uma condição natural. Haveria uma liberdade natural, definida por Che-

---

58 BARBOSA, Silvana Mota. *A Sfhinge monárquica...*, op. cit., p. 84.

59 *Idem*, p. 55; 61-68.

60 MARTINS, José de Souza. *Introdução crítica à sociologia rural*. São Paulo: Editora Hucitec, 1981, *passim*.

61 MONTESQUIEU. *Do espírito das leis*. São Paulo: Abril Cultural, 1973. (Os Pensadores), p. 155-156.

62 ROUSSEAU, Jean Jacques. *Do Contrato Social*. 2ª ed. São Paulo: Abril Cultural, 1978. (Os Pensadores), p. 27.

valier de Jacourt na *Enciclopédia* como o "poder de fazer o que bom lhe parecer e dispor de acordo com a sua vontade de suas ações e de seus bens".[63]

Para Rousseau, a relação entre os homens ia além do objetivo de proteger a propriedade. Mais importante era a liberdade, que seria expressa na livre vontade de associação a um corpo político e a criação de um Estado, "um compromisso recíproco entre o público e os particulares, e de cada indivíduo",[64] selado pela vontade geral. Em grande medida, o furor pela liberdade influenciou o pensamento político das principais lideranças da Revolução Francesa, desencadeando um movimento de igualitarismo e radicalização, um dos legados mais profundos de 1789.

Ainda segundo o autor genebrino, havia uma distinção entre indivíduo e cidadão, sendo que o primeiro dispunha das suas vontades particulares, que poderiam ser contrárias ou diversas à vontade geral. Já o cidadão buscaria o interesse comum, pois através dele firmava-se o contrato social. Por meio deste contrato, o homem perdia a liberdade natural (um direito ilimitado) em troca da liberdade civil e da propriedade.

Ao atar o cidadão ao corpo social, Rousseau, de certa forma, reincorporou o homem que Aristóteles outrora descreveu como pilar da sociedade (ou sociedade política). O homem aristotélico era um ser político. A política é entendida aqui como a condição do exercício da liberdade, ou seja, a vida, a cidade e a comunidade. É a necessidade de viver em sociedade que subtrai o indivíduo. Para Aristóteles, o Estado está na ordem da natureza e antecede ao indivíduo.[65] Rousseau não discordou de Aristóteles quanto a este quesito.

Para Rousseau, "cada um necessariamente se submete às condições que impõe aos outros". O cidadão (enquanto ser comunitário), ao mesmo tempo em que impõe a outro, permite que o outro se lhe imponha condições, a partir de uma relação dialética. Sua doutrina relacionava o exercício da liberdade civil à liberdade política. Uma dependia da outra, assim:

> Pelo pacto social demos existência e vida ao corpo político. Trata-se, agora, de lhe dar, pela legislação, movimento e vontade, porque o ato primitivo, pelo qual esse corpo se forma e se une, nada determina ainda daquilo que deverá fazer para conservar-se.[66]

---

63 DIDEROT, Denis e D'ALEMBERT, Jean Le Rond. *Verbetes políticos da Enciclopédia*. São Paulo: Discurso Editorial/Editora da Unesp, 2006, p. 203.

64 ROUSSEAU, Jean Jacques. *Do Contrato Social...*, op.cit., p. 34.

65 ARISTÓTELES. *Política*. São Paulo: Martin Claret, 2004, p. 14-15.

66 ROUSSEAU, Jean Jacques. *Do Contrato Social...*, op.cit., p. 53; 68-69.

A noção de liberdade a partir de um compromisso com o corpo político, o exercício da liberdade política enquanto direito à participação nas coisas públicas (Re(s)pública) não encontra concordância em todos os pensadores do final do século XVIII e início do XIX.

Lideranças da Revolução Francesa, como o abade Emmanuel Sieyès, concordavam em parte com Rousseau ao formular uma dura crítica à aristocracia. Afirmava o abade que "não somos livres por privilégios, mas por direitos, direitos que pertencem a todos os cidadãos".[67] Assim, os direitos equivaleriam não somente aos direitos civis, mas também aos políticos; o direito à própria representação, "os direitos políticos, assim como os direitos civis, devem corresponder à qualidade do cidadão".[68]

Segundo Sieyès, no exercício da liberdade de escolha, os homens não são iguais. Por isso era preciso desmistificar a liberdade proposta pela nobreza, que de certo não era a liberdade do povo. Não haveria um direito sem limites, logo o exercício da liberdade era qualificado. Sieyès distinguiu os cidadãos no interior do Terceiro Estado, indicando que o exercício dessa liberdade ia além das distinções efetuadas até aquele momento. Em autores como Hobbes e Locke, as barreiras estabelecidas para o *exercício cidadão* se centravam na condição de liberdade (não escravidão), na idade mínima e na condição sexual (homens e mulheres não possuíam os mesmos direitos).

Em John Locke, por exemplo, nem todos os homens estavam propensos a toda igualdade, havendo uma diferença entre as idades e as virtudes. Assim, os filhos não poderiam nascer no estado de igualdade, "nascemos livres como nascemos racionais".[69]

Com o intuito de descaracterizar os privilégios da aristocracia, mas qualificando o grupo emergente no Terceiro Estado, Sieyès pensava que a condição social era elemento de distinção. Eram, nas palavras do autor, "caracteres preciosos, sem os quais não se pode ser nem eleitor, nem elegível". Para além da idade mínima, da condição feminina, "é certo que um vagabundo, um mendigo não possa receber a confiança política dos povos".[70] Dessa forma, "a liberdade política tem, assim, seus limites, bem como a liberdade civil".[71]

---

67 *Idem*, p. 57.

68 *Idem*, p. 70.

69 LOCKE, John. *Segundo Tratado sobre o governo*. 2ª ed. São Paulo: Abril Cultural, 1978. (Os Pensadores), p. 58.

70 *Idem*, p. 67-69.

71 Para uma análise mais global dessa discussão, cf. SEWELL JR., William, "*Le citoyen/la citoyenne: Activity, passivity, and the Revolutionary concept of citizenship*". In: LUCAS, Cohin (ed.). *The French Revolution and the creation of Modern Political Culture*. Oxford, Pergumon Press, 1988.

No interior do Terceiro Estado, Sieyès arguía existir uma classe disponível cujas pessoas são "aquelas que, pelos seus modos e bem-estar, permitem que seus homens recebam uma educação liberal, cultivem a razão e, enfim, podem interessar-se pelos assuntos públicos".

> Todo cidadão que reúne as condições determinadas para ser eleitor tem direito de se fazer representar, e sua representação não pode ser uma fração da representação do outro. Este direito é uno; todos o exercem por igual, como todos estão protegidos igualmente pela lei que ajudaram a fazer.[72] [grifo meu]

No exercício de suas liberdades, os cidadãos são iguais. O "interesse comum" deve ser um objetivo, pois, "o direito de representar só pertence aos cidadãos por causa das qualidades que lhes são comuns e não devido àquelas que os diferenciam".[73]

É interessante refletir sobre o pensamento de Claude Mossé, que defende a ideia de *igualdade pela lei* e *igualdade perante a lei*. Segundo este autor, a *igualdade pela lei* aplica-se à igualdade política, os cidadãos são politicamente iguais. Já a *igualdade perante a lei* seria uma "universalização" da lei, isto é, leis semelhantes "para o bom e para o mau".

Porém, observamos que os principais pensadores da cidadania no Brasil não percebem esta diferença indicada por Mossé. Por isso, muitas vezes argumentam que não houve cidadania no Brasil Império. Embora a noção existisse desde a Antiguidade, não foi empregada na primeira fase da Revolução Francesa (o modelo adotado pelo Império do Brasil).[74] A chave para esta compreensão reside na recusa dos legisladores do Primeiro Reinado em admitir os valores de cidadania do mundo grego, ponto insistentemente repetido por muitos parlamentares.[75]

---

72 Sieyés, Emmanuel Joseph. *A Constituinte Burguesa...*, op. cit., p. 70-71.

73 Sieyés, Emmanuel Joseph. *A Constituinte Burguesa...*, op. cit., p. 118.

74 Mossé, Claude. "Igualdade". In: *Dicionário da Civilização Grega*. Rio de Janeiro: Zahar, 2004, p. 173-175. Para a discussão no Brasil, cf. Santos, Wanderley G. *Cidadania e justiça: a política social na ordem brasileira*. Rio de Janeiro: Campus, 1994; e Matta, Roberto da. *A casa e a rua: espaço, cidadania mulher e morte no Brasil*. 4ª ed. Rio de Janeiro: Guanabara Koogan, 1991.

75 Confira este posicionamento, por exemplo, nos debates sobre naturalização de estrangeiros no Senado Imperial, quando o Marquês de Caravelas afirmava que Atenas ou o mundo grego não serviam de exemplos para a discussão dos direitos concernentes aos cidadãos e aos estrangeiros. Segundo os

A Lei era a garantia dos interesses comuns.[76] Esta não impedia de modo algum que cada um, segundo suas faculdades naturais e adquiridas, acrescesse sua propriedade com tudo que a sorte próspera ou um trabalho mais fecundo pudesse acrescentar. O papel da Lei era proteger cada cidadão até o momento que ele começava a prejudicar o interesse *comum*. A Lei cumpre proteger, porém, estabelece diferenças. Entretanto, a diferença não é sinônimo de privilégio. O privilegiado é "todo homem que sai do direito comum, porque não pretende estar completamente submetido à lei comum, ou porque pretende direitos exclusivos".[77] As diferenças existem porque os homens "ocupam nela [na lei] lugares diferentes" e estão em condições diferentes de civilização. Assim, cidadãos são aqueles que, pelos seus "modos e bem-estar", "recebam uma educação liberal, cultivem a razão" e que se interessem pelos assuntos públicos. Eles podem usufruir também o direito do exercício das liberdades políticas.

Observemos ainda as críticas ao pensamento de Rousseau, que emanaram principalmente de dois autores: Edmund Burke e Benjamin Constant. Com as primeiras notícias da Revolução na França, Edmund Burke já apresentava uma desconfiança acerca da ideia de liberdade propagada pelo autor genebrino e adotada pelos revolucionários. Segundo Burke, era um "princípio abstrato", pois a liberdade deveria estar em harmonia com o governo, com o poder público, com a disciplina e com a obediência.[78]

Comparando as revoluções inglesa (1688) e francesa (1789), Burke afirmou que a primeira objetivava a restauração das leis e das liberdades tradicionais, ao passo que a francesa propunha criar um novo estatuto. "A simples ideia de fabricar um novo governo é suficiente para nos encher de repulsa e horror", declarava o autor.[79]

Burke relacionou a liberdade à própria tradição, evocando para isso a "Petição de Direitos" de Carlos I. O que a revolução de 1688 fez foi melhorar o sistema, mas, "aquilo que melhoramos não é nunca completamente novo, e aquilo que conservamos não é nunca

---

legisladores, o legado romano era muito mais adequado ao Império brasileiro do que o legado grego. *Anais do Senado*, sessões de 29/07/1826 e de 03/08/1826.

76 Vê-se a proximidade de Sieyès com Montesquieu. Cf. MONTESQUIEU. *Do espírito das leis...*, op. cit., p. 33-34.

77 *Idem*, p. 119.

78 BURKE, Edmund. *Reflexões sobre a Revolução em França*. 2ª ed. Brasília: Editora da UnB, 1997, p. 51, 55, 72-73.

79 *Idem*, p. 67.

completamente velho".[80] A liberdade era entendida, portanto, como uma herança e não como uma inovação, uma nova construção ou a criação de um novo sistema baseado na livre escolha dos soberanos ou na escolha direta dos representantes.

A verdadeira liberdade, para Burke, era aquela que trazia a felicidade, calcada no respeito pelos ancestrais e que também garantia os direitos do homem. Porém, não seria permitido usar o próximo em nome da liberdade. Os homens têm direitos iguais, "mas não às mesmas coisas", porque eles não entram da mesma forma na sociedade civil.

> No que concerne à participação no poder, autoridade e direção que cada indivíduo deve ter nos assuntos do Estado, nego-lhe a faculdade de estar entre os direitos originais diretos do homem na sociedade.[81]

Segundo Burke, o homem renunciou ao direito de julgar as suas próprias causas e no direito de governar a si próprio (posição bem próxima à de Hobbes) "a fim de assegurar alguma liberdade, entrega-a inteira em confiança à sociedade". Um governo livre seria a combinação de dois elementos opostos: a liberdade e a sujeição.[82] A sociedade, através do governo, exerceria "suficiente constrangimento sobre as paixões".[83] Burke conceituava os direitos do homem sob certas condições que "compreendem tanto suas liberdades quanto as restrições que lhe são impostas".[84]

Segundo Burke, as ideias de Direitos do Homem propagadas pelos revolucionários, baseadas no princípio da vontade geral de Rousseau, seriam metafísicas e direitos absolutos.[85] Ao mesmo tempo, criaria uma ficção, pois, segundo ele, a representação de um Estado é

---

80 *Idem*, p. 69.

81 *Idem*, p. 88.

82 *Idem*, p. 220.

83 *Idem*, p. 89.

84 Posição que ia ao encontro de Jeremy Benthan, que propugna o princípio da utilidade, isto é, "aquele princípio que aprova ou desaprova qualquer ação, segundo a tendência que tem a aumentar ou diminuir a felicidade da pessoa cujo interesse está em jogo". Cf. BENTHAN, Jeremy. *Uma Introdução aos princípios da Moral e da Legislação*. São Paulo: Nova Cultural, 1989. (Os Pensadores), p. 3.

85 BURKE, Edmund. *Reflexões sobre a Revolução em França...*, op. cit., idem.

válida e adequada somente se se compreender a relação entre a aptidão e a propriedade. Esse fundamento teria sido abandonado pelos revolucionários.[86]

Mas nenhum autor talvez tenha elaborado uma crítica tão profunda ao conceito de liberdade da Revolução e a Rousseau como a feita por Benjamin Constant. Foi uma formulação original, pois ia de encontro ao pensamento dominante naquele momento, as teorias *rousseauneanas*.[87]

Em *Princípios Políticos Constitucionais*,[88] obra que surgiu no momento anterior aos *100 dias de Napoleão*, Benjamin Constant absorveu e justificou as garantias individuais oriundas da Revolução Francesa. Constant procurou conciliar e adaptar o modelo monárquico, que estivera comprometido com o *Ancien Régime*, às novas conquistas do cidadão. Reconheceu a Constituição francesa de 4 de junho de 1814, que se centrava no princípio da soberania do povo, a supremacia da vontade geral sobre toda a vontade particular. Reinterpretou este dispositivo, pois, "o reconhecimento abstrato da soberania do povo não acrescenta nada na liberdade dos indivíduos",[89] entendendo que "é falso que a sociedade em seu conjunto possua sobre seus membros uma soberania sem limites".[90]

Em *A Liberdade dos antigos comparada à Liberdade dos modernos*,[91] distinguiu a liberdade, afirmando haver a do "passado" e a do "presente". Para ele, não existiria uma continuidade ou uma evolução da liberdade antiga à moderna, sendo a liberdade (antiga) entendida como participação coletiva na soberania e um "exercício coletivo, mas direto, de

---

86   Idem, p. 82-83. Deve-se notar que E. Burke está escrevendo o seu trabalho nos primeiros momentos da Revolução Francesa e faz a sua crítica em cima da proposta de igualdade de votos entre os Estados e nos primeiros resultados da Revolução. Seu trabalho foi escrito no primeiro semestre de 1790 e publicado no final daquele ano.

87   Essa é a opinião de Antônio de Araújo, introdutor da edição portuguesa de Benjamin Constant, cf. CONSTANT, Benjamin. *A Liberdade dos antigos comparada à Liberdade dos modernos*. Edições Tenácitas, 2001, p. XIV. José Antônio D. Trabulsi tem outro entendimento. Cf. TRABULSI, José Antônio D. "Liberdade, igualdade, antiguidade. O mundo clássico e a revolução francesa". In: *Revista de História e Cultura da Antiguidade Phoinix*, Rio de Janeiro, v. II, 1998, p. 205-255.

88   CONSTANT, Benjamin. *Princípios Políticos Constitucionais*. Rio de Janeiro: Liber Juris, 1989.

89   Idem, p. 62.

90   Idem, p. 63.

91   CONSTANT, Benjamin. *A Liberdade dos antigos comparada à Liberdade dos modernos...*, op. cit.

diversas facetas". Estava, portanto, em sentido oposto à liberdade civil e à individual, quer dizer, "o direito de cada qual ser sujeito apenas às leis" (modernos).

Ainda segundo Benjamin Constant, o fato de ser possível delegar a soberania a outrem não significava que os investidos possuíam soberanamente direitos quanto à existência dos indivíduos.[92] Para Constant,

> onde começa a independência e a existência individual termina a jurisdição da sociedade [...] a sociedade não pode exceder sua competência sem ser usurpadora, nem a maioria sem ser facciosa. O consentimento da maioria não basta em todos os casos para legitimar atos [...].[93]

Segundo Constant, na Antiguidade houve uma sujeição do coletivo na vida individual do cidadão, pois os antigos não tinham noção dos direitos individuais, "como cidadão, decidia a paz e a guerra; como particular, estava limitado e era observado e reprimido em todos os seus movimentos".[94]

> O objetivo dos antigos era a partilha do poder social entre todos os cidadãos; o objetivo dos modernos é a segurança do seu bem-estar privado; e chamam a liberdade às garantias que as instituições concedem a esse bem-estar.[95] [grifos meus]

Segundo Constant, Jean Jacques Rousseau transportara para os tempos modernos uma dimensão do poder social da soberania coletiva, típico de outros séculos. Também não poupou o abade Mably de suas considerações, pois este teria sido o mais digno representante dos preceitos da liberdade dos antigos ao pretender que os cidadãos fossem "completamente dominados para que a nação seja soberana, que o indivíduo se torne escravo para que o povo seja livre".[96]

---

92 *Idem*, p. 6-7.
93 *Idem*, p. 64.
94 *Idem*, p. 7-8.
95 *Idem*, p. 17.
96 *Idem*, p. 19-23.

Constant contrapôs-se a Rousseau, pois,

> A liberdade dos tempos antigos era constituída por tudo o que assegurava aos cidadãos a maior parte no exercício do poder social. A liberdade dos tempos modernos é constituída por tudo o que garante a independência dos cidadãos contra o poder.[97]

A liberdade individual era a verdadeira liberdade moderna. A liberdade política era a sua garantia. Esta última, por consequência, era indispensável. Entretanto, exigir sacrifícios em nome da liberdade política é o caminho mais fácil para se retirar a liberdade individual. Constant afirmava: "é o bem-estar que deve ser aprofundado; é a liberdade civil o que reclamo, juntamente com outras formas de liberdade política.[98]

Segundo Constant, os filósofos como Rousseau, abade Mably identificaram a autoridade do corpo social com a liberdade a partir dos antigos. Eles detestavam a liberdade individual, conforme afirmou Constant. Queriam que a lei atingisse os pensamentos, as impressões mais fugazes. Porém, Constant não foi tão crítico quanto ao pensamento de Montesquieu. Concedeu-lhe um tratamento diferenciado, afirmando que o autor de *O espírito das leis* "não teria caído nos mesmos erros" que Rousseau e o abade Mably.

Mas como se efetivaria o exercício da liberdade política? Pela representação, respondeu Constant. Haveria a necessidade de um sistema representativo. A liberdade política seria dependente de uma organização composta por indivíduos capazes de responder em nome de uma nação, que não pode fazer por si própria.[99] Assim, a liberdade dos modernos era uma necessidade e não uma preferência.

---

[97] CONSTANT, Benjamin. *A Liberdade dos antigos...*, op. cit., p. 6-7.
[98] *Idem*, p. 29. Cf. também BENTHAN, Jeremy. *Uma Introdução aos princípios da Moral...*, op. cit.
[99] *Idem*, p. 31.

O Parlamento brasileiro e as concepções de direitos do cidadão

O sistema representativo foi destacado por Silvana Mota Barbosa ao abordar a relação do Poder Moderador no Brasil Império com o pensamento de Benjamin Constant. A autora indica a tensão entre as propostas que se aproximavam do pensador francês, emanadas sobretudo pelo Imperador e por grupos do Sudeste. Estes acreditavam na supremacia do Poder Executivo sobre o Legislativo, em uma união das províncias tuteladas pelo governo monárquico. Do outro lado, tinha-se uma posição que afirmava a adoção de um sistema representativo pleno, onde a autoridade do Imperador seria limitada, preponderando o Poder Legislativo.[100]

Silvana Barbosa não desconhece a extensão do debate acerca do sistema representativo, afirmando que ele não era mera discussão sobre estrutura de poder. Ele foi tomado com zelo pela Assembleia Constituinte e depois foi incorporado por D. Pedro para aprovar a Carta outorgada. A liberdade nacional falava mais alto. Era preciso compreender os "primeiros passos para estabelecer sua liberdade, entendida como direito dos cidadãos, mas também como a liberdade do Brasil diante de Portugal", como frisou a autora.[101]

A principal questão em tela era: quem seria cidadão brasileiro e quais os seus direitos? A polêmica nevrálgica do debate era determinar quem eram os estrangeiros, construindo-se, por oposição, o brasileiro. Sobressaíam as aversões aos portugueses, e também um sentimento de exclusão quanto aos africanos.

Vejamos com vagar esta discussão. Em seguida, note-se que o fechamento da Assembleia Constituinte contribuiu para consolidar mais o sistema representativo do que definir o caráter do cidadão. Afirmou-se a liberdade nacional pela consolidação do sistema político em detrimento da elaboração do sentido de cidadania. Ressaltemos que tal afirmação não desconhece que a Constituição tratara de aspectos concernentes aos direitos individuais, definindo os cidadãos do Império do Brasil. Mas, como explanaremos mais adiante, no seu conjunto a Constituição de 1824, conforme notara Silvana Barbosa, é marcada pela divisão de quatro poderes. Centrou-se mais no arcabouço do poder do que nas liberdades individuais. Todavia, os embates encontraram terreno fértil nas brechas da Lei, sobretudo as que se referem às alíneas do art. 179.[102]

---

100 Barbosa, Silvana Mota. *A Sfhinge monárquica...*, op. cit., p. 26.

101 *Idem*, p. 45.

102 Uma breve discussão deste artigo constitucional foi realizada por Gladys Ribeiro; cf. Ribeiro, Gladys S. "Cidadania, liberdade e participação no processo de autonomização do Brasil e nos projetos de

Já por ocasião da Assembleia Constituinte, o Parlamento passava a ocupar, juntamente com a imprensa, o papel de protagonista dos rumos políticos da nação. Havia uma grande e permanente preocupação em se elaborar uma Carta que garantisse os direitos inalienáveis do cidadão e uma apreensão acerca do exercício do poder, que deveria ser compartilhado entre os poderes institucionalizados.

Emergia uma concepção mais centrada no papel do Legislativo, atribuindo-lhe maior importância. À época, a liberdade interagia com a noção de soberania. Advêm do momento concepções de liberdades políticas institucionais que fomentaram tensões entre as correntes políticas, sejam elas mais próximas ao Imperador, sejam as mais circundadas pelos interesses regionais e de classe.

O Imperador e a Assembleia Constituinte polemizaram sobre a origem da centralidade do poder, enquanto a conjuntura política se transformava em pomo da discórdia entre os grupos políticos. Até agosto de 1823, o grupo de José Bonifácio e seus irmãos (Martim Francisco e Andrada Machado) desencadearam dura perseguição aos seus adversários mais alinhados ao pensamento "democrático".

Imediatamente, em uma atitude de retaliação, o grupo de Bonifácio passava a defender alguns princípios mais amplos, aliando-se aos parlamentares que pregavam uma Carta Constitucional que desse maiores poderes ao Parlamento. Tal atitude se chocava com as posições defendidas por D. Pedro, que pregava um liberalismo mais "temperado" e uma Constituição que merecesse sua "real aceitação".[103]

É importante notar que este debate sempre esteve rodeado pela polêmica sobre os direitos do cidadão, havendo formulações difusas do pensamento de Benjamin Constant, que via a soberania do povo com certa reticência. A ideia de que os indivíduos possuíam poderes soberanos lhe era estranha, pois "o consentimento da maioria não basta[va] em todos os casos para legitimar atos".[104] Frequentemente, estas ideias eram ressignificadas e acompanhavam formulações similares às do abade Sieyès ou de E. Burke.

Na Constituinte de 1823, estas concepções apareceram mais explicitamente quando os parlamentares passaram a discutir os artigos do projeto de Constituição apresentado por Andrada Machado. Enquanto debatiam a extensão do direito de cidadão, externavam preocupações com as parcelas mestiças da população que poderiam ficar de fora do processo

---

construção da identidade nacional". Conferência do Centro de Estudos do Oitocentos, Juiz de Fora: Locus, 2008, no prelo.

103 Diários da Assembleia Constituinte de 1823, sessão de 03/05/1823.

104 CONSTANT, Benjamin. *A Liberdade dos antigos comparada à Liberdade dos modernos...*, op. cit., p. 94.

político. O deputado Antônio Ferreira França, por exemplo, defendeu que certos direitos políticos não poderiam ser comuns a quaisquer indivíduos, como os mestiços e os filhos de escravas.[105] À semelhança de Sieyès, partiam de imagem oposta ou de condições sociais adversas para chegar a entendimentos acerca dos cidadãos. A imagem do outro, isto é, o estrangeiro e/ou escravo, era a base para se definir os direitos extensivos aos brasileiros. Por isso, os direitos de cidadão deveriam ser restritos, porque "há mais Brasileiros se não aqueles que gozam do foro de Cidadão, quando na realidade indivíduos Brasileiros há que todavia não gozam dessa prerrogativa".[106]

Alinhando-se ao deputado França, Araújo Lima propôs uma definição restritiva, entre o "ser brasileiro" e o "Cidadão Brasileiro". Segundo ele, esses seriam indivíduos distintos, aos quais deveriam ser dados direitos diferentes.[107] Para Araújo Lima, o termo brasileiro indicaria o pertencimento a uma dada sociedade "porque a natureza não deu a todos iguais talentos" e "nem todos têm iguais habilidades para desempenharem ofícios na sociedade",[108] defendendo, portanto, tratamento diferenciado aos homens.

Nessa mesma linha de raciocínio, Francisco Carneiro indagou o sentido do art. 5º do projeto constitucional. De acordo com o parlamentar, escravos e estrangeiros seriam, no máximo, brasileiros e não entrariam no pacto social. Admitia, no entanto, que vivessem na Sociedade Civil, mas, a partir desta concessão, não seriam parte dela.

O deputado Carvalho e Mello concordava com os argumentos apresentados por Araújo Lima. Segundo ele, as razões apresentadas por Lima eram mais amplas que as suas, pois o cidadão brasileiro seria todo aquele nascido no território do Império e os que como tal se tornaram, por força e determinação da Lei. Desse modo, embora considerando cidadãos todos os anteriormente referidos, Mello entendia que nem todos poderiam gozar dos mesmos direitos políticos, "porque assim o pede e exige o bem da Ordem Social".[109]

À semelhança da Constituição Francesa de 1791, Rocha Franco incluiu um terceiro ponto distintivo para a separação entre os cidadãos: o conceito de cidadão "passivo" e cidadão "ativo". Conforme defendido pelo parlamentar, para ser brasileiro não bastava só a naturalidade ou a naturalização. Ao contrário, seria preciso que se concorresse à residência e à propriedade no território do Brasil. Para ser membro da sociedade, era preciso que se

---

105 *Diários da Assembleia Constituinte de 1823*, sessão de 24/09/1823.

106 *Idem*.

107 *Idem*.

108 *Idem*.

109 *Diários da Assembleia Constituinte de 1823*, sessão de 25/09/1823.

participasse de uma Cidade; que tivesse propriedade, fixando residência. A residência e a propriedade seriam, por conseguinte, os caracteres distintivos do cidadão.[110]

Já o deputado Almeida Albuquerque argumentava que a qualidade de cidadão deveria ser preservada e elevada à mais digna das virtudes. Ele cita modelos da Antiguidade greco-romana, que foram muito apreciados naquela época. Na Grécia, dizia o deputado, os libertos não eram cidadãos, nem ainda seus filhos. Para ser grego, era preciso ser filho de dois naturais gregos. No caso romano, várias legislações trataram do assunto, e a qualidade cidadã era muito prezada. O parlamentar reconhecia, no entanto, que houve exceções, o que ele qualificou de 'fechamento dos olhos'. No caso romano, asseverava ele, que, em dado momento, afrouxaram-se as regulamentações, permitindo uma inundação de estrangeiros e de filhos libertos.[111]

A defesa das restrições políticas contra mestiços, escravos e estrangeiros demonstrava como o pensamento dos deputados estava sob influência das ideias do francês Benjamin Constant, que afirmava que "nenhum país considerou como membro do Estado todos os indivíduos". Diferente do mundo antigo, a nova "democracia" distinguia somente duas classes: uma constituída por estrangeiros e por aqueles que não alcançaram a idade prescrita por lei para exercerem os direitos de cidadania, e outra, composta de homens nascidos no país e que teriam alcançado a idade legal para tanto.[112]

É interessante notar que os parlamentares defensores das restrições dos direitos de cidadão, ao mesmo tempo em que ampliavam os limites de exclusão para os filhos de escravas, incorporavam também os princípios da Antiguidade ao estabelecerem a separação entre homens livres e cativos. Isso, contudo, contaminaria o próprio cotidiano da população, porque estabelecia uma distância entre a camada mestiça e o poder público.

Entretanto, a proposição excludente incomodava uma parcela de deputados influenciados pela forte presença da população dita "de cor". O deputado Nicolau Pereira de Campos Vergueiro afirmava que os direitos civis e políticos eram sinônimos. Diziam respeito ao direito de quem mora na *Cidade*. Adendava que foram os publicistas que, para enriquecer a nomenclatura da ciência, "lhes têm dado significação diversa, tomando a primeira pelos direitos que nascem das relações de indivíduo com indivíduo, e a segunda pelos direitos que nascem das relações do indivíduo com a sociedade".[113] Portanto, a sua distinção era

---

110 *Idem.*

111 *Idem.*

112 CONSTANT, Benjamin. *Princípios Políticos Constitucionais*. Rio de Janeiro: Liber Juris, 1989, p. 117.

113 *Idem.*

apenas para indicar de forma explícita como se dariam as relações entre os indivíduos e as relações destes com a sociedade. Porém, os mesmos direitos eram garantidos aos membros da sociedade na sua plenitude. Vergueiro propunha um critério mais amplo e extensivo, porquanto, segundo ele,

> "Nós admitimos a igualdade diante da Lei, damos a todos os membros da Sociedade o direito de gozar de todos os direitos políticos, ainda que o gozo efetivo dependa de alguma outra circunstância, por exemplo: tomando por hipótese este Projeto de Constituição, é necessária certa renda para a elegibilidade; quem a não tem não exercita este direito; mas a ninguém é defendido exercitá-lo logo que adquirir esta renda, e se deixa de perder este exercício: mas perderá por isso a qualidade de cidadão? Isto me parece uma grande injustiça; porque há grande diferença entre ter um direito, ou poder exercitá-lo. Todos os Membros da Sociedade tem o direito a todos os Empregos dela; porém, como o exercício destes exige certa idoneidade, e algumas vezes conhecimentos profissionais, nem todos são admitidos a exercitá-los; como acontece na Magistratura à qual só são admitidos os Bacharéis: mas nenhum Cidadão é excluído de se fazer bacharel e entrar na Magistratura".[114] [grifo meu]

Procurava-se ampliar a admissão aos direitos políticos, embora a renda e a forma do seu exercício fossem aspectos restritivos. No entanto, a renda era só um impeditivo temporário e não permanente. O deputado admitia a distinção entre o ter direito e o seu efetivo exercício, o que não queria dizer que se construiria um sistema impeditivo a partir da distinção. Ao contrário: ao ter um direito, o cidadão poderia usufruí-lo, desde que reunisse as condições exigidas para isso. O deputado Vergueiro estava atento ao desenvolvimento da sociedade imperial e principalmente a uma realidade que se transformava. É possível que estivesse observando a ascensão de portugueses, escravos libertos e brancos pobres. Era coerente com uma racionalidade liberal. Em uma sociedade de indivíduos, os homens poderiam dispor, portanto, da liberdade e das suas capacidades e virtudes para alcançar outro patamar social. Obedecendo aos critérios da lei, poderiam galgar cargos públicos.

---

114 *Idem.*

Como percebemos, Vergueiro se apossou do pensamento de Sieyès. Entretanto, em uma forma autêntica e original, o deputado brasileiro utilizava-o para defender a extensão dos direitos políticos a grupos alijados do processo, desde que ficasse claro que não só a renda os limitaria, como os instrumentos de votação primária e secundária. Não discordava assim de parte das proposições dos seus contendores no debate.

Em regime de votação, os demais deputados rejeitaram as falas apresentadas em prol de uma ampliação do sentido do termo brasileiro. Alterava-se qualitativamente a designação de *"são Brasileiros"* para *"são Cidadãos Brasileiros"*. Embora esta pequena transformação pareça apenas uma simples mudança, apontava para a exclusão dos homens na medida em que reafirmava a construção de indivíduos que não pertenceriam ao grupo dos iguais nos direitos políticos. Afirmava-se, primeiramente, a distinção de mestiços, escravos e estrangeiros. Segundo, indicava que o caminho a ser seguido por estes três grupos em busca da cidadania seria um pouco mais longo que os dos "cidadãos brasileiros" descritos pela Constituição.

Todavia, o debate não se esgotou nos limites daquele parágrafo e muito menos na Assembleia Constituinte. Na Assembleia ele seria retomado quando se discutiu a alínea 6ª do artigo 5º, que estabelecia o direito de cidadão "para os escravos que obtivessem carta de alforria". Veja-se que o termo escravo não vinha acompanhado de nenhuma qualificação, podendo ser estendido tanto àqueles nascidos no Brasil, quanto aos que para cá foram trazidos. Significava também ampliar os direitos de naturalização para estes estrangeiros. Contudo, para alguns deputados, essa proposição era muito ampla e poderia trazer instabilidade à ordem social. O deputado Costa Barros, por exemplo, afirmara que nunca admitiria que se desse o título de cidadão brasileiro indistintamente a todo escravo que alcançasse carta de alforria, já que "negros boçais, sem ofício, nem benefício, não são dignos desta honrosa prerrogativa". Ele os encarava como "membros danosos à Sociedade à qual vêm servir de peso quando lhes cause males".[115]

Segundo a mesma linha de raciocínio, o deputado Ferreira França entendera que o parágrafo 6º deveria contemplar apenas os escravos que fossem nascidos no Brasil. Sendo assim, teriam o direito de origem territorial para serem considerados cidadãos, uma vez que se removesse o impedimento civil da condição de seus pais. Entretanto, como uma grande parte dos libertos e escravos se compunha de diversas nações africanas, e, excluindo os estrangeiros da participação dos direitos de cidadão brasileiro, a conclusão era clara e coerente em

---

115 *Diários da Assembleia Constituinte de 1823*, sessão de 27/09/1823.

princípios: o parágrafo em questão se referia aos libertos nascidos no Brasil, mas nunca aos libertos africanos, que seriam sempre estrangeiros, conforme afirmava o deputado.[116]

O tom excludente da posição de França logo fez aflorar a preocupação que se tinha com os boçais e com os ladinos. Essa foi, por exemplo, a posição do deputado Muniz Tavares, que conclamou seus pares a deixarem o artigo como estava, lembrando que alguns discursos de célebres oradores franceses, por ocasião da Constituinte de 1791, teriam produzido efeitos desastrosos na Ilha de São Domingos. Não deixou, contudo, de demonstrar seu tom distintivo, ao afirmar que a natureza já fizera aquela raça "tostada". Embora não apareça a conclusão do discurso do deputado, a posição de Tavares provavelmente causou constrangimentos, visto que a sua fala não só contrariava grande parte dos deputados, como indicava a possibilidade de ameaça à ordem social. O discurso estava em sintonia com a realidade. Não custa lembrar que, por ocasião das discussões do projeto Constituinte, as sessões da Câmara foram acompanhadas pelos populares, o que motivava a disseminação dos debates por toda a Corte do Rio de Janeiro e pelas demais províncias, por meio de periódicos como o *Typhis Pernambucano*, de Frei Caneca, e *Sentinela da Liberdade*, de Cipriano Barata.

Essa também foi a impressão do deputado Alencar, que se opôs ao deputado França, ao entender que o parágrafo estava em conformidade com os princípios de justiça universal, porque não se podia fazer cidadãos todos os membros da sociedade. Os escravos, por exemplo, podiam, segundo o parlamentar, estar inclusos nessa lista por serem propriedade de alguém e porque isso afetaria os interesses de Estados calcados na agricultura. Além disso, considerá-los "cidadãos brasileiros" abriria o foco da desordem social por conceder direitos de cidadãos a um "bando de homens, que recém saídos do cativeiro, mal poderiam guiar-se por princípios de bem entendida liberdade". No mais, afirmava que para preservar a boa política do país haveria de cessar o tráfico de escravos. Como consequência outorgariam direitos a este fim, facultando logo aos libertos o foro de "Cidadão Brasileiro".[117]

O deputado Silva Lisboa, conhecido pelas posições conservadoras em relação às restrições do direito de profissão de fé dos não católicos e contra a cobrança de juros, fez um discurso mais equilibrado. Indicou uma posição liberal e contida, no espírito social do momento do debate Constituinte. O tribuno achava que o parágrafo era justo e não se poderia admitir que se colocasse qualquer restrição a esses direitos aos cidadãos. Aludia a Montesquieu, para dizer que ao legislador cabe fazer leis simples, evitando-se exceções. Para ele, não se podia recusar o direito de cidadão ao cativo que se libertou. E ainda mais:

---

116 Idem.

117 *Diários da Assembleia Constituinte de 1823*, sessão de 30/09/1823.

> Ter a qualidade de Cidadão Brasileiro é sim ter uma denominação honorífica, mas que só dá direitos cívicos, e não direitos políticos [...] os direitos cívicos se restringem a dar ao homem livre o jus a dizer – tenho uma pátria; pertenço a tal Cidade ou Vila, não sou sujeito à vontade de ninguém, mas só ao Império da Lei.[118]

Indagou ainda, se em tempo de liberalismo seria a legislatura menos equitativa do que no despotismo. Afirmou que a filantropia, recebida com desdém na Assembleia, sempre produziu bons efeitos, mitigando o rigor do sistema da escravidão. Não se podia comparar a cidadania romana ao caso brasileiro. Naquele caso, o governo aspirou ao Império Universal, mas mesmo assim, aos poucos, foi concedendo privilégios aos outros povos. Lembrava ainda que, mediante princípios liberais, pelo Alvará de 19 de setembro de 1761, o Rei D. José concedeu direitos de pessoas livres aos escravos que fossem do Brasil para Portugal, sem distinguir origens, cor e habilidades, só excetuando os vindos nas tripulações. Afirmava ainda que o Alvará de 16 de janeiro de 1778 foi mais liberal porque os libertos que viveram em cativeiro no Reino de Algarves foram declarados hábeis para todos os ofícios, honras e dignidade, sem nota distintiva de *Libertos*, sendo apenas homens livres.

Ainda segundo esse parlamentar, o benefício da lei recairia principalmente sobre os escravos nascidos no Brasil, que constituíam sempre o maior número de libertos. Para ele, se prevalecesse a regra para ser Cidadão Brasileiro era preciso ter propriedade, a maior parte dos homens brancos nascidos no Brasil não seriam investidos pelo título. No entanto, muitos poderiam ter propriedade mobiliar, industrial e científica, posto que a propriedade do pobre estava na força de seus braços, de seu corpo. O deputado alertava que o ocorrido em São Domingos se devia aos exageros praticados contra os negros, que teriam revidado às violências dos senhores.

Alertar sobre o perigo da exclusão foi uma posição adotada pelo deputado Henriques de Resende, para quem o desprezo dos portugueses pelos brasileiros originou grande rivalidade entre as partes, fazendo muito mal ao país. Ele argumentava que o tipo de desprezo pelos libertos poderia ser desastroso para a nação além de estimular a aversão entre ambos.

Colocada em votação, a alínea foi aprovada na íntegra. A votação indicava, sobretudo, uma tensa discussão quanto aos direitos dos cativos. Se na primeira votação o grupo defensor da ampliação sofrera uma derrota, agora eles retomariam a dianteira do processo, desaguando na radicalização que culminaria no fechamento da Assembleia, em novembro de 1823.

---

118 *Idem.*

Contudo, esse parágrafo parece indicar uma inflexão entre as propostas do Projeto da Constituinte e a Carta outorgada de 1824, pois, justamente neste título, há uma mudança significativa quanto à redação do documento. Na Carta, a proposta aprovada na Assembleia foi retirada, indicando uma leitura acerca das prerrogativas e das concepções sobre o cidadão, além da sua inserção na sociedade política. Também pode ser entendido como uma secundarização destes direitos. Sendo assim, ao contrário do que apontara Tobias Monteiro ou Cecília Lorenzini, o projeto de Constituição e a Carta outorgada apresentam distinção quanto à concepção de cidadania.

Segundo Monteiro, a Carta de 1824 era muito mais avançada do que o projeto apresentado por Antônio Carlos Ribeiro de Andrada. Monteiro exaltava os aspectos relacionados à administração pública, notando que ambos deram um salto quanto aos direitos individuais. Fazia uma leitura indistinta destes limites, apenas notava que a Carta de 1824 foi menos incisiva no rigor eleitoral do que o projeto de Antônio Carlos, que aos portugueses ou brasileiros adotivos impunha restrições eleitorais que não lhes permitia participar do processo político antes de 12 anos de residência no Brasil. Porém, o autor se calou quanto aos demais estrangeiros, isto é, os cativos africanos. Conforme relatamos, no que se refere aos seus direitos, a Carta apresentava uma restrição que teria impacto futuro não apenas na letra da Lei, mas em situações de crise e de embates políticos.[119]

Cecília Lorenzini observou aspectos positivos no projeto constitucional e na Carta de 1824. Viu também que essa última foi mais extensiva no exercício dos direitos políticos para alguns setores sociais: clero regular, soldados e oficiais, empregados do comércio, das repartições públicas e das fazendas e "fábricas". Porém, deixou de notar uma tensão fundamental, já que os parlamentares objetivavam, ainda que a longo prazo, embranquecer a população. Preocupação que se fez notar quando o Senado debateu um projeto de naturalização de estrangeiro que visava trazer braços europeus para o Brasil. Na Carta de 1824 almejava-se os direitos dos europeus e restringia-se os direitos dos libertos.[120]

No mais, enquanto a Assembleia Constituinte preferiu fundir a definição de cidadão brasileiro (de seus direitos e deveres), a Carta de 1824 dedicou uma maior atenção aos aparelhos institucionais e às regras gerais de seu funcionamento. No que se referia aos membros da sociedade imperial, o projeto avançava ainda mais, ao garantir aos escravos

---

119 MONTEIRO, Tobias. *História do Império: O Primeiro Reinado*. Belo Horizonte: Editora Itatiaia; São Paulo: Editora da Universidade de São Paulo, 1982, vol. 1, p. 21.

120 OLIVEIRA, Cecília Helena Lorenzini de Salles. "Nação e cidadania: a Constituição de 1824 e suas implicações políticas". In: *Horizontes*, v. 16, 1998, p. 11-37; p. 23.

alforriados o título de cidadãos brasileiros, enquanto a Constituição de 1824 garantira este direito apenas aos ingênuos ou libertos, mesmo que o pai fosse estrangeiro. A proposta constituinte favorecia os não brasileiros que poderiam tornar-se livres. Curiosamente, o artigo constante na Carta de 1824 impedia que os escravos nascidos na África e libertos no Brasil fossem vistos como estrangeiros, impossibilitados de naturalização.

Olhando para os outros capítulos do projeto de Constituição, observaremos que houve preocupação imediata em estabelecer os direitos políticos que, de acordo com o texto, eram extensivos aos membros das diversas autoridades nacionais e locais. Outra preocupação do projeto foi definir claramente aquelas obrigações inerentes ao cidadão, tema caro à Constituição voltada para os interesses da sociedade.

Já na Carta outorgada, havia uma evidente preocupação em estabelecer a estrutura institucional do Estado. Primou-se por garantir a definição dos poderes Judiciário, Legislativo e Executivo. Criava-se inclusive um novo poder, o Moderador, uma espécie de tutela do Imperador e de seu Conselho de Estado sobre os demais poderes.

Entretanto, a Assembleia Constituinte já vinha estabelecendo mecanismos limitadores da participação, como foi expresso no Título V do projeto, que definia o mecanismo eleitoral e o sistema indireto de eleições. Era muito distinto e mais limitado do que o praticado para eleição dos representantes do Reino brasileiro às Cortes portuguesas de 1821. Entretanto, tal limitação não se configurava como um mecanismo atípico para a época. Refletia mais um temor pelos "excessos" ocorridos na Revolução Francesa e, no caso brasileiro, nos acontecimentos da praça do comércio, em fevereiro de 1821, quando a assembleia da paróquia do Rio de Janeiro se reunira para escolher os representantes da província. Na ocasião, os eleitores decidiram estender seus poderes e prerrogativas para outras deliberações que não aquelas estabelecidas na convocação, pressionando o rei D. João VI a tomar medidas do seu interesse – o que resultou no massacre de civis, com o uso das tropas estacionadas na cidade do Rio de Janeiro.

De outro lado, os constituintes foram atentos ao elaborar um texto mais amplo. Enquanto o seu projeto continha 272 artigos detalhados, a Carta outorgada foi elaborada com 179, quase cem artigos a menos. Equivale dizer que a Constituição pouco (ou quase nada) tratou de aspectos como a instrução pública, a caridade, as casas de correção e trabalhos (título XIII) do projeto de Constituição. Neste título, a Assembleia Constituinte garantia inclusive o estabelecimento de escolas primárias em cada termo e comarca, bem como universidades em locais apropriados (art. 250). Garantia-se também estabelecimentos de catequese e civilização dos índios e ainda previa-se a emancipação lenta dos negros e sua educação religiosa (art. 254).

Portanto, alterava-se qualitativamente a proposta indicada pela Assembleia Constituinte. O que indicava a limitação dos dois projetos de Estado. Estas questões ficaram em aberto, pois em diversas ocasiões o debate foi retomado pelo grande número de deputados constituintes reeleitos à Câmara dos Deputados de 1826-1829. Muitos não se cansavam de citar as proposições da Assembleia Constituinte e o projeto apresentado por Antônio Carlos Ribeiro de Andrada Machado, sobretudo quando se discutia as premissas dos direitos individuais e políticos ali contidos.

Voltemos a um ponto importante. A manutenção do parágrafo 6º do artigo 5º no projeto da Assembleia Constituinte apontava para uma nova relação política entre os indivíduos. O cotidiano social foi alterado qualitativamente a partir da Revolução do Porto e da subsequente crise que fomentaram o processo de Independência. Ainda sobre a discussão parlamentar, observemos que havia uma discordância sobre o que seria propriamente "brasileiro" ou "cidadão brasileiro". Cabe dizer que esta polêmica insistentemente retornou aos seios parlamentares, tanto na Câmara dos Deputados quanto no Senado, a partir de 1826, pois não havia consenso quanto ao assunto.

Em duas ocasiões o debate foi especialmente acalorado. A primeira situação ocorreu quando se discutiu, na Câmara dos Deputados e no Senado, a naturalização dos estrangeiros. A segunda foi quando a Câmara resolveu regulamentar o recrutamento, versando sobre quem poderia ser convocado. A discussão trouxe à cena não só o problema do "ser brasileiro", como também o papel dos africanos para a sociedade. Eles eram ou não passíveis de convocação? Seriam admitidos no seio da Nação? Indagava, por exemplo, o deputado Ferreira França.[121]

O debate na Assembleia Constituinte propiciou nova dimensão às relações sociais entre o indivíduo e o Estado. Colocou na ordem do dia a problemática de amplos setores da população brasileira, que, doravante, passaram a perceber o Estado de forma mais atraente.[122] Apareceram manifestações espontâneas tendo como mote a representatividade popular no exercício da autonomia. A população entendia que a luta pelos seus direitos também dependeria das reivindicações ao Estado, já que havia grande demanda por liberdade e autonomia.

Desde seus primeiros dias, a Assembleia Constituinte viu-se abarrotada de petições de cidadãos reivindicando os mais variados direitos, surgindo deste fato a noção de "Sobera-

---

121 *Anais da Câmara dos Deputados*, sessão de 04/08/1826.
122 GRINBERG, Keila. *O fiador dos brasileiros. Cidadania, escravidão e direito civil no tempo de Antonio Pereira Rebouças*. Rio de Janeiro: Civilização Brasileira, 2002, p. 32.

no Congresso". Na leitura destes requerimentos, o Parlamento poderia ser uma instituição capaz de fazer Justiça, garantindo a restituição de direitos constitucionais. Esta compreensão está carregada de simbolismo, extrapolando a significação meramente interna do Parlamento. Do ponto de vista da população, em especial daqueles que encaminharam petições ao Parlamento, fazia-se uma leitura da liberdade onde o poder era visto de forma partilhada, havendo uma ruptura com a antiga prática adotada desde 1720 – quando as Cortes portuguesas deixaram de ser convocadas e o direito de encaminhar petições para estas caiu em desuso.[123]

Longe de se limitar ao período da Assembleia Constituinte, as noções de liberdade também ganharam em sentido e intensidade com a reabertura da Assembleia Geral. Ao contrário do período anterior, a partir de 1826 a liberdade esteve vinculada mais ao aspecto dos direitos individuais do que à afirmação nacional. Neste momento, ocorreu uma transição quanto às preocupações centrais no interior da Câmara dos Deputados, tanto em relação à construção do edifício institucional liberal, quanto aos direitos individuais. No momento, nos deteremos ao segundo ponto.

A preocupação com os direitos individuais foi uma constante nos discursos de Bernardo Pereira de Vasconcelos, materializados na *Carta aos senhores eleitores da província de Minas Gerais*,[124] onde apresentou um histórico do processo legislativo à época. Aludiu ao malogrado fechamento da Constituinte e às suas consequências para as liberdades individuais e para o desenvolvimento do país. Avaliava todos os procedimentos da Câmara dos Deputados e a sua tarefa de zelar pela defesa da guarda da Constituição, que, segundo ele, centrava-se na defesa dos direitos individuais. Ele relacionou as ações em defesa desta ao apresentar uma concisa prestação de contas de todas as petições que chegaram à Comissão de Constituição da qual fazia parte e emitiu parecer.[125] Posteriormente retomaremos a discussão sobre o tema.

Sem deixar de tecer duras críticas ao Senado e às desajustadas ações do ministério, Bernardo Pereira de Vasconcelos discorreu amplamente sobre os pontos relacionados aos direitos individuais. Assunto de grande repercussão na sociedade, sobretudo durante o contexto de produção da *Carta aos mineiros*. A problemática dos direitos civis e individu-

---

123 SOUZA, Laura de Mello; e BICALHO, Maria Fernanda B. 1680-1720. *O Império deste mundo*. São Paulo: Companhia das Letras, 2000, p. 88.

124 VASCONCELOS, Bernardo Pereira de. "Carta aos senhores eleitores da província de Minas Gerais". In: CARVALHO, José Murilo de (org.). *Bernardo Pereira de Vasconcelos*. São Paulo: Editora 34, 1999, p. 58-191.

125 *Idem*, p. 149-174.

ais angariava apoios sociais. Jornais como o *Diário Fluminense* e *Astréa* frequentemente denunciavam os ataques aos direitos dos cidadãos.

Mas a prestação de contas de Bernardo Pereira de Vasconcelos aos seus eleitores ainda demarcava o seu campo de atuação, construindo uma diferenciação entre os parlamentares. Segundo ele, muitos temiam a ação do governo, fazendo surgir uma tendência no interior da Câmara de que não se devia denunciar os abusos, sob o risco de se proceder com o fechamento ou a dissolução do Parlamento, uma prerrogativa do Poder Moderador.

Segundo sua argumentação, sua atuação esteve ao lado de um grupo de deputados que decidiram por correr o risco de se posicionar ao lado dos interesses dos cidadãos, denunciando aquilo que consideravam mazela do ministério e incompetência da administração, que não foi capaz de dar respostas aos problemas civis. Segundo argumentava

> Neste calamitoso estado de coisas, que deviam fazer os deputados da nação brasileira? A prudência lhes ditava o silêncio; o exemplo da dissolução da Assembleia Constituinte e o do tratamento de alguns de seus membros mostravam o perigo a que se iam expor os defensores do Brasil: a ninguém escapava a diferença da Assembleia Legislativa à Constituinte e as muito piores circunstâncias em que se achava aquela. Mas os vossos deputados, srs. eleitores, fecharam os olhos aos perigos pessoais e afoitamente os dirigiam para a pátria, ouviram os seus clamores e tomaram a heróica resolução de não sobreviverem à ruína de nossa liberdade.[126]

Pelo discurso acima, Bernardo Pereira de Vasconcelos assinalava que os momentos eram diferentes. À Câmara dos Deputados recaía a legitimidade e a força da opinião pública. Indicava que o caminho a trilhar seria o da oposição aos abusos do governo, propiciando a consolidação do sistema monárquico parlamentar e a defesa das liberdades individuais dos cidadãos que se resguardavam por meio das petições encaminhadas aos deputados. Os requerentes atribuíam aos parlamentares a responsabilidade de guardiães dos interesses nacionais. Aliás, enquanto alguns tribunos faziam questão de se mostrar afeitos ao provincianismo, Bernardo Pereira de Vasconcelos intitulava-se representante da nação. Foi assim que se identificou ao encerrar a *Carta aos senhores eleitores da província de Minas Gerais*.

---

126 VASCONCELOS, Bernardo Pereira de. *Carta aos senhores eleitores...*, op. cit., passim.

Portanto, em meio à luta pelos direitos civis e individuais, a Assembleia Geral (Câmara dos Deputados e Senado) foi reaberta em 1826. Em função da longa repressão aos movimentos contestatórios ocorridos na sequência do fechamento da Assembleia Constituinte, houve a preocupação, por parte de alguns grupos no interior da Câmara dos Deputados, em garantir o pleno funcionamento das instituições. Também entenderam ser necessário colocar em prática os preceitos constitucionais, aplicando ao máximo os pressupostos de liberdades civis e garantindo as prerrogativas individuais do cidadão quanto à inviolabilidade do seu domicílio, à preservação da sua correspondência, ao seu direito de propriedade e ao direito de se queixar e de peticionar às autoridades.

Acreditava-se que as leis e os códigos eram as salvaguardas da sociedade. Tendo aparecido variados projetos que pretendiam ora educar o cidadão e as autoridades, ora romper com o passado colonial – que simbolizava o atraso. Sendo assim, a Lei assumia atributo especial, pois detinha um significado amplo, sendo capaz de se apresentar como remédio para a sociedade. Outro significado atribuído à Lei era o de poder reprimir os abusos da liberdade, em especial aqueles que propagandeavam os princípios "democráticos" e "republicanos". De maneira idêntica, a prática dos preceitos absolutistas deveria ser repreendida de forma exemplar, pois significava o retorno ao passado recusado pelo Império do Brasil.

Em outra ponta, havia a preocupação em tolher os abusos das autoridades. Compreendia-se que esta autoridade deveria garantir ao cidadão o cumprimento dos preceitos legais. Como detentora da autoridade e dos instrumentos legítimos para a mediação entre a lei, o direito e a coerção, as autoridades de forma nenhuma poderiam abusar na execução de suas tarefas: precisavam de equilíbrio para desempenhar corretamente suas funções.

A discussão acerca dos direitos mais amplos estava na pauta. Na Câmara dos Deputados, desde maio de 1826, os parlamentares reivindicavam que a Câmara passasse a discutir as leis que dessem garantias aos cidadãos. Uma das mais aclamadas era a de Responsabilidade dos Ministros, que para muitos poderia minorar as desgraças públicas. De acordo com Custódio Dias, um dos mais agitados membros da oposição, os abusos grassavam o povo e os seus representantes deveriam tomar atitudes mais enérgicas que não fossem apenas discutir o projeto de responsabilidade, pois seria "desgraçado [o] povo do Brasil. Desgraçado, se esperar até que ela se faça".[127] De fato, esta lei ganhava uma dimensão exacerbada, porque ela era vista como um remédio para os males do país. Ao longo de toda a legislatura de 1826, este foi um dos principais reclamos de Bernardo Pereira de Vasconcelos, que via na própria postergação da discussão uma forma de se cometer abusos.

---

127 *Anais da Câmara dos Deputados*, sessão de 12/05/1826.

Outro tema que motivava severo ataque de parlamentares não alinhados ao governo estava relacionado às comissões militares. Embora estas formalmente não existissem desde pelo menos 1825, havia rumores de que em algumas situações elas ainda eram mantidas, especialmente em localidades do Sul e do Norte do Império. A preocupação apresentada por tribunos como Lino Coutinho era a de que estas comissões funcionavam em extrapolação ao *habeas corpus*. Não levavam em conta as garantias constitucionais e os direitos individuais do cidadão. Bastava uma acusação para que se formassem devassas e se decretasse a prisão, sem culpa formada, contra os indivíduos.

Lino Coutinho reconhecia que era um direito do governo estabelecer a suspensão dos direitos do cidadão.[128] Entretanto, este expediente deveria ser acionado somente quando a Assembleia Geral não estivesse em funcionamento. Assim que a mesma se instalasse, o Ministro deveria prestar esclarecimentos e por que foram suspensos os direitos do cidadão. Fora deste contexto, "prender um cidadão sem culpa formada, e criar tribunais, é um ataque feito à Constituição", dizia Lino Coutinho.[129] Criticava ainda um velho expediente do governo, que enviava qualquer militar ou cidadão acusado sem culpa formada para o Rio de Janeiro. Com frequência, estes presos eram esquecidos em masmorras, penando por diversos meses ou anos. Havia relatos de que alguns presos da Confederação do Equador permaneceram nos cárceres, passando nada menos do que um ano e meio da sua cessação.[130] Embora a Constituição garantisse a inviolabilidade do lar, de emprego, muitos cidadãos eram vítimas das arbitrárias atitudes atentatórias dos seus direitos, "quantos cidadãos brasileiros estão aqui no Rio de Janeiro deportados das províncias", reclamava Lino Coutinho.[131]

Embora o deputado Clemente Pereira e outros tribunos resistissem às críticas contra as comissões militares, dizendo ser esta uma prerrogativa constitucional dada ao governo, Bernardo Pereira de Vasconcelos era enfático ao dizer que as referidas comissões militares se tornaram um modo de "assassinar cidadãos". Ainda segundo o representante mineiro, a suspensão dos direitos não seria em absoluto e não poderia ser feita ao arbítrio do Ministro.

Os recrutamentos para as milícias se tornavam outro ponto de discórdia quando se tratava dos ataques aos direitos individuais dos cidadãos. Tribunos denunciavam arbitra-

---

128 Art. 179 §35 da Constituição do Império do Brasil.

129 *Anais da Câmara dos Deputados*, sessão de 22/05/1826.

130 *Anais da Câmara dos Deputados*, sessão de 07/06/1826. Veja na sessão de 15/06/1826 a relação, encaminhada pelo Ministro da Justiça, de presos que foram pronunciados depois da suspensão dos direitos individuais em Pernambuco e Ceará, em 1824. Na mesma relação consta o destino de cada um.

131 *Anais da Câmara dos Deputados*, sessão de 17/06/1826.

riedades de recrutamento em Minas Gerais (São João del Rey, Sabará e Ouro Preto) e em Santa Catarina, que ocorriam com frequência em época de festividades.[132]

Ainda a respeito dos recrutamentos em Minas Gerais, uma comissão mista formada por membros das comissões de Constituição e de Guerra desferira dura crítica aos promotores do recrutamento, que não negaram a ação; pelo contrário, confirmaram-na. Segundo os comissários Cunha Mattos, Teixeira de Gouvêa, Francisco das Chagas, Bernardo Pereira de Vasconcelos e Lino Coutinho, houve um abuso não só das instruções gerais militares. Havia denúncias de que os recrutados foram presos, violando-se as garantias individuais dos cidadãos.[133] Ao entrar em discussão o parecer da comissão, acentuavam-se as preocupações com os frequentes ataques aos direitos individuais. Cunha Mattos alertava que os direitos dos homens e as garantias dos cidadãos estavam sendo postergados, "calcados aos pés, e reduzidos a átomos". As autoridades não respeitavam o sagrado código constitucional. Tribunos como Lino Coutinho não deixavam de alfinetar o governo. As críticas eram severas e a tônica ainda era a de conciliação entre a Câmara dos Deputados e o Imperador. Segundo o baiano, os membros parlamentares deveriam ter ânimo de justiceiros e o coração firme e constante, "para pugnar pelos direitos dos cidadãos, e pela liberdade do Brasil contra esses horrendos monstros, satélites do despotismo".[134]

Logo em seguida, a Comissão de Guerra apresentou um projeto regulando a forma de recrutamento e os parlamentares legislavam, mais uma vez, por meio de demandas. Imaginavam que era por meio de leis que se ilustraria a população e o governo. Ao apresentar o projeto, Cunha Mattos arguía que o sistema antigo era feito em ocasiões como as noites de Natal, na festa do Espírito Santo e outras, onde todo e qualquer homem estava sujeito ao serviço militar. Embora alguns fossem privilegiados pelo conhecimento ou compadrio, saindo da casa de confinamento, muitos não tinham a mesma sorte. Segundo o tribuno, este sistema durou até o reinado de D. João VI, que, para "obstar que os desgraçados cidadãos do Brasil",[135] tratados como escravos quando remetidos para a Corte, decretara um sistema mais digno, que não fosse o acorrentamento e a gargalheira.[136]

Lino Coutinho fez coro à proposição de Mattos, dizendo que se tratava da defesa dos direitos individuais do cidadão. Holanda Cavalcanti, representante pernambucano, aliou-

---

132 *Anais da Câmara dos Deputados*, sessão de 16/06/1826.

133 *Anais da Câmara dos Deputados*, sessão de 16/07/1826.

134 *Idem*.

135 *Anais da Câmara dos Deputados*, sessão de 13/07/1826.

136 *Idem*.

se ao parlamentar da Bahia, pois considerou o projeto de maior urgência. Segundo ele, um dos poucos que merecia tal designação, pois "o mau método de proceder ao recrutamento ataca[va] os mais sagrados direitos do cidadão", espalhava o terror nas famílias, colocando em alarme as províncias e os distritos. Arguía que o objetivo não era decretar o recrutamento, mas estabelecer de alguma maneira a forma por que se deve praticar, quando tenha lugar, "designando com preferência aqueles cidadãos, que primeiro são obrigados a tomar as armas em serviço da pátria, e procurando assim evitar o atropelo de outros cidadãos".[137]

Percebemos que os debates na Câmara dos Deputados eram quase uma ocasião para revanches passadas, relacionadas ao processo que se instalara depois do fechamento da Assembleia Constituinte, quando todos os opositores foram punidos com o degredo, prisão ou processo sumário. Parlamentares como Custódio Dias e Souza França lançavam farpas contra os Ministros da Justiça e da Guerra, principalmente contra os comandantes responsáveis pelo recrutamento. Uma denúncia contra os abusos das liberdades individuais propiciava discussões maiores, pois novamente vinham à tona as responsabilidades dos ministros, projeto já debatido na Câmara dos Deputados, mas que encontrava resistências por parte de alguns tribunos como Clemente Pereira, Almeida Albuquerque e Nicolau Vergueiro. Além disso, era o momento para se discutir o papel dos membros superiores do governo em relação aos ataques desferidos contra o cidadão.

Não custa dizer que a politização das denúncias tinha um sentido particular, oriundo das demandas da chamada "opinião pública" e também outro sentido mais amplo: instrumentalizar a oposição para embates maiores. Por ora, cabe ressaltar que o debate funcionava como tentativa de coibir abusos e as ações governamentais. A imprensa, que foi introduzida no Brasil a partir da chegada da família real, desempenhava papel de divulgação dos princípios liberais depois da Revolução do Porto.

É correto dizer então que a imprensa não só "educava" os cidadãos no sistema liberal, como influenciava as discussões políticas, sendo válvula de escape para aquilo que não podia ser dito em uma tribuna. A imprensa poderia pautar os debates políticos, fazendo uma ponte entre a institucionalidade e a "sociedade civil". Demarcava, desta forma, um tênue espaço para a propagação de ideias emanadas de grupos políticos a favor ou contra o governo, servindo como extensão da arena que se iniciava no Parlamento e passava às ruas, ou vice-versa.

O fato é que os periódicos vinham educando a sociedade nos novos princípios, e que seus círculos de leitores tomavam conhecimento das ideias emanadas pelos principais

---

137 *Idem.*

pensadores políticos da época. Do mesmo modo, era comum que os jornais destacassem o que se passava no Parlamento. Assim, Frei Caneca dera grande importância aos principais pontos discutidos na Assembleia Constituinte e influenciara fortemente os rumos políticos da província de Pernambuco quando aquela casa legislativa foi fechada. Antes de iniciar a publicação do *Typhis Pernambucano*, Caneca já era influente na vida política pernambucana, porém somente a partir da divulgação daquele impresso (que enfatizava a disseminação dos princípios liberais, das ideias de liberdade, Constituição) aquela localidade passaria por uma série de ebulições, culminando na conhecida Confederação do Equador, em julho de 1824, quando se proclamou a independência pernambucana em relação à Corte do Rio de Janeiro.

Posição semelhante assumiu Cipriano Barata. Encarcerado na prisão da Corte do Rio de Janeiro depois da dura perseguição promovida por José Bonifácio, em finais de 1822, publicou o *Sentinela da Liberdade*, que posteriormente se tornaria o *Sentinela da Liberdade na Guarita de Pernambuco*. Contemporâneo de Frei Caneca, também era um feroz crítico da política irradiada pelo Rio de Janeiro, publicizando os desmandos políticos e o que ele chamava de "despotismo ministerial".

Em 1826, com a reabertura do Parlamento, a imprensa não só permaneceu acompanhando as atividades parlamentares, dando importantes destaques ao que era discutido e aprovado no Senado e na Câmara dos Deputados, como assumiu papel de protagonista político ao denunciar ataques aos direitos individuais dos cidadãos.

Muitas vezes as críticas eram difusas e cercadas por claros objetivos políticos em atacar ou defender o governo. O vínculo entre os periódicos e a política era notório, bastando exemplificar o papel desempenhado por Evaristo da Veiga, redator do *Aurora Fluminense*, que, a partir de 1830, assumia vaga de deputado pela província do Rio de Janeiro. Outro exemplo é de Odorico Mendes, um dos mais influentes parlamentares do Maranhão e Pará, que editara, ainda em 1822, o periódico *Argos da Lei*, e que mais tarde teria forte influência para o *Farol Maranhense*. Repercutia as discussões políticas do Rio de Janeiro, enfatizando princípios liberais (exaltados) defendidos pelo representante ludovicense. Os redatores travestiam-se de críticos ao despotismo de funcionários do governo ou mesmo de ministros[138] ou, às vezes, colocavam-se como defensores das liberdades ameaçadas pela presença de movimentos contrários ao sistema político adotado no Brasil.[139] Objetivavam transmitir o debate político para outras localidades das apresentadas na Corte do Rio de Janeiro. Neste jogo político, não

---

138 O Farol Maranhense, n.º 4, de 16/01/1828.

139 O Poraquê, n.º 6, de 19/10/1829, e n.º 7, de 26/10/1829.

se pode perder de vista que havia um entrelaçamento de interesses nacionais e interesses locais não só no aspecto econômico quanto de grupos políticos.

As críticas mais contundentes vinham do Norte do Império, uma vez que em localidades como Maranhão, Pará, Pernambuco e Bahia se discutia sobre a centralidade da Corte do Rio de Janeiro em relação às províncias. Lá, a defesa dos direitos individuais assumia um duplo sentido, uma vez que o governo vinha adotando medidas mais duras contra certos grupos políticos. Nisto não fizeram nenhum segredo os Ministros da Justiça e da Guerra quando resolveram suspender os direitos individuais nas províncias de Pernambuco e Ceará, em fevereiro de 1829.

Porém, a solução encontrada pelo governo fortalecia a oposição política dentro do Parlamento e potencializava os periódicos oposicionistas a desferirem duros golpes contra o governo. Alguns relembraram que os ataques aos direitos individuais tinham sido medidas adotadas antes do fechamento da Assembleia Constituinte. Segundo estes, diante da situação política adversa, o governo lançava mão de recursos que procurassem aquebrantar os cidadãos nos seus direitos civis, não titubeando em cassar, prender e instaurar processos contra cidadãos. Aludiu-se que diante da grave situação vivida pelas províncias do Norte, decorrentes de situações sociais como a seca que castigava o Ceará e a miséria que grassava o sertão pernambucano, somados aos recrutamentos que levavam ao desespero a população em geral e os grandes proprietários, criou-se um clima propício para o aparecimento de movimentos republicanos. No entanto, para os periódicos oposicionistas, e para os deputados a eles alinhados, a existência de movimentos pró-absolutismo ameaçava a ordem interna da província.[140]

Ainda no Parlamento, permaneciam as resistências ao exercício dos direitos políticos. Em algumas ocasiões, é possível notar o quanto havia formulações distintas acerca destes direitos. No caso do Senado, a discussão sobre o projeto de naturalização de estrangeiros, ocorrida ainda no início da legislatura de 1826-1830, foi uma das mais interessantes.

Discutir os direitos dos estrangeiros (ou dos naturalizados) com frequência trazia à baila os direitos dos nascidos no Brasil, pois a resistência apresentada pelos opositores do projeto foi sobre como estes estrangeiros naturalizados seriam reconhecidos como cidadãos. Com relação aos direitos políticos, saltava aos olhos a oposição ao ingresso dos

---

140 QUINTAS, Amaro. "O Nordeste e a Bahia". In: HOLANDA, Sérgio Buarque de (coord.). *História Geral da Civilização Brasileira*. 8ª ed. São Paulo: Bertrand Brasil, tomo II, vol. 4, 2004, p. 223-259. CARVALHO, Marcus. "Aí vem o Capitão-Mor". In: *Tempo*. Niterói, RJ: Universidade Federal Fluminense, 2002, p. 157-187.

naturalizados ao direito de escolha; extensivamente, diziam-se os limites deste direito para os nacionais. Surgiam concepções sobre o exercício dos direitos políticos vinculados à capacidade de cada indivíduo.

Para o Marquês de Caravelas, a natureza teria distinguido os homens e a Constituição estabeleceu distinções entre o exercício dos direitos civis (garantidos a todos os cidadãos) e o exercício dos direitos políticos, que deveria ser praticado em consonância com os talentos e virtudes, isto é, a propriedade, a renda e as luzes.[141] Arguiu ainda que, embora todo cidadão gozasse dos direitos civis, nem todos gozavam dos direitos políticos, pois os princípios de igualdade não faziam igualar todos os homens na sociedade.

> Isto é impraticável; a natureza mesma os produz diferentes: um mais forte do que outro; um tem talento, outro não; um é econômico, outro perdulário; os mesmos homens criados debaixo das comuns vistas de seus pais, e que tiveram uma educação comum, apresentam gênios diametralmente opostos.[142]

Novamente sobressaíam definições próximas às do abade Sieyès. E intuiu demonstrar a distinção de cidadãos, sob a manta da diferença entre direitos políticos e civis.

Não bastaria ser cidadão para possuir os direitos políticos, pois era "necessário que ele dê à sociedade uma garantia da sua capacidade para exercê-los", afirmava Caravelas.[143] Ser cidadão e dispor dos direitos cívicos seria muito diverso de gozar dos direitos políticos: estes consistem em poder entrar na parte governativa da nação e, para o exercício destes direitos, a lei exigia alguns critérios distintivos, como a idade e a aptidão. O senador não deixou claro quais seriam estas aptidões, mas nos forneceu pistas. De acordo com Caravelas, para gozar desses direitos, a Constituição exigia que os homens possuíssem idade, talentos e virtudes que estavam vinculados aos rendimentos. Era a propriedade ou o meio de adquiri-la que qualificava o cidadão para o exercício dos direitos políticos, que seriam efetuados mediante a ponderação, a responsabilidade e a solidariedade dos pares em condições iguais para a prática política.

---

141 *Anais do Senado*, sessão de 20/05/1826.

142 *Anais do Senado*, sessão de 29/05/1826. Cf. também as sessões de 30/05/1826 e 14/06/1826.

143 *Anais do Senado*, sessão de 29/05/1826.

Formulada por um dos principais redatores da Carta de 1824, não fica difícil chegarmos ao termo de que o autor se referia ao pensamento de Benjamin Constant, instando a distinção entre as liberdades individuais e as políticas. Ser livre não era garantia ou o único atributo para participar dos direitos políticos. Embora as liberdades individuais devessem ser garantidas a todos, muito diferente era o exercício dos direitos políticos.

O entendimento de que existia uma distinção entre os homens no gozo dos direitos políticos e individuais não era partilhado apenas por grupos próximos ao Imperador. Até mesmo Frei Caneca concebia a sociedade como sendo de homens iguais. Segundo ele, "nem tudo é para todos", pois a natureza não deu a todos os seus filhos com mão igual. As virtudes e os talentos não seriam iguais para todos os homens, de sorte que as suas capacidades não são as mesmas.[144]

Portanto, trata-se de uma problemática que extrapola os limites de disputa para tornar-se uma forma de pensar nos parâmetros do tempo e da experiência dos homens das primeiras décadas do século XIX. A partir desta constatação, pergunta-se: quem seriam estes cidadãos? Que se entende ainda por direitos do cidadão?

Longe de pensarmos em um indivíduo abstrato, no momento em tela, o cidadão (especialmente o político) era aquele que participava em condições de igualdade com os seus pares, quer dizer, aquele que por talentos e virtudes alcançava a "boa sociedade", formando uma hierarquia própria no grupo dos iguais. A noção de igualdade era dada entre os homens de mesmo *status* e condições sociais. Este era um debate caro aos legisladores, e motivo de tensão presente no debate da Assembleia Constituinte de 1823, e que se prolongaria nos anos subsequentes. Havia entendimentos distintos quanto à forma de inserção tanto dos estrangeiros brancos, quanto da escravaria.

Quando houve inserções políticas por parte da população pobre, tratava-se de caso excepcional e por trajetórias individuais. No mais, como alertou José Bonifácio, a preocupação era com os direitos individuais e menos com os políticos. Indiretamente, secundarizavam-se as discussões dos direitos políticos e de participação na coisa pública. Em larga medida, a máxima de Benjamin Constant passou a pautar a ação dos legisladores, que se condicionavam pela liberdade moderna (direitos individuais), que se sobrepôs à liberdade antiga, isto é, a participação nas decisões do Estado.[145]

Do que temos afirmado e demonstrado (seja através dos homens que forjavam a nova institucionalidade e disseminavam o pensamento político via de periódicos; seja através

---

144 *Typhis Pernambucano*, 19/02/1824.

145 CONSTANT, Benjamin. *A Liberdade dos antigos comparada à Liberdade dos modernos...*, op. cit., p. 17.

dos pensadores políticos), podemos concluir que não havia uma visão de conjunto acerca destes direitos; os direitos do cidadão não compunham um conjunto homogêneo.

Ele não pertencia a todos, pois se pensava garantir primeiro uma universalização dos direitos naturais ou civis para amplas camadas. Ao mesmo tempo, os direitos políticos eram pontos de tensões que faziam produzir embates em relação aos seus detentores. Pela Constituição de 1824, por exemplo, nem todos eram possuidores deste direito. Ao criar níveis de participação eleitoral, excluía-se uma parcela de cidadãos, que, ainda que possuísse direitos civis, não tinha plenos direitos políticos. Só lhes eram garantidos os direitos políticos de expressão ou de petição (um direito ainda em fase de definição). No entanto, muitas vezes era vedada a participação para escolha dos representantes à Câmara temporária, para vereadores, juiz de paz ou para integrar os tribunais do júri e ser membro da Guarda Nacional.

Foi por meio da ida ao Estado, encaminhando petições, ou pelo envolvimento nos acontecimentos das ruas, que setores sociais forçaram a entrada na sociedade política. Ir ao Estado expressava o desejo individual de participar institucionalmente da cena política. Este desejo com frequência era maior nas camadas mais próximas dos limites estabelecidos pela legislação (voto censitário). Esta manifestação operava em uma esfera mais restrita e tinha a sua principal abrangência nos períodos eleitorais, quando havia uma corrida para a admissão nos direitos políticos.

Em 1868, José de Alencar, o filho (um dos principais homens do Conselho de Estado da segunda metade do século XIX), escrevia que o voto, ao contrário do que muitos pensavam, não era um direito político, mas uma fração da soberania nacional. Ainda segundo o conselheiro, enquanto a sociedade antiga se dedicava especialmente às liberdades civis, a sociedade moderna se preocupava com a vida política dos seus cidadãos. Sendo assim, o "voto exprime a pessoa política, como outrora a propriedade foi a pessoa civil, isto é, uma face da individualidade".

Adiante no tempo, a reflexão de Alencar se dava em um contexto de desenvolvimento e de aprendizado político por parte dos cidadãos. Naquele momento, o voto abarcava uma ampla faixa de cidadãos. Hebert Klein nos indica que, para a segunda metade do século XIX, a participação popular era significativa, incidindo sobre os eleitores de baixa renda.[146] Tanto Klein quanto Richard Graham afirmaram que a participação eleitoral era alta,

---

146 KLEIN, Hebert. "A participação política no Brasil do século XIX. Os votantes de São Paulo em 1880". In: *Dados*, vol. 38, n° 3, p. 527-544.

abrangendo algo em torno de 50% da população masculina com idade de voto.[147] Todavia, esta constatação não nos permite imaginar que este quadro era idêntico ao anterior à primeira metade do século XIX. Ainda que argumentemos que a inflação desvalorizava o limite estabelecido pela Constituição.

José Murilo de Carvalho apontou o longo processo de limitação dos direitos políticos no Império. De um sistema eleitoral quase direto praticado para a eleição das Cortes Portuguesas de 1821, assistiu-se a uma crescente restrição na eleição para a Assembleia Constituinte e na Carta outorgada de 1824. A despeito de a Carta marcar os limites de voto em 100 mil-réis de bens de raiz, somente pela Instrução de 23 de março de 1824 é que foram estabelecidos os critérios para as eleições ao Senado e Câmara dos Deputados. A próxima alteração só seria produzida em 1846, quando, sob a argumentação de que era preciso corrigir distorções causadas pela inflação, se aprovou uma lei mais draconiana, que excluía os praças de pré e aumentava a renda eleitoral de 100 para 200 mil-réis, a partir dos valores da moeda de prata, o que, nas palavras de Murilo de Carvalho, "era o mesmo que limitar a expansão do eleitorado".[148]

A julgar pelo raciocínio apresentado por José Murilo de Carvalho, não é de estranhar que as regras estabelecidas na Carta de 1824, e regulamentadas na Instrução daquele ano, tenham ampliado a participação eleitoral; ao contrário, elas mantiveram o eleitorado estável. Nas ocasiões em que se retomava a discussão dos critérios eleitorais, era onde o sistema se tornava instável, colocando em risco o domínio da classe senhorial.

Portanto, embora faltem estudos para as décadas anteriores à primeira metade do século XIX, há que se considerar que os limites estabelecidos pela Constituição foram impeditivos para o exercício político dos mais pobres. A alta participação eleitoral pode ter ocorrido com o passar dos anos, especialmente depois da segunda metade do século XIX, mas não nas primeiras décadas da Independência.

Uma segunda razão que impediu o aumento da renda foi a retração da economia pela qual passou a economia entre 1828 e o final da década de 1830. Segundo levantamento de Mircea Buescu, o aumento da inflação no período entre 1826-1835 não foi acompanhado por um aumento do valor da mão de obra e da renda,[149] que permitisse uma ampliação

---

147 GRAHAM, Richard. *Clientelismo e Política no Brasil do Século XIX*. Rio de Janeiro: Editora da UFRJ, 1997, especialmente o cap. 4.

148 CARVALHO, José Murilo. *A Construção da Ordem / Teatro de Sombras*. Rio de Janeiro: Editora da UFRJ/Relume-Dumará, 1996. 2ª ed., Rio de Janeiro: Civilização Brasileira, 2003. 3ª ed., 2004, p. 360-361.

149 BUESCU, Mircea. *300 anos de inflação*. 1ª ed. Rio de Janeiro: APEC, 1973, p. 150; 155.

significativa do eleitorado. Isto quer dizer que a estagnação econômica distanciou a população pobre da possibilidade de obtenção de bens de raiz, os únicos meios de os cidadãos pobres adentrarem no mundo eleitoral.

É bom lembrar ainda que, durante os anos de 1827 e 1831, o governo passou a cortar salários, empregos e pensões com o objetivo de desafogar o caixa asfixiado da fazenda, causando com isso uma exclusão de funcionários do quadro efetivo do Estado. Foi árdua a luta dos funcionários para que os ordenados fossem mantidos ou aumentados. Portanto, pode-se dizer que o período em tela não tivera um aumento tão significativo na participação eleitoral dos cidadãos mais pobres.

Em um segundo sentido, pode-se entender a ida ao Estado como uma manifestação individual e cidadã, colocando o indivíduo como membro do Estado e da conformação política. Destacando que não havia somente uma reação negativa dos cidadãos. Eram reações positivas, na medida em que estas manifestações, expressas invariavelmente por petições, indicavam a existência de uma opinião pública ou de termômetros políticos, conforme teremos oportunidade de analisar.

As lutas das primeiras décadas da Independência têm importância ímpar, principalmente no que se refere à busca pela efetivação dos direitos do cidadão. Destacamos o fato de que elas foram o ponto de partida para debates de grande amplitude, levando ao amadurecimento do exercício político e à própria construção do que era ser cidadão no Brasil Império. As reivindicações e a busca por certa concepção de cidadania serão aprofundadas nos próximos capítulos.

Capítulo II
Parlamento: luta política e dissensões

A fundação do sistema representativo

"O poder soberano é indivisível, ele está todo essencialmente na nação, e por comissão ou delegação nas Cortes soberanas".[1]

As palavras de Frei Caneca, no momento decisivo da edificação das primeiras instituições políticas brasileiras após o rompimento do Brasil com Portugal, revelam-nos o emaranhado político que se apresentava. De um lado, uma discussão acerca da soberania e consistência do poder político e sua centralidade, principalmente no tocante ao debate de quem deteria a sua primazia: o Imperador ou a Câmara dos Deputados. Ao mesmo tempo, as palavras do eclesiástico já indicavam um projeto que propunha uma centralidade no Poder Legislativo. Mais amplo do que aquelas palavras, apresentava um otimismo em relação à nova instituição. Segundo Caneca, a vida política do Brasil iniciou-se com o funcionamento da Assembleia Constituinte, a fundação do sistema representativo.

---

[1] CANECA, Frei. "Sobre os projetos despóticos do ministério do Rio de Janeiro". In: MELLO, Evaldo Cabral de. *Frei Joaquim do Amor Divino Caneca*. São Paulo: Editora 34, 2001, p. 190-220.

A datação apresentada pelo clérigo opunha-se a uma linha argumentativa surgida no interior da Assembleia Constituinte, principalmente depois da fala de abertura do Imperador, que indicava ser este o primeiro representante da nação. Segundo a exposição deste raciocínio, defendida por Antônio da Silva Maia, antes de a nação ter admitido a Assembleia Constituinte, ela proclamou D. Pedro seu Imperador.[2]

A edificação do sistema representativo era uma questão cara aos homens que formularam e discutiram os rumos da monarquia portuguesa e brasileira. Exemplo disso é a posição de Silvestre Pinheiro Ferreira, que desde a segunda metade da década de 1810 vinha defendendo reformas substanciais na monarquia portuguesa. As suas posições eram próximas às de Benjamin Constant. Segundo o conselheiro de D. João, a adoção do sistema representativo aplacaria o perigo da desordem e do radicalismo descabido.[3]

Portanto, a posição de Pinheiro Ferreira estava na esteira de uma longa tradição iniciada no século XVII. Segundo as ideias de alguns pensadores políticos do período compreendido entre meados daquele século até a segunda década do século XIX, o grande objetivo da entrada do homem em sociedade era a garantia da propriedade em paz e segurança. As leis estabelecidas nessa sociedade, dizia John Locke, fundavam-se no Poder Legislativo, que seria a preservação da sociedade.[4] No âmbito da disputa política no decorrer das Revoluções Inglesas, a forma política para alinhar tanto a tradição quanto a emergência das novas classes sociais foi a criação do sistema representativo, que tinha no poder legislativo a base política para a estabilidade do sistema.

Se Locke dispensava um papel supremo ao poder legislativo, esta posição seria relativizada por Montesquieu, que defenderia o equilíbrio político dos poderes. Segundo ele, tudo estaria perdido se o mesmo homem ou o mesmo corpo dos principais exercesse os três poderes (executivo, legislativo e judiciário).[5] Porém reconhecia que o legislativo era parcela do povo no poder, servindo como uma mediação da sua representação política, cabendo-lhe, dentre outras atribuições, coibir os abusos.

No transcorrer do processo revolucionário francês, em finais do século XVIII, com a emergência do Terceiro Estado e da burguesia francesa, houve uma releitura do pensa-

---

2   *Diários da Assembleia Constituinte de 1823*, sessão de 06/05/1823.

3   FERREIRA, Silvestre Pinheiro. *Manual do cidadão num governo representativo*. Vol. 2, Tomo III. Senado Federal, 1998.

4   LOCKE, John. *Segundo Tratado sobre o governo*. 2ª ed. São Paulo: Abril Cultural, 1978. (Os Pensadores), p. 86.

5   MONTESQUIEU. *Do espírito das leis*. São Paulo: Abril Cultural, 1973. (Os Pensadores), p. 158-159.

mento ilustrado. A revolução radicalizou a acepção do termo representação. Emmanuel Joseph Sieyès, por exemplo, entendia que existiram dois períodos anteriores ao estágio que o século XVIII reservara à França. No primeiro, a sociedade era concebida com um número limitado de membros que, estando isolados na sociedade, desejavam reunir-se; o segundo momento era caracterizado pela ação da vontade comum, onde os associados gostariam de dar uma consistência à união. Nesta etapa, o poder pertenceria ao público; no entanto, as origens ainda são as vontades individuais. Devido ao grande número de indivíduos e sua dispersão, o exercício da vontade nacional, consequentemente do poder, seria exercido por procuração. Já no momento vivido pelos franceses, depois da revolução, não haveria mais uma vontade comum real, mas uma vontade comum representativa, quer dizer, uma vontade comissionada. O corpo político formado pela representação agiria por meio da vontade da nação.[6]

Porém, a revolução transcendera os objetivos pensados pela emergente burguesia francesa, que, temerosa em relação à radicalização popular, passou a defender limites e um sistema representativo concernentes aos seus desígnios de classe. Em 1814, depois da derrocada de Napoleão Bonaparte e da afirmação de um pensamento reformista e conservador, houve novamente uma releitura do conceito de representação e de sistema constitucional representativo. O principal expoente desta nova formulação foi Benjamin Constant, que reafirmou as premissas defendidas pelo abade Sieyès. Entretanto, matizou o peso da representação nacional com a inovação do Poder Moderador. Segundo o constitucionalista, o sistema representativo significava o auxílio que uma nação delega, em certos indivíduos, aquilo que não quer ou não pode fazer por si própria, isto é, ela seria uma procuração conferida.[7]

Nos anos subsequentes à Revolução Francesa, a consolidação da divisão dos poderes alçou as camadas economicamente dominantes ao poder. Significou também a possibilidade da renovação do sistema político e o surgimento de novas reivindicações políticas. Estas demandas traziam consigo uma nova prática política que rompia com o sistema homogêneo onde as disputas se davam de forma mais velada, traziam para o espaço público ideias de dissenso, disputas e projetos acerca do Estado, das instituições civis e da sociedade.

---

6   SIEYÉS, Emmanuel Joseph. *A Constituinte Burguesa – Que é o Terceiro Estado?* 3ª ed. Rio de Janeiro: Editora Liber Juris, 1986, p. 92-93.

7   CONSTANT, Benjamin. *A Liberdade dos antigos comparada à Liberdade dos modernos.* Lisboa: Edições Tenácitas, 2001, p. 31-32.

Para o caso português, segundo as argumentações de André Roberto Machado, o *Vintismo* tornou legítima a exteriorização do dissenso.[8] Abriu caminho para o surgimento de projetos políticos de "frações de classes" que almejavam o poder ou dele reivindicava participação.

O Parlamento brasileiro e o forjar dos direitos do cidadão

Se a fundação do sistema parlamentar iniciou uma nova experiência de governo calcado na partilha do poder, acima de tudo inaugurou uma nova forma de relação entre a sociedade e o Estado. O processo de ruptura entre Brasil e Portugal trouxe consigo não só um novo imaginário, como abriu caminho para uma moderna prática política, onde o homem era visto a partir de uma nova concepção. Contudo, ele ainda figurava entre o vassalo e o súdito/cidadão, ou seja, situava-se em uma ambiguidade entre o Antigo Regime e a Modernidade. Tratava-se de uma nova realidade política que se transformava, oscilando entre as antigas e novas tensões, entre o "antigo" e o "novo" sistema político, conforme demonstramos no capítulo I. Desse modo, não se pode conceber as novas práticas sem a existência de continuidades e práticas do Antigo Regime.

Tanto no caso português quanto no brasileiro, a emergência do sistema representativo foi uma novidade. Era comum que os deputados quisessem intervir em todos os assuntos pertinentes ao poder, ocasionando frequentes reclamações por parte de tribunos próximos ao soberano.

Fernanda Maia destacou algumas especificidades no surgimento do Parlamento em terras lusitanas. Segundo a autora, inscrita em um espaço e em um tempo, a instituição parlamentar revelou a sua função tribunícia, emergindo como espaço de debate público de ideias. Com a revolução portuguesa, e a fundação do sistema parlamentar, inaugurava-se uma nova experiência histórica que permitia pôr em prática muitos dos ideais defendidos pelos parlamentares, que sinceramente acreditavam nas suas ações e discursos.[9]

---

8   MACHADO, André Roberto de Arruda. *A quebra da mola real das sociedades: A crise política do Antigo Regime Português na província do Grão-Pará (1821-1825)*. Tese de Doutorado. São Paulo: FFLCH/USP, 2006, p. 30.

9   MAIA, Fernanda Paula Sousa. *O discurso parlamentar português e as relações Portugal-Brasil...*, op. cit., p. 16-18.

Princípios políticos, como a afirmação do individualismo e da liberdade como pressupostos do progresso, eram defendidos pelos parlamentares. Ocasionaram o enriquecimento do espaço parlamentar e a legitimação do sistema representativo como o mecanismo pelo qual a sociedade refletia a sua capacidade de pensar, agir e intervir no dia a dia. Maia destaca ainda o que ela considera papel fundamental no recrutamento da "elite dirigente" e a sociabilidade política destacada a partir do Parlamento.[10]

Acredito que as mesmas possam ser estendidas para o caso brasileiro, visto que essas duas experiências têm uma mesma matriz constitutiva, pois ambas se pautavam em um mesmo movimento político que ensejara as ideias liberais e constitucionalistas no mundo luso-brasileiro.

Embora o Parlamento não tenha sido a primeira instituição a permitir a exteriorização do dissenso, era nesta instituição que o contraditório ocorria de uma forma mais direta e imediata. Permitia um confronto de ideias no calor dos acontecimentos, reunindo-se as posições divergentes em um mesmo espaço, dentro das mesmas regras e com a sua própria etiqueta discursiva. Ao mesmo tempo, se constituía como espaço privilegiado para a iniciativa legislativa, exercendo também o papel de fiscalizador do Poder Executivo.

Estes elementos foram salutares para a compreensão e valorização do papel exercido pelo Parlamento. Entretanto, parece-nos que devemos considerar um instrumento essencial e que, sem ele, o entendimento do poder legislativo fica prejudicado: o papel de receptáculo dos pleitos populares, que fazia com que ele se tornasse um espaço de debate e gerador de demandas.

Miriam Halpern Pereira e Benedita Duque Vieira mostraram que, no processo de consolidação da Revolução do Porto, o instrumento peticionário foi não só uma inovação, mas um procedimento válido que objetivava dar forma à revolução *vintista*.[11] No Brasil, o envio de petições ao Parlamento foi uma das principais formas de afirmação e participação do cidadão. O Parlamento se constituía em uma "válvula de escape" para as demandas sociais da população. Como veremos com mais vagar no capítulo III, através do mecanismo peticionário, diversos setores da sociedade apresentaram suas demandas. Em um momento de efervescência política, apresentar petições, queixas e reclamações ao Parlamento possibilitava o alargamento de direitos e o caminho de uma estratégia eficaz para as pres-

---

10 *Idem*.

11 Pereira, Miriam H. *A crise do Antigo Regime e as Cortes Constituintes de 1821-1822. Negociantes, fabricantes e artesãos, entre as velhas e as novas instituições*. Lisboa: Edições João Sá da Costa, 1992, vol. II; e Vargues, Isabel Nobre. *A aprendizagem da cidadania em Portugal (1820-1823)..., op. cit.*, p. 222.

sões junto ao Poder Executivo e ao Poder Judiciário. Constituía-se em um imbricamento entre o código (a Constituição e as leis ordinárias) e o cotidiano. Trazia demandas sociais, políticas e civis para a vida política parlamentar. Revelava, por outro lado, as contradições presentes em uma sociedade em transição política. Sendo assim, não se pode negligenciar o seu caráter ora transformador ora pertinente às práticas sociais anteriores.

Estas petições se somavam às problemáticas no interior do Poder Legislativo, onde Câmara dos Deputados e Senado se opunham constantemente. O Parlamento era uma arena de duras disputas de projetos políticos em relação à "cidadania", bem como de posições acerca do exercício do poder, opondo os partidários do Imperador e aqueles que apresentavam restrições ao soberano, principalmente no que diz respeito ao seu papel político no contexto da institucionalização do poder.

O decênio do Primeiro Reinado trouxe diversas transformações à ex-colônia portuguesa na América. A partir da Independência, surgiram novas tarefas e demandas para se construir o aparato político do novo país. A década marcou a edificação dos pilares institucionais do Estado que perduraria, com alguns ajustes, até o final do Império, em 1889. Portanto, trata-se de uma década emblemática, que se tornou um momento especial para a história brasileira. Podemos enquadrá-lo como aquele período em que os diversos grupos foram amadurecendo e criaram condições de disputa pelo controle do Estado. Configurou-se como um momento ímpar da vida política nacional, pois ele foi o nascedouro de projetos de Estado e da formação de frações de classes, isto é, grupos sociais ou econômicos pertencentes a uma determinada classe que travaram uma luta pelo exercício do poder no interior da própria classe, que nas décadas seguintes almejariam a conquista do poder político.[12]

Quando se fala em fração de classes no período pertinente aos primeiros anos da Independência brasileira, queremos dizer apenas a existência de vozes destoantes no interior do grupo que se tornaria aquilo que Ilmar Mattos chamou de classe senhorial. Segundo este autor, a classe senhorial se formou simultaneamente à construção do seu próprio Estado – o Estado de uma classe, conforme o pensado por Antônio Gramsci. À semelhança de Maria Odila Dias, Mattos precisa que o Estado só estaria plenamente formado por volta de 1840-1850.[13] Ainda segundo o historiador, a formação desta classe passava por

---

12 GIL, José Carlos Amador. *Projetos de Estado no alvorecer do Império*. Vitória: Instituto Histórico e Geográfico do Espírito Santo, 2002.

13 DIAS, Maria Odila Silva. "A interiorização da Metrópole (1808-1853)". In: Mota, Carlos Guilherme. *1822: dimensões*. São Paulo: Editora Perspectiva, 1972, p. 160-184; p. 170; e MATTOS, Ilmar R. de. *O Tempo Saquarema. A formação do Estado Imperial*. 4ª ed. Rio de Janeiro: Access/INL, 1994, p. 4.

uma forma de auto reconhecimento de interesses e projetos comuns a diversos segmentos superiores da sociedade,[14] que, a partir do exercício do poder do aparato administrativo e econômico, pode se perceber enquanto um grupo específico no interior da sociedade.[15]

Por processo pode-se entender um longo caminho ou uma experiência que se constrói a partir de diversos conflitos e coesões de interesses, isto é, contingências, rupturas que compõem o cenário da construção histórica. Mattos não só nos revela o seu resultado, como também as ações destrutivas e dispersivas que o compõem, detendo-se principalmente no período das regências, onde primeiro surgiria um novo conceito de Ordem e Liberdade.

Embora o processo de Independência fosse o resultado de uma longa ruptura entre as duas partes do Império português que culminou na recusa dos lusitanos em admitir uma autonomia brasileira,[16] consideramos que a construção do Estado imperial se iniciou no momento seguinte à proclamação da Independência. A confecção de uma Carta Constitucional, de decretos estabelecendo as cortes nacionais, expulsando portugueses, confiscando propriedades foi em um claro sentido de demarcar o caráter da nova instituição política no concerto das nações, que se aprofundaria com a aceitação da Independência brasileira por parte de Portugal.

Sendo assim, não podemos desconsiderar as primeiras medidas adotadas a partir de 1823-1826 no sentido da construção do aparato institucional do Estado, o que não pode ser confundido com as rupturas produzidas pelo aprofundamento da crise política e econômica que se abateu sobre a vida política do Império a partir de 1828-29, o que resultaria na Abdicação de D. Pedro I e no surgimento de movimentos contestatórios na Regência.

No decênio do Primeiro Reinado, as bases do edifício institucional foram plantadas, através da outorga da Constituição e de diversas leis que instituíram, dentre outras coisas, o limite aos abusos da liberdade de imprensa (1827); a Responsabilidade dos Ministros e Conselheiros de Estado (1827); a fixação das forças de mar e terra; a regulamentação dos Conselhos Gerais de Província (1828); e o estabelecimento dos direitos dos estrangeiros residentes no Império (1829). Além disso, algumas resoluções aprovadas deram a partida para a reforma do Estado, como a extinção da Intendência da Polícia (1828), da Mesa do açúcar e do tabaco; a abolição da Provedoria da Saúde e a Fisicatura-mor (1828), da Bula da Cruzada, do Desembargo do Paço e da Mesa da Consciência e Ordens, e a extinção do Banco do Brasil (1829).

---

14   *Idem.*
15   *Idem*, p. 3-4.
16   *Idem*, p. 10.

Do outro lado, criaram-se órgãos mais próximos à Constituição de 1824, como o Supremo Tribunal de Justiça; os juizados de paz (1827); um regimento para as Câmaras Municipais. Do mesmo modo, a legislação atingia aspectos concernentes à relação Estado e sociedade, extinguindo o foro pessoal; fixando as regras para os casos de prisão sem culpa formada, instituindo, então, a garantia do cidadão e a inviolabilidade da sua residência.

Muitas destas inovações ficaram nos projetos ou nas intenções. Não fosse assim, poucas seriam as reclamações por prisões ilegais, invasões de domicílios por parte de autoridades policiais etc. O que se deve destacar é que os instrumentos necessários ao funcionamento do sistema liberal – entendido como um complexo mecanismo de instituições que dessem garantia às liberdades políticas e individuais tais como o funcionamento do sistema representativo, a liberdade de imprensa, a divisão de poderes políticos etc. – vinham sendo plantados. Porém, como já destacamos, a sociedade vivia um momento de ambiguidade entre as antigas práticas políticas e sociais e as inovações do período, mas vislumbrava um horizonte. De tensões latentes.

Não custa repetir que o processo da Independência brasileira não só foi incerto, como colocou em evidência a dispersão de interesses materializados na Assembleia Constituinte. Do mesmo modo, trouxe questões nevrálgicas, como o desejo de autonomia provincial, para o centro do debate político. Este, como afirmara Sérgio Buarque de Holanda,[17] foi uma constante até 1808,[18] quando aqui chegou a Família Real e fez diminuir o ímpeto de projetos contestatórios então nascentes.

Quanto ao processo da Independência e instalação da Assembleia Constituinte, identificam-se algumas propostas de Estado nacional formado por pelo menos duas grandes linhas de pensamento: uma representada pelo próprio Imperador e políticos proeminentes que defendiam uma Constituição monárquica onde o Executivo tivesse um papel de ingerência no Legislativo. Na sua liderança, além de D. Pedro, estavam homens como José Bonifácio, Clemente Pereira, José Joaquim Carneiro de Campos, proprietários do Vale do Paraíba Fluminense, burocratas e comerciantes portugueses enraizados que intentavam

---

17 HOLANDA, Sérgio Buarque de. "A Herança Colonial – Sua Desagregação". In: _____ (dir.). *História Geral da Civilização Brasileira*. 6ª ed. São Paulo: Difel, 1982, p. 9-39.

18 Para o debate sobre o marco histórico de 1808, cf. PRADO JR, Caio. *Evolução Política do Brasil e outros estudos*. 11ª ed. São Paulo: Editora Brasiliense, 1979; FAORO, Raimundo. *Os Donos do poder. Formação do patronato político brasileiro*. 4ª ed. Porto Alegre: Editora Globo, vol. 1; e RIBEIRO, Gladys S. "Os portugueses na formação da nação brasileira: o debate historiográfico desde 1836". In: *Ler História*, Lisboa, nº 38, 2000.

construir um Estado centralizado e capaz de inseri-lo no cenário internacional, em condições de atuação frente à Inglaterra e demais potências.[19]

Em outra linha estava um grupo composto basicamente por lideranças do Norte do Império e alguns jornalistas da Corte do Rio de Janeiro, tendo à frente Cipriano Barata e Frei Caneca. Era um grupo desvinculado dos interesses específicos da Corte do Rio de Janeiro. Defendiam o estabelecimento pleno do sistema constitucional, a adoção de um sistema no qual os princípios de liberdade e de representação fossem plenamente atendidos. Além disso, argumentavam a favor da limitação da autoridade do governante pelo pacto social, pois tanto a grandeza futura do Império quanto a garantia do pleno exercício do sistema liberal dependeriam da adoção da autonomia provincial.

Outro componente que deve ser considerado foi a presença da escravidão como espinha dorsal do sistema. Isso implica estabelecer estreita relação entre o tipo de liberdade proposta pelas duas "frações de classes" em relação aos demais grupos sociais: os livres pobres, os libertos e os imigrantes portugueses. A historiografia mais recente sobre a cidadania, da construção do sistema jurídico e da Independência tem atentado para estas questões. Segundo arguiu Ricardo Salles,

> No escravismo, por definição, o conceito de cidadania requeria o de não cidadania. Mesmo quando [...] o direito e a ação do Estado desenvolveram códigos e formas complexas e abrangentes, permanecia uma clara distinção e descontinuidades entre a ordem privada e a pública nas relações sociais, principalmente entre senhores e escravos, no âmbito particular e cotidiano e no geral e político.[20]

Conforme demonstramos no capítulo 1, havia uma concepção que primava pela desigualdade de direitos que podia ser perfeitamente conjugada com a existência da escravi-

---

19 MATTOS, Ilmar R. de. *O Tempo Saquarema. A formação do Estado Imperial.* 4ª ed. Rio de Janeiro: Access, 1989; LENHARO, Alcir. *As tropas da moderação: o abastecimento da Corte na formação política do Brasil, 1808-1842.* Rio de Janeiro: Secretaria Municipal de Cultura, Turismo e Esporte, Departamento Geral de Documentação e Informação Cultural, Divisão de Editoração, 1993; e LYRA, Maria de Lourdes V. *A utopia do poderoso Império Portugal e Brasil. Bastidores da política – 1798-1822.* Rio de Janeiro: Sette Letras, 1994, p. 225.

20 SALLES, Ricardo. *Nostalgia Imperial: a formação da identidade nacional no Segundo Reinado.* Rio de Janeiro: Topbooks, 1996, p. 136.

dão. Neste aspecto, tanto no liberalismo quanto no escravismo colonial, o fundamento da sociedade era a propriedade, que determinaria a participação dos indivíduos na sociedade política. Em boa medida, imaginava-se a construção de um ideário voltado para um grupo específico da sociedade. O instrumento censitário e a letra da Constituição, que limitava o acesso de determinados grupos em parte da sociedade política (discriminadamente aqueles com renda inferior a 200 mil-réis e por completo para aqueles que não pertenciam à sociedade brasileira, como os escravos libertos), garantiam o funcionamento do sistema político para uns poucos.

No entanto, vez por outra o discurso de liberdades individuais era utilizado por alguns setores excluídos da sociedade política, porque não havia consenso quanto a sua utilização. Os instrumentos constitucionais limitavam o exercício do voto, mas não o da reivindicação de direitos. Mesmo porque, muitas vezes os limites estabelecidos incidiam sobre setores pobres ou intermediários, que vez por outra se viam sob o risco de exclusão em face do sistema eleitoral adotado pelo Império. Da mesma forma, a realidade de crise não garantia aos funcionários do Estado, por exemplo, a manutenção do seu sustento. Haja vista o grande corte de funcionários que aconteceria a partir de 1830, como teremos oportunidade de demonstrar nos requerimentos e petições ao Parlamento.

Uma segunda argumentação pertinente à desigualdade política presente na sociedade foi indicada por José Reinaldo de Lima Lopes. Segundo este autor, o liberalismo defendido por muitos juristas, pensadores e políticos brasileiros se baseava no jusnaturalismo, que muitas vezes não impedia a formulação de pensamentos e a implantação de estatutos jurídicos distintos para todos os membros da sociedade.[21]

Em grande medida, isto deriva de uma constatação desenvolvida por Gladys Ribeiro a partir de autores como José Reinaldo Lopes. Para a historiadora, na sociedade brasileira das décadas de 1820 e de 1830, existiam visões antigas e novas do poder, a legitimidade e a soberania. Muitas vezes, estas visões "misturavam-se e alternavam-se não somente nos mesmos indivíduos, como atravessavam toda a sociedade".[22] Tudo isso vem corroborar com as posições que apresentávamos no capítulo anterior. Trata-se de um projeto ambí-

---

21 LOPES, José Reinaldo de Lima. "Iluminismo e jusnaturalismo no ideário dos juristas da primeira metade do século XIX". In: JANCSÓ, István (org.). *Brasil: Formação do Estado e da Nação*. São Paulo: Editora Hucitec, Editora da Unijuí, Fapesp, 2003, p. 207.

22 RIBEIRO, Gladys S. "Cidadania, liberdade e participação no processo de autonomização do Brasil e nos projetos de construção da identidade nacional". In: *Conferência no Centro de Estudos do Oitocentos*. Juiz de Fora: Locus, 2008, no prelo.

guo, restritivo e contraditório de liberdade, de direitos e, essencialmente, de cidadania, que no caso brasileiro teria que conviver com a escravidão.

Há que se observar os inúmeros obstáculos para a sua efetivação, tais como os constantes ataques aos direitos individuais, a instabilidade do sistema em face da problemática da mão de obra escrava, mas principalmente pela restrição aos direitos políticos, que colocava para fora do sistema parcela substancial da população.

Outro conjunto de questões que dificultavam o processo político e, consequentemente, a consolidação dos direitos civis e políticos eram o quadro econômico e as seguidas crises políticas em que vivia o Império.

A seguir, nos deteremos em uma análise mais detalhada do quadro econômico do Primeiro Reinado. Entendemos que deva haver uma interação desta com a política em geral. Somente em face de um entendimento global poderemos compreender as questões de fundo que se encontrava na política e os elementos que dificultaram a ampliação das reformas institucionais, retardaram a superação da crise política e aprofundaram o cisma político entre o Imperador e o grupo de oposição na Câmara dos Deputados.

Como parte deste raciocínio, uma segunda questão que trataremos será a elaboração de um perfil geral do Parlamento imperial e sua composição, situando principalmente o papel das principais províncias no jogo político. Faremos uma articulação, ainda que indireta, entre a política e a economia, pois estas foram as principais razões que resultaram na Abdicação de D. Pedro I, em 1831.

A seguir, trataremos de mostrar a magnitude da crise política, estabelecendo dois níveis de crise: um entre as instituições pertencentes ao Poder Legislativo; e outro que colocava em rota de colisão o Imperador e a Câmara dos Deputados.

As faces da Crise: economia e sociedade

Se a tensão era a marca da vida política, o aspecto econômico não era um acessório. Ao contrário, este foi uma peça determinante para o colapso do Primeiro Reinado e a potencialização do conflito entre os Poderes Legislativo e Executivo, fazendo o cidadão sentir as dificuldades da sobrevivência no dia a dia. Viveu-se uma crise econômica sem parâmetros. Esta se tornou um combustível determinante para o desfecho do Primeiro Império brasileiro.

A crise se iniciou com a partida de D. João VI, em abril de 1821. O então rei de Portugal levou consigo uma considerável soma do Banco do Brasil, deixando os cofres públicos brasileiros em franca decadência. A partir da Independência, o governo foi obrigado a fazer com que o banco passasse a fabricar mais dinheiro para cobrir os seus gastos. Isto trouxe como consequência um aumento na circulação de moeda de 6.330 contos de réis, em 1821, para 17.623 contos de réis, em 1830.[23] Em face da diminuição da circulação de ouro e prata, a principal moeda circulante passou a ser o cobre, que servia para as compras das mercadorias de consumo diário da população. Entretanto, a partir de 1823 houve uma derrama de moedas falsificadas, que levou pânico e incredulidade ao comércio, que relutava em aceitar pagamentos com aquela moeda. Segundo estimativas de Heitor de Lima Ferreira, a moeda falsa chegou a representar 30% da massa circulante, ocasionando a chamada crise do *xenxém*, ou crise do cobre.[24]

Não bastasse isto, após a Independência, surgiu a necessidade de cobrir os gastos com as guerras no Norte e o desencadear da Guerra da Cisplatina, em 1825,[25] que atingiu o mercado de abastecimento de gêneros alimentícios. Vários produtos eram importados do Sul (tais como farinha de trigo e o charque, do Rio Grande do Sul, e o peixe, de Santa Catarina), que abasteceriam tanto as tropas no confronto como também o próprio mercado da Corte do Rio de Janeiro.[26] A guerra ainda teve um forte peso sobre o orçamento do Império, o que pode ser constatado através do Quadro 1.

Quadro 1 – Orçamento especificado por Ministério (em %)

Ministério	1828	1829
Império	4,00	7,28
Justiça	2,74	3,20
Guerra e Marinha	43,77	46,66

---

23 LIMA, Heitor Ferreira. *História político-econômica e industrial do Brasil*. São Paulo: Editora Nacional, 1970, p. 190-191. Sobre questões econômicas no século XIX, ver também GOLDSMITH, R. W. *Brasil 1850-1984: desenvolvimento financeiro sob um século de inflação*. São Paulo, Harper & Row do Brasil, 1986; BUESCU, Mircea. *História econômica do Brasil: pesquisas e análises*. Rio de Janeiro: APEC, 1970; e SIMONSEN, Roberto C. *História econômica do Brasil (1500-1820)*. 7ª ed. São Paulo: Editora Nacional, 1978. Agradeço as importantes dicas sobre economia no Primeiro Império apresentadas pelo prof. Carlos Gabriel Guimarães.

24 LIMA, Heitor Ferreira. *História político-econômica e industrial do Brasil*, op. cit., idem.

25 PEREIRA, Aline Pinto. *Domínios e Império: o Tratado de 1825 e a Guerra da Cisplatina na construção do Estado no Brasil*. Dissertação de Mestrado. Niterói, RJ: Universidade Federal Fluminense, 2007.

26 LOBO, Eulália Maria L. "Evolução dos preços e do padrão de vida no Rio de Janeiro, 1820-1930 – resultados preliminares". In: *Revista Brasileira de Economia*, v. 26, nº 4, out./dez. 1971, p. 235-265.

Estrangeiros	1,28	1,06
Fazenda	48,21	41,80
Total	100	100

Fonte: Relatórios do Ministério da Fazenda apresentados em 1828 e 1829. Disponível em << http://brazil.crl.edu/bsd/bsd/hartness/minopen.html>>. Acesso em: 01 de novembro de 2007.

Conforme é demonstrado pelo quadro, os gastos militares perfazem um total de 43,77% para o orçamento de 1828. Já em 1829, havia a expectativa de se gastar 46,66%. Embora aparentemente irrisório, o aumento representava nada menos do que o montante a ser despendido pela pasta da Justiça e algo não muito distante da pasta do Império do ano de 1828. Além disso, se considerarmos que parte das despesas do Ministério da Fazenda era para cobrir os gastos com a Guerra no Sul, o quadro fica ainda mais agudo.

Na pasta da Fazenda ainda constava a programação do pagamento de parte dos compromissos assumidos no Tratado de 29 de agosto de 1825. Embora estes pagamentos tenham se atrasado, o governo brasileiro vinha antecipando parte do montante do pagamento. É possível observarmos, então, o quanto estes dois eventos incidiram na sobrevivência econômica do recém-fundado país. Se compararmos estes gastos com outros períodos históricos, teremos uma exata dimensão econômica e política do problema; vejamos o Quadro II.

Quadro II – Evolução das despesas orçamentárias (em %)

Despesas	1831	1889	1929
Guerra	41,00	15,20	20,00
Interior	17,00	17,20	9,20
Fazenda	40,60	31,90	39,50
Obras públicas	—	—	23,80
Agricultura	—	24,60	3,10
Outros	1,40	11,10	4,40

Fonte: Adaptado de BUESCU, Mircea e TAPAJÓS, Vicente. *História do desenvolvimento econômico do Brasil*. Rio de Janeiro: Casa do Livro, 1969, p. 117.

Embora não haja informações sobre o período da Guerra do Paraguai, o que serviria de comparação com outro momento belicoso, podemos constatar que o peso dos gastos militares em outros períodos representava a metade do comprometido no conflito cisplatino de 1825-28. Como teremos a oportunidade de discutir, se adicionarmos o quanto os recrutamentos instavam a população a contribuir com vidas, produzindo impactos na produção e economia locais, será possível mensurarmos as razões da impopularidade do conflito no Sul do Império.

Somem-se a isto as dificuldades diárias da população. Segundo estimativas de Eulália Lobo e Mircea Buescu,[27] o período concomitante à guerra, e um pouco depois dela, foi marcado por uma crescente inflação, que, se não incidiu sobre todos os aspectos do cotidiano da população, ao menos teve um impacto no que se refere à sua sobrevivência. Houve um acentuado aumento no preço dos gêneros alimentícios: farinha de trigo (de 1826-1830); feijão (de 1826-1828); farinha de mandioca (de 1824-1826); açúcar mascavo (de 1826-1830); arroz (de 1827-1828); bacalhau (de 1827-1829).[28] Chamamos a atenção para a datação indicada por Lobo e Buescu, onde se percebe a coincidência de datas com o aumento da impopularidade de D. Pedro I, o que poderia explicar a derrota eleitoral que o mesmo viria sofrer nas eleições de 1829 e o aumento da crise.

Além disso, o período marca uma crescente expectativa do fim do tráfico escravo. Assim, ao invés de o grande volume da entrada de escravos no porto do Rio de Janeiro[29] ter causado uma queda nos preços, ocorreu justamente o contrário. Houve um aumento da procura por mão de obra cativa, inflacionando o preço de venda dos escravos e

---

27 BUESCU, Mircea. *300 anos de inflação*. 1ª ed. Rio de Janeiro: APEC, 1973; e LOBO, Eulália Maria L. "Evolução dos preços e do padrão de vida no Rio de Janeiro...", *op. cit*. Embora Buescu não discorde totalmente de Lobo, há uma pequena divergência dos autores sobre o impacto do aumento no preço dos gêneros alimentícios sobre a inflação no período. Buescu afirma que "O nosso levantamento entre 1826 e 1838 refere-se, sobretudo, a produtos de exportação, mas, separando aqueles orientados também para o consumo interno (feijão, milho, arroz, aguardente), constatamos que às vezes estes acusaram altas mais acentuadas. Entretanto, não temos evidência empírica de que os produtos agrícolas, destinados ao consumo interno, hajam contribuído de forma decisiva para a elevada taxa inflacionária no período de 1826-1830". Cabe ainda registrar que, para o período de 1826-1830, Mircea constata uma taxa anual da inflação de 7%, índice acentuado, em comparação com a dos períodos anteriores que foi de 1% ao ano, até 1807, e 2,5% entre 1807 e 1826. Cf. BUESCU, Mircea. *300 anos de inflação...*, *op. cit*., p. 126-127; 130-131 e 150.

28 LOBO, Eulália Maria L. "Evolução dos preços e do padrão de vida no Rio de Janeiro...", *op. cit*., p. 245-246.

29 Estimado em aproximadamente 200 mil cativos no período de 1826 a 1830. Cf. FLORENTINO, Manolo G. *Em Costas Negras: Uma História do Tráfico Atlântico de Escravos entre a África e o Rio de Janeiro* (Séculos XVIII e XIX). Rio de Janeiro: Arquivo Nacional, 1995, p. 59.

aumentando o custo de vida. No entanto, este aumento não teve impacto sobre a renda dos setores populares.[30]

No que concerne à arrecadação e aos gastos públicos, tinha-se um quadro periclitante. A perspectiva do fim do tráfico e a lei de redução da alíquota de importação, publicada em 1827, reduziram os impostos para 15%. Tal questão causou uma declarada aflição no Ministro da Fazenda.[31] Há que se destacar que esta lei era válida para todas as nações que comercializavam com o Brasil. Embora não tenhamos dados concretos, seria possível especular o quanto esta proposta tinha um intuito de diminuir o poderio do comércio inglês, garantindo a presença de nações como os Estados Unidos da América e a França.

Além da preocupação com a diminuição dos impostos, o pagamento dos montantes das dívidas contraídas no Tratado da Independência era uma questão a ser encarada. Uma das saídas era se recorrer novamente aos empréstimos ingleses para cobrir os gastos,[32] uma vez que o déficit acumulado nos anos anteriores trazia uma preocupação quanto ao futuro da administração do Império, conforme podemos observar no Quadro abaixo.[33]

Quadro III – Demonstrativo da Receita e Despesa (em mil réis)

	1828	1829	1832	1833
Receita	21.673:119$594	11.229:080$846	12.344:407$000	11.294:040$000
Despesa	29.061:072$712	16.213:888$127	13.870:457$705	11.603:963$273
Saldo	-7.387:953$118	-4.984:807$281	-1.526:050$705	-310:925$273

Fonte: Relatórios do Ministério da Fazenda apresentados em 1828, 1829, 1832 e 1833.

Embora a inexistência do orçamento para o ano de 1830 e 1831 nos atrapalhe a acompanhar a evolução dos números econômicos, ela não nos impede de perceber o pesado encargo para os anos de 1828 e 1829. Pelo que podemos perceber, na previsão dos anos seguintes, houve um esforço no sentido de conter os gastos. Entretanto, a soma dos saldos negativos de 1828 e 1829 nos permite concluir que ao final de dois anos tinha-se um déficit

---

30 LOBO, Eulália Maria L. "Evolução dos preços e do padrão de vida no Rio de Janeiro...", *op. cit.*, *idem*, p. 251.

31 Relatório do Ministério da Fazenda de 1828. Disponível em << http://brazil.crl.edu/bsd/bsd/hartness/minopen.html>>. Acessado em 01 de novembro de 2007, p. 3.

32 Relatório do Ministério da Fazenda de 1829, p. 4. Disponível em << http://brazil.crl.edu/bsd/bsd/hartness/minopen.html>>. Acessado em 01 de novembro de 2007.

33 Cf. também BUESCU, Mircea. *Evolução econômica do Brasil*. 2ª ed. Rio de Janeiro: APEC, 1974, p. 109.

igual ou superior à projeção de arrecadação para o ano de 1832. O que demonstra a insolvência do caixa público e a incapacidade imediata de honrar alguns compromissos.

Quanto à arrecadação e à forma da sua cobrança nas províncias, o quadro abaixo nos dá uma radiografia acerca de diversos aspectos políticos e econômicos da conjuntura imperial do Primeiro Reinado. Vejamos.

Quadro IV – Previsão da Receita e Despesa provincial no Orçamento de 1829 para o exercício do ano de 1831/1832 (em mil réis)

Província	Receita	%	Despesa
Rio de Janeiro	4.655:000$000	41,45	4.051:847$644
Espírito Santo	60:887$009	0,54	11:070$000
Bahia	2.235:146$655	19,9	1.182:154$701
Sergipe	100:785$018	0,90	16:012$784
Alagoas	202:795$660	1,81	28:990$228
Pernambuco	1.124:554$856	10,00	483:523$790
Rio Grande do Norte	28:803$642	0,27	10:140$000
Paraíba	153:436$660	1,38	31:404$492
Ceará	144:430$720	1,29	48:396$650
Piauí	102:017$190	0,91	21:086$941
Maranhão	655:312$000	5,83	433:518$813
Pará	341:892$731	3,04	40:175$080
São Paulo	353:582$525	3,14	76:825$724
Santa Catarina	31:185$000	0,28	8:720$000
Rio Grande do Sul	405:075$746	3,61	42:405$360
Minas Gerais	543:297$828	4,84	243:761$490
Goiás	26:226$800	0,23	27:952$000
Mato Grosso	64:650$806	0,58	20:000$000
Total	11.229:080$846	100,00	6.777:985$697

Fonte: Relatório do Ministério da Fazenda apresentado em 1829. Disponível em << http://brazil.crl.edu/bsd/bsd/hartness/minopen.html>>. Acessado em 01 de novembro de 2007.

O quadro nos indica o montante arrecadado e as despesas projetadas pelo Ministério da Fazenda em cada localidade. Embora sempre exista a possibilidade de uma projeção orçamentária sofrer alterações, para cima ou para baixo, ela indica um quadro provável do que poderia ocorrer na arrecadação. Optamos pela projeção porque era esse o principal instrumento de avaliação dos parlamentares, que no caso da receita arrecadada apenas aprovavam ou não o relatório do Ministro.

Embora para o período anterior a 1829 não existam projeções de receita que nos possibilitassem uma comparação mais elástica, os números que encontramos nos permitem verificar o peso da contribuição de cada província para os cofres públicos no Primeiro

Reinado.³⁴ O que temos em mente é proceder a uma comparação entre o peso da contribuição e a representatividade política da província na Câmara dos Deputados. Isto poderia demonstrar o grau de insatisfação ou de aceitação do jogo político emanado do Rio de Janeiro e do Centro-Sul.

Ainda que o quadro nos possibilite outras aferições, alguns pontos nos chamam atenção na peça orçamentária apresentada em 1829. A primeira foi que apenas os gastos do Ministério da Fazenda consumiam cerca de 60% da previsão de arrecadação, ficando os demais ministérios com apenas 40%.

Um segundo aspecto era a diminuta participação de localidades como Goiás e Rio Grande do Norte, assim como as contribuições de Minas Gerais, Rio Grande do Sul e Pará. No caso das duas primeiras seria compreensível pela falta de um produto forte de exportação. O que não justificaria para as demais províncias, que possuíam importantes gêneros na pauta de comércio.

Porém, se fizermos uma devida análise, são estas e as outras províncias que garantiam as demais despesas do Estado Imperial, visto que o Rio de Janeiro sozinho não seria capaz de honrar todos os compromissos estatais, pois respondia apenas por 41% da receita, já deficitária em pelo menos 30% do montante estimado no orçamento de 1829. Portanto, a Corte retirava das demais províncias o valor necessário para cobrir os outros gastos do governo.

Quando tratamos do Rio de Janeiro estamos considerando a Corte e a província conjuntamente. No entanto, ao olharmos a descrição da receita, vemos que o peso substancial se originava a partir do porto. Só a título ilustrativo basta dizer que, no demonstrativo da despesa ordinária de 1829, cerca de 30% se originavam da cobrança dos impostos de exportação e importação, outros 10% tinham origem na contribuição sobre o comércio de escravos.³⁵

Embora o Rio de Janeiro não fosse capaz de cobrir sozinho os gastos do Império, há que se considerar seu grande peso na vida econômica do Estado. Embora sua participação decrescesse em relação ao ano anterior, quando se estimou uma contribuição de 55%, ele ainda predominava em relação de importância em face das demais províncias.

---

34 Esta informação é confirmada no relatório do Ministro da Fazenda apresentado em setembro de 1823 (que contém os gastos efetuados nos anos de 1823 a 1824). No entanto, grande parte do que consta no balancete se refere apenas à província do Rio de Janeiro e à Corte, como mesmo admite o Ministro Jacinto Nogueira Gama, p. 3.

35 Relatório do Ministério da Fazenda apresentado em 1829. Disponível em << http://brazil.crl.edu/bsd/bsd/hartness/minopen.html>>. Acessado em 10 de fevereiro de 2008.

Também era substantiva a participação de localidades como a Bahia, Pernambuco e Maranhão, que consolidavam suas posições de destaque desde antes da Independência brasileira, conforme já constatara José Jobson Arruda.[36] O peso destas províncias pode ser explicado pela forma de arrecadação, que se fazia principalmente na alfândega. Desta forma, as localidades que sediavam grandes portos arcavam com uma parcela maior da receita estatal. A título de ilustração, a taxa cobrada para exportação era de 2% do montante a ser embarcado. Do outro lado, a taxa de importação, de acordo com a nova lei votada na Assembleia Geral em 1828, era de 15%. Todavia, esta é apenas uma face da questão, pois a arrecadação do Império era feita sobre 106 tipos de denominações.[37] Portanto, a possibilidade de coleta do Estado imperial recaía por toda a extensão territorial, ainda que em menor monta para algumas províncias.

Parece-nos, contudo, que a origem da hegemonia econômica dessas regiões do Império poderia ser explicada de outra forma, visto que estas localidades também concentravam parcela importante da produção de gêneros para exportação. André Roberto Machado e Evaldo Cabral de Mello têm chamado atenção para a dinâmica interna das localidades. Segundo André Roberto Machado, seria preciso perceber a constituição heterogênea destas para se entender o jogo político e as tensões latentes no processo de formação do Estado Imperial.[38] Pensar desta forma supõe também vê-los de forma distinta, uma vez que nem sempre os interesses convergiam, o que redunda em uma posição de disputa de interesses e inserções distintas no sistema político que se formava no Império.[39]

Porém, é preciso que se diga que estas regiões passavam por transformações nas suas culturas agrícolas (ou matriz produtiva) desde pelo menos o último quartel do século XVIII, acelerando-se a partir do primeiro decênio do século XIX. Isto pode explicar parte da crise econômica e a dependência mútua das localidades nas questões relacionadas à política no pós-Independência. Justifica ainda parte da "solução de compromissos" entre as frações da classe dominante, visto que nenhuma localidade isoladamente seria capaz de fazer frente ao

---

36 ARRUDA, José Jobson. *O Brasil no Comércio colonial (1796-1808). Contribuição ao estudo quantitativo da economia colonial*. Tese de Doutorado. São Paulo: FFLCH/USP, 1972.

37 Relatório do Ministério da Fazenda de 1828. Disponível em << http://brazil.crl.edu/bsd/bsd/hartness/minopen.html>>. Acessado em 10 de fevereiro de 2008.

38 MELLO, Evaldo Cabral de. *A outra Independência: o federalismo pernambucano de 1817 a 1824*. São Paulo: Editora 34, 2004; e MACHADO, André Roberto de Arruda. *A quebra da mola real das sociedades...*, op. cit.

39 MACHADO, André Roberto de Arruda. *A quebra da mola real das sociedades...*, op. cit., p. 25.

poderio inglês que adentrara em todos os portos da antiga colônia portuguesa desde 1808. Do mesmo modo, nos dá a dimensão dos grupos econômicos que se inseriam no mercado e na política, visto que desde pelo menos a segunda metade do século XVIII a matriz produtiva do território luso-brasileiro vinha passando por transformações. Por fim, explica o emaranhado político e a crise imperial do Primeiro Reinado, uma vez que ocorria um jogo dissimulado por parte de grupos locais e nacionais que disputavam o tipo de inserção a ser feita pelo Império na ordem internacional.[40] O Brasil, ao se tornar independente, tinha que assumir uma posição frente ao jogo das potências do globo de então.

Nas linhas a seguir analisaremos o desenvolvimento das economias das principais regiões do Império, fundamentalmente aquelas onde se concentravam o grosso da representação política no interior da Câmara dos Deputados e da economia (Rio de Janeiro, Bahia, Pernambuco e Maranhão). Isto se faz necessário para mensurarmos, logo a seguir, o aspecto político que temos em mente, que é o de relacionar a importância econômica e política dentro de um mesmo universo.

Se o Rio de Janeiro era o maior contribuinte do Império, isto se explica porque a Corte era o principal escoadouro de produtos exportados,[41] o local de entrada do maior volume de escravos depois da proibição do tráfico de escravos acima da linha do Equador.[42] Além disso, desde a segunda metade do século XVIII o Rio se tornou a principal porção do território luso-brasileiro.[43] A mudança da capital da colônia para terras fluminenses, sua posição estratégica em relação ao Sul da colônia, a proximidade com as áreas auríferas das Minas Gerais e ponto cardeal para a chegada de produtos atlânticos foram fatores determinantes para o crescimento econômico do Rio, desbancando a Bahia como a principal

---

40 LIMA, Heitor Ferreira. *História político-econômica e industrial do Brasil*. São Paulo: Editora Nacional, 1970.

41 Para uma discussão sobre a Alfândega do Rio de Janeiro, cf. FRAGOSO, João. "Mercados e negociantes imperiais: um ensaio sobre a economia do Império português (século XVII e XIX)". In: *História: Questões & Debates, nº 36*. Curitiba: Editora da UFPR, 2002, p. 99-127; e MELLO, Evaldo Cabral de. *Idem*.

42 BLACKBURN, Robin. *A queda do escravismo colonial, 1776-1848*. Rio de Janeiro: Editora Record, 2002, especialmente os capítulos 8 e 11.

43 SAMPAIO, Antônio Carlos Jucá. *Na curva do tempo, na encruzilhada do Império: hierarquização social e estratégia de classe na produção da exclusão (Rio de Janeiro, c. 1650-c. 1750)*. Tese de Doutorado. Niterói, RJ: UFF, 2000.

área colonial da América portuguesa. A cidade e suas imediações se converteram em uma das mais promissoras regiões da Colônia.[44]

Embora antigas áreas produtoras de cana-de-açúcar permanecessem influentes na política, visto a forte presença de proprietários destas localidades nos cargos políticos da Câmara do Rio de Janeiro e em regiões como Campos dos Goitacazes, no Norte fluminense e imediações,[45] a chegada da família real promoveu alterações, pois houve uma expansão territorial em direção ao sul de Minas Gerais. Decorre daí o incremento de novas rotas terrestres, a abertura de pontos de parada para tropeiros, carregadores e transportadores. Do mesmo modo, houve uma diversificação da produção agrícola para o abastecimento da Corte.[46]

Ao mesmo tempo, como caracterizou Maria Odila Dias, houve uma "interiorização da metrópole", isto é, grupos de comerciantes ao mesmo tempo em que se preocupavam em estabelecer um comércio atlântico, também se voltaram para o interior da colônia. Muitos convertiam parte da sua riqueza em terras, tornando-se proprietários e produtores no Vale do Paraíba fluminense, ocupando extensões de terras até a província de São Paulo.[47]

Os proprietários cariocas também estenderam seu raio de ação para a Zona da Mata mineira e para o sul de Minas Gerais. Segundo Alcir Lenharo, a chegada da família real incrementou o tradicional comércio do Rio de Janeiro com Minas, uma vez que a abertura de novas estradas incorporava os setores da economia de subsistência mineira ao mercado carioca. Aprofundava-se desta maneira a relação entre os fazendeiros mineiros e os mercadores cariocas,[48] fazendo crescer um mercado interno, que muitas vezes não dependia das circunstâncias internacionais para sobreviver, pois tornava consideráveis as trocas intercoloniais, conforme argumentou João Fragoso.[49]

---

44 ALEXANDRE, Valentim. *Os Sentidos do Império. Questão Nacional e Colonial na Crise do Antigo Regime Português*. Porto: Edições Afrontamento, 1993; e SAMPAIO, Antônio Carlos Jucá. *Idem*.

45 OLIVEIRA, Cecília Helena Lorenzini de Salles. *A Astúcia Liberal. Relações de Mercado e Projetos Políticos no Rio de Janeiro (1820-1824)*. Bragança Paulista/SP: Ícone/UDUSF, 1999, p. 61-62.

46 LENHARO, Alcir. *As tropas da moderação...*, op. cit.

47 MATTOS, Ilmar R. de. *O Tempo Saquarema...*, op. cit., p. 43-60.

48 LENHARO, Alcir. *As tropas da moderação...*, op. cit., p. 21-29.

49 FRAGOSO, João Luis Ribeiro. *Homens de grossa aventura: acumulação e hierarquia na praça mercantil do Rio de Janeiro (1790-1830)*. Rio de Janeiro: Arquivo Nacional, 1991. A posição de João Fragoso está situada em uma historiografia econômica brasileira mais recente. Ela se contrapõe às visões tradicionais elaboradas por Caio Prado Jr., que, sinteticamente, indicava a forte dependência econômica da colônia portuguesa ao mercado externo. Segundo a posição de Fragoso, há que se olhar para os elementos

Surgia, então, uma nova região produtora na capitania do Rio de Janeiro: o Vale do Paraíba fluminense. A partir dos anos de 1820, destacadamente depois dos anos de 1840, esta localidade se tornou o centro irradiador da economia e da política da Corte, com a presença do núcleo de uma nova e dinâmica fração da classe dominante: os plantadores de café, então exportado para o mercado europeu e não mais vinculado ao antigo comércio português.[50]

Simultaneamente, os comerciantes cariocas passavam a abranger a porção Sul da América portuguesa, ocorrendo uma integração terrestre entre a província de São Paulo e o mercado carioca. A região paulista foi beneficiada pela abertura de caminhos de tropas que comercializavam com o Sul, transformando localidades como Sorocaba em pontos de passagem e entrepostos para o norte de São Paulo e para o Rio de Janeiro, construindo, conforme argumentou Tereza Petrone, uma "teia de relações comerciais e sociais".[51]

Todavia, a presença da praça do Rio se fez principalmente no Rio Grande do Sul.[52] Este desde pelo menos o fim da União Ibérica se converteu em um importante ponto de interseção entre o Rio e o mercado da bacia do Rio da Prata, importante para o fornecimento de cativos para a América Espanhola e para a chegada de prata oriunda daquela localidade.[53]

Além disso, cada vez mais os comerciantes de "grosso trato" do Rio de Janeiro aumentavam o seu raio de ação para a porção Meridional da Colônia.[54] Para o caso do Rio Gran-

---

da economia intercolonial para se perceber uma viva dinâmica interna. Cf. este debate em MOTTA, José Flávio; e COSTA, Iraci del Nero da. "A formação econômica e social do Brasil sob nova ótica". In: Informações Fipe. São Paulo: FIPE, nº 183, dezembro/1995, p. 18-22.

50 MATTOS, Ilmar R. de. *O Tempo Saquarema...*, op. cit., p. 16-19.

51 PETRONE, Tereza S. *O Barão de Iguape*. São Paulo: Cia. Editora Nacional, 1976, p. 97-98.

52 OSÓRIO, Helen. *Estancieiros, lavradores e comerciantes na constituição da estremadura portuguesa...*, op. cit., p. 260; MENZ, Maximiliano M. *Entre Dois Impérios: Formação do Rio Grande na Crise do Antigo Sistema Colonial (1777-1822)*. Tese de Doutorado. São Paulo: USP/FFLCH, 2006, p. 96; e MIRANDA, Márcia E. *A estalagem e o Império: Crise do Antigo Regime, fiscalidade e fronteira na província do Rio Grande do Sul (1808-1831)*. Tese de Doutorado. Campinas, SP: Instituto de Economia, Unicamp, 2006.

53 SAMPAIO, Antônio Carlos Jucá. *Na curva do tempo, na encruzilhada do Império...*, op. cit., p. 53; e MENZ, Maximiliano M. *Entre Dois Impérios: Formação do Rio Grande na Crise do Antigo Sistema Colonial...*, op. cit.

54 OSÓRIO, Helen. *Estancieiros, lavradores e comerciantes na constituição da estremadura portuguesa na América: Rio Grande de São Pedro, 1737-1822*. Tese de Doutoramento. Niterói, RJ: UFF, 1999, p. 248-250 e 252-254.

de do Sul, por exemplo, uma das regiões da *hinterland* carioca, Helen Osório destacou que cerca de 60% de todos os comerciantes da região eram nascidos em Portugal.[55]

Se o Rio de Janeiro foi marcado pela ascendência econômica, o mesmo não pode ser dito sobre a Bahia. Grande exportadora de açúcar e tabaco, além de importante receptora de escravos para o Norte da Colônia durante os primeiros dois séculos da colonização lusa na América, a então capital da Colônia passou por transformações após o reinado de D. José I. O Marquês de Pombal assumiu o principal posto na administração, transferindo a capital da Colônia para o Rio de Janeiro, em 1763,[56] o que foi justificado pela proximidade desta com os centros auríferos das Minas Gerais. A partir de então, a Bahia conheceria um declínio na sua economia.

Os grandes proprietários, os principais cultivadores dos produtos de exportação, influentes e poderosos na política soteropolitana, eram nascidos no Brasil.[57] Porém, a Bahia foi um exemplo no surgimento de novos proprietários que, ao desbravarem novas terras, proporcionaram o surgimento de uma nova classe dominante não vinculada ao seleto grupo de homens que até então dominavam a política e a burocracia estatal na Bahia. Assim, houve uma significativa presença de filhos de imigrantes portugueses e homens remediados, principalmente antigos lavradores, que alcançaram a fortuna experimentando culturas agrícolas de risco em regiões inóspitas do território baiano.[58]

Além disso, os grandes proprietários tiveram que dividir o seu poderio político com os mercadores, especialmente os nascidos em Portugal, que a partir do domínio da praça de Salvador mantiveram a sua influência ao longo dos cinquenta últimos anos do século XVIII.[59] Estes intermediavam a transferência da produção do tabaco, que servia para o comércio triangular entre o Brasil-África-Portugal, e a comercialização do açúcar para a Europa, justificando a sua forte presença da burocracia portuguesa.[60]

---

55 OSÓRIO, Helen. *Estancieiros, lavradores e comerciantes...*, op. cit.

56 MAXWELL, Kenneth. *A devassa da devassa. A Inconfidência Mineira: Brasil e Portugal 1750-1808*. 6ª ed. São Paulo: Paz e Terra, 2005, especialmente o capítulo 2.

57 SCHWARTZ, Stuart B. *Segredos internos: engenhos e escravos na sociedade colonial, 1550-1835*. São Paulo: Companhia das Letras, 1988, p. 226.

58 *Idem*, p. 226-227.

59 LUGAR, Catherine. *The merchant community of Salvador, Bahia, 1780-1830*. State University New York, 1980, p. 54 e 70.

60 SCHWARTZ, Stuart B. *Segredos internos...*, op. cit.; e BOXER, Charles R. *O Império marítimo português: 1415-1825*. São Paulo: Companhia das Letras, 2002.

No entanto, a partir de finais do século XVIII e, principalmente, durante as primeiras duas décadas do século XIX, a região passaria por outras transformações. A começar pela mudança da família real. As incursões estrangeiras e as facilidades contraídas pelo Rio de Janeiro, ocasionadas pela abertura dos portos, faziam diminuir o tradicional comércio baiano com a Metrópole, que até então consumia algo em torno de 60% da produção de tabaco e açúcar produzidos.[61] Aumentava ainda o comércio com a Inglaterra, que passava a ser o principal escoadouro dos produtos coloniais, atingindo os mercadores e proprietários lusitanos no seu tradicional vínculo com a praça lisboeta.[62]

Diante da nova situação, os mercadores foram obrigados a procurar alternativas comerciais, que passavam pelo incremento do seu comércio nas rotas de cabotagem com Pernambuco, com o Rio de Janeiro e com o Rio Grande do Sul,[63] fazendo surgir uma "unificação territorial" através da integração mercantil intercolonial, conforme argumentaram Helen Osório e Antônio C. Jucá Sampaio.[64] Estes autores se opunham às proposições de Evaldo Cabral de Mello, para quem não teria havido uma identidade que cimentasse o Império brasileiro a partir do Centro-Sul, pois as regiões se viam como partes autônomas do Império lusitano.[65] Embora as argumentações do autor sejam em parte corretas, visto não acreditarmos que a nação brasileira tenha surgido com a vinda da família real, conforme têm defendido alguns historiadores.[66] Há que se dizer, no entanto, que o fortalecimento de laços políticos através dos circuitos mercantis foi uma realidade que pode explicar parte da futura integração territorial, pois a procura por mercados internos não só cimentava o circuito comercial, como também aprofundava os acordos políticos entre as partes da Colônia.[67]

---

61 LUGAR, Catherine. *The merchant community of Salvador, Bahia, 1780-1830...*, op. cit., p. 115.

62 *Idem*, p. 73.

63 *Idem*, p. 73 e 82.

64 OSÓRIO, Helen. *Estancieiros, lavradores e comerciantes na constituição da estremadura portuguesa...*, op. cit., p. 32, e especialmente os capítulos 6 e 7; e SAMPAIO, Antônio Carlos Jucá. *Na curva do tempo, na encruzilhada do Império...*, op. cit., p. 149.

65 Cf. MELLO, Evaldo Cabral de. *A outra Independência...*, op. cit., especialmente a Introdução.

66 RODRIGUES, José Honório. *Independência: Revolução e Contra-Revolução*. São Paulo: Francisco Alves, 1975, vol. 1, p. 301- 302; JANCSÓ, István e PIMENTA, João Paulo G. "Peças de um mosaico (ou apontamentos para o estudo da emergência da identidade nacional brasileira)". In: MOTA, C. G. (org.). *Viagem incompleta: a experiência brasileira (1500-2000)*. 2ª ed. São Paulo: SENAC, 2000, vol. 1, p. 129-175.

67 Para uma discussão sobre a ideia de nação neste período, cf. CARVALHO, José Murilo de. "Brasil: comunidades imaginadas". In: _____. *Pontos e bordados. Escritos de história e política*. Belo Horizonte:

Diferente do Rio de Janeiro e das demais regiões aqui elencadas, a Bahia foi uma das províncias que menos diversificou sua produção até o período analisado. Somente a partir da segunda metade do século XIX é que a cultura do cacau assumiu uma posição de destaque, especialmente na parte sul da província. No entanto, podemos destacar que à sua pauta exportadora, além da presença do açúcar, tabaco e algodão, somava-se a produção de courama e produtos alimentícios como as carnes salgadas, oriundas principalmente das regiões sul do Recôncavo, do Litoral e do agreste, que também se destacaram no fornecimento de produtos de subsistência para o mercado de Salvador e para o Recôncavo.[68]

A crescente demanda pelo algodão por parte da Inglaterra estimulou o surgimento de plantações em terras baianas.[69] Assim, após 1818, enquanto o açúcar e o algodão (especialmente) tinham uma considerável extensão, o tabaco caiu notavelmente. Aqueles proprietários que não tinham contato comercial com os ingleses sofriam baixas nos seus negócios, ao passo que os parceiros dos ingleses se viram beneficiados. Tudo isto fez surgir um novo grupo de proprietários, que não tinha seus interesses voltados para a antiga metrópole, mas para a Inglaterra.

Outro aspecto que marcaria as transformações na região baiana foi ocasionado pelas insistentes pressões inglesas contra o tráfico de escravos, que levaram os portugueses a

---

Editora da UFMG, 1999, p. 233-268; GRAHAN, Richard. "Construindo uma nação no Brasil do século XIX: visões novas e antigas sobre classe, política e estado". In: *Diálogos*. Universidade Estadual de Maringá/DHI, v. 5, nº 1, 1999, p. 11-47; p. 42-43. Sobre a discussão mais global de nação e nacionalismo, cf. RENAN, Ernest. "Qu'est-ce qu'une Nation?" Conferência na Sorbonne em 11/03/1882. In: *Discours et Conferences*, 3ª ed., 1887; HERMET, Guy. *História das nações e do nacionalismo na Europa*. Lisboa: Estampa, 1996; CHATTERJEE, Partha. *Colonialismo, Modernidade e Política*. Salvador: Editora da UFBA; CEAO; Fábrica de Ideias, 2004; ANDERSON, Benedict. *Nação e consciência nacional*. São Paulo: Editora Ática, 1989; JANCSÓ, István (org.). *Brasil: Formação do Estado e da Nação*. São Paulo: Editora Hucitec, 2003; SMITH, Anthony D. Smith. "Criação do Estado e Construção da Nação". In: HALL, John (org.). *Estados na História*. Rio de Janeiro: Imago, 1992, p. 334-383; HOBSBAWM, Eric J. *Nações e Nacionalismo desde 1780*. 3ª ed. Rio de Janeiro: Paz e Terra, 1990; GUIBERNAU, Montserrat. *Nacionalismos. O Estado nacional e o nacionalismo no século XX*. Rio de Janeiro: Zahar, 1997; GELLNER, E. *Nações e nacionalismo*. Lisboa: Gradiva, 1993; BALAKRISHNAN, Gopal (org.). *Um mapa da questão nacional*. Rio de Janeiro: Contraponto, 2000.

68 ARRUDA, José Jobson. *O Brasil no Comércio colonial (1796-1808)...*, op. cit.; e MATTOSO, Kátia M. de Queirós. *Bahia: século XIX*. Rio de Janeiro: Nova Fronteira, 1992, p. 92-94; e BRANDÃO, Marcos Sampaio. "O Sistema de produção na Bahia sertaneja do século XIX: uma economia de relações não capitalistas". In: *Campo-Território: Revista de Geografia Agrária*, v. 2, nº 4, ago. 2007, p. 84-103.

69 Idem. Cf. também ARRUDA, José Jobson. *O Brasil no Comércio colonial (1796-1808)...*, op. cit., p. 166.

assinar o tratado de abolição de cativos ao Norte do Equador, acordado em 1815 e regulamentado em 1817.[70] Embora a região continuasse a receber cativos, o tráfico diminuiu no decorrer dos anos, pois os proprietários baianos tiveram que buscar outras formas de aquisição de mão de obra na praça do Rio de Janeiro, potencializando-o ainda mais como o centro econômico carioca.

As transformações iniciadas em finais do século XVIII também incidiram na província de Pernambuco. Esta possui uma geografia peculiar, pois na porção a oeste situa-se, em uma área mais árida, o chamado agreste. Ao norte faz fronteira com a província do Ceará e no extremo oeste com o território piauiense. Já ao sul, está situado o rio São Francisco, que faz uma divisa natural de Pernambuco com a Bahia. A região se destacou no fornecimento de gado, víveres e mantimentos para o abastecimento de Recife e Olinda. Era característica até então a presença de mão de obra livre e assalariada, que dependia substancialmente do principal produto de exportação pernambucano, a cana-de-açúcar,[71] que era produzido principalmente na parte extremo leste pernambucana, próxima ao Oceano Atlântico, onde estão localizadas as principais cidades da província, que concentravam parte dos antigos e mais importantes proprietários de açúcar.[72]

Próximo à chamada região central da província está situada a Zona da Mata pernambucana. Se até então esta região se caracterizava como produtora de cana-de-açúcar, a partir de finais do século XVIII apenas a porção sul manteria a tradicional produção açucareira, onde predominavam o trabalho escravo e as mais rudimentares técnicas na exploração da mão de obra. Devido às peculiares circunstâncias de produção e refino do açúcar, esta região e seus proprietários estabeleceram uma longa relação comercial com a praça de Lisboa, advindo daí os proprietários mais ligados aos interesses portugueses.[73] Já na Zona da Mata norte houve uma transformação substantiva, pois os antigos produtores de cana converte-

---

70 SANTOS, Guilherme de Paula Costa. "O governo de D. João e o tráfico de escravos: A Convenção de 1817 e a sua repercussão na América Portuguesa". In: *Almanack Braziliense*, nº 4, novembro 2006.

71 CARLOS, Érika Simone de Almeida. *O fim do monopólio: a extinção da Companhia Geral de Pernambuco e Paraíba (1770-1780)*. Dissertação de Mestrado. Pernambuco: Departamento de História/UFPE, 2001, p. 25.

72 CARVALHO, Marcus de. Liberdade. *Rotinas e rupturas do escravismo. Recife, 1822-1850*. Pernambuco: Editora Universitária UFPE, 2001; SILVA, Kalina Vanderlei P. da. *'Nas Solidões Vastas e Assustadoras' – Os pobres do açúcar e a conquista do sertão de Pernambuco nos séculos XVII e XVIII*. Tese de Doutorado. Pernambuco: Departamento de História/UFPE, 2003.

73 MELLO, Evaldo Cabral de. *A outra Independência...*, op. cit., p. 59-60.

ram-se em plantadores de algodão. Rompia-se mais de três séculos de hegemonia da cana, estabelecendo-se um forte vínculo desta região com os mercadores ingleses em um novo circuito comercial. A região dinamizou-se com o predomínio de mão de obra livre e com o surgimento de um setor de subsistência importante, não só para o abastecimento da região central, como para a exportação de produtos como a farinha, o coco, a cal etc.[74]

Segundo Evaldo Cabral de Mello, com o surgimento do algodão houve uma modificação no tradicional comércio entre os pernambucanos e os portugueses. Aqueles se voltaram para a Inglaterra e para a França, subvertendo o equilíbrio entre os proprietários e modificando os interesses mercantis acerca das relações comerciais a serem estabelecidas.[75] Cita-se ainda que, em uma situação idêntica às províncias do Rio de Janeiro e Bahia, a chegada da família real e a abertura dos portos faziam uma reconstituição dos laços mercantis, não mais determinados pela então Metrópole, mas a partir de novos patamares. Assim, enquanto os produtores de açúcar defendiam um controle do Estado sobre o comércio Atlântico, uma vez que estes dependiam da permanência da parceria com os portugueses e a manutenção do vínculo com as praças africanas para o fornecimento de mão de obra escrava. Já o setor voltado para o mercado inglês instilava as ideias da liberdade de comércio e o rompimento dos laços com a Metrópole. Defendiam basicamente um liberalismo econômico que lhes proporcionasse mais liberdade e autonomia nas relações comerciais.

O Maranhão, juntamente com o Rio de Janeiro, talvez fosse a localidade que mais sofreu transformações entre a última metade do século XVIII e as primeiras décadas do século XIX. Até 1750, a região foi palco de acirradas disputas entre Portugal e Espanha, pois além de englobar o Maranhão, o território se estendia por todo o Amazonas, formando o Estado do Grão-Pará e Maranhão, uma unidade autônoma em relação ao Rio de Janeiro e diretamente subordinada à Metrópole. Aquela data marca a assinatura do Tratado de Madri, onde foi demarcada legalmente a fronteira entre Portugal e Espanha.

Naquele mesmo ano, o rei D. José I nomeou Sebastião de Carvalho e Melo, o futuro Marquês de Pombal, para o cargo de primeiro-ministro, que desencadearia uma política agressiva de ocupação da região limítrofe entre Portugal e Espanha.[76] O ministro passou a

---

74 ARRUDA, José Jobson. *O Brasil no Comércio colonial...*, op. cit., p. 187.

75 MELLO, Evaldo Cabral de. *A outra Independência...*, op. cit., p. 60-61

76 REZENDE, Tadeu Valdir Freitas de. *A conquista e a ocupação da Amazônia brasileira no período colonial: a definição da fronteira*. Tese de Doutorado. São Paulo: FFLCH/USP, 2006; e MAXWELL, Kenneth. "Pombal e a nacionalização da economia luso-brasileira". In: _____. *Chocolate, piratas e outros malandros*. Ensaios Tropicais. São Paulo: Paz e Terra, 1999, p. 89-123.

desenvolver políticas no sentido de incrementar a região. As principais ações adotadas por ele foram: a nomeação do seu meio-irmão, Francisco Xavier de Mendonça Furtado, para a administração do então Estado do Grão-Pará e Maranhão, e, quase que simultaneamente, criou-se a Companhia Geral do Grão-Pará e Maranhão (1755), que tinha, dentre outras atribuições, dificultar o apresamento de indígenas e garantir o fornecimento de mão de obra escrava africana para a região Norte da colônia americana.[77] A Companhia contava com forte presença de homens de negócio de Lisboa e Belém, sendo os primeiros os mais influentes na política desenvolvimentista da região.

Até 1750 a região do Grão-Pará e Maranhão era predominantemente um território baseado no extrativismo das drogas do sertão. O Pará se destacava em relação ao Maranhão, ainda dependente do cultivo da cana-de-açúcar, do tabaco e do algodão produzidos com dificuldades devido à falta de mão de obra negra e de índios. A situação começou a se transformar, pois, por volta do mesmo ano da criação da Companhia, a economia do Estado do Brasil entrou em estagnação com o declínio da produção de ouro das Minas Gerais e a diminuição da produção de açúcar baiano e pernambucano, pois este encontrava sérios concorrentes internacionais. Assim, o Estado do Grão-Pará e Maranhão conheceria um relativo desenvolvimento, aumentando a pujança da cidade de São Luiz, que passou a se destacar no cenário colonial como um dos principais centros de escoamento da produção colonial.

A Companhia Geral do Grão-Pará e Maranhão dinamizou parte da economia regional, principalmente na facilitação do transporte da produção para o mercado europeu. Porém, seus resultados foram medianos no que concerne ao fornecimento de mão de obra para o Maranhão. A Companhia ajudou muito mais na integração maranhense com as regiões do Mato Grosso e Goiás, que passariam a integrar a *hinterland* ludovicense.[78]

Socialmente, a população permaneceu com uma forte presença de índios, que ocupavam postos nos mais variados setores do mercado de trabalho. Este se constituiu em um grupo social determinante para o desenvolvimento local. Ainda assim, o papel da mão de obra africana era importante em áreas cultivadoras de cana-de-açúcar e arroz, principalmente no Pará. Nestas regiões, era comum se adotar a de mão de obra africana e indígena, simultaneamente. Entretanto, os grandes proprietários frequentemente optavam pela força de trabalho indígena, temendo a sublevação da escravaria africana. Já em São Luiz, era forte a presença

---

77 MACHADO, André Roberto de Arruda. *A quebra da mola real das sociedades...*, op. cit., p. 79.

78 REZENDE, Tadeu Valdir Freitas de. *A conquista e a ocupação da Amazônia...*, op. cit., p. 167-169 e 236; e MACHADO, André Roberto de Arruda. *A quebra da mola real das sociedades...*, op. cit., p. 75 e 89-90.

de cativos oriundos da África. Segundo estimativas de Renato Leite Marcondes, em 1823, por exemplo, o número de escravos superava o de homens livres em mais de 20%.[79]

Outra característica regional foi a forma de ocupação da terra, pois em boa parte era forte a presença de pequenas e médias propriedades, que se valiam da mão de obra nativa indígena em um sistema de policultura, onde se produzia arroz, feijão, café etc., nas regiões circunvizinhas a Belém e nas proximidades do baixo Tocantins. Já no território do atual Macapá concentrava-se o cultivo de algodão, milho e tabaco, espalhando o sistema produtivo por toda a extensão territorial da Amazônia.[80]

O último quartel do século XVIII trouxe outras transformações para a região, como o desmembramento da porção Norte da América portuguesa em duas províncias, passando a existir, a partir de 1774, o Estado do Grão-Pará e Rio Negro e o Estado do Maranhão e Piauí. Quatro anos depois seria extinta a Companhia de Comércio. Sua existência por cerca de vinte anos permitiu a integração regional e a criação de um sistema de exportação de produtos agrícolas, como o algodão, principalmente para a Europa.

Segundo Tadeu Valdir Rezende, o Maranhão, e não mais o Pará, transformou-se em uma das mais ricas capitanias da América portuguesa.[81] Já em 1780, a produção de algodão respondia por 24% das exportações maranhenses,[82] obtendo uma taxa média de 75% entre

---

79 MARCONDES, Renato Leite. *Desigualdades regionais brasileiras: comércio marítimo e posse de cativos na década de 1870*. Tese de Livre-Docência. São Paulo: FEA-Ribeirão Preto, 2005, p. 129.

80 SANTOS, Sandra Costa dos. *Cabanagem: crise política e situação revolucionária*. Dissertação de Mestrado. Campinas, SP: IFCH, Unicamp, 2004, p. 75-77; MACHADO, André Roberto de Arruda. *A quebra da mola real das sociedades...*, op. cit., p. 79; e BATISTA, Luciana Marinho. *Muito Além dos Seringais: Elites, Fortunas e Hierarquias no Grão-Pará, c.1850 – c.1870*. Dissertação de Mestrado. Rio de Janeiro: Departamento de História, UFRJ, 2004, p. 67-72.

81 REZENDE, Tadeu Valdir Freitas de. *A conquista e a ocupação da Amazônia...*, op. cit., p. 245; cf. também MARCONDES, Renato Leite. *Desigualdades regionais brasileiras...*, op. cit., p. 125; e SANTOS, Sandra Costa dos. *Cabanagem: crise política e situação revolucionária...*, op. cit., p. 80; e MACHADO, André Roberto de Arruda. *A quebra da mola real das sociedades...*, op. cit., p. 90.

82 BARBOSA, Francisco B. da C. "Relações de produção na agricultura: algodão no Maranhão (1760 a 1888) e café em São Paulo (1886 a 1929)". In: *Revista de Agricultura São Paulo*, v. 52, nº 2, jul./dez. 2005, p. 17-27; p. 18.

1796 e 1811.[83] Sobressaiu ainda a produção de cacau, que até 1820 ocupou um importante posto nas exportações das províncias do Pará e Maranhão.[84]

As mudanças operadas no comércio de exportação do cacau, causaram um trauma na economia paraense principalmente para os grupos sociais mais pobres. Segundo argumenta Sandra Costa dos Santos, com o declínio da economia do cacau a economia provincial do Pará rumou para a pequena produção, sem uma estrutura que pudesse fazer frente à gravidade da crise. Ainda segundo a autora, utilizando dados extraídos de Roberto Santos, houve um decréscimo na renda *per capita* da população mais pobre.[85]

Um segundo aspecto intrínseco ao caso paraense, segundo a argumentação de Sandra Costa dos Santos, teria sido o predomínio do comércio nas mãos de pequenos grupos, principalmente os comerciantes portugueses, que monopolizavam as transações comerciais com a Inglaterra, Estados Unidos da América e Portugal. Tal predomínio teria acirrado os ânimos e aumentado o antilusitanismo no período que antecedeu a Revolta da Cabanagem, já na terceira década do século XIX.[86] A análise apresentada pela autora, somada à disseminação de ideias revolucionárias e dissidentes ao longo dos anos de 1825-1831, observado por Magda Ricci, contribuem para a compreensão do desenrolar do processo revoltoso dos Cabanos.[87]

As razões apresentadas por Sandra dos Santos nos ajudam a compor o panorama de transformação pela qual passou não só o Pará como também o Maranhão, pois já no começo do século XIX esta seria a principal província do Norte da América portuguesa. Ocorreu uma transferência da hegemonia econômica, pois os proprietários e mercadores estacionados em São Luiz passariam a determinar o mercado e o poder, tanto interno (nos transportes e nos negócios), quanto externamente (na intermediação mercantil dos produtos do interior). O porto situado naquela cidade se tornou ponto de referência para o escoamento da produção regional, incrementada pela chegada da família real. Segundo Francisco Barbosa, a abertura dos portos intensificou as relações entre os produtores al-

---

83 ARRUDA, José Jobson. *O Brasil no Comércio colonial...*, op. cit., p. 207.

84 SANTOS, Sandra Costa dos. *Cabanagem: crise política e situação revolucionária...*, op. cit., p. 78; MACHADO, André Roberto de Arruda. *A quebra da mola real das sociedades...*, op. cit., p. 80; ARRUDA, José Jobson. *O Brasil no Comércio colonial...*, op. cit., p. 207.

85 SANTOS, Sandra Costa dos. *Cabanagem: crise política e situação revolucionária...*, op. cit., p. 81.

86 *Idem*, p. 82.

87 RICCI, Magda. "Cabanagem, cidadania e identidade revolucionária: o problema do patriotismo na Amazônia entre 1835 e 1840". In: *Revista Tempo*, UFF, vol. 11, nº 22, jan. 2007, p. 05-30.

godoeiros e as praças inglesas e francesas, fazendo aumentar o movimento de transporte marítimo, registrando-se até 150 viagens de navios.[88]

No ano seguinte, D. João ordenaria a invasão de Caiena. Ao longo dos oito anos da ocupação da possessão francesa, os comerciantes, plantadores e homens de negócios paraenses e maranhenses adentraram mais uma praça mercantil, além de ocuparem porções de terras.[89] Tal qual a região baiana, a posse de Caiena criou as condições para que soldados, aventureiros e pequenos proprietários enriquecessem, fazendo surgir um grupo de homens com fortunas mais recentes, algumas delas adquiridas pelos negócios que se abriram no território francês.

Assim, no Grão-Pará, por exemplo, os novos proprietários se incorporavam às antigas frações. A primeira formada em grande parte por portugueses do Reino – que ocupavam altos cargos no aparelho burocrático –, que eram ao mesmo tempo negociantes de "grosso trato" e proprietários de fazendas das tradicionais drogas do sertão, e da recente e promissora plantagem de algodão, setor que se formara no processo das reformas pombalinas, denominados por André Machado de Arruda como "funcionários-comerciantes"; uma segunda fração, com menor poder econômico, os proprietários de terras que se dedicavam à pecuária, à agricultura de exportação e de subsistência.[90] Estes descendiam de antigos colonos e dependiam dos funcionários-comerciantes, que viabilizavam seus empreendimentos através do financiamento e da comercialização da produção.[91]

No desenrolar da Independência brasileira todo o território do Norte seria incorporado ao Brasil, atitude que contara com resistência por parte de grupos que se interessavam na manutenção da antiga parceria com Portugal. Já naquela ocasião era clara a disputa de projetos políticos, além de uma tensão social motivada pelo declínio das exportações

---

88 BARBOSA, Francisco B. da C. "Relações de produção na agricultura: algodão no Maranhão (1760 a 1888) e café em São Paulo (1886 a 1929)"..., op. cit., p. 19.

89 SANTOS, Sandra Costa dos. *Cabanagem: crise política e situação revolucionária...*, op. cit., p. 90.

90 MACHADO, André Roberto de Arruda. *A quebra da mola real das sociedades...*, op. cit., p. 82; e SANTOS, Sandra Costa dos. *Cabanagem: crise política e situação revolucionária...*, op. cit., p. 94.

91 MACHADO, André Roberto de Arruda. *A quebra da mola real das sociedades...*, op. cit., p. 82; e SANTOS, Sandra Costa dos. *Cabanagem: crise política e situação revolucionária...*, op. cit., p. 82.

de cacau,[92] pela incerteza quanto ao futuro da região, visto a violenta forma de adesão do território ao Império do Brasil.[93]

Um perfil do sistema representativo no Primeiro Reinado

De tudo o que já foi dito sobre as regiões, pretendemos demonstrar que no processo da Independência existia uma dupla transição. Todo o emaranhado político explica ainda a importância do Rio de Janeiro, do Vale do Paraíba fluminense e outras regiões de novas culturas agrícolas, incrementadas na transição do século XVIII para o XIX, fazendo surgir novos grupos e novos interesses políticos. Isto resultou na ascensão de novos proprietários e na queda ou perda de importância de outros, criando a necessidade de novos laços políticos.

Demarcava nas localidades uma tensão que seria um forte componente para a instabilidade política no período do Primeiro Reinado, além de explicar parte da crise do Primeiro Reinado e do período Regencial. Tão importante quanto a divisão entre "moderados", "caramurus" e "exaltados", é observarmos os deslocamentos sofridos nos cenários regionais. Isto possibilita olharmos a movimentação de atores políticos que em posições ambíguas ora se movimentavam para os interesses maiores do Centro, ora para as questões locais e regionais.

Em grande medida, tratou-se da experiência comum que viveu parte do grupo que se tornou a classe dirigente Saquarema, em finais da década de 1830-40. No momento em que nos detivemos, as forças políticas estavam se dissipando do centro para as bordas do sistema ou para as províncias. Ao mesmo tempo em que construíam a dispersão, os primeiros relampejos de uma identidade comum eram traçados a partir da experiência da crise política e riscos de desmembramento do território imperial, "experiências essas que lhes possibilitam[ram] sentir e identificar seus interesses", isto é "algo que lhes é comum, e desta forma contrapor-se a outros grupos de homens cujos interesses são diferentes e mesmo antagônicos aos seus", conforme salientou Ilmar Mattos.[94]

---

92 Santos, Sandra Costa dos. *Idem*, p. 80.

93 Machado, André Roberto de Arruda. *A quebra da mola real das sociedades...*, op. cit., p. 24-25 e 31; e Santos, Sandra Costa dos. *Cabanagem: crise política e situação revolucionária...*, op. cit., p. 91-92.

94 Mattos, Ilmar R. de. *O Tempo Saquarema...*, op. cit., p. 4.

No interior do Parlamento, muitos deputados tinham que fazer um jogo duplo. Um para as localidades e seus representados e outro para a Corte. Nem sempre este jogo era possível, o que motivava conflitos e tensões. Em que medida uma política instável criaria condições para uma economia estável? Qual o melhor caminho a seguir? Qualquer escolha envolvia riscos. Acima de tudo, sobressaiu a capacidade da Corte em estabelecer soluções de compromissos, principalmente pela envergadura dos grandes proprietários e comerciantes do Rio de Janeiro em se adaptar ao jogo que se iniciou com a proclamação da Independência e com o funcionamento do sistema representativo. A localização do centro político do poder lhes era favorável para criar as condições de restaurar e expandir seu poderio.[95]

Um olhar desatento nos dá a aparente imagem de que o Rio de Janeiro foi uma das províncias que mais perdia no novo jogo que se armava. Conforme demonstramos anteriormente, o Rio de Janeiro, sobretudo a Corte, arcava com quase 50% do necessário para a manutenção do aparato político. Segundo, porque esta foi uma das províncias que mais perdeu espaço na distribuição da representação política do Parlamento.

É o que podemos concluir a partir do cruzamento entre o Quadro de estimativa da população brasileira apresentada por um anônimo ao Marquês de Caravelas, em 1823 (e publicada em 1829), e o Quadro de distribuição das cadeiras na Câmara dos Deputados para as eleições de 1824.[96]

Quadro v – Comparativo entre a representação da Câmara dos Deputados e a população livre

Província	N°. de cadeiras na Câmara dos Deputados	% de cadeiras na Câmara dos Deputados*	% da população livre**	N°. de cadeiras segundo a população livre[1]
Rio de Janeiro	8	7,84	10,70	11
Espírito Santo	1	0,98	2,13	02
Bahia	13	12,74	15,44	16
Sergipe	2	1,96	3,13	03
Alagoas	5	4,90	3,20	03

---

95 Idem, p. 4-19.

96 Para uma crítica ou relativização do uso de fontes demográficas no período imperial, cf. NADALIN, Sérgio Odilon. *A demografia em uma perspectiva histórica*. Belo Horizonte: ABEP, 1994, p. 30; e BASSANEZI, Maria Silvia C. Beozzoi e BACELLAR, Carlos de Almeida Prado. "Levantamentos de População publicados da Província de São Paulo no século XIX". In: *Revista Brasileira de Estudos de População*, v. 19, n° 1, jan./jun. 2002, p. 119.

Pernambuco	13	12,74	11,73	12
Rio Grande do Norte	1	0,99	2,02	02
Paraíba	05	4,90	3,64	04
Ceará	08	7,84	6,40	06
Piauí	01	0,99	2,84	03
Maranhão	04	3,92	2,41	02
Pará	03	2,94	3,13	03
São Paulo	09	8,82	9,21	09
Santa Catarina	01	0,99	1,69	02
Rio Grande do Sul	03	2,94	5,06	05
Minas Gerais	20	19,60	15,11	16
Goiás	02	1,96	1,31	02
Cisplatina	02	1,96	–	–
Mato Grosso	01	0,99	0,85	1
Total	102	100,00	100,00	102

Fonte: "Instruções Eleitorais de 23/03/1824" e "Memória estatística do Império do Brasil". In: Revista do Instituto Histórico e Geográfico Brasileiro, t. LVIII, parte I (1º e 2º trimestres), 1895, p. 91-99.

* Número de deputados de acordo com a Instrução Eleitoral de 23/03/1824.

** % do número da população em se considerando a estimada apresentada pelo Marquês de Caravelas.

O quadro nos fornece o número de representantes de cada província, de acordo com as Instruções Eleitorais de 1824. A seguir, indica-se o peso proporcional de cada localidade em relação aos números fornecidos pela Instrução. Tomamos a memória apresentada pelo Marquês de Caravelas, considerando-se apenas a população livre, e obtivemos um determinado percentual que serviu para construir a quarta coluna, que é o resultado da distribuição de assentos.

Antes de prosseguirmos na análise é importante registrar que a distribuição das cadeiras para a legislatura de 1826-1829 foi efetuada de acordo com as Instruções Eleitorais de 23 de março de 1824. As Instruções tinham um caráter provisório[97] até que uma lei regulasse a forma de representação determinada pela Constituição, que previa uma representação política de acordo com a população de cada província.[98] Deste modo, conforme a comparação nos possibilita enxergar, a Instrução criava um desequilíbrio nas representações locais.

---

97 "Instruções Eleitorais de 23 de março de 1824", § 4º do capítulo IV. In: *Coleção das Leis do Império 1821-1830*. Disponível em < http://www2.camara.gov.br/internet/legislacao/publicacoes/doimperio/colecao2.html>. Acesso em: 15/11/2006.

98 *Constituição Política do Império do Brasil 1824*, Art. 97.

No aspecto geral, tanto as Instruções quanto a memória apresentada em 1829 demonstram uma distribuição equitativa entre as representações do Centro-Sul e do Norte do Império, com uma pequena vantagem deste último em relação ao primeiro (cerca de 45 e 55 por cento, respectivamente).

Porém, pelo resultado que obtivemos através da quarta coluna, observa-se que Rio de Janeiro, Rio Grande do Sul e Bahia foram as províncias que mais perderam na distribuição efetuada nas Instruções de 1824. Ao que nos parece, a distribuição das cadeiras pelas Instruções do governo considerava tal desproporção, que tinha o propósito de equilibrar o peso político e o peso econômico das regiões.

Embora Bahia e Rio de Janeiro fossem as duas principais províncias em termos econômicos, o mesmo não se refletia nas suas representações. No caso da Bahia houve uma preponderância desta na formação das comissões parlamentares. A província foi a que mais indicou membros aos comissariados da Câmara dos Deputados, o que politicamente pode indicar uma forma de compensação pela desproporção de assentos. De certa forma, esta constatação se assemelha aos dados coligidos por José Murilo de Carvalho. Segundo levantamento do historiador, a Bahia foi a localidade que, percentualmente, mais forneceu ministros ao governo no Primeiro Reinado (cerca de 18%), seguido de perto por Minas Gerais e Rio de Janeiro.[99] Assim, embora houvesse uma desigualdade na Câmara, ela se equilibrava nos assentos ministeriais. Quanto à província do Rio de Janeiro, existia uma discrepância maior. Ainda que fosse recompensada por um significativo número de ministros, o seu peso não se fazia sentir. Pelo que vimos, ela concentrava quase metade da receita do Estado Imperial.

Em sentido inverso, regiões como Minas Gerais e algumas províncias do Norte, como o Maranhão, Pernambuco, Alagoas e Ceará ganhavam cadeiras. Aumentavam dessa forma não só o peso proporcional, como as colocavam como bancadas determinantes no jogo político parlamentar.

Esta desproporção não era bem aceita por algumas localidades. Na discussão sobre regulamentação das eleições de 1829, o deputado capixaba Baptista Pereira reclamou da forma instituída nas Instruções Eleitorais e da necessidade de se proceder com uma aferição da população, o instrumento pelo qual se aferiria a representação de cada localidade. De acordo com o representante capixaba, a impossibilidade de se efetuar um mapeamento estatístico da população prejudicava os cidadãos da sua província. Pereira apresentou uma emenda ao

---

[99] CARVALHO, José Murilo de. *A Construção da Ordem: A elite política Imperial*. Brasília: Editora da UnB, 1981, p. 104.

projeto, que fazia diminuir a bancada cearense de oito para seis deputados, aumentando as cadeiras de Santa Catarina e de sua província. Segundo alegava, quando o governo fizera as Instruções, teria se baseado em alguns dados estatísticos de 1815, que já estavam caducos. Baptista Pereira defendeu a redução cearense arguindo que a estimativa de 150 mil almas era irreal, pois a mortandade teria reduzido em 2/3 a população local.[100]

A fala de Baptista Pereira estimulou alguns deputados a reclamarem contra a sub-representação das suas províncias. Em uma ação simultânea, representantes baianos e gaúchos apresentavam propostas de aumento das suas bancadas. Segundo Xavier Ferreira, deputado pela província do Rio Grande do Sul, a sua região mereceria aumentar em mais uma cadeira, juntamente com o acréscimo da representação piauiense. Já o deputado baiano João Ricardo da Costa Dormund indicava o acréscimo da representação baiana e a redução das cadeiras pernambucanas. Observemos que os parlamentares sempre procuravam angariar apoios às suas causas, agregando cadeiras para outras localidades.

A questão começou a tomar um rumo mais acalorado quando o deputado Paula e Souza argumentou que as propostas eram inviáveis. Ele reconhecia a desproporção ao comparar a população de Minas Gerais e de São Paulo. Segundo o representante por São Paulo, se a província paulista tinha 300 mil habitantes e Minas Gerais 600 mil, os seus pesos teriam que refletir uma proporção de nove e 18 cadeiras, respectivamente; como não era, dizia ele: "não existe proporção". Acrescentava na sua arguição que o mesmo ocorria em relação à sub-representação da província do Rio de Janeiro. Porém, como forma de superação do impasse, propunha que se remetessem as emendas para a Comissão de Estatísticas a fim de que a mesma avaliasse a pertinência das proposições. Na verdade, esta foi uma forma de escamotear o problema, visto que a ideia de se remeter questões para as comissões tinha o intuito de fazer adormecer os problemas.

A proposta de Paula e Souza foi logo aceita pelos representantes pernambucanos. Não sem se fazerem algumas considerações. Holanda Cavalcante, por exemplo, lançou argumentos, não em favor da redução de cadeiras, mas para se aumentar o número geral de assentos gerais a fim de contemplar localidades como o Maranhão, que segundo o parlamentar era uma rica província que não estava devidamente representada. O deputado não se fazia de rogado ao afirmar ser representante de Pernambuco com um "provincianismo" arraigado. Para Cavalcante, a presença do Parlamento no Rio de Janeiro fazia com que houvesse uma defesa natural da província por parte de todos os deputados. Sendo assim, dizia ele, "deve-se aumentar o número de deputados das províncias mais distantes" como

---

100 *Anais da Câmara dos Deputados*, sessões de 24/05/1828 e 28/05/1828.

forma de equilibrar esta tendência. Logo após a sua fala, os ânimos se exaltaram. Foi quando o plenário decidiu por aprovar a indicação do deputado Paula e Souza.

Como podemos verificar, a fala do representante pernambucano sugeria o temor de uma sobre-representação da capital do Império em detrimento das outras partes, o que corrobora com a argumentação que temos apresentado e que parece ter guiado a "engenharia política" de construção da representação política.

O fato é que a discussão não apareceria tão cedo. Fizemos um exaustivo levantamento no sentido de colher alguma discussão sobre o tema no período abrangido por este. Entretanto, o único resultado a que conseguimos chegar foi que, a despeito dos decretos que mandavam realizar as eleições para a legislatura de 1834, não existiu nenhuma determinação legal de aumento das bancadas. Porém, isto não inviabilizou o surgimento de um rearranjo em algumas bancadas. Para as eleições daquele ano foram alteradas as bancadas do Rio de Janeiro, Bahia e Piauí, que ganharam, respectivamente, duas, uma e uma vagas na Câmara dos Deputados. De certa forma, era uma redistribuição dos assentos da Cisplatina e um pequeno aumento de dois lugares no montante geral. Outro aumento só ocorreu em 1850, conforme nos mostra o Quadro a seguir.

Chamamos atenção ainda para uma precisa informação: à exceção do Maranhão, as províncias que mais se beneficiaram ao longo do período imperial foram justamente aquelas sub-representadas no Primeiro Reinado.

Quadro VI – Evolução das representações provinciais na Câmara dos Deputados do Império

Província / Ano	1826	1834	1850	1857	1878	1885
Rio de Janeiro	08	10	10	12	12	12
Espírito Santo	01	01	01	01	02	02
Bahia	13	14	14	14	14	14
Sergipe	02	02	02	04	04	04
Alagoas	05	05	05	05	05	05
Pernambuco	13	13	13	13	13	13
Rio Grande do Norte	01	01	02	02	02	02
Paraíba	05	05	05	05	05	05
Ceará	08	08	08	08	08	08
Piauí	01	02	02	03	03	03
Maranhão	04	04	06	06	06	06
Pará	03	03	03	03	03	06
São Paulo	09	09	09	09	09	09
Santa Catarina	01	01	01	01	02	02
Rio Grande do Sul	03	03	05	06	06	06
Minas Gerais	20	20	20	20	20	20

Goiás	02	02	02	02	02	02
Cisplatina	02	–	–	–	–	–
Mato Grosso	01	01	02	02	02	02
Paraná	-	–	–	01	02	02
Amazonas	–	–	01	01	02	02
Total	102	104	111	118	122	125

Fontes: *Anais da Câmara dos Deputados*, 1826-1889 e *Organizações e programas ministeriais: regime parlamentar no Império*. 2ª ed. Rio de Janeiro: Arquivo Nacional, 1962.

Porém, toda essa discussão era aparente. Deve-se chamar atenção para um dos aspectos da argumentação apresentada por Holanda Cavalcante. Segundo suas alegações, havia um entrelaçamento dos aspectos econômicos e políticos, idêntico ao que vínhamos arguindo. Tais questões não passavam despercebidas no interior do Parlamento e motivaram questionamentos em relação ao peso que o Rio de Janeiro tinha no cenário imperial.

Uma segunda questão na argumentação de Holanda Cavalcante que nos chamou a atenção foi o fato de o Rio de Janeiro possuir uma capacidade de força centrípeta. A província do Rio de Janeiro atraía para sua órbita os demais representantes regionais, fazendo convergir os interesses para o centro político que ele pretendia montar. Não só a Corte como a província, ao abrigar o centro do poder, passava a influenciar os rumos e as cabeças dos novos dirigentes políticos. Nunca é demais lembrar que um deputado passava cerca de cinco meses na capital do Império, o que de certa forma o fazia respirar o "caldo cultural" das ruas, dos jornais e da sociedade fluminense. Muitas vezes, a "sociedade civil" que ele vislumbrava era a da capital e não a das localidades. Segundo dizia Cavalcante:

> A liberdade de imprensa, as nossas conversações e outras muitas circunstâncias fazem com que o deputado, ainda que seja da província mais remota, advogue pelo Rio de Janeiro.[101]

Ainda que o deputado usasse estas argumentações para defender o seu "provincianismo", isto é, que não se retirasse representantes de Pernambuco, sua fala corrobora com a nossa argumentação acerca do temor dos deputados do Norte sobre a influência do Rio de Janeiro, que se fazia no campo econômico e no cultural, pois o parlamentar acabava respirando os ares metropolitanos da Corte. Não restam dúvidas quanto à "hegemonia cultural" construída pelos interesses do Rio de Janeiro. A "hegemonia cultural" construía

---

101 *Anais da Câmara dos Deputados*, sessões de 24/05/1828 e 28/05/1828.

projetos políticos comuns, instilando-se aparentes interesses convergentes. Mesmo que desproporcionalmente representado, o Rio de Janeiro estendia sua influência por toda a sua *hinterland* e para as demais localidades do Império.

Embora o peso comercial não explique tudo, pode-se dizer que ele era responsável por uma parcela dos rumos políticos. Conforme argumentou Helen Osório, os negociantes de "grosso trato" do Rio de Janeiro, por exemplo, promoveram o deslocamento de caixeiros de sua confiança para todas as áreas por eles influenciadas, de modo a gerir a comercialização de produtos e espalhar o mando político para tudo o que era lado.[102] Estabeleciam laços com fazendeiros e grandes proprietários de escravos, em um processo de cimentação de interesses econômicos e políticos.

Além disso, como alertou Ilmar Mattos, com o passar do tempo, as dinastias cafeeira e açucareira também tendiam a atrair, por meio de casamentos, famílias não proprietárias de terras, bacharéis em direito, que obtendo ingresso na alta burocracia e no Parlamento constituir-se-iam em seus representantes políticos.[103]

Outra forma de enxergarmos a questão é observarmos a íntima relação entre os grandes negociantes da praça do Rio de Janeiro e a Corte. Em um estudo sobre negociantes do Rio de Janeiro, Théo Lobarinhas Piñeiro demonstrou a capacidade de ação e pressão desempenhada por este grupo na transição do século XVIII para o XIX e, fundamentalmente, entre a chegada da família real até o final do Primeiro Reinado.[104] Segundo o autor, os negociantes da praça do Rio de Janeiro foram capazes de imbricar seus interesses com os da Coroa através de mecanismos como os contratos de arrematação e pela compra de ações do Banco do Brasil, subjugando interesses da burocracia e tornando-se capazes de influenciar as decisões políticas do governo.

Um dos momentos-chave da afirmação dos negociantes se deu na transição quando estes procuraram impor uma política econômica e de relações internacionais para tentar frear o ímpeto inglês de cessação do tráfico escravo. Isto, segundo argumentou Piñeiro, teria ocorrido na demissão do então Ministro José Bonifácio, em agosto de 1823.[105]

Resumidamente o autor afirmou que as ações do político paulista na intermediação do acordo da Independência atacava frontalmente os interesses dos negociantes de escravos

---

102 OSÓRIO, Helen. *Estancieiros, lavradores e comerciantes...*, op. cit., p. 260.

103 MATTOS, Ilmar R. de. *Idem*, p. 63-67.

104 PIÑEIRO, Théo Lobarinhas. *"Os simples comissários". Negociantes e política no Brasil Império*. Tese de Doutorado. Niterói, RJ: Departamento de História /UFF, 2002, p. 71-73.

105 *Idem*, p. 84-85.

da praça carioca. Isto porque a Grã-Bretanha era considerada essencial na pressão junto ao soberano português para que a autonomia brasileira fosse aceita. Os ingleses apresentaram como condição de intermediação a proposta de cessação do tráfico de escravos brasileiro, ponto que José Bonifácio defendia. Não tardou em surgirem pressões dos negociantes junto ao governo no sentido de solicitar dos ingleses que apenas fizessem gestão junto aos portugueses para que os mesmos aceitassem a autonomia brasileira.

O resultado da pressão dos negociantes junto ao governo brasileiro teria levado à demissão de José Bonifácio, fato que demonstrava uma mudança na correlação de forças no grupo promotor da Independência. Segundo argumentação de Piñeiro, a correlação de forças tinha mudado a ponto de subverter parte dos interesses da burocracia governamental, que crescentemente já vinha sendo cooptada através de laços de casamento, como indicou Ilmar Mattos, corroborado por Piñeiro.[106]

A partir da segunda metade de 1823 houve uma forte e determinante presença de negociantes ou alguns de seus representantes no ministério de D. Pedro I. Cita-se, por exemplo, o Marquês de Caravelas, político filho de um próspero negociante baiano.[107] Piñeiro adensa uma informação que resume toda a importância do Rio de Janeiro ao afirmar que, nos oito gabinetes do Primeiro Reinado, "vamos encontrar em quase todos um importante nome ligado aos **homens de negócios**"[108][grifos do autor].

Ainda sobre a representação parlamentar, é importante destacar que o peso político da Corte se fazia com acordos nas localidades. Fazia-se um jogo de favorecimentos que atraía para a órbita do governo alguns grupos regionais. O principal mecanismo deste jogo se fazia pela indicação de presidentes e magistrados. Embora ao longo do Império fosse recorrente a circulação de presidentes, juízes e magistrados, a eleição dos representantes regionais frequentemente recaía sobre os nascidos nas localidades, fazendo aumentar os vínculos dos grupos locais junto ao governo e ao Imperador. Ser indicado para a presidên-

---

106 *Idem*, p. 86.

107 *Idem*.

108 *Idem*. Segundo informações de Piñeiro, foram ministros de D. Pedro I e ligados aos grandes negociantes do Rio de Janeiro e de outras praças, destacadamente da Bahia: José Luiz Carvalho de Mello, visconde de Cachoeira, genro de Braz Carneiro Leão; Mariano José Pereira da Fonseca, marquês de Maricá, filho de Domingos Pereira da Fonseca, negociante do Rio de Janeiro e acionista do Banco do Brasil; Felisberto Caldeira Brandt Pontes de Oliveira e Horta, marquês de Barbacena, casado com a filha de um dos maiores negociantes da Bahia, Antonio Cardoso dos Santos, era também um homem de negócios – sócio de Pedro Rodrigues Bandeira – e acionista do Banco do Brasil.

cia de província ou para um cargo de magistratura significava a possibilidade de se almejar um cargo de deputado.

No interior da Câmara dos Deputados, as representações políticas mantinham um forte elo com os homens nascidos nas localidades. É o que nos mostra o Quadro VII.

Quadro VII – Local de nascimento dos deputados
1826-1829 e 1830-1833

Local de nascimento	Natural		Outra província		Portugal		Sem informação		Total de repres.	
	1826-1829	1830-1833	1826-1829	1830-1833	1826-1829	1830-1833	1826-1829	1830-1833	1826-1829	1830-1833
Pará	02	01	01	–	–	–	-	02	03	03
Maranhão	02	03	01	01	–	–	01	–	04	04
Ceará	02	04	03	–	–	–	03	04	08	08
Pernambuco	08	10	01	–	–	–	04	03	13	13
Bahia	08	12	01	–	–	–	04	01	13	13
Rio de Janeiro	06	03	01	03	01	–	-	02	8	08
Minas Gerais	10	08	03	04	05	02	02	06	20	20
São Paulo	05	06	01	01	02	01	01	01	9	09
Total	43	47	12	09	08	03	15	19	78	78

Fonte: NOGUEIRA, Octaciano e FIRMO, João Sereno. *Parlamentares do Império*. Brasília: Senado Federal, 1973.

Observemos que apenas oito províncias detinham quase 78% das cadeiras da Câmara dos Deputados. Tal concentração contribuía para a intervenção do governo na política local, isto porque nas localidades com maior número de eleitores era necessário intervir para que a oposição não alcançasse um número expressivo de cadeiras. Já nas pequenas províncias, as possibilidades da oposição diminuíam devido ao peso da máquina do governo e da mobilização política que se fazia, principalmente com a troca de presidentes provinciais.

Os números do quadro acima demonstram que mais de 50% dos deputados são naturais da localidade de representação. À exceção de Ceará e Pará, as demais províncias tiveram um peso bem abaixo de deputados de outras localidades. No caso de Minas Gerais é compreensível que tivesse três parlamentares de fora, haja vista o grande número de cadeiras, o que aumentava as chances de eleição de políticos exteriores à província.[109] Quanto à legislatura de 1830, verifica-se um aumento da presença de nacionais nas representações

---

109 CARVALHO, José Murilo de. *A Construção da Ordem...*, op. cit., p. 106.

provinciais. Novamente a exceção fica por conta de Minas Gerais, que teve diminuída a participação de nativos na bancada.

As dificuldades de um deputado se eleger fora de sua terra natal foi uma tendência constante em todo o Império. José Murilo de Carvalho já tinha constatado esta disposição para o período inicial do Segundo Reinado.[110] Ao que parece, esta tendência ocorria desde o Primeiro Reinado, isto porque já na primeira legislatura as representações seguiram uma ordem das localidades. É de se supor que esta primeira eleição tenha transcorrido em um clima mais harmônico, vistas as preocupações quanto ao futuro do Parlamento.

Tal constatação não exclui o grau de conflito em localidades como o Pará, Pernambuco e Bahia, onde as feridas da luta política de adesão à Corte do Rio de Janeiro ainda eram latentes. Além disso, para que um deputado fosse eleito, era preciso um grau de articulação considerável. Ele tinha que assumir compromissos maiores do que seu grupo. Como as eleições não eram distritais, era necessário angariar o maior número possível de adeptos ainda na eleição primária para, a partir daí, desencadear um processo mais amplo. Vê-se a importância do governo central ou de uma ampla aliança com proprietários. Se ele fosse da oposição, sua capacidade de articulação deveria ser ainda maior, pois teria que se articular no interior da "sociedade civil", atuando fora das linhas governamentais.

Quanto à faixa etária dos deputados, o Quadro VIII nos fornece um perfil, onde se vê que os representantes das oito principais províncias eram, em sua maioria, jovens políticos, com idade abaixo dos 40 anos, totalizando cerca de 40% dos representantes. Na legislatura seguinte, houve um aumento de idade, principalmente na faixa entre 31 e 40 anos. Isto se explica em parte pela reeleição de alguns parlamentares, ocorrendo um aumento natural nas idades.

Quadro VIII – Idade dos deputados das principais províncias
1826-1829 e 1830-1833

	1826-1829	%	1830-1833	%
Até 30 anos	10	13,15	07	8,98
De 31 a 40 anos	20	26,31	25	32,05
De 41 a 50 anos	12	15,79	11	14,10
Mais de 50 anos	11	14,48	06	7,69
Não informado	23	30,27	29	37,18

Fonte: NOGUEIRA, Octaciano e FIRMO, João Sereno. *Parlamentares do Império*. Brasília: Senado Federal, 1973.

---

110 Idem, p. 104-106.

Alguns dos tribunos ali se preparavam para alçar voos políticos mais consistentes, como o cargo de Senador, que só podia se exercido por homens acima de 40 anos, o que momentaneamente impedia a grande maioria dos deputados. Mesmo homens influentes, como Bernardo Pereira de Vasconcelos, estavam limitados pela Legislação. Dessa forma a Casa temporária se tornava um espaço de aprendizado e preparação política que vinha se somar com a preparação adquirida pelos jovens deputados depois de um longo período residindo no exterior. Além disso, em sua maioria, os representantes mencionados eram filhos de grandes proprietários influentes nas suas regiões ou filhos de antigos funcionários do Estado; portanto, reforçavam antigas linhagens políticas, mantendo-se a tradição da família no ramo político.

No caso do Senado, em termos comparativos chegamos a conclusões bem parecidas quanto a localidade de nascimento e representação. Dos 51 senadores que tomaram posse no Primeiro Reinado, 49% eram nascidos nas províncias por eles representadas. Já aqueles que nasceram em outras localidades perfizeram um total de 29,42%, enquanto os oriundos de Portugal somavam 21,57%.

Para o Senado, a escolha cabia ao Imperador, após a apresentação de uma lista tríplice de votação. A nomeação não dependia diretamente dos eleitores, o que poderia facilitar ao soberano uma escolha dentro de certos interesses. Neste caso, não nos parece que a influência do governante tivesse uma determinação direta na votação. Se existiu, foi de forma indireta, pois, frequentemente, o candidato podia ter sido um presidente de província, um magistrado ou funcionário influente. É possível que no processo eleitoral os candidatos locais levassem vantagem, o que remetia para o Imperador a escolha, que também levava em conta a importância da localidade e o tipo de representante a ser escolhido.

O que mais chamava a atenção no Senado não era a idade, mas o tempo de permanência do parlamentar na cadeira, pois o cargo era vitalício. Assim, olhando para o conjunto dos representantes, temos os seguintes números.

Quadro IX – tempo de representação do Senador

Tempo de representação	%
Até 5 anos	9,80
Até 10 anos	31,32
Até 15 anos	21,52
Até 20 anos	17,70
Até 25 anos	13,80
Até 30 anos	3,90
Até 35 anos	1,96

Fonte: NOGUEIRA, Octaciano e FIRMO, João Sereno. *Parlamentares do Império*. Brasília: Senado Federal, 1973; e <<www.senado.gov.br>>, acessado em 15/11/2007.

Como se pode notar, a renovação política daquela época foi muito lenta. As possibilidades de ascensão de um deputado eram mínimas. Alguns esbarravam na baixa idade, outros na pequena renovação da Câmara Permanente. Se olharmos para a primeira faixa (que corresponde ao período de 1826 a 1831), notaremos que houve uma renovação abaixo de 10%. Isto também significa que o Primeiro Reinado formou uma grande parte dos políticos que assumiriam papéis principais no Segundo Reinado, uma vez que nada menos do que 37% dos membros da Casa permanente atravessariam o período regencial até a maioridade, como podemos verificar nas faixas etárias de 15 e de 20 anos.

Conflito político e dissensão entre a Câmara dos Deputados e o Senado Imperial

Segundo Pierre Bourdieu, campo político é o lugar onde produtos políticos, problemas, programas, análises, comentários e conceitos são gerados. São frutos da concorrência entre os agentes envolvidos. Fora dos períodos de crise, produzir formas de percepção e de expressão politicamente atuantes e legítimas é monopólio dos profissionais.[111]

O campo político seria, por conseguinte, um espaço de conflito e de disputa, visando à obtenção de um poder simbólico,[112] que nesse caso envolve a detenção de um capital político capaz de fazer com que o grupo ou o partido desfrute de uma posição favorável no jogo político. Existe uma luta pelo poder simbólico de "fazer ver" e "fazer crer", na qual as contendas iam desde proposições que tendiam à conservação até aquelas que almejam a transformação do mundo social, com o objetivo de conquistar o poder político.[113]

---

[111] BOURDIEU, Pierre. *O poder simbólico*. Lisboa: Difel, 1989, p. 164 e 166.

[112] "O poder simbólico é um poder que aquele que lhe está sujeito àquele que o exerce, um crédito com que ele o credita, uma *fides*, uma *autoctoritas*, que ele lhe confia pondo nele a sua confiança." A relação entre as organizações políticas, a classe, os partidos e os grupos se dariam mediante um teatro. *Ibid.*, p. 175.

[113] *Ibid.*, p. 173-174.

Na abordagem do conflito, é fácil entendê-lo como uma competição, entre os mais variados grupos, pelo controle de recursos escassos,[114] mais especificamente daquele que possibilita a posição de mando. No entanto, conforme afirma Bourdieu, o campo político – local onde se desenrola o conflito político – é um espaço onde os contendores estabelecem os mecanismos de atuação. Para estar no jogo, seria preciso conhecê-lo e aceitar suas regras,

> Nada há que seja exigido de modo mais absoluto pelo jogo político do que esta adesão fundamental ao próprio jogo, illusio, involviment, commitment, investimento no jogo que é produto do jogo ao mesmo tempo em que é a condição do funcionamento do jogo.[115]

Mas como se daria o processo de adesão dos homens ao jogo político no interior do aparato do Estado? Sob esse enfoque, a proposição apresentada por Herman Heller é bastante pertinente. Segundo este autor, o poder do Estado se expressa sob três magnitudes dinamicamente mutáveis: o núcleo que exerce positivamente o poder estatal; os que o apoiam; e os participantes negativos, que se opõem.[116] Embora a definição de Heller aparentemente leve a entender que há uma harmonia entre aqueles que exercem positivamente o poder e os seus apoiadores, trata-se de uma relação que está em permanente conflito e, como afirma o autor, em uma mutação dinâmica. Há, portanto, uma relação de rivalidade entre os grupos pelo controle do poder político, um recurso escasso.[117]

Segundo as formulações de Giovanni Bianchi e Renzo Salvi, o dissenso sofreria uma gradação que poderia ser dividida em dois níveis formais: aquele tipo de dissensão que pretende mudar a ordem das coisas: a *contestação* e a *secessão*; e aquele que só pretende estabelecer um conflito, aceitando, na maioria das vezes, a ordem estabelecida e as regras do jogo: a *reivindicação*, a *oposição ao sistema constituído* e a *revolta* ou a *rebelião*.[118]

---

114 BOBBIO, Norberto; MATTEUCCI, Nicola; e PASQUINO, Gianfranco. "Conflito". *Dicionário de Política*. Brasília: Universidade de Brasília; São Paulo: Imprensa Oficial, 2000, p. 225-230.

115 BOURDIEU, Pierre, *op. cit.*, p. 172.

116 HELLER, Herman. *Teoria do Estado*. São Paulo: Mestre Jou, 1968. Apud CARDOSO, Ciro F. S. *O Poder*. Notas de Aula, 2004, p. 5.

117 Ver nota 8.

118 BIANCHI, Giovanni e SALVI, Renzo. Apud MELLOTI, Umberto (org.). *Introduzione allá sociologia*. Milano: Centro Studi Terzo Mondo, 1980.

Considera-se, portanto, que as oposições, conflitos e disputas de mando político entre a Câmara dos Deputados, o Imperador e o Senado Imperial se efetuavam dentro da linha referente àquele que se fazia nas regras do jogo. As possibilidades de extravasamentos poderiam ocorrer, no decurso dos debates políticos, pois os mecanismos permitiam uma relação próxima à oposição ao sistema constituído, entendido aqui como um mecanismo com o qual se pretendia obter a detenção de um capital político capaz de fazer com que o grupo ou o partido desfrutasse de uma posição favorável, no âmbito do jogo político.

No Primeiro Reinado, a relação entre Câmara dos Deputados e Senado foi quase sempre tensa, hostil. Havia rixas entre as duas casas e inúmeros impasses colocaram-nas em rota de colisão. Não foram poucas as vezes que o Senado serviu como anteparo para o Imperador barrar projetos oriundos da Câmara dos Deputados, e mesmo como um meio de secundarizar importantes debates com polêmicas e projetos menores nascidos na casa permanente.

Entre 1826 e 1831, não foram poucas as reclamações da Câmara dos Deputados em relação ao Senado. As frequentes obstruções do segundo aos projetos nascidos na Câmara provocavam a ira dos deputados. O estopim para a crise que se arrastaria até 1831 foi o projeto de Lei de Responsabilidade dos Ministros, visto por muitos deputados como um remédio para os males da nação. Ele foi o tema das primeiras discussões do ano de 1826, onde se entendia que a lei era a chave do novo sistema. Bernardo Pereira de Vasconcelos, por exemplo, entendia que sem a lei da responsabilidade não haveria Constituição. Chegou, inclusive, a propor a criação de uma comissão especial com a finalidade de acelerar os trabalhos.

Discutido e votado na Câmara dos Deputados entre 1826 e 1827, o projeto adormeceu no Senado até o final de 1828. A proposição só ganharia força quando chegou à Câmara uma denúncia da morte de mais de 550 recrutas, que no transcorrer da guerra da Cisplatina deveriam rumar do Ceará para o Rio de Janeiro, com destino ao Sul do Império. Porém, com a superlotação da embarcação, a grande maioria dos tripulantes acabou morrendo na viagem. Tal notícia alarmou os parlamentares e fez com que os trabalhos em torno da lei de responsabilidade fossem acelerados.

Se a preocupação dos membros da Câmara dos Deputados se centrava na imposição de limites para os detentores dos principais cargos políticos, para os senadores a questão parecia se resumir em alguns detalhes. A preocupação era a de se discutir as penas e as punições concernentes com os delitos. Diferentemente da Câmara, não houve um debate mais aprofundado. Ao ser votado, o projeto recebeu diversas emendas que desagradaram os deputados, que, mesmo assim, aprovaram a lei por temerem que qualquer recusa fosse postergar o problema. Por trás desta preocupação de alguns setores da Câmara estava a ideia de controle da ação dos ministros e dos conselheiros de Estado. Segundo esta visão, havia constantes abusos por parte destas autoridades, sem que houvesse um mecanismo ou uma lei que pudesse ameaçá-los. Estes teriam um poder quase que ilimitado nas suas ações.

Se até aquele momento os deputados engoliram silenciosamente a imposição do Senado, fazendo críticas veladas e primando pela delicadeza, a partir da comunicação de que um projeto sobre as Ordinárias do Escrivão do Paço estava adiado indefinidamente, os deputados aumentaram o tom da crítica. A comunicação do Senado provocou a ira de deputados como Bernardo Pereira de Vasconcelos, Lino Coutinho e Souza França. Para Bernardo Pereira, o Senado estava se opondo à felicidade pública ao adiar o projeto e tinha a pretensão de postergar e paralisar os trabalhos legislativos. Já Lino Coutinho foi mais duro e taxou o Senado de mofa, isto é, brincava com os deputados nas questões mais sérias. Souza França atacava o ponto central da questão dizendo que a atitude do Senado não era constitucional, visto que nenhum mecanismo da Constituição previa adiamento de projetos.[119]

Dias antes da comunicação do Senado, quando a Câmara votava as emendas do Senado ao projeto sobre Arrematação da Alfândega, aparecia pela primeira vez a preocupação com as atitudes da Câmara permanente. Custódio Dias, um dos mais duros opositores ao governo, e que por extensão não poupava o Senado, afirmava que a casa permanente praticava o veto absoluto. O tribuno não deixava de ter razão visto que emendar um projeto colocava a outra casa em uma situação difícil. Assim, ou ela aceitava o emendado ou deveria rejeitá-lo. Ocorrendo a segunda hipótese, o impasse só seria resolvido através da reunião das duas casas em Assembleia Geral. E foi justamente este o ponto central dos dissabores entre os deputados e os senadores. Enquanto os membros da Casa temporária pensavam em reunir a Assembleia Geral, os senadores procuravam argumentar que esta reunião feria o princípio constitucional, principalmente se se adotasse a chamada "votação promíscua", isto é, se fosse adotado o voto universal.

Embora constasse na Constituição, os senadores resistiram o quanto puderam para que não ocorresse a reunião da Assembleia Geral. Os senadores apresentavam cinco razões que impediriam a reunião conjunta com votação promíscua. A primeira era que a Constituição previra a existência de duas casas legislativas. Em se fundindo essas duas casas para votação, não existiria essa determinação, subsistindo apenas a unicameralidade, o que feria a Constituição. Isso dava motivo para a segunda razão, que era a perda da individualidade das casas. O sistema constitucional previa esta individualidade, considerando a própria natureza do processo eletivo, que dava sustentação à terceira argumentação.

---

119 *Anais da Câmara dos Deputados*, sessão de 10/08/1827.

De acordo com os senadores, o sistema adotado pelo Brasil propugnava pela distinção das representações. O Senado seria a casa da maturidade e do bem pensar. A Câmara dos Deputados tinha um perfil distinto, porque ali eram permitidas discussões acaloradas e conflitos.

A quarta razão, em consonância com as três primeiras, era que se exigiam qualidades diferentes para as representações. Por isso a forma distinta de eleição. Uma pelo voto popular e outra pela escolha direta do Imperador. Portanto, cada uma teria atribuições próprias e diferentes, recorrendo com seu voto particular para a formação da lei. Ainda segundo esta lógica argumentativa, qualquer mecanismo que pretendesse alterar este dispositivo visava destruir e aniquilar o edifício constitucional em que se assentava o Império do Brasil. Por fim, foi argumentado que o que estaria em perigo era o equilíbrio dos poderes políticos: garantia do trono e das liberdades nacionais.[120] A votação conjunta abafaria o Senado e provocaria um desequilíbrio institucional. Segundo a argumentação consensual dos senadores, ao se criar o Poder Legislativo em duas casas, o legislador teve em mente manter o equilíbrio e a serenidade das instituições, contra o que eles chamavam de despotismo legal.[121] Ao mesmo tempo, objetivava manter a harmonia.[122]

Portanto, o mecanismo proposto pelos deputados era recusado pelos senadores. Já que a Câmara dos Deputados não aceitava as votações em separado, o Senado se recusava a avançar na ideia de reunir as casas, provocando um impasse e a paralisação de projetos oriundos da casa temporária.

A fala de Cairu dava a tônica do que pensavam outros senadores. Segundo ele,

> Um dos [motivos] que se inculca mais vigorosos para sustentar a fusão das Câmaras, e que mais tem fascinado aos que não lhe aplicam o escalpelo da análise, é sem dúvida aquele, que reputa essa fusão como uma barreira mui judiciosamente levantada pela Constituição para conservação do equilíbrio dos poderes políticos, e como uma garantia do Trono e das liberdades nacionais: figurando-se que sem a fusão das Câmaras o imperante, que deve possuir os precisos meios para conter os poderes na sua órbita em exercício harmônico, seria destituído de todas a influência sobre o Senado; pois, não sendo os membros desta Câmara nomeados

---

120 *Anais do Senado*, sessão de 10/07/1827.

121 *Anais do Senado*, sessão de 11/05/1826.

122 *Anais do Senado*, sessão de 07/08/1827.

livremente pelo Imperante, não podendo ele também aumentar o seu número, nem dissolvê-la, só a fusão ou a amalgamação das duas Câmaras em uma só assembleia poderia pela influência da Câmara eletiva neutralizar a ação do Senado, todas as vezes que ele se tornasse hostil ao Trono e à Nação. [grifos meus][123]

Cairu alinhavava os pontos nevrálgicos em que os senadores se baseavam e acrescentava outro elemento decisivo no jogo de forças entre a Câmara dos Deputados, o Imperador e o Senado: a possibilidade de extrapolações por parte da Câmara. José da Silva Lisboa, o então barão de Cairu, retomava aquilo que considerava os excessos da Assembleia Constituinte e o seu desejo em tudo determinar para indicar que a reunião do poder em uma só casa representava um perigo para as liberdades.

Para sustentar sua posição, Cairu se valeria de Jeremy Benthan (um contemporâneo conservador inglês, que por diversas vezes refutou as proposições de Thomas Paine), dizendo que "uma única casa legislativa seria o poder absoluto, pois a experiência mostrou que ele subjugou a fortaleza dos homens e causou horrores". Diretamente, alinhavava o pensador inglês às ameaças vividas pelo Brasil na sua infância (a Assembleia Constituinte), quando adotou o sistema de uma única casa legislativa. Esta, dizia ele, trouxe calamidade e o perigo da anarquia, salvo graças à ação corajosa do Imperador. "O espírito democrático, foragido da Europa, cerca este Império, e avança com passos gigantes. Convém que não seja ressuscitado do monumento fétido aquele corpo." A distinção da Câmara e do Senado se daria pela maturidade dos seus membros. Enquanto a Câmara dos Deputados era uma casa onde poderiam surgir altercações, radicalidade e distúrbios, no Senado haveria uma postura mais serena e moderada.[124]

A fala destoante coube ao senador José Inácio Borges. Militar de profissão, era nascido em Pernambuco e representante da mesma província. No período Regencial, ocupou a pasta da Fazenda. Sua atuação no Senado do Primeiro Reinado se pautou pela contestação do discurso oficial. Embora sempre votasse com a maioria, apresentava ponderações que o distinguiam dos demais senadores, como foi o caso da sua clara argumentação a respeito da reunião conjunta das casas:

---

123 *Idem.*

124 *Anais do Senado*, sessão de 07/08/1827.

Sejamos francos e reconheçamos que a controvérsia procede da desconfiança em que se está, de que a Câmara dos Deputados consiga pela sua força numérica suplantar a Câmara dos Senadores na votação promíscua; e reconhecendo este perigo, recorre ao remédio da sanção imperial para impedir o efeito da lei, que assim se tiver vencido e figura que será maior mal o de empatar o ato legislativo com a insistência da opinião das Câmaras separadamente, para efeito do espírito de corporação, cuja existência ele reconhece, e admite passar, do que a lei vencida unicamente pela força numérica da Câmara dos Deputados, aniquilando o 'veto' independente da outra Câmara.[125] [grifos meus]

Portanto, a preocupação dos senadores não era outra senão impedir a votação promíscua e evitar um eventual impasse direto entre Câmara dos Deputados e o Imperador. Segundo eles, a votação promíscua não impediria o ímpeto da Câmara dos Deputados em querer se tornar absoluta e querer abusar contra o monarca. Admitir a votação nestes termos seria uma neutralização do Senado e a realização da proposta Constituinte de um sistema unicameral, ainda que o projeto de Constituição de 1823 determinasse um sistema bicameral. Sendo assim, ficava claro que o Senado se convertia em um órgão intermediário, capaz de conter os arroubos da Câmara dos Deputados. Os senadores não deixavam de ter razão, visto que um grupo no interior da Câmara Baixa objetivava tornar aquele espaço o órgão central das decisões, secundarizando o Senado e dividindo poderes com o Imperador.

As principais razões para o Senado desconfiar da Câmara se centravam nos inúmeros projetos que poderiam amarrar o governo. É que a Constituição jogou para as leis ordinárias e regulamentares alguns mecanismos tidos como imprescindíveis para o funcionamento do sistema representativo e para a ossatura do Estado.[126] Alguns pontos estavam em debate na Câmara dos Deputados e eram encaminhados para o Senado: a lei dos juízes de paz, a extinção de alguns órgãos do antigo governo, a extinção do chamado foro privilegiado, o regimento dos conselhos gerais, a extinção dos conselhos militares e o código criminal, dentre outros. Enquanto não se regulamentassem tais leis, o governo teria ampla margem de manobra e não poderia sofrer limites por parte do Poder Legislativo. Dizia

---

125 *Idem.*

126 O Senado, antes da Câmara dos Deputados, fez um mapeamento das leis regulamentares ainda em 1826. Na Câmara os deputados se engalfinhavam para ver quem propunha mais leis, em uma disputa para ver quem era mais liberal.

Teixeira de Gouvêa, então Ministro em 1828, "enquanto não houver uma lei que determine o contrário, o atual governo seguirá a mesma norma", isto é, não havendo lei, o governo interpretava e agia de acordo com seu entendimento.[127]

Um elemento a mais na tensão deriva da argumentação de que para a escolha dos senadores eram exigidas qualidades diferentes. A argumentação permitiu que alguns senadores se vissem de forma distintiva em relação aos deputados. Ficava evidente para os membros da Casa temporária que os senadores se viam hierarquicamente acima da Câmara dos Deputados.

Muitos deputados desdenhavam esta visão oriunda do Senado. Era o caso de Odorico Mendes, que dizia não reconhecer delegados superiores aos deputados. Atacava com isto tanto as posições da Casa permanente quanto o Imperador, que indiretamente trabalhava para esta distinção. Já Bernardo Pereira de Vasconcelos criticava as ideias aristocráticas dos senadores: "a aristocracia é uma enfermidade que espíritos fracos persuadem-se com superioridade", pois "o aristocrata quer consumir sem produzir, viver com ostentação sem trabalhar".[128]

Não se pode escamotear um desdém em demasia por parte dos deputados, haja vista as alcunhas que eles colocavam no ministério e o menoscabo que alguns faziam dos títulos de nobreza, a despeito de muitos destes deputados terem sido agraciados posteriormente, à exceção de Lino Coutinho e Bernardo Pereira de Vasconcelos, que recusaram tais comendas.

A esta altura, tudo ia se tornando motivo para ataques da Câmara dos Deputados. Uma ocasião propícia que o grupo de oposição na Câmara encontrara para atacar os senadores (e indiretamente o governo – visto que todo o ministério até o final de 1827 era composto de senadores que formavam o que se denominou na Câmara dos Deputados como o "ministério dos marqueses"[129]) foi a votação do orçamento. Os deputados reclamavam das imperfeições contidas na matéria, reconhecidas inclusive pelo então Ministro da Fazenda, João Severiano Maciel da Costa (Marquês de Queluz), que não escondeu que o orçamento apresentado era uma cópia imperfeita do ano anterior.

---

127 *Anais da Câmara dos Deputados*, sessão de 16/05/1828.

128 *Anais da Câmara dos Deputados*, sessão de 02/11/1827.

129 Entre 1826 e novembro de 1827 foram dois ministérios. O primeiro, de 1826 a janeiro de 1827, era formado por cinco senadores marqueses. Já o segundo, que permanecera de janeiro até novembro do mesmo ano, era formado por senadores marqueses, à exceção de José Feliciano F. Pinheiro, o Visconde de São Leopoldo, e Francisco Afonso M. de Sousa Coutinho, o Marquês de Maceió, que não era senador.

Bernardo Pereira de Vasconcelos e Lino Coutinho não pouparam o Ministro, causando-lhe constrangimentos quando demonstraram as falhas contidas no projeto de orçamento. Segundo Lino Coutinho, ele se limitava ao Rio de Janeiro e não abrangia as demais províncias.[130]

Alguns pontos do orçamento atacados pela oposição diziam respeito à guerra no Sul, sobretudo os seus gastos. As críticas eram feitas com base no desempenho dos homens situados no cenário da guerra, mas não isentavam de erros os comandantes estacionados na Corte. Segundo o deputado Custódio Dias, não faltava dinheiro ao governo porque a Câmara dos Deputados em momento algum se recusara a cumprir seu papel. No entanto, a má administração e os encaminhamentos desencontrados na condução da guerra levaram o país para a ruína e ao desastre.[131] Dias sentenciava que existiam inimigos da pátria metidos na administração. Não negava que uma das fontes era o Senado, pois "se o Senado observasse [a Constituição] nesta parte, reunidas as Câmaras, teriam passado leis interessantes".

A discussão foi renhida porque colocava um senador no círculo dos deputados. A todo o momento o Marquês de Queluz tentava se isentar do problema, alegando que tinha assumido meses antes de se apresentar o relatório e o orçamento. No entanto, Lino Coutinho e Bernardo Pereira de Vasconcelos não pouparam o Ministro. Só abriram uma exceção para aprovar o orçamento e advertir que da próxima vez a discussão se daria em outros termos.

As reclamações por parte dos senadores não eram menores. Por ocasião de um ofício da Câmara dos Deputados (que convidava o Senado para reunião em comum, tendo como objetivo a discussão das emendas e vetos aos projetos de regimento dos Conselhos Gerais e o de naturalização de estrangeiros), muitos senadores entenderam que os deputados estavam sendo desonrosos para com a Câmara dos Senadores. Segundo o Marquês de Santo Amaro, a Câmara não demonstrava espírito de harmonia, tratava o Senado com menos dignidade.[132] O Marquês de Paranaguá, um dos mais influentes e importantes membros do Senado, dizia que os deputados não tinham consideração com o Senado.[133]

Mas nada ajudava o governo, a situação econômica com as crises nas rendas públicas, o aumento do custo de vida, o problema dos estrangeiros, os tratados de cessação do tráfico escravo assinado com a Inglaterra, a repercussão do Tratado de Paz e Amizade assinado com Portugal, os rumos desastrosos da Guerra da Cisplatina e os conflitos pelo trono

---

130 *Idem.*

131 *Anais da Câmara dos Deputados*, sessão de 08/08/1827.

132 *Anais do Senado*, sessões de 07/07/1827 e 08/11/1827.

133 *Anais do Senado*, sessão de 15/11/1827.

português (que envolviam D. Maria da Glória) não permitiram ao governo se desvencilhar das polêmicas. Ao contrário, quanto mais tentava se afastar delas mais ele se afundava.

As críticas no interior da Câmara eram tão duras que nem os defensores do governo mostravam as suas posições. Até aquele momento havia quase um consenso de que o governo tinha que promover mudanças no ministério, então formado apenas por senadores. Segundo se pode desprender, a ausência de vozes na Câmara dos Deputados – que pudessem sustentar a posição do governo e fazer frente ao ímpeto de Bernardo Pereira de Vasconcelos e Lino Coutinho – foi um dos motivos para o severo ataque e acossamento pelo qual passava o governo.

O fato é que, diante do combate desferido por Lino Coutinho e Bernardo Pereira de Vasconcelos, o governo começaria a agir. Assim, em finais de 1827 o governo promoveu uma reforma no Ministério. Equilibrava o peso do Senado e da Câmara dos Deputados, adentrando três deputados de peso e com voz atuante no interior da Câmara Baixa: Pedro Araújo Lima (Ministério do Império), Lúcio Teixeira de Gouvêa (Justiça) e Miguel Calmon Du Pin e Almeida (Fazenda).

A entrada destes três deputados não era sem motivo. Embora pouco afeito a discursos, Araújo Lima era representante de uma das mais conturbadas províncias do Império. Desta maneira, poderia equilibrar os posicionamentos daquela bancada. Natural de Serinhaém, tradicional região produtora de cana-de-açúcar, o parlamentar situava-se em um campo intermediário, pois dificilmente polemizava. Seu papel de articulador se mostraria anos depois, quando assumiria o cargo de regente.

Já as escolhas de Teixeira de Gouvêa e Calmon eram mais claras. Os dois vinham das duas maiores bancadas na Câmara dos Deputados. Gouvêa dividia as atenções de Minas Gerais com Bernardo Pereira de Vasconcelos, e Calmon acabava por neutralizar a ação de Lino Coutinho, pois diminuía as críticas em relação à exclusão política destas localidades. Uma informação digna de nota é que, até o início do ano legislativo de 1827, Gouvêa era um grande aliado de Bernardo Pereira de Vasconcelos na comissão de Constituição.

De certa forma, estas nomeações diminuíam o ímpeto dos membros da oposição. Refazia-se o discurso, onde se propalava a ideia de que o novo ministério poderia reparar o mal causado até então. Já antes das mudanças, a oposição alterava a sua tática. Acentuava-se a ideia de reunião em comissões mistas para facilitar a reunião das duas casas. Entretanto, estas comissões não apresentaram resultados práticos, pois deputados e senadores ficaram em um impasse, motivando uma exposição de motivos por parte dos senadores, que reafirmaram a disposição inicial dos mesmos de não realizarem sessões conjuntas.[134] No ano seguinte ocorreria outra tentativa, sem produzir nenhuma novidade substancial.

Sem deixar o grau de tensão, em 1828, com a ida de Nicolau de Campos Vergueiro e Almeida Albuquerque para o Senado, a relação entre a Câmara dos Deputados e o Senado tendia a arrefecer. Vindos da Câmara, estes dois senadores contribuiriam para o diálogo mais civilizado e diplomático entre as casas. Quando da nomeação de Almeida e Albuquerque para o Senado, no final de 1828, quase todos os deputados se solidarizaram com o parlamentar. Natural do Recife, este foi para o Senado aos 75 anos de idade. Era um dos políticos mais experientes do Parlamento e com trânsito nos diversos grupos políticos. Tinha uma linha moderada, não abrindo mão da defesa de sua província. Como alguns deputados e senadores, tinha participado da malograda Assembleia Constituinte e viveu os principais momentos de tensão daquela casa. Sabia que o sistema representativo deveria funcionar com harmonia e com entendimentos mútuos. Influente na Câmara dos Deputados, levou para o Senado a sua voz para acalmar as tensões e as desconfianças. Assumia como senador, mas não escondia o seu objetivo: facilitar a aprovação dos projetos regulamentares necessários à reforma do Estado.

O mesmo faria Nicolau Pereira de Campos Vergueiro. Nascido em Portugal, ocupou diversos cargos na província de São Paulo. Deputado nas Cortes Portuguesas e na Assembleia Constituinte, como Almeida e Albuquerque, viveu todos os tensos momentos recentes do período. Político moderado, que depois da Abdicação assumiria um dos postos na Regência, em 1831; deu uma nova dinâmica ao Senado, pois este vivia uma paralisia desde finais de 1826, quando só votava as proposições originadas na Câmara dos Deputados. Vergueiro dava um "ar de vida" e iniciativa à Casa permanente. Tomava posse e apresentava dois projetos: um garantindo aos estudantes brasileiros de cursos jurídicos, matriculados em universidades estrangeiras, o direito de se apresentarem no curso de São Paulo; o outro garantindo o direito de regresso aos bacharéis transferidos para a magistratura como lente. Vergueiro notabilizou-se ainda pelo fato de ter sido o senador que mais tempo ocupou assento no Senado. Entrou em 1828, aos 50 anos de idade, e de lá somente saiu aos 85 anos, em 1859, ano em que faleceu.

Ainda no ano de 1828 foi criada uma comissão mista responsável pela redação do Código Criminal. Os deputados tinham este código como essencial para o funcionamento do sistema representativo. Eles repudiavam a aplicação das penas de acordo com os antigos códigos, especialmente o Filipino, tido como severo e desproporcional em relação aos no-

---

134 *Anais da Câmara dos Deputados*, sessão de 23/05/1827; e *Anais do Senado*, sessão de 10/07/1827.

vos tempos. Se cruzarmos esta informação com a evidente preocupação dos parlamentares em estabelecer as leis ordinárias para o funcionamento do sistema, teremos uma visão menos maniqueísta dos políticos e mais uma feição onde tudo estava por fazer, ponto tão destacado nas falas parlamentares.[135] A necessidade de controle em relação a alguns setores de forma alguma estava descartada, mas não era uma visão unânime. Alguns setores no interior da Câmara insistiam na necessidade de mecanismos de controle social, como a permanência da Intendência Geral da Polícia, vista por alguns como o principal mecanismo do antigo sistema, tradição criada pelo Marquês de Pombal.

Havia uma preocupação das duas casas em tentar mostrar-se com um rosto mais afeito aos problemas da sociedade e concorrerem para o apoio da opinião pública. Contudo, enquanto a Câmara procurou se assentar como a casa de representação popular, o Senado se distanciava deste papel. Se no primeiro momento houve uma tentativa com a imagem do Senado perante a sociedade, esta foi substituída por uma mais afeita às coisas do Império. O Senado se voltava para um papel destinado a assistir ao Imperador.

O grupo da oposição percebeu tal movimento e não hesitou em se valer dessa imagem para atacar os senadores. Bernardo Pereira de Vasconcelos dizia que o Senado não tinha respaldo na opinião pública, não era órgão voltado para isto. Fazia referência à forma de escolha e à visão angariada pelos deputados, que muitas vezes eram vistos como representantes populares, que levavam para o Parlamento as demandas suscitadas na sociedade.

O arrefecimento do confronto entre as duas casas só ocorreu em 1830, quando tomou posse a nova legislatura. Embora sua composição fosse marcada pela presença de membros influentes da oposição, os primeiros meses garantiram uma tranquilidade e um entendimento para a realização da sessão conjunta das duas casas, com votação promíscua e sem grandes arroubos.

É provável que as reuniões em comissões dos anos anteriores tenham tornado o processo menos traumático. Mas parece-nos que o que mais contribuiu para a reunião da Assembleia Geral tenha sido o agravamento da crise política. Ao contrário de vermos o Senado se cur-

---

135 Esta visão é uma determinante em trabalhos como os de Jurandir Malerba. Segundo este autor, havia uma preocupação dos políticos e da classe dominante em impor aos pobres um sistema jurídico coercitivo. Em parte o autor tem razão, mas não se pode deixar de notar que o código vinha substituir um sistema de punição do Antigo Regime, fundamentado num sistema de punição em que a violência era o fundamento. Cf. MALERBA, Jurandir. *Os brancos da lei: liberalismo, escravidão e mentalidade patriarcal no Império do Brasil*. Maringá/PR: Editora da Universidade Estadual de Maringá, 1994. Para uma discussão do sistema penal do Antigo Regime e uma nova visão da ideia de pena, cf. FOUCAULT, Michel. *Vigiar e punir: nascimento da prisão*. Petrópolis/RJ: Editora Vozes, 1977.

vando para a Câmara dos Deputados, a sua preocupação foi fazer diminuir a tensão política, que já era periclitante. Do outro lado, ao aceitar a proposta da Câmara, os senadores indicaram ao Imperador que o clima deveria ser o da concórdia e da harmonia.

Mas, já era tarde demais. Os acontecimentos políticos das ruas e do Parlamento atingiam um grau de intensidade que era impossível voltar atrás, restando apenas o confronto. Como veremos, a Câmara dos Deputados arrefecera com o Senado, mas não pouparia D. Pedro I.

A polêmica entre a Câmara dos Deputados e o Senado, embora ocupasse um papel importante (visto que se tratava de um confronto de ideias e concepções acerca do papel do Poder Legislativo), foi a luta política e a dissensão entre parcela da Câmara dos Deputados (especificamente de grupos no interior daquela Casa) e o Imperador que se constituíram em um capítulo decisivo para a instabilidade do Primeiro Reinado.

A luta política entre a Câmara dos Deputados e o Imperador

Embora o acirramento político entre a Câmara dos Deputados e o Senado chamasse atenção, devido ao emperramento do processo legislativo, ele se tornou importante por ter servido como anteparo para a luta principal: o confronto entre a Câmara e o Imperador D. Pedro I.

A esta altura é possível apresentar um breve mapeamento de posições a partir de 1826, o que nos possibilita dimensionar o peso da oposição e o do governo no interior da Câmara dos Deputados. Contudo, conforme já argumentou José Murilo de Carvalho, este mapeamento sempre é difícil, haja vista a inexistência de partidos declarados no Parlamento até pelo menos a década de 1840.[136]

Tomando esta dificuldade como parâmetro e limitando-nos às discussões anteriores à Abdicação de D. Pedro I, em 7 de abril de 1831 (ocasião em que se operou um rearranjo político uma vez que alguns deputados da então oposição passaram a ponderar os limites da radicalização arguindo, sobretudo, o temor das ruas), procedemos com uma identificação de grupos políticos.

No caso, optamos por tomar como parâmetro a discussão sobre o parecer da comissão especial que se formou para acusação do Ministro da Guerra, em 1829. Esta discussão tem duas particularidades. Como era um debate delicado, ele obrigou todos os parlamentares

---

136 CARVALHO, José Murilo de. *A Construção da Ordem...*, op. cit., p. 158.

a se posicionar em relação ao governo. Defender a instalação de um processo de acusação do Ministro significava ser da oposição, uma vez que isto representava um ataque direto aos interesses do Imperador, que tentava se desvencilhar das críticas da oposição. O número de votos colhidos a favor da instalação do processo, 32 deputados, nos dá a dimensão do tamanho e peso do grupo que resistia à política do governo.

Do outro lado, os 39 votos obtidos contra a instalação do processo indicavam uma sedimentação da posição governista. Neste caso, é sempre bom ter em mente que alguns tribunos podiam pertencer a uma "minoria silenciosa". Como parte das leituras dos *Anais da Câmara dos Deputados*, observamos que poucos eram os parlamentares que tomavam a palavra e intervinham cotidianamente no Parlamento. Por "minoria silenciosa" estamos entendendo aquele deputado que hesitava nos seus posicionamentos. Entretanto, no calor dos acontecimentos, tendia a votar com o governo, como era o caso de Cunha Mattos, um atuante deputado e membro da Comissão de Guerra da Câmara, que frequentemente se movimentava da oposição para a linha governista. Nesta soma também entravam outras figuras políticas como Luiz Augusto May, Ledo Gonçalves e Cunha Barbosa.

Uma segunda particularidade da discussão é que esta foi a única votação nominal na legislatura de 1826-1829, o que nos possibilitou solidificar uma tendência que vínhamos acompanhando desde o ano de 1827. Entretanto, até então o rito das votações dificultava a identificação dos parlamentares. As votações eram por maioria absoluta. O voto do parlamentar não era registrado, restando somente o seu posicionamento no debate da matéria. A exceção feita quando este, para demarcar sua posição, fazia declaração de voto, que constava nas atas.

Este foi um expediente que utilizamos para aferir a posição do tribuno em uma segunda votação que aconteceu em 1830. O debate dizia respeito ao direito de Clemente Pereira tomar assento na Câmara dos Deputados na nova legislatura que se iniciava.

Como houve uma renovação de aproximadamente 2/3 dos membros da Câmara Baixa na nova legislatura, só tivemos um resultado idêntico para os parlamentares que ali permaneceram. Tanto pelo lado governista, quanto da oposição. Não por coincidência, muitos dos posicionamentos da votação eram repetições de falas em debates mais acirrados, como a dotação do Imperador, a discussão do orçamento, as discussões da resposta à Fala do Trono etc.

A partir deste mapeamento, podemos sugerir que os grupos no Parlamento tinham os seguintes líderes:

Oposição	Governo
Bernardo Pereira de Vasconcelos (MG)	Teixeira de Gouvêa (MG)
José Custódio Dias (MG)	Miguel Calmon du Pin e Almeida (BA)
Ferreira França (BA)	Bispo do Maranhão (MA)
Holanda Cavalcante (PE)	Augusto da Silva (BA)
Limpo de Abreu (MG)	Clemente Pereira (RJ)
Lino Coutinho (BA)	Monsenhor Vidigal (RJ)
Odorico Mendes (MA)	Arcebispo da Bahia (BA)
Paula Albuquerque (PE)	
Souza França (RJ)	
Xavier de Carvalho (PB)	
Paula e Souza (RJ)	

Não se pode dizer que este confronto sempre tenha sido aberto e franco. Ao contrário, ele se desdobrou em diferentes momentos. No entanto, o ponto central frequentemente foi o mesmo: o desejo de alguns grupos no interior da Câmara temporária em torná-la a verdadeira representação da Nação. Desse modo, enquanto durou a aliança em torno da realização da Independência, estes grupos se mantiveram menos afoitos ao poder. A aliança foi rompida porque um grupo desejava assumir o controle do Estado.

Entre 1822-1831, podemos detectar dois momentos diferentes para o conflito. O primeiro se teria dado na Assembleia Constituinte, quando as atitudes foram mais radicais. Imbuídos do espírito revolucionário constitucionalista, muitos dos membros da Assembleia pensavam poder construir um novo aparato de Estado. Eram fortes as influências revolucionárias da França, Espanha e, principalmente, das Cortes de Lisboa. Já o segundo momento (1826-1831) transitou entre uma letargia inicial e uma crescente radicalização. De uma apatia inicial da Câmara, temerosa com os acontecimentos políticos da Assembleia Constituinte, assistiu-se a uma crescente queda de braço da Câmara dos Deputados com D. Pedro I. A tensão chegou ao auge em 1829-31, culminando com a Abdicação do Imperador, em 1831. Porém, de forma alguma podemos entender a renúncia de D. Pedro como a vitória definitiva do setor de oposição. Ela apenas abria outro momento político, que foge das linhas propostas neste trabalho.

Assembleia Constituinte: o confronto em torno da soberania e o legado para o decênio

Quando se reuniram, em maio de 1823, os representantes provinciais, eleitos com a tarefa de redigir a Carta Constitucional, acreditavam estar produzindo uma revolução no interior da sociedade. Os espíritos se exaltavam, era um novo momento para a antiga Colônia portuguesa.

A ideia de convocação de uma Assembleia Constituinte já era aventada desde abril de 1822, quando o processo de ruptura entre Brasil e Portugal já tinha chegado ao ápice. A proposta foi sugerida pelo Senado da Câmara do Rio de Janeiro. Tinha o claro objetivo de se contrapor às pretensões das Cortes de Lisboa. No decorrer dos acontecimentos, a possibilidade de se proclamar a autonomia brasileira se tornou realidade, o que futuramente sustentaria a aclamação e a coroação de D. Pedro como Imperador do Brasil, ainda em 1822.

Os debates ocorridos entre 1821 e 1822 fizeram com que os espíritos dos habitantes da então Colônia portuguesa fervilhassem. Palavras como Liberdade, Soberania e Constituição ganharam novos contornos e inundaram a Corte e as províncias.[137] No entanto, o que era promessa poderia ser efetivado pela nova Carta Constitucional que seria elaborada pelas Cortes de Lisboa, o que não se viabilizou em razão da falta de entendimento entre as partes do Império Luso-Brasileiro. Em 1823, portanto, a expectativa deslocou-se para a Corte do Rio de Janeiro, onde se esperava a efetivação dos projetos pensados pela Revolução do Porto, isto é, discutir a liberdade e os direitos dos povos do Brasil autônomo.

Na instalação da Assembleia Constituinte, coube ao Imperador a Fala do Trono, que se tornou uma tradição nas sessões de abertura e encerramento dos trabalhos parlamentares até o final da monarquia. Naquele dia 3 de maio, D. Pedro I fez um balanço da situação político-econômica do Império, bem como do estado em que ele então se encontrava. Ao tratar especificamente dos trabalhos constituintes, pediu uma Constituição que fosse digna e *harmoniosa*, que estabelecesse barreiras inacessíveis ao despotismo real, autocrático ou democrático, e que afugentasse a anarquia. Afirmou ainda que:

> Todas as Constituições, que a maneira das de 1791, e 92, têm estabelecido suas bases, e se tem querido organizar, a experiência nos tem mostrado, que são totalmente teóricas, e metafísicas, e por isso inexequíveis; assim o prova a França, Espanha e ultimamente Portugal. Elas não têm feito, como deviam, a felicidade geral; mas sim, depois de uma licenciosa liberdade, vemos, que em uns países já apareceu, e em outros ainda não tarde a aparecer o despotismo em um, depois de ter sido exercitado por muitos, sendo consequência necessária, ficarem a Povos reduzidos à triste situação de presenciarem, e

---

137 NEVES, Lúcia Maria Bastos P. das. Corcundas e Constitucionais. *A cultura política da Independência (1820-1822)*. Rio de Janeiro: Editora Revan/Faperj, 2003, especificamente o capítulo 5.

sofrerem todos os horrores da anarquia [...] espero que a Constituição, que façais, mereça a minha Imperial Aceitação.[138] [grifo meu]

Palavras aparentemente inocentes que revelavam uma concepção de poder, percebida por diversos tribunos, em especial aqueles que pretendiam elaborar um projeto mais afeito a um sistema político onde o papel do monarca fosse menos efetivo.

Na sessão do dia 6 de maio de 1823, quando se iniciou a discussão do voto de graça à "Fala do Trono", o problema seria colocado. Alguns consideraram ambígua a expressão final utilizada pelo Imperador. Se de um lado alguns representantes, como o deputado Custódio Dias, consideravam que a ideia de dignidade da Nação estava contida na Assembleia e não no desejo pessoal do Imperador. De outro lado, outro grupo, liderado pelos irmãos Andrada, fundamentava sua fala na ideia do perigo, da licenciosidade e da anarquia. Para José Bonifácio, todos estavam atrás de um só objetivo: "a felicidade do Estado, e não a liberdade que dura momentos". Essa "liberdade momentânea" lembrou a anarquia vivida pela América espanhola e as desordens da França.

Parte do que se discutiu naquela sessão não era matéria nova. Em outubro de 1822, em data anterior à Aclamação do Imperador, posições divergentes eram difundidas pela imprensa e por políticos como Gonçalves Ledo, Januário da Cunha Barbosa e João Soares Lisboa. O centro da questão circundava os limites do Imperador e da soberania.[139] A proposta de Aclamação não tinha recebido o mesmo entendimento, já que, para alguns, tratava-se de limitar os poderes do Imperador, enquanto para outros, versava sobre a garantia da unidade do território, mediante a autoridade daquele.[140]

A força motriz dos debates era a soberania e, consequentemente, os seus fundamentos. De uma forma ou de outra, tal definição possibilitaria a formulação de um dado tipo de direitos do cidadão, uma vez que indicava o papel do indivíduo dentro da sociedade. As discussões mencionavam o papel político exercido pelos representantes do povo e a extensão de suas respectivas decisões. Do mesmo modo, a proposta do veto real estava no

---

138 *Diários da Assembleia Constituinte de 1823*, sessão de 03/05/1823.

139 LEITE, Renato Lopes. *Republicanos e Libertários: Pensadores radicais no Rio de Janeiro (1822)*. Rio de Janeiro: Civilização Brasileira, 2000.

140 MONTEIRO, Tobias. *História do Império: A Elaboração da Independência*. Belo Horizonte: Editora Itatiaia; São Paulo: Editora da Universidade de São Paulo, 1981, t. 2, p. 635-636; NEVES, Lúcia Maria Bastos P. das. *Corcundas e Constitucionais...*, op. cit., p. 379.

centro da polêmica, ainda que não constasse diretamente da polêmica que se travou nos primeiros dias da Assembleia Constituinte.

Os seis meses e nove dias dos trabalhos constituintes mostraram a profunda envergadura da exposição de razões de cada grupo. Apontou para as polêmicas que seriam travadas ao longo do decênio e indicavam a permanência do conflito, até que as questões se exaurissem ou fossem encaradas na devida medida.

Ao formular o problema sob este aspecto, é possível concluirmos que os homens do Oitocentos não estavam fazendo política objetivando necessariamente o engodo, porque não dispunham da perspicácia ou astúcia capaz de envolver todos os seus adversários.[141] E nem estavam em um teatro onde punham uma máscara que poderiam retirar quando lhes conviesse. Seria ignorar a eficácia propriamente simbólica em que os homens estão envolvidos. "Fazer ver" e "fazer crer" pressupõe acreditar naquilo que se está afirmando. Do mesmo modo, os homens, os partidos e os grupos procuraram elaborar e impor uma representação do mundo social capaz de obter a adesão do maior número possível de cidadãos. Com isso, procuravam encontrar uma abertura do outro lado. Ou seja, as suas posições coincidiam com as dos seus mandantes. Ao mesmo tempo, procuravam adesões com o intuito de alargar e atrair a clientela dos concorrentes.[142]

O conflito político anterior à instalação da Constituinte, especificamente por ocasião da Aclamação, conforme já se disse, pode ser analisado por outro viés, já que não se tratava de uma divergência entre o Imperador e um grupo de políticos liberais. Tratou-se, na verdade, de antagonismo entre grupos e partidos, ou seja, D. Pedro I foi uma peça de um jogo político que envolveu personagens distintos na disputa pelo poder. Da mesma maneira, pode-se falar de grupos que projetavam construir um projeto de Estado autônomo, o que não significa dizer que antes, na separação definitiva de Portugal, não tivesse havido uma luta política pelo poder. Isso se reporta à compreensão do poder e tira de foco a discussão tradicional travada em torno das personalidades, recolocando-nos em uma percepção da história como processo e luta.

---

141 OLIVEIRA, Cecília Helena Lorenzini de Salles. *A Astúcia Liberal. Relações de Mercado e Projetos Políticos no Rio de Janeiro (1820-1824)*. Bragança Paulista/SP: Ícone/UDUSF, 1999, p. 105-116.

142 Bourdieu afirma que "este alargamento se dá mediante o abandono das tomadas de posição distintivas, originais, nativas, e que reclamam por um regresso às raízes, por uma restauração da pureza original e, do outro lado, os que propendem a procurar o reforço do partido, quer dizer, o alargamento da clientela, nem que seja à custa de transações e de concessões ou mesmo de uma baralha metódica de tudo o que as tomadas de posição originais do partido podem ter de demasiado...". BOURDIEU, Pierre, *op. cit.*, p. 184.

Vale ressaltar que a definição de partido naquela época não era entendida na sua acepção contemporânea: ao longo do Oitocentos o termo recebeu diversas interpretações. Então resumiremos o termo partido como sendo aquele exercício de combate ao sistema efetuado por um adversário ou alguém contrário à ordem. Foi dessa forma que o definiu, por exemplo, o deputado Nogueira Gama por ocasião da discussão do Projeto de Governo Provisório:

> Em quase todas as Províncias do Império do Brasil, principalmente nas que ficam ao Norte existem partidos: a força dos cruéis inimigos da nossa Santa Causa, e que se acham entre nós, é considerável; não nos alucinemos: não demos passo em vão; temos a combater o partido das Cortes de Portugal; temos a combater o partido dos Republicanos; que sustentam e apregoam a separação de todas as Províncias em Repúblicas independentes, mas confederadas entre si, à imitação dos Estados Unidos da América; temos a combater os admiradores da Constituição de Portugal e que a desejam adotar, ficando, porém em Estados separados, e só ligados a Portugal por laços federativos; temos a combater o partido de diversas seitas de Carbonários, de Jardineiros, e de outras que infelizmente existem no Brasil; temos finalmente a combater o partido dos Anarquistas.

O deputado alertava para a necessidade de se manter a prudência com relação às ações do governo, pois "por todos os lados" facções adversárias procuravam desvirtuar o sistema. Neste caso, os partidos pertenciam ao que se referia como oposto ao sistema da monarquia e ao sistema vigente, ou à "Santa Causa" brasileira.[143]

Ao debater o ofício do Ministro dos Negócios do Império sobre uma revolta da tropa do Rio Grande do Sul a favor do veto régio, ocorrida em junho de 1823, o deputado José de Alencar deu as mesmas definições apresentadas pelo deputado Gama. Para ele, existiam dois partidos: um democrático e outro aristocrático. A Assembleia deveria tomar uma posição a respeito, levando-se em conta a "Causa do Brasil", o que valeria dizer que a "Assembleia deve[ria] repudiar tanto uma quanto outra e que a mesma está preocupada com a nação".[144]

---

143 *Diários da Assembleia Constituinte de 1823*, sessão de 26/05/1823.

144 *Diários da Assembleia Constituinte de 1823*, sessão de 22/07/1823.

Para Nogueira Gama e José de Alencar, o termo partido teria, então, uma conotação pejorativa, isto é, correspondia a uma pecha dada aos adversários. Os partidários do sistema constitucional eram vistos como defensores da "Causa do Brasil".

No entanto, a definição de *partido* também recebeu um entendimento mais amplo, conforme a apresentada pelo deputado Carneiro de Campos, quando se discutiu o Projeto dos Governos das Províncias. Para o parlamentar, haveria três partidos: "o (...) Europeu, que não aprova[va] a nossa Independência, e que se não sobressai, (...) porque não pode: há [havia] o partido Democrático; e há [havia] o da Monarquia Constitucional que é o nosso".[145] Em suma, *partido* abarcava todas as correntes políticas e facções presentes no contexto de debate e de disputa em torno do poder.

Cabe então refletir o significado real que foi dado ao termo. Segundo o historiador Arnaldo Contier, partido pode ser entendido não como organizações hierarquizadas, mas, sim, como originárias da união ou desunião de indivíduos possuidores ou não de determinados interesses.[146]

Entretanto, deve-se observar que estes partidos ou facções não possuíam uma visão de mundo tão díspar entre si, à exceção do "partido republicano". A base defendida por eles era a monarquia, mantendo-se a unidade territorial e, indistintamente, a escravidão, como elementos garantidores do seu modo de vida. Portanto, os grupos partilhavam de uma visão de mundo bem próxima e não pretendiam romper com a ordem existente. Trata-se de uma luta entre frações da classe dominante, que pretendiam exercer o seu domínio sobre o Estado. A luta que se travou em torno da Constituinte, ainda que tivesse aspectos distintivos, representou um capítulo pelo controle sobre o Estado que se construía.

Nestes termos, minha posição se aproxima das formulações apresentadas por Ilmar Mattos e Théo Piñeiro. Para o primeiro trata-se de um processo que deu origem à "classe senhorial" fluminense, que imporia a sua hegemonia sobre as demais frações da classe dominante. O ápice dessa dominação se deu quando os Saquaremas (ou Liberais Conservadores) impuseram seu projeto sobre os Luzias (Liberais Moderados), a partir de 1840. Para Piñeiro, trata-se de uma disputa de frações de classes desde antes da proclamação da

---

145 *Diários da Assembleia Constituinte de 1823*, sessão de 26/05/1823.

146 CONTIER, Arnaldo D. *Imprensa e Ideologia em São Paulo. 1822-1842: Matizes do Vocabulário Político e Social*. Petrópolis/Campinas: Vozes/Universidade Estadual de Campinas, 1979, p. 169.

Independência, se considerarmos o processo político que resultaria na Maioridade como parte de um conjunto maior de questões.[147]

Para além das disputas no interior da classe dominante, deve-se notar que a presença de escravos, assim como a de libertos e homens livres pobres, criava uma margem de instabilidade permanente no interior do sistema, responsável pelos diversos acontecimentos ocorridos na Corte do Rio de Janeiro entre 1822 e 1832,[148] como também por eventos transcorridos nas diversas províncias, como em Pernambuco e na Bahia.[149]

Ao se reunir em 1823, a Assembleia Geral Constituinte e Legislativa do Brasil tinha entre outras tarefas: 1) a elaboração da Carta Constitucional do Brasil; 2) atribuições legislativas, como a eliminação de parte da Legislação portuguesa; 3) a elaboração de novas leis ordinárias.

O último ponto, embora detentor de um amplo entendimento, apresentava algumas divergências. Para alguns, à Assembleia caberia um trabalho com capacidade ilimitada, o que pressupunha a não aceitação da divisão dos poderes, conforme as proposições de Montesquieu. Era o caso do deputado Custódio Dias, que em uma das sessões preparatórias dos trabalhos propôs que os Constituintes tivessem poderes ilimitados.[150] Outros entendiam que a Assembleia deveria manter a divisão de poderes, não excedendo o seu papel legislativo. A não intervenção nos outros poderes presumia, para esses, o equilíbrio do sistema. Este foi o caso de Andrada Machado, que defendeu essa divisão quando se discutiu o Voto de Graça da Fala do Trono, na sessão de 5 de maio. Naquele momento,

---

147 MATTOS, Ilmar R. *O Tempo Saquarema. A formação do Estado Imperial*. 4ª edição Rio de Janeiro: Access, 1989, especificamente o capítulo 1; e PIÑEIRO, Théo Lobarinhas. "Os simples comissários"..., *op. cit.*, p. 9-12.

148 RIBEIRO, Gladys S. *A liberdade em construção. Identidade nacional e conflito antilusitano no Primeiro Reinado*. Rio de Janeiro: Relume-Dumará, 2002.

149 Para o caso de Pernambuco, cf. os trabalhos de Marcus de Carvalho "O encontro da "soldadesca desenfreada" com os "cidadãos de cor mais leviano" no Recife em 1831". In: *Clio-Série História do Nordeste*. Recife-PE, vol. 1, nº 18, 1988, p. 109-138; "Cavalcantis e cavalgados: a formação das alianças políticas em Pernambuco, 1817-1824". In: *Revista Brasileira de História*, vol. 18, nº 36. São Paulo: 1998. *Liberdade. Rotinas e rupturas do escravismo. Recife, 1822-1850*. Pernambuco: Editora Universitária UFPE, 2001. Para o caso baiano cf. REIS, J. J. *Rebelião escrava no Brasil. A história do levante dos malês (1835)*. São Paulo: Editora Brasiliense, 1986; _____ e SILVA, Eduardo. "O jogo duro do dois de julho". In: REIS, João José e SILVA, Eduardo. *Negociação e conflito*. São Paulo: Editora Brasiliense, 1997; e _____. "Quilombos e revoltas escravas no Brasil". In: *Revista USP*, São Paulo (28), dez./fev. 1996, p. 14-39.

150 *Diários da Assembleia Constituinte de 1823*, sessão de 18/04/1823.

Andrada Machado entendia que a tarefa dos legisladores era "estabelecer as relações entre os poderes".[151]

No decorrer dos trabalhos da Constituinte, a atribuição da confecção da legislação foi o que aprofundou a tensão entre o Imperador e o Legislativo. Nos debates sobre a anistia aos presos por ocasião da Independência e na votação da sanção das leis e discussão de ofícios encaminhados pelo Ministro do Império a relação entre os poderes chegou ao limite.

Conforme veremos com mais vagar no próximo capítulo, uma quarta tarefa atribuída à Assembleia foi a de receber reclamações, petições e representações de todo e qualquer cidadão. Por hora cabe dizer que os requerimentos muitas vezes provocavam o mesmo tipo de polêmica que as ocasionadas pela elaboração das leis ordinárias.

Muitos parlamentares entendiam que as reclamações deveriam ser da esfera do Poder Judiciário, e não dos legisladores. Segundo este entendimento, a principal preocupação da Assembleia deveria ser a elaboração da Carta Constitucional, de forma que tudo o mais deveria ser deixado para depois. Este seria o caso do recebimento de petições encaminhadas pelos cidadãos.

Ainda no início dos trabalhos, na sessão de 17 de maio, o deputado Muniz Tavares argumentou que se perdia muito tempo com tais petições. Para tanto, apresentou indicação de forma que a discussão sobre petições fosse simplificada, considerando-se apenas se "pertencia ou não" à Assembleia discutir o assunto. Segundo o proposto, as Comissões de Petições e de Legislação fariam a triagem do que ali chegasse. O deputado Andrada Machado, um dos principais nomes da Assembleia, concordou com Tavares. Alegou que a tarefa da Comissão era a de avaliar se cabia ou não receber as petições.

Entretanto, essa posição foi derrotada. A argumentação mais contundente coube ao deputado Araújo Lima, para quem

> O Direito de Petição é um direito que todo Governo livre deve proteger com desvelo, como um dos mais preciosos de que se pode gozar na Sociedade Civil, e portanto não devemos dificultá-lo ao Cidadão quando este espera alguma decisão da Assembleia, não se satisfaça só com o juízo da Comissão.[152]

---

151 *Diários da Assembleia Constituinte de 1823*, sessão de 06/05/1823.
152 *Diários da Assembleia Constituinte de 1823*, sessão de 17/05/1823.

O deputado Inácio Accioli colocou-se ao lado de Araújo Lima; afirmou o tribuno que: "nunca se dirá que perdemos tempo quando conhecemos da injustiça que se fizer a algum Cidadão". Ainda segundo o deputado: se a "Constituição não acabar em cinco meses, acaba-se em seis; e demais o Povo se irá desenganando que a Assembleia não toma conhecimento de coisas pequenas e afeitas a outros Poderes".

A avaliação de que a Assembleia perdia tempo em assuntos desnecessários acabou sendo incorporada pela historiografia, ignorando que muitas vezes este discurso seria fruto da avaliação específica de certos grupos políticos. Assim, deixou-se de perceber o que realmente estava em jogo no processo de elaboração da Constituinte e do Legislativo.

Em 1836, John Armitage publicou História do Brasil,[153] que dizia ter se "baseado em conversas e documentos fornecidos por muitos contemporâneos", e fez uma avaliação negativa dos trabalhos constituintes. Para ele, a Assembleia carecia de quadros necessários para formular uma Constituição à altura do Brasil, sendo formada por homens quinquagenários de noções acanhadas. Do mesmo modo, achava que cada um possuía "ideias exageradas de sua própria importância", combinadas com a "mais completa ignorância".[154] Salvava apenas os três Andrada, pintando os demais membros como homens medíocres, existindo poucos com capacidade para os trabalhos constituintes.

Embora divergente quanto às avaliações acerca da Independência, neste particular a posição de Armitage se assemelhava às de Francisco Adolpho Varnhagen, que atribuiu aos Andrada a maior cota de responsabilidade pelos acontecimentos que redundaram no fechamento da Constituinte.[155] Filho de antigos antagonistas de José Bonifácio, o Visconde de Porto Seguro tratou com azedume aquele político, para quem, apeado do poder, promoveu alianças das mais estranhas na Câmara, inclusive com seus ferrenhos opositores. Varnhagen deu ênfase na ação dos Andrada por considerá-los colaboradores que ora beneficiavam D. Pedro ora hostilizavam-no.

Na mesma linha de Armitage e de Varnhagen, Tobias Monteiro pensava: "A Assembleia forceja por mostrar que representando a soberania nacional em tudo lhe é lícito intervir".[156] Ainda segundo o historiador, a origem do mal, o embate entre o monarca e a Câmara, teria sido o duplo papel que cabia à Câmara: fazer a Constituição e, simultaneamente, ser Poder

---

153 ARMITAGE, John. História do Brasil. São Paulo: Martins, 1972.

154 Idem, p. 52-53.

155 VARNHAGEN, F. A. de, op. cit., p. 187-224.

156 MONTEIRO, Tobias, op. cit., p. 687.

Legislativo.[157] Por fim, vaticinou Monteiro: "realmente não passariam de vinte, entre noventa, as figuras de algum relevo e de limitada aptidão para tão grande obra".[158]

Em 1930, ocasião em que se planejava reunir a terceira Assembleia Constituinte brasileira, Tarquínio de Sousa procurou fazer um balanço do que foi a primeira Constituinte brasileira. Genericamente reconheceu que a mediocridade estaria presente em todas as Assembleias do mundo.[159] Entretanto, rebateu a afirmação de John Armitage de que apenas um pequeno grupo tinha se destacado na elaboração da Constituinte. Ao mesmo tempo, inverteu o sentido dado por Armitage, pois o que deveria ser observado era a fundamentação do pensamento dos constituintes, isto é, o seu desejo de elaborar uma Carta que respondesse aos anseios de liberdade, fruto da aspiração e sentimento populares. Tarquínio de Sousa não deixou de reconhecer, contudo, que as tarefas da Assembleia foram dificultadas por diversos fatores, tais como a amplitude do território e os vivos pendores democráticos do Norte, em contraposição às tendências do Sul. Todavia, invertendo a ordem, considerava a incultura do Imperador como mais um empecilho.[160]

Outro aspecto destacado por este historiador foi a distinção dos irmãos Andrada (José Bonifácio, Antônio Carlos Ribeiro de Andrada e Martim Francisco de Andrada). Para ele, Antônio Carlos Ribeiro de Andrada excetuava-se dos irmãos por ter sido um dos revolucionários de Pernambuco, em 1817. Todos eles, porém, repudiavam os princípios rousseaunianos. Tanto José Bonifácio quanto Antônio Carlos confiavam no constitucionalismo de D. Pedro, mas acreditavam que o Brasil só poderia se organizar e perdurar "com um Governo forte, sob a forma monárquica".[161] Finalizando, para Sousa o pomo da discórdia entre o Imperador e a Assembleia teria sido a forma de promulgação das leis, visto que o projeto aprovado tirava do Imperador essa prerrogativa, ou seja, a Câmara aprovaria sem a necessidade de aprovação do Imperador. Eliminava-se assim a sanção real.

Ainda no século XIX, por volta de 1863, 40 anos depois da dissolução da Assembleia, Francisco Ignácio Marcondes de Mello, o barão Homem de Mello, e Padre José de Alencar (o filho) travaram um profícuo debate sobre os trabalhos constituintes.

---

157 *Idem*, p. 708.

158 *Idem*, p. 719.

159 SOUSA, Octávio Tarquínio de. *A mentalidade da Constituinte*. Rio de Janeiro: Officinas Gráphicas Assembleia A. P. Barthel, 1931, p. 7-8.

160 *Idem*, p. 11-12.

161 *Idem*, p. 21.

Para Homem de Mello,[162] tanto Armitage quanto Varnhagen pintaram as cores dos acontecimentos com tintas desfavoráveis à Assembleia. Segundo o autor de *A Constituinte perante a história*, esta reuniu o que o país tinha de melhor, aqueles que em sua maioria estudaram em Portugal entre 1820-1822 e ali se haviam inspirado nas ideias constitucionais. Deslocando o foco para a polêmica central, Homem de Mello asseverava que o governo não estava acostumado com o controle por parte do órgão soberano, de sorte que o que se viu foi o embate entre novos e velhos hábitos, entre o novo e o velho regime. Segundo ele, "dissolvida embora a Constituinte, o triunfo da ideia constitucional estava obtido", o impulso dado à causa da liberdade estava consumado. Vaticinou ainda que a base da Constituição de 1824 estava no projeto apresentado em 1823.[163]

Ainda para Homem de Mello, o pomo da discórdia entre a Assembleia e o Imperador estava centrado em quem poderia promover acordos pela Nação. Não teria sido por acaso que o conflito final se originasse na discussão do envio de Caldeira Brant para a Inglaterra. Do mesmo modo, Mello indicou um segundo elemento para o debate: a incorporação de soldados portugueses ao Exército brasileiro. Ao ser consultada, a Assembleia recusara a solução apresentada pelo governo.[164]

Produzindo um discurso a partir da lógica do poder que ocupava, e em uma posição oposta às afirmações de Homem de Mello, padre José de Alencar, Conselheiro de Estado e escritor, se deteve mais nos fundamentos da dissolução do que propriamente no conteúdo do debate constitucional. Notava, com propriedade, que a Assembleia teria exorbitado em suas atribuições, pois desejava tudo controlar. Porém, o escritor assimilava o discurso elaborado por D. Pedro I (e depois reproduzido por homens como o visconde de Cairu) acerca da dissolução da Assembleia. Segundo o conselheiro, não fosse o ato do Imperador, graves calamidades teriam acontecido ao país. Da mesma forma, considerou o projeto elaborado pela Comissão de Constituição exagerado e inexequível.

Sustentando os argumentos de John Armitage, Alencar afirmou que faltava maturidade à Assembleia e que a mesma estava influenciada pelas revoluções francesa e americana. O escritor sustentou que o objetivo do projeto de Constituição era a criação de uma oligarquia parlamentar. Finalizando, afirmou que se D. Pedro I já tivesse inicialmente com a intenção de fechar a Assembleia, como queriam fazer crer alguns autores, por que ele teria

---

162 MELLO, Francisco Ignácio Homem de. "A Constituinte perante a história". In: SOBRINHO, Barbosa L. *et alli*. *A Constituinte*. Brasília: Senado Federal, 1977, p. 79-105.

163 *Idem*, p. 84-99.

164 *Diários da Assembleia Constituinte de 1823*, sessões de 29/08/1823, 30/08/1823, 15/09/1823, 20/09/1823.

esperado tanto? Teriam sido os acontecimentos, as extravagâncias, que teriam motivado o Imperador, atacado na sua pessoa, a tomar tal atitude.[165]

Segundo nosso entendimento, Homem de Mello atacou os pontos centrais no qual se deve sustentar qualquer debate sobre a Constituinte de 1823. A discussão sobre os conflitos envolvendo o Imperador e o Legislativo não foi se na Assembleia havia ou não homens preparados para a elaboração da Carta Constitucional. Uma leitura atenta do *Diário da Assembleia Constituinte* nos revela muito mais do que uns "vinte homens preparados". É preciso lembrar que grande parte dos principais líderes da Regência e do Segundo Império foi oriunda da Assembleia Constituinte. Homens forjados nos debates parlamentares na Assembleia Constituinte. Portanto, o que se deve ter em conta é a capacidade de formulação destes políticos e as propostas que eles traziam para a construção do Estado.

A tarefa que estava diante da Assembleia Constituinte era a de refazer o pacto político a partir de premissas que contemplassem novas relações entre o soberano e os cidadãos. Por outro lado, era preciso erguer um sistema mais condizente com o grupo que ora realizava a Independência. Entendemos que foi neste momento que se começava a constituir a classe senhorial. No entanto, para dar cabo do seu projeto, não bastaria apenas pensar na continuidade da estrutura burocrático-legal portuguesa. Era preciso desfazer os nexos legais. Dito de outra forma, estava-se rompendo com a moeda colonial no seu aspecto legal. Entretanto, no centro do problema havia dois modelos liberais colocados, que aprofundariam ou o papel do Imperador ou o da Câmara.

No entanto, a médio prazo, especificamente no período das Regências, como afirmaram Gladys Ribeiro, Iara Lis Souza e Ilmar Mattos,[166] teria havido uma releitura do processo de Independência, da liberdade e da revolução em outro contexto político e com outros objetivos.[167] Os elementos de permanência, ou melhor, de unidade da classe dominante foram a manutenção da escravidão e da unidade territorial do Brasil, o que seria conseguido mediante a continuidade da monarquia. Do mesmo modo, conforme ia se delineando e se concretizando a Independência, manteve-se a dependência do país à produção agroexportadora.

---

165 SOBRINHO, Barbosa L. *et alli*. *A Constituinte*. Brasília: Senado Federal, 1977, p. 106-146.

166 SOUZA, Iara Lis Carvalho. *Pátria coroada: o Brasil como corpo autônomo, 1780-1831*. São Paulo: Editora da Unesp, 1999; RIBEIRO, Gladys S. *A liberdade em construção...*, op. cit.; e MATTOS, Ilmar R. de. *O tempo Saquarema...*, op. cit.

167 É bastante profícuo o histórico texto de José Justiniano da Rocha "Ação, Reação e Transação". Cf. ROCHA, J. J. "Ação, Reação e Transação". In: MAGALHÃES Jr., R. *Três Panfletários do Segundo Reinado*. São Paulo: Companhia Editora Nacional, 1945, p. 127-217.

Nunca é demais lembrar que em 1823 a situação brasileira era delicada no concerto das nações.[168] Havia rumores sobre o fechamento da Assembleia Constituinte antes mesmo do estopim final causado pelo requerimento de David Pamplona Corte Real. Adolpho Varnhagen em diversos momentos cita os interesses de certos grupos próximos ao Imperador em confeccionar uma Carta moderada. Segundo o historiador, desde final de 1822 José Bonifácio vinha recebendo pressões do representante austríaco, o conde de Mareschal. O historiador não descartava o interesse do Ministro em propor um projeto, antes mesmo da instalação da Assembleia.[169] Oliveira Lima corroborou com as hipóteses de A. Varnhagen e diz que José Bonifácio não via homens capazes para a tarefa de elaboração de uma Constituição.[170]

Jornais de época, como o *Sentinela da Liberdade* – de Cipriano Barata –, e Frei Caneca indicavam que a notícia da possibilidade de fechamento da Constituinte já corria nas províncias.[171] Deve-se chamar a atenção porque o fato estava diretamente relacionado ao futuro reconhecimento do Império do Brasil por parte das nações europeias.

João Pandiá Calógeras alerta que o intricado processo de reconhecimento se iniciou em finais de 1822.[172] Segundo este historiador, D. Pedro a todo custo tentava influenciar a decisão da Áustria em reconhecer o Brasil.[173] No entanto o Imperador encontrou resistências, pois o soberano austríaco via com desconfianças o projeto imperial a ser seguido pelo

---

168 RIBEIRO, Gladys S. "Legalidade, legitimidade e soberania: o reconhecimento da Independência através do Tratado de Paz e Amizade entre Brasil e Portugal (29 de agosto de 1825)". 2º Seminário Regional do CEO (Centro de Estudos do Oitocentos), São João del Rei, MG, 2004.

169 VARNHAGEN, F. A. de. *História da Independência do Brasil até o reconhecimento pela antiga metrópole, compreendendo, separadamente, a dos sucessos ocorridos em algumas províncias até essa data*. São Paulo: Editora Melhoramentos, s/d., p. 180.

170 LIMA, Oliveira. *O Movimento da Independência 1821-1822*. 6ª ed. Rio de Janeiro: Topbooks, 1987, p. 308.

171 Cf. *Sentinela da Liberdade*, nº 09, de 03/05/1823; nº 47, de 13/09/1823; nº 48, de 17/09/1823; e nº 60, de 13/09/1823. Cf. CANECA, Frei. "Sobre os projetos despóticos do ministério do Rio de Janeiro". In: MELLO, Evaldo Cabral de. *Frei Joaquim do Amor Divino Caneca*. São Paulo: Editora 34, 2001, p. 190-220.

172 CALÓGERAS, João Pandiá. *A política exterior do Império II. O Primeiro Reinado. Contribuições para a biografia de D. Pedro I (parte 2ª)*. In: *Revista do Instituto Histórico e Geográfico Brasileiro*. Tomo especial. Brasília, 1989, especialmente o cap. 2.

173 ALEXANDRE, V. "A desagregação do Império: Portugal e o reconhecimento do Estado brasileiro (1824-1826)". Análise Social, Lisboa, v. 28, nº 121, p. 310-314.

Brasil. Isto dificultava qualquer perspectiva de reconhecimento, visto que existiam rumores de que, dentre outras propostas aventadas, haveria um projeto republicano de nação.

Calógeras ainda chama atenção para o fato de que o governo recém-instalado, preocupado em ser aceito no contexto internacional, deu garantias para as nações europeias de que no Brasil não se repetiria o que tinha ocorrido na América espanhola. Embora estas revelações sejam substantivas, é preciso notar que parte das percepções elaboradas são influenciadas pelo discurso produzido no processo posterior ao 7 de abril, em especial o oriundo da formulação de Varnhagen, que insistentemente desfechava severas críticas contra José Bonifácio, motivado por antigas rixas familiares.

Retomando o ponto central, temos que reconhecer que José de Alencar acertara ao indicar que a soberania pensada por grande parte dos constituintes se baseava em uma ideia oriunda de modelos experimentados na Europa. A Espanha era regida por uma Constituição liberal desde 1812. Do mesmo modo, em 1814, a França elaborara uma nova Constituição, mais próxima dos valores da burguesia ascendente. Já em 1822, havia sido aprovada a Carta portuguesa. O modelo espalhado pelos constituintes brasileiros, e depois reproduzido na Carta outorgada, era a junção dessas constituições.

A Constituinte foi o momento em que se esperava formular o pacto político. As províncias, que desde o início da colonização portuguesa foram mantidas em estado isolado, com a chegada da família real passaram a se relacionar. Cimentou-se o embrião da sua unidade. Com a coroação de D. Pedro, houve uma relação de proximidade, pois se tinha um centro de poder e um símbolo, mas faltava ainda cindir esta unidade e construir valores comuns. Para a grande maioria dos partícipes da Constituinte, tratava-se de formular os princípios de uma aliança ou pacto duradouro, que conviesse a *"todos"* os envolvidos. Tratava, pois, de discutir pontos quase irreconciliáveis, como a divisão dos poderes, o peso das províncias no concerto nacional e, principalmente, forjar uma equidade política conveniente aos mais variados grupos.

Essa unidade esbarrava em questões de difíceis soluções, a escravidão, que dizia respeito especificamente ao direito de propriedade, instituição intocável para a maioria dos constituintes, e, conforme afirmamos no capítulo 1, a inserção da maioria mulata e parda no sistema político. Outro aspecto que trazia intranquilidade era a incorporação dos direitos civis e políticos a amplas parcelas da população. Para muitos, tratava-se de expandir os direitos civis e os políticos para os detentores de propriedade. Este debate foi acirrado e tenso no interior da Constituinte. As discussões eram áridas e colocavam em risco a efetiva construção daquilo que se chamava imenso e poderoso Império na América do Sul.[174]

No aspecto geral, se a Constituinte fortaleceu a efetivação da Independência do Brasil, de outro lado possibilitou a reunião dos mais variados setores, o que de forma alguma foi uma questão menos importante e conturbada, pois se pretendeu disputar o controle político do Estado. Em ordem de prioridade, o primeiro elemento sobre o qual se devia discutir era a soberania.

A soberania e suas matrizes políticas

Na sessão preparatória para a instalação da Constituinte, o deputado padre Custódio Dias defendeu uma extensão dos poderes da Constituinte, aos moldes do estabelecido nas Cortes de Lisboa. Propunha que os poderes da Assembleia fossem ilimitados. Dava mostras de que a discussão em torno dos limites da Assembleia iria se prolongar por todo o trabalho Constituinte. Eleito pela Província de Minas Gerais, destacar-se-ia por suas posições a favor de uma soberania ilimitada da Câmara em face do Poder Executivo. Na polêmica em torno da Fala do Trono na sessão de abertura dos trabalhos constituintes, defendeu a ideia que competia somente à Assembleia o que seria ou não digno para o Brasil, pois os deputados seriam os "representantes do Povo". Embora entendendo que se deveria acabar com as divergências, o parlamentar não deixava passar qualquer ideia contrária ao fundamento da soberania que se alicerçava no Poder Legislativo: ao Imperador cabia entrar no contrato.[175]

Entretanto, as suas posições contrastavam com outra corrente de opinião mais próxima das posições defendidas pelo Imperador. O deputado José Antônio da Silva Maia, também representante de Minas Gerais, não deixou de reconhecer que a Assembleia era a Nação reunida, e o fundamento da soberania seria a aclamação do Imperador pelos povos. Baseava-se na aclamação dos povos, aos moldes do sistema português, onde a Assembleia deveria ouvir do Imperador as condições em que queria entrar no pacto social.

Note-se que Custódio Dias e Silva Maia são representantes de duas definições distintas. Para o primeiro, ao Imperador cabia somente entrar no contrato, como um cidadão. Para o segundo, ao Imperador cabia estabelecer quais as suas condições. Embora ambos os de-

---

174 LYRA, Maria de Lourdes V. *A utopia do poderoso Império. Portugal e Brasil: Bastidores da política. 1798-1822*. Rio de Janeiro: Sette Letras, 1994.

175 *Diários da Assembleia Constituinte de 1823*, sessão de 06/05/1823.

putados se colocassem a favor do contrato, eles divergiam quanto à forma de adesão. Uma primeira divergência, embora fosse central, dizia respeito à própria terminologia **contrato** e **pacto**. Para alguns, contrato seria um acordo tácito ou expresso entre a maioria dos indivíduos. Tratava-se de uma relação entre iguais, um ato de vontade ou necessidade diante da transformação do estado de natureza.

Segundo Rousseau, o contrato dar-se-ia mediante a confiança dos indivíduos uns nos outros. O contrato não existiria para criar o Estado, mas para garantir a liberdade. Os homens se reuniriam para defender as suas liberdades e se protegerem uns aos outros. Já a ideia de pacto diria respeito a uma relação para legitimação da ordem do poder, mostrando que se fundamentava no consenso dos indivíduos. Em sociedades onde a cultura política estivesse profundamente impregnada de motivos sagrados e teológicos, o termo pacto assumiria um sentido hierárquico, onde haveria de alguma forma a superioridade de uma das partes.[176]

Relacionando-se ainda à terminologia, dava-se conta da própria característica do contrato. O contrato, baseado na formulação de Althusius, seria concebido como um **pacto de associação** entre vários indivíduos, que ao decidirem viver juntos passariam do estado de natureza ao estado social.[177] Segundo Rousseau, no **contrato de associação** os homens estariam se subordinando à Vontade Geral e aceitando a autoridade da vontade geral; o cidadão não só passaria a pertencer a um corpo moral e coletivo como adquiriria a liberdade obedecendo a uma lei que prescrevesse para si mesmo.[178]

Por outro lado, haveria o **pacto por submissão**, aprofundado por Samuel Pufendorf, onde os homens instaurariam o poder político, ao qual se comprometeriam a obedecer. Neste sistema, encontrar-se-iam em situação de subordinação mediante uma relação de paternidade com o governante.[179]

No bojo dessa discussão estaria o fundamento de dois pensamentos políticos que, se não eram concorrenciais, pensavam a construção do contrato de forma distinta. Havia, portanto, uma formulação do contrato *"progressista"* e uma formulação *"conservadora"* ou *organicista*. Para a primeira, o pacto ou o contrato guiava-se pela norma e pela constru-

---

[176] BOBBIO, Norberto; MATTEUCCI, Nicola; e PASQUINO, Gianfranco. "Contratualismo". In: *Dicionário de Política*, op. cit., p. 272-283.

[177] *Idem*.

[178] ROUSSEAU, Jean Jacques. *Do Contrato Social*. 2ª ed. São Paulo: Abril Cultural, 1978. (Os Pensadores), p. XXI.

[179] BOBBIO, Norberto; MATTEUCCI, Nicola; e PASQUINO, Gianfranco. "Contratualismo". In: *Dicionário de Política*, op. cit., idem.

ção do novo. Segundo Robespierre, para os deputados cumprirem a sua missão legislativa seria preciso fazer "o contrário daquilo que existiu".[180] O contrato seria visto como a emancipação do homem. Tratava-se de assinalar uma ruptura total com o passado a partir da qual se pudesse construir o novo edifício político.

Os pensadores e políticos *organicistas* não tinham repugnância pela Constituição ou pelo contrato, eles os imaginavam como sendo um ponto de chegada e não de partida.[181] Antes do pacto ou da Constituição viriam as reformas. Por não acreditarem na elaboração da Constituição através do Parlamento, pois o choque de interesses impediria, defendiam, a exemplo dos prussianos, a elaboração do contrato pelo soberano, ajudado por uma burocracia.[182] A sociedade seria a soma das partes. Cada uma das partes cumpriria uma função peculiar na vida do todo. Haveria, da mesma forma, uma relação de compromisso entre o soberano e os súditos mediante juramentos mútuos. Fundamentavam as suas ideias no princípio de Constituição natural, que deveria ser aperfeiçoada pela Constituição escrita. A própria Constituição seria um "gérmem fecundo que asseguraria a continuidade orgânica entre a antiga e a nova constituição escrita, evitando rupturas na vida política do país".[183]

Em uma posição distinta das anteriores aparecia José Bonifácio, para quem a soberania do povo estaria diretamente ligada à defesa da liberdade mal entendida por aqueles que pretendiam instalar a desordem. De forma prática, relacionava a ação do governo a esta luta contra a anarquia e a desordem. A ação do Governo far-se-ia "para centralizar a união e prevenir as desordens que procedem de princípios revoltosos". A liberdade seria comparada a um "bálsamo da vida", que os *revoltosos* "só se serviam para indispor os encontros". Deslocando a discussão da polaridade entre Assembleia e Imperador, aparentemente aproximando-se da posição do deputado Dias, José Bonifácio propunha que se fizesse uma Carta digna dos próprios deputados. No entanto, distanciava-se do representante mineiro quando definia a liberdade como "aquela liberdade que faz a felicidade do Estado, e

---

180 *Apud* SILVA, Maria Beatriz Nizza da. *Silvestre Pinheiro Ferreira: Ideologia e Teoria*. Lisboa: Livraria Sá Costa Editora, 1975.

181 *Idem*, p. 105.

182 *Idem*, p. 101-102; e VARNHAGEN, F. A. de, *op. cit.*, p. 180; LIMA, Oliveira, *op. cit.*, p. 434; e CALÓGERAS, João Pandiá. *A política exterior do Império II. O Primeiro Reinado. Contribuições para a biografia de D. Pedro I (parte 2ª)*. In: *Revista do Instituto Histórico e Geográfico Brasileiro*. Tomo especial. Brasília, 1989.

183 Uma discussão similar foi elaborada por Gladys Ribeiro; cf. RIBEIRO, Gladys S. "Cidadania, liberdade e participação no processo de autonomização do Brasil e nos projetos de construção da identidade nacional"..., *op. cit.*

não a liberdade que dura momentos, e que é sempre a causa e o fim de terríveis desordens". Propunha uma linha de raciocínio de confronto de projetos, afirmava que a liberdade pensada pelos *amantes da desordem* levaria o Brasil aos patamares da América espanhola, um quadro de "desgraças". Na América

> Há 14 anos que se dilaceram os Povos, que tendo saído do Governo Monárquico pretendem estabelecer uma licenciosa liberdade; e depois de terem nadado em sangue, não são mais que vítimas da desordem, da pobreza e da miséria.

Alinhando o seu pensamento com as posições *organicistas*, fazia uma imediata ligação com a situação vivida pela França em finais do século XVIII. Lá, segundo o ainda Ministro, a posição extremada dos *amantes da desordem* teria espalhado os horrores. A Constituição pretendida por eles seria uma Carta passageira e "feita logo destruída", que retiraria do rei as suas prerrogativas. Terminou seu discurso dizendo que era defensor de uma Constituição monárquica e que dava ao Imperador o que realmente lhe pertencia.[184]

Se as posições do deputado José Bonifácio deslocaram o debate para projetos políticos e para *fazer crer* que havia uma proposta extemporânea, a posição do deputado e irmão de José Bonifácio, Andrada Machado, foi mais explícita no que tangia à formulação *organicista* da soberania.

> Há uma diferença entre povo e Nação, e se as palavras se confundem, a desordem nasce. Nação abrange o Soberano e os súditos; povo só compreende os súditos. O soberano é a razão social, coleção das razões individuais; o povo é o corpo que obedece à razão.[185]

Ainda segundo Andrada Machado, da confusão destes dois termos, da amalgamação infilosófica da soberania e povo, nasceria a desordem. As suas palavras localizavam bem a questão do centro do poder político. A Nação seria a soma de todos os indivíduos, inclusi-

---

184 *Diários da Assembleia Constituinte de 1823*, sessão de 06/05/1823.
185 *Idem*.

ve do monarca. No entanto, o soberano seria uma entidade *supra legem*,[186] ou seja, o soberano não seria limitado pela lei. O papel reservado ao povo seria o de obedecer, entrando em uma posição de submissão às leis e ao soberano.

O que Andrada Machado suscitou era de difícil resposta. Na discussão sobre anistia aos criminosos políticos, de autoria do deputado Martins Bastos, objetivando beneficiar os cidadãos presos por ocasião da devassa promovida por José Bonifácio, em finais de 1822. Naquela ocasião, Bonifácio teria promovido uma brutal perseguição aos seus adversários,[187] cassando e deportando políticos desafetos, como Joaquim Gonçalves Ledo, João Soares Lisboa, dentre outros.

Como era de se esperar, José Bonifácio não julgou urgente o projeto. Como Ministro de Estado, dizia que cabia a ele evitar que homens perversos e deslumbrados atentassem contra a segurança do Estado e contra a vontade geral dos Povos.

> O povo em numeroso concurso, e os procuradores das Províncias denunciaram certos homens como perturbadores da ordem estabelecida, e pediram que se procedessem à devassa para se conhecer da extensão dos seus crimes e de seus cúmplices.[188]

Na ânsia de defender a política implementada pelo seu irmão, Andrada Machado deslocou o debate para o ponto nevrálgico dos primeiros dias da Assembleia Constituinte: a soberania. A questão colocada pelo deputado era se estariam nas prerrogativas da Assembleia o poder de conceder anistia e se não se estaria invadindo o espaço de outros poderes, como o Judiciário e o Executivo.[189]

Segundo o deputado Henriques de Resende, alguns deputados arguiram que a Assembleia não tinha o poder de anistiar. Embora anunciando que votaria contra a matéria, Resende se colocava contrário à proposição de que só o Imperador poderia anistiar.

---

186 Segundo Nicola Matteucci, há um resquício do conceito de soberania da Idade Média que transpassa o Estado Moderno. Segundo o autor, ele se afirma pela necessidade que há de uma mediação política entre o rei e o súdito. Cf. BOBBIO, Norberto; MATTEUCCI, Nicola; e PASQUINO, Gianfranco. "Soberania". In: *Dicionário de Política, op. cit.*, p. 1.182.

187 LIMA, Oliveira, *op. cit.*, p. 439.

188 *Diários da Assembleia Constituinte de 1823*, sessão de 09/05/1823.

189 *Idem*, sessão de 21/05/1823.

> Eu ouvi na discussão de ontem um ilustre Deputado sustentar que só o Imperador, ou a Nação em massa pode perdoar, e conceder anistia. Em verdade só a Nação em massa tinha esse poder; mas isto era quando a Nação em massa tinha o direito de fazer a Lei, porque então só ela podia dispensar na Lei de que só ela era autora; mas hoje no adotado sistema de governos representativos, em que a nação nomeia os seus Representantes, e lhes delega o poder de fazer as Leis, delega-se por igual razão o poder de derrogá-las, anular, interpretar, ampliar, suspender, e dispensar: por isso claro fica, que esta assembleia tem o poder de conceder anistias.[190]

Resende fez uma elíptica e colocou como marca do debate a vontade geral e o fundamento da soberania. Sob este aspecto, é válido refletir as proposições sobre a soberania apresentadas por Andrada Machado e Henriques de Resende.

Para Andrada Machado, a soberania ou o ato de instituir anistia estaria reservado ao monarca porque seria uma atribuição meramente política e dizia respeito a crimes específicos. Dizia que anistias eram concedidas no fim das revoluções pelos vencedores para adoçar a sorte do vencido, cicatrizar, e não irritar as feridas. Acreditava, contudo, que a revolução não tinha acabado, "nem ainda começou". Portanto, anistiar seria incentivar estes homens, "demais são uns poucos de indivíduos, e muito poucos; não há risco de ferir profundamente a sensibilidade nacional".[191] Propunha como eixo as mesmas ideias-chave apresentadas por José Bonifácio (*discórdia* e *concórdia*), pois segundo ele a Assembleia não concentraria nem poderia concentrar todos os poderes,

> Visto existir antes de nós um poder, que até foi Órgão da nossa convocação, e cuja conservação junta com outras foi uma cláusula explícita do nosso mandato: este poder tinha, e deve ter atribuições, que parecem invadidas pelo Projeto de Anistia.

A seguir, argumentava que a questão em jogo era a real afirmação da autoridade do Governo e do Sistema. Para o parlamentar, ninguém duvida que um Governo novo precisa adquirir força moral,

---

190 *Idem*, sessão de 22/05/1823.

191 *Idem*, sessão de 21/05/1823.

Mas como se adquire ela? Por medidas enérgicas ou de fraqueza? Pelo desvio habitual das leis, ou pela firme aderência a elas? É um Governo fraco e injusto, quem ganha a afeição dos Povos, ou um forte e justo? A resposta a estas perguntas decide do fado da anistia.[192]

Andrada Machado objetivava angariar apoio à política promovida por Bonifácio, assim, ao argumentar contra a anistia e ao afirmar que a proposição apresentada por Martins Bastos invadia as atribuições dos Poderes Judiciário e Executivo, extrapolando as atribuições que levaram a Assembleia Constituinte a se reunir. Machado indicava que a vontade geral tinha limites, alinhava-se diretamente ao pensamento de Benjamin Constant, conforme demonstramos no capítulo 1.

Segundo o jurista francês, o princípio da soberania do povo, isto é, a supremacia da vontade geral sobre toda a vontade particular, teria causado males e crimes. Em nome da vontade geral apareceriam pretextos que davam uma força aparente às alegações daqueles que desejariam indicar outra frente para a autoridade do governo: "a lei não pode ser outra coisa senão a expressão da vontade de todos".[193] Embora reconhecendo que no mundo só haveria duas formas de poder: "uma ilegítima – a força; outra legítima – a vontade da maioria", para se entender a segunda, "ao mesmo tempo em que se reconhecem os direitos dessa vontade, isto é, a soberania do povo, seria necessário compreender sua natureza e determinar exatamente sua extensão", "se seus objetivos não são tão bem definidos, o triunfo da proposta poderia acarretar uma calamidade em sua aplicação".[194]

Ao atacar a "abstração" da proposição de Rousseau, Constant afirmava que esse "reconhecimento abstrato da soberania do povo não acrescenta nada na liberdade dos indivíduos e caso se lhe atribua uma dimensão ilimitada pode perder-se a liberdade". Estas ideias se aproximam da calamidade apontada por Machado, para quem, ao votar a favor da anistia, os parlamentares estariam extrapolando os limites da vontade geral.

Como solução para a não extrapolação dos poderes contidos na vontade geral, Constant propunha uma precaução, pois quando se afirmava que a soberania do povo era ilimitada se estava criando e introduzindo infelizmente na sociedade humana um grau de poder demasiado grande que por si constitui um mal indepen-

---

192 *Idem*, sessão de 22/05/1823.

193 Constant, Benjamin. *Princípios Políticos Constitucionais*. Rio de Janeiro: Liber Juris, 1989, p. 61; e
_____. "Princípios de Política". In: *Escritos de Política*. São Paulo: Martins Fontes, 2005.

194 *Idem*.

dentemente de quem o exerça. Para o pensador francês, "é ao grau de poder e não a seus detentores a que se deve acusar".[195] As ações dos homens que formularam a ideia de uma soberania ilimitada visavam atacar os detentores do poder e não o próprio poder, ou seja, deslocava-se o foco da instituição para os indivíduos. Neste sentido, Rousseau tinha, dentro da argumentação de Constant, deslocado o poder para a soberania do povo.

Constant não se colocava contrário à ideia de que a soberania estivesse no povo. Para ele, o que não poderia haver é a presença do poder no povo. Imaginava que o Poder Executivo e o Poder Moderador funcionariam como uma mediação entre a soberania e o poder. Assim como Silvestre Pinheiro Ferreira, pensava ainda em uma forma equilibrada de harmonia da soberania através da divisão dos poderes.[196] Contrapunha-se a Rousseau, que, pelo contrato e vontade geral, deslocara todo o poder para o Legislativo. Instigante nas suas proposições, Benjamin Constant, assim como outros pensadores liberais, indicava que, ao pensar a soberania, Rousseau se esquecera dos seus atributos. Segundo Constant, "procura-se proceder uma organização prática da autoridade", no entanto, "os atributos desaparecem".[197] Fundamentava-se na desigualdade formal dos homens. Segundo ele, embora se pudesse pensar em uma igualdade legal, formalmente haveria atributos individuais distintivos que a soberania ou a vontade geral não levariam em conta. A entrada no pacto já se daria de forma distintiva. Em uma inversão ao pensamento de Rousseau, Constant propunha que,

> Seja a ação que se executa em nome de todos, em favor de um ou de alguns, de bom grado ou à força, conclui-se que ao se dar um a todos não se é verdade que se dê a ninguém; ao contrário se dá aos que atuam em nome de todos. Daí, ao dar-se por inteiro, não se estabelece uma condição igual para todos, uma vez que alguns se aproveitam exclusivamente do sacrifício dos demais. Não é verdade que alguém tenha interesse em tornar onerosa a condição para os demais, uma vez que existem associados que estão fora da condição comum. Não é verdade que todos os associados adquirem os mesmos direitos que cedem; nem todos ganham o equiva-

---

195 *Idem*, p. 62-63.

196 *Apud* SILVA, Maria Beatriz Nizza da, *op. cit.*, p. 105-106.

197 CONSTANT, Benjamin. *Princípios Políticos Constitucionais...*, *op. cit.*, p. 65.

lente ao que perdem. O resultado do sacrifício é, ou pode ser a instituição de uma força que lhes tire o que têm.[198]

Ao partirmos desta afirmação de Benjamin Constant, não nos restam dúvidas quanto às afirmações apresentadas mais acima: de que no liberalismo pensado pela classe dominante imperial, tanto as qualidades quanto os direitos e os benefícios da liberdade seriam distintos. A constatação de que os homens não são iguais permitia a formulação de um projeto onde a inserção dos indivíduos se dava de maneira distinta. Portanto, não seria nenhum absurdo se pensar a sociedade em termos de censo eleitoral. Entretanto, esta leitura para os direitos naturais ou civis era feita em outro patamar.[199]

Outro elemento decisivo no pensamento de Constant, que foi incorporado pelo pensamento dos liberais brasileiros, diz respeito ao que representava a Nação. Tanto para o francês quanto para Silvestre Pinheiro Ferreira, a Nação só poderia ser dita soberana na medida em que desse origem a diversos poderes. A Nação era vista aqui como a soma de todos os indivíduos, que delegam o poder a diversos órgãos que agem em equilíbrio. Seria na divisão dos poderes que se daria a vontade geral e, consequentemente, a soberania.

Na outra ponta do debate no interior da Assembleia Constituinte aparecia a posição do deputado pernambucano Henriques de Resende, que faria um apanhado geral das condições pelas quais se entrava no pacto.

> Uma Nação só se constitui quando organiza o seu pacto social, no qual marca as condições debaixo das quais os homens cedem os seus originários direitos, e pelas quais se conhecem as vantagens, que eles terão dessa cessão.[200]

---

198 Idem. A inversão estaria naquilo que Rousseau afirmara: "Enfim, cada um dando-se a todos não se dá a ninguém e, não existindo um associado sobre o qual não se adquira o mesmo direito que se lhe cede sobre si mesmo, ganha-se o equivalente de tudo que se perde, e maior força para conservar o que se tem". Nessa premissa do autor, percebe-se que não há uma graduação ou distinção de indivíduos. Todos cederam a mesma parte e receberão a mesma proteção do Estado que fundaram. Neste contrato, não haveria uma subordinação. Cf. ROUSSEAU, Jean Jacques, op. cit., p. 31-34.

199 CONSTANT, Benjamin. "Reflexões sobre as Constituições e as garantias". In: *Escritos de Política*. São Paulo: Martins Fontes, 2005, p. 283.

200 Idem.

Segundo o parlamentar, quando os Povos aclamaram o Imperador, não foi para que ele governasse em absoluto: "os Brasileiros não querem ser escravos [...] Aclamaram o Imperador na implícita, e mesmo explícita condição de governar debaixo de uma Constituição". Indagava quem seriam aqueles que fariam a Carta Constitucional, imediatamente respondendo "A Assembleia Brasiliense é quem deve fazer esta Constituição". Endurecendo o seu discurso, reportava-se ainda ao argumento de que trazia o perigo da autoridade do Imperador,

> Pergunto pois, para que trouxe aqui o Nobre Deputado essa dúvida se o Imperador quereria ou não cumprir o Decreto de Anistia? [...] ademais isto é assustar a Assembleia e fazer recear a Autoridade do Imperador.[201]

Ao afirmar que os povos aclamaram o Imperador, Resende se aproximou do pensamento de Rousseau, que prescrevia que o Soberano nada era senão um ser coletivo, só podendo ser representado por si mesmo: "O poder pode transmitir-se, não, porém, a vontade".

Segundo Lourival Gomes Machado, comentador do *Contrato Social*, Rousseau estabeleceria aqui as condições para a delegação do poder, que poderiam ser resumidas em três aspectos: 1) pode-se transmitir o poder, nunca, porém, a vontade geral; 2) qualquer compromisso de submissão do povo, como tal, põe fim ao estado civil; e 3) presume-se que as ordens da autoridade estejam de acordo com a vontade geral, desde que esta silencie.[202]

Havia, portanto, uma fusão entre a vontade geral e a soberania,

> A soberania é indivisível pela mesma razão porque é inalienável, pois a vontade ou é geral, ou não o é; ou é a do corpo do povo, ou somente de uma parte. No primeiro caso, essa vontade declarada é um ato de soberania e faz lei, no segundo, não passa de uma vontade particular ou de um ato de magistratura, quando muito de um decreto.[203]

---

201 *Diários da Assembleia Constituinte de 1823*, sessão de 22/05/1823.

202 MACHADO, Lourival Gomes. "Apresentação". In: *Rousseau*. 2ª ed. São Paulo: Abril Cultural, 1978. (Os Pensadores), Nota 95, p. 43-44.

203 *Idem*, p. 44.

Em um passo seguinte, o autor genebrino indagava quais seriam os fundamentos da soberania dividida em diversas partes, como queriam aqueles que imaginaram a divisão dos poderes.

> Nossos políticos, porém, não podendo dividir a soberania em seu princípio, fazem-no em seu objeto. Dividem-na em força e vontade, em poder legislativo e poder executivo [...] confundem todas essas partes, e, outras vezes, separam-nas [...] mais ou menos assim fazem-se os passes de mágica de nossos políticos: depois de desmembrarem o corpo social, por uma sorte digna das feiras, reúnem as peças, não se sabe como.[204]

Embora admitindo a separação dos poderes, as atribuições do soberano em Rousseau eram bastante claras. O soberano teria uma função superior, que era a lei.[205] Diferentemente de seus críticos, seria do contrato social que emanaria a soberania; através de tácito acordo que o soberano seria proclamado pelo pacto social. O pacto social daria ao corpo político um poder absoluto. Seria este mesmo poder que, dirigido pela vontade geral, ganharia o nome de soberania.[206]

O que seria então um ato de soberania? Para Rousseau, diferentemente de um ato de submissão, tratava-se de um *pacto de associação*, que "não é uma convenção entre o superior e o inferior, mas uma convenção do corpo com cada um dos seus membros: convenção legítima por ter como base o contrato social".[207]

Retornando ao ponto defendido por Henriques de Resende, de que ao Soberano, isto é, a Assembleia Constituinte, caberia o direito de efetuar a anistia e a graça. Tomava-se emprestado novamente o pensamento de Rousseau,

> Quanto ao direito de conceder graça ou de isentar um culpado da pena estabelecida pela lei e pronunciada pelo juiz, só pertence àquele que esteja

---

204 *Idem*, p. 44-45.

205 "Examinando-se igualmente as outras divisões, ver-se-á que se incorre em erro todas as vezes que se crê estar a soberania dividida, pois os direitos, tomados por partes dessa soberania, subordinam-se todos a ela, e supõem sempre vontades supremas, às quais esses direitos só são execuções". *Ibid.*, p. 45.

206 *Idem*, p. 48.

207 *Idem*.

> acima do juiz e da lei, isto é, ao soberano; embora neste particular seu direito não seja muito nítido e muito raro os casos em que pode usá-lo.[208]

Embora a linha de raciocínio do deputado Henriques de Resende nos revele uma relação com Rousseau, ela não teve força numérica o suficiente para demover os seus contendores. A posição e a argumentação de Andrada Machado prevaleceriam momentaneamente.

Além de se contrapor ao pensamento político emanado de Rousseau, Machado estabeleceu um raciocínio que relacionava a conjuntura vivida na Assembleia e as suas prerrogativas. Argumentava que existiam ao menos três degraus na organização social: 1) indivíduos dispersos que se reuniam para que a força coletiva escudasse a fraqueza individual, "para este primeiro pacto é mister unanimidade; só é parte da nova sociedade quem quer"; 2) estabelecimento da forma de regimento da sociedade já formada, neste caso é preciso a pluralidade da nação e 3) a forma de governo. Aplicando estes princípios, a anistia para ser obrigatória deveria ser ato de quem legisla.

> Mas é a Assembleia a que legisla? Em nossa atual quadra, não estando ainda determinada a divisão do poder legislativo podia parecer que sim; mas por isso mesmo que tal ato pede participação de outro ramo da legislatura, é que não pode competir a esta Assembleia. É um ato ordinário próprio de um poder legislativo já determinado [...][209]

Andrada Machado saiu vencedor sobre a posição de Henriques de Resende, com 35 votos contra 17. A votação expressava uma ampla maioria de votos a favor de uma posição mais moderada. No entanto, como se verá a seguir, a relação de força se equilibraria no decorrer dos trabalhos legislativos. Esta votação expressava apenas um universo de 52 deputados, de um total de 84 que tomariam assento até novembro daquele ano. Mudaria a ponto de colocar em risco as posições alinhadas ao Imperador, motivando-o a fechar o primeiro Parlamento.

É verdade que em muitos dos pontos polêmicos as posições se diluíram. Entretanto, os momentos de divergências surgiam quando era invocado o perigo da "desordem". Ironicamente, a partir da saída dos Andrada do governo as suas posições tenderam a se apro-

---

208 *Idem*, p. 52.

209 *Diários da Assembleia Constituinte de 1823*, sessão de 22/05/1823.

ximar do grupo de oposição ministerial. Não parece, no entanto, que isto se deveu a uma mudança, mas sim a uma reformulação estratégica. As posições expressas por José Bonifácio e seus irmãos eram bem claras em relação ao grupo denominado *ultrademocrata*.

A posição de equilíbrio dos poderes, da centralidade da soberania no Imperador e na Assembleia, revelar-se-ia também na discussão do projeto de Abolição do Conselho dos Procuradores. Naquela ocasião, os debates se centravam nos mesmos pontos e reproduziam as mesmas posições políticas apresentadas. Colocar-se-iam frente a frente o deputado Andrada Machado e o deputado Custódio Dias; este último, da mesma forma que foi constrangido por ocasião da discussão do projeto de anistia, receberia idêntico tratamento.

Outro momento em que o debate sobre a soberania veio à tona, antes da discussão do projeto de Constituição, foi por ocasião da votação sobre a forma de promulgar as leis. Este debate consumiu os parlamentares. Pelo seu desfecho, em muito desagradou o Imperador. As discussões giraram em torno da soberania, porém a discussão recebeu outra variante: o sentido polissêmico da ideia de soberania.

Sobressaíam conceitos mais elaborados, como o apresentado pelo deputado Carneiro de Campos. Segundo ele, os constituintes não estavam fazendo uma Constituição de uma nação, que desconhecia a forma de governo. Segundo o parlamentar, antes da instalação da Assembleia o Brasil já havia determinado o exercício da soberania e se tinha adotado um sistema de governo. Nestes termos, não se podia dizer que a Assembleia estivesse revestida da plenitude da Soberania Nacional, uma vez que "nela não se achavam concentrados todos os Poderes Soberanos".[210] Campos alinhavou a ideia de nação com a de soberania. A nação teria se constituído quando se aclamou o Imperador. A Assembleia contida na pessoa do delegado primeiro da nação, e não o seu elemento fundante. Paralelamente, formulava-se um conceito que ligava a soberania à divisão dos poderes, pois, "a Soberania reside na nação somente, ela consiste na reunião de todos os Poderes, a Nação não delega senão o exercício deles".

Em um sentido contrário à corrente mais afeita à força do Legislativo, em detrimento dos outros poderes, Carneiro de Campos defendia que nenhuma instituição havia delegado aos deputados uma soberania plena: a nação "não nos delegou o exercício de todos, concedeu-nos simplesmente o exercício do Poder Legislativo".[211] E mais. Se se retirasse a autoridade do Imperador de sancionar a Lei – matéria constante no debate do artigo 3º do projeto sobre formas de sancionar as leis –, exceder-se-ia o Poder do

---

210 *Diários da Assembleia Constituinte de 1823*, sessão de 29/07/1823.

211 *Idem*.

Legislativo, alterando-se a forma de Governo. Entendia que uma das características do sistema misto de governo seria a capacidade de o monarca contrabalançar as resoluções do Poder Legislativo.[212] Indicava, assim, o futuro membro do Conselho de Estado e um dos redatores da Constituição de 1824, que havia uma posição intermediária que passava por um quarto poder.

Mas, a posição mais clara sobre esta matéria foi discutida pelo deputado França, para quem Soberania seria o "Direito que tem uma Nação qualquer de se constituir, e mudar a sua Constituição, como e quando lhe convier". Acrescentaria ainda que a definição guardava um segundo entendimento que significava "a relação, lugar de ordem, primazia, e preeminência e superioridade que guarda o Chefe da Nação a respeito dos seus Súditos". [grifo meu] qual grifo??!!.

Fundando o seu entendimento junto àquela corrente moderada, dizia:

> O Chefe da Nação é, pois denominado Soberano porque a Nação o colocou no mais alto posto de Hierarquia Política: a Assembleia é Soberana, enquanto reunida representa a Nação, e exercita um Direito Político exclusivo, que só ela tem, mas não pode por si mesmo exercitar.[213]

Passou então a fazer uma distinção entre a soberania da Assembleia e do soberano,

> Quando dizemos que uma Assembleia é Soberana, queremos dizer que exercita o Direito de Soberania da Nação, o Direito primitivo da Convenção das Sociedades o Direito de constituir salvos certos princípios: quando dizemos que o Chefe da Nação é Soberano, não significamos nisso a mesma ideia: é outra coisa o que queremos dizer; isto é, que é o superior de todos os indivíduos dessa Nação colocado por eles no mais alto posto da Hierarquia Civil: o termo Soberano, pois é homônimo; e não cumpre que a sua identidade identifique entre nós os diferentes significados, como sucede entre esses maus Políticos da escola do Despotismo, que querem julgar das causas pelos sinais, em lugar de avaliar os sinais pela realidade das causas que eles representam.[214]

---

212 *Idem.*

213 *Idem.*

214 *Idem.*

Fruto da nova conjuntura e expressando uma visão de poder mais "democrática", a chamada *corrente ministerial* saiu derrotada no confronto com o grupo defensor da limitação do poder do Imperador. Aquela foi a votação mais importante até então apresentada. O resultado indicava que o caminho do grupo ministerial poderia ser mais tortuoso. Para o grupo composto por Henriques de Resende e Custódio Dias, representava o indício da criação de um sistema em sintonia com a monarquia constitucional representativa. A se considerar a posição vencedora, era provável que a Assembleia Constituinte limitasse os poderes de D. Pedro I, instando um sistema político onde o Poder Legislativo daria a última palavra.

A votação indicou que a partir de julho daquele ano a correlação de forças na Assembleia se alterou. O embate entre as forças tornava instável a situação do Imperador e da política por ele desenvolvida. A vitória efêmera dos defensores da soberania popular impunha uma visão na qual D. Pedro I seria o chefe aclamado pelo povo e secundado pelos representantes da nação: os deputados. Evidenciava-se também uma mudança na correlação de forças na Assembleia, que a partir de então abria um conflito mais acirrado, o que em um futuro não muito distante motivaria as argumentações apresentadas pelo Imperador do perigo de anarquia contra a unidade nacional.

A posição vencedora movia o domínio do poder político para as mãos dos grandes proprietários "nacionais", representados na Assembleia por um forte grupo que, desejosos por tomarem o controle efetivo do aparato político, secundarizavam o papel do Imperador, "tratava-se de garantir que o poder ficasse nas mãos da elite brasileira, por intermédio do legislativo".[215]

Porém, esta decisão trazia embaraços, principalmente a médio prazo, pois se considerarmos que o reconhecimento do Brasil pelas potências europeias ainda era incerto, assunto que também caminhava em oposição aos interesses dos comerciantes de "grosso trato" e mercadores, desejosos por uma solução imediata do conflito envolvendo Brasil e Portugal.[216] A decisão era embaraçosa, pois qualquer solução que envolvesse as potências europeias que não passasse pelo reconhecimento total da autoridade do Imperador, como um direito soberano herdado, era tida como atitude radical e democrática. Pensar em um pacto efetivado a

---

215 LUSTOSA, Isabel. *As trapaças da sorte*: Ensaios de história e política e de história cultural. Belo Horizonte, MG: Editora da UFMG, 2004, p. 64-65.

216 Cf. ALEXANDRE, Valentim. *Os Sentidos do Império...*, op. cit.; CERVO, Amado Luiz e MAGALHÃES, J. C. de. *Depois das caravelas – As relações entre Portugal e Brasil 1808-2000*. Brasília: Editora da Universidade de Brasília, 2000; Ribeiro, Gladys S. "Legalidade, legitimidade e soberania: o reconhecimento da Independência através do Tratado de Paz e Amizade entre Brasil e Portugal (29 de agosto de 1825)". In: *2º Seminário Regional do CEO (Centro de Estudos do Oitocentos)*, São João del Rei, MG, 2004, no prelo.

partir da aceitação popular e que constrangesse o Imperador, impor-lhe restrições diante de uma "Assembleia popular",[217] era tido pela Santa Aliança como um embuste.

Nesse sentido, são instigantes as discussões de negociação para o reconhecimento do Brasil, promovidas pelos representantes brasileiros enviados para as diversas partes da Europa. Destaca-se essencialmente o caso austríaco, onde são narrados debates entre Antônio Telles e Metternich, ocorridos em 1824. A questão central da discussão objetivava o apoio do soberano à causa brasileira, porém, em face do cenário político interno brasileiro, o representante da Santa Aliança se mostrou incomodado. As conversações que se seguiram giraram em torno dos rumores do conteúdo da Constituição brasileira que, de acordo com o representante austríaco, era uma carta que incentivava a anarquia e opunha-se aos princípios da Santa Aliança, por incentivar o republicanismo. Do mesmo modo, o austríaco censurava os brasileiros por não conterem a anarquia popular que se instalava em solo americano, principalmente com as notícias de instabilidades no Norte do Império.

A decisão ainda criou instabilidade nas transações econômicas, visto que a discussão na Assembleia motivou reações militares em províncias como Rio Grande do Sul, Bahia, Pernambuco, Maranhão e Pará, que prejudicaram as relações comerciais interprovinciais e atlânticas, tanto em relação ao tráfico de escravos quanto de produtos de exportação.[218] Portanto, a posição adotada pela Assembleia interferiu em todo o sistema que se formava no Império do Brasil. Ao mesmo tempo, abria-se uma fenda política responsável por todas as demandas políticas em torno não só do poder político, como também com relação às questões populares e aos direitos do cidadão.

Além disso, havia o exercício dos direitos do cidadão através do direito de petição, o que se tornou o estopim para a crise final da Assembleia. Em 6 de maio de 1823, David Pamplona Corte Real encaminhou uma representação onde reclamava de uma agressão sofrida no dia 5 de novembro de 1823. Segundo Pamplona, o sargento-mor José Joaquim Januário Lapa e o capitão Zeferino Pimentel Moreira Freire acusavam-no de fazer publicar uma carta ofensiva aos militares portugueses do Exército Imperial, através do periódico *Sentinella da Liberdade à Beira mar da Praia Grande*. O requerente narrou ainda que os militares invadiram sua loja, situada no Largo da Carioca, ameaçando-o e, ao perceberem que aquela não era a pessoa procurada, os mesmos se retiraram.

---

217 CALÓGERAS, João Pandiá. *A política exterior do Império...*, op. cit. Chamo a atenção especificamente para o capítulo VI, p. 143-178, 150-151 e 155.

218 MATTOSO, Kátia M. de Queirós. *Bahia: século XIX...*, op. cit., p. 118.

A queixa de Pamplona causou espanto e comoção em muitos parlamentares. Tornou-se uma arma política para os membros da oposição. Imediatamente, Andrada Machado argumentou que a nação estava dividida em dois partidos: o "português" e o "brasileiro". Propôs que a Comissão de Justiça desse seu parecer sobre o assunto. O deputado Manuel Carneiro de Campos logo identificou a razão do problema: os excessos da liberdade de imprensa.

Em 8 de novembro foi lido o parecer. A comissão entendeu que o requerente deveria pedir providências às autoridades competentes. Entretanto, os deputados Andrada Machado, Ribeiro de Andrada e Montezuma ficaram contrariados. Eles entendiam que o caso era de uma gravidade sem precedente e que a Assembleia deveria se posicionar de maneira mais contundente.

Já naquela ocasião, as galerias da Assembleia estavam lotadas pela plateia que se avolumava para assistir aos debates. A polêmica causada pela representação de Corte Real fez aumentar a concorrência pelos espaços. Na sessão seguinte, onde seria apresentado o relatório sobre o caso, o número de populares era tão grande que as galerias ficaram abarrotadas. Desejoso em angariar o apoio da plateia, Andrada Machado defendeu o direito de os populares assistirem a sessão. Segundo ele, o povo tinha o direito de acompanhar as discussões de seus representantes. Propôs que os espaços entre os deputados fossem ocupados pelos cidadãos. Atitude que desagradaria outros tribunos.

Na discussão sobre o mérito da questão, Machado arguiu que o caso extrapolava as questões de Justiça e se tornava um ataque a todos os brasileiros. Foi incisivo em exigir que o governo apurasse o caso e, em se provando a agressão, que fossem os executores expulsos do Exército.

A situação causou uma consternação em toda a capital do Império. As tropas começaram a ficar insatisfeitas com o possível desfecho do caso. D. Pedro, já contrariado com as votações finais ocorridas na Assembleia, incitou ainda mais os soldados e autorizou que o Exército marchasse para as áreas centrais. Dizia ter sido atacado na sua honra. Imediatamente, Andrada Machado propôs que a Assembleia ficasse em sessão permanente e que se formasse uma comissão especial para analisar o decreto do Imperador autorizando a movimentação das tropas.[219]

Embora tentasse mostrar normalidade, prosseguindo-se com a votação dos artigos do projeto de Constituição, o clima já beirava o desespero. A agonia chegava ao fim. Naquele mesmo dia o Imperador encaminhou o Decreto de fechamento da Assembleia. No dia seguinte baixou um segundo decreto de dissolução arguindo que a Assembleia havia per-

---

219 *Diários da Assembleia Constituinte de 1823*, sessão de 11/11/1823.

jurado o seu juramento e posto em perigo a integridade do Império.[220] Ao proceder com o fechamento da Assembleia, D. Pedro I encerraria um capítulo do conflito.

A Constituição outorgada em 1824 criou uma aparência de normalidade que a realidade subjugava, visto pela própria resistência por parte dos pernambucanos[221] e pelas constantes ações nas ruas do Rio de Janeiro. Isto porque a árvore estava plantada. A Constituinte deixou latentes as expectativas em torno da discussão da natureza do poder político. Ela deu margem para a discussão de muitos pontos polêmicos, como a natureza dos tratados, os limites da representação legislativa, as reformas do Estado e os direitos dos cidadãos. Pontos que seriam retomados na reabertura da Assembleia Geral, em 1826.

O desfecho do conflito entre a Câmara dos Deputados e o Imperador: 1826-1831

A época representativa se iniciou realmente com a instalação da Assembleia Geral, em 1826. Na sua tradicional Fala do Trono, o Imperador lamentou que a reunião das casas não tivesse ocorrido na data prevista pela Constituição. Como uma forma de alerta, não por acaso, tocava primeiro no episódio do fechamento da Assembleia Constituinte como um fato conhecido de todos. Com o intuito de chamar para si o papel de conciliador, conclamou a harmonia da Câmara dos Deputados e do Senado, além da concordância entre estas e o Poder Moderador, como forma de consenso entre os poderes Legislativo e Executivo. Ainda destacou o quadro de sossego em que vivia o Império, à exceção da Cisplatina, o que fazia ao atacar a ação dos facinorosos rebeldes do país vizinho. Não deixou de falar do reconhecimento da Independência por parte de Portugal, sem tocar em nenhum dos itens assinados no acordo. Lamentaria ainda a morte de seu pai, o rei D. João VI, e a renúncia da Coroa daquele país em nome de sua filha D. Maria da Glória. Por fim, levantaria os desafios que a Assembleia teria pela frente, dentre eles a regulamentação das leis e a abolição dos instrumentos legais opostos à Constituição.

No ano de 1826, a Câmara dos Deputados seguiu seus trabalhos com moderação. Seja pela existência de um clima de consternação relacionado ao fechamento da Assembleia Constituinte, seja porque não havia um número suficiente de demandas que dessem con-

---

220 Decreto do Imperador de 12/11/1823. Leis do Império do Brasil 1822/1823. *Documentos para a História do Brasil*. Senado Federal, 2003.

221 CANECA, Frei Joaquim do Amor Divino. *O Typhis Pernambucano*. Brasília: Senado Federal, 1984.

dições para qualquer desavença. Do mesmo modo, eram poucas as informações da recém-iniciada guerra do Sul. Poucas o suficiente para não se criar um clima de repulsa e animosidade entre os tribunos. O mesmo ocorria com o tratado de Paz e Amizade, assinado entre o Brasil e Portugal, além do tratado de extinção do tráfico de escravos, acordado entre o Império do Brasil e a Inglaterra, esta que foi a mediadora do acordo entre brasileiros e lusitanos.

Ainda que a situação econômica e o orçamento não fossem dos melhores, estes não eram motivos suficientes para o governo sofrer reveses e colocá-lo em sérios problemas políticos. Porém, não tardaria para que o quadro se transformasse. À medida que os deputados iam cumprindo a indicação do Imperador de promover a reforma das instituições e derrubar os mecanismos opostos à Constituição, começava a amarração do Poder Executivo. Assim, se não havia um clima de disputa colocado, pelo menos as suas bases não se fizeram ausentes. A começar pelas personagens que adentravam o Parlamento.

Aos 42 anos, Lino Coutinho assumiu a cadeira de deputado pela província da Bahia. Era um conceituado médico formado em Montpellier. Foi deputado nas Cortes Constituintes Portuguesas, não sendo eleito para a Assembleia Constituinte do Brasil. Entretanto, adentraria o Parlamento em 1826. Curiosamente, ficou mais conhecido como médico do que como político. Isto se explica pela forte relação que manteve com a sociedade civil baiana. Através dele constatamos a apresentação de diversas petições e requerimentos de cidadãos soteropolitanos dos mais variados segmentos: proprietários, militares e funcionários públicos. O médico se destacou por suas posições arrojadas, foi o deputado mais atuante do primeiro ano daquela legislatura. Já na década de 1830, foi, juntamente com José Avelino Barbosa e o deputado Antônio Ferreira França, o primeiro diretor da Faculdade de Medicina da Bahia.

Lino Coutinho era um Ilustrado. Na sua biblioteca (composta por cerca de 150 livros) podiam ser encontradas edições em francês e português, distribuídas entre literatura, história e política. Dentre os pensadores políticos encontrados na sua estante constavam livros de Diderot, Bossuet, Benthan, Montesquieu, Rousseau, Mirabeau e Voltaire.[222] Portanto, a sua formação se originava no modelo francês e, não por acaso, era um dos mais eruditos oradores da Câmara dos Deputados.

---

222 CARVALHO, Kátia de. "Contribuição dos estudos históricos para o mapeamento da introdução da informação científica no Brasil". In: *VII Enancib – Encontro Nacional de Pesquisa em Ciência da Informação*. Salvador, BA: 28 a 31 de outubro de 2007.

Filho de português criado no Brasil, Bernardo Pereira de Vasconcelos pertencia a uma família tradicional de Ouro Preto. Ingressou na Universidade de Coimbra em 1813. Viu de perto a experiência política e intelectual dos anos de 1817, ocasião em que aconteceu a primeira tentativa de revolta liberal lusitana. Em 1820 retornaria ao Brasil, assumindo diversos cargos públicos de magistrado até ser eleito deputado, aos 26 anos, um dos mais jovens deputados da Câmara dos Deputados.[223] Ainda que sua atuação não fosse tão brilhante em 1826, aos poucos foi se tornando a principal voz da oposição a D. Pedro I. Marcante, sarcástico e ácido em suas falas, não poupou nenhum membro do ministério ou parlamentar que passasse em seu caminho. Pela sua liderança na Câmara, recebera a alcunha de "soberano".

A principal peça política de Vasconcelos foi a *Carta aos senhores eleitores da província de Minas Gerais*, a que já fizemos referência no capítulo 1. Até o ano da sua divulgação, Vasconcelos teve uma atuação firme, mas ainda não externalizava uma dura oposição ao governo. Foi a partir de alguns ataques desferidos por Jacinto Nogueira da Gama, senador por Minas Gerais, que o deputado mineiro assumiu-se como a principal voz da oposição.

Vasconcelos tinha como preocupação principal a moldura do sistema político imperial, e para tanto apresentou as principais propostas de reformas institucionais, dentre elas a Lei de Responsabilidade dos Ministros e o projeto de Código Criminal. Diferentemente de Lino Coutinho, era um assíduo simpatizante de autores moderados como Jeremy Benthan, em quem se inspirou para formular o projeto de Código.[224]

Outros deputados, embora conhecidos pela sua atuação política no processo de independência, também estreavam na tribuna. Foi o caso de Joaquim Gonçalves Ledo, Luís Augusto May e José Clemente Pereira. A despeito de suas marcantes presenças no passado, os dois primeiros tiveram uma atuação apagada e apareceram apenas em momentos esporádicos. Talvez isso se explique pelo clima político e condições em que assumiram. Ferozmente perseguidos por José Bonifácio, em 1822-23, retornaram à vida política em condições distintas e com a situação do país beirando o caos, em 1824.

Assim como Bernardo Pereira de Vasconcelos, José Clemente Pereira tivera uma atuação crescente no Parlamento. Aos 39 anos de idade e com uma relativa experiência política, juntamente com Januário da Cunha Barbosa foi um dos principais nomes do Senado da Câmara do Rio de Janeiro, nos anos de 1820-1822. Era português de nascimento. Sua influência foi decisiva no momento em que o gabinete de D. Pedro estava em uma situação

---

223 CARVALHO, José Murilo de (org.). *Bernardo Pereira de Vasconcelos*. São Paulo: Editora 34, 1999.
224 *Idem*, p. 15-17.

de crise, em 1827. Antes mesmo de assumir o assento de Ministro, chamou para si a defesa do governo. Em meados de 1828, ao lado de Teixeira de Gouvêa e Miguel Calmon du Pin, tornou-se o influente Ministro do Império, comandou a bancada de resistência até dezembro de 1829, quando a situação do governo já era periclitante.

As primeiras alterações surgiram em 1827, quando os deputados se viram bloqueados e paralisados pela falta de informações por parte do Poder Executivo e pela morosidade do Senado em tramitar seus projetos.

Junto com isto, as ações dos ministérios começaram a ser questionadas. Ainda em 1826, houve uma primeira grita contra algumas medidas do Ministro da Guerra em relação aos alistamentos.[225] Entretanto, a partir de 1827 saltavam aos olhos medidas impopulares de recrutamento. Finalmente começaram a aparecer os desastres no Sul do Império. A situação beirava a falência do Exército Imperial. O número das forças terrestres e marítimas nunca era suficiente para deter as forças das Províncias Unidas do Rio da Prata, a despeito de se avaliar que aquele era um país nanico, com um Exército de menos de um terço do brasileiro.

As sanhas pelo controle do aparato do Estado ressurgiam. De uma letargia momentânea, a Câmara dos Deputados se converteu no *lócus* para a defesa de um controle sobre o Poder Executivo, reavivando as antigas aspirações da Assembleia Constituinte. Com roupagem diferente, o centro da questão era o mesmo: a soberania da nação e o papel das instituições no concerto político.

O projeto de Lei de Responsabilidade dos Ministros e Conselheiros de Estado, considerado o "remédio" para todos os males, se converteu em motivo de lamúrias por parte considerável de tribunos. À medida que o Senado não o votava, a tensão entre as casas foi aumentando. Simultaneamente, crescia a insatisfação contra o governo, que não reprimia as ações das autoridades nas províncias, naquilo que os parlamentares consideravam ataques aos direitos individuais e à segurança dos cidadãos.

Para tornar mais difícil a posição do governo, outros dois problemas começaram a produzir estragos. A começar pela Guerra da Cisplatina, que trazia consequências graves paras as finanças, para a produção econômica do Império e para "liberdade, sangue e vida do cidadão".[226] Na discussão do orçamento, anunciava-se um rombo, que só seria coberto ou com a cobrança de impostos ou com novos pedidos de empréstimo. A primeira hipótese era recusada pelos deputados de Minas Gerais, Ceará, Bahia, Pará e Maranhão. Ao

---

225 *Anais da Câmara dos Deputados*, sessões de 26/05/1826, 16/06/1826, 13/07/1826 e 03/08/1826.
226 *Anais da Câmara dos Deputados*, sessão de 26/05/1826.

passo que a segunda proposta era apoiada apenas como meio paliativo, pois se temia o atrelamento maior do Império com a praça de Londres.

Outros problemas graves surgidos naquele ano foram as repercussões do tratado de Paz e Amizade, assinado entre o Brasil e Portugal, e o tratado de cessação do tráfico de escravos, acordado entre Brasil e Inglaterra. O primeiro provocou as primeiras críticas contra o governo que coincidiram com as dificuldades do tesouro em honrar seus compromissos e o rombo anunciado nas contas públicas. As primeiras insinuações de que a liberdade do Brasil foi comprada datam deste período. Soma-se a isto a insistência do governo em buscar reconhecimento da independência brasileira nas cortes estrangeiras, com a disseminação de legações por toda a Europa. Em muitas delas foram contratados representantes estrangeiros para ocupar os postos diplomáticos.

Quanto ao segundo ponto, o governo recebeu severas reprimendas, pois, para alguns, havia logrado os interesses da nação ao colocar em risco toda a economia do Império. Ainda neste ponto, era aventada a incapacidade de o governo se colocar de pé ou falar no mesmo tom com a Inglaterra, o que teria forçado o acordo. Na votação do parecer da Comissão de Diplomacia e Estatística, o deputado e membro da comissão Cunha Mattos assim apresentou o seu voto.

> A Convenção celebrada entre o Governo do Brasil e o britânico para a final abolição do comércio da escravatura, ou ela seja considerada desde a sua primordial proposição feita por Sir Charles Stuart, ou pelo Hon. Robert Gordon, é derrogatória da honra, interesse, dignidade, independência e soberania da nação brasileira.

A posição de Mattos propunha a autonomia do governo brasileiro em relação ao tema e principalmente aos interesses ingleses. Afirmava que deveria prevalecer a honra nacional, mesmo argumento utilizado pelo governo para manter uma guerra impopular no Sul do Império. A seguir, apresentava os pontos nos quais elencava as razões da desonra nacional, pois para ele o tratado assinado com os ingleses,

> Ataca a lei fundamental do Império quando o governo se atribui o direito de legislar, direito que só pode ser exercitado pela assembleia geral com a sanção do Imperador, sujeitando os súditos brasileiros aos tribunais e justiças inglesas, justiças e tribunais incompetentes e que nenhum

de nós conhece, privando aos mesmos súditos brasileiros de liberdade de resgatar o negociar em pretos escravos (escapados à morte) nos portos africanos, livres e independentes da Coroa de Portugal ou de outro potentado da Europa.

Continuava,

Ataca o comércio nacional porque, achando-se este já circunscrito a muitos poucos ramos em razão da abertura dos portos do Império a todas as nações do universo, e em consequência do tratado de 1810 feito com a Inglaterra e o que ultimamente foi celebrado com S. M. Cristianíssima, não podem os brasileiros entrar em concorrência com os estrangeiros que, tendo a seu favor a indústria fabril, abundância de marinheiros, uma acumulação de cabedais e o baixo preço dos fretes, excluem dos mercados em primeira mão ou paralisam o desenvolvimento das manufaturas do Brasil, sujeitando-nos por este modo a lei do mais forte e obrigando-nos a comprar aos estrangeiros, por gêneros sobrecarregados de Comissões, fretes, seguros, avarias e outras casualidades que sempre nos metem em linha de conta.

A esta altura, a argumentação de Cunha Mattos foi para defender os interesses comerciais brasileiros, que segundo ele foram prejudicados com a diminuição da taxa de importação, que beneficiou a entrada de produtos oriundos da Inglaterra. O parlamentar teceu uma crítica velada ao liberalismo econômico, que favorecia a principal potência comercial e estagnava a do Brasil. Por fim, a argumentação indicou o principal fundamento que causou mais protestos entre os proprietários: o atraso econômico do Brasil e a falta de mão de obra branca, pois,

É prematura, por não termos por hora no Império do Brasil uma massa de população tão forte que nos induza a rejeitar um imenso recrutamento de gente preta que pelo decurso do tempo e pela mistura de outras castas, chegaria ao estado de nos dar cidadãos ativos e intrépidos defensores da nossa pátria (...)

> Desaprovo portanto a Convenção feita com o governo britânico sobre a forçada abolição do comércio de escravo (forçada pelas ameaças de hostilidades no caso de oposição da nossa parte). Desaprovo a inconstitucional decretação do crime de pirataria, e todas as suas bárbaras consequências; declaro que o Governo Inglês a uma onerosa e degradante Convenção sobre nossos negócios internos, domésticos, puramente nacionais, e da única competência do livre e soberano poder legislativo, e do Augusto Chefe da Nação Brasileira. [grifos meus]227

Começava neste momento o desejo de setores no interior da Câmara em querer ratificar os tratados assinados, pois se entendia que este era o papel dos representantes da Nação: conhecer os seus interesses e zelar pela sua integridade. Além disso, a experiência vivida com os dois tratados assinados por D. Pedro dava mostra de fraqueza política no trato das coisas nacionais e em relação aos interesses dos proprietários brasileiros.

Se desde 1826 vinham ocorrendo articulações políticas que resultariam em grupos no interior da Câmara temporária, estas posições se materializavam pelo surgimento de jornais liberais e principalmente pela formação do núcleo partidário, identificado por Marcello Basile como os partidos "moderado", "exaltado" e "caramuru". Não se pode deixar de notar que o surgimento destes foi decisivo para a mudança do cenário político do Primeiro Reinado. No entanto, parece-me que o jogo político extrapolava a simples tipologia calcada na divisão entre liberais "exaltados", "moderados" e "caramurus". Já tivemos a oportunidade de mostrar que, ao mesmo tempo em que o Império se consolidava, novas frações de classe iam surgindo com interesses divergentes da política emanada da Corte, em especial os interesses relacionados à autonomia brasileira frente aos projetos ingleses para a porção Sul da América. Muitas vezes estas posições eram divergentes quanto à forma de adesão do Brasil ao sistema internacional que se formava. Entretanto, era quase consenso de que no primeiro momento o Brasil teria que buscar uma posição que lhe desse mobilidade para negociar com todas as nações. Assim, me parece que tanto estes projetos de Estado quanto os novos interesses regionais tiveram um peso decisivo para a determinação do jogo político na Corte.

As questões regionais e os interesses locais muitas vezes definiam as posições de um tribuno. É preciso observar o quanto os interesses econômicos locais eram afetados com a conjuntura econômica do Primeiro Reinado. A guerra e suas consequências, bem como a

---

227 *Anais da Câmara dos Deputados*, sessão de 02/07/1827.

intromissão inglesa nos assuntos nacionais. Para alguns setores, estes dois pontos diziam respeito a uma maior ou menor autonomia provincial, uma vez que diziam respeito à coleta de impostos e ao escoamento da produção para o mercado externo.

Assim, de um lado tinha-se um grupo próximo ao Imperador e ao ministério. Sem fazer uma defesa enfática do governo, procurava postergar as votações com pedidos de adiamento das matérias e desqualificar as indicações e os pedidos de informações ao governo. Na sessão de votação do primeiro orçamento, em 1827, a desarticulação era tanta que o Ministro da Fazenda, Marquês de Queluz, como já comentamos, passou por sérias dificuldades para ver aprovado o seu projeto. O mesmo ocorreu com o Ministro da Guerra, que não conseguia explicar a lei de fixação das forças terrestres. Do outro lado, um grupo liderado por Bernardo Pereira de Vasconcelos e Lino Coutinho, que ainda contava com a participação de Holanda Cavalcante, Paula e Sousa, Odorico Mendes e Custódio Dias, crescentemente conquistava novas posições.

Em 1826, Vasconcelos e Lino Coutinho, juntamente com Nicolau de Campos Vergueiro, ocuparam posto na principal comissão da Câmara: a comissão de Constituição, que dentre outras tarefas decidia sobre a constitucionalidade das matérias, o prosseguimento ou não de projetos regulamentares, a vigilância sobre a Constituição e a apresentação de parecer sobre requerimentos que lhe competisse. O quadro se repetiria em 1827, substituindo-se apenas o deputado Vergueiro por Lúcio Teixeira de Gouvêa. A presença nesta comissão aproximou Bernardo Pereira e Lino Coutinho, que se tratavam como "nobre deputado", "caro amigo" e "honrado deputado". De 1826 a 1831, em nenhuma ocasião os dois deputados estiveram em campos opostos. Raramente se contrariavam.

Os duros debates no ano de 1827, e o início da articulação do governo para impedir um avanço do Parlamento sobre a "autonomia" do Executivo, indicavam que os anos seguintes poderiam ser piores. As diversas queixas contra o ministério, instalado em janeiro de 1827, fizeram com que o governo promovesse mudanças, em novembro de 1827, quando a Assembleia Geral já se encontrava de recesso. Tomaram assento os deputados Pedro Araújo Lima, Teixeira de Gouvêa e Miguel Calmon Almeida, formando uma maioria de ministros deputados. Assim, o ano aparentemente terminava em um clima de tranquilidade. A base política do governo foi refeita, os três ministros que tomaram posse foram deputados na Constituinte e contavam com o respeito dos colegas.

O ano de 1828 prometia mais tranquilidade para o governo, uma vez que adquiriu potentes vozes para defendê-lo na Câmara. Deu início a uma ação mais articulada, consoante com o clima de efervescência. Mas, longe de viver o melhor dos tempos, as dificuldades logo começaram a aparecer. A guerra no Sul tomou proporções inimagináveis. Ainda que

Buenos Aires tivesse acenado para um acordo, o conflito não parava de produzir estragos nas costas brasileiras com ataques de corsários que prejudicavam o comércio brasileiro, em especial o relacionado ao comércio de escravos, um dos principais ramos executados pelos comerciantes de "grosso trato" do Rio de Janeiro. No Rio Grande do Sul a preocupação não era menor. A insegurança tomava os campos e áreas próximas às linhas da guerra. Com frequência os combatentes argentinos ou guerrilhas uruguaias invadiam propriedades, saqueando cidades e vilas ao longo da fronteira.

O Exército brasileiro não dava conta de tantas ações efetuadas e o clima na população era de desespero. Além disso, as péssimas condições da tropa nacional e as sucessivas deserções ajudavam a piorar o clima no cenário da guerra. Some-se a falta de pagamento do soldo da tropa, que em certas ocasiões atrasava mais de seis meses, o que levava muitos militares, especialmente os estrangeiros, a pensar em motins e revoltas contra os seus comandantes.

Ao abrir os trabalhos na Assembleia Geral, D. Pedro foi inábil. Além de citar o reconhecimento da independência brasileira por parte da Rússia e Saxônia, dizia que o único país a apresentar resistências ao reconhecimento era a Espanha, que notoriamente deixava de fazer por ter interesses na sucessão do trono português. D. Miguel disputava acirradamente o poder com a filha do Imperador brasileiro, D. Maria da Glória. As tentativas de D. Pedro para minar o avanço miguelista não obtinham êxito. Ainda na Fala do Trono, D. Pedro acentuaria o quadro de tranquilidade do Império e, por fim, tocava em um ponto explosivo, inadequado para o momento,

> Chamo outra vez a atenção das Câmaras sobre os negócios da fazenda, e justiça, que tanto recomendei na sessão próxima passada. As finanças e o crédito público receberam um benéfico impulso com a lei da fundação de dívida, mas ainda carecem de providências legislativas mui prontas, e eficazes, e que ponham em harmonia os diferentes ramos da sua administração. Não recebeu melhora alguma o poder judiciário, e é urgente que nesta sessão ele seja regulado, segundo os princípios da constituição do Império, a fim de que possamos ver julgar conforme os princípios constitucionais o que seguramente cooperará muito para que meus súditos, gozando dos bens, que a constituição lhes outorga por este poder, bendizendo o sistema, me ajudem a sustentá-lo.[228]

---

[228] "Fala do Trono de 1828". In: CALMON, Pedro (org.). *As falas do Trono*. Instituto Nacional do Livro/Ministério da Educação e Cultura, 1973.

Em uma fala iniciada com a conciliação, o Imperador trazia problemas para o centro do debate. Cobrava dos deputados aquilo que eles acreditavam terem feito, pois a Câmara tinha iniciado a votação de pontos da reforma da Justiça. Na economia, entendiam que tinham feito o possível para tirar o país da crise em que se encontrava, votando, a despeito de muitas oposições, a proposta de um empréstimo na praça de Londres, que poderia aliviar a situação "caótica" do orçamento.

A Fala do Trono imediatamente produziu resultados negativos. Começou uma longa batalha parlamentar, onde os detalhes determinariam os rumos do processo político. Nas primeiras sessões de 1828, o grupo liderado por Vasconcelos conseguiu impedir que os Ministros de Estado tomassem assento nas comissões, apesar das reclamações do Ministro Teixeira de Gouvêa e do então deputado José Clemente.

Sob a liderança de Bernardo Pereira de Vasconcelos a oposição obteve uma vitória incontestável. Impedia a ação do governo no nascedouro dos seus problemas, isto porque o parecer era a primeira etapa de um longo processo. A ausência de Ministros nas comissões impedia os principais porta-vozes de produzir relatórios paralelos, que tinham o mesmo peso de um parecer contrário ao governo. Mesmo porque a tentativa de derrubar pareceres sempre era mais desgastante do que propostas favoráveis àquelas, uma vez que exigiam mais articulação e mais oratória.[229]

A segunda ação desencadeada pela oposição no início dos trabalhos foi a resposta à Fala do Trono. Os deputados da oposição não pouparam o Imperador. Redigida por Gonçalves Ledo, a primeira versão produzida era quase uma declaração de guerra. Alguns mandatários alegaram que a comissão faltara com respeito com Sua Majestade.[230] Nogueira Gama atiçou os ânimos e Lino Coutinho dizia que a verdade para o trono não careceria de delicadeza e completava dizendo que os tratados ofendiam mais a Câmara dos Deputados do que o dito ao Imperador. Concluía que o ministério não deveria ratificar o tratado de extinção do comércio de escravos pressionado pela Inglaterra, requentando, desta forma, uma velha polêmica.[231]

Teixeira de Gouvêa, o principal representante do governo na Câmara dos Deputados, arguiu que nada na Constituição impedia o governo de assinar tratados e fechou com ironia, marcando o ponto central da polêmica do decênio: "seria um absurdo tornar a As-

---

[229] *Anais da Câmara dos Deputados*, sessão de 06/05/1828.

[230] *Anais da Câmara dos Deputados*, sessão de 10/05/1828.

[231] *Idem.*

sembleia um conselho",²³² referindo-se ao desejo inegável dos deputados da oposição em impor um sistema de gabinetes e de representação.

Gouvêa chamou para si a ira da oposição, que logo produziu comparações entre o chamado "Ministério Dos Marqueses" e o atual. Holanda Cavalcante, alinhado com os liberais "moderados", dizia poder perdoar o antigo ministério, pois agia por ignorância. Entretanto, dizia ele, era impossível se calar diante do que era cometido pelo atual, "quando o governo está duvidoso, deve ouvir a opinião pública",²³³ isto é, os seus representantes na Câmara dos Deputados. Na discussão da resposta à Fala do Trono, a oposição declarou a inviabilidade de um ministério recém-empossado.

A indicação, por parte do Imperador, de que a Espanha não reconhecera o Brasil como nação produziu outras desavenças, porque muitos representantes consideraram exageradas a importância e o peso que o soberano dava ao rei espanhol ou às nações europeias. Aproveitando as palavras do Imperador, de que o reconhecimento sofrera um *emperramento* por parte dos espanhóis, Souza França zombava:

> Acho que é mais significativa esta palavra, e até parece que é uma onomatopeia por causa dos rr – emperrados: emperrado (risadas no salão e nas galerias).²³⁴

Ainda sobre os tratados, Gonçalves Ledo faria um discurso consistente e duro contra os tratados, "vemos o Brasil duvidoso de sua existência política, receoso de seus destinos [...] procurando apadrinhamento ou mediação estrangeira [...]."²³⁵ Expressava uma dupla lamúria dos tribunos, que se ressentiam por não terem sido consultados e porque o Brasil assinava entendimentos que prejudicavam parte dos principais grupos econômicos, envolvidos no cultivo de importantes agriculturas e aqueles que traficavam almas para a América.

Ao jogar tanto peso no reconhecimento dos espanhóis, D. Pedro trazia novamente para o plenário da Câmara dos Deputados o problema dos tratados, agora repercutindo negativamente pelos pesados pagamentos que o Brasil teria que fazer e pela proximidade de um acordo com Buenos Aires. A guerra do Sul vinha à cena. A este respeito, alguns deputados

---

232 *Anais da Câmara dos Deputados*, sessão de 16/05/1828.

233 Idem.

234 *Anais da Câmara dos Deputados*, sessão de 12/05/1828.

235 Idem.

entendiam que a resposta à Fala do Trono deveria apresentar considerações mais duras contra os comandantes do conflito. Esta posição não encontrava acordo nem mesmo no interior da oposição. Muitos entendiam que não procedia qualquer discurso mais duro que pudesse causar mal-estar nos combatentes. As motivações para a guerra, isto é, a honra nacional se tornava uma retórica para qualquer um dos lados. Muito mais para o lado do governo, que dessa forma inibia o ímpeto oposicionista. A argumentação produzida pelo grupo ministerial era forte, anulando a tentativa de se aprovar alterações no texto redigido por Gonçalves Ledo, então favorável a palavras de estímulo e sem críticas ao governo.

Ao final das discussões da resposta à Fala do Trono o saldo entre governo e oposição estava equilibrado. Todavia, no transcorrer dos trabalhos parlamentares fatos novos continuavam a colocar o governo em uma situação delicada.

O capitão-mor e deputado Custódio José Dias,[236] que não deve ser confundido com José Custódio Dias,[237] retomaria os acontecimentos do Ceará, de 1826, quando 553 soldados morreram asfixiados no porão de um navio, para falar de uma situação semelhante noticiada pela imprensa. Segundo o tribuno, 113 soldados paraibanos teriam morrido quando vinham transportados para a Corte. Esta era mais uma comoção causada pelos esforços da guerra do Sul, pois aqueles soldados deveriam seguir para o Rio de Janeiro, rumando logo em seguida para o cenário do conflito. O deputado Dias usou um dos expedientes que mais irritavam o governo: o pedido de informação. Aparentemente inofensivo, este instrumento coagia o Executivo a se colocar. Obrigatoriamente, o pedido de informação era remetido a uma comissão, que dava o parecer a ser votado no plenário. Ou seja, a questão era politizada três vezes. A primeira na discussão do pedido de informação; a segunda para responder (se fosse aprovado o pedido em plenário); e a terceira quando a resposta retornava à Câmara.

Holanda Cavalcante aproveitou o momento para lançar críticas ao ministério e protestou contra a disposição de muitos em negligenciar a gravidade dos recrutamentos. Dizia ele que os deputados colocavam panos quentes: "nada de proteção ao ministério".[238]

Os recrutamentos forçados sempre angariaram oposição na Câmara. Mas vozes também se levantavam para criticar o excesso de provincianismo (e muitos deputados não se ruborizavam em defendê-lo). Segundo alegavam os partidários do governo, muitos

---

236 Capitão-mor, foi deputado por Minas Gerais nas legislaturas de 1826 e 1830.
237 Padre, foi um intenso militante da causa liberal, eleito deputado às Cortes Constituintes de Lisboa; para a Assembleia Constituinte de 1823; deputado entre 1826-1838, quando se tornou senador.
238 *Anais da Câmara dos Deputados*, sessão de 04/06/1828.

tribunos eram contrários ao alistamento em suas províncias, mas se omitiam quando o problema batia na localidade vizinha. Lino Coutinho alertava que o Ministro da Guerra anunciou a possível incorporação de cerca de 2 a 3 mil homens, e ainda que alguns deputados quisessem desviar a atenção para a crítica contra o provincianismo, a possibilidade de novos recrutamentos impunha uma defesa dos interesses regionais. Ferrenho defensor dos baianos, dava outra tônica às críticas dizendo que, ao contrário de dividir, o provincianismo congregava: "nascemos em um torrão de terra", dizia ele.[239]

Ele não deixava de ter razão. Assistia-se na Câmara uma articulação velada entre os representantes provinciais. Na discussão sobre alistamentos das tropas, embora a Bahia não fosse atingida, Lino Coutinho não se fez de rogado ao defender os interesses paraibanos e cearenses. Não podia negar o apoio recebido quando se discutiu, no ano anterior, o pagamento das indenizações dos baianos por ocasião da guerra de Independência, quando também foi defendido por Bernardo Pereira de Vasconcelos e outros tribunos. Na realidade, as questões provinciais traziam mais convergência do que fracionamento. A centralidade da Corte começava a fazer efeitos.

Deve-se prestar atenção que esta aliança e integração ocorriam contra a ânsia do Rio de Janeiro em drenar os recursos financeiros. Entretanto, de modo algum se pode compreender este impulso como uma ideia ampla de autonomia. Ao contrário, o que se reclamava era que as províncias deveriam contribuir e receber na proporção de seu peso. De outro lado, as palavras contra o provincianismo eram eficazes e sempre chamavam os líderes da Câmara dos Deputados à responsabilidade. Ao final, a ideia monárquica sempre diluía muitos interesses específicos.

Quanto aos recrutamentos, Teixeira de Gouvêa resolveu ganhar tempo. Fez duras críticas aos abusos cometidos nos recrutamentos e, ao final, concordou com o pedido de informação. Desarmava o deputado Dias e postergava as críticas, uma vez que o governo podia alegar segredo de guerra ou não ter informações mais precisas de imediato, uma vez que teria de encaminhar ofício para o Conselho Provincial da Paraíba.

Antes que os pontos centrais dos trabalhos parlamentares entrassem na pauta, a votação do orçamento e o relatório anual dos ministros, outros pedidos de informação atormentaram o governo. Assim, por conta do moroso processo de aplicação da lei dos juízes de paz, Bernardo Pereira de Vasconcelos tentou forçar o governo a se posicionar. Alegou que o Ministro da Justiça negligenciou a informação no seu Relatório e que não havia desculpas para tal. De simples pedido de informação, a indicação do representante mineiro se converteu em

---

239 *Idem.*

mais um motivo para confronto. Custódio Dias, um declarado republicano, diria "o hálito dos Ministros infecta as repartições".²⁴⁰ Após um conflituoso debate, Vasconcelos retirou o seu pedido de informações. Talvez já atingisse o seu objetivo inicial: esquentar o debate. Ou talvez guardasse munição para a discussão do orçamento e dos relatórios ministeriais.

Ao entrar em pauta, o parecer do orçamento foi usado como munição pela oposição. A comissão de Fazenda (Bernardo Pereira de Vasconcelos, Souza e França, Gonçalves Ledo, Paula e Souza e Rezende da Costa), que tinha a presença de pelo menos dois integrantes da oposição, não titubeou em criticar a qualidade do que foi apresentado. Contundente, elencou uma série de debilidades da proposta, dentre elas a inexistência de dados consistentes, a falta de informação por parte do governo para se poder votar a matéria e a ausência de um balanço geral das despesas. A comissão foi mais longe, ao comparar aquele material com os anteriormente produzidos. Segundo a comissão, o orçamento apresentado era inferior aos anteriores, que já tinham sido tachados de tímidos, incompletos e tacanhos. Por fim, não deixou de estocar o governo e o ministério, pois detectava a "míngua de talentos" e a "escassez de conhecimento".²⁴¹

A matéria se tornou uma peça-chave para se fazer oposição ao governo e tentar controlá-lo. Segundo entendiam alguns deputados, como foi o caso de Paula e Souza, era através do orçamento que se poderia garantir o funcionamento do sistema representativo, pois ele equilibrava os poderes, uma vez que o monarca necessitava recorrer aos representantes da nação para estabelecer os mecanismos de funcionamento da economia do Estado.²⁴² No mesmo sentido foi Bernardo Pereira de Vasconcelos, quando se valeu da retórica para arguir a importância da votação. Assim, como em outros momentos, dizia que o orçamento era "a garantia da liberdade dos cidadãos".²⁴³

A Guerra do Prata foi novamente invocada como um dos motivos da situação de penúria em que se encontrava o Estado. Se não podiam declaradamente se opor ao conflito, sob risco de se verem em desajuste com o sentimento nacional (o que poderia se entendido como um estímulo a deserções e rebeldia em relação aos recrutamentos), os deputados da oposição usavam o orçamento para atacar os rumos da guerra. Não poupavam o Ministro da Guerra e o comandante que atuava no conflito. Diziam eles que a guerra era um desastre pela discórdia dos comandantes. Isentava-se a Câmara dos Deputados, que havia votado tudo que

---

240 *Anais da Câmara dos Deputados*, sessão de 12/06/1828.

241 *Anais da Câmara dos Deputados*, sessão de 24/07/1828.

242 *Anais da Câmara dos Deputados*, sessões de 05/08/1828 e 08/08/1828.

243 *Idem*.

o governo pedira. Desta forma, jogavam a responsabilidade para o governo. Esquecendo-se que, em todas as matérias do conflito, os mesmos parlamentares colocavam desconfianças em relação ao governo e desgastavam ministros. Se no ano de 1826 foi prudente não falar da guerra, agora trombeteavam contra os rumos do conflito. Naturalmente que aquelas falas poderiam ser usadas contra os brasileiros no cenário da guerra e nos jornais da oposição. Poderiam também cair em publicações em Londres ou mesmo em Buenos Aires.

Agora resistiam em votar um plano de gastos para cobrir as despesas da guerra e o pagamento de soldados. Aludiam à falta de informação e à discordância em relação aos números. Entretanto, desejava-se tornar as coisas mais renhidas.[244] Paula e Souza e Bernardo Pereira de Vasconcelos chegaram a propor uma redução de 2/3 do que foi pedido pelo governo. Alegavam que era "preciso sustentar a honra nacional" e ao mesmo tempo viam a necessidade de se reduzir as despesas.[245] Ao final foram convencidos de que as suas proposições poderiam comprometer toda a política imperial. Como vinha ocorrendo em todo o processo político desde 1826, a Câmara dos Deputados decretou o apoio ao Ministro e à guerra, ainda que as resistências fossem maiores do que nos anos anteriores.

Nos meses subsequentes, passado o sufoco e a acirrada crítica em torno do orçamento, a situação do governo se normalizaria. Alterou-se apenas por ocasião da votação de um crédito suplementar ao orçamento, quando diversos tribunos criticaram-no, apresentando restrições ao que pedia o Ministro da Fazenda. Entretanto, o espírito de concórdia prevaleceu. Aprovou-se o crédito, mediante a condição de que o Ministro apresentasse as contas em um relatório mais detalhado dos gastos.[246]

Os três últimos anos do Primeiro Reinado foram marcados por grandes mudanças no cenário político. Parte do que se assistiu seria menos de responsabilidade do governo e mais do grupo liderado por Bernardo Pereira de Vasconcelos e Lino Coutinho.

As eleições para escolha dos representantes da nova legislatura, que se iniciaria em 1830, ocorreram no recesso parlamentar entre as sessões de 1828 e de 1829. Era de se imaginar que o governo pretendesse reverter as dificuldades políticas elegendo parlamentares menos radicais e mais afeitos às suas diretrizes. Não se pode desprezar, por exemplo, as ações neste sentido. Uma das mais importantes movimentações esteve relacionada à troca de presidentes de províncias. Entre 1827 e 1828, das 18 províncias do Império, 11 tiveram os seus presidentes alterados. Dentre as mais importantes localidades, a única que não sofreu

---

244 *Anais da Câmara dos Deputados*, sessões de 13/08/1828, 23/08/1828 e 25/08/1828.

245 *Idem*.

246 *Anais da Câmara dos Deputados*, sessão de 03/09/1828.

alteração foi a do Rio Grande do Sul, que foi poupada devido a sua instabilidade política e à presença da guerra na sua vizinhança. No mais, o governo não poupara esforços naqueles que seriam o seu principal representante nas localidades.

Entretanto, o resultado não saiu conforme o desejado, indicando uma tendência desfavorável às políticas então implementadas. O governo amargou uma derrota política irreparável. Ainda que a Câmara dos Deputados tenha se renovado em mais de 2/3, assistiu-se a eleição de velhas figuras políticas da Constituinte. Homens que foram expoentes na luta entre o Imperador e a Assembleia, como era o caso de José de Alencar, da província do Ceará; de Venâncio Henriques de Resende, de Pernambuco; de Martim Francisco Ribeiro de Andrada, agora eleito por Minas Gerais.

Outra figura central nas lutas políticas de 1822-1824 que assumiu um assento no Parlamento foi Gervásio Pires, importante vulto na vida política pernambucana. Além disso, assistiu-se a estreia de três futuros expoentes políticos da vida nacional: Antônio Pereira Rebouças, Evaristo da Veiga (este último já vinha se destacando no cenário político através do periódico *Aurora Fluminense*), e Honório Hermeto Carneiro Leão, eleito aos 29 anos de idade. O parlamentar descendia de uma influente família de homens de negócio fluminense. Nos anos subsequentes teria uma atuação decisiva na construção do Estado Imperial brasileiro, sobretudo a partir do Segundo Reinado. Destacando-se como um dos membros da tríade Saquarema, juntamente com Paulino Soares de Souza (Visconde do Uruguai) e Eusébio de Queirós.

A médio prazo significava a diminuição do grupo próximo ao Imperador e um enfraquecimento da política adotada por Clemente Pereira e Teixeira de Gouvêa. Nas primeiras sessões do Parlamento de 1829, a oposição não se cansou de tripudiar do resultado pífio conseguido pelo governo.[247] Acreditavam os oposicionistas que o resultado eleitoral lhes dera fôlego e força imediata. Ainda em 1829, tentariam impor derrotas ao governo. Porém, ao contrário disso, o que se notou foi uma ação mais articulada do governo. É que, ao forçar e radicalizar nos seus discursos e na sua movimentação, o grupo de Bernardo Pereira de Vasconcelos e Lino Coutinho solidificou aqueles agrupados ao redor de Clemente Pereira e Teixeira de Gouvêa.

Em alguns momentos de 1829 a oposição demonstrou que subestimara a capacidade de reação do governo. Errou a mão ao tentar infligir uma derrota a D. Pedro. A primeira ocasião ocorreu na resposta à Fala do Trono de 1829, quando o Imperador apresentou alguns pontos centrais, como a assinatura do tratado preliminar de paz entre o Império

---

247 *Anais da Câmara dos Deputados*, sessão de 10/06/1829.

do Brasil e as províncias unidas do Rio da Prata. Além disso, citou a situação política de instabilidade encontrada pela rainha de Portugal, D. Maria da Glória.

Discorreu também sobre a tranquilidade política do Império e apresentou como exceção a província de Pernambuco, que, segundo ele, vivera momentos de instabilidade na passagem de 1828 para 1829. Ainda de acordo com suas palavras, "um partido desorganizador" ousou, "a despeito de todas as considerações", levantar voz de rebelião. Posição inadmissível para o governo, "que foi obrigado a tomar medidas extraordinárias". Insistiu ainda em dizer que não admitiria tal situação, "Sempre farei com igual energia contra qualquer partido, que se arrojar ofender a forma do governo monárquico constitucional representativo". Complementava parte da Fala aludindo ao problema do abuso da liberdade de imprensa que se propagava "com notório escândalo", sendo urgente a Câmara reprimir tal mal.[248]

Por fim, tocou em pontos espinhosos e nevrálgicos para os parlamentares: a morosidade na solução dos problemas na área da Fazenda e na área da Justiça. Itens presentes desde a abertura da sessão de 1827, que mexiam com os brios da Câmara dos Deputados. Alfinetava então os parlamentares com estas palavras, por acreditarem os tribunos que as crises nas finanças e na Justiça se deviam à ineficácia do governo.

Na discussão da resposta à Fala do Trono, os parlamentares não pouparam palavras para tentar desgastar o governo e o Imperador. Durante quase todo o mês de maio, a resposta foi o centro das atenções. A situação ainda foi agravada porque o Imperador tocara no problema de Portugal, que coincidia com convocação extraordinária que a Câmara dos Deputados teve que cumprir, a partir de abril daquele ano.

A questão teve início na reunião do Conselho de Estado, em fevereiro de 1829, quando o Ministro dos Estrangeiros (o senador João Carlos Augusto de Oeynhausen e Marquês de Aracati) recebeu informações de Londres de que os emigrados portugueses, aglomerados em Plymouth, deveriam se retirar imediatamente. Segundo o relato do Ministro, um acordo entre a Grã-Bretanha, o governo brasileiro (tendo como representante o Marquês de Barbacena, em missão oficial do governo do Brasil) e o embaixador português estabeleceu que os ditos portugueses rumassem para o Brasil.

Depois de um debate acalorado no Conselho de Estado, quando os marqueses de Caravelas (José Joaquim Carneiro de Campos), Maricá (Mariano José Pereira da Fonseca) e São João da Palma (Francisco de Assis Mascarenhas) defenderam que se convocasse a Assembleia Geral, a posição por eles apresentada foi derrotada. Contudo, a última pala-

---

[248] "Fala do Trono de 1829". In: CALMON, Pedro (org.). *As falas do Trono*. Instituto Nacional do Livro/ Ministério da Educação e Cultura, 1973.

vra coube ao Imperador, que decidiu pela convocação da Assembleia. Porém, a notícia da chegada dos soldados não se confirmou e os emigrados só chegaram ao Brasil no segundo semestre daquele ano. Mas os rumores persistiam, chegando-se até à notícia de que uma tropa de soldados insurretos portugueses poderia estacionar no Rio de Janeiro.[249]

A questão central do problema estava na interferência de D. Pedro nos problemas portugueses. Tal situação incomodava os parlamentares da oposição e deixava os partidários do governo em uma situação delicada, que se refletia na política em geral.[250] Na discussão da resposta à Fala do Trono, Bernardo Pereira de Vasconcelos e Lino Coutinho foram duros nas críticas. Forçaram pela aprovação de uma resposta mais contundente e firme contra o ministério.[251] Ao final, temendo uma derrota, os dois recuaram. Aprovaram um texto menos crítico, que apenas alertava para a preocupação da Câmara dos Deputados com a normalidade constitucional.

Porém, a Fala do Trono abriu caminho para a discussão acerca dos acontecimentos em Pernambuco. Na sessão seguinte à Fala, Bernardo Pereira de Vasconcelos apresentou requerimento pedindo informações ao governo sobre os acontecimentos ocorridos naquela província. Na ocasião era-lhe informado que havia acontecido uma revolta liderada pelo advogado Inácio Ribeiro Roma, que contou com a participação da plebe e de "gente sem moral",[252] que espalhava panfletos contra o sistema constitucional e contra a monarquia. Segundo os relatos, o governador das armas, preocupado com a repercussão dos acontecimentos, logo se prestou a relatar o acontecido para a Corte. Ao chegar a notícia no Rio de Janeiro, em fevereiro de 1829, o Ministro da Guerra logo mandou instalar uma comissão militar e decretou, em seguida, a suspensão das garantias e direitos constitucionais, em especial aqueles ligados aos direitos individuais dos cidadãos, baseando-se na alínea 35 do art. 179 da Constituição.[253]

A resposta enviada pelo governo foi remetida para a Comissão de Constituição. Esta era composta pelos deputados José Antonio da Silva Maia (MG), Almeida Torres (MG) e Cunha Mattos (GO), e apresentou um relatório que isentava o Ministro do Império pelo ocorrido e acusava o Ministro da Guerra como responsável direto por aquilo que os tribunos consideravam como um ato arbitrário e inconstitucional. Nas sessões seguintes,

---

249 *Anais da Câmara dos Deputados*, sessão de 27/05/1829.

250 *Anais da Câmara dos Deputados*, sessão de 11/05/1829.

251 *Anais da Câmara dos Deputados*, sessão de 12/05/1829.

252 *Anais da Câmara dos Deputados*, sessão de 06/05/1829.

253 Idem.

oposição e governo trocaram intensas acusações. Embora a Comissão de Constituição indicasse a culpabilidade ao Ministro da Guerra, Bernardo Pereira de Vasconcelos e Lino Coutinho centraram suas falas contra o Ministro do Império e da Justiça, este último acusado de exagerar em suas ações.[254] Acusavam a comissão de não ter produzido aquilo que lhe cabia: localizar os responsáveis e apresentar um relatório a contento. Diziam ainda que a comissão foi tímida na sua constatação e isentou os artífices do governo, que pretendiam intimidar o povo. Ajuntavam para isto a fala do Imperador, que reclamou dos abusos da imprensa, mas que não tocou nos pasquins que atacaram parlamentares, porque eram partidários do governo. Arguiam ainda que acontecimentos na Bahia demonstravam o apoio aos absolutistas, visto pelos tribunos como uma tentativa orquestrada do governo em manipular a opinião pública e a sociedade no sentido de apresentar uma ameaça de republicanos aos sistema político.[255]

A questão central se movia para os principais membros do governo. Vasconcelos aproveitava e pedia a instauração de um processo de responsabilidade contra o Ministro da Justiça. Paralelamente, usava a ocasião para relacionar a derrota governamental nas urnas e a queda de popularidade do governo; como projetava as declaradas intenções de um sistema constitucional representativo, vinculando a existência de uma maioria parlamentar com gabinetes respectivos, pedia a renúncia do ministério.[256]

O debate ficou acirrado e tenso. Provocou uma cisão no interior da Câmara dos Deputados, o que só pode ser comparado à época da Assembleia Constituinte. Agora, de um lado se tinha nomes como Antônio Ferreira França (BA), José da Costa Carvalho (BA) e João Bráulio Muniz (MA). De outro lado, Clemente Pereira, mais os deputados Cunha Mattos (GO), Almeida Torres (MG), Silva Maia (MG) e Paula Cavalcante (PE). Estes partiram para o ataque e denunciavam aqueles de quererem desestabilizar o governo a todo custo. O objetivo dos discursos produzidos por Clemente Pereira e seus aliados era colocar Ferreira França, Costa Carvalho e seus aliados em uma situação delicada, forçando-os a se dizerem contrários ao governo e ao sistema representativo.

---

254 *Anais da Câmara dos Deputados*, sessão de 12/06/1829.

255 *Anais da Câmara dos Deputados*, sessão de 12/06/1829. Veja as sessões do mês de junho que estão repletas de falas neste sentido. Inclusive com o surgimento de um segundo pedido de instauração de crime de responsabilidade.

256 *Anais da Câmara dos Deputados*, sessão de 10/06/1829. A fala de Lino Coutinho na sessão de 20/06 é exemplar desta proposta, quando ele se dizia convencido da necessidade de os ministros saírem do interior da Câmara dos Deputados.

Em uma posição intermediária, encontravam-se nomes como Diogo Feijó, que procuravam contemporizar uma situação irreconciliável. Diante do impasse e da ânsia da oposição, muitos indecisos, temendo um desfecho irreparável, rumaram para o lado do governo.

O resultado desta disputa foi o contrário do pretendido por Bernardo Pereira de Vasconcelos e Lino Coutinho. O governo bateu a proposta de instauração do processo por 41 a 29. Foi decisiva para o processo a ausência de 15 tribunos. Expressava, acima de tudo, a ideia de que a oposição havia forçado a mão, fazendo com que o grupo mais independente ou se ausentasse ou votasse com o governo. A partir daquele momento, a oposição amargou seguidas derrotas. Foi o caso da tentativa de se instaurar um processo contra o Ministro do Império, quando foram novamente derrotados, agora na fase inicial da discussão.[257]

O governo, percebendo a mudança da maré, logo começou a articular a sua base política. No final daquele ano renovou novamente o ministério. Aquele seria o quarto gabinete em menos de quatro anos. Saíam do governo Teixeira de Gouvêa e Clemente Pereira. Entravam Caravelas (José Joaquim Carneiro de Campos), Miguel Calmon e Barbacena (Felisberto Caldeira Brant). Se tudo indicava que o governo viveria momento de tranquilidade, a sorte novamente mudaria em breve.

Os ataques contra a imprensa passaram a ser constantes. Davam margem para a oposição denunciar e criavam um clima de consternação pública. Deputados, como Odorico Mendes e Custódio Dias, trombeteavam a virulência do governo. Outro problema era a intromissão de D. Pedro na disputa pelo trono português, o que aumentava a suspeita de uma possível reunificação dos tronos brasileiro e lusitano. As repercussões da guerra civil e as disputas em terras portuguesas começaram a ter um impacto negativo na vida política brasileira.

Já citamos a intromissão do Marquês de Barbacena naquele conflito. Ainda em 1829, o governo tentou aprovar a continuidade do pagamento para os portugueses. Já nas primeiras sessões aparecera, em jornais londrinos, que o dinheiro vinha sendo desviado para a manutenção dos emigrados em Plymouth e para o pagamento de atingidos na guerra de independência brasileira aliados dos rebeldes.[258] O Ministro da Fazenda se comprometeu no orçamento a continuar o pagamento, isto é, mantinha-se a intervenção brasileira nos assuntos portugueses, questão tão criticada pela oposição. Portanto, no momento em que o governo conseguia se articular de uma forma mais sólida, novamente os seus problemas ganhavam amplitude no interior da Câmara.

---

257 *Anais da Câmara dos Deputados*, sessão de 20/06/1829.

258 *Anais da Câmara dos Deputados*, sessão de 10/05/1829.

No entanto, estes assuntos não foram tão impactantes a ponto de provocar um abalo político, e o governo conseguiu atravessar o restante do ano sem grandes dificuldades. As grandes alterações vieram a partir do final daquele ano. Como já dissemos, o governo promoveu uma readequação no ministério, procurando situá-lo em uma posição mais conciliatória. A entrada de Felisberto Caldeira Brant, o Marquês de Barbacena, no ministério ajudou a acalmar os ânimos. Nascido em Minas Gerais, era um hábil negociador e foi um dos principais nomes no processo de articulação do acordo entre Brasil e Portugal. Nos bastidores, era apoiado pelo seu velho amigo José Bonifácio, que recém-chegado do exílio não deixou a política de lado. Discreto, desde seu regresso, em 1829, Bonifácio não despertava furores políticos, apostando na atuação de seu irmão Antonio Carlos Ribeiro de Andrada.

A entrada de Barbacena no governo era contrastada com o chamado "Ministério Secreto", que tinha na figura de Clemente Pereira a sua principal personalidade. Brant procuraria diminuir a influência deste grupo e tornar mais transparentes as ações do governo. Como primeira medida, decidiu que todas as decisões ministeriais dar-se-iam através do conselho de ministros. Aproximava-se dos deputados e assumia um tom conciliatório, objetivava aproximar o Executivo e Legislativo.[259] Dessa forma pretendia diminuir o ímpeto de Bernardo Pereira de Vasconcelos e Lino Coutinho. Porém, por mais que pudesse neutralizar as ações da oposição, não conseguiu conter as disputas no interior do governo, mesmo porque se tornou uma peça da intriga, por conta de sua relação com José Bonifácio, que ao mesmo tempo em que era vantajosa para esfriar os ânimos da oposição, minava-o dentro do próprio governo. Muitos o viam com suspeição. Em março de 1831, quando a crise política já havia assumido um tom de ingovernabilidade, D. Pedro o defenestraria do poder. Procedia-se mais uma troca ministerial.

Voltavam à cena política velhos nomes próximos ao Imperador. Longe de simbolizar um estrangeirismo no interior do governo, este ministério significou o isolamento crescente de D. Pedro em relação ao grupo por ele articulado na Câmara dos Deputados. Barbacena se converteu à oposição. É possível que sua defenestração do governo tenha causado a movimentação de outros parlamentares, o que aumentava numericamente o grupo de adversários do governo. O quadro político era tão delicado que o Senado, ainda em 1830, demoveu-se da principal arma que se valia contra a Câmara dos Deputados. Rendeu-se e passou a admitir a reunião das duas casas, o que enfraqueceu ainda mais a posição do Imperador, que não mais contava com aquele anteparo político.

---

259 MONTEIRO, Tobias. *História do Império: o Primeiro Reinado*. São Paulo: Edusp, 1982, vol. 2.

Ao apagar das luzes de 1830 e início de 1831, não era mais possível conter a aproximação entre o Parlamento e o povo nas ruas. As manifestações contrárias ao governo se unificaram. De um lado, o laço nacional influenciado por uma nova releitura da liberdade,[260] que havia se fixado na Câmara dos Deputados desde 1826. De outro, o imaginário de que o Imperador não mais representava as aspirações da autonomia proposta em 1822.[261] Mais do que o Parlamento, as ruas passariam a dar a tônica dos acontecimentos. Era a manifestação de que realmente a soberania ou a representação da nação estava se alterando. A opinião pública se fundia em torno de uma nova interpretação acerca da liberdade. Momentaneamente, e ao contrário de 1823, a Câmara dos Deputados curvou o Imperador e o trono. Vencia a disputa iniciada em 1827, sem contudo superar os impasses nela contidos.

Embora a Câmara dos Deputados tenha levantado o edifício institucional, seria preciso mais do que discursos de oposição e mais uma ação em torno da política de unidade, que não mais passava pela crítica ao governo. Temporariamente, o governo seria repartido entre a Câmara dos Deputados e o Senado, com uma forte dose de sistema parlamentar representativo, que só vingou uma década depois.

Durante toda a disputa entre Câmara dos Deputados e Senado ou entre a Câmara e o Imperador, o cidadão não foi expectador passivo. Ao contrário, soube aproveitar do cisma político e procurou fazer avançar os seus direitos. É quase impossível citar a crise política e não se falar das garantias constitucionais, das liberdades civis e políticas, dos direitos naturais e do cidadão. O contrário também é verdadeiro. É quase impossível falar de direitos do cidadão e não se falar em crise política no decênio 1822-1831. Os dois fazem parte da construção dos primeiros passos do edifício institucional do Estado Imperial. Juntos demonstravam uma atitude ativa dos indivíduos para a afirmação e definição dos limites entre o cotidiano e o formal.

---

260 RIBEIRO, Gladys S. *A liberdade em construção...*, op. cit., p. 269.
261 SOUZA, Iara Lis Carvalho. *Pátria coroada...*, op. cit., p. 203.

Capítulo III

Ao "Soberano Congresso": novos espaços políticos e os direitos do cidadão

CAPÍTULO III

Detivemo-nos em dois aspectos nos capítulos anteriores. No primeiro capítulo analisamos o processo constitucionalista, na passagem entre o mundo luso-brasileiro e a emancipação brasileira. Destacou-se que o desenvolvimento do liberalismo no Império luso-brasileiro foi responsável pelo surgimento de novas concepções de sociedade e de poder. Ao mesmo tempo, fomentou-se a crença de que a Constituição seria capaz de remodelar a sociedade de modo a produzir um novo ordenamento político, criando-se as condições para a divisão dos poderes políticos aos moldes do pensamento Ilustrado.

Tanto em Portugal quanto no Brasil, a revolução portuense marcou o nascimento de um novo vocabulário político. No caso brasileiro, o processo ocasionou um crescente desejo pela afirmação da autonomia política em relação à antiga metrópole, que muitas vezes era expresso como o desejo de liberdade. Esses valores eram irradiados para os indivíduos agora denominados cidadãos, proporcionando uma tomada de consciência quanto à possibilidade de alargamento de direitos e um novo modo de se ver a relação entre o cidadão e a sociedade.

A liberdade assumiu uma conotação polissêmica e conflitante entre os diversos atores sociais, produzindo entendimentos de que o cidadão (possuidor de direitos) poderia intervir nas coisas da política, no destino comum e nos rumos da Nação. As novas concepções disputavam espaço com o passado recente, forjando uma ambiguidade entre o velho e o novo.

No segundo capítulo, afirmou-se que as primeiras ações no sentido de se consolidar a autonomia brasileira foram as de se confeccionar uma Carta política que desse as feições institucionais ao recém-fundado Império do Brasil. Sob esta égide se reunira, a partir de maio de 1823, a Assembleia Constituinte brasileira.

Os anseios em reformar as instituições e de se estabelecer um Império liberal (onde a representação política sobressaísse em relação à antiga tradição) foram marcantes, capazes de se manter vivos depois do fechamento abrupto da Constituinte. Ao mesmo tempo, eles se transformavam nos combustíveis para o confronto entre o Imperador e setores assentados no interior da primeira Assembleia Geral e no Parlamento que se instalaria a partir de 1826.

Para além de um movimento que se descortinava nas esferas superiores da sociedade, houve um bulício na "sociedade civil" que por ações diretas e de revoltas procurava uma forma de reivindicar a autonomia e a liberdade. Porém, esta era apenas uma das formas de manifestação propagada pelos setores que não pertenciam às camadas dominantes da sociedade.

O presente capítulo visa discutir o papel ativo e participativo de setores sociais que se encontravam fora da sociedade política, ou pelo menos mais distante dela. Através de petições encaminhadas ao Parlamento, poderemos observar o modo como viam o Estado, o cotidiano e de que forma se enquadrava o conjunto de transformações que se operavam na sociedade. Frutos de iniciativas voluntárias, poderemos vislumbrar suas visões de mundo e os interesses por eles emanados. De certa forma, pode-se dizer que o movimento deflagrado a partir da Assembleia Constituinte se constituiu em um viés do processo da construção do Estado Imperial brasileiro e, principalmente, em outra forma de manifestação das concepções de cidadania no Primeiro Reinado.

O sentido de processo deve ser compreendido como o de um longo caminho que, com múltiplas alternativas políticas (concorrentes, complementares ou suplementares), permitem tensionar a cena política, produzindo enquadramentos e alianças, pois, embora estas alternativas nem sempre fossem dominantes ou hegemônicas, elas foram apresentadas e se configuraram como propostas de participação.

Pretende-se mostrar que o processo desencadeado a partir da proclamação da Independência e o Constitucionalismo criaram a perspectiva da intervenção do cidadão nas coisas públicas. Os discursos de liberdade, autonomia e de igualdade ganhavam as ruas e os sentimentos de muitos cidadãos que, diante das situações de opressão, injustiça ou pelo simples desejo de participar, fizeram emergir um horizonte de expectativas que transpunha a restrita esfera das camadas dominantes, chegando aos diversos setores da sociedade.

Diante deste quadro, pode-se afirmar que as petições expressavam uma leitura acurada dos cidadãos em relação à realidade política da época e, ao reivindicar, os cidadãos procuravam alargar os seus direitos.

O mecanismo peticionário ressignificado

Desde o século XIII, constata-se o envio de petições às Cortes portuguesas. Elas compunham um dos aspectos da ritualização do poder do soberano, que disseminava uma imagem centrada na representação da Justiça e da Lei. O Rei era visto como fonte de Justiça, zelador das qualidades passíveis de honras e de mercês.[1] O monarca era visto como "pai misericordioso".[2]

Segundo José Mattoso,[3] as primeiras Cortes são datadas de 1253. Nelas, cada localidade (por intermédio de quem detinha o poder) procurava assegurar a manutenção dos equilíbrios sociais e econômicos e as relações hierárquicas. Era a ocasião em que o Rei tomava conhecimento das demandas apresentadas pelos seus súditos. Para além de legitimar o poder do soberano perante o conjunto da sociedade, as Cortes tinham um caráter ligado à Justiça, assumindo um duplo papel: o de fonte legislativa e reparadora de Justiça.

No entanto, o expediente de reunião das Cortes deixou de ser seguido a partir do reinado de D. João V. Mesmo durante a Guerra de Sucessão espanhola, quando novos tributos foram criados, alegou-se urgência nas decisões para que fosse dispensada a sua convocação. Por outro lado, a chegada maciça do ouro do Brasil conferiu ao monarca certas facilidades políticas e financeiras, ampliando sua autonomia em relação à tradicional *consulta aos povos*.[4]

Embora não tenha deixado de existir, pois era comum os súditos encaminharem suas pretensões ao soberano, o mecanismo das petições assumiu outro caráter. Já por volta de 1653, as petições deixaram de ter resposta direta do Rei, que passava a ouvir o seu Conselho, especialmente o Desembargo do Paço, órgão que possuía, dentre outras competências, a de assistir o Rei na tomada de decisões que extravasassem o terreno da Justiça.

---

1 RAMINELLI, Ronald. *A escrita e a espada em busca de mercê*. 2004, texto mimeografado; OLIVAL, Fernanda. *As Ordens Militares e o Estado Moderno. Honra, Mercê e Venalidade em Portugal (1641-1789)*. Lisboa: Estar, 2000.

2 SOUZA, Laura de Mello e; BICALHO, Maria Fernanda B. 1680-1720. *O Império deste mundo*. São Paulo: Companhia das Letras, 2000, p. 86.

3 MATTOSO, José. *Identificação de um país. Ensaio sobre as origens de Portugal, 1096-1325*. Lisboa: Editorial Estampa, 1988, p. 115-118; MATTOSO, José. *Fragmentos de uma composição Medieval*. Lisboa: Editorial Estampa, 1987.

4 SOUZA, Laura de Mello e; BICALHO, Maria Fernanda B. 1680-1720. *O Império deste mundo*, op. cit., p. 88.

No mundo Ibérico, o ato peticionário servia para legitimar o poder do Rei, além de servir como uma válvula de escape do povo diante das mais variadas situações. Servia, de outro modo, como a expressão de um protesto autorizado pela Coroa e reconhecido como um "poder terapêutico". Diante deste mecanismo, não só o súdito poderia reivindicar direitos diretamente ao rei, como também poderia denunciar atos excessivos cometidos pelas autoridades, pois muitas vezes acreditava-se que o soberano não tinha conhecimento do que os seus representantes faziam nas mais longínquas partes do Reino. Quando partiam para movimentos de protestos, os súditos acreditavam estar restituindo, pelo direito de revolta, o pacto e chamavam a atenção do soberano para aquelas injustiças.

Nestes termos, o ato peticionário assumia um simbolismo de alcance incontestável. Sob o direito de petição podemos sugerir que ele se estabelecia sob uma relação pactual entre súdito e soberano. Este pacto se vinculava, então, ao direito dos súditos (povos) de denunciarem o não cumprimento dos deveres reais.

As petições tinham um alcance mais amplo, e eram utilizadas nas mais variadas partes do reino português. Maria Fernanda Bicalho destacou que este mecanismo foi um dos instrumentos mais utilizados pelos colonos, na América, para se corresponderem com o Rei. Segundo a autora, os naturais da Colônia, fosse individualmente, fosse por intermédio das Câmaras de suas vilas e cidades, tinham o privilégio de se corresponder diretamente com o monarca. Através do mecanismo peticionário, solicitavam títulos, privilégios ou mercês em troca do bom desempenho em alguma batalha, ou mesmo "queixando-se dos maus governantes, expondo as violências e vexações sofridas nos longínquos territórios do Império".[5] Nesta mesma linha seguiu Maria Regina Celestina de Almeida, que indicou a utilização deste mecanismo por parte da população indígena.[6]

Por fim, deve-se chamar a atenção para o tripé: soberano, súdito e justiça, onde o primeiro ocupava um papel central na relação. Afinal, ele era a cabeça da sociedade. Sob sua pessoa estava contida a representação centrada na Lei. Diante do mecanismo peticionário a relação entre soberano e súdito ocorria de forma a depender de dois planos de relação.

---

5 *Idem*, p. 87.

6 SOUZA, Laura de Mello e; BICALHO, Maria Fernanda B..., *idem*; e ALMEIDA, Maria Regina Celestino. *Os índios aldeados: histórias e identidades em construção*. Revista Tempo, nº 12, Rio de Janeiro, 2002, p. 51-71; _____. *Os índios aldeados no Rio de Janeiro Colonial. Novos Súditos Cristãos do Império Português*. Tese de Doutorado. Campinas, SP: Departamento de Antropologia/Unicamp, 2000, p. 272-303. Capítulo VI.

Um primeiro relacionado ao lugar ocupado pelo indivíduo. Sob este ponto de vista, ainda que esse procurasse reivindicar um direito, sua condição social era um elemento que serviria de embasamento político para o benefício da graça ou não. Uma segunda questão se referia ao papel legislativo que o ato peticionário deixou de ter ao longo do tempo. Devido à não convocação das Cortes, a relação soberano e súdito, embora tenha permanecido imaginariamente direta, ela dependia cada vez mais dos conselhos do Reino.

Pode-se argumentar que o significado de representação perdeu o sentido, uma vez que ele se fazia em situações coloniais, por exemplo, de maneira demorada e mesmo imprevisível. Ao passo que diante da instalação das Cortes, pela representação das diversas partes do Reino ali presentes, as queixas, reivindicações e denúncias chegavam diretamente ao soberano.

Ao longo deste mesmo período histórico, o ato peticionário teve papéis distintos em outras monarquias. Na Inglaterra, por exemplo, entre os séculos XIII e XV, ele serviu como instrumento de denúncias contra as injustiças ou contra as falhas do sistema jurídico. A partir do século XVII, adquiriu um caráter mais ligado à esfera pública e de embate de posições através de jornais, panfletos e pasquins. David Zaret fala do movimento peticionário como sendo de propaganda e indicador de uma opinião pública. Assumia, portanto, um sentido mais amplo que encontraria no processo da Revolução Gloriosa e na Revolução Americana o seu ponto mais alto.[7]

As transformações nas relações sociais ensejadas pelas Revoluções Inglesas do século XVII possibilitaram o aprofundamento, o amadurecimento e a consolidação dos direitos civis. Ao longo do século XVIII e, principalmente, com o desenrolar da Revolução Americana, o ato peticionário passou por uma nova interpretação, e adquiriu um caráter constitucional. São marcantes, por exemplo, as petições encaminhadas por colonos e lideranças da América do Norte. Homens como Thomas Paine e Thomas Jefferson encaminharam petições de cunho político e de divulgação programática contra as arbitrariedades da então Metrópole inglesa.[8] A petição tornar-se-ia um dos instrumentos do cidadão para a divulgação de ideias e para a solicitação de direitos, agora vinculados ao sistema constitucional. A partir de então, o cidadão poderia dispor desse mecanismo para dirigir-se ao Parlamento ou ao Poder Executivo.

---

[7] David Zaret fala de um montante de 16 mil petições para o período compreendido entre os séculos XIII e XV. Cf. ZARET, David. *"Petions and the "Invention" of Publica Opinion in the English Revolution"*. In: *American Journal of Sociology*, vol. 101, nº 6 (may 1996), p. 1.497-1.555.

[8] SOROMENHO-MARQUES, Viriato. *A Era da Cidadania*. Lisboa: Publicações Europa-América, 1996.

No caso francês, as primeiras medidas do processo revolucionário de 1789 omitiram o direito de petição como um ato e direito do cidadão. Na primeira *Declaração dos Direitos do Homem e do Cidadão*, de 26 de agosto de 1789, por exemplo, este mecanismo estava ausente.[9] Foi somente a partir da segunda *Declaração dos Direitos do Homem e do Cidadão* que o direito de petição se tornou efetivo. De inspiração jacobina, esta segunda Declaração proclamou o direito de petição como sendo um direito do cidadão.[10]

Imbuídos da crítica aos desmandos, as infelicidades dos povos e contra a opressão e a tirania, os deputados da *Convenção* (1792-1794) ampliaram e estenderam aos depositários da autoridade pública a responsabilidade pela recepção das petições.

É importante perceber que os revolucionários ampliaram o entendimento de petição contido na declaração inglesa de 1688, pois, enquanto no *Bill of Rights* previa-se que os súditos tinham o direito de apresentar petições ao Rei,[11] na Declaração aprovada pela *Convenção* houve um deslocamento da nomenclatura do direito de petição não para o súdito, mas para o cidadão. Além disso, não se limitava o direito de queixa apenas ao Rei, estender-se-ia para os órgãos da soberania (essencialmente o Poder Legislativo). Portanto, as reclamações transpunham-se para as esferas de poderes e às autoridades.

O instrumento peticionário ganhou dimensões quase que universais. O direito de queixar-se foi garantido na Constituição Espanhola de 1812 (Cádiz)[12] pelo art. 373, com as mesmas disposições concernentes ao ideário francês. Previa-se que todo espanhol teria direito a representar às Cortes e ao Rei as suas reclamações e as observâncias da Constituição. Esclareça-se, no entanto, que o próprio Império espanhol, naquele momento, era formado por uma variedade de colônias que se desintegravam com o próprio desenrolar do processo revolucionário, a exemplo do que ocorreria com o Império português.[13]

---

9 *Declaração dos Direitos do Homem e do Cidadão de 1789*. Disponível em <http://www.direitoshumanos.usp.br/counter/Doc_Histo/texto/Direitos_homem_cidad.html>. Acesso em: 02/05/2006.

10 *Declaração dos Direitos do Homem e do Cidadão de 1793*. Disponível em <http://www.cefetsp.br/edu/eso/cidadania/declaracao1793.html>. Acesso em: 02/05/2006, Art. XXXIII.

11 ALTAVILA, Jayme. *Origem dos Direitos dos Povos*. 10ª ed. São Paulo: Ícone Editora, 2004, p. 296. Cf. também *Declaração de Direitos – Bill of Rights – de 1689*. Disponível em < http://www.cefetsp.br/edu/eso/cidadania/declaracaobill.html>. Acesso em: 05/12/2005.

12 *Constituição Espanhola de 1812*. Disponível em <http://www.cervantesvirtual.com/servlet/SirveObras/c1812/12260843118006070754624/index.htm> Acesso em: 20/11/2007.

13 GUERRA, François-Xavier. *Modernidad y Independencias*. México: Editorial Mapfre/Fondo de Cultura Económica, 1993.

Portanto, na passagem do século XVIII para o XIX, as petições ganharam novos entendimentos. A disseminação da revolução em terras portuguesas criou as condições para que os sentidos assumidos na Inglaterra e na França refletissem em solo lusitano, de maneira própria e original. Entrava-se em um período onde a opinião pública, a sociedade civil e a noção de liberdade se conjugavam com a de uma representação centrada na divisão de poderes, assim como os direitos individuais (direitos civis) ganhavam substância.

O mecanismo peticionário e o cidadão

Longe de vê-los como peças da retórica política ou expectadores passivos, os diversos setores sociais que estavam fora da sociedade política acorreram às novas criações do sistema constitucional surgido no Brasil: à Câmara dos Deputados e ao Senado. Reivindicavam e desejavam participar. Às vezes involuntárias, outras com a clara intenção de alargar direito, visto que o momento de crise era profícuo para se tirar proveito de uma situação que requeria equilíbrio e negociação. Pressionava-se para que algumas alternativas se afirmassem em relação aos direitos e contra abusos do que se considerava injusto e opressor.

Eram estimulados pela imprensa que disseminava um novo vocabulário políticos das Luzes, tais como lei, soberania, igualdade, justiça e direitos de cidadão que, adicionados às situações de crise e impasses pelas quais passava o recém-fundado Império do Brasil, incentivaram os súditos (transformados em cidadãos) a se animarem em encaminhar as suas demandas para as casas legislativas.

O impacto das mudanças políticas ocorridas na antiga Colônia portuguesa, e agora Império do Brasil, criou uma nova consciência da possibilidade de liberdade e de seu exercício, que ganhavam o universo das ruas, das praças públicas. O cidadão, diante da possibilidade apresentada de poder interferir na vida política, acorria ao Parlamento, pois o desejo de participar, de ser ouvido e de manifestar-se diante daquilo que se considerava injusto, abusivo e passível de ser pedido provocava um sentimento que se disseminava por toda a capilaridade social. Para tanto, era de fundamental importância que estes fizessem uma leitura da realidade e percebessem o clima de tensão envolvendo as autoridades públicas e os poderes políticos do recém-fundado país.

Embora não fossem incomuns alternativas revoltosas, o envio de petição ao Parlamento era uma estratégia alternativa, dentro do que pode se chamar uma luta no âmbito dos direitos civis, compondo, então, um dos aspectos dos direitos do cidadão. A revolução liberal abria a possibilidade de uma alternativa que passava pelos canais legais da sociedade. Nas palavras de Isabel Nobre Vargues, "a revolução liberal [portuguesa] não é uma revolução camponesa, mas sim legislativa",[14] onde podemos acrescentar [também para o processo brasileiro] que esta revolução passava pelo indivíduo, que, tornado cidadão, poderia acreditar nesta nova instituição.

A nova instituição tinha que lhe fornecer uma dimensão mais aconchegante, com uma cara e um discurso atraentes. Para tanto, o direito de petição se constituía em um imbricamento entre o código (a Constituição e as leis ordinárias) e o cotidiano. Trazia demandas sociais, políticas e civis para a vida política parlamentar. Revelava, por outro lado, as contradições presentes em uma sociedade em transição política. Sendo assim, não se pode negligenciar o seu caráter ora transformador, ora pertinente às práticas sociais anteriores. O mecanismo peticionário das primeiras duas décadas da Independência brasileira é constituído de ambiguidades, pois combinava valores do Antigo Regime e novos significados políticos. Corporificava as contradições da sociedade imperial brasileira. Constituía-se em uma nova prática política, relida a partir da própria tradição portuguesa.

Foi o que nos mostraram as historiadoras portuguesas Miriam Halpern Pereira e Benedita Duque Vieira, que partindo das análises das Comissões de Comércio e da Comissão da Constituição das Cortes de 1820, respectivamente, revelaram pontos de convergência acerca das petições, destacando-se a importante e determinante participação dos cidadãos na vida política do período vintista português.

Em resumo, Halpern Pereira destacou a tensão que envolvia o corpo comercial português e as Cortes Constituintes. Distinguiu dois distintos movimentos ao longo dos trabalhos das Cortes Constituintes: um que partia das Cortes, que solicitava as opiniões do Corpo de Comerciantes sobre a economia e políticas a serem seguidas nos trabalhos constituintes. Em um segundo viés, tinha-se a apresentação espontânea de petições. Segundo a autora, a afluência de cidadãos junto às Cortes ocorreu antes que o Parlamento se decidisse por ouvir o Corpo de Comerciantes, indicando uma espontaneidade da população, que se antecipou ao desejo do Parlamento de ouvir os setores econômicos da sociedade.[15]

O resultado apresentado por Benedita Duque Vieira coincide com os apontados por Halpern Pereira, e revela um desejo dos cidadãos de participar da vida política. Com um

---

14 VARGUES, Isabel Nobre. *A aprendizagem da cidadania em Portugal (1820-1823)*. Coimbra: Minerva História, 1997, p. 22.

15 PEREIRA, Miriam Halpern. *A crise do Antigo Regime e as Cortes Constituintes de 1821-1822. Negociantes, fabricantes e artesãos, entre as velhas e as novas instituições*. Lisboa: Edições João Sá da Costa, 1992, vol. II, p. 21.

foco mais alargado, Duque Vieira percebeu que o regime constitucional reforçou poderosamente o uso consagrado de uma tradição monárquica portuguesa, isto é, a exposição e recurso diretamente apresentados ao soberano pelos súditos, o que dava a dimensão de um direito institucionalizado. Para o cidadão, o direito de petição era a garantia de se obter respeito em relação a outros direitos individuais e uma caução perante os atropelos do sistema jurídico,[16] diz-nos a autora.

Como ponto de contato, as autoras identificaram as Bases da Constituição Portuguesa como ponto de partida para a motivação de todos os setores da sociedade em querer interferir na vida pública e política. Segundo Duque Vieira, "as possibilidades oferecidas pelo direito de petição desencadearam um movimento generalizado de recurso à Assembleia Constituinte, quer dos corpos coletivos, quer de indivíduos".[17]

Contribuiu para isto a marca da institucionalização do poder através do surgimento do Parlamento, como foi mostrado por Fernanda Maia. Segundo a historiadora, a revolução liberal portuguesa havia inaugurado uma nova experiência histórica que punha em prática muitos ideais em que os protagonistas da cena política acreditavam. Isto só foi possível pela criação do Poder Legislativo, pois o Parlamento, como espaço de sociabilidade política, possibilitou a reunião dos mais variados "estratos" dominantes da sociedade.[18]

Nestes termos, o sentido do ato peticionário adquiriu outro significado: representava a possibilidade do cidadão encaminhar para o novo centro de poder as suas queixas e demandas. Tornou-se um instrumento de politização da sociedade. Segundo Benedita Duque Vieira, "A novidade dos anos vinte reside na canalização, pelo menos parcial, das petições para o Congresso e na intensidade da sua afluência".[19]

Era um período de transformações onde a população desejava participar da vida política. Esta encontrou canais para reclamar e ser ouvida diante dos abusos do poder político. A revolução que transcorria criou um canal onde a população podia acorrer e apresentar demandas. Do outro lado, os tribunos viam neste desejo a possibilidade de aumentar o seu prestígio como representantes da nação.

---

16 VIEIRA, Benedita Maria Duque. *O problema político português no tempo das primeiras cortes liberais*. Lisboa: Edições João Sá da Costa, 1992, p. 51-52.

17 *Idem*, p. 44.

18 MAIA, Fernanda Paula Sousa. *O discurso parlamentar português e as relações Portugal-Brasil. A Câmara dos Deputados (1826-1852)*. Lisboa: Fundação Calouste Gulbenkian, 2002, p. 14.

19 VIEIRA, Benedita Maria Duque. *O problema político português no tempo das primeiras cortes liberais...*, op. cit., p. 4.

Achamos que estas análises são plausíveis igualmente para o caso brasileiro. Consideramos, no entanto, que o movimento ocorrido em Portugal distingue-se pela sua breve extensão, uma vez que ele se expressou apenas durante o curto período de dois anos (1821-1822), enquanto o movimento brasileiro estendeu-se por mais de uma década. Enquanto Portugal se viu abalado por uma série de avanços e retrocessos, no Brasil o movimento peticionário possibilitou o amadurecimento e o desabrochar da "sociedade civil". Foi responsável pelo florescimento de movimentos mais próximos ao que conhecemos como "populares", exemplificados nas inúmeras manifestações de rua ocorridas no período que antecedeu a Abdicação do Imperador D. Pedro I e nas revoltas Regenciais, no período posterior ao Ato Adicional de 1834. Todos movimentos que contaram com a forte marca do liberalismo político e com ideário de liberdade.

Segundo André Arruda Machado, uma das obras do vintismo foi institucionalizar a possibilidade de externalização do dissenso,[20] quer dizer, ele permitiu que, no caso do Pará, a classe dominante brasiliense se opusesse ao sistema, apresentando alternativas próprias às questões políticas. Acreditamos que a mesma possibilidade pode ser estendida aos indivíduos ou grupos informais da sociedade, como um movimento recorrente em outras províncias. Sendo assim, uma das contribuições do movimento que se iniciou na cidade do Porto, e com repercussões no Brasil, foi a de criar um ambiente favorável para que os súditos, aos poucos, se transformassem em cidadãos, ainda que limitados dentro do que temos visto até o presente momento.

Tanto em Portugal quanto no Brasil, o envio de petições ao Parlamento foi uma das principais formas de afirmação e de participação política. O Poder Legislativo constituía-se em uma "válvula de escape" para as demandas sociais da população.

O mecanismo peticionário no Primeiro Reinado

No decorrer da vida parlamentar do Primeiro Império brasileiro, desde a Independência, dois instrumentos legais garantiram o direito de petição ao Parlamento e ao Poder Executivo. O primeiro esteve definido nas *Bases da Constituição Portuguesa*, que permaneceu vigorando depois da cisão entre Brasil e Portugal. Esta ferramenta funcionou por ocasião da Assembleia Constituinte de 1823. Já o segundo mecanismo foi garantido através da alínea 30

---

20 MACHADO, André Roberto de Arruda. *A quebra da mola real das sociedades: A crise política do Antigo Regime Português na província do Grão-Pará (1821-1825)*. Tese de Doutorado. São Paulo: FFLCH/USP, 2006, p. 30.

do artigo 179 da Constituição de 1824, que estabelecia que todo cidadão poderia apresentar, "por escrito, ao Poder Legislativo e ao Executivo, reclamações, queixas, ou petições". O instrumento facultava ainda o direito de expor qualquer infração da Constituição perante a competente autoridade e dar a efetiva responsabilidade aos infratores.

Conforme já salientamos, o mecanismo peticionário já fazia parte da tradição portuguesa. Entretanto, o período constitucional havia modificado o seu sentido, que passou a funcionar como um instrumento que afirmava os direitos a partir da Lei e da Constituição política. Entretanto, os legisladores não clarificaram a definição de quem poderia peticionar, queixar-se ou reclamar.

Ao que tudo indica, a preocupação maior era em garantir ao cidadão mecanismos que possibilitassem salvaguardá-lo em relação aos abusos das autoridades. Portanto, ele tinha um sentido civil e político, uma vez que, ao dirigir-se às autoridades (sobretudo ao Poder Legislativo), o cidadão manifestava-se de forma a obrigar os legisladores a tomarem decisões a favor ou contra a demanda apresentada. Além disso, não estava claro se as petições deveriam ser assinadas por uma ou mais pessoas.

Não foi este, entretanto, o entendimento que encontramos em juristas da década de 1850. No auge da *Conciliação* – período posterior que lavrou a Maioridade de D. Pedro II e que foi marcado por diversas transformações, principalmente no campo jurídico, preconizavam-se as orientações da universidade portuguesa reformada. Segundo este entendimento, as interpretações jurídicas tradicionais foram suprimidas, o Direito Romano quase proscrito como modo de se atingir, indiretamente, o Direito Canônico. Afirmava-se a superioridade do Direito pátrio, ao lado do direito natural e das gentes. Dava-se ênfase à primazia da razão.

Era preciso consolidar um entendimento próprio acerca do direito e da legislação de modo a garantir a especificidade do Império do Brasil.[21] Neste raciocínio, o entendimento sobre o sentido de requerimento, queixa e de petição tornara-se mais arguto. Segundo José Antônio Pimenta Bueno (o Marquês de São Vicente), um dos principais juristas da segunda metade do século XIX, o direito de *requerimento* ou *reclamação* era uma das garantias dos direitos individuais do cidadão (um direito civil de todos os membros da sociedade). No seu entendimento, aquele era diferente do direito de *queixa*, considerado como uma espécie de recurso que importaria na abertura de uma ação que reparasse a ofensa ou lesão

---

21 MATTOS, Ilmar R. de. *O Tempo Saquarema. A formação do Estado Imperial.* 4ª ed. Rio de Janeiro: Access/INL, 1994, p. 179.

de direitos sofrida pelo queixoso, e de outro lado que reprimisse o ofensor.[22] Se o primeiro estava garantido pela provocação junto ao Parlamento ou ao Executivo, o segundo só seria obtido através de uma ação na Justiça.

Bueno buscava no Direito Romano para indicar a distinção entre os possuidores dos direitos de *requerimento* e *queixa* e aqueles com as prerrogativas do direito de *petição*. Segundo o Marquês de São Vicente, a *jus civitatis* e a *jus queritium* distinguiram o cidadão ativo do simples cidadão. O primeiro determinava as questões concernentes ao indivíduo que, além de ser nacional, era também membro da sociedade política: "cujos direitos e modos de gozá-lo constitui e coordena". Já o segundo, determinava os direitos daquele que era apenas membro da sociedade civil.[23]

A natureza distinta fazia com que o direito de petição fosse "antes um direito político do que natural ou individual". Segundo Bueno, o direito de petição deveria ser a prerrogativa dos cidadãos ativos, que competem participar na formação do poder público e intervir no governo do Estado. Peticionar era um legítimo instrumento do cidadão político, uma faculdade "que o cidadão ativo tem de apresentar por escrito aos poderes públicos suas opiniões, suas ideias, interesse que partilha e seus votos sobre os negócios sociais de Legislação ou da administração do Estado".[24]

Bueno baseava-se no Título 2º da Constituição de 1824 (que definia quem eram os cidadãos brasileiros) e no Capítulo VI do Título 4º (sobre os eleitores ativos e passivos) da Constituição para argumentar os plenos detentores das liberdades civis e políticas do Estado. Somente a quem possuísse as duas liberdades caberia o direito de peticionar.[25]

Com o intuito de fundamentar ainda mais a sua exposição, o Marquês retomava o sentido peticionário inglês onde, segundo ele, não se confundia direito de petição com direito de reclamar. Peticionar não era "um direito para ser gasto em circunstâncias triviais, mas em circunstâncias graves, de sacrifícios, ou males sociais".[26]

---

22 BUENO, José Antônio Pimenta. "Direito Público Brasileiro e Análise da Constituição do Império". In: KUGELMAS, Eduardo (org.). *Antônio Pimenta Bueno, Marquês de São Vicente*. São Paulo: Editora 34, 2002, p. 513-518. A primeira edição é datada de 1857. Em 1958, o Ministério da Justiça e Negócios Interiores fez uma segunda edição desta obra. Há uma terceira edição publicada pelo Senado Federal em 1978.

23 *Idem*, p. 526.

24 *Idem*.

25 *Idem*, p. 513, 526 e 550-551, *passim*.

26 *Idem*, p. 515.

Longe desta interpretação estaria o sentido dado ao exercício do direito de petição, queixa e reclamação no Primeiro Reinado. Segundo o *Diccionario da Língua Portuguesa*, de Antônio de Moraes Silva, *petição* era o ato de pedir (verbal ou por escrito) alguma coisa devida por justiça, graça ou mercê. O termo era mais generalizante do que *representar*, que era entendido como uma espécie de instrução, exposição de razões ou fatos, ou direito.[27]

Ainda na primeira década da Independência brasileira não existiam definições jurídicas precisas sobre alguns pontos relacionados aos cidadãos. A Constituição não alinhavou a visão apresentada por Pimenta Bueno. Assim, tanto os direitos civis quanto os pontos relacionados ao direito de representar estavam em aberto.

Em o *Fiador dos Brasileiros*, Keila Grinberg demonstrou que todas as discussões que se relacionavam às qualidades dos cidadãos brasileiros eram mediadas por ferrenhos debates acerca da sua extensão. E não sem motivo. Inexistiam na Carta de 1824 definições precisas – além de um título que genericamente instituía os membros da sociedade brasileira – sobre o exercício político dos cidadãos nos assuntos que não envolvessem eleições. No entanto, a extensão dos direitos de participação para determinados grupos sociais era tida como tabu. Questões gerais sobre os direitos de cidadania, relacionados principalmente aos libertos, eram pontos de discordância entre os parlamentares.[28]

Os debates sobre a instituição dos juízes de paz, conselhos de províncias, Câmaras Municipais, Guarda Nacional e tantos outros que versavam sobre quem seriam os partícipes políticos sempre traziam embates quanto aos direitos das camadas subalternas da sociedade. Diferentemente das ideias pretendidas por Pimenta Bueno na segunda metade do século XIX, na década de 1820 ainda não existia um vínculo entre os direitos civis e políticos na forma de uma codificação, que imputasse na restrição de direitos. Sob certos aspectos, a inexistência de um Código Civil ou de definição sobre quem eram os detentores desta prerrogativa mais ajudava do que atrapalhava os cidadãos.

Petições, reclamações, representações e queixas eram tanto instrumentos políticos quanto civis. Deste modo, os entendimentos dos parlamentares distanciavam-se das proposições de Pimenta Bueno. Não havia uma gradação de direitos e a quem competia apresentá-los. Ao contrário, para muitos era preciso aproximar o governo do povo, de modo a garantir o direito de reclamação e de pretensão.

---

27 SILVA, Antônio de Moraes. *Diccionario da Língua Portuguesa Recompilado de todos os impressos até o presente*. Lisboa: Typographia de M. P. de Lacerda, 1823.

28 GRINBERG, Keila. *O fiador dos brasileiros. Cidadania, escravidão e direito civil no tempo de Antonio Pereira Rebouças*. Rio de Janeiro: Civilização Brasileira, 2002, p. 107-115.

Entendia-se que o direito de peticionar era uma das garantias das sociedades livres, uma faculdade garantida ao cidadão. Portanto, não deveria haver uma preocupação do tribuno ou do governo em dificultar ao cidadão aquele mecanismo.[29] Neste sentido, o papel do Parlamento era acolher as reclamações e as demandas dos cidadãos, se possível criar mecanismos que lhes facilitassem.

Foi o caso da proposição apresentada pelo deputado Sousa e Mello. No auge da efervescência constitucional e do sentimento antilusitano, em 1823, o projeto visava uma reestruturação provincial que se desvinculasse das antigas leis portuguesas. Dentre as sugestões do parlamentar, seria criado o cargo de Juiz do Povo, com a função de "desafogo e liberdade dos Povos", servindo, na argumentação do parlamentar, como "um recurso contra a opressão". Pelo projeto, garantia-se ainda a inteira liberdade de apresentação de petições por parte dos cidadãos. Reiterava deste modo o sentido generalizante do mecanismo peticionário.[30]

Ainda segundo estes entendimentos, o juízo de valor do conteúdo das petições, reclamações e queixas deveria ser apenas uma consequência decorrente da aceitação do pedido ou reclamação. Ao deputado ou às comissões encarregadas não se deveria dar o poder de recusa.

Esta posição foi compartilhada por alguns senadores. No momento da instalação da Câmara do Senado, em 1826, estes se viram diante de algumas representações de cidadãos. Havia um consenso de que o mecanismo peticionário era um direito "sagrado", ainda que muitas vezes eles se mostrassem mais confusos do que os deputados, a ponto de não saberem para onde encaminhar demandas aceitas pela casa, como foi o caso da petição de Joaquim da Silva Girão, aprovada em sessão ordinária.[31] Todavia, alguns senadores não deixavam de notar que havia uma compreensão errônea na sociedade sobre este direito. O Visconde de Barbacena, por exemplo, era crítico quanto ao uso das petições. Dizia ele que no Rio de Janeiro "para qualquer coisa se fazia petições". Muitas vezes não era para reclamar justiça, mas para "despropósitos".[32]

O aspecto global também nos ajuda a entender a problemática, pois, como argumentou José Reinaldo Lopes, a marca distintiva do sistema jurídico que se iniciou com a proclamação da autonomia brasileira era a ambiguidade. Segundo esse jurista, as necessidades

---

29 Esta argumentação foi utilizada pelo dep. Araújo Lima na Assembleia Constituinte, conforme demonstramos no cap. 2. Cf. *Diário da Assembleia Geral Constituinte e Legislativa do Império do Brasil – 1823*, sessão de 17/05/1823.

30 Projeto apresentado pelo dep. Sousa e Mello, *Diários da Assembleia Constituinte*, sessão de 7/05/1823.

31 *Anais do Senado*, sessão de 05/08/1826.

32 *Anais do Senado*, sessão de 22/06/1826.

da Independência brasileira impunham que os deputados, na figura de juristas, antes de tudo se valessem da faculdade de legislar (criar leis) como primeira fonte de todo o direito. O novo direito que se pretendia impor precisava conviver com a tradição, negando-a institucionalmente e progressivamente substituindo o costume pela vontade da Lei. Ainda segundo ele, inexistia uma cultura jurídica especificamente nacional, importando que nos primeiros anos de vida independente houvesse um ordenamento complexo, que guardava dispositivos estrangeiros (portugueses) e coloniais ou pré-liberais.[33]

A manutenção das *Bases da Constituição Portuguesa* era um exemplo primordial dessa necessidade. A afirmação do caráter liberal da Independência brasileira em muito dependia daquele mecanismo, que deveria funcionar como uma espécie de programa de intenções acerca do espírito público do legislador e dos constituintes. Dito de outro modo, antes de tudo era preciso criar as condições para se afirmar os direitos elementares dos cidadãos.

Mais importante do que os conceitos acabados, era forte nos legisladores a ideia de que a codificação deveria garantir os instrumentos que resguardassem as prerrogativas individuais do cidadão. Como nos lembrou Benedita Duque Vieira, a Constituição (e a lei) era considerada como um instrumento "taumatúrgico", capaz de curar os males da sociedade.[34] Daí o caráter ambíguo que a disposição legal reservava aos instrumentos que garantissem ao cidadão o direito de queixar-se e reclamar junto às autoridades.

Já para os peticionários, encaminhar demandas ao Parlamento era uma garantia instituída pela Constituição. Sobressaíam concepções originais das ideias propaladas no período. O processo desencadeado a partir da instalação da Assembleia Constituinte e o que se seguiria na abertura do Parlamento, em 1826, além de representar um período singular devido à criação e funcionamento do sistema parlamentar, trouxeram consigo um movimento de participação de setores sociais junto àquela instituição.

Sob a rubrica de requerimentos, representações, queixas e petições os cidadãos fizeram surgir um movimento de alcance significativo no que tange aos seus direitos. Assim, pode-se compreender que esse movimento representou um signo do Primeiro Reinado.[35]

---

33 LOPES, José Reinaldo de Lima. "Iluminismo e jusnaturalismo no ideário dos juristas da primeira metade do século XIX". In: JANCSÓ, István (org.). *Brasil Formação do Estado e da Nação*. São Paulo: Editora Hucitec/Editora Unijuí, 2003, p. 195-200.

34 VIEIRA, Benedita Maria Duque. *O problema político português no tempo das primeiras cortes liberais...*, op. cit., p. 21.

35 Por signo estamos entendendo a ideia central de Mikhail Bakhtin, isto é, são nos momentos de efervescência política ou o que se poderia chamar de "novos ventos", que emergem significações que

Segundo Andréa Slemian, o Parlamento revelou-se como campo central da representação política, alicerçado na concepção revolucionária de que "a lei criaria o direito e não o contrário". Ainda segundo essa historiadora, os atritos ocasionados por sua ação ficaram limitados à sua interferência perante a esfera de atuação do governo.[36]

Se de um lado não temos por que discordar desta afirmação, por outro se pode acrescentar que parcela presente no interior do Poder Legislativo desejava mais do que a letra que a Lei determinava. Além disso, o Legislativo era visto pelos cidadãos como aquele capaz de repor direitos atacados. Slemian se aproxima desta visão, ao detectar que ao Legislativo "caberia indubitavelmente a palavra final sobre a normalização da ordem política", valendo-se do mecanismo da interpretação da Constituição. Este era um aspecto não menos importante observado pelos cidadãos, que passavam a formular entendimentos próprios sobre o que representaria aquele poder no seu cotidiano.[37]

De fato as petições ao Parlamento alcançaram este patamar uma vez que elas foram contínuas ao longo da década do Primeiro Reinado. Entre a abertura da Assembleia Constituinte e a Abdicação de D. Pedro I, os cidadãos acorreram ao Parlamento de forma a instá-lo como uma das opções para a obtenção de direitos.

O resultado foi o surgimento de uma variada gama de entendimentos elaborados por distintos grupos e ajuntamentos políticos e sociais que não necessariamente estavam na direção do Estado. Esses indivíduos se viam como membros da sociedade política e acreditavam que nela poderiam interferir. As suas visões originais sobre a soberania, a legitimidade e o pacto social[38] muitas vezes tangenciavam com a de alguns parlamentares, que acreditavam ser este um dos *lócus* centrais do poder político, concepção que frequentemente causava tensão política e acirramento de posições no interior da Câmara dos Deputados.

Os cidadãos viviam o processo histórico e, através de suas demandas, formulavam compreensões próprias sobre a liberdade e o viver em sociedade. Muitas vezes, como já foi dito, encontravam em setores no interior do Parlamento uma fonte legitimadora. Pro-

---

tomam um sentido amplo e se enraízam na sociedade. Cf. BAKHTIN, Mikhail. *Marxismo e filosofia da linguagem*. São Paulo: Editora Hucitec, 1995, p. 26, 34, 41 e 46-47.

36 SLEMIAN, Andréa. *Sob o Império das leis: Constituição e unidade nacional na formação do Brasil (1822-1834)*. Tese de Doutorado. São Paulo: FFLCH/USP, 2006, p. 198-200.

37 *Idem*.

38 THOMPSON, E. P. "A economia moral da multidão inglesa no século XVIII". In: THOMPSON, E. P. *Costumes em comum: Estudo sobre a cultura popular tradicional*. São Paulo: Companhia das Letras, 1998, p. 150-202; p. 152.

duziam entendimentos sobre direito, justiça, poder e práticas legítimas. Nas palavras de Gladys Ribeiro, mais do que um conceito acabado e restrito ao âmbito da participação, esta visão incluía amplos direitos, principalmente os referentes à segurança individual e de se manifestar e expressar demandas urgentes da vida.[39]

Sendo assim, no meio da disputa que envolvia o Imperador D. Pedro I e o Parlamento (basicamente a Câmara dos Deputados), um signo emergiu e se tornou ponto-chave no processo político: o direito do cidadão. Vislumbrado principalmente por petições, queixas, requerimentos e reclamações encaminhadas ao Legislativo, ele surgiu não só porque o clima era de euforia, otimismo e de consagração no Império do Brasil, mas porque o período estava carregado de simbolismos, palavras e ações novas.[40]

Parcela da população acorria ao Parlamento em busca de auxílio para os seus males. Como temos afirmado, as petições encaminhadas às casas legislativas apontam para uma participação política que reivindicava direitos. Neste sentido, eles estão em um patamar ambíguo, e podiam expressar-se tanto aspectos do que podemos considerar como Antigo Regime, isto é, reivindicações que expressam o intuito de manter privilégios, cargos ou o mesmo discurso que remete aos aspectos relacionados ao *status* social anteriormente ocupado. Mas, ao mesmo tempo, encontramos requerimentos/petições que pretendem afirmar as novas práticas políticas iniciadas com o Constitucionalismo. Neste caso, eram fortes os discursos em torno da lei, da conjuntura, da oposição entre o passado e o presente.

A magnitude do movimento peticionário representou um processo distintivo no que se refere à participação de vários setores sociais na vida política. São requerimentos, petições, queixas e reclamações que refletem o momento político de indefinição e incerteza quanto ao futuro político. Dentre outras possibilidades de luta política e reivindicação, as ondas de crise que atingiram a vida política no Primeiro Reinado se expressaram na população através do envio de representações ao Parlamento. Na medida em que o discurso político ganhou as tribunas, os jornais e o cotidiano, os cidadãos viam na prática tribunícia um caminho para afirmação das liberdades.

---

39 RIBEIRO, Gladys S. "Cidadania, liberdade e participação no processo de autonomização do Brasil e nos projetos de construção da identidade nacional". Trabalho apresentado na Conferência interna do Centro de Estudos do Oitocentos. Juiz de Fora, 2006, mimeo.

40 NEVES, Lúcia Maria Bastos P. das. *Corcundas e Constitucionais. A cultura política da Independência (1820-1822)*. Rio de Janeiro: Revan/Faperj, 2003; MOREL, Marco. *As transformações dos espaços públicos: imprensa, atores políticos e sociabilidades na Cidade Imperial, 1820-1840*. São Paulo: Editora Hucitec, 2005.

Já tivemos oportunidade de demonstrar a polissemia da ideia de liberdade. Neste sentido, ela se constituiu como elaboração de uma coletividade anônima que construía entendimentos próprios sobre o seu significado. Somados ao constitucionalismo – propagado através de discursos sobre o papel da Lei, da Justiça e da luta contra a opressão – tinha-se um cidadão que passou a formular um entendimento autônomo (através de críticas, reivindicações e desejos) de muitas das coisas que acreditava serem justas.

Entre os anos de 1823 e 1831 encontramos a manifestação do cidadão através do mecanismo peticionário. A distribuição das petições, entre Câmara dos Deputados e Câmara dos Senadores (nome oficial designado para o Senado Imperial), foi irregular e se verificou uma forte apresentação de demandas à Câmara dos Deputados.

Tal qual o processo português, o movimento brasileiro foi parte do contexto de afirmação constitucional e de institucionalização do poder político. Porém, as petições se inseriram no ciclo de crise que passou o Primeiro Reinado. As petições incidiram ou se geraram principalmente nas fases agudas da crise. Dito de outro modo, petições e crise possuem aspectos indissociáveis no Brasil. Vejamos o Quadro abaixo, que foi produzido a partir do conjunto de informações por nós obtidas através dos *Diários da Assembleia Constituinte*, *Anais da Câmara dos Deputados* e *Arquivo Histórico da Câmara dos Deputados*.

Quadro x – Evolução das petições encaminhadas à
Câmara dos Deputados – 1823-1832

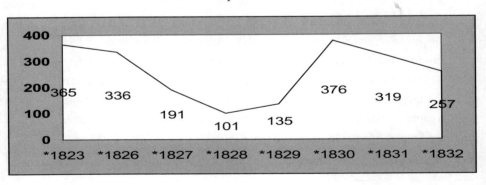

Fonte: Diários da Assembleia Constituinte, Anais da Câmara dos Deputados 1826-1831, Arquivo Histórico da Câmara dos Deputados – Plano de Descrição e Identificação de Documentos (PDID).

As fases onde se concentram o maior número de petições coincidem com os principais momentos políticos do Primeiro Reinado, demonstrados pelo recorte que fizemos no capítulo II. Assim, os anos com maior número de petições na Câmara dos Deputados são aqueles períodos-chave para a vida política. Pode-se dizer que formam ondas peticionárias.[41]

A primeira onda marcou a instalação da Assembleia Constituinte. Acreditamos que este primeiro movimento foi ocasionado pela grande expectativa em relação aos trabalhos constituintes, o que corrobora os resultados obtidos por Miriam Halpern e Benedita Duque Vieira para o caso português. Todavia, enquanto as propostas lusitanas envolviam propostas constitucionais, as petições à Assembleia brasileira se limitaram quase que exclusivamente aos problemas individuais. Situavam-se mais no campo das queixas e das reclamações. Isso vem demonstrar que o Parlamento ocupava um vazio institucional em relação à Justiça ou se tornava um adequado instrumento para politizar o que outrora foi um abuso das autoridades.

O segundo período marcante na apresentação de petições foi o de 1826. O seu significado foi semelhante ao da Assembleia Constituinte. A abertura da Assembleia Geral foi cercada de expectativas uma vez que os seus trabalhos estavam previstos para se iniciarem ainda em 1824, depois da outorga da Constituição. Entretanto, os acontecimentos no Norte do Império e o receio de que os eventos se alastrassem por todo o território levaram o Imperador a postergar as eleições. Entretanto, o quadro econômico não era dos melhores depois daqueles anos. Havia a necessidade de aumento de impostos, o que poderia acirrar os ânimos regionais. Além disso, a ação desencadeada contra a Assembleia Constituinte e contra os revoltosos de 1824 causara impopularidade ao monarca.

Sendo assim, D. Pedro decidiu por dar segmento ao processo eleitoral que escolheria os futuros deputados e senadores. A Assembleia Geral seria instalada em 3 de maio de 1826. Ao longo dos seus cinco meses de atividade, a Câmara dos Deputados receberia nada menos do que 73 petições por mês, o que indica que os cidadãos tiveram renovadas expectativas com relação à institucionalização do poder político capaz de repor direitos. Assim, ocorreu um movimento um tanto curioso. Enquanto setores no interior da Câmara dos Deputados se preocupavam em não radicalizar, os cidadãos encaminhavam demandas que diziam respeito, em muitos casos, aos problemas ocasionados pelo fechamento da Assembleia e a repressão ocorrida no Norte do Império, notoriamente aos ataques aos direitos individuais, prisões etc.

---

41   As ondas políticas foram analisadas por Gladys Ribeiro; cf. RIBEIRO, Gladys S. *A liberdade em construção..., op. cit.* Veja também RIBEIRO, Gladys S. e PEREIRA, Vantuil. "O Primeiro Reinado em revisão". In: GRINBERG, Keila; SALLES, Ricardo (org.). *Coleção Brasil Imperial*, 3 vol. Rio de Janeiro: Civilização Brasileira, 2007, no prelo.

Por fim, a grande onda de petições, queixas, representações e requerimentos ocorreu no momento antecedente à Abdicação de D. Pedro I. Foram aproximadamente 75 petições mensalmente encaminhadas à Câmara. No auge da crise envolvendo o Poder Executivo e a oposição no interior da Câmara dos Deputados, os cidadãos inflaram o Parlamento com as suas problemáticas. Isso forçou aquela casa a discutir a política, os direitos individuais, a administração pública, a carestia e os desmandos políticos.

Muitas vezes, os números de requerimentos apresentados pelo *Arquivo Histórico da Câmara dos Deputados* se revelaram fictícios, pois a transladação do Rio de Janeiro para Brasília, na década de 1960-1970, e a má conservação durante um longo período fizeram com que muitos documentos se perdessem. Ao nos debruçarmos sobre o *Inventário Analítico da Assembleia Constituinte de 1823*, encontramos 199 representações e petições catalogadas. Entretanto, ao conferirmos o *Livro da Porta* da Assembleia Constituinte – uma espécie de livro de registro de todos os documentos que deram entrada na Assembleia –, ali constam 336 petições.

A situação ficou mais confusa quando fizemos a leitura acurada dos *Diários da Assembleia Geral Constituinte e Legislativa do Império do Brasil*. Constatamos, então, a existência de outras 29 petições não relatadas no citado *Livro da Porta*. Tudo isso provocou uma aparente confusão e uma discrepância nos dados.

É necessário explicar que os registros contidos no *Inventário Analítico da Assembleia Constituinte de 1823* dizem respeito ao que foi lido nas sessões e ao que possuía parecer por parte de alguma comissão. Como a Assembleia foi fechada abruptamente, parte da documentação não foi analisada pelos parlamentares. Já a discrepância entre os dados da leitura do *Diário da Assembleia Constituinte* e o *Livro da Porta*, embora de maior complexidade, pode ser explicada pela possível entrada de requerimentos por intermédio de algum parlamentar. De acordo com o regimento da Assembleia, os deputados tinham esta prerrogativa. Constatamos o uso deste instrumento nas sessões em 1826 e 1827.

Os números registrados por nós, para o ano de 1823, são uma junção do que encontramos no *Inventário Analítico da Assembleia Constituinte de 1823* e na leitura do *Diário da Assembleia Constituinte*.

Na parte tocante aos anos de 1826-1829, estes documentos estão registrados no *Plano de Descrição e Identificação de Documentos*, uma catalogação do que foi encontrado nas leituras dos Anais da Câmara, trabalho efetuado pelos arquivistas da própria Câmara dos Deputados. Esses arquivistas inseriram as citações dos requerimentos indicados nos Anais do Parlamento. Neste caso, a situação foi mais caótica. Grande parte do que está registrado no *Plano* não existe fisicamente. Porém, este catálogo colaborou para registrar o que estava extraviado, pois, como os *Anais da Câmara* registram ou os pareceres ou a leitura de tais documentos, é possível chegar à parte do conteúdo das representações pela via indireta, uma vez que há um registro oficial da existência dos documentos.

Procedemos de duas maneiras. A primeira pelo acesso de parte do material que existe fisicamente e que estamos disponibilizando na pesquisa. O segundo procedimento consistiu em cobrir as lacunas. Desse modo, passamos à leitura dos *Anais da Câmara dos Deputados*.

Com relação aos anos de 1830-1832, há um inventário da Câmara organizado em latas e maços, e isto é o que existe fisicamente no acervo. Esta é a maior parte do que estamos analisando neste trabalho. Além disso, fizemos o mesmo procedimento na leitura dos *Anais*, o que nos possibilitou chegar a um número maior do que existe fisicamente no Arquivo Histórico.

Para o caso da Câmara dos Deputados, os números trabalhados na pesquisa são os seguintes: 1823: 125; 1826: 11; 1827: 06; 1828: 01; 1829: 00; 1830: 72; 1831: 250, perfazendo um total de 465 requerimentos.

Diferentemente da Câmara dos Deputados, o Senado Federal não dispõe de instrumentos mais elaborados para o século XIX, nem um quantitativo tão vasto. Ao todo se tem 200 petições, assim distribuídas,

Quadro XI – Evolução das petições encaminhadas ao Senado Imperial
1826-1832

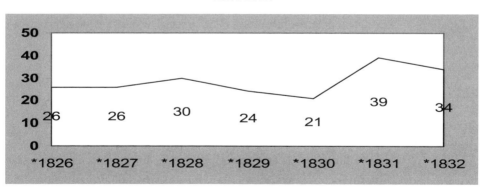

Assim, verificou-se um quantitativo regular, equilibrado e quase homogêneo de petições. Pelos números apresentados, não se pode dizer que para aquela casa afluiu um contingente significativo no momento da sua abertura, o que pode ser explicado por sua história e pelo seu perfil.

Um dos componentes da Assembleia Geral, junto com a Câmara dos Deputados, o Senado também tinha o nome de Câmara dos Senadores. Além disso, abarcava algumas funções semelhantes às da Câmara Baixa, como a fiscalização do Poder Executivo e a recepção de queixas, reclamações e petições da população. Ainda cabia ao Senado conhecer os delitos individuais cometidos pelos membros da família imperial, Ministros de Estado, Conselheiros de Estado e Senadores; conhecer da responsabilidade dos secretários e conselheiros de estado; expedir cartas de convocação da assembleia, caso o Imperador não o tivesse feito dois meses depois do tempo que a Constituição determinava; convocar a assembleia no caso de morte do Imperador; e para a eleição da Regência, nos casos em que ela tivesse lugar e quando a regência provisional não o fizesse.[42]

Para ingresso naquela casa legislativa eram requeridos, pela Constituição de 1824: ser cidadão brasileiro no gozo dos seus direitos políticos; uma idade superior ou igual a 40 anos; que fosse pessoa de saber, capacidade e virtudes, com preferência aos que tivessem feito serviços à Pátria; e que tivessem um rendimento anual por bens, indústria, comércio, ou empregos, igual à soma de 800$000.[43]

Além desses rígidos critérios, a nomeação se faria pelo Imperador (Poder Moderador) que, mediante uma lista tríplice de eleição, escolheria o indicado para a vaga em questão, que teria um mandato vitalício.[44] Era da Câmara do Senado que saíam os membros do Conselho de Estado, o que era uma importante distinção política e social, visto que aquele era o órgão consultivo a ser ouvido pelo Imperador no exercício do Poder Moderador. Portanto, tratava-se de critérios distintivos que distanciavam a grande maioria dos cidadãos do Império.

Além disso, a indicação por parte do Poder Moderador criou, como vimos no capítulo II, uma indisposição entre as duas casas legislativas, motivando as divergências para a instalação da Assembleia Geral, que era a reunião conjunta das duas casas. Muitos senadores acreditavam ser membros de um órgão voltado para o Poder Executivo, que tinha funções limitadas de analisar os problemas do Império, devendo estar menos afeitos às questões cotidianas. Prova disso foi a escassez de projetos saídos do Senado depois de 1828, quando a Câmara dos Deputados passou a pautar a casa permanente com os seus projetos de lei.

---

42 *Constituição Política do Império do Brasil 1824*, Art. 47.

43 *Constituição Política do Império do Brasil 1824*, Art. 40 a 45.

44 *Constituição Política do Império do Brasil 1824*, Art. 43 e 101.

O conjunto desta imagem poderia justificar o diminuto quantitativo de petições encaminhadas àquela casa legislativa. Se olharmos para o gráfico, ver-se-á que nos períodos agudos não houve nenhum movimento abrupto de cidadãos se dirigindo à Câmara Permanente, à exceção do período final, que parece ter sido marcante para as duas casas legislativas, com uma intensidade específica.

****

Algumas indagações quantitativas podem ser feitas aos requerimentos encaminhados ao Parlamento. Assim, temos em mente algumas questões gerais: qual a centralidade do Parlamento em relação às petições? De quais setores sociais procediam as demandas? Quais as localidades de origem dos requerimentos?

Poderíamos dizer que havia um centro comum entre a Câmara Baixa e a Alta? Sem dúvida, as duas casas legislativas estavam afundadas em divergências. Isso se mostrou nos instrumentos eleitorais para escolha de representantes das duas casas e nas constantes barreiras que o Senado impunha ao que vinha da Câmara dos Deputados, servindo como um anteparo em relação ao Imperador.

No entanto, aos seus modos, tanto a Câmara Alta quanto a Câmara Baixa eram responsáveis pela Representação Nacional. Conforme argumentara Andréa Slemian, os órgãos do legislativo eram vistos por parte da população como os órgãos responsáveis pela "guarda dos direitos do cidadão".[45] Os cidadãos demonstravam uma confiança no papel dos parlamentares. Mais do que tudo, reconhecia-se a capacidade dos tribunos em intervir para que houvesse uma solução acerca dos seus problemas, angústias e aspirações.

No entanto, será que ainda devemos desconfiar da centralidade do Parlamento, uma vez que outros órgãos do Poder Executivo também recebiam requerimentos, que depois eram enviados para a Câmara dos Deputados ou para o Senado? Como poderíamos dizer que tanto a Câmara dos Deputados quanto o Senado Imperial esboçariam um movimento único e com o intuito de fortalecer, ainda que relativamente, o constitucionalismo? Qual seria a relação entre as duas casas legislativas de se constituírem como órgãos dos quais emanasse uma identificação dos peticionários com relação à representatividade?

---

45 SLEMIAN, Andréa. *Sob o Império das leis...*, op. cit., p. 200.

Quadro XII – Destino inicial dos requerimentos chegados à Câmara dos Deputados ou ao Senado

	Câmara dos Deputados[2]		Senado Imperial	
Destino	Nº.	%	Nº.	%
Câmara dos Deputados ou Senado	294	79,24	117	58,50
Imperador	54	14,56	36	18,00
Outro ou Não determinado (N/D)	23	6,20	47	23,50
Total	371	100,00	200	100,00

Ao menos em relação às petições recebidas pelo Parlamento, os números revelam a centralidade do Poder Legislativo. Para o caso da Câmara dos Deputados, mais de 3/4 dos cidadãos levaram suas reivindicações àquela casa. Quase 60% viam-na como órgão final para reclamações e demandas.

Só a título comparativo, na pesquisa de Miriam Halpern Pereira, o resultado foi um pouco diferente. Embora a autora tenha identificado um número de petições sem destino, a grande maioria das representações do corpo comercial português era remetida ao rei português e não ao Parlamento.[46] Portanto, os números apresentados para o caso brasileiro são significativos quanto ao papel exercido pelas duas casas, simbolizando um universo de expectativas do cidadão em face da nova realidade política e das novas instituições que procuravam se firmar enquanto instâncias de decisão.

Com estes números, parece não existir dúvida quanto ao papel do Parlamento no processo de consolidação dos direitos do cidadão. Mais ainda, colocavam-no como instituição que se firmava diante do Poder Executivo, com visibilidade no mesmo momento em que a Independência se tornava realidade. Concomitantemente, a conjuntura política de crise, as agitações de rua, os debates nos periódicos, o surgimento de uma "esfera pública" e a solidificação de uma incipiente "sociedade civil" davam margem para que o poder político começasse a ser compartilhado entre o Legislativo e o Executivo.

---

[46] PEREIRA, Miriam Halpern. *A crise do Antigo Regime e as Cortes Constituintes de 1821-1822. Negociantes, fabricantes e artesãos...*, op. cit., p. 12.

Quadro XIII – Petições: Câmara dos Deputados, Senado Imperial e Portugal, por origem de documento

Origem da petição	Câmara dos Deputados			Senado Imperial			Portugal		
	N°.	Total	%	N°.	Total	%	N°.	Total	%
Órgãos do poder político		38	8,17		16	7,89		145	28,8
Central[3]	–			09			29		
Local[4]	36			06			39		
Parlamento[5]	02			01			35		
Cortes	–			–			42		
Entidades coletivas		72	15,49		22	10,83		39	7,8
Corporações[6]	02			02			11		
Grupos informais[7]	68			20			22		
Associações políticas[8]	02			–			2		
Particulares		355	76,34		165	81,28		319	63,4
TOTAL		465	100		203	100		503	100

Fontes: *Anais da Câmara dos Deputados, Diário da Assembleia Constituinte, Anais do Senado, Arquivo Histórico da Câmara dos Deputados, Arquivo Histórico do Senado Federal.*

Para traçarmos o perfil dos requerentes, tomamos como parâmetro o Quadro apresentado por Benedita Vieira Duque,[47] que nos permitiu uma comparação com o caso português. Além disso, as divisões apresentadas pela autora resumem apropriadamente as divisões e contextos sociais existentes no período vintista.

Como podemos observar, a presença de órgãos do poder político aparece de forma equilibrada na Câmara e no Senado. Em ambas as casas estão ausentes órgãos do poder central, bem como uma fraca presença de deputados ou senadores enviando petição de cunho pessoal. Destaque substantivo foi a presença de órgãos de poderes locais (Câmaras Municipais), que encaminharam mais questões para a Câmara dos Deputados do que para o Senado.

Embora o canal privilegiado das Câmaras fosse o Ministério do Império, a existência de cerca de 8% de petições das mesmas pode sugerir uma relação com o antigo papel das Cortes portuguesas: a de receptora de demandas desta instituição. No entanto, há de se

---

[47] VIEIRA, Benedita Maria Duque. *O problema político português no tempo das primeiras cortes liberais.* Lisboa: Edições João Sá da Costa, 1992, p. 55.

considerar as transformações ocorridas entre a Aclamação do Imperador (onde a Câmara do Rio de Janeiro teve um papel de destaque) e o ato de D. Pedro de submeter o projeto de Constituição àquelas instituições.

As Câmaras Municipais guardam uma particularidade no processo de Independência, pois foram a elas que D. Pedro I recorreu para afirmar o seu papel de soberano brasileiro, sendo por elas aclamado. Segundo Iara Lis de Souza, desde tempos remotos que elas cumpriram um papel administrativo e judiciário, serviram como ponto de contato entre as questões locais e as gerais. No processo de autonomização brasileira, as Câmaras serviriam para garantir a autoridade local à autoridade real. Por seu turno, ocorria o rompimento das Câmaras com as Cortes Portuguesas.

As Câmaras simbolizavam o lugar e canal de expressão da adesão do povo à figura do Imperador. Representava ainda o desejo da classe dominante em se evitar o fracionamento do poder local, impedindo o aparecimento de outra instituição ou modo de representação que dilatassem o sentido da legitimidade.[48]

Foi às Câmaras que o Imperador também recorreu por ocasião da aprovação da Carta Constitucional de 1824. Segundo Silvana Mota Barbosa, o recurso aos poderes locais se deveu ao quadro instado pelo Imperador, que, ao fechar o Parlamento, em 1823, necessitou recorrer a outra esfera de representação para garantir a legitimidade política do projeto elaborado pelo Conselho de Estado. Para ser uma Constituição, diz-nos Mota Barbosa, era necessária a aprovação dos representantes da Nação, o que, neste caso, foi solicitado às Câmaras Municipais, antigos representantes do poder, segundo a tradição portuguesa.[49]

No material coletado, verifica-se a apresentação de requerimento de diversas localidades, tais como: Minas Gerais (Campanha da Princesa, São José de Minas, Sabará, Ouro Preto, São Bento do Tamanduá, Pitangui e Caeté); São Paulo (Câmara de Baependi, São Paulo, Príncipe e Porto Feliz); Ceará (Aquiras); Bahia (São Jorge dos Ilhéus e Cachoeira); Rio de Janeiro (Cantagalo e Macaé); Rio Grande do Norte (São José do Rio Grande do Norte); e Alagoas (Atalaia).

No entanto, a presença destas petições pode ser comparada ao desejo de alguns povoados se tornarem autônomos em relação à administração local. Surgiam movimentos locais que propunham a criação de novas vilas e Câmaras. Tais formulações incidiam sobre a

---

48 SOUZA, Iara Lis de. *Pátria Coroada...*, op. cit., p. 144-146.
49 BARBOSA, Silvana Mota. *A Sfhinge monárquica: o poder moderador e a política imperial*. Tese de Doutoramento. Campinas, SP: Unicamp, 2002, p. 29-30.

repartição dos poderes locais, o que ocasionaria uma diminuição dos poderes das instituições que asseguraram o reconhecimento do Imperador ao trono.

É desta forma que podemos compreender o surgimento de diversas petições que reivindicavam a elevação de arraiais a vilas, demonstrando um descontentamento em face da divisão até então em vigor, além do desejo de alguns proprietários de se tornarem majoritários regionalmente. Assim, juntamente com uma gama de representações das Câmaras, tem-se um conjunto de requerimentos que propunham a criação de novas vilas, em um movimento de grupos informais locais, que envolvia capitães de milícias, proprietários, padres e a população em geral. Proprietários descontentes com grupos rivais locais, pelo crescimento de algumas regiões, esvaziamento de outras e a necessidade de novos arranjos políticos em face da Independência brasileira. Tudo explica por que os arraiais enviaram à Câmara dos Deputados e ao Senado Imperial aproximadamente 15% e 3,5% de representações, respectivamente. Era um movimento de pressão política sobre o governo central e para que o Parlamento acelerasse a criação de novas vilas. Soma-se a isto o desejo do poder central em diminuir a influência de algumas localidades.

O resultado foi que depois de uma consulta aos conselhos provinciais, a Mesa do Desembargo do Paço encaminhava ao Senado a proposta de criação de 60 novas vilas, excluindo-se o Rio de Janeiro. Comparadas às 74 Câmaras Municipais que reconheceram a legitimidade da Independência, em 1822, haveria um aumento de mais de 80% no número de instituições locais.[50] Pela indicação, a localidade que mais sofreria desmembramento seria Minas Gerais. Se antes da Independência eram 17 as Câmaras localizadas naquela província, pela sugestão estas passariam para um total de 47.

Em paralelo aos movimentos locais, a partir das reformas institucionais iniciadas em 1827, as Câmaras veriam os seus papéis reduzidos a instituições administradoras, transferindo-se para os conselhos de províncias, para a Câmara dos Deputados e para o Senado a primazia do poder político.

Tanto na Câmara dos Deputados quanto no Senado Imperial surgiram propostas de esvaziamento das atribuições das Câmaras Municipais. Ambos propunham um processo de centralização do poder. Mas a proposta de dissipação dos poderes das Câmaras adotada não foi a da Câmara dos Deputados.

A existência de um projeto concorrente no Senado fez com que muitos deputados reconhecessem o despropósito de a Câmara Baixa discutir o seu projeto. A questão se somou

---

[50] A relação das novas vilas está contida no ofício encaminhado pela Mesa do Desembargo do Paço ao Senado Imperial. *Anais do Senado*, sessão de 26/08/1828.

ao fato de existir na Câmara o projeto de lei de criação dos juízes de paz, tido por muitos tribunos como um ponto-chave do sistema representativo. Sendo assim, houve uma opção da Câmara temporária em discutir o segundo projeto, cabendo ao Senado o debate e a aprovação da lei das municipalidades.[51]

Portanto, a base e o espírito do projeto sobre as Câmaras Municipais, que entraria em vigor a partir de 1º de outubro de 1828, eram essencialmente os discutidos e aprovados no Senado Imperial. Isso significa dizer que, ao contrário do que afirmou Iara Lis de Souza, o processo de esvaziamento do poder das Câmaras Municipais partiu da instituição que serviu de anteparo para o Imperador com relação à Câmara dos Deputados, não dos seus opositores.[52]

Um dos pontos mais polêmicos do projeto das municipalidades (que mais tarde tomaria o nome de Lei das Câmaras) foi o dispositivo que lhes retirou o papel de jurisdição contenciosa,[53] transformando-as em meras instituições administradoras locais, conforme estabelecia o artigo 167 da Constituição de 1824.

Para alguns senadores a retirada das prerrogativas judiciosas das Câmaras representava a diminuição da sua dignidade, conforme argumentou o Marquês de Paranaguá. O novo papel a ser cumprido pelas Câmaras Municipais tinha como principal defensor um dos políticos mais próximos ao Imperador D. Pedro I, o senador José Joaquim Carneiro de Campos (Marquês de Caravelas). Ele foi claro ao afirmar que tal projeto visava à separação de poderes e necessitava que se tirasse o papel de julgar as questões contenciosas das Câmaras Municipais. Às Câmaras, segundo este senador, cabia apenas o governo econômico e policial das terras.[54] Esta mesma linha de raciocínio foi acompanhada por João Inácio da Cunha (Visconde de Alcântara), que entendia ser necessário o redimensionamento do papel das Câmaras com relação às determinações da Constituição do Império.

O que estava em jogo era o esvaziamento do papel das Câmaras Municipais dentro de outra lógica política em um processo que necessitava de centralização. Tanto aqueles que se opunham ao Imperador quanto os mais próximos viam as Câmaras como marcas do passado, que precisavam ser removidas. O grau de autonomia nelas contidas se opunha à proposta de Império, pois contribuía para tornar o poder mais difuso. Não podemos nos

---

51 A discussão do projeto sobre as municipalidades começou no Senado em 21/05/1827.

52 Cf. esta assertiva em SOUZA, Iara Lis de. *Pátria Coroada...*, op. cit., p. 340.

53 Título II da lei de 1º de outubro de 1828, sobretudo o Art. 24, que restringe a ação das Câmaras aos aspectos administrativos. Lei de 1º de outubro de 1828. Coleção de Leis do Brasil. << http://www.camara.gov.br/Internet/InfDoc/conteudo/colecoes/Legislacao/Legimp-K.pdf.>> Acessado em 04/02/2008.

54 *Anais do Senado*, sessão de 08/06/1827.

esquecer que parte da obra de resistência ao soberano em 1824 partira da Câmara de Recife, que, reivindicando a sua autonomia nos moldes do antigo sistema português, rejeitava a Carta outorgada e proclamava a Confederação do Equador.

Portanto, a Câmara dos Deputados apenas ratificou a votação dos senadores, apresentando algumas supressões propostas pela Comissão de Legislação, mas que não alteraram a ideia central originada no Senado.[55] A discussão entre os deputados foi tão rápida que ocupou apenas três dias de sessões. A título comparativo, o projeto de Lei de Responsabilidade dos Ministros não se esgotou em menos de dois meses de trabalho ou aproximadamente 40 sessões na Câmara dos Deputados!

Ao retornar ao Senado, as emendas aprovadas pela Câmara foram prontamente aceitas. Mesmo porque, se uma das casas recusasse acatar algumas das proposições, significava o emperramento da matéria, pois somente a reunião da Assembleia Geral resolveria a pendência. Entretanto, conforme demonstramos no capítulo II, este tema foi um litígio entre Câmara dos Deputados e Senado até 1830.[56]

Quanto aos demais Grupos Informais que peticionaram ao Parlamento, eles eram compostos por funcionários de repartição, grupos de comerciantes ou proprietários e por militares, que reivindicavam melhorias nas condições de sobrevivência ou queixavam-se do abuso das autoridades.

No caso dos Particulares, os números da Câmara dos Deputados e do Senado são parecidos. No Senado o quantitativo encontrado foi um pouco maior do que na Câmara. Comparados com os números encontrados por Benedita D. Vieira, podemos dizer que o quantitativo encontrado no Brasil tem uma acentuada presença, ainda que a proporção lusitana fique acima dos 60%.

No geral, enquanto no Brasil o número de petições originadas dos poderes políticos era relativamente pequeno, em Portugal podemos constatar uma substantiva presença de autoridades públicas (cerca de 28%) apresentando demandas. Benedita Duque Vieira explicou que tal fenômeno ocorreu porque as petições portuguesas vinham dos "estratos" mais cultos e politizados da população, que interferiu substancialmente nos assuntos e na vida política portuguesa.[57]

---

55 *Anais da Câmara dos Deputados*, sessões de 18/06/1828, 19/06/1828 e 20/06/1828.

56 Cf. a relação dos projetos emperrados na Câmara dos Deputados. Introdução aos *Anais da Câmara dos Deputados* de 1829.

57 VIEIRA, Benedita Maria Duque. *O problema político português...*, op. cit., p. 54.

No caso português, o número de entidades coletivas é um pouco menor em comparação com o Senado brasílico e cerca de 50% menos do que foi encontrado na Câmara Baixa do Brasil.

O que havia em comum nos dois países (e que reforçava o caráter similar dos movimentos peticionários) foi o número de particulares, que chegou a quase 2/3 em Portugal e mais de 3/4 no Brasil. Tais números corroboram a espontaneidade do movimento e a repercussão alcançada pelo discurso liberal e sobre os direitos do cidadão, conforme salientou Duque Vieira.

No caso brasileiro ainda existem algumas particularidades que merecem observações. Notamos a existência de algumas petições encaminhadas à Assembleia Constituinte com a mesma caligrafia. Uma primeira hipótese sugestionada é a de que estes requerentes eram analfabetos. No entanto, isso é uma questão de difícil solução através de análise dos documentos, visto que não temos meios de corroborar este pressuposto. Uma segunda sugestão para a questão da caligrafia, que não anulava a primeira, é a existência de um oficial da secretaria da Assembleia que tinha a função de receber os documentos ou registrar as demandas apresentadas ao Legislativo. As petições analisadas tinham um ponto de contato: eram de pedido de empregos na Assembleia Constituinte, o que reforça mais a segunda hipótese e menos a primeira. Tanto no particular, quanto no conjunto, não encontramos nenhuma indicação, nem uma marca de "X", que determinasse o caráter de "analfabeto" dos requerentes.

Outra observação também importante diz respeito aos presos. Em muitos casos, estes argumentavam se encontrar incomunicáveis. Neste caso, eles dependeriam de outra pessoa para redigir ou fazer chegar as suas demandas ao Parlamento. Mas aparecia uma questão: como um indivíduo isolado podia fazer chegar uma reclamação ao Parlamento?

Descontando a própria contradição entre isolamento e a possibilidade de redigir ou fazer chegar uma reclamação ao Poder Legislativo, o queixoso teria que dispor de um mensageiro que muitas vezes poderia ser o carcereiro ou pessoa próxima do sistema judicial, como um advogado ou um rábula. Obtivemos pistas das possíveis formas de envio de requerimentos ao Parlamento por parte dos presos, quando deparamos com o relato de um padre, que afirmava ter assinado, como procurador, representações de alguns estrangeiros presos na presinganga da armada nacional.[58] Tentamos localizar o requerimento citado pelo padre, mas não obtivemos sucesso. O fato é que tal procedimento poderia ocorrer sistematicamente, o que revela uma capacidade de o prisioneiro estabelecer um

---

58 *Arquivo Histórico do Senado*, Ano: s/d., Caixa: 9, Maço: 2, Pasta: 5.

contato instigante com o sistema, seja ele através do carcereiro, seja via capelão, abrindo espaço para pensarmos em uma forma de "mediador cultural" entre estes dois mundos tão distantes: a prisão e o Parlamento.[59]

Para o caso português, Duque Vieira não desenvolveu estudos relacionados aos setores econômicos que apresentaram demandas. Já para o caso do Brasil, elaboramos um Quadro a partir das declarações do requerente e com as informações indiretas presentes em muitos dos documentos. Isto nos permitiu montar um perfil geral dos peticionários.

Para efeito classificatório, utilizamos a divisão por setores econômicos desenvolvida por Iraci del Nero e N. H. Nozoe para o período colonial, que para o momento posterior à Independência foi complementada por Gladys S. Ribeiro;[60] esta classificação condiz melhor com as reais condições de existência da sociedade brasileira no período estudado. Há que considerar que se tratava de uma sociedade não capitalista, segundo esses autores. Por setor econômico entendemos os que se relacionavam ao sujeito; quer dizer, "o atributo do indivíduo ao qual se pode imputar o fato de ele auferir (ou possibilitar que outrem o faça) ganhos pecuniários ou em espécie e que o vincula, mediata ou imediatamente, à produção de bens ou serviços".[61]

Quadro XIV – Distribuição das petições por setores econômicos

Setor econômico	Câmara dos Deputados N°.	Câmara dos Deputados %	Senado Imperial N°.	Senado Imperial %
Agricultura e Manufatura Rural	13	4,40	01	0,7
Igreja	15	5,07	07	4,86
Corpo Militar	78	26,35	12	8,33
Profissões Liberais	09	3,04	03	2,09
Magistratura e Empregos Civis	89	30,07	94	65,27
Comércio	29	9,80	09	6,25
Transportes	04	1,35	–	–
Artesanato (manufaturas, artes mecânicas e ofícios)	07	2,36	02	1,39
Mineração de Pedras e Metais Preciosos	–	–	–	–

---

59 GINZBURG, Carlo. "Os pombos abriram os olhos: Conspiração popular na Itália do século XVII". In: *A Micro-história e outros ensaios*. São Paulo: Martins Fontes, 1990.

60 RIBEIRO, Gladys S. *A liberdade em construção...*, op. cit.

61 COSTA, Iraci del Nero da & NOZOE, N. H. "Economia colonial brasileira: classificação das ocupações segundo ramos e setores". In: *Revista Estudos Econômicos*. São Paulo: IPE-USP, 17 (1): 69-87, 1987.

Jornaleiros	–	–	–	–
Serviços em Geral	06	2,02	04	2,77
Atividades do Mar	13	4,40	02	1,39
Rentistas	–	–	01	0,7
Atividades não Classificadas	33	11,14	09	6,25
Total	296	100,00	144	100,00

Nos números acima, o que nos chama a atenção é a acentuada presença de militares, magistrados e empregos civis. Na Câmara dos Deputados, o setor militar representa cerca de 26% das petições, ao passo que magistrados e empregos civis respondem por aproximadamente 30%. Juntos somam algo em torno de 56%.

Queremos destacar a majoritária presença de magistrados e funcionários civis que encaminhavam demandas ao Senado. Enquanto na Câmara dos Deputados se observa um equilíbrio de petições de funcionários militares e civis, no Senado o segundo grupo representa mais de 65% do montante dos documentos declarados ou identificados. Uma hipótese para este fato é a distinção hierárquica no interior do funcionalismo e o papel da magistratura. Enquanto na Câmara dos Deputados aparecem petições de empregados da alfândega, escriturários, amanuenses e praticantes, no Senado os requerentes frequentemente se identificam como: oficial de secretaria, oficiais de secretaria da Bahia, oficiais da Junta da Fazenda Pública da Bahia, oficiais da secretaria do Senado, oficiais da Contadoria da Junta da Fazenda.

Já no corpo militar ocorria uma inversão. Enquanto no Senado se apresentaram cerca de 8% de cidadãos, na Câmara dos Deputados este número saltou para mais de 25%. O corpo militar estava representado por patentes como alferes, capitães, majores e tenentes. Portanto, em sua maioria, eram militares intermediários e não propriamente os do alto escalão ou subalternos.[62] Para se verificar a razão desses militares encaminharem demandas para a Câmara dos Deputados e não para o Senado, seria necessário cruzarmos o conteúdo dessas demandas com a crise política do Império.

A maneira como estas casas se apresentavam ou eram vistas pela população podia determinar a estratégia do cidadão. Conforme já citamos, enquanto a Câmara dos Deputados se mostrava mais afeita às problemáticas dos cidadãos, o Senado tinha uma caracte-

---

62 Considerei a hierarquia estabelecida no Relatório do Ministro da Guerra de 1829, p. 4 e 6: Alferes, 1º tenente, 2º tenente, capitão, major, tenente-coronel, coronel, brigadeiro, marechal de campo e tenente-general. Para uma discussão acerca dos militares, cf. SODRÉ, Nelson Werneck. *História Militar do Brasil*. São Paulo: Editora Civilização Brasileira, 1979.

rística mais sisuda, o que importava em uma imagem menos popular. Ao mesmo tempo, à medida que setores no interior da Câmara chamaram para si a crítica ao Imperador e à administração, simultaneamente atraiu as demandas de grupos que sofriam em face das revoltas, guerras e arrocho nos ordenados.

Inicialmente, supúnhamos que o mecanismo de reprodução da classe dominante se dava no Senado, contudo isso não se verificou. Na realidade, o mecanismo parlamentar era ele próprio um local de proprietários, pois o sistema eleitoral limitava a estes a prerrogativa de participar do jogo político, ainda que existissem políticos menos abastados.

Eleger-se para a Câmara dos Deputados, como já indicaram os estudos de José Murilo de Carvalho, requeria uma ampla capacidade de mobilização e reservas de poder.[63] No caso do Senado, isso requeria uma articulação ainda maior. Para o primeiro Senado, por exemplo, boa parte foi recrutada na antiga Constituinte, homens que tinham visibilidade política, projeção nacional e alinhamento com alguns pontos políticos centrais. Isto ajudou na articulação e mobilização, e garantia que a nomeação pelo Imperador fosse menos arriscada.

Tanto na Câmara quanto no Senado, a presença de petições de membros da Igreja era modesta. Os membros da Igreja tinham um canal direto com a Mesa de Consciência e Ordens, que vigorou até 1828. Depois desta data a administração do clero regular passou para o Ministério do Império. Assim, frequentemente apareceram no Parlamento questões relacionadas à Justiça Civil, problemas de testamentos ou de sesmarias etc. Não eram questões relacionadas à administração religiosa em si.

O quantitativo de negociantes esteve na casa dos 10%, correspondendo a um número modesto se comparado ao dos funcionários ou militares. No caso da Câmara dos Deputados, encontramos representações do Rio de Janeiro, Bahia e Pernambuco, dentre outras localidades. No Senado, as localidades registradas foram Pernambuco, Rio Grande do Sul e Corte do Rio de Janeiro.

Ainda sobre a divisão provincial das petições, pudemos chegar a números que nos ajudam a entender mais uma parte do universo dos requerentes.

---

63 CARVALHO, José Murilo de. *A Construção da Ordem...*, op. cit., p. 106.

Quadro XV – Petições por província

Província	Câmara dos Deputados		Senado Imperial	
	N°.	%	N°.	%
Rio de Janeiro (Corte e província)	39	29,10	26	30,23
São Paulo	20	14,93	8	9,3
Minas Gerais	20	14,93	18	20,93
Pernambuco	16	11,94	5	5,81
Bahia	15	11,20	19	22,1
Rio Grande do Sul	7	5,22	2	2,33
Paraíba	3	2,24	–	–
Ceará	3	2,24	01	1,16
Santa Catarina	3	2,24	–	–
Rio Grande do Norte	2	1,49	01	1,16
Alagoas	2	1,49	–	–
Pará	1	0,75	–	–
Montevidéu	1	0,75	–	–
Sergipe	1	0,75	02	2,33
Goiás	–	–	02	2,33
Maranhão	1	0,75	01	1,16
Mato Grosso	–	–	01	1,16
Total	134	100,00	86	100,00

Sobressaem, portanto, as petições vindas da Corte e da província do Rio de Janeiro. Tanto na Câmara dos Deputados quanto no Senado elas somam cerca de 30% do total dos documentos identificados. O peso da capital pode ser explicado pela disseminação de informações. Era na Corte que se concentravam os principais periódicos. Sendo assim, em se considerando um movimento constitucionalista preponderantemente letrado, a demanda maior recairia sobre a região onde a circulação de ideias era feita com mais intensidade. Do mesmo modo, a Corte era o palco central dos acontecimentos políticos, o que pode ter contribuído para que a ação dos cidadãos fosse mais efetiva.

No caso da Câmara dos Deputados, ressaltamos a ausência de apenas quatro províncias do Império: Espírito Santo, Goiás, Mato Grosso e Piauí. Já para o Senado, constatamos a falta de demandas oriundas da Paraíba, de Santa Catarina, de Alagoas e do Pará. Nesta mesma casa, houve uma pequena variação na ordem das províncias, sobressaindo a da Bahia, seguida de Minas Gerais.

Embora não se possa fazer uma relação direta entre economia e o quantitativo das representações, constata-se que o maior número de petições vinha das principais províncias do Império. Nestas regiões estava presente grande quantitativo de funcionários públicos estacionados nas alfândegas e na burocracia imperial. Conforme salientamos no capítulo anterior, a crise econômica que atingiu o Império depois de 1829 levou à necessidade de o governo extinguir cargos e cortar funcionários. Do mesmo modo, como veremos com vagar mais adiante, o aumento do custo de vida teve um impacto tanto para os cidadãos comuns, quanto para os funcionários que acorreram ao Parlamento para reivindicar melhorias salariais.

A partir de 1829 o governo também agiu cortando postos militares. O fim da Guerra da Cisplatina, a instabilidade dos soldados adventícios, sobretudo dos portugueses, alemães e irlandeses, somadas às duras críticas da oposição em relação ao grande número de ádvenas presentes no Exército, levou à extinção dos batalhões de estrangeiros e, posteriormente, à dispensa de centenas de militares brasileiros. Tal situação atingiu São Paulo, Rio de Janeiro e Rio Grande do Sul, que foram as regiões com maior número de homens envolvidos nas hostilidades entre o Brasil e as Províncias Unidas do Rio da Prata (Argentina).

Nessas petições ainda constatamos a presença de proprietários do Rio de Janeiro, Pernambuco e da Bahia, principalmente dos produtores de cana-de-açúcar que foram atingidos pela forte retração econômica que levou ao decréscimo daquele produto no mercado externo. Algumas petições continham centenas de assinaturas.[64]

Quadro XVI – Assuntos apresentados nos requerimentos

Assunto	Câmara dos Deputados Nº.	%	Senado Imperial Nº.	%
Administração	186	40,00	82	40,60
Justiça Civil/Criminal	118	25,37	67	33,17
Pedido de emprego	59	12,69	33	16,33
Sesmaria	13	2,80	–	–
Memória/invento	12	2,58	–	–
Escravo	08	1,72	1	0,50
Pedido de naturalização	04	0,86	–	–
Outros	65	13,98	19	9,40
Total	465	100	202	100

---

64 Petição dos Senhores de engenho e aguardentes – Arquivo Histórico da Câmara dos Deputados – Plano de Descrição e Identificação de Documentos (PDID), 475/1826; e petição de José Manuel Franco e demais proprietário de secos e molhados – Arquivo Histórico da Câmara dos Deputados – Plano de Descrição e Identificação de Documentos (PDID), 557/1826.

Há uma assimetria das alegações apresentadas na Câmara dos Deputados e no Senado acerca do tema Administração. Encontramos 40% das petições encaminhadas à Câmara temporária e 40,59% ao Senado. Neste caso chamam a atenção os assuntos relacionados ao orçamento de 1830, pedidos de aumento salarial, promoções e muitos questionamentos de funcionários provinciais.

Já no que se refere à Justiça Civil/Criminal, encontramos uma pequena variação de 25,38% para a Câmara dos Deputados e 33,17% para o Senado. Trata-se de um dos principais pontos relacionados aos direitos do cidadão. É aqui que podemos afirmar que se dava importância ao sistema constitucional e ao peso da Assembleia Geral, o que era bem distinto com relação ao Antigo Regime. São assuntos constantes os que tocavam a soberania, a problemática da divisão de poderes, as reformas institucionais, a dissolução do Desembargo do Paço, a criação do Supremo Tribunal de Justiça, o abuso das autoridades e as prisões sem culpa formada.

Se fizermos um cruzamento entre os Quadros XIV e XVI, veremos que parte dos funcionários civis, militares e eclesiásticos encaminhava questões de ordem não administrativa. Muitas delas estavam relacionadas a assuntos de Justiça Criminal ou Civil. Eram demandas contra superiores ou alegações de injustiças cometidas por autoridades. Boa parte destes queixumes entraria na cota do Poder Judiciário. No entanto, duas coisas aconteciam. A primeira de ordem meramente institucional. Tratava-se de um momento onde as instituições do Antigo Regime estavam em vias de extinção. O Estado assumia uma nova feição institucional. Decorria uma segunda questão: as confusões e os conflitos jurisdicionais. Tanto os cidadãos comuns quanto os funcionários acorreram ao Parlamento com o intuito de angariar apoios para as suas causas. Uma das mudanças mais sentidas pelos cidadãos foi a extinção do Desembargo do Paço, isto porque a lei que criou o Supremo Tribunal de Justiça continha elementos conflituosos e passíveis de dúvidas. Veremos este ponto mais adiante.

Foram de 12,69% e 16,33% os percentuais relativos aos pedidos de emprego. Esse é um assunto aparentemente fortuito, mas que pode revelar decisivas informações sobre a noção de cidadão/súdito e vassalo que se tinha, ou seja, mostra uma clara imbricação entre o Antigo Regime e os novos tempos que se desenhavam.

As demandas de sesmarias representaram apenas 2,8% e 0,5% das petições apresentadas à Câmara dos Deputados e ao Senado Imperial, respectivamente. Contudo, o seu valor qualitativo é extremamente importante, uma vez que era através deste expediente que se instalava colonos estrangeiros no Brasil.

Ainda na Assembleia Constituinte o tema ocupou parte dos debates, sendo que José Bonifácio e Nicolau Pereira Campos Vergueiro apresentaram algumas considerações sobre o tema. Naquela ocasião já apareceriam requerimentos relacionados ao tema. Com a abertura do Parlamento, a questão voltava ao debate. Vergueiro apresentou um projeto de regulamentação das posses antigas, além de estabelecer um ordenamento para as futuras ocupações.[65]

O cidadão continuava a remeter questões para o Parlamento, que não votou nenhum instrumento regulamentar a respeito. Como se sabe, somente no ano de 1850 é que a questão passou a ser tomada de forma definitiva, estabelecendo-se uma lei regulamentar acerca da posse da terra. Portanto, o tema surgia no decênio do Primeiro Reinado como uma questão explosiva e conflituosa. Muitas vezes os cidadãos entendiam que o Poder Legislativo deveria atuar como árbitro da questão. No entanto, e como se verá, o Parlamento jogava o problema para o Poder Executivo. Parece que esta era uma questão que não dizia respeito à soberania, ao menos este era um discurso aparente.

Com relação aos escravos ou às questões relacionadas às suas vidas, registramos um baixo quantitativo de petições. Havia basicamente duas situações. Petições elaboradas por escravos (ou por seus representantes) e petições relacionadas a eles, tais como fugas, vendas indevidas etc.

O estudo de Keila Grinberg[66] para este período revelou que um dos possíveis caminhos encontrados pelos escravos para a aquisição da liberdade se deu através da Justiça. No caso do Poder Legislativo, o assunto tem que ser visto por outro ângulo. Conforme demonstramos no capítulo I, muitos tratavam o tema como tabu, um ponto que não podia ser tocado em face do clima explosivo nas ruas e pelo temor de que a escravaria se rebelasse. A relação entre o escravo, a liberdade e o direito era considerada, na sua essência, um chamamento às tensões no que dizia respeito aos libertos ou aos africanos, podendo instigar insatisfações nas ruas. Portanto, era comum o tema ficar sublimado para que não surgissem demandas que pudessem causar radicalismos. Ao contrário do que supúnhamos, o caminho do Parlamento não foi tão atrativo para os cativos. Suas formas de luta incluíam o recurso

---

65 *Anais da Câmara dos Deputados*, sessão de 03/06/1826.
66 GRINBERG, Keila. *Liberata – A lei da ambiguidade: Ações de liberdade da Corte de Apelação do Rio de Janeiro no século XIX*. Rio de Janeiro: Relume-Dumará, 1994.

à Justiça e o reconhecimento tácito da alforria por parte dos antigos proprietários, conforme nos mostrou Hebe Matos,[67] ou o caminho da rebelião.[68]

No Quadro XVI, o item Outros trata das questões esporádicas, mas que também tinham a sua importância, tal como o manifesto da Sociedade Defensora da Liberdade e Independência, manifestos de cidadãos pedindo anistia política de outros cidadãos, pedidos de promoção militar, reclamações gerais de estrangeiros e indenizações referentes a cargas em navios.

Ao "Soberano Congresso"

De fato os cidadãos viam o Poder Legislativo como um órgão especial. Muitos o tratavam como o "Soberano Congresso". A expressão foi utilizada no Brasil em similitude ao movimento português por ocasião da instalação das Cortes Constituintes. Segundo Isabel Nobre Vargues, era uma expressão enfática e que pretendia melhor precisar a noção de que a primeira Assembleia parlamentar era (ou devia ser) o principal detentor do poder político. Assim, refletia uma secundarização do termo Cortes, já que este último evocava uma realidade passada.[69]

Transplantada para o Brasil, a expressão aparecia nas falas de alguns tribunos brasilienses através do jornal *Revérbero Constitucional Fluminense*. A expressão foi utilizada de forma a substituir o termo "Cortes Constituintes". Após a proclamação da Independência seu uso apareceu algumas vezes na Assembleia Constituinte de 1823. Foi o caso do discurso de apresentação do projeto sobre festividades nacionais, encaminhado pelo deputado baiano Antônio Ferreira França, que se referia ao Parlamento de forma genérica.

Algumas lideranças políticas usaram o termo enfaticamente. Assim se referiam à Assembleia Constituinte como o "Soberano Congresso" os requerentes João da Rocha Pinto, Domingos Alves Branco Muniz Barreto e outros presos na Ilha das Cobras. Estes solici-

---

67 Mattos, Hebe Maria. "A escravidão moderna nos quadros do Império português: o Antigo Regime em perspectiva". In: Fragoso, J.; Bicalho, M. F. e Gouvêa, M. F. (orgs.). *O Antigo Regime nos trópicos: A dinâmica imperial portuguesa (séculos XVI-XVIII)*. Rio de Janeiro: Civilização Brasileira, 2001, p. 160.

68 Reis, J. J. *Rebelião escrava no Brasil. A história do levante dos malês (1835)*. São Paulo: Editora Brasiliense, 1986; e Reis, João José, e Silva, Eduardo. *Negociação e conflito*. São Paulo: Editora Brasiliense, 1997.

69 Vargues, Isabel Nobre. *A aprendizagem da cidadania em Portugal (1820-1823)*. Coimbra: Minerva História, 1997, p. 201.

taram que a petição fosse distribuída a todos os membros da casa. No conteúdo, arguiram encontrarem-se presos depois de uma devassa instalada por ordem de José Bonifácio. Pediram apoio à posição de alguns tribunos que criticavam aquele expediente.[70] Aqui a expressão "Soberano Congresso" podia ser compreendida como espaço para manifestação e de luta contra a opressão do velho sistema.

Outra figura política pernambucana que se valeu largamente do termo foi Frei Caneca. O eclesiástico usava-a de forma genérica para designar a Assembleia Constituinte brasileira. Em outros momentos, substituía-o por temos como "Representação Nacional", "Congresso Soberano" e "Supremo Congresso".[71]

Conforme exemplificamos acima, o termo fazia parte do vocabulário de conhecidas figuras políticas. No entanto, seu uso extrapolaria estes limites, sendo utilizado por cidadãos comuns. Assim, em situações de simples pedido de emprego podia-se encontrar cidadãos valendo-se da expressão "Soberano Congresso". Foi o caso, por exemplo, de João Clemente Vieira Souto e Francisco Gonçalves dos Santos, que procuravam o "Soberano Congresso" como um abrigo para lhes arrumar meios de subsistência através de um emprego na secretaria do dito Parlamento.[72]

O termo também era utilizado em situações mais complexas, depois da abertura da Assembleia Geral, em 1826. Foi o caso de José Manuel Franco e outros proprietários de secos e molhados de Recife. Cansados de serem frequentemente aliciados pelo guarda-mor da saúde daquela cidade, afirmavam os suplicantes que estavam "persuadidos de que semelhantes procedimentos não podem ser filhos da lei". Segundo os requerentes, depois de procurarem a Justiça e tribunais da província, não obtiveram uma resposta a contento. Indagavam sobre a permanência das arbitrariedades: como "se pode elevar o despotismo no meio de um Governo doce e liberal como é o constitucional"? Encaminhavam suas demandas ao "Soberano Congresso" para que o mesmo tomasse em consideração as suas

---

70 *Diários da Assembleia Constituinte*, sessão de 02/06/1823.

71 CANECA, Frei. "Sobre os projetos despóticos do ministério do Rio de Janeiro". In: MELLO, Evaldo Cabral de. *Frei Joaquim do Amor Divino Caneca*. São Paulo: Editora 34, 2001, p. 190-209, p. 191; 196; 197; 203.

72 Petição de João Clemente Vieira Souto – Arquivo Histórico da Câmara dos Deputados (AHCD) – Inventário Analítico – AC 1823/26/1 e Petição de Francisco Gonçalves dos Santos – AHCD – Inventário Analítico – AC 1823/26/1.

súplicas, objetivando que "possam os súditos ter todos os meios de serem instruídos nas Leis porque devem dirigir suas ações".[73]

Portanto, acudir à Câmara dos Deputados passou a significar a possibilidade de respostas para os males da política e da sociedade. Capaz de se apresentar como uma instituição blindada e preparada para dar conta das demandas políticas que afligiam a vida cotidiana, ao menos esse parece ser o entendimento da época e que se depreende da análise das petições.

Além de o "Soberano Congresso", era comum a Assembleia Constituinte e o Parlamento (especialmente a Câmara dos Deputados) receberem outras designações. Joaquim Bernardino de Moura encaminhou ao "sagrado asilo dos oprimidos" um pedido de amparo e proteção em face do arbítrio do Tribunal do Conselho de Justiça, "um monstro devorador, que toda a autoridade, poder e força da Constituição não pode ainda extinguir". Segundo alegava, aquele tribunal não lhe concedeu o direito de revista em um processo formulado pelo capitão Miguel de Frias Vasconcelos. Segundo Bernardino de Moura, tal expediente era tão arbitrário que colocava em risco a sua liberdade, pois ele perdia o direito de defesa.[74]

O reclamante valia-se de uma argumentação que cativava alguns membros da Câmara dos Deputados. Ferrenhos críticos em relação aos tribunais e comissões militares, muitos deputados argumentavam que ele não tinha utilidade. Servia apenas para oprimir e cercear os direitos individuais através de prisões arbitrárias. A vinculação que se fazia do Tribunal era que ele representava a continuação de antigas práticas jurídicas de um passado que se pretendia extirpar. O ponto central de ataque às comissões dizia respeito à suspensão do *habeas corpus* ou à liberdade individual do cidadão.[75]

Não se contentando em reclamar, ao fim da sua longa argumentação, o requerente apresentava duas proposições. A primeira que a Câmara não formulasse nenhuma lei, mas interpretasse a Constituição que outorgou ao Poder Moderador algumas atribuições, ainda utilizadas pelo Tribunal do Conselho de Justiça. Este pedido tinha como ponto central a aceleração da demanda. Se o Parlamento fosse legislar sobre o assunto, possivelmente o requerente corria o risco de ficar detido; ao passo que, se houvesse uma indicação ao Poder Moderador (que tinha a prerrogativa de conceder "graça"), o pedido de vista requerido por Bernardino de Moura poderia ser concedido.

---

73 Petição de José Manuel Franco e demais proprietários de secos e molhados – *Arquivo Histórico da Câmara dos Deputados – Plano de Descrição e Identificação de Documentos* (PDID), 557/1826.

74 Petição de Joaquim Bernardino de Moura – AHCD – PDID, 832/1827.

75 *Anais da Câmara dos Deputados*, sessão de 22/05/1826.

A segunda proposta era mais política, uma vez que o requerente solicitou que os autos fossem encaminhados ao Legislativo. A intenção de Bernardino era de que os parlamentares examinassem todo o processo para "conhecer-se a verdade de todo o exposto". Politizava sua demanda ao entender que o Parlamento poderia fazer da sua queixa um exemplo "para que cada um se contenha nos justos limites de suas jurisdições". Dessa forma, o requerente transformava a Câmara dos Deputados em outro tribunal, capaz de se aproximar do que era mais justo e correto.

As noções de justo e correto frequentemente acompanhavam as designações positivas dadas ao Parlamento. Muitas das demandas que argumentavam os exageros dos tribunais e das autoridades estavam repletas de expressões positivas em relação à Câmara dos Deputados. Na demanda do major Ricardo e de outros 24 presos, oficiais dos batalhões de linha (12 alferes, sete capitães e cinco tenentes) da província de Pernambuco, estes argumentaram estar presos desde setembro de 1824, nas cadeias do Rio de Janeiro, sem que as autoridades lhes atribuíssem qualquer culpa. Pediam ao "paládio da liberdade", à "soberana assembleia", que lhes restituíssem a liberdade.[76]

A petição foi apresentada em um momento delicado e propício, pois chegava por ocasião da instalação dos trabalhos da Câmara dos Deputados. Embora houvesse uma hesitação por parte de alguns tribunos em não melindrar desde já a relação entre Legislativo e Executivo, o clima se transformava quando se tratava de questões relacionadas aos direitos individuais. Muitos tribunos se exaltavam e, com frequência, eram eloquentes na defesa da Constituição e dos direitos civis. Lino Coutinho, por exemplo, era firme na ideia de que os poderes não poderiam intrometer-se uns nos outros. Entretanto, ao surgir denúncias de ataques aos direitos do cidadão, dizia ele que era "necessário que saiba todo o Brasil que esta Câmara é o sustentáculo das suas garantias, que logo que se ataque as garantias do cidadão, esta Câmara será sempre o seu defensor".[77]

Mesmo depois da Abdicação de D. Pedro I aparecem referências positivas de requerentes em relação à Câmara dos Deputados. Demétrio Graciano de Souza Mattos, morador de Barbacena, reclamava do baixo valor da moeda que por lá circulava e do quanto tal situação impactava sobre a vida e a produção da província, e sobre as exportações. Pedia remédio para se evitar "os clamores populares" e que a "soberana representatividade" decretasse uma lei tornando fixa a cobrança das exportações e estabelecendo um prazo

---

76 Petição do Ricardo e outros presos – *Anais da Câmara dos Deputados* (ACD), sessão de 06/06/1826.

77 *Anais da Câmara dos Deputados*, sessão de 06/06/1826.

correto para os mesmos pagamentos, a fim de aliviar o sufoco daqueles que produziam aguardente e fumo.[78]

Os parlamentares eram vistos por alguns como "pais da pátria", como por Isabel Coelho Carapeba, que tivera seu marido "expatriado por haver sido um dos sentenciados e banidos pela Comissão Militar, que tão longe leva seus inimigos o ódio e a vingança, que vão de cúmplice na revolução desta Província" de Pernambuco. Levava o seu suplício para aquele "Areópago da Soberania", para que lhe desse remédio daqueles creditados aos cidadãos.[79]

"Defensores dos Direitos Públicos e individuais dos Cidadãos Brasileiros",[80] "Paládio da Liberdade", "Soberana Representatividade", "Sagrado Recinto", "Sagrado Asilo" e "Soberano Corpo Legislativo" ou "Soberano Congresso" eram nomes dados à então Assembleia Constituinte e ao Poder Legislativo no Brasil pelos requerentes e peticionários.[81] No decorrer dos anos, estas designações foram atribuídas principalmente à Câmara dos Deputados, que soube chamar para si o desejo de centralidade no jogo político, fosse pela gestação de uma nova identidade da classe dominante que ia se formando, seja pelo processo de formação do Estado, que ganhava os primeiros contornos naquela década.[82] Enfatizaram, primeiramente, uma linha de mudanças ou de transições que vinham sendo operadas, desde pelo menos os primeiros anos da década de 1820. Indica, inclusive, uma compreensão do cidadão a partir de um clima social de otimismo quanto ao papel ativo que os indivíduos poderiam assumir. Por último, sinalizaram para um novo *lócus* do poder político, que não mais se irradiava a partir de um único foco.

Ao invocar ao "Soberano Congresso" ora como árbitro, ora como irradiador de novos direitos, os cidadãos contribuíam, ainda que indiretamente, para o fortalecimento daquela

---

78 Petição de Demétrio Graciano de Souza Mattos – AHCD – Ano: 1831, Lata: 58, Maço: 8, Pasta: 8.

79 Petição de Isabel Coelho Carapeba – AHCD – PDID, 1000/1827.

80 Petição dos estudantes do Imperial Colégio de São Joaquim – AHCD – Ano: 1831, Lata: 58, Maço: 8, Pasta: 5.

81 Jornais como o *Revérbero Constitucional Fluminense* exploram estas designações. Cf. *Revérbero Constitucional Fluminense*, 15/10/1821, 01/11/1821, 15/11/1821 e 01/01/1822. Esta mesma compreensão se encontra nos escritos de Frei Caneca; cf. "Sobre os projetos despóticos do Ministério do Rio de Janeiro". In: MELLO, Evaldo Cabral de. *Frei Joaquim do Amor Divino Caneca*. São Paulo: Editora 34, 2001, p. 190-220; p. 191, 196, 197 e 203.

82 LENHARO, Alcir. *As tropas da moderação: o abastecimento da Corte na Formação Política do Brasil, 1808-1842*. Rio de Janeiro: Secretaria Municipal de Cultura, Turismo e Esporte, Departamento Geral de Documentação e Informação Cultural, Divisão de Editoração, 1993, em especial a "Introdução".

instituição política. Como indicamos no capítulo II, a crise política que envolveu o Imperador e o Poder Legislativo (e mesmo entre as duas casas legislativas) chegou a um tom crítico entre 1829-1831. Não por acaso, foi o momento em que as petições e requerimentos ganharam maior impulso.[83]

As novas noções de direito: os Direitos do Cidadão

Se os requerentes viam o Parlamento como uma das possibilidades de recurso e de refúgio para suas demandas, isto se deveu às transformações ocasionadas a partir da Revolução do Porto e à extrapolação da propaganda sobre a autonomia e sobre a liberdade desenvolvida pela recém-criada imprensa e pelos tribunos, que não se cansavam de propagar essas novas ideias. Estas criaram um universo de expectativas, que reforçavam o lento reconhecimento de direitos e de conflitos sociais existentes no interior daquela sociedade. Os indivíduos, diante dos conflitos políticos do Primeiro Reinado, passaram a se ver como membros de uma sociedade.

É claro que este entendimento encontrou resistência em boa parte dos políticos ocupantes de cadeiras no Parlamento. Conforme salientamos no primeiro capítulo, as concepções ali predominantes primavam pelo reconhecimento dos direitos civis, limitando os direitos políticos aos homens mais esclarecidos da sociedade. No entanto, devemos ressaltar que a resistência de parlamentares demonstrava uma tensão latente, expressada especialmente pelo temor da escravaria, dos libertos e dos grupos menos abastados em reivindicar os direitos de cidadãos. Foi o que ilustramos no capítulo I, quando localizamos a preocupação de parlamentares como José da Silva Lisboa, José de Alencar e Muniz Tavares por ocasião da discussão da alínea 6ª do 5º artigo do projeto de Constituição, em 1823. Muniz Tavares, por exemplo, alertava para alguns discursos que poderiam incitar a escravaria contra os proprietários.

Os deputados não deixavam de ter razão. Historiadores têm mostrado o impacto do processo de Independência para as camadas inferiores da sociedade, sobretudo para os mestiços. A Independência criou um horizonte de autonomia e liberdade que os colocava distantes dos escravos africanos, projetando alcançar uma possível liberdade. Em "O jogo duro do dois de julho", João José Reis e Eduardo Silva relataram as palavras de um viajante francês que, por ocasião dos debates da Independência, lançava um alerta para a classe

---

83   Cf. o Quadro 1 do capítulo.

dominante. Segundo o anônimo, "todos os brasileiros, e sobretudo os brancos, não percebem suficientemente que é tempo de se fechar a porta dos debates políticos, às discussões parlamentares?". O viajante temia as repercussões da disseminação das ideias revolucionárias como direitos dos homens, igualdade e, principalmente, liberdade.[84] Reis afirmara que os crioulos ansiavam por coroar seus pequenos privilégios na escravidão com a conquista final da liberdade e, oportunamente, da cidadania no Brasil independente.[85]

Longe de incidir apenas sobre a escravaria, os ideais de liberdade e de igualdade perante a lei também eram elementos que influenciavam brancos livres pobres e outros grupos que se encontravam fora da sociedade política. Pelo cotidiano de discussões políticas na imprensa, no Parlamento e nas ruas, podiam avaliar as possibilidades de ampliação de seus direitos com a mudança qualitativa do "antigo governo" para o novo sistema político que se implantava no Brasil.

Segundo Gladys Ribeiro, este desejo podia ser caracterizado como um "constitucionalismo popular". A liberdade significava a igualdade de participação enquanto "patriota" e direito à autonomia. Segundo a historiadora, este não foi um desejo exclusivo dos escravos. Atingia com igual força homens livres pobres, muitos deles portugueses de nascimento. O "viver sobre si" era um direito que se reportava à autonomia, que "estaria no meio do caminho entre o que entendemos hoje por direito civil e por direito político".[86]

O processo de Independência criou uma situação dúbia para os grupos que forjaram a autonomia brasileira. Se por um lado era fácil o discurso contrário à escravização do Brasil por parte de Portugal, por outro lado criava-se um dilema: como não "contagiar" os brancos livres pobres, libertos e escravos com as ideias de liberdade e direitos civis e políticos?

A propaganda política disseminada pelos jornais e pelos debates parlamentares contribuía para a disseminação de valores como a liberdade, a igualdade de todos perante a lei, que saíam do controle dos grupos que os irradiavam e constantemente provocavam conflitos que foram capazes de fazer amadurecer e (ainda que em um processo não linear)

---

84 REIS, João José; e SILVA, Eduardo. "O jogo duro do dois de julho". In: REIS, João José; e SILVA, Eduardo. *Negociação e conflito...*, op. cit., p. 91.

85 *Idem*, p. 93.

86 RIBEIRO, Gladys S. "Nação e cidadania em alguns jornais da época da Abdicação: uma análise dos jornais O Républico e o Tribuno do Povo". Seminário Internacional do Centro de Estudos do Oitocentos, UERJ, 2007, digitado, p. 5-6.

contribuir para uma tomada de consciência de muitos setores sociais que estavam à margem do sistema político.[87]

Operava-se uma tomada de consciência por parte dos grupos excluídos da sociedade política. A sua forma de evolução se expressou nomeadamente pela dicotomia entre o presente e o passado. O passado se relacionava, dentre outras características, como "despótico", "arbitrário" e de "privilégios", ao passo que o presente era visto como o da "liberdade", da "Constituição", da "Lei", da "Justiça" e dos "Direitos".

Encaminhar uma demanda para o Parlamento significava exigir uma explicação das autoridades. Abria-se a possibilidade de que o Legislativo inquirisse os responsáveis dentro do Poder Executivo. Pressionava-se para que as soluções fossem rápidas. A tomada de consciência se expressou, então, através da consciência de se ter direito. No entanto, recorrer ao Parlamento indicava mais uma estratégia de pressão do que propriamente uma busca de solução.

O que percebemos nos requerimentos é uma ação em torno do sentido do direito. Não um direito comum, mas do direito do cidadão. "Direito de socorro" que o cidadão acreditava ter ao recorrer aos Augustos e Digníssimos Senhores Representantes da Nação. Esta foi a estratégia utilizada por Luiz Gomes que, nos primeiros dias após a instalação da Assembleia Constituinte, encaminhou uma petição para que a mesma tomasse providência em relação à sua condição. Ele dizia estar preso na cadeia pública do Rio de Janeiro desde 1821. Arguía que as autoridades não tomaram qualquer medida para acelerar a devassa que foi aberta.[88]

Para o cidadão, ter direito era garantir o acesso ao Parlamento através dos mecanismos legais estabelecidos pela Constituição, isto é, o direito de petição. João Antônio Calvet re-

---

87 Partilho das ideias de E. P. Thompson segundo as quais as classes inferiores da sociedade tomam consciência da sua realidade pelo seu modo de vida e por sua relação com os demais grupos sociais, portanto, a partir da sua experiência. Destaca-se ainda a noção de economia moral, irradiada a partir de valores que as classes subalternas encontram no discurso dominante, transformando-a e adaptando-a de acordo com os seus interesses. A consciência seria, portanto, um produto social e continuará a sê-lo enquanto houver homens. Cf. THOMPSON, E. P. *A Formação da classe operária inglesa*. 3ª ed. Rio de Janeiro: Paz e Terra, 1987, vol. 1, p. 10; e THOMPSON, E. P. "A economia moral da multidão inglesa no século XVIII". In: THOMPSON, E. P. *Costumes em comum: Estudo sobre a cultura popular tradicional*. São Paulo: Companhia das Letras, 1998, p. 150-202.

88 Petição de Luiz Gomes, Diários da Assembleia Constituinte 1823, sessão de 27/05/1823 e Petição de Galdino José Bezerra – AHCD – Ano: 1831, Lata: 59, Maço: 12, Pasta: 2.

presentou à Câmara pelo direito de petição para que os parlamentares declarassem nulas as sentenças proferidas contra ele.[89]

Mariano Silvino e outros empregados públicos, eclesiásticos, civis e militares da Câmara de Sabará assim se expressaram ao Senado Imperial:

> Os funcionários sofreram por longos anos a pesada força do despotismo, esta que protegeu homens ignóbeis, vorazes abutres...aparece a melhor de todas as épocas, aquela da Liberdade Legal, que derramou o bálsamo consolador no coração daqueles infelizes, e porque.... pacientes sofreram antigos males na esperança de seus remediados... [grifos meus][90]

Construía-se uma divisão conceitual entre o passado e o presente. O passado era descrito como o momento onde o despotismo esmagava os homens. Segundo definição dos peticionários, as ações das autoridades tinham uma valoração negativa e opressora, uma vez que empregados eram descritos como "homens vorazes, cruéis e repugnantes", pois tinham a intenção de "oprimir a todos".

Em contrapartida, descrevia-se o período constitucional como uma época de "liberdade legal", um "bálsamo consolador", que surgiu para "aliviar os corações dos infelizes". O recurso apresentado mostra ainda a resignação do cidadão que, mesmo diante do peso opressor do poder, aguardava pacientemente pelo momento em que a liberdade iria surgir. Portanto, constrói-se uma noção de legalidade e de respeito à lei e à ordem, ainda que esta cause flagelos e opressões.

No momento posterior à Abdicação, o clima de euforia e de expectativas motivou muitos deputados a acreditar que estava em curso um processo de libertação da Nação. Operava-se uma revolução por parte dos brasileiros contra o domínio das atitudes ímpias do então Imperador Pedro I.

Foi sob estas expectativas de transformações, de liberdade e de direitos que Joaquim Pinto e Nicolau José Marques, residentes na Corte do Rio de Janeiro, peticionaram à Câmara dos Deputados, em 1831.

---

89 Petição de João Antônio Calvet, *Diários da Assembleia Constituinte 1823*, sessão de 27/10/1823.

90 Petição de Mariano Silvino e outros funcionários da Câmara de Sabará, Arquivo Histórico do Senado – AHS – Ano: 1832, Caixa: 21, Maço: 3, Pasta: 5.

> Avista da razão que lhes assiste, porém tudo lhes tem sido infrutífero, porque só encontraram o reinante despotismo, e a inventada arbitrariedade daquele tempo, agora porém, que os representantes em vista os multiplicados exemplos com que esta Augusta e Digníssima Câmara tem decidido matérias do país...[grifo meu][91]

O trecho acima revela a acurada análise política do processo político de transição que se delineava a partir de 1831. Os requerentes apresentaram uma distinção entre o passado recente e o presente, que prometia novos comportamentos com relação aos direitos do cidadão.

Os cidadãos faziam um tipo de discurso concernente com a realidade. Faziam um tipo de discurso coerente com a realidade. Dito de outro modo, estamos afirmando que sempre existia uma avaliação do quadro político por parte dos requerentes. Setores da sociedade se mostravam conscientes sobre o que representava a transição política após o 7 de abril.

Foi desta forma que os moradores do curato de Barra Mansa se expressaram. Em petição carregada de termos como "justo", "direito" e "constitucional", diziam-se desejosos de ver a sua localidade se elevar a vila. Colocavam-se como coautores na luta contra a opressão absolutista e afirmaram ter coadjuvado na "gloriosa Restauração da Liberdade no sempre memorável dia Sete de Abril".[92] Procuraram atrair os tribunos demonstrando as suas filiações, pois se diziam "assinantes de periódicos liberais". Estas eram alegações argutas em momento que exigia argumentos pertinentes às transformações políticas pelas quais passava o Império.

José Delamis, cidadão italiano, apresentou aos "beneméritos e constitucionais deputados" sua queixa contra as autoridades da vila de Campos. Alegava "sofrer de uma prisão despótica", estando preso na cadeia do Rio de Janeiro há mais de 32 meses. Segundo o requerente, tolerava "silenciosamente os cruéis efeitos da calúnia e da intriga forjado pelos inimigos que tendo o menoscabo os *individuais direitos de homem* honesto".

Consciente de que sua demanda exigia construir uma polaridade, dizia que a razão para tal estado era o "desenfreado despotismo" que grassava na vila de Campos e nas suas autoridades, pois havia tentado reclamar das injustiças praticadas junto ao juiz da vila. No entanto, não conseguiu sensibilizar o magistrado. Atribuía tal desconsideração ao fato de

---

91 Petição de Joaquim Pinto e Nicolau José Marques – AHCD – Ano: 1831, Lata: 69A, Maço: 45, Pasta: 2.
92 Petição dos Habitantes do Curato de São Sebastião de Barra Mansa – AHS – Ano: 1832, Caixa: 24, Maço: 4, Pasta: 7.

ser o juiz um "homem ímprobo e sem consciência, surdo às vozes da razão e da justiça" e concluía um "homem que Portugal tem produzido".

O requerente juntava todos os temas que poderiam causar comoção em alguns setores no interior da Câmara dos Deputados. Conforme demonstramos anteriormente, as críticas às autoridades locais eram comuns entre os setores da oposição, pois, segundo tribunos como Odorico Mendes e Custódio Dias, muitas vezes estas autoridades atuavam contra o sistema representativo, e a favor do despotismo.

Como estrangeiro, José Delamis salientava a sua condição de indivíduo possuidor de direitos.[93] Ao peticionar, recolocava a discussão sobre a distinção entre direito e proteção que deveria ser dispensada aos não brasileiros. Esta discussão apareceu pela primeira vez nos debates iniciais do Senado Imperial, em 1826. Foi por ocasião da discussão do projeto sobre naturalização de estrangeiros. Naquele momento, receosos pelo quantitativo de portugueses que poderiam aportar no Brasil, muitos tribunos eram contrários à ideia de que adventícios (principalmente os africanos) fossem portadores de direitos.[94]

A petição de Francisco Antônio de Sá Barreto[95] guarda uma especificidade em relação aos direitos do cidadão e pelo tipo de argumentação que construiu. Natural de Pernambuco, considerava-se prejudicado nos seus "direitos pecuniários e direitos políticos". Dizia estar protegido pelo direito de petição, que lhe facultava o dever de reclamar pela justiça.

Sá Barreto dizia ter entrado nas fileiras do corpo militar em 1801, quando ainda morava em Pernambuco. "Fiel cumpridor das leis" e "submisso ao regulamento militar", "teve sempre o maior Império sobre seu coração, que todas as considerações". Tal fidelidade ao exercício militar, somado ao seu amor pela pátria, teria motivado a sua entrada na Revolução de 1817, pois "via a pátria gemer debaixo de um Governo opressor, e colonizador". Diante da dura perseguição promovida pelo governo, pelos "agentes da tirania, sobretudo o general Luiz do Rego", foi obrigado a se refugiar nos Estados Unidos da América, ficando naquele país até o ano de 1820, quando tomou conhecimento dos movimentos que libertavam as Américas,

> E nutrindo sempre em seu coração os puros, e nobres sentimentos da Independência, e liberdade legal do Brasil, não lhe restando outras es-

---

[93] Petição de José Delamis – AHCD – Ano: 1831, Lata: 58, Maço: 9, Pasta: 2; e petição de Antônio Joaquim de Oliveira – AHCD – Ano: 1830, Lata: 44, Maço: 6, Pasta: 2.

[94] Cf. a discussão efetuada no cap. 1. Veja os *Anais do Senado*, sessões de 29/05/1826, 30/05/1826; 14/06/1826; 17/08/1826; e 02/07/1827.

[95] Petição de Francisco Antônio de Sá Barreto – AHS – Ano: 1832, Caixa: 24, Maço: 1, Pasta: 8.

> peranças de fazer novos, e mais relevantes serviços a sua pátria que o de fazer causa comum com os colombianos, que denodadamente pugnavam pela Independência, e liberdade do vasto solo americano, se passou a Colômbia, e apresentando-se naqueles Estados ao chefe do Poder Executivo foi alistado nas filas dos libertadores em qualidade de oficial estrangeiro nos fins do mesmo ano de 1820.[96]

Fazia um relato da sua saga em terras colombianas para dizer que sua permanência no interior daquele país impediu-o de tomar conhecimento das proclamações do Imperador D. Pedro I que fixavam prazo para que os brasileiros residentes no exterior se dirigissem às autoridades competentes para se declararem cidadãos do novo Império.

Neste momento do relato, Sá Barreto passava a construir uma oposição entre o passado e o presente, politizando a sua argumentação. Alegava que, embora tivesse apresentado inúmeras petições, o governo anterior, isto é, o reinado de D. Pedro I, não lhe dera ouvidos.

> Não é de admirar Digníssimos Senhores a indiferença que o Governo passado teve, e mostrou para com o suplicante, porque ele conforme a natureza das coisas devia segundo o seu sistema ante (sic) nacionalidade de nutrir essa indiferença contra o suplicante cujas ideias liberais, não só eram comprovadas pelo fato de 1818, mas ainda sustentadas pela contínua residência, e serviços de 6 anos prestados a prol da Independência e liberdade legal, em um país republicano. Tendo sido pois o suplicante assim tratado pelos administradores do Governo daquele tempo, convenceu-se que suas ideias eram um grande obstáculo para obter deles a justiça, que lhe era devida, e por isto preferiu antes viver no retiro, do que expor-se ao ódio.

"Indiferença" e "antinacionalidade" eram palavras destinadas ao governo passado. Ao mesmo tempo, o requerente exalava os seus pensamentos republicanos, que o impediam de recorrer aos antes administradores. Mas a saga do peticionário não terminara, pois, alegrando-se com o novo governo que determinou comissões para averiguar os oficiais preteridos

---

96 *Idem.*

por questões políticas, novamente apresentou a sua demanda. Porém, novamente foi recusada a sua pretensão.

Segundo seus argumentos, esta recusa se deveu à permanência de ideias passadas, pois, "os amigos do absolutismo o hão reprovado taxando-o de estrangeiro". Dizia-se injustiçado, pois sempre foi amante da liberdade

> O sábio foi sempre considerado o cidadão do mundo, e suas vitórias na república das letras vantajosas da humanidade, são vitórias de sua nação, vitórias do gênero humano, assim também militar, que peleja pela causa da liberdade. Neste, ou naquele país, peleja a causa do gênero humano, e suas vitórias contra a tirania, são vitórias de sua nação, honra, e glória para os concidadãos.[97] [grifo meu]

O requerente utilizava termos fortes para aquele período. Comparava-se a um "cidadão do mundo" que defendia a liberdade e o "gênero humano", em uma luta contra a "tirania". Segundo ele, estes valores deveriam ser reconhecidos por qualquer nação, ainda mais pelos seus compatriotas. Sua petição estava carregada de palavras como liberdade e direitos. A primeira aparecia sete vezes no seu texto, enquanto a segunda foi destacada em oito oportunidades. Além disso, o queixoso mostrou-se consciente do momento político que lhe poderia render benefícios.

Contudo, ele apresentava seu requerimento em um momento delicado para o Império do Brasil, principalmente para os liberais "moderados" e "exaltados", que, passada a oposição e a sanha política por eles desencadeadas, viam a Corte e outras localidades do Império tomadas por agitações contestatórias e revoltosas. Segundo levantamento de José Murilo de Carvalho, entre 1831 e 1832 foram cinco grandes levantes,[98] sem contar os movimentos ocorridos nas províncias. A vitória do grupo liderado por Bernardo Pereira de Vasconcelos e Lino Coutinho parecia efêmera. Assim, tanto na Câmara dos Deputados quanto no Senado, havia uma preocupação em conter tais movimentos, uma vez que estes

---

[97] Idem.
[98] CARVALHO, José Murilo. *A Construção da Ordem / Teatro de Sombras*. Rio de Janeiro: Editora da UFRJ/Relume-Dumará, 1996. 2ª ed. Rio de Janeiro: Civilização Brasileira, 2003. 3ª ed., 2004, p. 231.

colocavam em risco a estabilidade do sistema político. Portanto, toda a argumentação do requerente poderia resultar em nada.

Além disso, os discursos mais radicais frequentemente sofriam reprimendas entre os deputados e senadores. Um exemplo disso ocorreu por ocasião da discussão do projeto de Lei de Liberdade de Imprensa, iniciada no Senado a partir de 1829. Na ocasião, muitos senadores se colocavam contra uma ampla liberdade por temor de uma radicalização e pela falta de respeito às autoridades.

Embora reticente quanto ao projeto, José da Silva Lisboa externava sua aversão às ideias de "gênero humano". Referindo-se aos acontecimentos da Bahia, em finais do século XVIII, afirmava a sua repulsa aos princípios difundidos por figuras como Volney, que disseminava aos baixos extratos da sociedade vagos princípios de igualdade e liberdade.

Da mesma maneira, no interior da Câmara dos Deputados e do Senado, a posição em relação aos brasileiros que não declararam a sua nacionalidade em tempo hábil vinha sendo rígida desde pelo menos 1826. A matéria foi debatida em um clima de desconfianças. Lino Coutinho arguiu, por exemplo, que os livros de juramento estavam abertos fazia mais de dois anos. Segundo seu entendimento, tal expediente beneficiava portugueses recém-chegados, pois estes frequentemente alegavam estar no interior do Brasil, desconhecendo as determinações do governo.[99]

Não foram poucas as vezes que os tribunos criticaram as constantes protelações por parte das autoridades. No mais, conforme demonstrou Gladys Ribeiro, havia por parte de muitos portugueses e brasileiros uma estratégia de esperar os acontecimentos para se definirem enquanto cidadão de um ou de outro país.[100]

O binômio direito do cidadão-direito de petição caminhou junto e revelou uma disposição do cidadão em se reconhecer como indivíduo possuidor de direitos. É diante desse binômio e na consciência do tempo vivido[101] que podemos afirmar que o movimento peticionário da primeira década da independência brasileira representou uma diferenciação com relação às reivindicações do Antigo Regime.

Foi diante do reconhecimento de direitos enquanto cidadão, e fazendo-o por meio de petições ao Parlamento, que deixou de ser Cortes consultivas para se tornar o "Soberano

---

99 Confira o longo debate na Câmara dos Deputados em 1826, sobretudo na sessão de 01 de junho de 1826. *Anais da Câmara dos Deputados*, sessão 01/06/1826.

100 RIBEIRO, Gladys S. *A liberdade em construção...*, op. cit., p. 73-75 e 182-183.

101 A noção de tempo vivido é tomada de Carlos Guilherme Mota. Cf. MOTA, Carlos Guilherme. *Nordeste 1817. Estrutura e argumentos*. São Paulo: Perspectiva, 1972, p. 71.

Congresso", e se pode afirmar que houve um salto qualitativo em relação ao tempo passado. Nunca é demais lembrar que estamos considerando que este momento é um momento de transição e que, portanto, havia uma interpenetração de valores antigos com valores novos.

Direitos que se expressam através da lei, isto é, na igualdade perante a lei. A Lei "será igual para todos, quer proteja, quer castigue, e recompensará em proporção dos merecimentos de cada um", dizia o inciso 14 do Art. 179 da Constituição do Império. E esta era a arma do cidadão que também se valia do inciso 30 do citado artigo: "Todo cidadão poderá apresentar por escrito ao Poder Legislativo e ao Executivo reclamações, queixas, ou petições, e até expor qualquer infração da Constituição".[102]

Era com base na igualdade perante a lei que reivindicavam os Oficiais da Província da Bahia, em 1831. Segundo eles, "a igualdade civil é a base de toda a administração". E completavam: "a força não é[era] precisa onde reina[va] a justiça e a igualdade".[103]

O argumento do direito e da lei igual para todos servia para fundamentar inclusive aqueles vinculados ao direito de propriedade. A abadessa do Convento de Nossa Senhora da Conceição da Lapa, na Bahia, se valia do direito de petição "lhe é[era] outorgado pela Constituição do Império no nº 30 Art. 179". Seguindo uma argumentação liberal para defender o direito de propriedade da sua ordem religiosa, a abadessa alegava que se viu "obrigada pelo mais sagrado dever a requerer a manutenção do sobredito direito sustentado", que estava resguardado "não só pela força de leis positivas e terminantes", mas ainda "pelo código fundamental, que garantiu sem distinção alguma a propriedade em toda sua plenitude". Segundo seu entendimento, este direito estava sendo preterido, pois havia um ataque às propriedades das ordens regulares. A abadessa fazia referência à política desenvolvida na província da Bahia, que tornava as terras das ordens regulares como sendo propriedade do Estado e passíveis de pagamentos de tributos. A argumentação da religiosa era firme em sustentar um direito adquirido. Arrematava a sua explanação dizendo que "a lei seja igual para todos" e por isso pedia a manutenção do seu direito de propriedade.[104]

Vê-se pela argumentação apresentada pela abadessa, e pelas alegações sugeridas por Francisco Antônio de Sá Barreto, que reclamar, queixar-se e peticionar não era apenas um direito, mas sim um dever do cidadão. Esses argumentos indicam igualmente que ao cidadão cabia representar aos poderes políticos da nação sempre que um direito lhes era negado ou violado.

---

102 *Constituição do Império do Brasil de 1824*, Art. 179, inciso XXX.

103 Petição dos Oficiais da Província da Bahia, AHCD, Ano: 1831, Lata: 69B, Maço: 46, Pasta: 1.

104 Petição da abadessa do Convento de Nossa Senhora da Conceição da Lapa, Bahia – AHS – Ano: 1829, Caixa: 28, Maço: 3, Pasta: 4.

O dever do cidadão era se proteger e alertar as autoridades que a Lei estava sendo descumprida, conclamando-as a restabelecerem o sistema político de liberdade e de legalidade.

Muitas vezes, o direito igual para todos assegurado pela Lei podia ganhar um tom retórico. Ainda mais se viesse daqueles que tinham acesso ao Ministério. Esse foi o caso do Barão do Rio da Prata, que representou ao Senado argumentando que "todo o cidadão poderá[ria] apresentar por escrito ao Poder Legislativo, e ao Executivo reclamação, queixas, ou petições, diz o §30 do Art. 179 da Constituição do Império".

As alegações iniciais apresentadas pelo Barão do Rio da Prata contrariavam as exposições de Pimenta Bueno sobre direito de petição a que nos referíamos anteriormente. Segundo arguiu Rodrigo Pinto Guedes, a Lei não determinava limite e implicitamente garantia que "qualquer cidadão possa fazer uso desta sua faculdade[direito de petição]". O Barão queixava-se do corte efetuado pelo orçamento de 1830, que lhe tirou grande parte dos seus rendimentos. No seu entendimento, a medida adotada pelo governo era uma "violação, que nele se lhe tem feito". Diferente dos demais reclamantes, Pinto Guedes via os seus rendimentos não como um direito, mas como uma propriedade. Pedia que o Senado tomasse medidas que garantissem que "a propriedade se mantenha[vesse] em toda a sua plenitude".[105]

Os cidadãos de um "governo representativo estariam sujeitos às leis, sejam eles quem forem ou que cargos ocupem". Esta posição foi externada pelo deputado e magistrado Baptista Pereira (ES), por ocasião da apresentação de um projeto regulamentando a circulação e o aprisionamento de gado solto fora dos pastos ou campos alheios, que segundo ele acontecia pela influência de homens poderosos. Vaticinava: "em todas as nações verdadeiramente cultas as leis devem ser comuns, e iguais para todos: do contrário o cidadão pobre é sempre escravo do rico". A Lei, portanto, tinha o papel de proteger todos nos direitos, já que nas circunstâncias eles eram desiguais. A Lei deveria garantir a segurança individual e a propriedade, mas essencialmente a liberdade. A liberdade de "a fazer ou deixar de fazer alguma cousa senão em virtude da lei". E concluía: "a primeira lei, diz Benthan, deve ser em seu favor e o primeiro crime a sua violação".[106]

"Todos os cidadãos são iguais na presença da lei" e "todas as leis são iguais para todos", afirmava o deputado Lino Coutinho por ocasião da discussão do projeto sobre abolição dos privilégios de foro pessoal.[107] Sendo a Lei o fundamento da sociedade civil, era a sua publicização e a sua execução que garantiam o pleno funcionamento do sistema político.

---

105 Petição do Barão do Rio da Prata – AHS – Ano: 1830, Caixa: 16, Maço: 3, Pasta: 16.

106 *Anais da Câmara dos Deputados*, sessão de 20/05/1826.

107 *Anais da Câmara dos Deputados*, sessão de 27/07/1826.

Neste sentido, mais do que um espaço de conflito, a Lei seria o *lócus* do alargamento dos direitos do cidadão. Simultaneamente, ao instar o Parlamento, o cidadão começava a participar e a legitimar o sistema político, colocando em movimento a engrenagem do Estado. Mas, nem sempre tais atributos garantidos na Lei poderiam ser observados, daí surgindo as demandas ao Parlamento.

Várias foram as petições que acusavam juízes, tribunais, funcionários e outros cidadãos de praticaram o "antigo despotismo", que permanentemente distanciavam os cidadãos dos seus reais direitos. Para designar a permanência de antigas práticas políticas, às vezes os cidadãos buscavam símbolos anteriores à Independência. Para descrever práticas que permaneciam depois da Independência, José Barros Bernardes lembrava "o Antigo Governo, onde era chefe o intendente da polícia Paulo Fernandes". Segundo ele, a emancipação não atemorizava antigos funcionários, que não temiam as ações "desta Augusta Assembleia", que tentava frear as barbaridades e as arbitrariedades das autoridades.[108] Barros Bernardes se utilizava de um dos mais simbólicos personagens do período joanino no Brasil, pois Paulo Fernandes Viana foi intendente da polícia do Rio de Janeiro em todo o período de permanência de D. João VI no Brasil. As suas ações de controle eram conhecidas pela dura repressão contra vadios e pobres da Corte.

Haveria, então, um distanciamento entre a letra da Lei e o mundo real. Só ocorriam petições de ordem civil e abuso de autoridade, por exemplo, quando o cidadão, reconhecendo um direito, via-se invadido ou atacado. Era o distanciamento da letra da Lei ou a percepção do seu distanciamento, a origem das demandas.

O Parlamento no caminho da Justiça

Nos primeiros dias da instalação da Assembleia Constituinte, em maio de 1823, Antônio José da Fonseca e outros 30 encarcerados na Ilha das Cobras apresentavam um requerimento ao Parlamento para que a Assembleia averiguasse os motivos das suas detenções, já que, como arguíam, sobre eles não pesava nenhuma acusação.[109] Naquela mesma ocasião, Agostinho José Coelho de Almeida, João Antônio de Bastos e outros presos na cadeia da Corte também requeriam aos tribunos as suas pretensões de se verem livres.

---

108 Petição de José de Barros Bernardes – AHCD – Ano: 1830, Lata: 44, Maço: 6, Pasta: 2.

109 Petição de Antônio José da Fonseca e outros presos – *Diários da Assembleia Constituinte de 1823*, sessão de 17/06/1823.

Reconheciam, no entanto, que sobre eles pesavam algumas acusações, não escondendo que a abertura do Parlamento tinha criado uma expectativa quanto ao fim dos processos e à declaração das suas liberdades.[110]

Embora estivessem em situações distintas, uma vez que o primeiro grupo alegava não sofrer nenhum processo e o segundo reconhecia as acusações, podemos dizer que as petições tinham em comum o fato de representarem à Assembleia Constituinte em um momento de calmaria e de euforia política. Ambos viam-na como um espaço onde se podia garantir a liberdade. Enquanto um via nos deputados constituintes a possibilidade de inquirir as autoridades a libertá-los, o outro não esperava o resultado dos tribunais.

Desse modo, a partir dos casos citados, queremos destacar a ampla aceitação do Parlamento como órgão da soberania. No caso brasileiro, a ideia propagada era que a Assembleia seria "Soberano Congresso". Tinha-se uma visão do primeiro Parlamento (ou Assembleia Constituinte) como o novo garantidor do bem comum, aquele que vinha repor os direitos. Neste sentido, foi rotineiro o envio de petições e representações de cidadãos que se encontravam presos. Muitas das prisões teriam ocorrido durante os tumultuados acontecimentos decorrentes do tenso processo de disseminação de ideias e de conflitos entre os Reinos do Brasil e Portugal, assim como pelo contínuo clima de hostilidade envolvendo brasilienses e lusitanos.

Estas garantias foram estabelecidas nas *Bases da Constituição Portuguesa* e mantidas como parâmetros legais para as ações no interior da Assembleia Constituinte. As *Bases* apresentavam um modelo calcado na preservação da liberdade, segurança individual e na propriedade dos cidadãos.[111] Além disso, pregava-se a edificação de uma nova estrutura política do poder baseada na divisão dos poderes,[112] sob a preocupação de que, se o mesmo homem ou o mesmo corpo dos principais exercesse os três poderes haveria o perigo contra a liberdade e contra a Lei,[113] conforme vaticinava Montesquieu e por diversas vezes repetido nos discursos parlamentares.

---

110 Petição de Agostinho José Coelho de Almeida, João Antônio de Bastos, Jacinto José Francisco, Manoel Antônio de Oliveira e Souza, José Plácido Bitencourt, Thomaz da Silva Alves e Manoel José Rodrigues Guimarães – *Diário da Assembleia Geral Constituinte e Legislativa do Império do Brasil* – 1823, sessão de 16/05/1823.

111 *Bases da Constituição Portuguesa de 1821*, Art. 1º ao 15.

112 *Idem*, Art. 23 ao 25.

113 MONTESQUIEU. *Do espírito das leis*. São Paulo: Abril Cultural, 1973. (Os Pensadores), p. 158-159.

Nesta conta, entrava também uma compreensão popular acerca da soberania do Poder Legislativo. Segundo se pode concluir, ao encaminhar para a Assembleia os seus pedidos, existia um entendimento de que aquela instituição estava acima do Poder Judiciário, à medida que poderia, em face da sua instalação, agraciar os cidadãos com a liberdade. Parte desta concepção podia ser vista na representação de Antônio José da Fonseca, que fazia clara alusão à instalação da Assembleia e às recentes anistias ocorridas em relação aos presos comuns.[114]

Os dois grupos liderados por Antônio José da Fonseca e Agostinho José Coelho de Almeida se aproveitavam do vivo discurso de D. Pedro I na fala de abertura da Assembleia Constituinte. O clima de euforia no qual viviam os parlamentares e a anistia concedida pelo Imperador, ainda em 1822, que beneficiou os presos políticos que participaram de eventos transcorridos em datas anteriores à Independência, davam mostras de que o intento da petição que visava atenuar as suas estadas na cadeia não era uma pretensão tão remota.

Se olharmos para a discussão do projeto de anistia apresentado pelo deputado Martins Bastos, estas petições podem ser compreendidas como uma espécie de instrumento de pressão e de sensibilização dos parlamentares. Porém, ao que nos parece, o projeto do deputado pretendia abarcar figuras importantes da política brasileira que se encontravam fora do jogo político. Naquele momento, personalidades como José da Costa Barros (deputado eleito), Pedro Pedroso e Cipriano Barata se encontravam presos na Corte. Além deles, outras lideranças estavam fora do Império, como foi o caso de Gonçalves Ledo, que se refugiara em Buenos Aires, temendo a repressão por parte do governo. Porém, ao apresentar a proposta de anistia, o tribuno também abarcaria setores subalternos da sociedade, que se aproveitaram do intento para reivindicar a sua liberdade.

Muitas vezes o objetivo dos requerentes era garantir a liberdade. Utilizavam argumentos que poderiam sensibilizar a Assembleia, de tal modo que esta lhes desse atenção e pudesse pedir providências ao Governo. É importante destacar que no interior do Parlamento havia uma linha de pensamento que defendia o princípio de que a Assembleia tinha plenos poderes para interferir em todos os assuntos. Logo, tratava-se de uma tensão que tinha um aspecto interno à Assembleia e outro potencializado, a partir de fora, pelos cidadãos. Somente partindo desta tensão podemos compreender que as petições encontravam terreno fértil e promissor.

---

114 Petição de Antônio José da Fonseca e outros presos – *Diários da Assembleia Constituinte de 1823*, sessão de 17/06/1823.

Um segundo aspecto reforçava a ação dos peticionários: o espírito constitucionalista dos parlamentares. Estes levavam à risca o espírito das *Bases da Constituição Portuguesa*. No seu artigo 3º, as *Bases* garantiam a segurança pessoal, que deveria ser conservada pelo governo mediante os direitos pessoais. Já o artigo 4º estabelecia que nenhum indivíduo deveria jamais ser preso sem culpa formada.[115] Tal dispositivo era uma clara manifestação a favor das liberdades individuais e da segurança do cidadão em face do exercício do poder pelas autoridades.

A disseminação das ideias revolucionárias portuenses, o clima de euforia transmitido pelos jornais, consolidado pela coroação do Imperador, e a abertura dos trabalhos constituintes motivaram diversos cidadãos a encaminhar as suas demandas ao Parlamento. Via-se a abertura da Assembleia Constituinte como uma ocasião especial e, aparentemente, de menor conflito, que abria caminho para reivindicar direitos ou benefícios que lhes trouxessem a liberdade.

Para muitos presos oriundos do Norte do Império, que tinham vivas lembranças das duras consequências da repressão ao movimento de 1817, a anistia solicitada à Assembleia representava a possibilidade de desfechos menos fatais para suas vidas. As reclamações mais comuns se relacionavam à desatenção dos outros poderes e das autoridades. Expondo os seus dramas pessoais, o discurso acerca das arbitrariedades do passado em face da benignidade dos deputados poderia angariar resultados.

Essa parece ter sido, por exemplo, a direção adotada no argumento do padre Bernardo José Viegas, oriundo de Pernambuco; aludia estar preso na Fortaleza da Ilha das Cobras por determinação do magistrado ajudante do intendente da polícia. Dizia achar-se detido desde o dia 5 de janeiro de 1823, sem que as autoridades apresentassem qualquer acusação. Finalizava afirmando que, embora tivesse enviado representações às mais diversas autoridades do Poder Judiciário e Executivo, nenhuma delas lhe deu solução ou remédio. Em uma argumentação idêntica aos requerentes anteriores citados, argúia que somente a Assembleia poderia propor o "remédio para os males que o afligiam".[116]

Em uma clara argumentação de que a Assembleia tinha soberanos poderes para intervir nos assuntos da Justiça, o padre Bernardo pedia que os parlamentares se posicionassem sobre a ausência de juiz ou autoridade que pudesse diminuir os sofrimentos do cidadão.[117]

---

115 *Bases da Constituição Portuguesa de 1821*, Art. 3º e 4º

116 Petição de Padre Bernardo José Viegas – *Diários da Assembleia Constituinte de 1823*, sessão de 07/07/1823.

117 *Idem*.

Como já foi afirmado anteriormente, este tipo de discurso encontrava um terreno fértil no interior do Legislativo, já que parlamentares alinhados com uma ideia democrática acreditavam que a Assembleia em tudo poderia intervir, pois esta tinha plenos poderes dados pela nação para restituir a liberdade dos cidadãos.

Não era por acaso, então, que as argumentações apresentadas pelos cidadãos incidiam precisamente sobre a falta de culpa formada. Tanto as *Bases da Constituição Portuguesa* reforçavam este pensamento, quanto a disposição de grupos mais radicais potencializavam o debate acerca do cerceamento da liberdade. E esta era uma posição que reiteradamente setores no interior da Assembleia Constituinte assumiam. Em face da argumentação de prisão sem culpa formada, os parlamentares se sensibilizavam e logo se prontificavam a exigir informações ao governo.

Embora àquela época a prisão da Ilha das Cobras fosse quase uma "Bastilha brasileira" para os presos políticos, outras localidades também mantinham alguns cidadãos (geralmente militares) encarcerados. De lá se originavam igualmente petições ao Parlamento. Foi o caso da representação que João Ricardo da Cruz apresentou aos deputados. O requerente se dizia preso e incomunicável na Fortaleza de Villegaignon há mais de cem dias, privado dos direitos "de requerer a sua Justiça".[118] No entanto, pelas informações apresentadas pelo governo, a razão da detenção do requerente se deveu ao fato de ele ter cometido alta traição. O Ministro da Guerra argumentava que a gravidade do delito (não mencionado no ofício encaminhado à Assembleia) obrigou o governo a colocar o prisioneiro em um cárcere com segurança reforçada.

Deve-se destacar que toda a situação era inusitada, pois havia uma clara contradição nas alegações apresentadas pelo requerente. Ele se dizia incomunicável, mas tinha enviado uma representação aos parlamentares. Entretanto, esta argumentação imediatamente provocava a mobilização dos parlamentares, e os levava a criticar duramente o governo.

Por outro lado, a explicação do Ministro da Guerra ajuda-nos a entender o caso. Segundo arguiu:

> A sua prisão [de João Ricardo da Cruz] é uma casa com porta e janela baixa, aberta, e sem grade, sobre o terrapleno da muralha, tendo por consequência toda a comunicação não somente com a Guarnição da Fortaleza, como com as pessoas que de fora entram...[119]

---

118 Petição de João Ricardo da Cruz – *Diários da Assembleia Constituinte de 1823*, sessão de 16/07/1823.

119 Ofício do Ministro da Guerra remetido à Câmara dos Deputados em resposta ao requerimento de João Ricardo da Cruz – *Diários da Assembleia Constituinte de 1823*, sessão de 30/07/1823.

Embora as alegações apresentadas pelo Ministro devam ser relativizadas por tratar-se de um ofício que tinha por objetivo não agravar a culpa das autoridades, ele nos apresenta uma explicação plausível para o caso do detento. Dissemos relativizadas porque logo em seguida o Ministro tentaria desqualificar o preso. Segundo arguiu, a principal precaução sobre o citado militar foi tê-lo colocado longe dos demais presos, na Fortaleza de Villegaignon. Acrescentava ainda que "ultimamente foi necessária uma medida mais rigorosa a que deu lugar a sua irregular conduta de bebida, e jogo; mas essa medida não passou de uma sentinela na porta".

Em se considerando as contradições presentes na argumentação do requerente e as informações prestadas pelo Ministro, podemos dizer que existia por parte do requerente um laço de compromissos com os guardas do forte, seja pela forma com que fizera chegar a sua representação ao Parlamento, seja pelo acesso de "bebidas na sua cela". A primeira situação demonstra não haver dúvidas de que o requerente possuía um círculo de atuação que lhe permitira questionar as determinações do Ministério.

As ações da Assembleia ajudavam na disseminação da imagem de que seria afeita às questões que lhe eram apresentadas pelos cidadãos. Estas atitudes garantiram ao Parlamento a fama de ser uma instituição que se não resolvia os problemas dos cidadãos, ao menos lhes daria um destino melhor do que o até então alcançado. Esta imagem se transferiria, de certo modo, para o que consideramos ser o segundo momento da vida política no Primeiro Reinado.

Após a abertura das duas casas legislativas, encontramos dois sentidos distintos em relação às petições e à imagem que os requerentes faziam do Parlamento: um decorrente dessa imagem consolidada na Assembleia Constituinte, ou seja, o Parlamento como espaço em que o cidadão poderia apresentar as suas queixas e reclamações. Este se situava aos moldes da tradição iniciada no período revolucionário francês, que teria expandido o sentido de petição (até então limitado ao rei); o outro sentido, consequência indireta do primeiro, foi empreendido pela Constituição do Império, que, inspirada nas Constituições Espanholas e da França Restaurada, registrava que o Poder Legislativo tinha o caráter de interpretar as leis.

No primeiro sentido, encontramos indivíduos que se dirigiam ao Parlamento com o intuito de ver sanada a sua queixa, reclamação ou pedido. De certo modo, essa possibilidade significava a tentativa de um reequilíbrio das diferenças entre os poderosos e os fracos. Foi o caso, por exemplo, de Maria Rosa de Araújo, viúva de Constantino Ribeiro e filha natural do falecido cirurgião Manoel de Macedo. Reclamava que a partir da morte do seu esposo decidiu tomar posse do que tinha para cuidar dos filhos pequenos. Entretanto, entrou em conflito com Domingos Gonçalves Moreira, "homem muito abastado", que demandava contra a requerente por entender que tinha direito à herança do falecido marido.

Nas alegações de Maria Rosa, o suplicado era um conhecido e eminente morador da vila de Santo Antônio de Sá, que pela sua fortuna podia demandar com a suplicante e vencer pela influência. Assim, não satisfeito com o primeiro resultado que lhe foi desfavorável, o suplicado recorreu ao então Tribunal da Relação da Corte, "aonde com seu dinheiro e empenho pode conseguir a reformar-se aquela sentença do que a suplicante pela sua indigência e estado de pobreza".

Ciente da ideia que a Câmara dos Deputados tinha com relação às diferenças sociais e injustiças, a requerente lançou mão disso para angariar as simpatias do Parlamento. Afirmava não poder interpor recurso pela sua miséria, acrescentando não acreditar que teria a mesma sorte da primeira instância, porque

> Naquela época só reinava quem mais tem mais vale e quem não tem morria como o carrapato na lama[120] [grifo meu]

Pode-se concluir dos argumentos da requerente que as condições de acesso ao Judiciário tornavam a Lei desigual, uma vez que para se requerer às instâncias superiores era preciso meios financeiros. Além disso, acusava este poder de valorizar os cidadãos pelas suas posses. Neste aspecto, a petição de Maria Rosa de Araújo pretendia induzir os parlamentares a perceberem o quanto ela foi injustiçada por ser pobre. Por outro lado, fazia crer que o novo sistema adotado pelo Brasil viria corrigir as discrepâncias entre os cidadãos. O tratamento dispensado aos cidadãos deveria ser não pelas suas condições sociais, mas pelos talentos e virtudes.

Entretanto, como enfatizamos anteriormente, muitas questões relacionadas aos direitos civis e individuais estavam em processo de construção. Especificamente neste caso, não existia um consenso entre os tribunos quanto ao papel dos tribunais superiores. Alguns parlamentares entendiam que os foros superiores da Justiça eram feitos para demandas com maior capacidade de recursos e para quem pudesse arcar com os seus ônus. Segundo este entendimento, era preciso dificultar o acesso para que as "questões menores" não se arrastassem por um longo período. Esse debate foi bastante acentuado na discussão do projeto de criação do Supremo Tribunal de Justiça, em 1827.

A imagem do rico poderoso contra pobres indefesos também foi usada por Alexandre José dos Santos, através do seu procurador Miguel Paes Pimenta:

---

120 Petição de Maria Rosa de Araújo – AHCD – Ano: 1831, Lata: 69A, Maço: 44, Pasta: 6.

A ambição e a ferocidade de homens iníquos, que prevalecendo-se da sua representação e influência, reputam como servos destinados à sua ventura, aqueles a quem a fortuna não aprouve aquinhoar com as mesmas meças.

Visando ampliar a sua demanda para outros cidadãos nas mesmas condições, o requerente arguía que, "suposto pareça individual", ela tinha um alcance maior e compreendia "muitos outros de igual natureza, e que bem avaliadas, tem mesmo já merecido a vossa consideração".

O requerente afirmava que, com numerosa família, morava à beira do Rio Preto, em uma "ponta de terra devoluta e conquistada aos bugres por seus progenitores". Segundo sua exposição, na outra ponta do seu terreno havia outra sesmaria, "que ao pé se acha obtida, mas não cultivada nem demarcada pelo originário possuidor João Pedro Maynard". Diante da situação de miséria e a insuficiência de condições que garantissem sua "subsistência, em falta de terra própria", iniciara em 1825, "sem embaraço algum" um estabelecimento de agricultura no terreno vizinho. Entretanto, depois de ter o suplicante casa e plantações consideráveis, "um agente do referido Maynard, veio com escravos ao sítio" e "na ausência do suplicante lhe arrancou tudo, causando-lhe o prejuízo de mais de mil cruzados".

Com o objetivo de diminuir o ímpeto do suplicado, Alexandre José dos Santos apresentou queixas ao intendente geral da polícia para que este oficiasse Maynard sobre as agressões. No entanto, este não desistira, organizando uma nova ameaça, pois mandava Thomaz de Aquino Alves, homem "que tinha conhecida fama", e mais alguns escravos para tomar posse das terras, sob o pretexto de tê-las comprado de Maynard.

A trama começaria a ganhar o sentido do rico (ou poderoso) contra o pobre quando o suplicante identificava o suplicado João Pedro Maynard como oficial da Secretaria do Desembargo do Paço na Corte. Segundo o queixoso, o suplicado teria alcançado seis sesmarias nas margens do Rio Preto, "sem no entanto as demarcar, nem cultivar", "unicamente com o fim de a vender e locupletar-se, como tem feito com o produto que de justiça...".[121] Além de procurar politizar a sua demanda, a queixa de Alexandre José dos Santos trazia uma questão que permanecia em aberto na legislação imperial, a problemática das sesmarias.

Por vezes, como já argumentamos, ocorria o entendimento de ser o Parlamento um refúgio para as demandas gerais. Esse é um dos entendimentos, o de se concluir as questões relativas às sesmarias, que eram das mais polêmicas à época: diversas representações pediam

---

121 Petição de Alexandre José dos Santos – AHCD – Ano: 1832, Lata: 75, Maço: 17, Pasta: 6.

que a Câmara se posicionasse sobre o assunto. Tema espinhoso, envolvia discussão sobre a colonização do país e os espaços a serem ocupados pela produção agrícola do Império.

Desde a chegada de alguns colonos suíços, em 1818, o governo vinha fazendo esforços para distribuir porções de terras aos colonos estrangeiros. Já com a instalação da Assembleia Constituinte surgiu uma embrionária discussão a partir de algumas propostas que pregavam a transição lenta para o fim do tráfico de escravos. A historiadora Célia Maria Marinho de Azevedo[122] revelou o debate da classe dominante sobre o negro. Analisou a posição vacilante que os proprietários possuíam quanto à capacidade dos cativos serem elementos de desenvolvimento social: ora eram tidos por seres primitivos com incapacidade para se integrarem à sociedade, ora possuíam capacidade de fazer parte do conjunto social, mediante um processo de civilização. Sob este ponto de vista surgiram propostas para a vinda de imigrantes para o solo brasileiro, o que requeria a regulamentação da concessão de terras devolutas e a doação de novas sesmarias.

Esta discussão entraria na pauta política em 1826, quando o Senado passou a debater um projeto sobre naturalização de estrangeiros. Muitos parlamentares não escondiam o desejo de embranquecer a população e aproveitar a mão de obra branca para desenvolver a agricultura brasileira. Alguns evidenciavam o desejo de atrair colonos suíços, austríacos e alemães, ao passo que outros defendiam abertamente a atração de portugueses, pela proximidade de língua e costume.[123] A vinda dos estrangeiros se vinculava indiretamente à problemática da demarcação de terras para os nacionais, que subsistia porque inúmeras terras foram distribuídas na virada dos séculos XVIII e XIX sem que houvesse uma legislação oficializando-as.

Um grande número de cidadãos acorreu à Assembleia Geral para solicitar a posse definitiva de seus terrenos[124] motivados pelas ferrenhas disputas com grandes proprietários ou com funcionários que desejavam incorporar terrenos devolutos, conforme o alegado por

---

122 AZEVEDO, Célia Marinho de. *Onda Negra Medo Branco – o Negro no imaginário das elites do Século XIX*. Rio de Janeiro: Paz e Terra, 1987.

123 Cf. esta discussão nos *Anais do Senado*, sessão de 27/06/1826.

124 Um movimento semelhante, na primeira metade do século XIX, foi detectado por Márcia M. Motta. Entretanto o canal privilegiado para reivindicação foi o Judiciário. Isto pode apontar para o fato de os indivíduos recorrerem aos novos poderes estabelecidos: Judiciário e Legislativo. Cf. MOTTA, Márcia M. M. *Nas fronteiras do poder: conflito e direito à terra no Brasil do século XIX*. Rio de Janeiro: Vício de Leitura, Arquivo Público do Estado do Rio de Janeiro, 1998.

Alexandre José dos Santos, que, não por acaso, se situava na fronteira agrícola da plantação de café no Vale do Paraíba fluminense.

Não foram poucas as pressões para que se concedessem sesmarias para o estabelecimento de pequenas propriedades. Na instalação da Assembleia, em 1823, apareceram solicitações de demarcações de terras, como as elaboradas por mais de trinta e sete moradores do Distrito do Tanque da Comarca de Sabará,[125] que se queixavam da herdeira do Marechal João Carlos Xavier da Silva Ferrão, que exigia o pagamento das propriedades não demarcadas pelo seu marido.[126] Em face do grande número de demandas e aos crescentes casos em litígio, a Assembleia Constituinte baixou uma determinação proibindo a concessão de terras e sesmarias.[127]

O assunto retornaria no ano legislativo de 1826, pois as demandas continuavam aparecendo. Foi nesta ocasião que o deputado Nicolau Pereira de Campos Vergueiro apresentou um longo e extensivo projeto de demarcação das terras.[128] Segundo as alegações iniciais do projeto apresentadas pelo parlamentar, pretendia-se legislar para as questões do passado, onde eram dadas as posses definitivas das propriedades que estivessem irregularmente ocupadas. Ao mesmo tempo o parlamentar tinha em mente, segundo arguía, olhar para o futuro. Neste sentido, não se propunha a doação de terras do governo, mas a venda das mesmas.

A discussão do projeto se arrastou por mais de um ano até entrar no debate da Câmara dos Deputados, em 1827. Naquela oportunidade, ele recebeu severas críticas. Alguns par-

---

[125] Petição de 37 moradores do Distrito do Tanque da Comarca de Sabará – *Diário da Assembleia Geral Constituinte e Legislativa do Império do Brasil* – 1823, sessão de 05/09/1823.

[126] Constam outras petições que, dentre outros assuntos, pedem dispensa de lapso de tempo para demarcação, cf. requerimentos de Antonio Tavares Correa, D. Joaquina, D. Anna e D. Joanna Marques de Lima, Manoel Marques de Sousa, Felippe Antonio do Amaral e Manoel Affonso Velludo, *Diário da Assembleia Geral Constituinte e Legislativa do Império do Brasil* – 1823, sessão de 05/09/1823; requerimentos de Francisco da Costa Alves e Gonçalo José da Silva, *Anais da Câmara dos Deputados*, sessão de 20/07/1826; requerimento de Sebastião José Barata, *Anais da Câmara dos Deputados*, sessão de 18/08/1826; requerimentos de José Lopes Pereira e requerimento de João Luiz Torres e Bento Manoel Rodrigues, *Anais da Câmara dos Deputados*, sessão de 05/09/1826; requerimentos de Lourenço Cavalcante de Albuquerque e José Cirilo Dantas, *Anais da Câmara dos Deputados*, sessão de 19/06/1827; requerimento do capitão Manoel José de Araújo Lima, *Anais da Câmara dos Deputados*, sessão de 25/06/1827;

[127] "Lei de 22 de outubro de 1823". Coleção das Leis do Império. Disponível em << http://www.camara.gov.br/Internet/InfDoc/conteudo/colecoes/Legislacao/Legimp-F_80.pdf>> Acesso em: 04/02/2008.

[128] *Anais da Câmara dos Deputados*, sessão de 03/07/1826.

lamentares consideraram a proposta severa demais nos aspectos relacionados às questões pretéritas, uma vez que, pela proposição, aqueles que estivessem fora dos parâmetros estabelecidos não tinham garantidas as suas posses.

Existia uma disposição por parte de um grupo liderado por Odorico Mendes e Cunha Mattos de que não se deveria legislar sobre a matéria. Além de atacar a rigidez do projeto, arguíam que muitos terrenos foram doados em localidades pertencentes aos índios, que frequentemente promoviam ataques aos moradores. Cultivar as terras era, segundo o entendimento dos parlamentares, um modo de civilizar e tomar posse do território.[129]

A primeira medida tomada pelos parlamentares foi encaminhar o projeto para ser enxugado por uma comissão. Até 1850 nenhum encaminhamento foi apresentado. A única proposta relacionada a sesmaria que surgiria, dias depois da discussão do primeiro projeto, apenas estabelecia a forma de cobrança de impostos para as propriedades doadas depois de 1808.[130] Este seria, então, um problema de difícil solução. Como advertiu Lino Coutinho por ocasião do debate do projeto do deputado Vergueiro, "não querer que se demarque as terras é não querer que não se saiba o que possui o particular".[131] Em outras palavras, o conflito sobre a propriedade da terra era político. Os parlamentares se abstiveram de legislar sobre o tema, o que potencializava o aumento desse tipo de queixa.

Foi isto que ocorreu com Venâncio Antônio Machado, da província de Santa Catarina, que reclamava da perseguição em que se encontrava "por haverem desapropriado minhas terras injustamente e sem socorros nesta". Arguía "ser pobre e desvalido não poder requerer contra o juiz de paz". Na mesma linha argumentativa dos outros requerentes anteriormente citados, Venâncio Machado usava a oposição poderoso *versus* desvalido para angariar a simpatia dos parlamentares. Segundo ele, o suplicado, Manoel Teixeira da Silveira, era "poderoso com grandes pretensões". Tal circunstância teria obrigado o requerente a dirigir-se ao "Augusto e Digníssimo Tribunal da Assembleia Geral e Legislativa", tendo como expectativa "socorro e de justiça" a Assembleia era o único lugar "que me pareça que vão em contrário as possessões a favor do mesmo juiz de paz Manoel Teixeira da Silva".

Em um segundo requerimento encaminhado ao Parlamento, Venâncio Antônio Machado exporia melhor a demanda contra o juiz. Acrescentaria o abuso de poder e indicaria

---

129 *Anais da Câmara dos Deputados*, sessão de 14/07/1827.

130 *Anais da Câmara dos Deputados*, sessão de 30/07/1827.

131 *Anais da Câmara dos Deputados*, sessão de 30/07/1827.

o crime de responsabilidade contra o mesmo. Segundo o requerente, "contra a luz deste Império" o "intruso juiz de paz" e seu escrivão Zeferino José Nogueira da Silva "abusaram do poder, lhe roubando parte de suas terras", as "únicas posses que morava e trabalhava para seu sustento de sua numerosa família", deixando-o "despido clamando sua miséria e pobreza sem recursos". Ao final, novamente colocava a oposição poderoso *versus* desvalido como chave de argumentação.[132]

Às vezes o problema vinha revestido por questões políticas, como a que apresentava Antônio Cordeiro Ramos, que se queixou junto à Câmara dos Deputados por ter comprado uma fazenda de Miguel Eugênio, pela quantia de 3:200$000 réis, tendo passado a viver pacificamente, "onde fez um roçado de milho, mandioca e café, sem oposição de pessoa alguma". Porém, segundo ele, em certa ocasião, "apareceu um Antônio de Oliveira Rolim, com mais de 30 pessoas, quase todos escravos, parte seus e parte do capitão Nunes e de Antônio Jacinto", ocasião em que destruíram o roçado do suplicante.

O suplicante afirmava ter recorrido ao comandante das ordenanças, "que era a autoridade que lhe ficava mais perto". Pouco tempo depois, afirma Antônio Cordeiro, apareceram Oficiais de Justiça para fazer exame de corpo de delito, ocasião que o dito Rolim escapou. Prontamente, afirma o suplicante, requereu junto ao juiz para que desse providências, e, após vários requerimentos, o juiz foi ao sítio acompanhado de escolta de milicianos, que nada fizeram com o tal Rolim, "que se meteu entre os milicianos acompanhado de um escravo, fora aqueles que estavam atocaiados".

Ainda segundo o reclamante, o juiz procurou conciliar os dois lados, apresentando um termo assinado por ambos. Porém, o suplicante afirma ter sido traído por uma citação contra a sua pessoa para não continuar com sua plantação.

Assim como a narrativa de Alexandre Santos, a trama ganhou contornos políticos quando Antônio Cordeiro passou a expor a sua interpretação do que realmente ocorrera. Segundo ele, a verdadeira causa da perseguição era em decorrência do citado Rolim ter-se mancomunado com o Padre Antônio Moreira e seu irmão Manoel Marcondes, inimigos capitais do suplicante, "porque sendo incumbido de vigiar sobre a conduta destes dois sujeitos, amicíssimos dos redatores do Tamoio", por ocasião da sua queda do ministério, por haver deles toda a suspeita de que projetavam formar partido a seu favor, e contra o Governo. E conclui o requerente, o referido Rolim "é um desalmado matador que tem cometido crimes de todas as qualidades", de forma que "Cartórios de Correção do Crime da Corte, a Ouvidoria da Comarca e o juiz do

---

132 Petição de Venâncio Antônio Machado – AHCD – Ano: 1830, Lata: 43, Maço: 3, Pasta: 1.

distrito, estão cheios daquelas, e devassas onde o referido Rolim se acha culpado", mas "ninguém pode com ele, todos o temem".[133]

Atribui-se também ao Poder Legislativo o caráter de reformar e interpretar as Leis. Este foi o caso específico das reformas estabelecidas com relação ao Judiciário. É preciso retomar alguns aspectos cronológicos para entendermos melhor esta questão.

A transferência da Corte portuguesa para o Brasil, em 1808, teria levado o então Príncipe Regente D. João a promover profundas mudanças na organização judiciária da Colônia. A Relação do Rio de Janeiro, criada em 1734 e implantada em 1751, passou à condição de Casa da Suplicação para todo o Reino. Nos anos de 1812 e 1821 seriam criadas as Relações do Maranhão e de Pernambuco, respectivamente. No entanto, os órgãos judiciários eram triplos, coexistindo a Casa da Suplicação – Tribunal Supremo de uniformização da interpretação do direito português –, o Desembargo do Paço – uma espécie de tribunal de graça para clemência nos casos de penas de morte e outras –, e a Mesa da Consciência e Ordens – que estava relacionada às ordens religiosas e de consciência do Rei.

Com a Independência brasileira (que dividiu os poderes aos moldes propostos por Montesquieu) e com o processo de reforma no sistema administrativo institucional, o sistema judiciário passaria por uma profunda transformação a partir da instalação da Assembleia Geral. Assim, em 1828, a Casa da Suplicação, o Desembargo do Paço e a Mesa da Consciência e Ordens foram abolidos. Ao mesmo tempo, foi criado o Supremo Tribunal de Justiça. Ainda como parte das reformas, em 1830 foram aprovadas as regras para eleição de juiz de paz instituída pela Lei de 15 de outubro de 1827. No ano de 1830 foi publicado o Código Criminal do Império do Brasil.

O quadro abaixo mostra como ficou a nova estrutura judicial, que perduraria até o ano de 1871, quando foram criados novos Tribunais da Relação.

---

133 Petição de Antônio Cordeiro Ramos – AHCD – Ano: 1832, Lata: 75, Maço: 17, Pasta: 6.

Quadro VIII – Estrutura da Justiça Brasileira no Período Imperial[134]

1ª Instância	Juízes de Paz	Para conciliação prévia das contendas cíveis e, pela Lei de 15 de outubro de 1827, para instrução inicial das criminais, sendo eleitos em cada distrito.
	Juízes de Direito	Para julgamento das contendas cíveis e crimes, sendo nomeados pelo Imperador.
2ª Instância	Tribunais de Relação (Provinciais)	Para julgamento dos recursos das sentenças (revisão das decisões).
3ª Instância	Supremo Tribunal de Justiça	Para revista de determinadas causas e solução dos conflitos de jurisdição entre Relações Provinciais.

Um primeiro impacto sobre a vida dos cidadãos foi a criação do Supremo Tribunal de Justiça. A sua criação causou confusões e problemas no que tange aos trâmites judiciais. Ao mesmo tempo, setores envolvidos começaram a perceber o papel interpretativo que as duas casas legislativas poderiam jogar no desenrolar das suas contendas, ou nas suas estratégias para embargar decisões em primeira e segunda instâncias. Isso porque ao Poder Judiciário não foi dada a prerrogativa de controle de constitucionalidade, mas ao Poder Legislativo, a quem cabia "fazer leis, interpretá-las, suspendê-las e revogá-las". Do mesmo modo, era atribuição do Poder Legislativo "velar na guarda da Constituição".[135]

A função uniformizadora da interpretação da Lei foi dada ao Poder Legislativo, que frequentemente se esquivava de fazer uso deste mecanismo. Somente em 1841 foi que o Conselho de Estado passou a ser o órgão que se valeria do dispositivo interpretativo da Lei. Ainda é importante notar que, sob a letra da Lei, se o Poder Legislativo usasse seu poder interpretativo, interferiria diretamente nos trâmites legais do Poder Judiciário. Ao fazê-lo, aumentaria a confusão jurisdicional do Estado. Mas, ao que tudo indica, uma parcela significativa dos cidadãos fez esta leitura.

A Lei que extinguiu o Desembargo do Paço redistribuiu as suas atribuições para outras instâncias ou juízos. Já a Lei que criou o Supremo Tribunal de Justiça se resumiu em ordenar a sua organização. As duas leis foram complementares e extensivas. Ainda é importante salientar que, pelo parágrafo 11 do art. 1º, algumas das atribuições do Desem-

---

134 MARTINS FILHO, Ives Gandra da Silva. "Evolução Histórica da Estrutura Judiciária Brasileira". In: *Revista Jurídica Virtual*, vol. 1, nº 5, Setembro 1999.

135 *Constituição do Império do Brasil de 1824*, Art.15, alíneas nº 8 e 9.

bargo passaram para o Poder Executivo, em especial os ditos da competência do Governo, tais como as questões relacionadas aos eclesiásticos, a nomeação e locomoção dos desembargadores, juízes territoriais etc.[136] Ao Supremo Tribunal de Justiça coube apreciar os recursos de revista que lhe eram oferecidos, com base exclusiva em nulidade manifesta ou injustiça notória no julgamento da causa pelas instâncias inferiores.[137]

José Leite Pereira Sá encaminhara a sua petição com o intuito de fazer a Câmara dos Deputados interpretar as questões suscitadas pelas suas queixas. O centro de sua querela se referia à sentença do presidente do Tribunal de Justiça, que lhe negara pedido de recurso. Arguía o requerente que contra o impedido não corria o tempo, ou o lapso de tempo. No entanto, entendia que "dúvida ou obscuridade carecedora de interpretação" e "só compete ao Corpo Legislativo removê-las", pois este daria às "leis interpretação de que necessita, para sua exata observância". O suplicante jogava para o Parlamento aquilo que foi derrotado no Supremo.[138]

Muitas vezes os detalhes da Lei favoreciam os conhecedores das minudências legais. Dessa maneira, encaminhar representação ao Parlamento significava ampliar as chances de sucesso. Foi o que fez o desembargador Bernardo José da Cunha Gusmão Vasconcelos, que perdeu uma demanda de sesmaria para Sebastião Gomes Barroso. O desembargador argumentava os casos em que poderiam ser concedidas revistas: erros notórios ou falhas dos escrivães ou dos correios. Argumentada a prejudicial ação do escrivão, que não tinha encaminhado para o Desembargador Procurador da Coroa da Fazenda e Soberania Nacional os autos do processo para que o mesmo interpusesse o seu parecer. De acordo com o parágrafo 9º da Lei de 18 de setembro de 1828, tornava-se indispensável aquela manifestação por parte do desembargador. Entretanto, instantaneamente o suplicante argumentava que o procurador não poderia interpor o seu parecer, pois era parte envolvida. Assim, como procurador da Coroa, ele daria o seu parecer a favor da mesma: "o procurador da Coroa [era] uma pessoa como o suplicante", sustentava o requerente. Finalizava, então, dizendo que diante da demanda dirigia-se aos "Augustos e Digníssimos Senhores Representantes", por serem estes os "intérpretes da Lei".

---

136 "Lei de 22 de setembro de 1828". Coleção das Leis do Império. Disponível em << http://www.camara.gov.br/Internet/InfDoc/conteudo/colecoes/Legislacao/Legimp-K.pdf>> Acessado em 04/02/2008.

137 MARTINS FILHO, Ives Gandra da Silva. "Evolução Histórica da Estrutura Judiciária Brasileira"..., *op. cit.*; e COSTA, Emília Viotti da. *O Supremo Tribunal Federal e a construção da cidadania*. 2ª ed. São Paulo: Editora da Unesp, 2006,

138 Petição de José Leite Pereira Sá – AHCD – Ano: 1830, Lata: 44, Maço: 6, Pasta: 1C.

A lei de criação do Supremo determinou as suas competências, quer dizer, a concessão de revista com base na exclusiva nulidade manifesta ou na injustiça notória no julgamento da causa pelas instâncias inferiores. Tal mecanismo se fundamentava na Carta de Lei de 3 de novembro de 1768, que por seu turno se inscrevia nas *Ordenações Filipinas*, que admitiam os recursos de revista quando a execução ou julgamento se fizesse sem a citação da parte contra quem se mandava executar alguma sentença, ou quando o executor produzia a execução em maior quantidade do que aquela contida na sentença.[139] Este segundo ponto dava margem a apelações acerca do que propriamente seria a quantidade da pena, e criava lacunas para uma possível anulação da sentença.

A indefinição legal que criou o Supremo Tribunal de Justiça deixou outras brechas legais. Essa situação fez com que o Poder Legislativo se tornasse uma extensão do Supremo. Outra lei, a de 20 de dezembro de 1830, se tornou uma espécie de regulamentação procedimental para os casos a serem julgados no Supremo Tribunal, e abriu caminho para que antigas demandas, já julgadas, voltassem à baila. Nesta lei, novos prazos foram acrescentados, o que trazia uma esperança jurídica para os demandantes sentenciados em instâncias inferiores ou pelo próprio Supremo. Neste sentido, os cidadãos procuravam a Assembleia para poder legitimar o seu intento e, consequentemente, tentar pressionar o Supremo.

Boa parte das petições estava relacionada ao pedido de reconsideração do prazo de solicitação de revista. Este foi o caso, por exemplo, do Padre Joaquim M. Limblão e irmãos, moradores da Ilha Grande, que litigavam contra a determinação de seus pais de doarem uma chácara para um irmão menor, ao alegarem que a doação era nula. Além disso, argumentaram que a propriedade foi definhando, morrendo os escravos, que não foram repostos. Sendo assim, os moradores e os irmãos haviam realizado benfeitorias na propriedade, sem conseguir qualquer acordo com o contemplado. Os requerentes encaminharam uma ação de libelo, na qual provavam a nulidade da escritura. Contudo, "tiveram o desprazer da mais escandalosa posição e despacho do juiz de fora daquela vila". Apresentaram, então, petição de revista do STJ, onde os mesmos ministros produziram parecer dizendo não poderem tomar conhecimento porque os requerentes não observaram o prazo exigido. Os suplicantes pediam, desta feita, que a Assembleia autorizasse a revista do processo visto que isso não causaria prejuízo ao suplicado.[140]

---

139 Ordenações Filipinas, Liv. 3º, Tit. 75, p. 686. Disponível em <http://www.uc.pt/ihti/proj/filipinas/ordenacoes.htm>> Acessado em 04/02/2008.

140 Petição de Padre Joaquim M. Limblão e irmãos – AHCD – Ano: 1831, Lata: 58, Maço: 9, Pasta: 1.

Caminho idêntico seguiria Manoel Monteiro e outros, moradores no arraial do Pinheiro, cidade de Mariana, que encaminharam aos deputados uma petição onde diziam ser herdeiros do falecido André Monteiro. Eles apelaram de uma sentença em autos que contendiam com Eugênio Jorge Machado e Manoel Jorge Machado, e seus atuais herdeiros, a respeito de terras e águas minerais. Um primeiro recurso ainda foi apresentado no tempo do Desembargo do Paço e pedia que se lhes concedessem a provisão de lapso de tempo. Entretanto, o fim do Desembargo do Paço (a partir da lei de 18 de setembro de 1828) mudou o rumo dos acontecimentos, deixou-os ao léu. Argumentavam, portanto, que não poderiam seguir com o processo em face da pobreza que os abatia. Estavam, portanto, "gemendo sob o jugo de uma sentença injusta", não tendo "outro recurso que não seja recorrerem a esta Augusta e Digníssima Assembleia". Imploravam "que se digne de dar alguma providência".

A estratégia usada apresentava uma causa que não era apenas dos requerentes, "mas a infinitos outros, que gemem nas mesmas circunstâncias".[141] Por fim, a indagaram, pedindo uma interpretação da Câmara dos Deputados, se as apelações do lapso de tempo deixaram de seguir só por seu esquecimento na referida lei de 1828. Finalizaram,

> Como se pode cassar com a liberalidade da Constituição, e com a santidade de seus quase divinos princípios a ideia de que um desgraçado cidadão oprimido de uma sentença injusta sofre antes por toda a sua vida horror de tal sentença.

Com relação ainda à citada Lei de 20 de dezembro de 1830, Domingos Lourenço de Carvalho afirmou ter sobreposto revista para o Supremo Tribunal de Justiça na causa-crime contra João Ferreira da Silva Braga. Ele alegara que os ministros não tomaram conhecimento da sua interposição ter sido feita fora dos dez dias exigidos por lei. Todavia, afirmavam que o prazo exigido pela legislação havia sido cumprido, mas por erro do escrivão o seu processo estava prejudicado. Afirmava que aquele equívoco não podia prejudicar o direito das partes. Jogava com a possibilidade de interpretação da Câmara dos Deputados, a quem pertence "providenciar um caso tão urgente ou declarar a lei a este respeito". Assim como Manoel Monteiro, o suplicante alegava que a sua causa podia beneficiar muitos outros, "que ocorreram de semelhante natureza e justiça".

---

141 Petição de Manoel Monteiro e outros – AHCD – Ano: 1831, Lata: 58, Maço: 9, Pasta: 1.

Embora a Comissão de Justiça tenha dado parecer negativo ao primeiro pedido, o requerente logo apresentaria uma segunda representação, onde aludia a resolução de 20 de dezembro de 1830, que abria caminho para ele interpor novamente o seu pedido de revista junto ao Supremo Tribunal de Justiça, com a intenção de ver sanada a sua demanda.[142]

Em outras ocasiões, procuravam o Parlamento para politizar sua questão, esperando sensibilizar os tribunos. Foi o caso de Luiz Gomes Anjo, que afirmava ter um litígio com Joaquim Ferreira dos Santos, sendo que o último saiu vitorioso na última instância. O requerente argumentava que existia uma notória e clara injustiça na decisão, poderoso argumento e um dos mecanismos para que se interpusesse recurso de revista no Supremo Tribunal de Justiça.

Segundo narra o suplicante, isto teria se dado dois anos antes da "benéfica e providente lei de 20 de dezembro de 1830", que no seu parágrafo 24 garantia o prazo de quatro meses para que fossem encaminhados recursos ao Supremo Tribunal. Porém, o Supremo novamente não aceitou a apelação, alegando faltar peças nos autos. A partir daí o requerente passava a politizar sua causa. Segundo ele, a Assembleia Legislativa não ignorava "o como era administrada a Justiça nos Tribunais antes da feliz regeneração" política de 1831, que havia assegurado ao "Brasil um novo futuro". Dessa forma, insinuava que a Assembleia era o único lugar capaz de garantir os seus direitos de cidadão, porque ali seu pedido tinha a possibilidade de ser revisto e que, assim o fazendo, a Câmara estaria cumprindo com a Justiça.[143]

Novamente vemos uma intrincada argumentação envolvendo a conjuntura política, a extensão e o alargamento dos direitos do cidadão. Vê-se que a argumentação do requerente adequava-se ao momento. O requerente teria que produzir um discurso consoante com o clima interno da Assembleia, afinado com o que pensava pelo menos parte dos parlamentares. Do contrário, não surtiria o efeito desejado. Neste caso Luiz Anjo apostara no clima de efervescência política, adicionado ao senso de oportunidade criado pela lei regulamentar do Supremo Tribunal de Justiça.

Outro ponto que precisa ser analisado, que decorre do papel assumido pelo Poder Legislativo, foi o de se ter criado um entendimento da sua capacidade de se tornar uma espécie de juiz supremo, com capacidade para o julgamento de demandas cotidianas que não encontravam abrigo no Supremo Tribunal de Justiça e recaíam sobre a Câmara Baixa. Isto se dava, em especial, quando se tratava da venalidade das autoridades. Ainda que frequentemente os deputados se esquivassem de se envolver nestes temas, os cidadãos procuravam abrigo naquela Casa. Foi o caso de Antônio José Gonçalves, que encaminhava

---

142 Petição de Domingos Lourenço de Carvalho – AHCD – Ano: 1831, Lata: 58, Maço: 9, Pasta: 2.
143 Petição de Luiz Gomes Anjo – AHCD – Ano: 1831, Lata: 69A, Maço: 44, Pasta: 6.

aos deputados a sua queixa contra os oficiais e meirinhos da Justiça. Segundo o queixoso, eles faziam as suas tramas "com as suas certidões e autos falsos tiram vida e honras", não executando ordem alguma de seus magistrados sem que primeiro as partes "lhes deem dinheiro que eles pedem". Quando assim não o faziam "desculpam que estão ocupados, e vão participarem as partes contrárias". De acordo com Antônio José Gonçalves, mesmo em ocasiões em que se podia provar o crime dos oficiais através de devassas, eles agravavam a denúncia, "e com empenhos ficam despronunciados". O requerente passou a expor o abuso cometido contra ele. Na noite do dia 17 de outubro de 1827, estava ele em casa com sua família e várias pessoas de probidade, que o visitavam, quando bateram na sua porta com grande alarido. Derrubaram-na, entrando oito ou dez pessoas, "ignorando o suplicante quem era", na ocasião, reconheceu apenas o comandante daquela quadrilha, o senhor Antônio do Espírito Santo, meirinho ou escrivão do meirinho das cadeias, que vestia da jaqueta devida e calça de canga, "com um vergalho de estoque na mão". Esses deram busca na casa do suplicante sem mostrar as ordens que levavam. Além disso, com o dito estoque o meirinho "apalpava o rosto das senhoras que ali se achavam, e até pondo a mão nas faces das mesmas, dizendo suas graçolas indecentes".

Segundo a solicitação do requerente, era necessário "haver lei restrita para que oficiais de justiça sejam pessoas de qualidade, consciência e que não sirva o ofício menos que não seja por escrivães", devendo os mesmos prestar fiança a "qualquer dano que praticarem aos povos". Ainda segundo Antônio José Gonçalves, era necessário combater a extorsão que praticavam, "para não servirem um ofício tão melindroso". E concluía a queixa afirmando que os cidadãos não podiam ver "invadidas as suas casas com falsas buscas, e de noite, para deste modo também ficar a segurança pública mais tranquilizada".[144]

Contra a ação de funcionários venais também reclamava Antônio de Mattos, que dizia "sofrer os terríveis e cruéis efeitos de uma diuturna prisão" há mais de dois anos, "sepultado na cavernosa gruta da horrível cadeia desta Corte", por ter furtado, em 1828, uns míseros 200$000 réis a um jovem, "que dizem ser filho de Silvestre de Souza Pereira, negociante desta praça". Segundo o queixoso, embora tenha devolvido o furtado, diante da pobre situação do requerente, o dito negociante resolvera proceder com buscas noturnas "no sagrado asilo do recorrente com escandalosa violação do Título 8º do § 7º da Constituição Política do Império", com "abandono das sábias leis, que garantiam a segurança pública e individual", ocasião em que nada foi encontrado.

---

144 Petição de Antônio José Gonçalves – PDID – 836/1827.

Nada sendo encontrado que o incriminasse, alegou ter sido ilegalmente pronunciado à prisão "pelo famigerado ex-juiz criminal dos bairros de Santa Rita e Candelária, e nunca assaz louvado João José de Oliveira Junqueira". Foi assim, "metido debaixo de ferros sem proceder ao mais leve indício". Procurou livrar-se por meio de alvará de fiança, mas afirmou ter sofrido as mais duras extorsões das autoridades, com prática de chicanas que o impediam de ser libertado. Por esses motivos e "com o mais profundo respeito e reverência", encaminhava à Câmara dos Deputados, o "Centro Augusto da Soberania Nacional", a sua representação

> E como se acha exauridas suas forças afim de que possa relutar com uma tal chicana tão revoltante, vai revestido do maior respeito e submissão levar à Poderosa e Alta consideração [...] o verdadeiro quadro de tantos infortúnios, violências e injustiças, que tem sofrido em tão longo tempo de prisão; não implorando outra coisa mais do que justiça, justiça, justiça...[145]

Pelo que temos acompanhado até aqui, o papel do Parlamento como centro político ou como um espaço de debate e gerador de demanda não era desprezado pelo cidadão. Ao contrário, estes acorriam para lá com as mais variadas questões relacionadas aos direitos civis, questões políticas e do cotidiano.

Se de um lado é possível afirmar que as petições estavam consoantes com o chamado Constitucionalismo, ou novas ideias acerca dos direitos do cidadão, há que se indagar em que medida estas demandas eram ou não provenientes apenas de uma nova leitura acerca dos direitos ou se elas poderiam ainda conter traços do Antigo Regime.

Se é forte uma visão própria do Direito e da Justiça ligados ao momento de ebulição social em que viviam tanto a Europa quanto as Américas, pois as petições expressam o cotidiano dos setores sociais intermediários, podemos afirmar que, a partir das representações ao Parlamento, há uma relação direta entre o formal e o informal, quer dizer, entre as discussões políticas maiores (construção institucional do Estado Imperial que se formava e a formulação de um novo aparato legal etc.) e o dia a dia da população. Como foi demonstrado, muitas das ações decididas no Parlamento incidiam sobre o dia a dia das pessoas.

---

145 Petição de Antônio José Gonçalves – AHCD – Ano: 1831, Lata: 69A, Maço: 45, Pasta: 1.

Requerimentos como expressão do cotidiano

> Soberana Assembleia – Com o mais profundo respeito chega ante esta Augusta Assembleia Geral Constituinte e Legislativa, o Cidadão Brasileiro David Pamplona Corte Real, a exigir aquela saudável providência, que só pode encontrar no abrigo da Justiça [...] Se alguma atrocidade parece merecer providência, é sem dúvida aquela pela qual se chega a violar a segurança do Cidadão dentro de sua mesma casa: a impunidade de tal delito é sem dúvida de péssimas consequências, que para se evitarem, vem o Suplicante mui respeitosamente pedir a esta Soberana Assembleia aquelas providências, que exige a segurança pública, e individual dos Cidadãos Brasileiros, atacada só porque são reconhecidos por Brasileiros. Rio de Janeiro 6 de Novembro de 1823. – David Pamplona Corte Real.[146]

O requerimento apresentado por David Pamplona Corte Real talvez seja o mais importante e conhecido daqueles encaminhados ao Parlamento imperial, no Primeiro Reinado. Se de um lado marca um dos episódios que ocasionou o fechamento da Assembleia Constituinte de 1823, por outro demonstra a sintonia entre os requerimentos e petições enviados ao Parlamento e a vida política cotidiana.

Dizer que os requerimentos expressavam o cotidiano e refletiam a vida política do Império pode parecer uma obviedade, não fosse pelo fato de que expressam uma leitura acurada da população em relação à realidade política. Mais do que isto, os próprios acontecimentos interferiam na vida dos cidadãos, e eles reagiam com petições. Prova disso era o requerimento apresentado por David Pamplona Corte Real, que reivindicava providência da Câmara para o ataque de elementos ditos "portugueses", em uma discussão que envolveu jornais. As brigas nas ruas agora chegavam ao Parlamento.

David Pamplona Corte Real narrou em sua petição o acontecido na noite do dia 5 de novembro de 1823. Na ocasião, o sargento-mor José Joaquim Januário Lapa e o dito capitão Zeferino Pimentel Moreira Freire desferiram-lhe umas bordoadas, acusando-o de fazer publicar uma carta ofensiva aos militares portugueses do Exército Imperial, no periódico *Sentinella da Liberdade à Beira mar da Praia Grande*. Segundo o requerente, os militares teriam invadido sua botica, situada no Largo da Carioca, com palavras ameaçadoras

---

[146] *Diários da Assembleia Constituinte de 1823*. Senado Federal, 1973, sessão de 06/11/1823.

mas com amargura lhe estranhasse o atentado de procurarem massacrar um cidadão pacífico e inocente dentro de sua mesma casa, eles perguntando se o não conhecia, foi o mesmo suplicante insultado com os mais afrontosos convícios pelo dito Capitão Moreira, que até chegou a querer contra ele desembainhar um estoque que trazia em uma bengala[147]

Depois de o terem atacado, reconheceram não ser o suplicante o autor da carta que tanto os ofendeu. "Se retiraram dizendo que se haviam enganado". O atentado ao suplicante, segundo afirma o mesmo, teria sido presenciado por muitas pessoas. Imediatamente após o ocorrido, David Pamplona procurou auxílio das autoridades policiais, que não quiseram tomar partido na contenda. Foi então que procurou asilo na Assembleia Constituinte.

A chegada daquela representação na Assembleia abriu o ensejo para que o confronto entre a Assembleia e o Imperador chegasse ao limite, culminando com o fechamento da Constituinte, em 12 de novembro de 1823.

É importante reter neste momento que dois cenários estavam claros no ano de 1823, e que permaneceria por todo o Primeiro Império. O primeiro envolvendo as rivalidades entre o Imperador e o Poder Legislativo, e o segundo a tensão relacionada ao conflito entre portugueses e brasileiros.

Quanto à segunda questão, devemos notar a importância que a aversão ao elemento português assumiu nos dias seguintes à proclamação de D. Pedro I. Gladys Ribeiro argumentou que as motivações se centravam na necessidade de se criar uma "identidade nacional".[148] De um discurso de irmandade entre os portugueses nascidos no Brasil e os nascidos em Portugal, passou-se imediatamente para a defesa do "ser brasileiro" distinto do "ser português". Entretanto, tais discursos encontravam contradições entre seus próprios divulgadores. A situação de Pamplona Corte Real era bastante ilustrativa. Nascido na ilha dos Açores, era português de nascimento pelas definições então apresentadas. No entanto, dizia-se brasileiro por opção. Na mesma situação se encontravam outros tantos imigrantes portugueses.[149] O contrário também era verdadeiro. Muitos brasileiros eram tidos por portugueses por defenderem a união entre os dois países. Portanto, mais do que uma questão de nascimento, o problema se situava na esfera política.

---

147 *Idem.*
148 Cf. esta discussão em RIBEIRO, Gladys S. *A liberdade em construção...*, op. cit., p. 61-65.
149 Para o caso de David Pamplona Corte Real, cf. RIBEIRO, Gladys S. *A liberdade em construção...*, op. cit., p. 83.

O sentimento antilusitano,[150] ou pelo menos o desejo de incitar os parlamentares a se posicionarem politicamente sob esta argumentação, pode igualmente ser visto no requerimento de Joana Francisca Margarida,[151] mãe de Antônio Joaquim Toscano, que denunciava a sua prisão, pelo intendente da polícia da Corte, sob a acusação de extravio de pesos espanhóis da Casa da Moeda, local onde trabalhava. No seu requerimento, Joana Francisca denuncia os abusos cometidos pelo intendente de duas maneiras: uma por ter invadido, sem autorização judicial, a sua casa. A segunda, por ter deportado Antônio Joaquim para a Bahia sem que houvesse sequer culpa formada. A denunciante não titubeou em lançar mão do espaço de periódicos, pois, no seu número 36, o jornal *Diário Fluminense* expunha o drama daquela mãe. Logo após a publicação no periódico, a requerente encaminharia à Câmara dos Deputados a sua representação denunciando o intendente e a sua condição de não brasileiro, alegando que o mesmo sequer havia jurado a Constituição do Império do Brasil.

Os discursos construídos em torno do antilusitanismo corroboram com as afirmações que Gladys Ribeiro tem feito a respeito do antilusitanismo presente nas décadas iniciais da Independência brasileira. Segundo Ribeiro, em um nível político mais elevado, a partir de 1822, deslocava-se a crítica da Corte para Portugal. Até então, a Assembleia portuguesa era a promotora das atitudes absolutistas. A partir dessa data, todos os indivíduos identificados com aquele país passavam a ser vistos como merecedores de acirrado combate.[152]

Mas esta aversão se situava também nas questões do dia a dia. Assim, o "ser brasileiro" ou "ser português" eram partes constitutivas não apenas da retórica política, do relacionamento entre Brasil e Portugal. Revelava-se da mesma forma nas ações populares, originadas em variadas disputas no cotidiano.[153]

O ponto de contato dos dois níveis dos embates políticos estava situado no mercado de trabalho já em formação. Segundo Gladys Ribeiro, posteriormente à Independência, teria havido a necessidade de se forjar um tipo de cidadão específico, a partir dos padrões civilizatórios predominantes na Europa. Esta discussão é fundamental não só para entendermos o mercado de trabalho, como igualmente para a percepção da construção da cidadania e da nação. Ao proclamar a ideia de civilizado *versus* o bárbaro, delineava-se uma concepção de sociedade excludente. Contudo, estes projetos, revelados em algumas

---

150 MATTOS, Ilmar R. de. *O Tempo Saquarema. A formação do Estado Imperial.* 4ª ed. Rio de Janeiro: Access/INL, 1994, p. 68-72.

151 Petição de José Manuel Franco e outros proprietários – AHCD – PDID – 826/1829.

152 RIBEIRO, Gladys S. *A liberdade em construção...*, op. cit., p. 59-61.

153 *Idem*, especialmente o capítulo 2.

memórias e peças políticas analisadas pela autora, sofreram contínuas resistências por parte das camadas populares.[154]

A permissividade no ingresso de portugueses da antiga Metrópole que vinham trabalhar, muitos em situação clandestina, foi desenhando um mercado de trabalho assalariado que, se ainda não era total, convivia com o trabalho cativo e competia com este. Os portugueses natos auxiliaram nas hierarquizações estabelecidas, colocando-se no topo e reservando para si as melhores oportunidades de trabalho.[155]

Para Ribeiro, esta situação atingiu alguns grupos sociais. Forjava-se uma espécie de hierarquização ou "barreira de cor" que impedia os brancos pobres nascidos no Brasil, mas também os libertos e os cativos ao ganho ou de aluguel, de trabalharem livremente e de buscar a autonomia e/ou a liberdade.[156]

Era usual que portugueses, proprietários de estabelecimentos comerciais, trouxessem parentes ou filhos de parentes para o Brasil, com o objetivo de dar-lhes emprego.[157] Os caixeiros lusitanos, empregados nos diversos ramos do comércio, também impediam que nativos brancos pobres alçassem postos no comércio local, o que consequentemente funcionava como uma barreira quase intransponível. O imigrante português, portanto, monopolizou os empregos no comércio, impedindo que os nativos livres pudessem ter oportunidades nessa área. Segundo Lenira Martinho, "a ascensão social do caixeiro deu-se em um contexto de desenvolvimento do comércio e de privilégios civis e políticos", colocando-o acima das demais categorias de trabalhadores livres.[158]

Nos meios militares, por exemplo, os brasileiros encontravam barreiras que limitavam sua ascensão nas escalas da corporação, onde ficavam restritos aos postos inferiores, porquanto os de oficiais eram reservados aos portugueses. A posição privilegiada dos portugueses frente à população nativa criou uma dimensão nova no contexto político, entre 1823 e 1831. A situação pode ter motivado Antônio Coelho de Souza, tenente do batalhão nº 9 de caçadores de 1ª linha, a usar do antilusitanismo como estratégia para denunciar os abusos cometidos pelo seu superior. Oriundo da província de São Paulo, onde também havia as-

---

154 *Idem*, p. 155-167.

155 *Idem*.

156 *Idem*, p. 167 e 203-207.

157 MARTINHO, Lenira M. "Caixeiros e pés-descalços: conflitos e tensões em um meio urbano em desenvolvimento". In: _____ e GORENSTEIN, Riva. *Negociantes e caixeiros na sociedade da Independência*, op. cit., p. 21-124. Especificamente as p. 61, 69-70 e 80.

158 *Idem*, p. 99.

sentado praça voluntariamente em 1809, afirmou ter marchado para a província do Rio de Janeiro no mesmo ano, atuando em todas as campanhas que desde então tiveram lugar na Província. Porém, quando esperava desfrutar das recompensas merecidas, "foi que viu as garras lacerantes do mais descarado despotismo, caindo sob a insaciável vingança do seu comandante Francisco Xavier da Cunha".

Continuou sua exposição usando o parágrafo 19 do Art. 179 da Constituição, que dizia, segundo ele, que "desde já ficam abolidos os açoites". E continuava: "essa disposição da Lei Fundamental do Império abrange geralmente todos os cidadãos brasileiros, por que a Constituição em nenhum lugar a limitou". Entretanto, ao desprezar as determinações da Constituição, "aquele tenente coronel mandou fabricar uma máquina da maneira de cavalete", no qual fazia "amarrar os soldados de seu comando", castigando-os "a seu bel-prazer, com centenas de açoites [...] até saciarem a inauditas sevícias do *monstro português!...*".[grifo meu]

> Soldados brasileiros, cidadãos livres, açoitados como vis escravos!...

O tenente se queixava, insatisfeito com as ações do seu superior, porém as suas queixas chegaram ao conhecimento do comandante, que o fizera chamar "e na roda da oficialidade da corporação o provocou com palavras insultadoras", afirmando que suas queixas nasciam de saber que tinha sido preterido na última proposta, o suplicante respondeu que tal não sabia, "mas que, a verificar-se, reclamaria os seus direitos".[159] E foi o que afirmou ter feito Antônio Coelho de Souza.

O periódico *Constitucional Rio-Grandense* afirmava que o que teria motivado toda a ação injusta do tenente-coronel contra ele seria uma "falsa parte acusatória do mesmo tenente coronel, sendo enfim solto depois de 29 dias de uma iníqua e arbitrária prisão, sem que lhe fosse patentes, sua criminalidade quando preso". Ao final, o tenente encaminhou a sua petição para que a Câmara dos Deputados lhe fizesse "a justiça, que tantas vezes lhe tem sido denegada". Esperava "ser indenizado com o posto de capitão e antiguidade respectiva de 18 de outubro de 1829".

Juntamente com as alegações antilusitanas, atacar a administração passada parecia angariar alguma simpatia no Parlamento. Frequentemente as duas argumentações andavam juntas, já que as principais alegações contra o Imperador na fase final da crise que de-

---

[159] Petição de Antônio Coelho de Souza – AHCD – Ano: 1831, Lata: 69B, Maço: 46, Pasta: 1.

sembocaria na Abdicação se centravam no seu forte laço com Portugal. Estes argumentos apareceram nas alegações de diversos queixosos e nos discursos parlamentares, principalmente depois da Abdicação de D. Pedro I. Antônio Francisco Correa Viana afirmou ter servido por oito anos à Nação como praça de Cadete de Artilharia. Porém, viu-se diante da necessidade de pedir demissão por "contínuas preterições" que vinha sofrendo, que atribuía a "ser brasileiro nato, e amante do feliz sistema constitucional". Ele viu a sua sorte mudar nesse novo tempo, pois "hoje porém que o Brasil tem a fortuna de ser guiado por um Governo nacional, e verdadeiro brasileiro", e diante da falta de emprego, "onerado de sua mãe viúva, irmãs solteiras, e irmãos menores". Por fim, pedia a vaga de contínuo na Câmara dos Deputados que se achava desocupada.[160]

Percebe-se que existe uma forte carga na ideia de "sistema constitucional", expressão amplamente reiterada nos discursos proferidos na Câmara dos Deputados a partir de 1829. Muitos tribunos acreditavam que a única forma de conter o que eles entendiam ser um autoritarismo do Imperador passava pela aplicação dos mecanismos constitucionais de respeito aos direitos individuais e segurança dos cidadãos. Em face da constante presença de cidadãos nos plenários da Assembleia e da ampla divulgação que jornais como *Aurora Fluminense*, *Astréa* e outros faziam das discussões, reproduzindo estas palavras, é possível imaginarmos que houvesse uma captura do termo por parte daqueles que peticionavam ao Parlamento. Nunca é demais lembrar que o primeiro mecanismo de aceitação desse tipo de reivindicação passava por um discurso que aproximava o emissor e o receptor da mensagem.

Da mesma maneira, os peticionários se valiam de termos como "ser brasileiro", que era construído como oposição ao "ser português". Segundo, era disseminado, tanto nos discursos parlamentares quanto pelos periódicos, que o Império estava completamente tomado por defensores do "absolutismo", do "corcundismo" e do "despotismo", emanados sobretudo daqueles que obravam contra o Brasil.

Tivemos a oportunidade de narrar no capítulo II o quanto a conjuntura política foi dura e difícil para o governo de D. Pedro entre 1829 e 1831. Para os parlamentares alinhados ao governo, como Clemente Pereira, a situação foi ainda mais dura, pois tivera que enfrentar uma disputa política para tomar posse como deputado na legislatura que se iniciava em 1830. Na ocasião, uma série de denúncias recaía sobre o parlamentar, e a oposição argumentava que o tribuno era suspeito à causa do Brasil. Foi por ocasião da sua presença no Ministério do Império que vieram à tona os acontecimentos de Pernambuco, em 1829, conforme citamos no capítulo II.

---

160 Petição de Antônio Francisco Correa Viana – AHCD – Ano: 1831, Lata: 57, Maço: 6, Pasta: 1.

Pensando em angariar o apoio da Câmara, José Ribeiro da Silva encaminhou petição que apresentava atributos que lhe faziam merecer um emprego público. Para tanto, justificava que era "brasileiro nato" e "amigo das instituições liberais" no período anterior à Abdicação. Concluía seu clamor apontando a injustiça cometida pelo então Ministro do Império, José Clemente Pereira, que o "esbulhara da efetividade do lugar de escrivão da Junta da Instituição Vacínica", após a morte do dito oficial daquela junta.[161]

Em face dos acontecimentos de 1831, muitos requerentes alegavam injustiças cometidas pelo governo anterior. Justamente este era o momento onde alguns grupos no interior da Câmara dos Deputados construíam um discurso de ruptura com as arbitrariedades e com o absolutismo de D. Pedro.

A Abdicação havia ocorrido dias antes da instalação da Assembleia Geral, em 1831. Na reabertura dos trabalhos legislativos, o então grupo ministerial perdeu força e ficou completamente atônito diante da maneira abrupta com que os acontecimentos se desenrolaram. Assistiu-se a uma letargia momentânea, onde os principais defensores do ministério anterior ao 7 de abril desapareceram da cena política. Por outro lado, presenciou-se, no seio da antiga oposição, um duplo sentimento que pautaria as discussões por um longo período da legislatura de 1831 e que teria uma forte influência no perfil das petições encaminhadas à Câmara. Um grupo de parlamentares entendeu ser preciso passar a limpo a administração anterior, conhecer os atos perversos, descobrir os traidores e ladrões da nação. Segundo esta linha de raciocínio, o Império tinha passado por uma revolução política, que se pautava pelo aspecto material, mas estava em curso uma revolução que deveria abarcar as questões morais. Esta, segundo parlamentares como Paula e Souza, era "antiga, lenta e filha do tempo", e iniciara com a oposição entre o poder da autoridade contida no Imperador D. Pedro I e a opinião pública.[162] Adensava ainda o seu discurso com a necessidade de reformas no sistema político, que passavam primeiramente por limitar os poderes da Regência. Esta proposta foi defendida por tribunos que passaram a ter uma posição mais extremada, dentre eles Paula e Souza e Lino Coutinho.

Outra linha propositiva surgiu impulsionada pela ideia de que se deveria relevar os acontecimentos anteriores ao 7 de abril. Segundo esta linha de raciocínio, a Nação teria que preparar as condições para que o príncipe D. Pedro II assumisse o Império em melhores condições, daí a necessidade de reformas à Constituição. Esta posição esteve na linha de frente contrária à ideia de que se deveria expulsar os estrangeiros (portugueses), trai-

---

161 Petição de José Ribeiro da Silva – AHCD – Ano: 1831, Lata: 57, Maço: 6, Pasta: 1.

162 *Anais da Câmara dos Deputados*, sessão de 14/05/1831.

dores, e reformar todos os militares alinhados com a posição pró-absolutismo. Estas propostas foram defendidas por deputados como Andrada Ribeiro, Cunha Mattos, Henriques de Resende e José Bonifácio; este último assumiu seu mandato dias depois de instalada a Assembleia Geral de 1831.[163]

Quanto às reformas, existia um consenso quanto à sua realização. No entanto, a polêmica instalada entre o grupo vencedor se centrou nos limites que esta devia abranger, o que só foi resolvido no transcorrer dos anos subsequentes, com uma série de alterações políticas e mudança na correlação de força dos grupos envolvidos.

Ao que tudo indica, toda esta polêmica foi captada pela população. Parte dela participou das inúmeras insurreições que aconteceram na Corte do Rio de Janeiro e por todo o Império. Outro grupo ainda acreditava no Parlamento como forma de resposta, pois percebia uma situação de indefinição no seu seio. Para os cidadãos, sobretudo para os militares ou funcionários do Estado, a "revolução" iniciada era uma boa oportunidade para verem reparadas as injustiças cometidas.

João José da Silva[164] historicizava a sua trajetória ao demonstrar o quanto tinha sido injustiçado e ao pedir "remédio para o seu padecimento". Argumentava que teria sido um dos primeiros a emigrar da cidade da Bahia, em julho de 1822, quando da invasão das tropas portuguesas a Salvador, e da imediata "Sagrada Causa da Independência". Afirmava ter sido nomeado pelo Governo provisional, instalado em Cachoeira, para organizar uma pauta que servisse de cobrança dos direitos sobre os gêneros e manufaturas importados durante a ocupação. Logo que foram expulsos os inimigos do Brasil, o suplicante foi nomeado administrador da Mesa da Estiva da Alfândega. Contudo, "gozando da tranquilidade do cargo e pronto para constituir família", dizia ter sido "surpreendido com a postura do monarca, que atendendo ao requerimento do português Antônio José de Lima, que da serventia do dito ofício havia sido expulso por inimigo declarado da Causa do Brasil". Desta forma, o suplicante teria ficado sem o dito cargo.

O requerente, mostrando-se ciente dos acontecimentos e do novo tempo inaugurado em 1831, que incitava principalmente a disputa entre brasileiros e portugueses, apresentou um pedido de revisão:

---

163 Parte destas proposições pode ser encontrada na discussão sobre as reformas da Constituição e na discussão sobre reforma dos militares. Cf. *Anais da Câmara dos Deputados*, sessões de 16/05/1831 e 25/05/1831.

164 Petição de João José da Silva – AHCD – Ano: 1831, Lata: 69A, Maço: 43, Pasta: 2.

> Hoje, que por fortuna dos brasileiros, o Brasil tem mostrado uma face mais risonha, e presenteia a seus filhos, não parece de razão, e de justiça, que com exclusão do suplicante, a quem apenas por comprazer se mandou pela provisão, prover no primeiro lugar vago compatível com as suas circunstancias, continua a servir o referido emprego de administrador da Mesa da Estiva da Alfândega da província da Bahia um português.

Portanto, encontramos em vários requerentes uma análise do impacto do 7 de abril sobre as suas vidas. Conforme já dissemos, parte da população optara por se alinhar aos acontecimentos de rua que varriam a Corte, o que levou a Câmara dos Deputados a se declarar em sessão permanente, reeditando o expediente da crise entre Assembleia Constituinte e Imperador, em 1823. A população ou parte dos requerentes tinha a noção e o conhecimento desse momento, em especial o relacionado ao 7 de abril de 1831, e tratava os episódios de forma a elaborar estratégias argumentativas poderosas para angariar benefícios.

O 7 de abril foi utilizado por Cesário Gomes de Araújo, natural da vila de Cunha, São Paulo, por exemplo, que suplicava a vaga de oficial na Câmara dos Deputados. Ele argumentava ser "um dos que sempre concorreu em defesa da pátria logo que a viu ameaçada a sua Independência e liberdade". Dizia ter servido no Exército, no Campo da Honra, no dia 6 de abril de 1831, tendo sido logo depois incorporado à 5ª Companhia do 3º Batalhão de Caçadores da 1ª Linha do Exército.

Neste aspecto, é interessante notar que este era o segundo requerimento encaminhado por Cesário. No primeiro, também posterior ao 7 de abril, não fazia qualquer menção à sua participação nos acontecimentos do dia 6 de abril.[165] Ao que tudo indica, a sua estratégia mudou porque o clima político pareceu-lhe mais favorável para o uso daquela argumentação. Do contrário, omitiria qualquer citação que lhe parecesse negativa. Conforme já dissemos, existia uma positividade nesse recurso, uma vez que o receptor estava afeito às queixas deste tipo.

Nesta mesma linha de raciocínio seguiu Luiz Pacheco da Cunha,[166] empregado na Alfândega e que viu sua situação se agravar pela execução da Lei do Orçamento de 1830, quando se dispensou inúmeros empregados civis e militares. "E para que se não presuma que o suplicante prevaricara no exercício do emprego", argumentava que os motivos eram outros, "muito conhecido de todos": a "injusta preferência que se dava aos portugueses sobre os bra-

---

165 Petição de Cesário Gomes de Araújo – AHCD – Ano: 1831, Lata: 57, Maço: 6, Pasta: 1.

166 Petição de Luiz Pacheco da Cunha – AHS – Ano: 1831, Caixa: 18, Maço: 2, Pasta: 30.

sileiros natos", nos empregos públicos. Diante do falecimento do então ajudante do porteiro da Câmara dos Senadores, Luiz Pacheco vislumbrou uma possibilidade de melhorar na sua condição, o que o levaria a reivindicar aquele emprego, ou outro qualquer, conforme afirmava. A sua petição levanta uma questão importante: permite-nos avaliar o impacto da crise econômica sobre a vida dos cidadãos. Já tivemos oportunidade de demonstrar que, além da crise política, houve uma correlata crise econômica, que muito se deveu à política.

As crises econômica e orçamentária tiveram um profundo impacto sobre a vida da população, majoritariamente sobre os empregados públicos. Estes últimos procuraram se amparar de todas as formas. Um dos caminhos escolhidos foi o de encaminhar petições ao Parlamento com o intento de remediar as suas frustrações, expectativas e desejos. Mariano Antônio Correia Borges, professor de gramática latina na cidade do Desterro, Santa Catarina, reclamou do mísero salário por "achar-se ele e a sua família reduzido ao estado de indigência", uma vez que o seu ordenado, de 300$000 réis, "foi fixado no tempo de barateza do país". Entretanto, "à vista do excessivo crescimento dos valores", recorria o suplicante "ao patriotismo dos Augustos e Digníssimos Senhores Representantes da Nação", que "conhecem, quanto a instrução interessa a um povo livre", e suplicava o ordenado "ao menos a 600$000 réis".[167]

Este também era o drama de Tiburtino Pinto de Almeida, professor e natural da vila do Rio das Contas, na Bahia. Alegava ter prestado grandes serviços à causa da Independência e à liberdade legal do Brasil, entretanto, não tinha "o suplicante até então incomodado ao Governo com pedir-lhe esta, ou aquela em remuneração dos serviços",

> Contudo, vem agora rogar-vos uma gratificação em remuneração do tempo, que já tem de serviço na sua profissão e em atenção aos mais, que tem ponderado: porque o ordenado da sua cadeira, de 240$000 réis, é tão mesquinho, que o suplicante com sua mulher e filhos teria sucumbido à miséria.[168]

Não era pequeno o número daqueles insatisfeitos com a conjuntura econômica e que viam na mudança de governo a possibilidade de auferir dividendos salariais. João Midosi, intérprete da Secretaria da Polícia e encarregado das visitas feitas por esta repartição, reclamou trabalhar ininterruptamente aos domingos e feriados, "de maneira que achando-se num ri-

---

167 Petição de Mariano Antônio Correia Borges – AHCD – Ano: 1831, Lata: 69A, Maço: 43, Pasta: 7.
168 Petição de Tiburtino Pinto de Almeida – AHCD – Ano: 1831, Lata: 59, Maço: 12, Pasta: 2.

goroso serviço todo o dia até o sol posto". Afirmava ter um ordenado de 450$000 réis anuais, "que para nada chegam". Porque o recorrente, "pela natureza do seu emprego, é obrigado a residir no centro da cidade, e o mais próximo possível do lugar de embarque". Alegava não ter alugado uma moradia por menos de 400$000 réis, "de forma que só o aluguel da casa absorve quase todo o seu ordenado". Dizia ainda que tendo lhe sido "tudo negado por caprichos", tinha a "lisonjeira esperança de algum dia ser atendido", ao que acrescentava

> Não pelo antigo Governo onde a virtude, honra e merecimentos jamais tiveram entrada, mas sim quanto à liberdade legítima triunfasse e a Constituição fosse religiosamente observada, de cuja posse podemos hoje felizmente dizer estar. [grifo meu]

Midosi fazia justamente a transição entre a crise econômica, o governo passado e aquilo que ele considerava o triunfo da legítima liberdade. Na sua percepção, para se completar o quadro tão favorável, caberia ao Parlamento legislar sobre os ganhos dos funcionários afeitos ao sistema constitucional. Dessa forma, construía uma oposição entre a situação dos funcionários em geral e de alguns setores. Argumentava ser um absurdo que muitos empregos, novamente criados, tivessem ganhos de 1.000$000 anuais, e outros muito mais, sem terem a décima parte de trabalho. Alegava haver uma desigualdade "diabólica e injusta" na recompensa dos serviços, "devendo o prêmio conceder-se ao merecimento, zelo, honra e assiduidade ao empregado".[169]

Às vezes a forma de angariar apoio passava pela descrição dos feitos, das dificuldades e dos desafios encarados pelos requerentes. Antônio Ferreira Carroz, por exemplo, historicizava a sua carreira militar para fins argumentativos. Militar de Santa Catarina, dizia ter sido tenente secretário do Regimento nº 6 de Infantaria da 1ª Linha de Portugal, por Decreto de 5 de outubro de 1797, com soldo de quinze mil-réis mensais, vencimento de tenente. Em 25 de março de 1808, abandonou o posto porque não queria servir debaixo do intruso Governo francês, e veio imediatamente para o Rio de Janeiro. Em 4 de agosto do mesmo ano, virou capitão com o mesmo ordenado. Já em 1820, ocupou o posto de tenente-coronel, do qual foi transferido, em 1825, no mesmo grau militar, para organizar o Batalhão de Caçadores nº 42.

---

[169] Petição de João Midosi – AHCD – Ano: 1831, Lata: 59, Maço: 12, Pasta: 2.

> Nos postos superiores, além de muitas comissões particulares, foi encarregado, pelo governo da província do comando dos prisioneiros argentinos, destinados aos trabalhos públicos...

Afirmava que de todas as formas tinha procurado melhorar a sua condição, solicitando ao governo melhoria nos seus ganhos, sem que nenhuma medida fosse tomada. Por fim havia decidido requerer o soldo de 45$000 réis mensais, conforme o Art. 3º da Lei de 24 de setembro de 1829, o que foi igualmente negado. Para concluir, aos 63 anos e perto de completar 34 anos de serviço, recebendo apenas 15$000 réis mensais do posto de tenente-coronel, via o seu major receber 50$000 réis e o seu ajudante 22$000 réis, além de mais vantagens.

> Resta unicamente valer-se da dignidade da representação nacional e suplicar-lhes haja de dar uma interpretação favorável aquele Art. 3º, para não excluir do benefício dela; visto que o suplicante é o único em todo este Império, que saiu da tropa da 1ª linha para capital da 2ª linha, onde exerceu o posto de major; e que se acha tenente coronel comandante de um batalhão com tão diminuto vencimento.[170]

Frequentemente soldados ou funcionários tinham ordenados na média entre 50$000 e 60$000 réis, às vezes um pouco melhor ou pior do que a faixa permitida para votar e para a participação nas eleições secundárias. Embora esta pretensão não aparecesse nos requerimentos, é possível que motivasse as petições. Porque, além do dividendo salarial e da necessidade de sobrevivência em uma conjuntura econômica que se alterava rapidamente, devido às crises da moeda, das exportações e as transformações dos produtos produzidos no Império, os funcionários se guiavam pelo *status* produzido por suas funções. Ser funcionário permitia honrarias e distinções sociais em relação ao restante da população que buscava meios de subsistência em uma sociedade hierarquizada e escravista.

Assim, na Corte do Rio de Janeiro, ser um funcionário mediano, para além de garantir um meio de vida ou de completar os ganhos salariais, representava uma diferenciação entre a escravaria, os vendeiros, os comerciantes de retalho e os vadios. Podia-se aspirar entrar na "boa sociedade" e participar das decisões políticas locais. Em regiões fora da

---

[170] Petição de Antônio Ferreira Carroz – AHCD – Ano: 1831, Lata: 59, Maço: 12, Pasta: 2.

Corte, a insígnia imperial abria as portas, propiciava destaque social em uma sociedade permeada por hierarquias econômicas, onde ser proprietário era a principal distinção.

Depreendemos isto das alegações apresentadas por José Vitorino Coimbra, que pedia a transferência do posto de comissário pagador graduado para o de oficial da Câmara dos Deputados. A sua principal motivação era a impossibilidade de continuar mantendo a sua posição e honra com o ordenado de 200$000 réis que lhe foi arbitrado, o que não permitia que tivesse um uniforme de major e uma garantia do lugar que ocupava.[171]

Mas não era somente o custo de vida que se tornava motivo para queixas. As leis votadas pelo Parlamento com o intuito de desafogar o caixa do governo contribuíam para aumentar o arrocho salarial dos funcionários. Assim, a Lei do Orçamento de 15 de dezembro de 1830, que fixava os gastos para o exercício de 1831-1832, juntamente com a Lei de 20 de dezembro do mesmo ano que determinava a dispensa dos estrangeiros dos batalhões militares, tinham trazido muitos inconvenientes, ocasionando queixas e argumentações por parte dos funcionários.

João Florêncio Perea, por exemplo, representou à Câmara dos Deputados contra a Lei do Orçamento e a Lei de Extinção dos Batalhões de Estrangeiros. Protestava contra "a injustiça sem igual", que o governo, por Decreto de 5 de maio de 1830, o demitira do posto de Coronel do Estado Maior do Exército Nacional e Imperial. A sua demissão resultara do parecer da Comissão nomeada por portaria da Secretaria de Estado dos Negócios da Guerra, que tinha por objetivo examinar as circunstâncias dos oficiais militares compreendidos na disposição que mandava dispensar os Estrangeiros do Exército brasileiro. No entanto, o requerente lembrava que pelo simples fato de ter nascido em Montevidéu, "Jamais pode ser considerado estrangeiro, nem pela Constituição política do Império, nem pelas mais circunstâncias de que se acha dignamente revestido...". Fazia menção ao quarto parágrafo do art. 6º da Constituição, que definia o caráter do cidadão brasileiro e o dos seus direitos políticos. Como Montevidéu havia sido ocupada e incorporada por Portugal desde 1817, os habitantes cisplatinos estavam no gozo dos direitos de cidadão, bem como tinham a prerrogativa de cidadãos portugueses. Afinal, os habitantes da Banda Oriental haviam inclusive indicado procuradores de província. "Nos acontecimentos posteriores ao 7 de setembro foi a província Cisplatina a primeira a colocar-se ao lado do Imperador", dizia ele.

> A vista da matéria deduzida, que poderá negar que o Suplicante é nascido em possessão portuguesa, e que residiu no Brasil quando proclamou a

---

171 Petição de José Vitorino Coimbra – AHCD – Ano: 1831, Lata: 57, Maço: 6, Pasta: 1.

> Independência na província onde habitava, aderindo a ela expressamente pela continuação de sua residência?

Assim, continuava ele,

> Quem poderá duvidar da expressa adesão à causa do Brasil, à vista do que foi apresentado por documentos [...] Não se argumenta com o Tratado de 30 de agosto de 1828 porque esse só excluiu de cidadãos brasileiros àqueles que seguiram à causa Cisplatina, e nunca o Suplicante que em constante adesão ao Império abandonou aquela causa até com gravíssimo prejuízo de seus interesses.

E concluía,

> A Comissão só atendeu à naturalidade, e não à natureza de suas circunstâncias, e aos seus relevantes serviços [...] os comissários não se deram ao trabalho de ler os documentos.[172]

Como nenhuma lei conseguia abarcar todos os casos e possibilidades, dizia serem as suas alegações relevantes. Embora não tenhamos a repercussão alcançada por estas petições, é provável que elas trouxessem embaraços para um eventual parecer da comissão responsável. Verifica-se que o apressado desejo que os deputados tinham em drenar os perigos dos estrangeiros, depois de 1829 e com a Abdicação do Imperador, acabou por produzir mais confusão. A criação de uma comissão de verificação não respondia às necessidades imediatas, porque se tomava ao pé da letra as regras, e se produzia situações delicadas, como as de Florêncio Perea. Além disso, o seu requerimento trouxe à tona a velha problemática das identidades e da conjuntura em transformação. O seu caso era inusitado por se tratar de um nativo cisplatino, não de um português, mas guardava as mesmas peculiaridades com relação ao seu reconhecimento enquanto brasileiro.

A lei que mandava dispensar os estrangeiros também causava embaraços para Marcos José Evangelista. Fez justificação diante da comissão criada para justificar os oficiais da armada brasileira, que lhe negou o direito de conservar-se no posto de 2º Tenente da Armada, ao alegar

---

172 Petição de João Florêncio Perea – AHCD – Ano: 1831, Lata: 59, Maço: 10, Pasta: 2.

que ele não tinha provado residência no Brasil. Segundo dizia, a mesma comissão teria restringido a "palavra residência, entendendo-a só da assistência terrestre nas povoações do Império, e não na marítima a bordo, e no serviço da marinha mercante e imperial". Ele passava a expor o seu problema sob a argumentação de que começara a navegar para o Brasil desde o ano de 1815. Segundo ainda dizia, desde então nunca mais voltara a Portugal senão em viagens, e principalmente depois do ano de 1821. Na época da Independência, declarada em Pernambuco a 17 de outubro de 1822, fixou-se no Brasil, serviu em navios brasileiros, primeiro da marinha mercante em Pernambuco, depois, na nacional, sempre com ânimo determinado e com vontade permanente de adotar, como adotou, de todo o seu coração, a Pátria brasileira.

Anexou em sua petição as entradas no brigue brasileiro *Aurora*, feitas em Pernambuco, em 29 de abril de 1822, em 8 de outubro do referido ano, em 9 de abril de 1823, 26 de novembro de 1824, em 14 de outubro de 1825 e em 22 de dezembro de 1826. Mostrou ainda as matrículas correspondentes ao mesmo brigue como piloto, feitas também em Pernambuco e em viagens para diferentes portos. Queria provar se achar na Bahia na época do juramento da Constituição, quando preencheu voluntariamente o texto "com a devida solenidade", assim "como havia constantemente aderido à Causa Sagrada da Independência".

Marcos José Evangelista arrematava:

> Os navios de uma nação consideram-se como parte do seu território, e a residência a bordo deles como ânimo nacional, sem desvio, considera-se e considerou-se sempre, e nem podia deixar de se considerar, como residência no seu território: consequentemente mal entenderam a lei os membros da Comissão julgando, que o suplicante não provava residência no Império, por não mostrar arrendamento de casa, e bilhetes de Desobriga Eclesiástica; quando havia provado a residência marítima a bordo dos navios brasileiros, acompanhada de todas as circunstâncias indicativas e demonstrativas do seu Ânimo de permanecer, as quais por direito constituem, e qualificam o legítimo domicílio de cada um; sendo evidente que só este, e nem um outro o suplicante teve desde o ano de 1821. Seriam mostra arrendamento de casas, é porque a sua casa foram os navios, e casas de seus mercantes, pois não tendo famílias, não tinham para que fazer essa despesa de arrendar casas.[173]

---

173 Petição de Marcos José Evangelista – AHCD – Ano: 1831, Lata: 59, Maço: 10, Pasta: 2.

Na sua conclusão, à semelhança de João Florêncio Perea, afirmava terem os membros da comissão entendido mal as regras estabelecidas na Lei. O Parlamento se tornava o seu refúgio. Diante da obscuridade da legislação, considerava ser a Assembleia Geral que deveria interpretar as regras, o que obrigava a Câmara dos Deputados a se pronunciar nos dois casos narrados.

Antônio José de Castro, capelão do navio armada, com exercício na presinganga, queixava-se de que o orçamento aprovado na Câmara dos Deputados no ano anterior o tinha prejudicado. Ao escrever ao Parlamento, procurava conflitar as duas casas legislativas. Para ele, a Lei teria de subir ao Senado para se tornar efetiva, acreditando que lá as suas vexações diminuiriam. Estendia a sua argumentação dizendo:

> Se parece, que o dito capelão não tem ali trabalhado é manifesto engano; pois além de desobrigar anualmente para mais de 500 pessoas, [...]. Acresce além disso, que o suplicante não é ali um mero capelão, mas sim um mensageiro da humanidade.

Pois,

> Procurando gratuitamente por todos os meios a seu alcance, ou o livramento, ou diminuição de suas penas, o que bem prova um requerimento, ainda existente na Augusta Câmara Baixa, dos estrangeiros ali presos, aonde se acha o suplicante assinado como procurador.[174] A lei do orçamento havia se tornado quase uma vilã para todos os funcionários. Pelo menos é o que se pode depreender das petições que visavam a obtenção de direitos retirados por aquela determinação.

Os empregados civis da Secretaria do Comando das Armas da Corte protestavam constantemente contra a dita Lei e contra as demoradas ações para diminuírem os seus flagelos. Argumentavam terem um vencimento mensal de 40$000 réis (1º escriturário), 30$000 réis (2º escriturário), 20$000 réis (amanuenses) e com 8$333 réis os praticantes. Este era tão diminuto que em resolução de 23 de setembro de 1829 e provisão de 06 de outubro de 1829, foi-lhes arbitrado um aumento de 10$000 réis, para os escriturários; 5$000

---

174 Petição de Antônio José de Castro – AHS – Ano: s/d, Caixa: 9, Maço: 2, Pasta: 5.

réis, para os amanuenses, e 13$667 réis, para os praticantes, "aumentação que, ainda em realidade não correspondia ao desenvolvimento do muito trabalho que sobre eles recaía", mas que "lhes servia ao menos de suavizar-lhes a maioria dos incômodos". Para piorar ainda mais a situação de aperto, afirmavam, a partir do parágrafo 3º do Art. 5º da Lei do Orçamento, que os vencimentos anteriores foram reduzidos.[175]

Ambiguidades: marcas e resquícios do Antigo Regime ou a força da tradição

Nas seções anteriores apresentamos as inovações, as mudanças de atitudes como marcos das transformações vividas pela sociedade do recém-emancipado Império brasileiro. Mas a marca da ambiguidade permeou todo esse momento, representado pelo uso de velhas expressões características do período de transição vivido no período em tela.

A tensão entre o antigo e o novo se expressava também na ideia do que era ser cidadão e dos direitos que tinha. O direito é vivo porque se transforma através de práticas políticas. Questões antigas estavam imbricadas nas novas. Os conceitos, os termos e as antigas expectativas não mudaram de um momento para o outro. É justamente o discurso político, as práticas e ações cotidianas que fazem com que haja uma aproximação entre a realidade, o pensamento político e o estabelecimento de regras sociais passíveis de serem assimiladas.

Mas, é necessário também destacar que aquele período, no âmbito geral, também foi marcado pela continuidade, pela permanência e pela conservação de ideias típicas do Antigo Regime, ainda que relidas. Arno Mayer chamou de "interação dialética" entre a interpenetração entre a nova ordem (relacionada à ideia de transformação, mudança e civilização) e a antiga ordem (próxima à inércia, que retardou o declínio do Antigo Regime).[176] Segundo esse autor, teria havido uma lenta transformação no arcabouço mental das sociedades do século XIX, o fator de relevância quando vemos antigas ideias e hábitos usados em uma suposta nova ordem.[177]

---

175 Petição dos Empregados da Secretaria do Comando das Armas da Corte – AHCD – Ano: 1831, Lata: 59, Maço: 12, Pasta: 2.

176 MAYER, Arno. *A força da tradição: a persistência do Antigo Regime (1848-1914)*. São Paulo: Companhia das Letras, 1987, p. 14.

177 *Idem*, p. 24.

Talvez fosse mais apropriado tomarmos as definições de Annick Lempérière e François-Xavier Guerra, para quem as palavras antigas, por exemplo, eram as únicas disponíveis para descrever ou entender as situações novas.[178] Desse modo, podemos falar de uma ambiguidade que permeava a sociedade, as práticas políticas e os discursos. Por um lado, tratava-se de termos e conceitos antigos; por outro, relidos e reaplicados em novas circunstâncias, tornavam aquela sociedade moderna.

Já tratamos dos direitos do cidadão nos aspectos relativos à sua modernidade. É preciso, agora, que nos debrucemos sobre as possíveis permanências. Nos requerimentos encaminhados ao Parlamento encontramos continuidade. Talvez em menor escala do que as inovações. Aqui se deve observar que a própria consolidação do sistema parlamentar foi um fator de inovação, e esta se fundou em um discurso novo, em uma nova realidade que surgia. Dessa forma, não é difícil imaginar que tenha havido uma contenção dos aspectos do Antigo Regime, pelo menos no que se reivindicava.

Podemos notar características do Antigo Regime quando os requerentes encaminhavam pedidos de empregos, expediente que frequentemente foi utilizado quando da instalação da Assembleia Constituinte, em 1823. Aquilino Alvarenga Delgado e França, natural da Corte, encaminhou ao Imperador, que por sua vez repassaria à Assembleia Constituinte, um requerimento onde afirmava ser empregado "no honroso serviço nacional", desde 1820. Entretanto, diante da possibilidade de outro emprego no Desembargo do Paço, pediu demissão da Fazenda Pública, sem contudo ter alcançado o sucesso do novo emprego. Apresentava como argumento a seu favor a sua aptidão, arrolada em documentos anexos, "para bem desempenhar as funções de qualquer emprego que lhe for conferido". Afirmava ainda que não seriam as suas aptidões que determinariam o seu emprego, mas a "beneficência de Vossa Majestade Imperial", que haveria de "prodigalizar-lhe a graça" suplicada pela "paternal munificência de Vossa Majestade Imperial". Finalizava dizendo que qualquer emprego público seria bem-vindo, pois o faria a serviço da pátria sem vencimento algum.[179]

Esta última afirmativa era comum aos que desejavam um emprego público. Frequentemente os requerentes abriam mão de ordenado, mas, passado algum tempo, reivindicavam-no por se sacrificarem em nome da Nação.

---

178 GUERRA, François-Xavier e LEMPÉRIÈRE, Annick et al. Los espacios públicos en Iberoamerica. Ambigüedades y problemas. Siglos XVIII-XIX. México: Fondo de Cultura Econômica, 1998, p. 8.

179 Petição de Aquilino Alvarenga Delgado e França – Plano de Inventário Analítico da Assembleia Constituinte de 1823, doravante PIAAC – AC1823/26/1.

Assim como Aquilino França, Antônio Gomes Touguinha apresentava sua representação, onde afirmou ter prestado serviços à Nação na qualidade de soldado do 1º Regimento de Milícias da Corte. Havia servido por doze anos e marchado, marchando inclusive para Pernambuco, em 1817. Por esta razão, acreditava na "magnanimidade" do Imperador, "achando-se o suplicante nas circunstâncias de merecer a piedade de Vossa Majestade Imperial", a quem solicitava a graça do emprego de porteiro da sala da Assembleia Constituinte.[180]

Já Casimiro de Oliveira Páes se apresentava como Cavaleiro da Ordem de Cristo e filho legítimo do sargento-mor de Artilharia Miguel de Oliveira Páes. Havia seguido a carreira das letras e estudado não só as línguas latinas, francesa, inglesa e espanhola, mas igualmente a retórica, a filosofia racional e moral. Estava convencido de que possuía "a necessária aptidão para ser proveitosamente ao Estado", desde que "empregado em lugar onde lhe seja precisa a instrução" possuída por ele. Finalizava pedindo a "indefectível justiça" do Imperador.[181]

Ao Senado Imperial também recorriam cidadãos que prestaram serviços à Nação, sendo inclusive homens com influência junto ao poder. É o caso, por exemplo, do brigadeiro Lourenço Maria de Almeida Portugal, que expunha "suas circunstâncias tristes" e acreditava poder encontrar remédio "ao vexame, e privações, que suporta". Não queria nenhuma graça especial, mas aquilo que lhe era devido, pois tinha exercido "mais de 37 anos de muitos serviços nas armas" e em "diferentes campanhas do Sul", terminando por ter pacificado o povoado de Macaé, no ano de 1814. Havia retornado à Corte depois de sete anos de serviços, ocasião em que pediu reforma. Mudara-se para Campos, lá constituíra uma numerosa família, que pesava sobre os seus ombros: "12 filhos, sendo 7 senhoras e 5 rapazes",

> A vista pois de todo o expedido, e achando-se o suplicante em uma idade já de 64 anos imprópria por isso de dar-se a trabalhos mais laboriosos, e sendo-lhe indecoroso não só pela sua qualidade pessoal, como mesmo pela patente em que se acha, sujeitar-se a serviços incompatíveis com sua representação na sociedade [grifo meu]

Dizia, então, ser desnecessário apresentar as suas qualificações para pedir um emprego no Senado, visto "ser bem conhecido para alguns dos digníssimos senhores de que

---

180 Petição de Antônio Gomes Touguinha – PIAAC – AC1823/26/1.
181 Petição de Casimiro de Oliveira Páes – PIAAC – AC1823/26/1.

se compõe, esta Augusta Casa", esperando dos senadores lhe fizessem "a Justiça de que o suplicante se considera digno".[182]

O expediente de recorrer ao Imperador ou à Assembleia para a obtenção de meios de subsistência também era um dos quesitos pertinentes para se demonstrar os feitos pela nação, uma vez que os suplicantes acreditavam estar reivindicando justiça e equidade. Cleto Joaquim Ribeiro, em 1823, encaminhou a sua representação ao Imperador. Dizia-se branco e morador da Corte, onde assentara praça na 3ª Companhia do 1º Regimento da terra desde 1790. Tinha passado pela Ásia, servindo na tropa de linha do Corpo de Artilharia da Praça de Goa até 1811, quando se retirou para a Corte do Rio de Janeiro, "onde se acha residindo pobremente", com "mulher e filhos sem ter outro algum socorro", apenas com o salário diário de 320 réis "que recebe da alfândega na qualidade de guarda extraordinário". A partir do que expunha, dizia ter consumido

> A melhor parte dos seus dias no serviço militar, feito a Vossa Majestade Imperial, tanto neste Estado do Brasil, como nos Estados da Ásia, e Vossa Majestade Imperial tem gratificado com empregos civis os serviços militares, com preferência a outros quaisquer serviços das outras classes [grifo meu]

Recorria, portanto, à "piedade e clemência" do Imperador, para que se dignasse a dar a atenção aos serviços, fazendo-lhe a graça do "emprego de ajudante do porteiro da nova casa das Cortes do Brasil".[183]

João Clemente Vieira Souto, quando encaminhou ao Imperador sua representação, pedia uma vaga na secretaria do "Soberano Congresso" por estar preparado, pois possuía os estudos preparatórios em gramática latina, retórica, e filosofia racional e moral, além de ter alcançado a plena aprovação na Academia Imperial Militar, como também no serviço, "que pelo espaço de nove anos fez no Regimento de Cavalaria de linha desta Corte".[184]

> Querendo, como é de seu dever, procurar os meios, que lhe assegurem a sua subsistência, empregando-se todavia de forma, que seja correspon-

---

182 Petição do brigadeiro Lourenço Maria de Almeida Portugal – AHS – Ano: 1826, Caixa: 2, Maço: 3, Pasta: 15.
183 Petição de Cleto Joaquim Ribeiro – PIAAC – AC1823/26/1.
184 Petição de João Clemente Vieira Souto – PIAAC – AC1823/26/1.

> dente não só à ordem em que teve a felicidade de nascer, como a classe, a que já teve a honra de pertencer [grifo meu]

Outro poderoso argumento que era utilizado pelos requerentes era o de serviços prestados em nome da "Causa do Brasil". José Martins Rocha historicizou a sua conduta e afirmou ter entrado no serviço de Escrivão da Câmara da Capital a 4 de agosto de 1821, "época da maior crise em que se achara o Império". Exerceu, "no brilhante dia 12 de outubro de 1822", o seu ofício com "desempenho e adesão da Santa Causa deste Império do Brasil". Contudo, tinha sido expulso daquele ofício pela entrada do antigo proprietário do cargo, fazendo-o cair no "abismo da miséria" e "não lhe restava meios alguns se subsistir e sustentar uma numerosa família" que pesava sobre seus ombros.

> Quando o cidadão é benemérito e só vê por forças de um destino incurável obrigado a mendigar a sua subsistência compete ao Estado só socorrido, e a preferi-lo no exercício dos empregos públicos que se adotou às suas forças; em tal situação se acha o suplicante, em tal situação se acha o Brasil. [grifo meu]

Acreditava que a benevolência do Imperador e da Assembleia era a saída porque havia provado "adesão que teve, e tem a Santa Causa deste Império". Pedia emprego diante da "piedade de Sua Majestade", implorando qualquer emprego análogo às suas circunstâncias e com o qual pudesse promover o maior da sua subsistência.[185]

Francisco José Gonçalves Chaves recorreu ao soberano e à Assembleia Constituinte para pedir socorro diante de sua situação apertada. Argumentava ser negociante na praça da Bahia e que havia sofrido graves prejuízos, tendo se retirado para a Corte do Rio de Janeiro, onde foi acolhido por alguns comerciantes que lhe deram abrigo, "por amizade de promover-lhes alguns particulares". Afirmava ter dado provas da "sua probidade como de aptidão para qualquer emprego". Devido à necessidade que tinha no expediente da Assembleia a ser instalada, e por concorrer nele suplicante "os requisitos necessários" além de "ser muito afeto a Sagrada Causa da Independência do Brasil", entendia que o emprego lhe era conveniente e justo, o que fazia com que "humildemente" suplicasse a vaga.[186] Um último caso que vale comentar

---

185 Petição de José Martins Rocha – PIAAC – AC1823/26/1.

186 Petição de Francisco José Gonçalves Chaves – PIAAC – AC1823/26/1.

é o de Manoel Clemente de Sampaio, que dizia não querer recompensas por seus serviços, mas estava animado com os mais puros e ardentes desejos de servir a sua pátria e a "bem da sagrada causa do Brasil", que dizia amar e respeitar. Segundo afirmava, era muito hábil na escrituração e colocava os seus talentos "ao serviço da nação", "contentando-se somente com a doce satisfação de servir a sua pátria e nação a quem tem a honra de pertencer". Para isso, reivindicava o lugar de oficial da Assembleia Constituinte, meio pelo qual poderia exercer da melhor maneira o amor à pátria e à "Causa do Brasil".

Capítulo IV
Petições: suas repercussões no Parlamento e a construção de uma hegemonia na Câmara dos Deputados

As petições e as suas repercussões no Parlamento

Conforme comentamos no capítulo II, o sistema representativo era uma das novidades surgidas na esteira do Constitucionalismo. Diante do imaginário representado pela figura do Imperador, o Legislativo, encarnado essencialmente em grupos políticos no interior da Câmara dos Deputados, objetivava mostrar-se afeito às demandas oriundas da sociedade. As petições se tornavam um poderoso argumento e mecanismo de afirmação da representatividade e centralidade do poder político nas mãos do legislativo. Antes de tudo, disputava-se as almas e os corações dos cidadãos.

Reportávamos no capítulo II que, em um claro momento de lucidez, o deputado Araújo Lima fizera uma das mais importantes e decisivas falas a favor do cidadão ao encaminhar a sua demanda e ser ouvido pelo conjunto dos deputados. Segundo o tribuno

> O Direito de Petição é um direito que todo Governo livre deve proteger com desvelo, como um dos mais preciosos de que se pode gozar o Sociedade Civil, e portanto não devemos dificultá-lo ao Cidadão quando este espera alguma decisão da Assembleia não se satisfação só com o juízo da Comissão, que de fato não é juízo da Assembleia.[1]

---

1   *Diários da Assembleia Constituinte de 1823*, sessão de 17/05/1823.

Entrelaçavam-se aí dois elementos que comporiam a pauta de qualquer petição: direito e liberdade. Assim, a despeito da interpretação dada por cidadãos de que encaminhar petições era muito mais um dever político do que propriamente um direito, Araújo Lima foi o responsável pela consolidação de um consenso, no interior da Assembleia Constituinte, que repercutiria ao longo de todo o Primeiro Reinado: a afirmação do direito de queixa do cidadão.

Apresentamos até aqui as manifestações dos cidadãos no que se referia às suas reivindicações individuais. Percebemos o quanto a leitura dos mesmos estava consoante com a realidade política. Do mesmo modo, vimos que os requerimentos refletiam de certa forma necessidades do cotidiano político em relação às disputas em torno do ser brasileiro em oposição ao elemento português, uma tênue relação entre o discurso do Parlamento, principalmente de oposição ao "despotismo" do período anterior a 1831, e a releitura acerca da "nova regeneração política" ocorrida com a Abdicação do Imperador D. Pedro I, em 1831.

Os requerimentos também podiam ser relacionados com o formal e o informal da vida cotidiana, ou seja, ficavam entre a letra da Lei e a vivência diária dos cidadãos. Dizer isso nos remete ao significado do Parlamento como um espaço de soberania da Nação, ou seja, a sua materialização enquanto órgão que passou a representar interesses não apenas das chamadas "classes dominantes", mas de outros grupos sociais que estavam fora da sociedade política.

Fazer esta assertiva de forma alguma significa dizer que não haveria uma movimentação por parte dos parlamentares para afirmar o Poder Legislativo em oposição ao Poder Executivo. Pelo contrário, percebe-se uma relação de mão dupla: de um lado havia o cidadão que procurava afirmar os seus direitos; de outro, a tentativa de setores parlamentares de tornar o Poder Legislativo o órgão da representação nacional.

Por ora é necessário indicar que o tratamento até aqui dispensado aos requerimentos foi de cunho meramente individual. É preciso agora auscultar outros elementos definidores da "cidadania" ou dos direitos do cidadão. Procuraremos delinear a construção discursiva dos parlamentares e seus entendimentos sobre os direitos do cidadão. Devemos buscar os significados submersos na aceitação de demandas.

A criação do sistema representativo abriu caminho para que qualquer decisão política fosse questionada ou passível de interpretação, o que levou ao frequente embaraçamento dos poderes políticos do Estado. Como veremos mais adiante, entendia-se que algumas atribuições se interpenetravam, sendo uma das mais importantes o mecanismo que permitia, inclusive, que o cidadão pudesse apresentar uma mesma demanda a dois poderes.

O Legislativo contribuiria ainda para que uma parcela da classe dominante, então distante do poder, pudesse vislumbrar a possibilidade do controle do aparato político do Estado. Além disso, o Parlamento representava a possibilidade de reunião das mais diversas frações de classes presentes em todo o território imperial. Quer dizer, criava as condições para o agrupamento de correntes políticas que antes se viam isoladas nas suas localidades. Ao mesmo tempo, também se revestia em ser um espaço de aprendizado político institucional e normativo, e ele criava condições para a efetivação de alianças políticas de setores que antes se relacionavam apenas no mercado. Assim, proprietários do Rio Grande do Sul, São Paulo, Rio de Janeiro, Minas Gerais, Bahia, Pernambuco, Maranhão e Pará pela primeira vez tiveram a oportunidade de criar as condições de se verem como membros de um mesmo Estado. Só no Parlamento isso era possível. Os primeiros relâmpejos de um sentimento identitário e de pertencimento como membros da Nação. Floresciam, assim, as ideias liberais e novos entendimentos sobre a sociedade política.

Os grandes proprietários brasileiros, muitos se valendo dos princípios liberais, deparavam com uma burocracia estatal forte e sedimentada no poder. Vislumbravam assenhorear-se do poder político através do papel de representantes da Nação, o que lhes possibilitaria entrar na administração do Estado. Outro segmento político propugnava pelo estabelecimento de um Estado onde a primazia da Nação estivesse centrada na figura do soberano. Dito de outro modo, tinha-se um confronto de projetos em torno da soberania.

Para muitos membros do Parlamento, o mecanismo peticionário abria a possibilidade do fortalecimento do Legislativo enquanto órgão que representava a Nação. Esta era uma forma de rivalizarem com o mote da soberania nacional, centrado na figura do Imperador D. Pedro I. As petições criavam um canal para a construção de uma nova legitimidade. Para o Legislativo era enviado um grande quantitativo de representações de cidadãos que poderiam, em um futuro não tão distante, legitimar aquela instituição como um poder capaz de restabelecer e consolidar o sistema monárquico representativo.

É claro que tanto do lado dos cidadãos quanto do lado dos parlamentares não se tratava apenas de uma análise maniqueísta ou casuística. Ao contrário, baseava-se em uma compreensão política sobre o papel do cidadão naquela sociedade. Nada mais natural do que, diante do objetivo de construção da hegemonia política, fazer desta um órgão soberano e que seria o *lócus* para a recepção de demandas políticas. Construía-se a imagem da Câmara dos Deputados como a "casa do povo" e a chave do sistema político imperial, a despeito do Poder Moderador.

Assim, de acordo com as palavras de Araújo Lima, não caberia a nenhuma comissão barrar o direito de o cidadão ser ouvido dentro da Câmara, desde que ficasse claro que uma coisa era ser ouvido e outra muito diferente era o acatamento da sua demanda. Embora todas as petições apresentadas[2] fossem apreciadas por alguma comissão da Câmara dos Deputados, a maior parte delas não foi acatada. Ficaram no meio do caminho e receberam o tradicional "não pertence ao poder legislativo" ou "não tem lugar". Mas, por meses o cidadão tinha a expectativa de ter tido a sua demanda recebida, o que fazia com que acreditasse na possibilidade de obtenção de um direito ou a reparação de uma injustiça.

O Legislativo, contudo, podia não aceitar algumas petições. Para isto podemos levantar algumas hipóteses. Uma primeira é que muitas petições eram improcedentes quanto ao que pediam. Assim, pedidos de emprego, demandas jurídicas ou pedidos considerados pelos deputados e senadores como questões menores eram definitivamente descartados. Uma segunda razão possível era o limite das atribuições do papel parlamentar. O Parlamento possuía limites nas atribuições, que não lhe permitiam ir além do estipulado pela Constituição. Aliás, o papel do Parlamento foi motivo de embates entre os grupos que existiam no seu interior, que discutiam a capacidade que tinham de atuar nas questões que acreditavam ser da sua alçada.

Já tivemos oportunidade de demonstrar que a legislação muitas vezes opunha o Poder Legislativo aos poderes Executivo e Judiciário. Isto criava animosidades no interior da Câmara, o que frequentemente conduzia as discussões a pontos irreconciliáveis. De um lado, alguns tribunos defendiam o papel constitucional do Parlamento em intervir em assuntos que se relacionassem aos direitos individuais dos cidadãos, que segundo estes estavam sendo atacados. De outro lado, defendia-se o limite restrito dos poderes. A polêmica sobre os limites do Poder Legislativo levava a desavenças políticas que transcendiam o debate do conteúdo das petições. Estava-se construindo o modo de existência parlamentar e se deveria atuar. Não havia fórmulas prontas para o enfrentamento de questões apresentadas. Não existia uma demarcação prévia de papéis, que só seria efetuada à medida que o sistema político ia sendo forjado. Uma das mais caras construções foi a noção de petição, que, como vimos no capítulo anterior, foi sofrendo novos entendimentos com o correr dos anos.

Produziam-se, na verdade, elementos que se autoalimentavam e se perpetuavam ao longo do tempo. Isto se revelou, por exemplo, nos dois momentos pelos quais a Câmara dos Deputados passou. O primeiro foi vivido por ocasião da Assembleia Constituinte, que marcou as primeiras discussões acerca da liberdade. Assim, ainda que a Constituinte te-

---

2   À exceção de centenas de representações pertencentes à Assembleia Constituinte, que não tiveram tempo hábil para ser apreciadas devido ao abrupto fechamento daquela casa.

nha sido fechada, o debate ali produzido se disseminou pelo decênio, uma vez que os seus elementos não se esgotaram naquela conjuntura.

O segundo foi marcado pela abertura do Parlamento e teve como mote central a defesa intransigente dos direitos individuais. Grupos parlamentares defendiam que um dos papéis primordiais da Câmara era salvaguardar aqueles direitos que no decorrer do fechamento da Assembleia Constituinte foram abruptamente atacados. Para alguns deputados, esta prática vinha se tornando uma constante, mesmo depois da abertura da Assembleia Geral, o que deveria ser firmemente combatido.

A retórica da liberdade era evocada a todo momento. Mesmo quando a Câmara se colocava em postura menos radical com relação ao Imperador, sobretudo nos dois primeiros anos do seu funcionamento, este ponto permanecia latente, evidenciado pelo alto número de petições que lhe eram endereçadas. No mais, havia uma discussão quase sem fim acerca da liberdade de imprensa, do direito de o Parlamento intervir nas questões da guerra, nos tratados e no orçamento. Foram polêmicos todos os pontos cardeais que marcaram o futuro do Estado imperial. Para tudo se invocava as ideias de liberdade.

Como o movimento de uma onda,[3] 1826 marcou a construção de um imaginário positivo para a população, sobretudo aquela que vivera os calamitosos dias de 1823 a 1825. Era a chance de subverter o peso do poder imperial, utilizando-se para tanto o novo peso adquirido pelo Poder Legislativo, que era composto de inúmeras lideranças regionais e poderia suplantar a imagem de D. Pedro. No outro limite desta onda, tínhamos o ano de 1830-31, que significou a repetição conjunta de 1823 e 1826. A liberdade foi relida e novos significados emergiam sobre o processo de Independência brasileira e sobre o que representou o ano de 1826.

Em 1830, naquele que foi o mais longo ano legislativo do Primeiro Reinado e que durou cerca de sete meses, houve uma média de 55 petições por mês. Nada menos do que cinco representações por dia. Estas dividiam espaço simultâneo com discussões sobre possíveis irregularidades constitucionais cometidas por Teixeira de Gouvêa e pelo Ministro da Guerra, sobre empréstimos no exterior; com a pressão das localidades pela criação de vilas; com a polêmica sobre a presença de soldados emigrados e com as constantes notícias de intervenção do Brasil nos assuntos portugueses; além dos pedidos de informação sobre atrocidades, prisão de militares, entre outros assuntos.

---

3   Cf. RIBEIRO, Gladys S. *A liberdade em construção...*, *op. cit.* Veja também RIBEIRO, Gladys S. e PEREIRA, Vantuil. "O Primeiro Reinado em revisão". In: GRINBERG, Keila; e SALLES, Ricardo (org.). *Coleção Brasil Imperial*, 3 vol. Rio de Janeiro: Civilização Brasileira, 2007, no prelo.

Em 1831, diante da avalanche política que se seguiu à Abdicação de D. Pedro I, Antônio Ferreira França proferiu uma frase que poderia explicar o quadro vivido pelo Império naquele ano e o passado não tão distante: tudo "era o impulso de uma tempestade surda e que não se vê".[4] Em parte essa frase continha o arranjo do que muitos cidadãos acreditavam ser a Câmara dos Deputados: espaço de alargamento de seus direitos. Este movimento, iniciado em 1823, tinha seu desfecho nos cinco últimos anos do Primeiro Reinado, abrindo desde já a possibilidade para novas ondas.

Anos antes, em 1829, o deputado Luiz Augusto May fez uma correta análise política quando disse que o Imperador não deveria esperar uma Câmara idêntica àquela de 1826.[5] Não só o momento era outro, como a correlação de forças parecia favorável para que um determinado grupo de oposição emergisse com capacidade suficiente para questionar, dentre outros pontos, o decreto que suspendeu as garantias individuais em Pernambuco (1829) e os constantes ataques aos jornalistas na Bahia, no Maranhão, no Ceará, na Paraíba e em Pernambuco... Estes tribunos acreditavam que a Câmara dos Deputados havia se tornado o *lócus* da representação política. Em parte a avaliação deles era correta.

Se a legitimidade do Imperador em 1822 se centrou nas Câmaras Municipais, conforme afirma Iara Lis Souza,[6] a passos largos esta se transferiu para o Poder Legislativo. Um componente essencial desta transferência foi o sentido atribuído à liberdade. A todo e qualquer momento que esta palavra despontava nos debates da Câmara dos Deputados e do Senado Imperial, frequentemente os tribunos eram tomados pela necessidade de discutir o que esta significava. O senador João Severiano Maciel da Costa, Marquês de Queluz, proferiu a seguinte frase: "Quando para qualquer matéria se pode arrastar o nome de liberdade inflamam-se logo os espíritos e o entusiasmo senhoreia a razão".[7]

Para a grande maioria dos deputados com idade inferior aos 40 anos, o imaginário da Revolução Francesa e os acontecimentos do Haiti eram apenas fatos contados pelos mais velhos. Porém, para homens como os senadores Marquês de Caravelas, Severiano Maciel, Cairu e muitos outros aqueles eram fatos vivos na lembrança. Embora a conjuntura política fosse muito diferente, os ânimos das ruas do Rio de Janeiro e de todo o Império não eram dos melhores. Nunca é demais lembrar que por anos consecutivos a instabilidade

---

4   *Anais da Câmara dos Deputados*, sessão de 05/05/1831.

5   *Anais da Câmara dos Deputados*, sessão de 07/07/1829.

6   SOUZA, Iara Lis Carvalho. *Pátria coroada: o Brasil como corpo autônomo, 1780-1831*. São Paulo: Editora da Unesp, 1999, especialmente o capítulo 4.

7   *Anais do Senado*, sessão de 10/06/1828.

política marcou as ruas das principais províncias do Império. Além disso, uma guerra estava em curso do Sul do país; na Bahia a escravaria vinha fazendo uma série de revoltas; em Pernambuco os ânimos continuavam exaltados, a despeito das repressões políticas.

Todo esse clima contribuía para que alguns tribunos, sobretudo os partidários do Imperador, se valessem da argumentação de que os ânimos não deveriam se exaltar. Ao Parlamento não caberia incentivar o descontentamento político, nem criar uma expectativa de que tudo pudesse ser resolvido por Leis ou via Poder Legislativo. Aquele era apenas um poder que deveria caminhar em harmonia com os demais, quer dizer, não deveria "atacar" a autoridade contida nos outros poderes.

Portanto, era no meio de uma ferrenha disputa em torno do poder político que as petições chegavam ao Parlamento. Em vários momentos, estes requerimentos refletiam mais arengas políticas do que o seu conteúdo propriamente dito. Eles se tornavam peça na disputa dos grupos políticos. De certa maneira, ao se construir o consenso a respeito da necessidade de se discutir as petições em plenário da Câmara dos Deputados, o cidadão obtinha vitórias, uma vez que ganhava o direito de ser ouvido. Dessa forma, poderia angariar um apoio inesperado, e, nos casos pertinentes, um possível pedido de informações ao governo, o que simbolizaria a aceitação parcial do que reivindicava.

Mas, fica a dúvida de quanto isto era feito em nome das liberdades individuais ou de interesses de grupos Conforme indicamos no capítulo II, pedir informações ao governo era uma forma de atacá-lo ou fazer com que os seus partidários pudessem se manifestar contra os cidadãos, incentivando uma polarização interna. Pode-se ainda levantar uma segunda dúvida: as intenções dos cidadãos ou dos parlamentares eram limítrofes; então, até que ponto um ou outro servia como peça da política?

A construção discursiva do direito à liberdade e dos direitos individuais

As primeiras petições a repercutirem na Assembleia Constituinte, por exemplo, tinham um claro objetivo de politizar o debate político. Com a instalação da Assembleia Constituinte, em 1823, este foi um dos principais intentos a serem alcançados com a representação de Pedro José da Costa Barros, deputado eleito pelo Ceará, que se encontrava preso na cadeia da Corte.[8] O requerente alegava desconhecer as acusações que pesavam contra ele.

---

8   Requerimento de Pedro José da Costa Barros, *Diários da Assembleia Constituinte de 1823*, sessão de 10/05/1823.

Embora conhecedor de que foi uma das mais atuantes figuras do período de transição na sua província, Barros procurava levar para o Parlamento a sua questão, primeiro para garantir a sua posse enquanto constituinte, depois para obrigar o grupo que estava no poder, neste caso José Bonifácio e seus irmãos, a se posicionar. As ações desencadeadas pelo ministério de Bonifácio de Andrada, ainda em 1822, foram responsáveis pelo confinamento ou deportação de inúmeras personalidades da política, sobretudo no Rio de Janeiro e no Norte do Império.

No interior da Assembleia Constituinte surgiu uma corrente que propunha uma anistia para as chamadas "prisões políticas". De acordo com este pensamento, o novo sistema político já estava consolidado e um dos maiores feitos de um governo livre seria o de proclamar a anistia aos seus adversários. Contrários a esta proposta estavam os irmãos Andrada.

Logo que a representação de Barros surgiu, motivada por uma declaratória da Assembleia de que todos os deputados eleitos deveriam tomar assento, Andrada Machado pôs-se a combater os procedimentos apresentados pelos deputados José de Alencar e Araújo Lima, que defendiam a proposta de que os constituintes deveriam se posicionar, levando a petição de Barros à Comissão de Legislação. Embora o debate estivesse centrado nos procedimentos burocráticos, ele envolvia a ação de Bonifácio, o que motivava as seguidas barreiras colocadas por Andrada Machado em relação ao assunto.

O resultado inicial da questão se deu com a momentânea vitória do grupo defensor, de tal forma que a pendenga foi encaminhada à Comissão de Legislação. Meses depois, o corregedor da Casa da Suplicação absolveu não só o requerente, como outras personalidades, tais como Domingos Alves Branco, também feito prisioneiro no decorrer dos acontecimentos de finais de 1822. Simultaneamente, o resultado garantiu a posse de Costa Barros como deputado constituinte. Na Assembleia Constituinte, aliou-se ao grupo governista, apresentando-se como um dos principais articuladores do movimento de restrição do papel do Legislativo. Já em 1824, por duas ocasiões distintas, ocupou o cargo de presidente da província do Ceará. E, em 1826, foi indicado pelo Imperador D. Pedro I para ocupar uma das vagas de senador pela mesma província. Em seguida, ocuparia o cargo de presidente da província do Maranhão, ocasião em que se envolveu com uma série de confusões políticas, tendo como um dos maiores opositores o deputado Odorico Mendes, renomado jornalista e conhecido pela sua posição liberal. Barros foi acusado por este tribuno de atentar contra os direitos individuais. Na Câmara dos Senadores, ao menos três cidadãos apresentaram petições para que o mesmo fosse processado por abuso de poder.[9]

---

9 Requerimento do tenente-coronel Francisco do Vale Porto e de Manoel José de Medeiros, *Anais do Senado*, sessão de 28/07/1827; requerimento de José Francisco Gonçalves da Silva, *Anais do Senado*,

A demanda apresentada por Costa Barros foi apenas a primeira de uma série de petições motivadas pelas ações desencadeadas por José Bonifácio. A segunda representação não tardaria a surgir, e novamente se tratava de uma personalidade política. José Fernandes Gama, um conhecido ativista da província de Pernambuco, encaminhou uma queixa afirmando encontrar-se na Ilha das Cobras. Fernandes Gama e seu irmão, Bernardo José da Gama, foram responsáveis, juntamente com Pedro da Silva Pedroso, por diversos acontecimentos em Pernambuco, dentre eles a chamada "Pedrosada", um levante popular contra o grupo de Francisco Paes Barreto, em 1823,[10] então presidente da Junta Governativa de Pernambuco.

O parecer sobre a representação de Fernandes Gama foi apresentado pela Comissão de Legislação, na sessão de 17 de maio. No parecer, pedia-se informações ao governo sobre a situação do requerente. Obtida a resposta, onde o Ministro da Justiça reafirmou as acusações que pesavam contra Gama e pediu para mantê-lo retido por precaução, a comissão entendera que as razões apresentadas pelo governo eram pertinentes. Isto é, era necessário manter a detenção do requerente, uma vez que os crimes a ele imputados diziam respeito a questões que extrapolavam os crimes comuns.

A discussão foi acalorada, pois duas posições se apresentavam. De um lado estava o grupo liderado por Lopes Gama, representante pela Paraíba do Norte, que defendia não existirem fatos que corroborassem a acusação de traição por parte de Gama. A única prova apresentada, afirmava o parlamentar, era a palavra do Ministro. Ainda segundo esta argumentação, os crimes cometidos por Pedro Pedroso e seus partidários eram, no máximo, crimes civis e não delitos capitais. A palavra rebelde estaria sendo mal aplicada, pois "só há rebelião quando se ataca, e procura destruir a forma de Governo constituída", o que, segundo Lopes Gama, não existira. Gama argumentava que se movia não apenas pelo parentesco que tinha com o requerente, "mas pelo bem da humanidade" que se via ameaçada, "que nele considero oprimida, pois para a prisão e continuação dela, não se tem posto em prática as formalidades marcadas na Lei". Não titubeou em usar autores ilustrados ao afirmar que o sistema político liberal se fundava na garantia dos preceitos e ritos legais, "formalidades a que Montesquieu chama garantia da liberdade civil". Segundo advogava

---

sessão de 25/08/1827. Para se ter uma ideia da morosidade do Senado, os requerimentos só seriam retomados no ano de 1829, quando foi autorizado pelo Senado que o governo fizesse averiguações necessárias ao caso.

10 Cf. MELLO, Evaldo Cabral de. *A outra Independência: o federalismo pernambucano de 1817 a 1824*. São Paulo: Editora 34, 2004.

o deputado, as garantias do cidadão não estavam sendo cumpridas, pois inexistia uma acusação e o requerente foi preso apenas por suspeição.[11]

A argumentação de Lopes Gama ganhou simpatia entre os tribunos. Carneiro da Cunha (PE) fez coro com o parlamentar, dizendo que não se podia prender um cidadão por mera suspeita e sem a verificação legal de seu delito. Concluía dizendo que todos os envolvidos em devassas, na província de Pernambuco, eram inocentes e que o melhor caminho a se adotar era a votação e rejeição do parecer. Foi retrucado pelo deputado Gama, que arguiu que o requerente possuía uma prova da sua inocência, sendo necessária a suspensão da discussão.

Do outro lado, Andrada Machado estava reticente quanto às alegações de Fernandes Gama. Depois de apresentadas as propostas de encaminhamento, defendia que, se o requerente possuía provas da sua inocência, que as apresentasse. Arrematava: "nós somos os defensores dos direitos do cidadão; se ele provar que está injustamente preso, que houve ofensa de Lei, nós o defenderemos, e o faremos pôr em liberdade". Entretanto, corroborava a dura política desencadeada pelo governo, uma vez que mantinha a proposição da comissão em manter o queixoso na prisão, "até porque na escolha de um de dois males, prefere-se o menor, e este é o sofrer o cidadão por mais algum tempo", dizia o tribuno.[12]

Ao entrar em votação, o parecer foi rejeitado, alegando-se que o mesmo não tinha lugar. A decisão favorecia a posição de Machado, que permaneceria na prisão. Contudo, parte do objetivo estava alcançada: somadas as pendências surgidas na discussão sobre anistia, forjava-se um grupo político no interior da Assembleia, que era capitaneado pelas lideranças pernambucanas e cearenses.

Sob outros aspectos, as representações de Costa Barros e Fernandes Gama abriram o caminho para que outros cidadãos afirmassem da mesma maneira. Foi o que fizeram Domingos Alves Branco Muniz Barreto[13] e João da Silva Lisboa, que construíram argumentações típicas das petições políticas presentes na Revolução Norte-Americana, mencionando que o seu cativeiro era o "Emblema da futura sorte dos meus Concidadãos, ou o seu desengano". Segundo Silva Lisboa, a liberdade da imprensa caíra com a sua prisão. "Deportado, indefinitivamente, voltei a acolher-me ao abrigo desta Soberana Assembleia, Palácio das seguranças individuais e Nacionais". No entanto, foi preso no momento em que acreditava ter conseguido a liberdade brasileira. Desse modo "a Lei não me aparece

---

11 *Diários da Assembleia Constituinte de 1823*, sessão de 09/06/1823.

12 *Diários da Assembleia Constituinte de 1823*, sessão de 11/06/1823.

13 *Diários da Assembleia Constituinte de 1823*, sessão de 27/05/1823.

e eu desconheço meu perseguidor". Finalizava ao apresentar, como sinal da resistência ao sistema opressor, 100 cópias do *Correio do Rio de Janeiro*, "mas tudo é nada, contanto que seja feliz a minha Pátria". Concluía, "mil votos ofereço aos Céus pelo feliz êxito dos seus trabalhos como o mais humilde e leal Cidadão".[14]

Em uma segunda representação, afirmava já estar pronunciado e intimado. No entanto, argumentava que tudo derivava de um abuso da autoridade; dessa forma, pedia a efetiva responsabilidade dos Ministros, além de solicitar a sua remoção para a prisão da Conceição ou para a Ilha das Cobras, "em quarto separado para poder continuar o seu periódico".[15] A posição da Assembleia foi por desmerecer a sua petição uma vez que o plenário entendia que o requerente foi pouco respeitoso.

Abriu-se o caminho para os cidadãos menos conhecidos acorrerem à Assembleia Constituinte, como foi o caso de Antônio José da Fonseca e mais 30 outros prisioneiros, relatada no capítulo anterior. Alegavam que a instalação da Assembleia era um momento adequado para que fossem declarados livres. Por fim, demonstrando reconhecer o que se passava nas discussões havidas dentro daquela casa e o que poderiam conseguir no Parlamento, diziam pedir o que outros presos já tinham feito.[16]

A petição foi rechaçada por muitos deputados. Chegava tempos depois do longo debate sobre a anistia aos presos políticos, que dentre outros resultados causou um profundo cisma no interior do Parlamento e se constituiu em linha divisória até o final dos trabalhos parlamentares de 1823. Todavia, esta petição abriu caminho para que outros cidadãos, em sua maioria militares, apresentassem demandas pela anistia. Majoritariamente, eram homens encarcerados na Ilha das Cobras, que estavam desencadeando uma campanha de pressão política junto aos deputados para obterem a liberdade. Aproveitavam o momento de congraçamento e de harmonia para sensibilizar os tribunos. O deputado Custódio Dias, por exemplo, defendia que a Assembleia Constituinte não poderia desprezar o que pediam os requerentes. Argumentava que tinha visto na Assembleia "o remédio a qualquer abuso de que sejam vítimas".[17]

---

14 Petição de João Soares Lisboa – *Diários da Assembleia Constituinte de 1823*, sessão de 26/05/1823.

15 Petição de João Soares Lisboa – *Diários da Assembleia Constituinte de 1823*, sessão de 27/05/1823.

16 *Diários da Assembleia Constituinte de 1823*, sessão de 17/06/1823.

17 Requerimentos do capitão José de Vasconcelos Bandeira de Lemos, do alferes José Felipe Jacome de Souza Pereira e Vasconcellos e do alferes Domingos Manoel Pereira de Barros, oficiais pertencentes à Divisão de Voluntários Reais de El-Rey, *Diários da Assembleia Constituinte de 1823*, sessão de 17/06/1823; requerimento do padre Bernardo José Viegas, *Diários da Assembleia Constituinte de 1823*,

As pressões resultaram em alguns encaminhamentos práticos. Em 3 de julho de 1823, o deputado Carneiro da Cunha apresentou uma indicação para que o governo desse pronto encaminhamento ao julgamento dos presos da Ilha das Cobras.[18] Sua indicação foi corroborada pelo deputado Antônio Ferreira França (BA), que argumentava ser uma das tarefas da Assembleia "zelar pela salvação pública do Estado". Ainda segundo ele, cabia à "Assembleia socorrer à opressão, que sob a cor da justiça se faz a uma porção de cidadãos".

Novamente a polêmica se abriu, Andrada Machado se opôs à proposta. A sua argumentação se baseava na postura parcial tomada pelos parlamentares. Entretanto, ao não conseguir demover os seus pares, partiu para um ataque direto contra o conteúdo formal da proposta: os presos na Ilha das Cobras. Dizia o parlamentar paulista que "os homens que se acham[vam] presos são[eram] sediciosos e perturbadores da ordem pública" e pertenciam a uma sociedade secreta. Lançava uma suspeição que poderia colher simpatias em grupos mais moderados.

No entanto, a fala de Machado acirrou mais os ânimos. Obrigava o quase calado José Bonifácio a se pronunciar, rivalizando com José de Alencar. Para o último, as prisões teriam sido motivadas por vinganças particulares e havia falta de provas contundentes que as corroborassem. Já para José Bonifácio de Andrada os presos teriam sido pronunciados por representação das Câmaras e pelos procuradores gerais, que os acusavam de pertencer a sociedades secretas. A contenda continuou. Alencar replicou afirmando que uma simples acusação por parte das autoridades não era motivo ou prova de crime do cidadão. Ainda segundo o tribuno, a Assembleia devia zelar pelas garantias mais sagradas do cidadão.

Embora a proposta de Carneiro da Cunha tivesse sido derrotada, subliminarmente se apresentava uma questão de fundo acerca das ações do governo, que de todas as formas procurava conter os ânimos e frear o ímpeto de grupos políticos nas províncias e na Corte do Rio de Janeiro. Por outro lado, a discussão demonstrava a dificuldade dos grupos políticos no interior da Assembleia Constituinte em formar maioria que lhes possibilitasse a construção de um projeto político mais coeso.

Conforme demonstramos no capítulo II, desde a votação do projeto de anistia política, apresentado em 9 de maio de 1823, a Assembleia Constituinte se dividiu em dois blocos. Havia um grupo liderado por pernambucanos, mais afeito às propostas de que se deveria

---

sessão de 07/07/1823; requerimento de Antonio Francisco, *Diários da Assembleia Constituinte de 1823*, sessão de 24/07/1823; requerimento de João Ricardo da Cruz, *Diários da Assembleia Constituinte de 1823*, sessão de 30/07/1823.

18 *Diários da Assembleia Constituinte de 1823*, sessão de 03/07/1823.

distender o sistema, não sendo hora para perseguições ou punições. Este grupo obteve uma baixa mas coesa votação (Minas Gerais: cinco votos; Paraíba: quatro votos; Rio de Janeiro: um voto; Espírito Santo: um voto; Santa Catarina: um voto). Já o outro grupo, liderado por Andrada Machado e José Bonifácio, defendia uma posição mais firme por parte do governo. Alegava que havia o perigo de que a liberdade beirasse o republicanismo e a licenciosidade, nas palavras de José Bonifácio.[19] Obteve uma vitória contundente, o que lhe dava uma aparente consistência. No entanto, a votação espelhava pouco mais de 50% dos deputados eleitos e os votos recebidos pelo grupo de Bonifácio representavam apenas 41% do número de deputados que tomaram posse até o mês de novembro de 1823. Tal resultado evidenciava a necessidade de se construir alianças políticas mais sólidas. Como sabemos hoje, o resultado dessas alianças acabou saindo de forma inversa. Não só o grupo próximo do Imperador não conseguiu a maioria, como surgiu no interior da Assembleia um terceiro grupo, liderado por José Bonifácio, seus irmãos e o deputado Montezuma, que se descolaram do grupo ministerial a partir de agosto. Aprofundaram o cisma político, o que aceleraria a crise e levaria ao fechamento dos trabalhos constituintes.

Até então, verificava-se o grau de dispersão nas discussões de projetos legislativos, sobretudo nas discussões de petições, como a de Pedro da Silva Pedroso. Liderança política pernambucana desde a Revolução de 1817 e uma das principais peças do tenso processo de ruptura política entre Portugal e Brasil, entre 1820 e 1823, o então requerente alegava estar incomunicável na Fortaleza de Laje. A Comissão de Legislação elaborou um parecer pedindo informações ao governo.[20] Segundo já dissemos, este era um mecanismo frequente, que tinha como objetivo indireto importunar o Executivo, que se via obrigado a prestar contas ao Legislativo.

Segundo argumentaram alguns tribunos, como o deputado Antônio Ferreira França, as determinações do governo se opunham ao Alvará de 5 de março de 1790, que proibia a incomunicabilidade de um preso por mais de cinco dias, apenas garantindo a sua prorrogação por mais cinco dias. As alegações de França obrigaram José Bonifácio novamente a se justificar. O Ministro, que também era deputado, argumentou que procurara obter informações sobre a "sorte" do preso, quando os subalternos lhe informaram que o requerente não estava incomunicável. Entretanto, a resposta de Bonifácio não contentou Araújo Lima, que disse ser preciso considerar duas coisas: as ordens e a sua execução,

---

19 *Diários da Assembleia Constituinte de 1823*, sessão de 06/05/1823.

20 Requerimento de Pedro da Silva Pedroso, *Diários da Assembleia Constituinte de 1823*, sessão de 09/07/1823.

> As ordens que aparecem em público saem sempre conformes à Lei e se o ministro responder há de vir também fundada em Lei a resposta.[21]

Exigia, então, que se examinasse de que forma o requerente era tratado na prisão. O desfecho da votação foi contrário a Bonifácio e seu grupo. Os parlamentares aprovaram a proposta da Comissão de Legislação de remeter as indagações ao governo.

Nos meses seguintes, muitas petições encontraram espaço na Assembleia Constituinte. Algumas questões tinham o intuito de transferir a competência do Poder Judiciário para o Legislativo. Um explícito exemplo foi exposto na representação de D. Luíza Teresa do Nascimento,[22] que demandava contra os herdeiros do brigadeiro Felicíssimo José Victorino de Sousa. Depois de perder diversos processos em instâncias inferiores, na Casa da Suplicação e no Desembargo do Paço, a requerente encontrou na Assembleia Constituinte o seu último refúgio. Pedia que os parlamentares lhe garantissem a revista do processo.

Encaminhar petição ao Poder Legislativo depois de sofrer derrotas no judiciário foi um expediente bastante utilizado a partir de 1828, quando o Desembargo do Paço foi extinto. Mas, para o período anterior à legislação que extinguiu aquele órgão, este expediente soava como uma última tentativa de sensibilizar o outro poder. Se considerarmos que muitos deputados constituintes consideravam a Assembleia acima de todas as instituições políticas do Império, veremos o resultado do casamento de interesses políticos, ainda que não fosse esse o plano desejado pelos cidadãos.

Ao alegar injustiça, D. Luíza Teresa se valia de uma argumentação que causava comoção na Assembleia. Muitos deputados, geralmente aqueles que defenderam a anistia aos presos políticos, se sensibilizavam diante do estado em que se encontrava a Justiça e a forma como os cidadãos eram tratados pela mesma.

Em sessões anteriores, deputados como Xavier de Carvalho (PB) já haviam protestado contra a postura de juízes "desumanos". Ele fez repercutir uma carta enviada pelos presos na Ilha das Cobras ao *Diário do Governo*. Segundo dizia, os cidadãos "gemiam debaixo da férrea, e mais transcendente arbitrariedade dos Juízes" e havia "Cidadãos privados dos mais preciosos dos seus direitos; da sua Liberdade".[23]

---

21 *Diários da Assembleia Constituinte de 1823*, sessão de 09/07/1823.

22 Requerimento de D. Luíza Teresa do Nascimento, *Diários da Assembleia Constituinte de 1823*, sessão de 05/09/1823.

23 *Diários da Assembleia Constituinte de 1823*, sessão de 23/06/1823.

Tempos depois Carneiro da Cunha se valeu do mesmo expediente para denunciar juízes arbitrários, "que faziam os cidadãos vitimas de suas crueldades". Afirmava desejar "que os magistrados reconheçam que esta Assembleia há de punir e defender a liberdade dos Povos, e que nunca perde de vista a observância das garantias do cidadão". Traçava uma linha divisória entre o passado e o papel que a Assembleia tinha a desempenhar. Segundo ele,

> Muitas das que nos têm regido até agora são más; mas o abuso da sua execução é mil vezes pior. Bem tristes provas nós temos na opressão dos Povos do Brasil, que por três séculos sofreram toda a espécie de violência e despotismo da parte dos magistrados sempre prontos a sacrificar a justiça a seus sórdidos interesses e paixões.[24]

O parlamentar alegava que os juízes colocavam os seus interesses acima dos interesses do país. Toda a população era oprimida porque o sistema garantia aos juízes os instrumentos de coerção. À Assembleia caberia o papel de estabelecer a ordem e salvaguardar o real sentido de Justiça.

Na mesma linha, a de se criticar as práticas dos magistrados, o deputado Ribeiro Campos apresentou algumas denúncias. Segundo este representante pernambucano,

> Coisa alguma parece mais injusta, e até bárbara do que deixar em desgraça [...] um cidadão qualquer, consentindo que sofra os males que necessariamente traz consigo a falta de proteção das Leis.[25]

Ele fazia referência a atrocidades cometidas por magistrados na vila de Pajaú de Flores, no sertão pernambucano. Pensava serem os cidadãos espécie de escravos diante do poder e coerção dos juízes e demais autoridades. "Enfim, Sr. Presidente, são escravos e escravos de uns poucos de homens bárbaros; e se os deixarmos nesse estado poderemos nós nesse augusto recinto falar de liberdade?", indagava.[26] Ao que tudo indica, este tipo de discurso tinha eco nos cidadãos que peticionavam à Assembleia. Invariavelmente estes se valiam da argumentação de injustiças praticadas por magistrados ou autoridades.

---

24 *Diários da Assembleia Constituinte de 1823*, sessão de 03/07/1823.

25 *Idem.*

26 *Diários da Assembleia Constituinte de 1823*, sessão de 02/08/1823.

A petição de D. Luíza Teresa conseguiu sensibilizar tribunos que mesmo defendendo que a ela não cabia mais nenhum recurso, solicitavam que se pedissem informações ao governo, uma vez ser preciso que se conhecessem as "evidências de injustiças", conforme afirmava o deputado Carvalho e Mello (BA).[27]

As sessões seguintes da Assembleia Constituinte foram marcadas pelo início dos debates do projeto de Constituição, o que colocou em segundo plano as discussões dos pareceres das petições. A rotina só foi quebrada pelo aparecimento, em 6 de novembro de 1823, da representação de David Pamplona Corte Real, cuja repercussão causada e o trágico desfecho político do encerramento da Assembleia já analisamos.

O que devemos reter neste momento é que o fechamento da Assembleia, dias depois de apresentado o requerimento de Corte Real, indicava outros caminhos por onde passariam as discussões sobre os direitos do cidadão. De um debate mais generalizante, as questões tomariam a dimensão de direitos individuais, adicionadas aos primeiros passos no sentido de se construir o edifício institucional do Estado Imperial, a partir de 1826.

Se se pode fazer um resumo a respeito do movimento peticionário de 1823, podemos dizer que a obra da Assembleia Constituinte foi positiva. Embora muitos requerimentos tenham sido negados, outros foram substantivamente discutidos. De um total de 365 petições encaminhadas à Assembleia Constituinte, cerca de 10% destas provocaram debates consideráveis na Assembleia. De certa forma, eles influenciaram o rumo das discussões, sobretudo nos aspectos relacionados aos direitos civis e sobre os abusos das autoridades. Apareceram em períodos-chave das discussões parlamentares, determinando, inclusive, o desfecho abrupto da obra constituinte.

****

Com a reabertura do Parlamento, em 1826, tinha-se o início de uma nova etapa da vida parlamentar brasileira. A premissa dos direitos civis e individuais tivera uma forte marca no interior da Assembleia Geral, sobretudo da Câmara dos Deputados. Desde o início surgiram preocupações que visavam pôr em prática os preceitos constitucionais e mecanismos que consolidassem as instituições. A partir destas linhas gerais, o Parlamento deveria resguardar e fazer garantir as prerrogativas individuais do cidadão quanto à inviolabilidade do seu domicílio, à preservação da sua correspondência, bem como o seu direito de propriedade e o direito de queixar-se e peticionar às autoridades.

---

27 *Diários da Assembleia Constituinte de 1823*, sessão de 01/10/1823.

Não tardou em surgir petições que levaram os parlamentares a iniciar o debate sobre os direitos e as garantias civis. Já na sessão de 20 de maio, foi apresentado o parecer da petição de Cândida Joaquina de Jesus. Segundo constava no parecer, a queixosa teria sido condenada a cinco anos de degredo em Paranaguá. Entretanto, argumentava que as autoridades não respeitaram o prazo legal de dez dias para que a mesma interpusesse recurso de apelação da sentença. Aludia ainda à sua menoridade e às possibilidades de o juiz conceder tal recurso. No entanto, o abuso maior seria o embarque da requerente para a citada localidade. Segundo a comissão encarregada do parecer, isto teria acontecido, "apesar de o haver representado às autoridades, a quem competia o fazer-lhe justiça. E como a esta se lhe faltasse", entendia que caberia à Câmara haver "por bem de prestar à suplicante os socorros de que se faz digna".[28]

A petição da requerente abriu um franco debate. Na sessão de 11 de maio, o deputado Manoel José de Albuquerque (CE) fez a denúncia de que 553 soldados haviam morrido por doença contagiosa em um navio que os transportava para a Corte do Rio de Janeiro. O acontecido causou um mal-estar entre os deputados e provocou uma acirrada discussão acerca da responsabilização das autoridades. A petição da requerente veio acrescer argumentos a tribunos como Custódio Dias e Bernardo Pereira de Vasconcelos, que defendiam a necessidade da Lei de Responsabilidade dos Ministros.[29]

Procurando deixar a Câmara fora da questão, o deputado Souza França afirmava que o requerimento deveria ser enviado ao Ministro da Justiça. A Câmara deveria atuar somente no momento em que o citado ministério não tomasse providências. Defendia que a requerente deveria ter o direito de representar neste instante, e não em momento anterior. Quer dizer, ela só teria o direito de queixar-se no momento em que o Ministro não lhe fizesse justiça. A posição foi imediatamente contestada por Bernardo Pereira de Vasconcelos. Segundo o representante mineiro, o requerimento deveria ser encaminhado à Comissão de Justiça, ao que acrescentou que todo cidadão tinha o direito de representar à Assembleia. Para ele, o artigo da Constituição não determinava se a representação deveria ser feita em último caso e em ambas as Câmaras.

O argumento central da requerente foi momentaneamente esquecido. A polêmica tomou a forma de protocolo a ser seguido. No entanto, uma questão de fundo veio à tona: qual era o papel da Assembleia Geral ou do Parlamento no que dizia respeito aos direitos do cidadão? Este ponto era apresentado por Lino Coutinho, que faria uma argumentação

---

28 Requerimento de Cândida Joaquina de Jesus. *Anais da Câmara dos Deputados*, sessão de 20/05/1826.

29 *Anais da Câmara dos Deputados*, sessão de 11/05/1826.

em oposição ao deputado Souza França. Segundo Coutinho, a requerente encaminhara a representação para a autoridade competente: a Câmara. Ele admitia que poderia até se conformar com a impossibilidade de os deputados não impedirem a partida do navio, mas não podia aceitar que no interior da Câmara fosse dito que não caberia à mesma tomar conhecimento de tal queixa,

> Nunca serei de voto que sem mais averiguações se negue a audiência a esta infeliz, que na forma da Constituição tem o direito de requerer por esta Câmara, bem como pela dos senadores, em qualquer hipótese em que se ache.

Segundo se pode concluir da sua fala, era papel da Câmara dos Deputados conhecer de forma profunda as questões apresentadas pelos cidadãos, sobretudo as relacionadas aos direitos individuais. A Constituição garantia tal mecanismo e aos deputados cabia acolhê-lo.

O debate tomou um direcionamento inesperado. A partir da proposta do deputado paulista Nicolau Pereira de Campos Vergueiro, a Câmara decidiu suspender a sessão para que a Comissão de Justiça apresentasse o seu parecer. Em seguida a comissão apresentou o seu entendimento. Afirmou que a requerente não tinha direito ao que pedia, pois o prazo para embargar a decisão era de 24 horas desde a proclamação da sentença, o que a mesma não fez. Entretanto, a discussão permaneceria por mais um período. Segundo o entendimento do deputado Antônio da Silva Maia, era necessário a Câmara saber a idade da suplicante: se ela fosse de menor, gozaria de privilégios.

Alguns tribunos defendiam que a requerente não fundamentara sua representação e que por isso a queixa não tinha lugar. Segundo Silva Telles, não era da competência da Câmara tal problemática. "Ninguém é mais privilegiado do que os presos das cadeias". "Essa mulher", dizia ele, "foi sentenciada em visita de cadeia, e não embargou a sentença dentro do termo da lei, nem para isso pediu vista. Logo não tem justo motivo de queixa". O deputado Clemente Pereira logo fez coro com Telles e afirmou que as providências pedidas no requerimento eram de competência dos poderes Judiciário e Executivo. Sendo assim, a Câmara não tinha poderes para interferir.

Clemente Pereira apresentava uma argumentação que se tornaria uma prática corrente entre os parlamentares, principalmente quando se tratava de pedir informações ao governo: o limite entre os poderes impedia a Câmara dos Deputados de prosseguir com a discussão. Simultaneamente, abriu-se uma discussão sobre a relação limítrofe entre o

Poder Legislativo em face dos demais poderes e sobre o seu papel de guardião dos direitos individuais dos cidadãos.

Portanto, a discussão se desviava novamente. As petições se tornavam peças políticas para o confronto, que se iniciou com o debate sobre os soldados mortos no Ceará e a necessidade de se conter os desmandos das autoridades. Momentaneamente, Clemente Pereira aludia apenas ao papel restrito que a Câmara dos Deputados deveria seguir. Entretanto, Bernardo Pereira de Vasconcelos e Lino Coutinho já se apresentavam para discordar do parlamentar. Segundo argumentação de Pereira de Vasconcelos,

> Se a Câmara não tem direito de exigir pelo intermédio do governo as necessárias informações das autoridades subalternas sobre qualquer objeto, então não se admitam mais requerimentos, e confessemos que nada podemos.

Vasconcelos fazia uma fala irônica e provocativa para afirmar o contrário. Segundo ele, o Parlamento não só tinha o direito de pedir informações, como os demais poderes tinham o dever de lhes prestar esclarecimentos. Alargando o foco da questão, Bernardo Pereira de Vasconcelos afirmava que nada impedia "que a mesma casa Legislativa indague sobre a veracidade desta e de outra qualquer súplica", pois havia "um meio entre o mando absoluto e o indeferimento total". Lino Coutinho seria mais enfático. Para ele, se a Câmara não podia exigir informações, "que se risque o artigo constitucional prevendo o direito de petição a todos e quaisquer cidadãos".

As argumentações apresentadas em favor da requerente surtiram efeito. A despeito do veto apresentado por Clemente Pereira, o plenário aprovou uma melhor análise do recurso apresentado por Cândida Joaquina de Jesus. Na sessão de 24 de maio, outro parecer foi encaminhado ao plenário. Segundo este, houve descumprimento da lei porque as autoridades não levaram em conta a menoridade da requerente e não se cumpriu o rito marcado para estes casos. A Comissão de Legislação e Justiça Civil indicou que se deveria remeter a documentação ao Ministério da Justiça para que o mesmo procedesse a reparação da injustiça cometida.[30]

Mas alguns tribunos ainda insistiam na forma de encaminhamento das petições. Segundo Souza França, o direito de representar era uma atribuição dada à Assembleia Geral

---

30 *Anais da Câmara dos Deputados*, sessão de 24/05/1826.

e não à Câmara dos Deputados. Todavia, esta era uma posição que não angariava muita simpatia entre os seus pares. Para o deputado Campos Vergueiro, por exemplo, o cidadão deveria encaminhar para uma das casas, não para a Assembleia Geral, "pois esta raramente se reúne", sendo assim, "se se proceder com o pedido à Assembleia Geral, o direito de petição tornar-se-ia uma ilusão". Já Custódio Dias era mais radical. Afirmava que "as leis foram feitas para os homens não os homens para as leis". Para ele, a Câmara teria o direito de ouvir os "desgraçados que para ela encaminham suas representações", uma vez que "os presos têm o direito de clamar contra um abuso tão antigo" e, concluía o parlamentar, "risquemos esta lei antiga, esta lei bárbara, que só dá 24 horas aos desvalidos para tentarem os meios de aliviar suas desgraças".

Ao final da discussão, a Câmara tomou como encaminhamento a proposta de se enviar pedidos de informações ao governo e ao juiz responsável pela cadeia da Corte, a fim de que os mesmos dessem os esclarecimentos precisos. O saldo positivo da petição de Joaquina de Jesus foi que a Câmara não ficou indiferente aos seus problemas. A petição de Cândida trouxe duas consequências diretas para os debates gerais da Câmara dos Deputados. A primeira foi ter aberto o debate sobre a procedência das representações de cidadãos e motivou o debate acerca dos direitos individuais. Embora a Câmara dos Deputados muitas vezes seguisse a maneira de proceder da Assembleia Constituinte, existiam algumas posições discordantes quanto ao papel que a Câmara deveria assumir, sobretudo se a mesma fosse a ponta final da questão ou um mecanismo intermediário. A segunda consequência foi que ela reafirmava o Parlamento como um espaço que ouvia os cidadãos, mormente naqueles problemas que os cercavam e que diziam respeito aos abusos de poder, não só os relacionados às autoridades.

Esta questão apareceu na discussão do parecer dado ao requerimento de Claudino José de Souza. Segundo o requerente, ele arrematara uma escrava de nação benguela de nome Joaquina, para ama de leite, e pagara o preço da arrematação. No entanto, o depositário geral não reconheceu a sua propriedade e manteve a dita escrava sobre o seu domínio. Claudino de Souza alegava estar de acordo com todas as regras de compra de cativos e ter pago o imposto e a siza, "não tendo lugar a detenção e retenção criminosa do depositário". Embora tenha se queixado ao Imperador e aos órgãos da Justiça, que decidiram a seu favor, o suplicado não respeitou a decisão e "fez continuar em nula, e escandalosa exceção pelo juízo da correção do cível da Corte". Para ele, a questão continuaria e seria eterna

> O chicaneiro depositário há tempos era conhecido como demandista inverossímil: muito principalmente litigando com pessoas pobres e des-

> validas, como é o suplicante, que recorre a esta Augusta e Digníssima Assembleia, para tomar conhecimento da presente queixa. Decidindo como for de justiça, até mesmo pelo nenhum apreço com que foi abandonado o Imperante Alvará, que deveria o suplicado depositário respeitar[...] Pede a Augusta e Digníssima Assembleia haja de deferir o presente súplica, que é humilhante, e parece ser de justiça[...].[31]

Em seu parecer, a Comissão de Legislação entendeu que não deveria dar direção alguma ao requerimento. Achava que o assunto não era objeto da sua competência, "a qual não deve, nem pode ingerir-se em matéria alguma da privativa atribuição do poder judiciário". O parecer possuía uma pertinência razoável, visto que o requerente apresentava apenas um litígio com outro cidadão; não apresentava acusação contra autoridade, portanto, não cabia à Câmara dos Deputados nenhum poder de polícia. Entretanto, a discussão ganhou um rumo imprevisto porque Bernardo Pereira de Vasconcelos repreendeu a comissão por transpor as suas atribuições. Alegou que a ela não competia julgar a justiça ou injustiça do requerimento. A Câmara deveria tomar conhecimento do negócio, tendo a comissão ido contra a Constituição. No seu entendimento o requerimento deveria ser remetido para a Comissão de Constituição. Todavia, este não era o entendimento de outros tribunos. Lino Coutinho, por exemplo, pensava ter a comissão procedido da maneira correta e dever o requerente recorrer à Câmara somente depois de esgotados todos os meios judiciais. Mesmo assim, só quando houvesse alguma infração da lei.

Na sua réplica, Vasconcelos retomou a antiga discussão sobre o direito de o cidadão queixar-se à Câmara dos Deputados e o dever da mesma acolher as demandas oriundas da população. Ele indagava: "se não cabe à Câmara tomar conhecimento da queixa, a quem deve recorrer o suplicante?". Segundo entendia, "a Constituição garante ao cidadão o direito de queixar-se à Câmara, mas não marca que o mesmo cidadão tenha que esgotar todos os recursos".

Esta era uma questão em aberto, pois a Constituição não definia os limites do direito de petição, ainda que aludisse ao direito de queixa em relação aos abusos das autoridades. Surgia uma interpretação própria do suplicante sobre o direito de representação. Ao que tudo indica, aquele era um dos últimos recursos que lhe cabia, já que nem as autoridades o demandado respeitara, segundo a argumentação de Claudino de Souza. Além disso, ao se construir a imagem do Parlamento como refúgio do cidadão contra os abusos do poder,

---

31 Petição de Claudino José de Souza, *Anais da Câmara dos Deputados*, sessão de 01/06/1826.

abria-se o caminho para que demandas como as de Claudino José de Souza pudessem aparecer. Como podemos observar na argumentação do requerente, e foi construído um discurso que apresentava a luta do pobre contra o rico, isto é, de uma relação desvantajosa que tendia favorecer aquele com mais recurso. Esta parece ter sido uma das razões para que Bernardo Pereira de Vasconcelos apresentasse a defesa da pertinência do pleito apresentado pelo requerente. Mas este efetivamente não era o entendimento de Lino Coutinho. Na tréplica dizia não discordar de Vasconcelos, apenas entendia que ao cidadão era garantido o direito de queixar-se, mas esta reclamação procedia quando se tratasse de ataques aos direitos individuais ou "quando se atacar o modo de pensar ou a sua religião".

Ao ser votado o parecer, o entendimento do plenário foi de que não procedia a demanda de Claudino de Souza. Além disso, era aprovada a indicação de Teixeira de Gouvêa para que a Comissão de Petições tivesse a prerrogativa de determinar se a representação cabia ou não à Câmara decidir.

Outra questão envolvendo escravos e que tivera uma sutil discussão acerca do papel do Parlamento, porém divergindo-se quanto à forma de se proceder com as reclamações, foi por ocasião da representação do tenente-coronel José de Noronha, que se queixava de, ao tentar aplicar um corretivo em uma escrava de nome Josefa, mandara a encarcerar no calabouço. Segundo narra, para sua surpresa, tempos depois a escrava seria encaminhada para a cadeia pública sem que o mesmo proprietário autorizasse. Lá, em audiência onde se lhe fizeram as perguntas da lei, quando a escrava declarara quem era seu senhor e onde morava. Ao contrário do que se esperava, o juiz determinara a venda da escrava por módico preço pelo cartório do escrivão Firmino José de Moraes Carneiro. Segundo concluía o requerente, ao proceder com as averiguações, nada consta do pagamento efetuado pelo arrematante ou outro documento qualquer. Dirigia-se à Câmara para pedir que a mesma solicitasse ao Ministro da Justiça os autos para que a casa procedesse com a verificação dos mesmos. Como de costume e procedendo com a rotina que se tinha, a comissão de Legislação e Justiça Civil e Criminal entendera que não cabia ao Parlamento tomar conhecimento do assunto por se tratar de uma questão relacionada à Justiça.[32]

O deputado Teixeira de Gouvêa opôs-se ao parecer. Segundo o parlamentar, era livre a qualquer parte levar a sua queixa ao Poder Executivo ou ao Poder Legislativo. No caso específico, ele entendia que existira a prevaricação de autoridades. "É verdade que não podemos diretamente proceder", dizia ele, "mas a Câmara deveria dar um destino ao que pedia",

---

32 Representação do tenente-coronel José de Noronha, *Anais da Câmara dos Deputados*, sessão de 07/05/1827.

isto é, encaminhar ao Poder Executivo a demanda. Ainda que a proposta do parlamentar soasse naturalmente, havia um aspecto conflitivo, porque as demandas frequentemente tiveram um eixo comum nas suas pretensões: que o Poder Legislativo tomasse conhecimento das possíveis injustiças; no Parlamento existiam inúmeras divergências sobre as providências a serem tomadas pela Câmara. Eram atitudes pontuais, ora se aceitando os pedidos ora recusando-os, sem cerimônia.

Em um momento raro das duas primeiras legislaturas, Bernardo Pereira de Vasconcelos concordou com Teixeira de Gouvêa. Para Bernardo Pereira, "nós devemos pedir informações, para mandarmos proceder na forma da lei com conhecimento de causa". Da mesma maneira, em uma posição que alterava a disposição tomada na discussão do requerimento de Claudino de Souza, Lino Coutinho concordava com Vasconcelos: "é preciso que nós tenhamos cuidado dos nossos constituintes, e que os nossos cidadãos saibam que tomamos conta das injustiças que se fazem". Avançava ao indicar que o pedido de informação poderia incentivar os cidadãos a denunciarem as atrocidades, abusos e prevaricações cometidos por autoridades. Porém, a questão ganhava outra dimensão, pois Coutinho fizera um discurso generalizante, no que foi acompanhado pelo representante goiano Cunha Matos. Segundo Matos,

> Desde o Pará até o Prata, e desde o Rio de Janeiro até Itopocará, tudo são violências, tudo são prevaricações, e os papéis públicos estão cheios delas. Muita gente estava persuadida que já tínhamos morrido; mas nós devemos mostrar ao povo brasileiro que somos os mesmos homens; que estamos nesta casa; e prontos a pugnar pelos interesses do Brasil.[33]

A referência do deputado era providencial. Passado o primeiro ano da legislatura, a Câmara dos Deputados vinha se mantendo parcimoniosa em criticar o governo. No entanto, a defesa ia a favor da proposta de Teixeira de Gouvêa, isto é, encaminhar a representação ao governo. O aspecto a ser destacado é que ela indicava uma postura mais ativa dos parlamentares. Uma série de representações de 1826 ainda atolava as comissões, sem que o Parlamento desse conta dos encaminhamentos.

Embora parecidas, as propostas de Teixeira de Gouvêa e Bernardo Pereira de Vasconcelos se distinguiam na sutileza. Encaminhar ao governo não dava a garantia de que a demanda fosse tomada em consideração. A Câmara não teria conhecimento do que se passava e não teria um

---

33 *Anais da Câmara dos Deputados*, sessão de 07/05/1827.

meio de fazê-lo, ao passo que o pedido de informação transferia para o Parlamento parte das responsabilidades. No mais, a questão poderia ser politizada de alguma forma. Haveria a necessidade de um segundo parecer, ou a discussão ganharia outro momento para ocorrer.

Na verdade, até 1827 Vasconcelos e Gouvêa não estavam politicamente tão distantes. Os encaminhamentos apresentados eram táticas que visavam objetivos maiores a ser alcançados. Os anos de 1826 e 1827 foram períodos de reconhecimento do terreno político. Os parlamentares se testavam e exercitavam os limites do que poderiam transpor. De certa forma, as discussões das petições e alguns projetos de leis serviram para que os grupos fossem se adequando ao jogo político. Do outro lado, o governo não tomou nenhuma postura ofensiva quanto a formar um bloco parlamentar mais consistente. As suas ações resultavam mais em respostas ao que lhes era demandado pelo Parlamento do que na tomada de iniciativa de se ingerir no cotidiano da Casa temporária. Mesmo porque, ele acreditava poder controlar os ímpetos radicais através do Senado, que, como já salientamos, funcionava como um anteparo. Era desnecessário, por exemplo, valer-se das atribuições do Poder Moderador, que seria usado politicamente apenas uma vez no Primeiro Reinado, quando o Imperador teve que convocar a Assembleia Geral, em 1829, diante da notícia da chegada dos emigrados portugueses e diante da indecisão dos membros do Conselho de Estado.

Até o final de 1827, quando foi nomeado Ministro da Justiça, Teixeira de Gouvêa teve uma postura mais moderada. Ora se aproximava do grupo de Lino Coutinho e Bernardo Pereira de Vasconcelos, ora votava com as posições governamentais ou que não as atacassem. Gouvêa era um dos parlamentares que incentivavam e reconheciam o direito de petição dos cidadãos. Era intransigente no que tocava ao reconhecimento de que a casa deveria ter aquela faculdade. Por ocasião da discussão do parecer do religioso franciscano frei Thomaz da Santa Fé – que apresentou queixas contra o seu superior, que o mantivera enclausurado, e contra a ausência de um juiz ou corregedor, que desse providência imediata para a sua soltura –, Gouvêa foi firme contra o parecer da Comissão de Constituição, ao defender a ideia de que o requerente tinha o direito de queixar-se ao Parlamento. Opunha-se, inclusive, a Bernardo Pereira de Vasconcelos, que naquele momento defendia a posição da Comissão de Constituição, da qual fazia parte.[34]

Já no caso de Bernardo Pereira de Vasconcelos, havia uma disposição inicial de criticar o governo pela sua morosidade e incapacidade de encaminhar algumas questões. Ressalte-se que esta é uma postura menos radical do parlamentar, em contraste com a que passou

---

34 Requerimento do frei Thomaz da Santa Fé, *Anais da Câmara dos Deputados*, sessão de 17/05/1827.

a ter a partir da Carta aos eleitores mineiros, em finais de 1827, ocasião em que apresentou uma plataforma crítica ao Executivo e lançou-se em uma cruzada contra o governo.

O confronto entre os dois políticos, que simbolizava também o embate entre dois projetos liberais, ocorreria a partir de 1828. O ápice foi o debate sobre a Fala do Trono, transversa a outros pontos polêmicos, dentre eles a decretação da suspensão dos direitos individuais em Pernambuco, ocorrido em fevereiro do mesmo ano, e a petição de Pedro Labatut, que se queixava da demissão do posto de general e expulsão para fora do Brasil.[35] Na ocasião, Teixeira de Gouvêa, também representante por Minas Gerais, respondeu que o documento apresentado pelo general não era uma petição, mas uma afronta às autoridades. Concluía dizendo que a oposição tentava desestabilizar o governo. Prontamente Bernardo Pereira de Vasconcelos chamou-o à responsabilidade

> Ah! Se fosse possível que S. Ex. se esquecesse de que estávamos em 1829, em que éramos colegas na Comissão de Constituição; daquele tempo em que S. Ex. daquele mesmo lugar trovejava contra ministros despóticos, e punia pelas liberdades do Brasil, talvez se arrependesse de tão acremente mal-dizer a oposição. Digo ao Exmo. Ministro, que se ele fez outrora parte desta oposição com vistas tão sinistras e em má fé, nem assim nos pode culpar, porque não é acertado julgar os outros por si...[36]

As palavras de Vasconcelos foram duras e indicavam a contradição política de Teixeira de Gouvêa. Hoje podemos dizer que o tempo se encarregaria de obrigar o mesmo Bernardo Pereira de Vasconcelos a explicar as suas mudanças políticas diante dos seus correli-

---

35 Este requerimento só seria apreciado no plenário da Câmara dos Deputados na sessão de 10 de julho. A Comissão de Constituição no seu parecer pedia informações ao governo. Há que se notar que a sua repercussão se antecipou ao parecer. Ao que tudo indica, Bernardo Pereira de Vasconcelos, um dos membros da citada comissão, se utilizava antecipadamente das informações para poder cobrar o governo. Cf. *Anais da Câmara dos Deputados*, sessão de 10/07/1829.

36 Discurso de Bernardo Pereira de Vasconcelos, *Anais da Câmara dos Deputados*, sessão de 13/05/1829. A discussão do requerimento de Pedro Labatut assumiu a proporção de requerimentos como os de Costa Barros, Henriques de Resende e Pedro Pedroso em 1823. Era uma arma política que serviria para um propósito claro, que era minar as resistências do governo. Prova disso foi que, a despeito da mudança de legislatura, a representação seria retomada no mandato que se iniciava em 1830, como podemos acompanhar nas sessões da Câmara dos Deputados de 04/06/1830, 26/06/1830 e 02/07/1830.

gionários, quando em 1837 o parlamentar proferiu a conhecida frase: "fui liberal; então a liberdade era nova no país...".

Retomando a discussão do tenente-coronel José de Noronha, ainda estávamos em 1827. A Câmara entendeu que a proposição de Bernardo Pereira de Vasconcelos era a mais adequada. Não por coincidência, nas sessões seguintes começariam os debates sobre a resposta à Fala do Trono, momento em que apareceriam posições mais contundentes e críticas em relação ao governo, mas que apenas prenunciavam os conflitos seguintes.

As petições de Claudino de Souza e a do tenente-coronel apenas espelhavam um dos capítulos menos acirrados dos debates parlamentares, uma vez que outras situações o provocariam. Foi o caso da discussão do parecer sobre a petição dos africanos Bernardo e outros, naturais de Cabinda. Em 17 de junho de 1826, a Comissão de Petições apresentou o relatório onde relatava a queixa dos requerentes que se diziam intérpretes de navios negreiros, que foram "injustamente feitos prisioneiros pelo capitão do bergantim *Santa Rosa*", tendo sido arrancados do seu país natal e feitos escravos em terras brasileiras. Segundo alegavam os suplicantes, embora apresentassem reclamações junto ao governo brasileiro, o mesmo havia mandado que eles instaurassem um processo no juízo, o que prontamente os requerentes fizeram. Embora a Justiça tenha produzido dois acórdãos, o coronel João Gomes Barroso, capitão e proprietário do dito bergantim, "como poderoso e rico, pretende eternizar a questão, e anular o processo, fazendo-o avocar para o seu juízo privilegiado dos moedeiros". Pediam que a Câmara dos Deputados solicitasse os autos para verificação do alegado, e "decretasse uma reconciliação entre eles e o suplicado".[37] A comissão entendia que esta matéria não pertencia ao Parlamento, mas ao Poder Judiciário.

O deputado Cruz Ferreira prontamente se propôs a relatar o caso. Segundo ele, como corregedor do cível da Corte, foi-lhe dirigida uma portaria para que tomasse conhecimento do estado da questão, onde se recomendava reconciliar as partes. Segundo o tribuno, os "pretos alegavam haverem sido presos pela tripulação do navio, pelo motivo de terem fugido alguns dos escravos da armação; e neste fato parece que concordam os clientes". Ele afirmava que havia procurado anuir à reconciliação e que com as respostas deu conta à secretaria de estado, não possuindo nenhuma outra notícia. Ferreira concluiu que os suplicantes propuseram uma ação de liberdade, que estava seguindo os seus termos e a Câmara não podia intervir no assunto. Ainda que o requerimento dos cabindas contivesse palavras que indicavam situação de opressão, tais como "pesados castigos", "maneira ilegal",

---

[37] Requerimento de Bernardo e mais quatro outros naturais de Cabinda, *Anais da Câmara dos Deputados*, sessão de 17/06/1826.

"desumana" e sobretudo indicavam estar litigando com um homem "poderoso e rico", o deputado afirmava que não havia queixa "quanto a injustiça alguma".

As informações prestadas pelo tribuno esclareciam as condições de apresamento dos requerentes e indicavam que os mesmos não eram escravos. Havia um litígio em torno da carga perdida e uma retaliação em face disso. Em se considerando os requerentes como naturais de Cabinda, os membros do Parlamento reconheceram um problema que extrapolava os limites dos direitos individuais: entrava-se no direito das gentes e de membros de outras nacionalidades.

Prontamente o deputado Lino Coutinho afirmou que a Câmara tinha que se deixar levar pelo princípio de humanidade, uma vez que a narração feita pelos africanos causava horrores, porque estavam privados de sua liberdade. Segundo o parlamentar, "a liberdade do homem não é suportável, que espere pelos entraves judiciais".[38] Segundo ele, ainda que a comissão tivesse dado um procedente, poderia ir além e se recomendar ao governo para que tomasse cuidado e olhasse sobre este negócio,

> Nós como constitucionais, não devemos só querer a nossa liberdade; devemos de sustentar também a liberdade dos outros. Somos livres; e um povo livre deve pugnar pela liberdade do gênero humano...

Campos Vergueiro apresentou a questão de outra maneira. Segundo ele, o negócio tinha a ver com o direito das gentes, se a narrativa fosse verdadeira. Se se tratasse de direito civil, teria havido violação à Constituição ao se estabelecer foro privilegiado ao dito capitão, pois o mesmo foi abolido. Para Vergueiro, se o capitão da embarcação tomou homens livres como escravos, o governo deveria proceder não com o abandono dos requerentes aos meios judiciais, mas formar culpa contra o comandante da embarcação. O caso deveria ser tomado como uma violação dos direitos individuais de outra nação, pois tal atitude comprometia a segurança da própria nação, principalmente "por não serem os povos da Costa da África mais civilizados".

Embora se declarasse liberal, Bernardo Pereira de Vasconcelos apresentou uma avaliação distinta. Segundo ele, a comissão tinha dado o encaminhamento correto: "a presunção é que um homem de cor preta sempre é escravo". Justificava a sua posição dizendo que em caso de dúvidas sobre a violação dos direitos, a presunção era a favor do dono. Confundindo mais a

---

38 *Anais da Câmara dos Deputados*, sessão de 19./06/1826.

situação, dizia que os tribunos agiam de maneira distinta, pois na discussão sobre um requerimento oriundo do Pará, a Câmara entendeu que não cabia aos parlamentares nenhum posicionamento. "Não se deu importância aos patrícios e agora se diz que este assunto é importante."

A fala de Vasconcelos abria outra linha de raciocínio. Odorico Mendes discordava da ideia de que um homem de raça negra devesse ser reputado como escravo todas as vezes que não provasse o contrário. O parlamentar maranhense afirmou que "qualquer homem tem a presunção de ser livre, porque todos assim nascem", e acrescentava, "para ser considerado escravo é que se deve mostrar que ele o é de fato, tudo o mais tem uma injusta manifesta". Questionava Vasconcelos qual seria a sua posição se os requerentes fossem da república do Haiti: "nós os teríamos tratado com tanta barbaridade, e sem cerimônia? Pois eles também são pretos, e pela regra estavam no caso de os não termos como livres?". Ainda segundo o parlamentar, nada disso vinha ao caso, pois o centro da discussão dizia respeito a um grupo de homens que estavam reduzidos a escravidão e perseguição, por terem deixado fugir alguns africanos cuja compra tinham ajudado a negociar.

A fala de Mendes provocou embaraços em Bernardo Pereira de Vasconcelos, que prontamente procurou se explicar. Disse não ter afirmado que os pretos deviam ser sempre escravos. Segundo o deputado, como os homens em questão não vinham do Haiti, mas de terras onde se tinha escravidão, na forma da lei eram considerados como tais, até que mostrassem não o ser, "se eles provam que são livres, então se proceda conforme o direito das gentes, por ora a questão é senão de domínio". Ao final do longo debate, a Câmara decidiu enviar ao governo a recomendação indicada por Souza França. Eximia-se de um posicionamento e, indiretamente, apresentava um problema ao governo.

Emergia da Câmara dos Deputados um sentimento coletivo que esta deveria se posicionar em relação aos abusos do poder, sobretudo das autoridades que atuavam em oposição ao sistema constitucional. José Matias Vilhena representava para que coadjuvasse ao governo a punição dos responsáveis pela morte de 252 homens no Pará, em 1823. O requerimento fazia referência aos acontecimentos desencadeados depois da chegada de Lorde Cochrane àquela província, quando surgiram discordâncias da população sobre quem deveria governar a região. Tal evento havia resultado na prisão de 252 indivíduos no porão do navio *Palhaço*, sendo atiçada cal antes que as escotilhas fossem fechadas, o que havia provocado a morte por asfixia de todos os prisioneiros. A comissão entendeu que havia o reconhecimento, por parte do requerente, de que o governo havia usado mecanismos acertados para averiguar o acontecido. Entretanto, os membros da comissão se esquivaram, ao defenderem que o suplicante deveria encaminhar a sua demanda ao Poder Executivo.[39]

Tribunos como Costa Aguiar acreditavam ser a representação de Matias Vilhena extemporânea, porque significaria a intromissão da Câmara no desenrolar dos processos que já haviam se iniciado. O deputado Custódio Dias, contudo, não perdeu tempo em fazer críticas às autoridades. Embora concordasse com parte do parecer, segundo ele, muitas portarias do governo eram "letras mortas", quando a sua execução não era acompanhada de perto. Para ele, a Câmara deveria demonstrar quanta comoção aqueles acontecimentos haviam causado. "Devemos cuidar em que os povos, que aqui nos puseram, não nos suponham estátuas desanimada, quando se narram desgraças que são capazes de comover as pedras...". Segundo asseverava, era preciso conter os abusos cometidos pelas autoridades.

E não paravam de chegar petições com o mesmo conteúdo. O momento era propício para o aparecimento de demandas em tom de críticas às autoridades e aos funcionários. Francisco de Paula Gonçalves de Cerqueira, tenente do Batalhão de Artilharia da 2ª Linha, se queixava da falsidade cometida pelo escrivão da Corte José Joaquim de Almeida, que, segundo ele, estava em conluio com Manoel José Rodrigues Guimarães para forjar um exame de corpo de delito onde mostrava ser o requerente agressor da esposa do suplicado. A acusação que pesava contra o dito escrivão era de que o mesmo dera fé às contusões da mulher do suplicado. Tal procedimento levou o requerente a ser preso e remetido para a Ilha das Cobras, "onde jazera por mais de seis meses e meio, sofrendo grandes vexames e misérias com sua família". O requerente afirmava que depois de pronunciado em conselho de guerra, conseguiu uma acareação com as testemunhas do caso, quando provou a armação cometida contra ele. Provada a armação, abriu um processo contra o escrivão. Entretanto, afirmava ele, "depois de sofrer muitas protelações da parte do escrivão e do juiz", foi enfim tomada a denúncia e o falsário pronunciado. Para sua surpresa, o processo contra o citado escrivão foi suspenso. Segundo a Comissão de Legislação e de Justiça Civil e Criminal, ainda que parecesse à comissão provada a falsidade, a Câmara não podia levantar autos em cartórios ou processos findos. Arguía ainda não caber ao Parlamento decretar "acusação aos empregados subalternos". Sendo assim, o requerente devia ter recorrido ao Poder Executivo, "para este proceder conforme o art. 154 da Constituição, competindo ao poder judiciário julgar da culpa de tais empregados".[40]

---

39 Requerimento de José Matias Vilhena, *Anais da Câmara dos Deputados*, sessão de 05/06/1826.

40 Requerimento de Francisco de Paula Gonçalves de Cerqueira, *Anais da Câmara dos Deputados*, sessão de 30/08/1826.

Segundo o deputado Cruz Ferreira, ao contrário do que constava no parecer, existia um anexo ao requerimento que provava a falsidade do auto de corpo de delito e outras prevaricações do escrivão. No entanto, dizia ele, o negócio não pertencia ao Legislativo, mas aos Poderes Judiciário e Executivo. Esta era a razão pela qual a comissão se absteve de interpor o seu juízo. Não cabia ao Legislativo se meter naquilo que não lhe pertencia. Concordando com a comissão, Paula e Souza criticou-a por ter visto a irregularidade e por não recomendar ao governo que se executasse o devido. A proposta do deputado não agradou Clemente Pereira, que não titubeou em caracterizá-la como ociosa e indecorosa. "A Câmara não é procuradora do suplicante." Segundo entendia Pereira, o suplicante tinha o direito de requerer ao governo e, no caso de ser desatendido, teria razões para recorrer à Câmara. Verificando-se que a sua exposição tinha pertinência, o Poder Legislativo "perguntará[ria] ao governo, porque motivo não tem feito justiça a este cidadão". Pereira entendia que o corpo legislativo tem

> Uma especial obrigação de votar pela guarda das leis e da Constituição: isto é uma verdade, é um dos seus predicativos declarados na Constituição; porém, a maneira por que se desempenha este atributo do corpo legislativo não é o de recomendar negócios ao governo, e de castigar os ministros que não fazem cumprir as leis.

Concordava que à Câmara cabia o papel de zelar pela lei, mas de forma nenhuma podia intrometer-se nas atribuições do Poder Executivo. O parlamentar se valia da argumentação apresentada pela comissão de que à Assembleia Geral não cabia processar os empregados subalternos. As matérias de sua competência seriam aquelas que dissessem respeito estritamente aos ministros e secretários de estado, que até então estavam protegidos pela inexistência de uma lei que os punisse.

Assim, temos acompanhado que frequentemente ocorriam pareceres distintos por parte das comissões. Enquanto na Comissão de Constituição era comum o pedido de informações sobre os assuntos ali demandados, nas comissões de Petições e Legislação e Justiça Civil e Criminal, salvo raras exceções, havia o predomínio de posicionamentos contrários ao que pediam os requerentes. Isso se explica pela composição das comissões nas duas legislaturas aqui abarcadas. Em um ponto as comissões se aproximavam: elas eram dominadas por duas províncias, Bahia e Minas Gerais, que sozinhas indicavam ao menos 2/3 dos seus membros, demonstrando não só a influência destas bancadas no jogo político no interior do Parlamento, mas principalmente pelo equilíbrio político que a Bahia tinha na relação entre o Norte e o Sul do Império. Deste modo, é preciso retomar um aspecto apontado no capítulo II deste trabalho, onde se mostrou que o peso entre as duas regiões do Império favorecia a representação do Norte. É possível imaginar que a Bahia ocupasse uma posição de "fiel da balança". A presença de membros nas principais comissões dava-lhe importância. Esta mesma compreensão se estende para o forte número de ministros oriundos daquela localidade, conforme comentamos anteriormente.

No caso específico das comissões, enquanto a Comissão de Constituição era composta por figuras de peso como Clemente Pereira (SP), Teixeira de Gouvêa (MG), Limpo de Abreu (MG), Lino Coutinho (BA), Bernardo Pereira de Vasconcelos (MG) e Nicolau Pereira de Campos Vergueiro (SP), as outras comissões estavam representadas por personalidades menos expressivas do ponto de vista da discussão e do desempenho político. Assim, entre 1826 e 1828, por exemplo, a Comissão de Legislação e Justiça Civil e Criminal estava composta pelos deputados Silva Teles (BA), Augusto da Silva (BA) e Cruz Ferreira (RJ). Os dois últimos frequentemente votavam com o governo, sendo que raramente tomavam a palavra no plenário, a não ser em situações específicas que envolvessem suas comissões. Já a Comissão de Petições tinha como integrantes os parlamentares José Carlos Pereira de Almeida Tôrres (MG), Luís Paulo de Araújo Bastos (BA) e Pedreira (BA). À exceção de Almeida Torres, os outros eram apagados no plenário. Não registramos mais do que falas esporádicas e em assuntos periféricos.[41]

Uma requerente que se beneficiou da sorte foi Joana Margarida. Ela se queixou dos abusos cometidos pelo intendente geral da Polícia, por ter invadido sua residência sem autorização judicial e pela prisão e deportação do seu filho, Antônio Joaquim, para a Bahia, sem que houvesse sequer culpa formada.[42] O parecer dado pela Comissão de Constituição pedia informações ao governo. Mesmo assim, a comissão recebeu uma reprimenda de

---

41 Somente a partir da legislatura de 1830 é que estas comissões sofreriam alterações substantivas. Assim, a Comissão de Constituição seria composta por Antônio Feijó (SP), Ernesto Ferreira França (PE) e José de Alencar (CE). A Comissão de Petições seria ocupada por Antônio Rebouças (BA), Pereira Pacheco e Fernandes Vasconcelos (PA). Já a Comissão de Legislação e Justiça Civil e Criminal seria desmembrada em três, ficando composta a Comissão de Redação das Leis por Limpo de Abreu (MG), Feijó (SP) e Miranda Ribeiro (MG), a Comissão de Justiça Civil pelos parlamentares Paim (BA), Limpo de Abreu (MG) e Antônio da Silva Maia (MG) e, finalmente, a Comissão de Justiça Criminal por Antônio Pinto Chichorro da Gama (MG), Cassiano Esperidião de Melo Matos (MG) e Manuel dos Santos Martins Velasques (MA).

42 Requerimento de Joana Margarida, *Anais da Câmara dos Deputados*, sessão de 30/08/1826.

Odorico Mendes, que chamaria o relatório de "ovo". Mendes argumentava ainda que o despacho do intendente era oposto à Constituição, por isso a comissão pedia informações: "isto é um caso escandaloso; é um dispositivo atroz", sentenciava. Dizia o tribuno que esta era apenas uma queixa, mas outras viriam: "Este intendente já tem feito muitas destas: qualquer que seja a sua autoridade ele tem sempre abusado".

As queixas de Joana Margarida não eram poucas. Além de levantar uma falsa acusação contra seu filho, dizia ser o intendente conhecido como um português que não jurara a Constituição. Ao que nos parece, Mendes corroborava as informações apresentadas pela requerente e aproveitava o momento para exigir da Câmara dos Deputados um posicionamento mais contundente. Segundo o deputado, a existência da Intendência da Polícia era incompatível com o sistema constitucional, pois todos temiam a sua existência, "todos fogem e se resguardam deste poder quanto é possível", nela não deveria existir "um ente desnaturalizado, um homem para pegar sobre um povo livre!".

O papel desempenhado pela Intendência da Polícia era um motivo de polêmica entre os parlamentares. Por ocasião da discussão sobre as formas de arrecadação da citada Intendência, alguns deputados argumentavam que ela só tinha a função controlar a vida dos cidadãos. Segundo a visão apresentada por Odorico Mendes, que se declarou um forte opositor da instituição. O papel da Intendência, dizia ele, era de espionar os cidadãos. Para ele, a Intendência representava a permanência do despotismo do passado e destruía o edifício constitucional. Em um projeto apresentado em 1827, o representante maranhense Mendes propunha a extinção daquele órgão.[43]

Mas o consenso estava longe de ser obtido. No Senado Imperial, quando se discutia a fixação do número de secretarias e ministérios do Império, o senador José da Silva Lisboa foi firme na defesa da Intendência, para quem esta instituição era uma das garantias para se permitir a entrada de estrangeiros. Ainda segundo o tribuno, ela servia para prevenir os males contra o Estado.[44] A extinção do órgão só seria definida conclusivamente no ano de 1830, quando um conjunto de mecanismos passou a vigorar junto com o Código Criminal.

Quanto às queixas de Joana Margarida, as palavras de Odorico serviram mais para fortalecer o parecer do que enfraquecê-lo, pois a Câmara dos Deputados não só o aprovaria, como encaminhava toda a documentação anexada pela requerente para que o governo tomasse em consideração.

---

43 *Anais da Câmara dos Deputados*, sessões de 16/07/1826 e 18/10/1827.

44 *Anais do Senado*, sessão de 06/07/1826.

As reclamações contra os abusos das autoridades não eram novidade. Desde o início da legislatura apareciam denúncias efetuadas por cidadãos. Até aquele momento, a discussão mais acirrada ocorrera por ocasião do debate do parecer do requerimento de alguns militares pernambucanos. O requerimento do major Ricardo Ramos de Carvalho e outros 24 militares presos aparece em um momento em que a relação entre a Câmara dos Deputados e o Imperador ainda era harmoniosa, ou ao menos respeitosa. Havia uma hesitação por parte de alguns tribunos em não desfazer desde já aquele estado de congraçamento. Entretanto, apresentado o parecer da comissão, logo alguns parlamentares se manifestaram em relação aos ataques contra os cidadãos.

O major Ricardo Ramos de Carvalho e os seus companheiros[45] reclamaram que foram presos em 1824, em Pernambuco, e foram enviados para a Corte do Rio de Janeiro, a fim de serem processados criminalmente. Nas suas alegações, procuravam sensibilizar os parlamentares. Segundo diziam "custa[va] a crer, que no Brasil o despotismo tem sido banido legalmente", uma vez que os suplicantes sofriam "desgraças, misérias e aflições" e suas prisões tinham sido "arbitrária[s], não se tendo procedido o que a lei marca".

Embora pedissem claro posicionamento dos parlamentares, no entendimento da Comissão de Justiça o requerimento deveria ser encaminhado ao Ministro da Justiça, "para lhe dar direção que for conforme o direito". Odorico Mendes repeliu a posição da comissão. Segundo ele "o parecer da comissão é inconstitucional. Esses homens queixam-se de infrações da lei, e a comissão quer que o requerimento seja remetido ao ministro, talvez aquele mesmo contra quem tem lugar essa acusação". Segundo o deputado Costa Aguiar, o parecer era "manco" por não determinar corretamente as informações. Segundo Cruz e Vasconcelos, os requerentes já se encontravam em liberdade, ainda que ficassem retidos sem culpa formada todo o tempo reclamado. Odorico retrucava dizendo que a informação não tirava o crime cometido pelas autoridades.

Entretanto, a discussão passou a girar em torno da condição dos reclamantes. Segundo alguns parlamentares, como Bernardo Pereira de Vasconcelos e Teixeira de Gouvêa, era necessário a Câmara conhecer a situação desses indivíduos, ou seja, se estavam ou não presos. Lino Coutinho já se antecipava,

> "Por vezes tenho já aqui emitido a minha opinião: que a Câmara dos deputados ou o corpo legislativo, não se deve intrometer na repartição das outras; mas é necessário que saiba todo o Brasil que esta Câmara é o sustentá-

---

45 *Anais da Câmara dos Deputados*, sessão de 06/06/1826.

> culo das suas garantias, que logo que se ataque as garantias do cidadão, esta Câmara será sempre o seu defensor [...] É desgraça que tenha havido tantas infrações nos direitos individuais do cidadão! Um cidadão há tanto tempo preso em cárcere sem culpa formada! É uma violação da Constituição."

Afirmava que pretendia estabelecer uma doutrina geral e não se adentrar em coisas particulares. Segundo ele, o caso dos requerentes indicava que a Câmara deveria se informar sobre tudo, mas que a questão central era os parlamentares atentarem para os diversos ataques aos cidadãos.

Souza França indiretamente relembrava alguns expedientes passados nas províncias, qualquer suspeita que recaía sobre cidadãos tornava-os passíveis de serem transferidos para o Rio de Janeiro, "sem se embaraçarem autoridades". O que é mais grave, argumentava ele, era não "haver formado culpa". Concluía ele que isto pervertia a ordem pública, destruía a segurança individual, "com manifesta infração da Constituição, pois sem pronúncia não há prisão legal". A Câmara tinha que fazer entender que a Constituição não era "papel pintado" e que o cidadão tinha o direito seguro à sua liberdade.

Reafirmavam-se as linhas gerais que temos indicado até aqui. Alguns tribunos chamavam a Câmara dos Deputados a se posicionar positivamente em defesa dos direitos individuais. Propagava-se a ideia de que se deveria resguardar, a qualquer custo, as leis e a integridade do cidadão. Segundo Nicolau Pereira de Campos Vergueiro,

> Quando há violações nos direitos individuais, não nos cumpre outra coisa do que tornar responsável esta autoridade [...] se havemos de fazer leis para serem violadas, melhor é não fazê-las.

As petições acabaram por colaborar para a fundamentação dos tribunos quanto à delicada questão em que se pautava a vida política do Império, sobretudo em um momento posterior aos eventos ocorridos após o fechamento da Assembleia Constituinte. Na verdade, vivia-se uma fase onde questões políticas debatidas estavam relacionadas ao fechamento da Assembleia, sobretudo no Norte do Império. Como verificamos, muitas das demandas estavam relacionadas às prisões sem culpa formada que haviam sido feitas naquela região. Tinham também como pano de fundo o desejo das autoridades em drenar e minar o ímpeto dos movimentos revoltosos. Na maioria das vezes, como argumentou o Ministro da Justiça, em 1823, a transferência do preso para a Corte do Rio de Janeiro visava salvaguardar o "espírito público", quer dizer, deslocar o problema e evitar comoções ou revoltas militares.[46]

Entretanto, os requerimentos dos cidadãos provocavam um movimento no interior da Câmara dos Deputados. Logo após a discussão do parecer dos militares pernambucanos, Lino Coutinho apresentaria uma indicação onde pedia ao governo o rigor contra as autoridades que enviassem presos para a Corte sem culpa formada. Segundo o deputado, era preciso estancar a contínua chegada desses presos.[47] Já antes disso surgira a proposta de se pedir informações ao governo sobre a existência de comissões militares, quando se repudiava aquele expediente.[48]

Enquanto na Câmara dos Deputados os debates quase sempre terminavam em longas polêmicas, raros foram estes momentos no Senado. Na verdade o Senado Imperial tinha um tempo próprio para as suas discussões. Embora isso não representasse uma maior serenidade, o parecer de uma petição passava por três momentos, significando, outrossim, um prazo de não menos do que 15 dias entre um e outro.

Há que se registrar que nos *Anais*, a partir de 1829, não constam os debates. Apenas citavam-se as votações e o resultado simplificado. Este procedimento representa para nós um problema para análise das petições. Sendo assim, não pudemos acompanhar o resultado das discussões de aproximadamente 50% das petições encaminhadas aos senadores.

Além deste, alguns outros aspectos devem ser considerados. O primeiro é que o número de representações que chegavam à casa permanente era muito inferior ao da Câmara dos Deputados, porque o processo era mais demorado. Além disso, com o passar dos anos, conforme já destacamos, o Senado passou a discutir praticamente os projetos encaminhados pelos deputados, o que significa dizer que teve uma menor produção, se compararmos com a outra casa. Enquanto uma dava conta de apresentar projetos, fazer uma primeira discussão, esmiuçar ponto a ponto, realizar uma segunda e terceira votações, o Senado queimava a primeira etapa: a ele não cabia discutir a validade ou não do projeto, visto que o mesmo havia passado na Câmara Baixa.

---

46 Petições de Joaquim Theodoro Lima e Mathias Pita da Rocha Falcão, que argumentam estar incomunicáveis na prisão da Ilha de Villegaignon, *Anais da Câmara dos Deputados*, sessão de 17/06/1826; requerimento de Cândido Germano Padilha e outros militares da província de Pernambuco, *Anais da Câmara dos Deputados*, sessão de 14/08/1826; e requerimento de André José Campos Tupinambá, *Anais da Câmara dos Deputados,* sessão de 30/08/1826.

47 *Anais da Câmara dos Deputados*, sessão de 07/06/1826.

48 *Anais da Câmara dos Deputados*, sessão de 22/05/1826.

Outra reflexão importante é que o Senado se construiu como o espaço de coroamento da carreira política, onde ao laureado estava reservada a garantia contra todas as intempéries da política. Este foi um processo construído sobretudo a partir do Segundo Reinado. Para o período em que nos atemos, podemos dizer que os membros da Câmara do Senado procuraram erigir esta imagem, mas não foi um caminho tão perfeito. O vendaval do período final do Primeiro Reinado e a crise da Regência obrigaram os então viscondes e marqueses a dividir com a Câmara dos Deputados os espaços de poder, em um longo processo de aprendizagem.

O ponto central que queremos destacar é que no Primeiro Reinado não existia, por parte do Senado ou de grupos ali presentes, o mesmo desejo de se tornar uma instituição que rivalizasse em representação com o Imperador. Ao contrário, existia um desejo de colaboração; nunca devemos perder de vista que a Casa permanente era um espaço onde se podia alçar voos maiores, ocupando-se um cargo de presidente de província, de ministro etc.[49] Forçosamente o indivíduo tinha que ter uma proximidade com o governo para angariar tais cargos, ao menos no Primeiro Reinado.

Embora existissem divergências entre os senadores, elas eram menores do que na Câmara dos Deputados. A começar pelo perfil dos parlamentares, que em sua maioria não estavam afeitos ou preparados para um debate mais profundo, à exceção de homens como o Visconde de Cairu e os Marqueses de Caravelas e Barbacena.

A principal figura do Senado, no período em que nos detivemos, José da Silva Lisboa, era um baiano, filho de portugueses. Desde cedo havia ocupado importantes cargos na administração portuguesa. Como poucos, viveu os principais momentos da virada do século XVIII para o XIX. Formado em filosofia, assumiu o mandato de senador aos 70 anos de idade. Profundo conhecedor das obras liberais de Adam Smith, não se cansava de utilizar pensadores como Montesquieu, Bacon, Volney, Benthan... Cairu era uma exceção entre os seus pares.

Ao lado de Cairu encontramos José Joaquim Carneiro de Campos, o Marquês de Caravelas, que desde 1823 ocupou postos estratégicos no governo imperial. O senador foi um dos principais articuladores do Imperador D. Pedro I, sendo que sua atuação no período posterior ao domínio de José Bonifácio foi decisiva para a condução do processo político que resultou na outorga da Constituição de 1824. Formado em teologia e direito na

---

[49] Só para um exemplo cabe citar que, no 6º gabinete de 15 de janeiro de 1827, das seis pastas que compunham o ministério, cinco eram ocupadas por senadores. Cf. NOGUEIRA, Octaviano. *O Senado do Império*. Senado Federal, Brasília, 1978.

Universidade de Coimbra, assumiu o mandato no Senado aos 58 anos. Era um orador tão eloquente quanto Cairu.

Ao lado de Cairu e Caravelas, encontramos Felisberto Caldeira Brant Pontes de Oliveira Horta, o Marquês de Barbacena. Era mais um articulador do que um homem de debate político. Foi um dos principais nomes de D. Pedro no primeiro rompimento entre Brasil e Portugal, atuando como articulador político em Londres. Embora tivesse bom trânsito nos meios politicos, foi um dos principais pivôs da crise entre a Assembleia Constituinte e o Imperador, pois a sua indicação para representar o Brasil em Londres foi duramente criticada pela oposição. Já como senador, Barbacena foi uma das grandes personalidades dos gabinetes de Pedro I: no período de maior crise do seu governo, foi responsável pelo afastamento do chamado "gabinete secreto" e ajudou a diminuir, ainda que temporariamente, as pressões que sobre ele pesavam na transição entre 1829 e 1830.

Quanto às repercussões das petições no Senado destacam-se poucos debates em torno de questões de grupos informais. Foi o caso da representação dos vendeiros de molhados da Corte do Rio de Janeiro, que apresentavam queixas contra o físico-mor. Segundo os requerentes, o dito físico desencadeara uma perseguição sem fundamentos na lei.[50] Na sessão de 7 de junho de 1826, o parecer apresentado pela Comissão de Saúde Pública do Senado julgava que à Câmara do Senado não competia tal requerimento.[51] Porém, na sessão de 22 de agosto surgiram posições divergentes quanto ao parecer. Para o senador Bento Barroso Pereira indicava que tal queixa era decorrência de uma reclamação apresentada ao Poder Executivo e a outra representação efetuada na Câmara dos Deputados, sem que os mesmos tomassem providência.

No entanto, o representante pernambucano recorria para o argumento da falta de informações por parte dos requerentes, no que foi contentado pelo representante gaúcho Antônio Vieira da Soledade, que argumentara discordar do parecer, pois a Constituição dava ao cidadão o direito de queixar-se ao Poder Legislativo, não procedendo que o Senado recusasse tal questão.[52]

Segundo Rodrigues de Carvalho, sustentar que a petição competia ao Legislativo era dizer que o mesmo podia intervir nas coisas do Executivo. Tal argumento logo abriu a discussão sobre a ingerência de um poder sobre o outro. No Senado ocorria de uma forma distinta

---

50 Petição dos vendeiros de molhados da Corte do Rio de Janeiro – AHSF – Ano: 1826, Caixa: 5, Maço: 1, Pasta: 13.

51 *Anais do Senado*, sessão de 07/06/1826.

52 *Anais do Senado*, sessão de 22/08/1826.

da que observamos na Câmara dos Deputados, pois a postura tomada pelos preopinantes era mais comedida e com declarada intenção de não polemizar com o Executivo.

Soledade manteve a posição de questionar o parecer da comissão e indagaria os seus pares:

> Denuncia-se um abuso, há de ficar em inação o Poder Legislativo? Conhece-se que o Executivo dorme, não há de o Legislativo mandá-lo acordar?

Antecipando-se às possíveis críticas, Soledade procurou explicar que não era o chefe do governo quem "dormia", mas que as autoridades subalternas estavam desatentas aos seus papéis e que caberia ao Parlamento chamar atenção do Ministério sobre tal situação. Entretanto, por mais que procurasse se explicar, as palavras de Soledade soaram como provocação para alguns senadores. Clemente Ferreira França, Visconde de Nazareth, prontamente se assanhou a defender o governo. O representante baiano, que nos meses seguintes ocuparia a pasta da Justiça, dizia que não poderia ouvir no Senado que o governo dormia, pois este era o primeiro a zelar e o primeiro vigilante para que ocorresse com o bom andamento: "o poder executivo não dorme e não deixa dormir", arrematava.

Como na Câmara dos Deputados, logo se abriu a discussão do que previa a alínea 30 do Art. 179. A evocação do direito de petição não era novidade entre os senadores. Em diversas ocasiões encontramos a sua citação. Como foi o caso do debate do projeto sobre execução das sentenças de morte, quando Cairu defendeu que a partir do mecanismo peticionário o cidadão poderia apresentar queixa ao Imperador, denunciar injustiça cometida por um magistrado e pedir, por consequência, a graça de não ser condenado à morte. No entender de José da Silva Lisboa, o direito de petição era "generalíssimo" e podia abarcar desde causas cíveis a criminais.[53]

A pertinência do direito de petição surgiu igualmente na discussão do art. 8º do capítulo 3º da Lei de Responsabilidade dos Ministros. Esta previa, dentre outros mecanismos, o direito de um estrangeiro denunciar abusos cometidos pelos ministros. Na ocasião, uma polêmica atravessou o assunto: estrangeiro teria direito ou proteção garantidos pela Constituição? Os senadores não conseguiram chegar a um acordo quanto a esse ponto, o que levou ao imbróglio a discussão do direito de petição, que para alguns era um atributo apenas dos cidadãos. Para o Marquês de Caravelas, por exemplo, os estrangeiros tinham

---

53   *Anais do Senado*, sessão de 03/07/1826.

os direitos e as regalias "fundadas não só no Direito natural, mas também no Direito das Gentes"; tirando-lhes esta faculdade eles poderiam fazer o que bem desejassem no país. Ele compreendia que o direito de petição e a expressão "todo cidadão" deviam ser entendidos da forma mais ampla possível.[54] Esta, no entanto, não era a posição de Antônio Vieira da Soledade, que via na extensão do direito de petição aos estrangeiros como uma interpretação da Constituição.

Ao se tratar da representação dos vendeiros de molhados da Corte, o Visconde de Nazareth levantou a importância da lei para afirmar que não cabia apenas ao Poder Legislativo tomar conhecimento das queixas; esta também era uma prerrogativa do Executivo. Indagou, em seguida, se os parlamentares tinham autoridade para mandar responsabilizar os infratores, respondendo ele mesmo que não. Somente caberia ao Senado remeter a questão ao governo. Segundo o tribuno, a Constituição estabelecia que ao Poder Executivo cabia privativamente velar e vigiar como primeiro interessado no bem público. Toca-lhe, dizia o representante baiano, "que incessantemente vele sobre a manutenção da independência, equilíbrio e harmonia dos poderes", conforme estabelecia o Art. 98 da carta outorgada. "Não pareçamos excessivos, nem também injustos", concluía o senador.

A argumentação de França desviava do foco central do problema: a queixa do abuso de autoridade. Trazia-se para o debate a precaução de não se criticar o Poder Executivo. Entretanto, ela funcionaria para motivar os tribunos a se posicionarem quanto à autonomia do Senado. O Marquês de Barbacena entendia que o senador tinha a liberdade para emitir opinião: "onde está[va] a nossa inviolabilidade?", indagava. A posição foi corroborada por Rodrigues de Carvalho, para quem era lícito qualquer senador falar do ministério, em geral e não em pessoas. Carvalho chamava atenção para o problema central; segundo ele, o requerimento foi encaminhado pelo governo ao Poder Legislativo e este queria remetê-lo de volta. Segundo entendia, era necessário a Casa tomar uma atitude que não fosse apenas se eximir do problema. A posição por ele apresentada ganhara a simpatia dos demais tribunos, que decidiram por ajuntar todas as reclamações dos vendeiros para apresentar outro parecer sobre o assunto nas sessões seguintes.

Uma questão deve ser repetida: a repercussão dos requerimentos no Senado tinha conotações distintas das que encontramos na Câmara dos Deputados, mas não menos política. A citação do direito de petição, por exemplo, sempre era feita de forma abstrata, para garantir a liberdade que o cidadão possuía de reclamar ou queixar-se, mas, ao contrário da Câmara dos Deputados, não ocorria uma interação entre o discurso produzido nos reque-

---

54 *Anais do Senado*, sessão de 02/07/1827.

rentes e as problemáticas do Senado quanto a possíveis desentendimentos políticos. Portanto, a arenga entre os senadores Soledade e Nazareth, a que nos referimos anteriormente, foi a única que envolveu uma insinuação ou crítica direta ao governo. Esta vale não só para os assuntos que refletissem o sentimento dos cidadãos em relação aos ataques contra seus direitos quanto à política maior do Império. O Senado não foi a casa que rivalizara com o Imperador. As discussões se limitavam aos aspectos legais. Dessa forma o posicionamento político dos senadores foi o de garantir que a tão falada liberdade que exaltava os ânimos não tomasse conta do ambiente político.

Contudo, a Câmara dos Deputados e o Senado Imperial tinham um ponto de contato quanto ao recebimento de petições. Frequentemente tratavam com desvelo as representações oriundas de setores proprietários ou fortes grupos informais de pressão. Ainda em 1826, um grupo de proprietários baianos peticionou ao Parlamento com o intuito de ser indenizado dos prejuízos causados pela guerra.[55] No parecer da Comissão de Fazenda, formulou-se um entendimento dúbio sobre quem deveria recair a restituição. Entendeu a comissão que existiam duas situações: uma que dizia respeito aos prejuízos efetuados pelos soldados brasileiros, o que indicava a restituição por parte do governo do Brasil; outra causada pelas tropas lusitanas, que entrava nas cláusulas do Tratado de 29 de agosto de 1825. Depois de lido o parecer, procedeu-se uma das mais longas discussões sobre as petições. Bernardo Pereira de Vasconcelos e Lino Coutinho discordam do parecer da comissão, propunham que o governo do Brasil deveria arcar com os prejuízos dos particulares.[56] Lino entendia que a quantia a ser paga aos brasileiros deveria ser debitada do que caberia aos portugueses de acordo com o tratado.

Aquela não era uma proposta descasada da realidade, pois os tribunos vinham criticando duramente os boatos de que o Brasil pagaria à Coroa portuguesa uma indenização. Soma-se ao fato de que as informações pouco chegavam à Câmara dos Deputados, causando um mal-estar quanto ao que consideravam "desrespeito" para com o Poder Legislativo. Para Vasconcelos, por exemplo, o tratado não deu conta dos prejuízos sofridos pelos brasileiros. O governo português deveria indenizar os enormes estragos que seus soldados cometeram na Bahia, que de todas as formas tentara manter a escravidão brasileira. Mas

---

55 Requerimento de diversos cidadãos da província da Bahia, *Anais da Câmara dos Deputados*, sessão de 28/08/1826. Além deste outros requerimentos relacionados ao assunto entraram na pauta. Requerimento de Inocêncio José Fontes e requerimento de Antônio Vaz de Carvalho, *Anais da Câmara dos Deputados*, sessões de 03/07/1826 e 25/06/1827.

56 *Anais da Câmara dos Deputados*, sessão de 02/07/1827.

por qual razão os portugueses não indenizaram, indagava o representante mineiro, "porque o não fez, não sabemos, nem sabemos porque a nação brasileira calasse este artigo, que suponho que seria descuido".

O deputado Cunha Matos, que frequentemente evitava se posicionar politicamente, prontamente concordaria com a proposição apresentada por Vasconcelos e Coutinho. Segundo ele, o governo de Portugal deveria pagar todos os prejuízos e danos sofridos pelos cidadãos da Bahia. Não podendo arcar com as despesas, que o governo brasileiro o fizesse para depois cobrar pela melhor maneira do governo português.

O imbróglio começaria quando o representante pernambucano Holanda Cavalcante afirmara que os baianos tinham tanto direito de receber indenização quanto todos os brasileiros prejudicados na guerra da Independência. Prontamente Lino Coutinho passava a advogar o direito dos baianos sobre os demais brasileiros. Segundo ele, os cidadãos daquela região estavam em situação diferenciada, estabelecia a distinção entre desordem e guerra. Construía um paralelo entre os acontecimentos das demais regiões e a Bahia,

> Seria por ventura guerra de nação a nação com Exércitos formados? De certo que não. No Pará que houve? Quais foram as forças lusitanas, que ali se apresentaram? Quais as fortificações? Quais as campanhas? Nada disto houve: e, portanto estará o Pará nas mesmas circunstâncias da Bahia? De certo que não: foram coisas muito diferentes (...)[57]

Ao final surgiu a proposta para que a Comissão de Fazenda apresentasse um projeto de lei estabelecendo que as perdas dos cidadãos brasileiros fossem reconhecidas como dívida pública. Aquela era apenas a primeira batalha em torno da restituição das perdas causadas na guerra da Independência na Bahia, pois Lino Coutinho ainda teria que se digladiar com deputados maranhenses e paraenses em outras sessões. Foi o que aconteceu na sessão de 31 de julho de 1827, quando o projeto que reconhecia as indenizações baianas como dívida pública entrara em discussão, logo foi criticado pelos deputados Silva Lobo e Odorico Mendes, ambos representantes do Maranhão. Suas alegações eram as mesmas apresentadas na discussão anterior. Eles já tinham impugnado o debate da matéria em sessões anteriores e novamente apresentavam a proposta de adiamento.

---

57 *Idem.*

Lino Coutinho fez um longo discurso para que a matéria não fosse novamente adiada. Primeiramente, alegou que muitas foram as objeções apresentadas, pois dois pareceres anteriores foram rejeitados e o que subia para discussão tinha alcançado a simpatia do plenário. Alegou ainda que a Bahia foi a única localidade que enviou petições reclamando dos prejuízos causados pela guerra: "foi a única que encaminhara balanço das perdas e a que tem pedido razoável indenização". Ainda, segundo Coutinho, não era justo que os que nada apresentaram barrassem a proposta. Por fim admitia que se generalizasse o projeto para que todos os prejudicados tivessem o direito de receber compensações.[58] Mas aquela foi uma batalha perdida. O plenário da Câmara dos Deputados aprovou o adiamento da matéria, o que matou a pretensão de Coutinho, pois a proposta não mais voltaria para o debate.

Uma das mais expressivas representações de grupos informais que redundaram na discussão do parecer foi dos comerciantes da praça da Bahia, que reivindicavam a criação de um tabelião do ponto na cidade de Salvador, que teria o objetivo de facilitar as transações comerciais.[59] O parecer da comissão foi para que fossem solicitadas as devidas informações ao governo e à Junta de Comércio, para se verificar a necessária criação daquele cargo. Na discussão ocorrida na sessão de 5 de julho de 1827, o deputado Souza França ameaçara apresentar algumas objeções ao parecer da comissão. Indagava sobre a real necessidade da criação do cargo. Apresentava ainda problemas técnicos, pois existia um conjunto de assinaturas que não expressavam o conteúdo da representação.[60] Prontamente o parlamentar do Rio de Janeiro foi contestado por Lino Coutinho, que fazia questão de afirmar que o requerimento era assinado por mais de 500 negociantes baianos e que o cargo não era novidade, já existindo em Lisboa. Sem mais delongas a Câmara votaria pelo parecer da comissão.

Dias depois, foi encaminhado, pela secretaria da Câmara dos Deputados, o pedido de informação ao governo, que em menos de 20 dias respondeu ao que se pedia. Já em 11 de agosto, a Comissão de Legislação e de Justiça Civil e Criminal apresentou o seu segundo parecer e informou que a Junta do Comércio era favorável à criação do cargo de escrivão do ponto de Salvador. Apresentou-se imediatamente um projeto de lei, que seguiria para debate e aprovação.

Em 11 de setembro do mesmo ano, o Senado recebeu o projeto. Embora ali sofresse com as delongas e morosidades das discussões dos senadores, continuou o seu percurso e já na sessão de 6 de outubro a proposição ganhou um parlamentar para advogá-la, Antônio Luis Pereira da Cunha, Visconde de Inhambupe, que apresentou os aspectos principais

---

58 *Anais da Câmara dos Deputados*, sessão de 31/07/1827.

59 *Anais da Câmara dos Deputados*, sessão de 02/07/1827.

60 *Anais da Câmara dos Deputados*, sessão de 05/07/1827.

da sua importância. Arguía tratar-se de um projeto elaborado a partir da representação de mais de 500 negociantes baianos.

> Parece-nos que aquela praça merece toda atenção, e que o testemunho de tão acrescido número de pessoas basta para certificar que a medida não só é útil, mas também necessária [...][61]

As alegações de que o projeto tinha uma maciça aprovação dos negociantes baianos dera-lhe credibilidade. Ainda que as discussões fossem arrastadas no Senado, a proposição foi uma das poucas que obtiveram um resultado mais acelerado. Não foi outro o motivo senão pela sua representatividade. Ao mesmo tempo, o fato de a Câmara dos Deputados ter produzido um projeto de lei ajudava na discussão e encaminhamento, fazendo diminuir o tempo da discussão. A todo instante os senadores repetiam a importância da matéria pelo significativo número de comerciantes que a ela aderiram. Mesmo no momento em que surgiram objeções, como a efetuada pelo senador Inácio Borges, que propunha não se estender o benefício da lei para as demais localidades, os porta-vozes da matéria se apresentavam para acelerá-la. No transcorrer das sessões que discutiam a matéria não só o Marquês de Inhambupe se apresentava como defensor, também coadjuvaram ao projeto os senadores José Egídio Álvares de Almeida (o Marquês de Santo Amaro) e José Joaquim Carneiro de Campos (o Marquês de Caravelas), não por acaso, todos nascidos na Bahia. As suas intervenções não foram em vão, pois em 27 de outubro o projeto era aprovado pelo Senado, tornando-se lei em 15 de novembro do mesmo ano.

O mesmo desfecho não tiveram as petições dos proprietários dos engenhos de Serinhaém, Santo Antão, Muribeca, Cabo, Ipojuca, Escada e Jaboatão da província de Pernambuco, que objetivando sensibilizar os deputados articularam documentos com cerca de 82 assinaturas, onde apresentavam algumas ponderações e queixas pela falta de inspeção no açúcar produzido. Alegavam existir um número excessivo de produtores em relação ao de compradores, o que provocava não só uma disputa e uma baixa qualidade do produto, que consequentemente reduzia o seu valor no mercado. Concluíam pedindo a restituição da antiga Mesa da Inspeção do Açúcar, extinta pela lei de 5 de setembro de 1827.[62] Ao que tudo indica,

---

61 *Anais do Senado*, sessão de 11/10/1827.

62 Petição dos proprietários de engenho de Serinhaém, Santo Antão, Muribeca, Cabo, Ipojuca, Escada e Jaboatão – AHCD – Ano: 1830, Lata: 44, Maço: 5, Pasta: 1.

os proprietários pediam uma proteção contra os baixos preços. Uma inspeção por parte do governo não só controlaria a qualidade, como equilibraria a demanda da produção.

Há que se atentar que, não por acaso, as localidades que representavam ao Parlamento se situavam na região sul da Zona da Mata pernambucana, que, conforme destacamos no capítulo II, a partir do início do século XIX, se caracterizava como produtora de cana-de-açúcar, onde predominavam o trabalho escravo e as mais rudimentares técnicas na exploração da mão de obra. A petição pode reforçar o atraso da localidade e as dificuldades em concorrer com açúcar caribenho, assim como indicava a queda da produção em relação a outras regiões do Império.

No parecer conjunto das Comissões de Justiça Civil e Comércio, Agricultura e Artes foi pedido o indeferimento da pretensão dos requerentes. Segundo foi arguido pelas comissões, o indeferimento se justificava pela recente extinção da citada Mesa da Inspeção. Ao se iniciar o debate, Lino Coutinho prontamente se colocou a favor da representação. Segundo arguiu, os proprietários de engenhos da Bahia também reclamavam da falta de um órgão que pudesse inspecionar a qualidade do açúcar produzido. A inexistência de um certificado facilitava a fraude, que segundo argumentava era cometida nos armazéns. Coutinho não defendia o restabelecimento da Mesa da Inspeção, mas indicava que se criasse um grupo de jurados para classificar a produção do gênero.

Esta não era a posição de Carneiro da Cunha. Dizendo-se produtor de açúcar, defendia uma linha liberalizante, pois entendia que a responsabilidade pela qualidade deveria ser do produtor e não do governo. Para ele os fabricantes deveriam atentar para o que estavam produzindo. A concorrência tinha melhorado a qualidade do produto e não o contrário, dizia o deputado. A falta de melhoramento por parte de alguns era decorrência das relações comerciais por eles estabelecidas. Arguía o representante potiguar que muitos se relacionavam com credores que também eram vendeiros e compradores, exercícios incompatíveis, pois sempre favoreciam as suas partes: "não ponhamos entraves ao comércio e menos à indústria",[63] concluía.

Segundo Gervásio Pires Ferreira, a baixa dos preços do açúcar não se devia menos à qualidade da produção, mas à demanda no mercado europeu. Segundo o representante pernambucano, a existência de um qualificador em nada alteraria as relações comerciais. Arguía se valer de mais de 30 anos como comerciante de açúcar em Portugal, negociando sem que se necessitasse de inspetor. O que existia, dizia o tribuno, era uma relação de confiança entre o produtor e o comprador, em uma relação de confiança mútua.

---

63 *Anais da Câmara dos Deputados*, sessão de 19/06/1830.

Lino Coutinho, coadjuvado com Antônio Rebouças, insistira na importância de a Câmara dar atenção ao pedido dos proprietários, afirmava que os baianos estavam para encaminhar o mesmo tipo de queixa para os deputados. Alegava que se em Pernambuco não se faziam casos da inspeção, na sua província este era um procedimento reivindicado. "Amo os agricultores e desejo por isso que prosperem, estou por outro lado certo que eles não pedem o seu mal pois conhecem mui bem os seus interesses", advogava Coutinho. No entanto, diante da proposição de se adiar a discussão, defenderia que a mesma fosse votada. Alegava que os parlamentares estavam diante de uma pretensão legítima e que, portanto, não caberiam adiamentos. Lino Coutinho sairia derrotado da causa que defendia, mas deixara claro que a defesa dos interesses dos proprietários era uma questão central no seu mandato. Foi um dos mais atuantes na defesa da sua província, demonstrando uma estreita relação com a sociedade baiana. Soube como poucos articular os interesses políticos nacionais aos interesses particulares da Bahia.

Como se pode notar, poucas foram as petições que alcançaram uma repercussão substantiva depois de 1827. Tal questão não foi um mero acaso. Enquanto não tinham capacidade de fogo ou um mote preciso para se opor ao governo, a oposição se utilizava das petições para inquirir o Executivo a se posicionar.

Não que a estratégia fosse desnecessária, ela era um expediente que lhe rendia dividendos, mas, como já afirmamos, na medida em que a crise aumentava, os requerimentos passavam a ter um papel complementar na dose da crítica formulada ao governo. Prova disso foi o crescente número de cidadãos que para lá remetiam as suas demandas, que se situavam na argumentação de ataques aos direitos individuais e aos direitos dos funcionários. No período entre 1829 e 1831, a maior parte das representações se originava nos seios militares ou de funcionários públicos, que se viam injustiçados pela demissão de seus postos ou em face dos minguados salários.

Entretanto, as discussões sobre as petições eram entremeadas com as notícias da suspensão dos direitos individuais em Pernambuco, com a derrota eleitoral do governo nas eleições parlamentares e com a possível chegada de emigrados portugueses. O soldado goiano Joaquim Antônio Azeredo, que se queixava da arbitrária prisão decretada pelo presidente da sua província, remetendo-o para o Rio de Janeiro, ajudava Bernardo Pereira de Vasconcelos e Lino Coutinho a esquentar o clima contra o governo. Simultaneamente, chegava a representação de Pedro Labatut, que só repercutiria no ano seguinte, mas que já figurava nos discursos parlamentares e ajudava a preparar o longo confronto entre a oposição e os defensores do Imperador na Câmara dos Deputados. Não obstante, sobravam críticas à Comissão de Constituição, que vagava em apresentar os seus pareceres.

Mas o principal ponto da pauta era a política, que não dependia apenas das provocações dos cidadãos. A discussão em torno dos abusos cometidos pelos Ministros da Justiça e da Guerra cumpria o papel de amplificar a crise política. Conforme já dissemos, o governo tinha dado aos opositores as razões centrais, que inclusive corroboravam com as petições, agora em uma dimensão muito maior.

Porém, não só as petições entraram em segundo plano, os projetos também foram paralisados. Entre julho e agosto a Câmara dos Deputados só discutiu o parecer da comissão especial que se formou para acusar Teixeira de Gouvêa. Só depois da derrota da oposição foi que a normalidade começou a ser retomada. Junto com ela veio o esfriamento momentâneo da sanha discursiva contra o governo, que só seria retomada no ano seguinte.

Neste aspecto, cumpre dizer que as petições, ainda que provocassem debates entre os parlamentares e forjassem uma representatividade entre os mesmos, pois, como dizia Custódio Dias, o "verdadeiro soberano era o povo",[64] eles apenas serviam para instrumentalizar a oposição, mas longe estavam de assegurar, na sua plenitude, as garantias individuais dos cidadãos.

---

64 *Anais da Câmara dos Deputados*, sessão de 10/06/1829.

Conclusão

Segundo o senador José da Cunha Lustosa, "Roma não se fez num dia, é necessário marcharmos com passos vagarosos para serem seguros".[1] Esta frase do Visconde de Paranaguá foi proferida por ocasião do debate do projeto sobre marinhagem. Aparentemente secundário, dentre aqueles que estavam na pauta política, o debate revelava profundo cisma entre os tribunos acerca do direito de propriedade e da escravidão.

As palavras do senador também sintetizavam os primeiros passos políticos do recém-fundado Império do Brasil e a obra de construção de um tipo exótico de Estado na América. Muitos políticos acreditavam que o Brasil estava na sua infância, sendo preciso caminhar com mais vagar nas ações de reforma do Estado. Para alguns, os cidadãos se encontravam despreparados para a vida política liberal. Para outros, a substituição da estrutura portuguesa deveria ser efetuada com serenidade, sob o risco de se criar um movimento revolucionário a ser desencadeado pelos cativos.

As primeiras medidas para a construção do Estado imperial foram partes da obra política do Primeiro Reinado. A criação dos juizados de paz, do Supremo Tribunal de Justiça, da Guarda Nacional e o Código Criminal são elementos da legislação que sobreviveria à onda de reformas encaminhadas pelos liberais a partir de 1834. Enquanto muitas propostas

---

[1] Discussão do projeto de marinhagem. O tema central do debate na sessão eram as penas que recairiam sobre um capitão que sonegasse informação sobre o número de cativos na sua embarcação. Pelo projeto, o capitão perderia todos os escravos não declarados. Polemizou-se sobre direito de propriedade, desviando-se para a questão da possibilidade de um dos escravos ser livre. *Anais do Senado*, sessões de 29/07/1826 e 03/08/1826.

oriundas dos reformistas não sobreviveriam à década de 1830, a maior parte das medidas legislativas da década de 1820 sustentaria o sistema monárquico, que duraria até 1889.

O Primeiro Reinado foi pródigo em reformar a antiga legislação portuguesa. Ainda que limitadas, suas ações foram no sentido de remover instituições ligadas ao Antigo Regime, como a Mesa da Consciência e Ordem, a Mesa do Desembargo do Paço, a Fisicatura-Mor, a Intendência da Polícia e tantos outros órgãos extintos na primeira legislatura da Assembleia Geral. Além disso, novas atribuições foram dadas às Câmaras Municipais, além da criação de uma estrutura intermediária entre os poderes locais e os nacionais, que foi a criação dos conselhos de província.

Sob este ponto de vista, de forma alguma podemos pensar o Primeiro Reinado como um período intermediário entre a declaração da Independência e a "verdadeira liberdade nacional",[2] que teria se dado no 7 de abril com a Abdicação de D. Pedro I. Esta última data era tida por muitos como uma revolução.

Setores liberais "exaltados" e "moderados" pretendiam suplantar todos os resquícios que lembravam a rápida passagem de D. Pedro I como reinante brasileiro. No entanto, suas pretensões também levaram para o esquecimento todas as medidas tomadas no sentido de se erguer as primeiras instituições liberais.

Porém, observamos que uma das marcas indeléveis do Primeiro Reinado foi mais o lado conflituoso do que o propositivo. A historiografia, muitas vezes, enfatizou o primeiro, relegando o segundo a uma pequena citação. Mesmo porque, era pelo lado da dissensão que podemos perceber as ações dos principais atores da trama política vivida em um curto período de nove anos.

Procuramos demonstrar neste trabalho que o constitucionalismo iniciado em Portugal teve ampla repercussão em terras brasileiras, possibilitando o surgimento de movimentos políticos que dariam a partida para o processo de emancipação nacional. Ele também colaborou para a formação de um ideário político liberal que teria forte impacto no primeiro Parlamento brasileiro representado pela Assembleia Constituinte.

Indicamos que tanto na política em geral quanto no desenvolvimento do que denominamos direitos do cidadão, houve dois grandes momentos de inflexão. Um primeiro determinado pelo embate político na Assembleia Constituinte – que tinha como traço marcante a discussão sobre a soberania e os poderes políticos do Estado –, resultando no fechamento desta. Naquele momento, primou-se pela elaboração das feições gerais do

---

2   Veja esta datação em SAES, Décio. *A formação do Estado burguês no Brasil (1888-1889)*. Rio de Janeiro: Paz e Terra, 1985.

aparato político ou da "liberdade nacional", em detrimento da definição de quem seriam os partícipes da vida política imperial, seus direitos e suas prerrogativas.

No segundo momento, assistiu-se a uma crescente luta política envolvendo os partidários do Imperador e uma ferrenha oposição oriunda dos mais diversos pontos do Império, que encontraram na Corte do Rio de Janeiro um espaço de sociabilidade e de junção de interesses para se consolidar como alternativa de poder.

A partir do pólo representado pela Corte, iniciou-se uma acirrada luta política para que a Câmara dos Deputados se tornasse o principal órgão da política nacional. No entanto, era preciso consolidar um discurso que desse visibilidade e feição ao projeto em curso.

Surgia um movimento de ampla defesa dos direitos individuais dos cidadãos. Fazia-se duras críticas às ações do governo no período que se seguiu ao fechamento da Assembleia Constituinte. Além disso, houve um permanente acompanhamento dos passos das autoridades no desenrolar dos acontecimentos entre 1827 e 1831, pautando-se pela denúncia de arbitrariedades cometidas contra o cidadão e tudo que simbolizasse perseguições, prisões arbitrárias, cerceamento de direitos...

Soma-se a isto o cenário de conflito armado entre o Brasil e os seus vizinhos meridionais, levando-se adiante uma guerra, que, além de consumir grande parte de dinheiro oriundo do Norte do país, ceifava parte da população e provocava uma série de protestos políticos que tornavam o Imperador cada vez mais impopular.

A crise no Primeiro Reinado tinha um *lócus* bem definido: o governo. Se compararmos o tempo de duração dos gabinetes ministeriais e as duas primeiras legislaturas veremos que, entre 1826 e 1831, enquanto o primeiro foi trocado seis vezes, a Câmara dos Deputados – sob o peso da prerrogativa de dissolução que cabia ao Poder Moderador – foi renovada regularmente apenas duas vezes. A crise estava no Poder Executivo e na ausência de um sistema constitucional representativo que lhe desse apoio institucional. Enquanto não se consolidavam, as instituições permaneciam à mercê do embate entre os poderes que eram mais concorrenciais do que harmônicos.

Outra questão que podemos concluir é que houve uma intrínseca relação entre a crise e a unidade. Quanto maior a crise, maior se tornava a unidade política. Houve uma coesão em torno de um projeto político liberal, onde o Imperador ocuparia um papel menos importante, deixando para os políticos da classe senhorial que se formava a moldura institucional do Estado. Unidade em torno da oposição liderada por Bernardo Pereira de Vasconcelos e Lino Coutinho, que desde a abertura dos trabalhos legislativos propunham uma alternativa de poder. Quanto mais crescia a crise, mais este grupo foi se fortalecendo, a despeito de sua dissolução após a radicalização dos movimentos sociais e dos confrontos nas ruas no período Regencial.

Foi no cenário de crise do Primeiro Reinado que um contingente considerável de cidadãos encontrou nos mecanismos legais uma forma de representar ao Estado. Estrategicamente entenderam que as disputas políticas representavam uma possibilidade de angariar apoios na luta pela ampliação dos direitos. Utilizaram, para tanto, um antigo mecanismo político ressignificado pelo movimento constitucionalista: as petições, as representações, as queixas e os requerimentos.

Discorremos sobre estas manifestações que, individualmente, diziam se tratar de uma tomada de consciência quanto à situação de opressão que poderia ser melhorada. Todavia, foi um movimento individual que, no conjunto, se tornava uma onda política, proporcionando uma manifestação coletiva quanto ao direito de reclamação e de ser ouvido pelas autoridades.

Afirmava-se um instrumento de cidadania que, ao longo do período estudado, ocupou parte da pauta em debate no Parlamento. Instrumentalizou-se as críticas contra o governo e demonstrou-se uma expectativa quanto ao papel a ser desempenhado pelos parlamentares. Se não foi capaz de influenciar decisivamente os rumos da política, ao menos alimentou e serviu de combustível para a acirrada disputa pelo poder.

As primeiras medidas legislativas que resultariam na estrutura central do apogeu monárquico e as disputas envolvendo partidários do Imperador e a oposição. Ocorria juntamente com isto uma importante e substantiva participação dos cidadãos na vida política imperial por meio do movimento peticionário.

O movimento peticionário se caracterizou pela crença dos cidadãos de que eram possuidores de direitos e que, pela utilização daquele mecanismo, poderiam garantir as suas reivindicações. Para tanto, faziam uma leitura precisa de onde poderiam garanti-los. Atados aos acontecimentos e à necessidade que setores no interior do Parlamento tinham em fazer daquela casa o "Soberano Congresso", os cidadãos se fizeram notar pelo Estado e passaram a politizar as suas demandas, em um movimento de mão dupla, que duraria enquanto a disputa entre Imperador e Câmara dos Deputados se desenrolava.

Entretanto, este foi apenas um capítulo na luta pela afirmação dos direitos civis e políticos. Por todo o período imperial e durante todo o século xx, parcelas da sociedade procuraram construir mecanismos que lhes garantissem a participação política e, principalmente, instrumentos que pudessem protegê-las dos abusos do poder político.

Tivemos a oportunidade de apresentar pequenas experiências pessoais que contribuíram para que os direitos do cidadão fossem mais do que mera participação passiva, sendo um ativo desejo de afirmação das prerrogativas de reclamação e de queixas sociais.

Observamos que este movimento não se encerrou logo depois da Abdicação do Imperador D. Pedro I, prosseguindo até pelo menos o final da Regência, em 1840. As suas características eram distintas das apresentadas nesta primeira fase, por isso optamos por não estender o tema para além daquela que foi uma das décadas mais conturbadas da vida política imperial. O estudo desta reivindicação por direitos do cidadão, no que se refere ao período Regencial, poderá ser retomado em outro momento.

Temos em conta que ele é de extrema importância para compreendermos como se deu a construção da noção de cidadania e o entendimento de que os homens têm direitos perante a Lei, ainda que não tenham sido os mesmos para todos. Cidadania, de fato um longo caminho que ainda tem sido percorrido em busca de uma sociedade mais igualitária.

Fontes e Bibliografia

1.1 – Relação do Livro da Porta 1823

Afonso de Albuquerque Machado
Agostinho José Coelho de Almeida
Alberto José da Silva
Alexandre Góis Maciel
Alexandre Pinheiro de Carvalho
Alexandre Silfillas e Companhia
Alunos da Academia Militar
Amanuenses e pratic. do Tesouro público
Anastácio Leite Ribeiro, Manoel Gomes Leal e outros
Ângelo José de Moraes
Ângelo José Saldanha
Antônio Alves Araújo
Antônio Borges de Almeida
Antônio D'Ávila Bitencourt
Antônio Francisco de Paula
Antônio Francisco Sampaio
Antônio Gomes
Antônio Ignácio
Antônio Joaquim dos Reis
Antônio Joaquim Ferreira
Antônio José da Costa

Antônio José da Silva Loureiro
Antônio José de Souza
Antônio José do Amaral
Antônio José dos Reis Peres
Antônio José Gonçalves
Antônio José Pinto
Antônio José Ribeiro de Azevedo
Antônio Leite Ribeiro
Antônio Lopes Salgado
Antônio Machado de Carvalho
Antônio Machado Wanderley
Antônio Pedro de Alencastro
Antônio Pereira Rebouças
Antônio Roque de Figueiredo
Antônio Saturnino
Antônio Soares de Paiva
Antônio Tavares Correa
Balthazar Caetano Carneiro
Bento Ribeiro
Bernardo José da Silva Ramalho
Bernardo José Pereira da Silva
Bernardo José Pinto
Bernardo José Viegas
Bonifácio José Sérgio da Silva
Cabido da Bahia
Caetano Francisco Lumachi
Caetano José Barbosa
Câmara da Campanha da Princesa
Câmara da cidade da Bahia
Câmara da cidade de Alagoas
Câmara da cidade de Porto Alegre
Câmara da cidade de São Paulo
Câmara de Nazareth de Itapicuru
Câmara da vila da Praia Grande
Câmara da vila de Aqueiras

Câmara da vila de Baependi
Câmara da vila de Barbacena
Câmara da vila do Príncipe da Comarca do Serro-Frio
Câmara da vila de Nazareth de Itapicuru de Cima
Câmara da vila de Poxian
Câmara da vila de Queluz
Câmara da vila de Santa Maria do Baependi
Câmara da vila de São Bento do Tamanduá
Câmara da vila de São João da Palma
Câmara da vila de São João del Rey
Câmara da vila de São João do Rio das Mortes
Câmara da vila de São Salvador de Campos
Câmara da vila do Rio Pardo
Câmara da vila Nova da Rainha de Caeté
Câmara de Ilhéus
Câmara de Pitangui
Câmara do Rio de Janeiro sobre a volta de brasileiros
Câmara do Rio de Janeiro remetendo diferentes memórias
Carlos Augusto Nogueira da Gama
Carlos Taveira de Magalhães
Carneiro Oliveira Paes
Clemente Alves de Oliveira
Colégio Eleitoral de Sergipe del Rei
Correios do Tesouro Público da Corte
David Pamplona Corte Real
Desidério Pereira Guimarães
Domiciano Pinto Drumont
Domingos Alves Branco Moniz Barreto
Domingos da Silva
Domingos de Carvalho
Domingos Lopes da Silva Araújo
Domingos Manoel Pereira de Barros
Dona Anna Josefa de Nazareth e Lacerda
Dona Anna Marques de Lima
Dona Guiomar da Silva

Dona Henriqueta Emilia Moreira de Figueiredo e Irmãos
Dona Joaquina Marques de Lima
Dona Laura Thereza do Nascimento
Dona Maria Ignácia de Soares Carneiro
Dona Maria Joaquina
Dona Maria Marcela de Cerqueira
Dona Maria Úrsula de Cerqueira
Dona Victorina Rosa Botelho
Eleitores do Distrito de Itapicuru
Emídio da Gama Lobo Brandão
Emídio Gama Lobo Brandão
Estanislau Antônio Teixeira de Mello
Eugenio Gildemeter
Eugenio José dos Santos
Feliciano Joaquim de Lacerda
Felisberto Ignácio Januário Cordeiro
Filippe Antônio do Amaral
Físico-Mor
Francisco Alves e outros da povoação de Itapecerica
Francisco Alves Miguel Soares e outros da povoação de Itabapuana
Francisco Antônio da Silva
Francisco Antônio Soares
Francisco Bernardo de Brito
Francisco Chagas Ferreira
Francisco das Neves
Francisco de Assis dos Santos
Francisco de Paula Martins
Francisco de Paula Simões
Francisco Gil Vaz Lobo
Francisco Gonçalves dos Santos
Francisco Joaquim da Silva Nazareth
Francisco José Gonçalves Chaves
Francisco José Leitão
Francisco Lopes Cidade
Francisco Luiz e Souza

Francisco Mendes
Francisco Soares da Silva
Francisco Soares de Souza
Francisco Xavier Paes de Mello
Francisco Xavier Pires de Campos
Geraldo Antônio do Nascimento
Governador Interino das Armas de São Paulo
Governo da Prov. de Goiás
Guardas do Número da Alfândega
Guilherme Henrique Muniz e Carlos
Habitantes da Capital do Brasil
Habitantes do Arraial de Porto Alegre
Habitantes do Julgado e Freguesia de Santo Amarão do Corvelo
Henrique Augusto Baptista
Herdeiros de Manuel Alves da Silva Aragão
Hermenegildo José Cardoso
Honório Joaquim de Bastos Teixeira
Isabel Maria e Luiza Joaquina
Izidoro da Costa e Oliveira
Izidoro José Martins Camplaias
Jacinto José Francisco
Jerônimo Vieira Prestes
Jerônimo Viera Bastos
Joanna Maria de Sá
João Manoel de Araújo
João Antônio Barbosa de Mello
João Antônio Bastos
João Antônio Calvet
João Baptista da Silva
João de Deus Mattos
João de Oliveira Cunha
João Dias Rosa
João Eduardo Pereira Callaço Amado
João Gonçalves Duarte
João Gonçalves Duarte Ferreira

João Gualberto Pereira
João Jacomo Bauman
João José Martins Pamplona Corte Real
João José Pereira Sarmento
João Lopes Cardoso Machado
João Poupin Caldas
João Rezende da Cruz
João Rodrigues da Costa
João Sabino da Silva
João Soares Lisboa
João Teixeira da Lira
Joaquim Adriano Toledo
Joaquim Alves de Oliveira
Joaquim Antônio de Magalhães
Joaquim Antônio de Magalhães e Francisco Correa
Joaquim Bandeira de Gouvea
Joaquim da Silva Piozarro
Joaquim Diógenes Máximo da Rosa
Joaquim Floriano de Toledo
Joaquim Francisco Moreira
Joaquim Gonçalves Leal
Joaquim Gonçalves Ledo
Joaquim José da Nóbrega
Joaquim José Gomes da Silva e Castro
Joaquim José Teixeira
Joaquim José Xavier dos Anjos
Joaquim Máximo de Oliveira Bello
José Alexandre Galvão
Jose Alves do Couto Saraiva
José Antônio Alves Rodrigues
José Antônio Barboza de Mello
José Antônio de Almeida
José Antônio Ferreira Guimarães
José Antônio Gonçalves Vianna
José Antônio Oliveira Guimarães

José Baptista da Silva
José Correa dos Santos
José da Fonseca Pereira
José da Silva
José da Silva Loureiro
José de Alves Saldanha
José de Mendonça David
José Fernandes Gama
José Filippe Jacome de Moura
José Francisco dos Santos
José Francisco Gama
José Germano Borges de Soares
José Gonçalves Pires
José Joaquim Borges
José Joaquim Monteiro
José Líbano de Sousa
José Luiz Alves
José Luiz de Mello
José Manoel Ferreira
José Maria Caravagio Severiano
José Maria dos Santos
José Maria Ribeiro Paes
José Martins Rocha
José Militão Soares
José Pedro Lopes de Andrade
José Plácido Bitencourt
José Simpliciano de Souza Barreto
José Soares
José Vasconcellos Bandeira de Lemos
José Veríssimo dos Santos
José Vieira Mattos
Juiz e Mais Oficiais da Câmara da Vila do Rio das Mortes
Juízes Ordinários e povo do Julgado do Papagaio, no Sabará
Juízes, escrivães e mestres do ofício de Saputira
Junta da Fazenda da Prov. das Alagoas

Justiniano Maria dos Santos
Justino André Junior
Lino Francisco
Luciano José Gomes
Luciano José Gomes Caetano da Silva
Luiz Antônio da Silva e Souza
Luiz Caetano da Silva
Luiz França da Cruz Ferreira
Luiz Gomes
Luiz José de Brito
Luiz José Moreira
Luiz Sebastião Nóbrega Surique
Luiz Severiano da Costa Prates
Luiz Telles Barreto de Menezes
Luiz Vawter
Manoel Affonso Delgado
Manoel Antônio Coelho de Oliveira
Manoel Antônio de Oliveira e Souza
Manoel Barbosa
Manoel Carlos de Carvalho
Manoel Clemente de Sampaio
Manoel Correa da Gama
Manoel Dias da Mota
Manoel dos Santos Pereira
Manoel Fernandes, Luiz Fernandes e outros
Manoel Ferreira de Leão
Manoel Gomes da Conceição
Manoel José Pereira da Silva
Manoel José Pereira
Manoel José Rodrigues Guimarães
Manoel José Telles Menezes
Manoel Lopes da Fonseca
Manoel Machado Coelho e outros
Manoel Madruga de Bitencourt
Manoel Monteiro de Pinho

Manoel Nascimento Monteiro
Manoel Ribeiro Vianna
Manoel Xavier Cavalcante
Manuel Álvares Leal
Manuel Dias da Mota
Manuel Felippe da Fonseca
Manuel Gomes Leal
Manuel Pinto de Azevedo (Frei)
Manuel Raimundo Galvão
Marcos Thomaz de Oliveira
Marinheiros da escuna *Catharina*
Martinho Antônio
Matheus Alexandre de Menezes
Matheus Menezes Gueullet
Mathias Carneiro de Paula
Miguel José Ferreira Chaves
Miguel Luiz de Escobar
Miguel Maria Mora
Miguel Peres Correa Soares e outros
Miguel Pires Correa Gomes e outros
Moradores da vila Real da Praia Grande
Moradores do Arraial de Santa Luzia
Moradores do distrito de Tanguá
Moradores do Termo da cidade da Bahia
Moradores do Termo da vila de Santo Amaro
Moradores do Termo da vila de Santo Antônio de Sá
Moradores do termo do Brejo
Negociantes da praça da Corte
Nicolau Massoen
Nicolau Paes Sarmento e Laurentino Antônio Pereira
Oficiais da Tesouraria do Tesouro Público
Oficiais do Terço da Ordenança de Porto Alegre
Padre Bernardo José Vargas
Padre Pantaleão José da Costa e Souza
Padre Venâncio Henriques de Rezende

Pedro Afonso de Carvalho
Pedro Antônio da Silveira
Pedro da Silva Pedroso
Pedro José Costa Barros
Pedro Orsini Grimaldi
Possidonio José Lino
Povo do Arraial e julgado de Nossa Senhora do Pillar
Preso da Cadeia desta Corte
Presos Civis e Militares de São Paulo
Presos da Ilha das Cobras
Proprietários do *Diário do Governo*
Provedor e mais mesários da Casa da Misericórdia
Renato Pedro Boinet
Rodrigo José de Figueiredo Moreira
Santiago Garrido
Sebastião Ferreira do Rosário
Sebastião José da Silva de Santa Catarina
Sebastião Teixeira e outros negociantes de molhados do Arraial de Itabira
Serafim dos Anjos
Silvério Candido de Faria
Simplício da Silva Nepomuceno
Theodoro José da Rosa
Thomaz Antônio da Costa A. Ferreira
Thomaz da Silva Alves
Thomaz Villa Nova Portella
Valentim José dos Santos
Vicente Ferreira de Castro e Silva
Vicente Justiniano Costa
Victorino Ribeiro de Oliveira
Virgínio Rodrigues Campello

1. 2 – Relação do Livro da Porta pelos Anais da Câmara dos Deputados, 1826-1829

MAIO DE 1826

Antonio Ferreira Guimarães
Câmara da vila de São José de Itaboraí
Cândida Joaquina de Jesus
Cláudio José de Souza
Demosthenes José de Oliveira Melo
Francisco Joaquim da Silva Vargas
Habitantes do arraial de Santana de Caramandela
Izidoro Borges Monteiro
Joana Margarida
João Cardoso de Almeida Amado
José Domingues Moncorvo
José Francisco Barbosa
José Gomes da Silva
José Mathias Vilela
José Soares de Castro
José Theodomiro dos Santos
Manoel Cipriano de Freitas
Manoel José Vieira
Manoel Rodrigues de Carvalho
Negociantes da praça do Brasil
Pedro Plancher
Proprietários do *Diário Fluminense*
Sabino Francisco de Malheiros
Sebastião José da Silva
Silvino José de Almeida
Thomaz Soares de Andrade
Timóteo dos Passos

Vantuil Pereira

JUNHO DE 1826

Africanos da nação Cabinda
Ajudante de porteiro e contínuos da Câmara
Antonio Francisco de Sampaio
Antonio Joaquim Ferreira Junior
Antonio José Alves de Sá
Antonio José da Cunha
Antônio José de Araújo
Antonio Machado de Carvalho
Antonio Vaz de Carvalho
Augusto Xavier de Carvalho
Câmara da vila de Parati
Câmara da vila de São Francisco Xavier de Itaguaí
Câmara da vila Nova do Príncipe de Santo Antônio da Lapa
Câmara de São Carlos de Jacuí
Cândido Germano Padilha e outros
Capitães-ajudantes da 2ª linha da província de São Paulo
Claudino José de Souza
Custódio Teixeira Mendes
D. Ana e irmãs
D. Ana Esmeria de Jesus
D. Ana Maria Biscalho
D. Balbina e irmãs
D. Gertrudes Maria de Castro
D. Joaquina Quevedo de Azevedo
D. Luiza Especiosa da Silva Menezes
D. Maria Angélica de Araújo de Freitas
D. Maria Antônio da Purificação
D. Maria da Conceição
D. Maria da Glória de Oliveira Belo
D. Maria Rita da Silva
D. Maria Vitória Pulcheria da Silva e outra
D. Teresa de Jesus da Silva e outra
Dr. Julio Cezar Muzzi e outros
Eduardo Alves Pereira Sodré
Foreiros do Campo de São Cristóvão

Francisca Maria do Amor Divino
Francisco da Costa Álvares
Francisco do Rego Barros Beberibe
Francisco Lopes de Abreu
Gonçalo José da Silva
Habitantes do arraial do porto de S. Felix e os da povoação de Varginha
Henrique Muller e outros negociantes
Inácio Pereira Duarte Carneiro
João da Cunha Moreira e outros
João Fernandes de Tavares
João Fernandes Tavares
João Francisco Pinheiro
João José de Oliveira Guimarães e outros
Joaquim da Silva Girão
Joaquim de Souza Ribeiro
Joaquim de Souza Siqueira
Joaquim Theodoro Lima e outro
Joaquina Frutuosa da Cruz
José Antônio Ferreira Guimarães
José de Souza França
José Gomes da Silva
José Inácio da Silveira e outros
José Luis Vicente da Costa
José Mathias de Vilhena
José Soares de Castro
José Teixeira Monteiro Cardoso
Junta de caridade do hospital de São Pedro de Alcântara de Goiás
Luiz Correa Teixeira Bragança e outros
Manoel Alexandre Taveira
Manoel Cipriano de Freitas
Manoel da Silva Lima e outros
Manoel Joaquim de Amaral Gurgel
Manoel Joaquim Pires de Carvalho
Manoel José Pereira da Silva
Manoel Ribeiro da Silva

Mathias Pitta da Rocha Falcão e outro
Moradores da freguesia de Capivari
Moradores da vila de Barra e Campo Largo
Moradores e proprietários da povoação de Nazareth
Negociantes estrangeiros da Bahia
Negociantes ingleses e brasileiros desta praça
Oficiais militares da província do Pernambuco
Oficial-maior e porteiro da secretaria do governo da província do Rio Grande do Sul
Pedro Afonso de Carvalho
Povos da vila de São Bento do Tamanduá
Povos das Laranjeiras e dos campos do Rio Real
Rita Maria Joaquina
Rodrigo José de Figueiredo Moreira
Sabino Francisco de Malheiros
Severiano Maria Dias
Tenente-coronel Francisco Lopes de Abreu
Thomaz Vila Nova Portela
Vicente José Mascarenhas

JULHO DE 1826

Alugadores de sege
Ana Teresa Angélica de Castro
André José de Campos Tupinambá
Antônio Francisco de Sampaio
Antônio Inácio Carlos e Silva
Antônio Joaquim Pereira da Silva
Antônio José da Cunha
Antônio Saturnino
Augusto Xavier de Carvalho
Bacharel Joaquim Antônio de Gouvêa
Beralda Felicia de Souza
Bernarda Cândida Perpetua da Fonseca
Bernardo Francisco de Azevedo
Brasileiros amigos da sua pátria

Câmara da vila de Bonsucesso
Câmara da vila de Parati
Clemente José Ferreira Braga
Comerciantes da praça da Bahia
Comerciantes da província de São Paulo
D. Ana Ângela de Lomba
D. Ana Esmeria de Jesus
D. Ana Maria Bicalha
D. Clara Cecília da Rocha
D. Gertrudes Maria de Castro
D. Joaquina Pereira de Vasconcelos
D. Maria da Conceição
D. Maria da Cunha Jardineiro e Silva
D. Maria da Glória de Oliveira Belo
D. Maria da Purificação Delgada
D. Maria Joaquina Pinheiro do Amaral
D. Maria Margarida de Mendonça
D. Maria Reginalda do Nascimento
D. Maria Rita da Silva
D. Maria Teresa de Gusmão
D. Maria Teresa Rangel
Delfino, pardo forro
Diogo Antônio dos Santos
Doutores em medicina pelas universidades estrangeiras
Estevão Maria Ferrão Castelo Branco
Francisca Maria do Amor Divino
Francisco Antônio Gomes
Francisco de Paula Gonçalves de Cerqueira
Francisco Dias de Castro
Francisco Joaquim Correa Monção e outros
Francisco José Barbosa e outro
Francisco Pereira de Carvalho
Habitantes da província da Paraíba do Norte
Habitantes da vila de Cunha
Joana Margarida

João Fernandes Tavares
João Ferreira Bitencourt e Sá
João Ferreira Gomes da Silva e João Bernardes Fernandes Gama
João Gomes Leiros
João Gonçalves Cezimbra
João Gonçalves da Silva Peixoto
João Gonçalves e outros
João Haanevic Kell
João Pereira da Silva
Joaquim Antônio de Gouvêa
Joaquim de Macedo e Castro
Joaquina Alexandrina de Carvalho
José Antônio Pereira de Sá
José de Medina Celi
José de Souza Barradas
José Francisco do Espírito Santo Lanoia
José Gomes da Silva
José Joaquim da Fonseca
José Joaquim de Carvalho
José Joaquim de Carvalho Bacelar
José Leonardo Pereira
José Lourenço Dias
José Moreira da Costa Lima
Junta do hospital de caridade da cidade de Goiás
Luiz José de Gouvêa Freire
Luiz Sabino
Manoel Antônio de Carvalho e outros
Manoel Francisco Moreira
Manoel José de Araújo Lima
Manoel Ribeiro da Silva
Marcelino Antônio de Souza
Marcelino Garganha Quaresma
Maria Angélica de Araújo
Miguel Joaquim Prestes
Moradores da freguesia de São João de Icaraí e São Gonçalo

Moradores do curato da Senhora do Rosário
Negociantes da província de São Pedro
Nicolau Masson
Norberto João Dourado
Oficiais da secretaria do governo da Bahia
Oficiais de ordenanças da cidade de São Paulo
Pedro Afonso de Carvalho
Thomazia de Azevedo Coutinho
Venceslau José de Oliveira Cavalcanti
Vendedores de molhados da corte
Victor Lucio Vieira Henriques
Vitoriano Alves da Costa e outros

AGOSTO DE 1826

Alexandre dos Passos Herculano
Alexandre José Oliveira
Américo José Ferreira
Antônio Francisco de Almeida e Gama
Antônio Joaquim Ferreira Junior
Antônio Saturnino
Balthazar Antônio Policarpo
Bento Manoel e outros
Bernardo Bueno da Veiga
Câmaras da vila de Taubaté e Pindamonhangaba
Candido Germano de Padilha
Capitão José Ribeiro da Cruz Portugal
Carlos José de Melo
Clemente José Ferreira Braga
Constantino Tavares de Macedo
D. Maria Francisca Romana
Diogo Antônio dos Santos
Doutores em medicina pelas universidades estrangeiras
Estanislao da Rocha Viana
Estevão Maria Ferrão Castelo Branco

Felix José dos Santos
Francisco Antônio Carneiro
Francisco Antônio Gomes
Francisco de Paula Gonçalves de Cerqueira
Francisco de Souto e sua mulher
Francisco Dias de Castro
Francisco Duarte Bellas
Francisco Inácio Domingos Ferreira Mendonça
Francisco José Correa
Francisco Pereira Monteiro
Francisco Roberto da Silva
Francisco Rodrigues Cardoso
Fulgêncio Cegaray
Gabriel Martins Bastos
Grandsire
Habitantes da província da Bahia
Inácio Antônio Drumond da Rocha
Inácio Garcia Rosa
João Cardoso de Almeida Amado
João Ferreira Gomes da Silva
João Francisco dos Santos
João José Miranda
João Luiz Torres e Manoel Rodrigues
João Manoel Franca e outros proprietários de lojas de secos e molhados da província de Pernambuco
João Manoel Franco
Joaquim Anselmo Alves Branco Muniz Barreto
Joaquim de Souza Ribeiro
Joaquim Isidoro de Oliveira
Joaquim José de Siqueira
Joaquim José Pinheiro
José Antônio da Silva Castro
José Antônio dos Santos Lara
José Antônio Ferreira Guimarães
José Augusto de Carvalho

José Braz Quaresma
José da Costa Viana
José de Noronha
José Francisco do Espírito Santo Lanoia
José Joaquim da Fonseca
José Joaquim de Freitas
José Joaquim de Souza Negrão
José Lopes Pereira
José Pedro da Silva
José Rodrigues de Amorim
José Rodrigues Ferreira
José Tavares França
Manoel Cavalcanti de Albuquerque
Manoel Cipriano de Freitas
Manoel Coelho Faria da Silva
Manoel Francisco da Costa Thibão
Manoel Gonçalves Ferreira
Manoel Rodrigues da Costa
Mathias Ferreira de Souza
Miguel da Rosa Vasconcelos
Miguel de Almeida Coutinho de Abreu
Moradores da vila de Nazareth de Itapicuru de Cima
Moradores de São Francisco de Paula de Pelotas
Norberto João Dourado
Oficiais da secretaria de governo da Bahia
Pedro Afonso de Carvalho
Pedro Azevedo de Souza
Santiago Garrido
Sebastião José Barata e João Fernandes Barata
Tenente-coronel José de Noronha

maio de 1827

Alexandre José de Oliveira
Alexandre José dos Passos Herculano

Bacharel Francisco Inácio Domingues Ferreira de Mendonça
Bernardo Francisco de Azevedo e outros negociantes
Capitão José Ribeiro da Cruz Portugal
D. Margarida de Cortona e Lomba
D. Maria Vitória Pulcheria
Delfino, pardo
Domingos Marquês Lopes Fogaça
Estevão Maria Ferrão Castelo Branco
Frei Thomas de Santa Fé
Henrique Muller e outros
Joana Margarida
João Gomes Barroso
João Gonçalves da Silva
José Joaquim de Carvalho Bacelar
José Tavares França
Pedro Afonso de Carvalho
Santa Casa da Misericórdia da cidade de Porto Alegre

JUNHO DE 1827

Albino da Costa Moreira
Antônio Borges Campos
Antônio Joaquim de Mello
Antônio José Coelho Louzada
Antônio Maria Calvet
Armaristas da Corte
Câmara de São João do Príncipe
D. Ana Ângela da Lomba
Domingos Lopes Fogaça
Empregados nas diversas repartições da Junta da Fazenda da Bahia
Eusébio Veneiro
Felippe Correa Marques
Francisco Alexandrino de Vasconcelos Calassa
Francisco da Cruz Muniz e Gusmão
Frei Thomaz de Santa Fé

Guilherme Platt
Inocêncio José Fontes
Jerônimo Xavier de Barros
Joana Juvenal do Espírito Santo
João Gonçalves da Veiga
João Luis Torres e Bento Manoel Rodrigues
Joaquim Lima Correa
José Inácio Varejão
José Lopes Pereira
Lourenço Cavalcanti de Albuquerque
Luiz Lacombe
Manoel José de Araújo Lima
Manoel José Pereira da Silva
Manoel Nunes Bahiense Pau Brasil
Marcos Antônio Brício
Moradores do arraial do Corgo do Jaraguá em Goiás
Oficiais de secretaria da província da Bahia
Padre Manoel Joaquim Rodrigues Dantas
Pedro Ribeiro de Araújo
Professores de primeiras letras da província da Bahia
Santiago Gomes
Vários credores da fazenda pública da província da Bahia

JULHO DE 1827

Alunos da academia médico-cirúrgica
Antônio de Castro Vianna
Antônio José Coelho Louzada
Balthazar Antônio Policarpo
Barão de Macaé
Câmara de Baependi
Câmara Municipal de Santos
Cláudio José Pereira da Costa
Cypriano José Barata
D. Clara Cecília da Rocha

Diversos cidadãos da província da Bahia que sofreram prejuízo na luta da Independência
Francisco Pereira de Carvalho
Henrique Muller e outros
João da Silva Lobo
Joaquim de Seixas Correa
Lavradores de Icaraí e S. Gonçalo
Manoel José de Araújo Lima
Negociantes nacionais e estrangeiros da Bahia
Oficiais da secretaria da presidência da Bahia
Padre Antônio Joaquim de Melo
Roberto Pelly e co.
Vários credores da fazenda da província da Bahia

AGOSTO DE 1827

Antônio da Silva Guedes
Bispo de Anemúria
Câmara da vila real da Praia Grande e Maricá
Carlos Lidell
Coronel Antônio José Macedo
Dr. Antônio José Coelho Louzada
Dr. Francisco de Paula de Araújo
Francisco Antônio Pinto Bastos
Francisco Pereira Barros
Francisco Pereira Monteiro
José Corrêa Seixas
Maria Balbina Rodrigues de Almeida
Moradores de Santana da Caramandela
Moradores de São Vicente Ferreira – MG
Negociantes nacionais e estrangeiros da Bahia
Pedro Betâmio
Roberto Pelly e co.
Visconde de Alcântara

Ao Soberano Congresso

SETEMBRO, OUTUBRO E NOVEMBRO DE 1827

Alguns moradores da Bahia
Almirante e oficiais da esquadra do Rio da Prata
Angélica Rosa
Ângelo Pereira Bastos
Antônio da Silva Guedes
Antônio Eustaquio da Silva
Antônio Joaquim Pereira da Silva
Antônio José de Macedo
Antônio José Ferreira
Antônio José Gonçalves de Figueiredo
Antônio Machado de Carvalho
Antônio Pereira Pinto
Antônio Saturnino
Baptista Caetano de Almeida
Bento da Fonseca
Bernardino da Assunção
Caetano Lopes Villas Boas
Calafates do Arsenal da Marinha
Carlos Delamare
Cipriano José Barata de Almeida
Cláudio Marques de Lima
Conselheiro Balthazar de Silva Lisboa
Constantino Tavares de Macedo
Coronel Francisco Maria Sodré Pereira
Coronel José Noronha
D. Ana Clementina Violante Xavier Botelho
D. Thereza Joaquina de Velasco
D. Úrsula Iria Chaves
Dep. Feliciano Nunes Pires
Dr. Antônio José Coelho Louzada
Egidio da Costa Alvarenga
Escrivães, tabeliões, inquisitores da cidade do Recife
Estanislau Antônio Teixeira da Mota

Estevão Francisco de Carvalho
Eusébio Vaneiro
Fernando Joaquim de Mattos
Francisco da Cunha Muniz Gusmão
Francisco de Paula Ribeiro de Brito
Francisco Dias de Castro
Francisco José das Chagas
Gaspar Antônio Malheiros
Inácio Garcia Rosa
Irmandade Senhor do Bom Jesus do Iguape
Jerônimo Xavier de Barros
Jesuína Mathildes da Conceição
Joana Juvenal do Espírito Santo
João Gualberto Ferreira dos Santos Reis
João Marcelino Rodrigues
João Vaz de Carvalho
João Vieira da Silva
Joaquim José da Silva Seixas
Joaquim José de Oliveira
Joaquim Theodoro da Rosa
José Agostinho de Lizaur
José Furtado de Souza e outros
José Gomes da Silva
José Gomes Sardinha
José Gonçalves Braga
José Pedro da Silva
José Tavares França
Lentes da academia militar
Luis da Costa Gomes
Manoel Caetano Soares
Marco Antônio Brício
Marquês de Jacarepaguá
Maximiano Antônio de Azevedo
Miguel Joaquim Cerqueira
Moradores da vila do Livramento

Moradores do curato de Nossa Senhora das Dores de Valença
Negociantes da Bahia
Padre Antônio Almeida Pacheco Ceslau
Padre Antônio José Gonçalves de Figueiredo
Padre Luiz Manoel de Souza Freire
Padre Propósito
Paulo Lopes da Silva e outros
Pedro Gonçalves da Silva e outros
Plácido dos Santos
Professores de primeiras letras da Bahia
Silvano Francisco Alves
Silvério Rabelo de Figueiredo Sarmento
Soldado Francisco Antônio
Thomaz de Aquino
Vários moradores da vila da Cachoeira – BA
Vitorino dos Santos Pereira

MAIO DE 1828

Ângelo Thomaz de Souza
Antônio José de Castro
Balthazar da Silva Lisboa
D. Joaquina Rosa de São José
Estanislau Antônio Teixeira da Mota
Florêncio José Martins Zimblao
Irmandade do Senhor dos Passos da cidade do Desterro
João Ladislau de Figueiredo e Melo
Joaquim José de Araújo
José Antônio da Silva Castro
Manoel de Deus Machado
Marechal-de-campo José Joaquim do Couto
Rodrigo Ferreira Duarte
Theotônio José Lopes
Vitório dos Santos Pereira

Vantuil Pereira

JUNHO DE 1828

Alferes José Joaquim Mariano Rosa
Bacharel Manoel Caetano Soares
Bispo de Mariana
Conselheiro e promotor fiscal dos jurados
D. Maria Luiza dos Santos Nogueira e outros
Francisco das Chagas Silva do Amaral
Habitantes da vila de Queluz
Joaquim Inácio de Lima
Joaquim José de Araújo
José Alves de Abreu
José Soares de Brito Peixoto de Melo
Major José Antônio da Silva Castro
Marechal-de-campo José Joaquim do Couto
Padre Antônio Gomes de Figueiredo
Samuel Phillips e Co.
Sociedade de Mineração Congo-Soco

JULHO DE 1828

Acionistas do Banco do Brasil
Antônio Carlos Ribeiro de Andrada Machado e Silva
Bonifácio Siqueira Bueno
Capitão Gaspar de Moraes Vasconcelos
Elias Aniceto Martins Vidigal
Francisco Antônio das Chagas
Francisco Ignácio Siqueira Nobre
João Baptista Rodrigues
João Francisco da Silva
Joaquim José de Araújo
José Alves de Abreu
José Carlos da Silva Pinto
Martim Francisco Ribeiro de Andrada
Meninos órfãos da cidade da Bahia
Vigário de Santo Antônio da vila de Campanhas

AGOSTO e SETEMBRO DE 1828

Administrador das diversas rendas nacionais
Agostinho Leitão de Almeida
Antônio da Costa
Antônio Gonçalves da Cruz
Antônio Guimarães da Cruz
Avelino Barbosa
Cesário dos Prazeres Torres
Coronel Joaquim Inácio de Lima
D. Francisca das Chagas Silva da Fonseca
D. Maria da Cunha Jardineira
D. Maria Henriqueta Bastos e outras
D. Maria Victorio Pulcheria Silva
Deputado Cunha Barbosa
Domingos de Abreu Silva
Domingos Martins de Faria
Dr. Bernardo Antônio Monteiro
Elias Aniceto Martins Vidigal
Faustina Maria do Carmo
Francisco Antônio Soares
Francisco Ludgero da Paz
Jerônimo Xavier de Barros
João Baptista Soares de Meireles
João de Bastos
João Nepomuceno Sanches
João Ramos da Silva Braga
Joaquim Bernardino de Moura
Joaquim José da Silva Menezes
Joaquim José da Silva Menezes ?!
José Angelim Boscoli
José Cândido de Moraes e Silva
José Francisco da Silva
José Pedro Severino

Luiz Fábregas Suriguê
Luiz Manoel Moraes de Azevedo
Major José Antônio da Silva Castro
Manoel Antônio de Carvalho
Manoel Antônio de Freitas
Manoel Caetano Soares
Manoel Coelho Faria
Manoel dos Santos Martins Velasques e Manoel Odorico Mendes
Manoel José Álvares Fonseca
March e irmãos e Co.
Marquês de Cantagalo
Miguel José Ferreira Chaves
Monsenhor Pedro Machado de Miranda Malheiros
Monsenhores, cônegos e capelães da Sé
Raimundo Nonato Hyancinto
Samuel Philips e Co.
Tenente-coronel José de Sá Carneiro
Umbelina Rita
Vigário José de Souza Lima

MAIO DE 1829

Balthazar Pinto dos Reis
Coronel Joaquim Inácio de Lima
D. Maria Luiza dos Santos Nogueira
Frei Manoel do Monte Carmelo
João Nepomuceno de Sá
José Rodrigues Monteiro
Manoel Antônio de Carvalho

JUNHO DE 1829

Alexandre José Froes
Alexandre Moreira de Carvalho
Ana Maria de Souza

Antônio Alves de São José
Antônio André Lino Costa
Antônio Carlos e Martin Francisco de Andrada
Arrematantes dos meios direitos da alfândega da Bahia
Barão da Torre de Garcia d'Ávila
Bernardino José Bitencourt e outros
Bernardo Felipe
Câmara da vila de São Carlos do Jacuí
Câmara de Itapicuru de Cima
Câmara dos moradores de S. Cristóvão da província do Sergipe
Carlos Custodio de Azevedo
Comerciantes da província de São Paulo
Coriolano José Pires
Coronel Antônio Bersane Leite
Coronel João Luciano de Souza Guerra de Araújo Godinho
Coronel Pedro Gomes Nogueira
Cosme Damião da Silveira
D. Ana Redosina Vendali da Silva
D. Angélica de Almeida
D. Francisca das Chagas Silva da Fonseca
D. Inocência Maria de Freitas e seus filhos
D. Maria de Dolores
Desembargador Henrique Veloso de Oliveira
Domingos Velho da Silva
Dos eleitores do julgado de Jeremoabo
Elias José dos Santos
Felipe Néri Lopes
Felizardo Bernardo
Francisco da Cunha Muniz Gusmão
Francisco Theobaldo Sanches Brandão
João Damaso José
João de Siqueira Campelo
João Gonçalves Cezimbra e outros
João Gonçalves dos Santos
João Mariano da Fonseca

João Nepomuceno de Sá
João Nepomuceno Sanches
Joaquim Bernardino de Moura
Joaquim Inácio de Lima
Joaquim José do Carmo
Joaquim José Ezequiel de Almeida Galvão
Joaquim Teodoro da Rosa
José de Souza dos Santos
José Libânio de Souza
José Lourenço Dias
José Maria Heredia
José Maria Velho
José Rodrigues Monteiro
Manoel Antônio de Carvalho
Manoel Fernandes Barata
Manoel Francisco da Costa Tibau
Manoel Luiz da Silva Borges
Manoel Pacheco da Silva
Manoel Pinheiro de Almeida
Miguel José de Araújo
Moradores da freguesia de São Fidélis
Moradores da povoação de Monte Alegre
Presbítero José Rodrigues Monteiro
Professores de música da cidade da Bahia
Veríssimo José de Almeida e outros
Victorino dos Santos Pereira

JULHO DE 1829

Balthazar Pinto dos Reis
Barão da Torre de Garcia d'Ávila
Bernardino Felipe
Caetano Vicente de Almeida
Câmara da vila de Nova Friburgo
Câmara Municipal da vila de Itu

Cirurgião-mor José Alves de Abreu
Colégio eleitoral do Sertão de Pernambuco
Conselho geral da província de Minas Gerais
Conselho geral de Minas Gerais
Conselho presidencial de São Paulo
Coriolano José Pires
D. Constança Clara de Souza Gonçalves
D. Edetruldes Maria Amália de Andrade
Deputado José Thomas Nabuco de Araújo
Diferentes Câmaras Municipais de Minas Gerais
Diretores da companhia Imperial de mineração
Domingos de Abreu Silva
Domingos Martins de Faria
Dr. Mariano Pereira Ribeiro
Filhas de Antônio Ferreira da Silva
Filhas de Gonçalves Bastos
Florêncio José Maria Zimbão
Francisco Inácio de Siqueira Nobre
Francisco Santa Bárbara Garcia
Frei Manoel do Monte Carmelo
General Pedro Labatut
Habitantes da Feira de Santana da Bahia
João Antônio de Oliveira Marques
João Damásio José
João Gonçalves Cezimbra
João Gonçalves Corrêa
João Nepomuceno de Sá
Joaquim Antônio de Azevedo
Joaquim de Sant'Anna de Souza Campos
José Antônio Belém Bandeira
José Felipe de Amorim
José Francisco Cardoso de Moraes
José Francisco de Souza
José Rodrigues Xavier
José Vicente Paes

Juiz de paz da vila do Conde da Bahia
Luiz Manoel de Azevedo
Luiza Marcolina Mathildes
Manoel Zeferino dos Santos
Oficiais da contadoria da Junta da Fazenda de Minas Gerais
Oficiais inferiores do corpo de Voluntários de cavalaria de 2ª linha
Padre José Rodrigues Malheiro
Padre Patrício Manoel de Andrada e Silva
Paulo José de Melo
Povos da província da Bahia
Ricardo Norberto Ferreira
Samuel Philips
Terceiros de S. Francisco da vila de Santos
Valentim José dos Santos
Victorino dos Santos Pereira

AGOSTO DE 1829

Agostinho Leitão de Almeida
Antônio da Costa
Aquilino Álvares Delgado e França
Bernardino José de Bitencourt e outros
Caetano Vicente de Almeida
Conselheiro José Caetano Gomes
Coronel Joaquim Inácio de Lima
D. Maria da Glória de Oliveira Belo
D. Maria Henriqueta Bastos e suas irmãs
D. Maria Pimenta da Silva Medela
Diversos credores da fazenda
Elias Aniceto Martins Vidigal
Feliciano Antônio de Sá Cardoso
Felipe Néri Lopes e outros
Felix Crema
Francisco Antônio Soares
Francisco Cunha Muniz e Gusmão

Francisco Pereira de Barros
Francisco Pinto de Souza
Francisco Rodrigues Proença
Frei Manoel do Monte Carmelo
Gaspar José de Matos Pimentel
Gertrudes Antônio Joaquina de Neiva
Gonçalo Garcia Fernandes Vieira
Inácio Pedro da Silva
Irmandade da misericórdia da capital da Bahia
João Damaso José
João Gonçalves Cezimbra
João Gonçalves Corrêa
João Nepomuceno Sanches
Joaquim Bernardino de Moura
Joaquim de Sant'Anna de Souza Campos
José Bonifácio de Andrada
José de Rezende Costa
José Francisco Leal
José Maria Heredia
José Maria Veloso
Lourenço Antônio do Rego
Luiz Mayer
Manoel Ciriaco de Freitas
Manoel Cláudio de Queiroz
Manoel Pereira Heitor de Macedo
Moradores da vizinhança do Campo da Aclamação
Padre João Antônio Torres
Paroquianos de São Salvador do mundo da Guaratiba
Pedro Gomes Nogueira
Presos na presinganga
Procurador da Câmara da vila de São Carlos em São Paulo
Tenente Domingos Velho da Silva
Theodosio José da Silva
Valentim José dos Santos
Vários negociantes do Rio Grande do Sul

1.3 – Relação de petições dos Anais da Câmara dos Deputados de 1830

Abade do Mosteiro de São Bento da Corte
Alexandre dos Santos Passos
Alexandre José dos Passos Herculano
Amaro João Pinto
Anacleto Valdetário
André José Campos
Ângelo José Expectação de Mendonça
Antônio Joaquim de Melo e outros
Antônio Alvarez da Silva
Antônio de Barros Falcão Albuquerque Maranhão
Antônio de Souza
Antônio Elias de Moraes
Antônio Felix Vasconcelos
Antônio Fernandes Pereira
Antônio Francisco de Figueiredo e Francisco José Coelho
Antônio Joaquim Cardoso e Francisco José da Costa
Antônio Joaquim da Silva
Antônio Joaquim de Oliveira
Antônio Joaquim Vaz Pinto
Antônio José da Silva Arcos
Antônio José da Silva Travassos
Antônio José de Oliveira
Antônio José Luiz da Silva
Antônio José Viana e Manoel Rodrigues do Nascimento
Antônio Lourenço do Rego
Antônio Luiz Patrício da Silva Manso
Antônio Machado de Carvalho
Antônio Maria de Almeida
Antônio Muniz de Souza
Antônio Pinto da Rocha
Antônio Pinto Nogueira
Antônio Rodrigues de Amorim
Aquilino Álvares Delgado e França

Ao Soberano Congresso

Bacharel Manoel Caetano Soares
Bacharel Raimundo Felipe Lobato
Balthazar Pinto dos Reis
Bernardino Assumpção
Bernardino José Bitencourt
Bernardo Francisco de Siqueira
Bernardo José da Cunha Gusmão
Bernardo Peres da Silva
Braz Diniz de Vilas Boas
Cabido da Sé da Bahia
Cadete porta-bandeira Joaquim Ferreira Nobre
Caetano Francisco de Figueiredo
Caetano Rodrigues Monteiro
Caetano Vicente de Almeida
Câmara de Alcobaça
Câmara de Aracati
Câmara de Barra do Rio Grande
Câmara da cabeça da comarca de Jacobina
Câmara da Corte, dúvida e dificuldades a respeito da lei de 15/10/1827
Câmara da Paraíba do Norte
Câmara da vila de Barbacena
Câmara da vila de Bragança
Câmara da vila de Cabo Frio
Câmara da vila de Campanha
Câmara da vila de Cantagalo
Câmara da vila de Lorena
Câmara da vila de Macejana
Câmara da vila de Santa Maria de Baependi
Câmara da vila de Santo Amaro
Câmara da vila de Santo Antão
Câmara da vila de Santo Antônio de Brotas
Câmara da vila de São João del Rey
Câmara da vila de São José
Câmara da vila de São Salvador dos Campos
Câmara da vila de Tamanduá

Câmara da vila de Valença
Câmara da vila do Urubu
Câmara da Vila Nova do Príncipe
Câmara das vilas de Maricá e São Pedro de Cantagalo
Câmara de Barbacena
Câmara de Cabo Frio
Câmara de Campos
Câmara de Jundiaí
Câmara de Maceió
Câmara de Mariana
Câmara de Nova Friburgo
Câmara de Ouro Preto
Câmara de Parati
Câmara de Pitangui
Câmara de São Bento do Tamanduá
Câmara de São Carlos
Câmara de São Carlos do Jacuí
Câmara de São Francisco Xavier
Câmara de São João del Rey
Câmara de São José do Rio das Mortes
Câmara de São Salvador dos Campos
Câmara do Pilão Arcado
Câmara Municipal da cidade de Ouro Preto
Câmara da vila da Praia Grande
Câmara da vila de Macaé
Câmaras Municipais e juízes de paz do município de Maceió
Cândido Martins dos Santos Viana Filho
Capitão-de-mar-e-guerra Joaquim José Pires
Capitão José Mariano Bueno
Capitão Manoel da Silva Pereira e outros moradores do arraial do Turvo
Capitão Manoel Rodrigues de Araújo
Capitão-mor Gabriel Alves Carneiro e outros
Carlos Betram
Carlos Frederico Renne
Carlos Marssedl

Cesário Joaquim da Costa
Cipriano José Barata de Almeida
Clemente José de Oliveira, ex-alferes
Colégio eleitoral de Ouro Preto
Colonos da Colônia de Leopoldina
Conselheiro Antônio Corrêa da Câmara
Constâncio José Ferreira
Contador da Marinha da Corte
Coronéis de 2ª linha de São Paulo
Coronel Antônio da Silva Prado
Coronel José de Barros Pimentel
D. Carlota Joaquina Amália dos Santos Lopes
D. Francisca Maria da Silva e seu filho
D. Francisca Mequilino de Mattos
D. Joaquina Maria Pereira Viana e de D. Luiza Maria Machado
D. Joaquina Pereira Viana
D. Joaquina Rosa Sacramento
D. Josepha Joaquina de Albuquerque Maranhão
D. Leonor Joaquina Lobão
D. Luiza Machado
D. Luiza Marcolina Mathilde Caetana da Silva
D. Maria da Cunha e Menezes
D. Maria da Gloria de Oliveira Bello
D. Maria Dorotheia da Silveira
D. Maria Inácia da Silveira
D. Maria Luiza dos Santos Nogueira e D. Raymunda dos Santos Nogueira
D. Josepha Joaquina de Albuquerque Maranhão
Deão e congos da catedral de Pernambuco
Des. Castro e Silva
Des. Manoel José de Araújo Tavares
Diretor da Imperial Sociedade de Mineração Congo-Soco
Diversos moradores da cidade da Bahia
Diversos negociantes da Corte
Domingos Lourenço de Carvalho
Eduardo d'Evald

Egidio da Costa Alvarenga
Eleotério Delfim da Silva
Elias Alexandre da Silva Corrêa
Elias Anacleto Martins Vidigal
Empregados da Casa da Moeda da Corte
Empregados da secretaria da província de Minas Gerais
Empregados do Comissariado do Exército
Estudantes do Curso Jurídico de Olinda
Felipe Santiago de Sant'Anna
Felix Gonçalves de Souza
Fiéis do Armazém da Alfândega
Fiéis do armazém das alfândegas da Corte
Filha legitimada do conde Sarzedas
Finne e irmãos
Florêncio José Martins Zimblao
Floriano José Fernandes
Francisca Maria da Silva e seu filho
Francisco Alves Machado
Francisco Antônio do Rego
Francisco Antônio Soares
Francisco de Paula Miranda
Francisco Dias de Castro
Francisco Ferreira de Guimarães Nápoles
Francisco José de Carvalho
Francisco José Godinho
Francisco Manoel de Toledo e José Joaquim de Moraes
Francisco Raimundo de Barros e Mello
Francisco Xavier do Couto
Frei Francisco do Santíssimo
Frei Francisco Manoel de Santa Rita Valdige
George Ferrant
Gertrudes Margarida da Silveira
Guardas do Mar da Corte
Guilherme Sonill
Habitantes da freguesia de Mangaratiba

Habitantes da freguesia de Nossa Senhora do Carmo
Habitantes da província do Rio Grande do Sul
Habitantes da vila do Urubu de Cima
Habitantes das cabeceiras do rio Imbéa Cantagalo
Herdeiros de Caetano Rodrigues Monteiro
Hermenegilda Maria
Imperial Sociedade de Mineração do Congo-Soco
Inocêncio da Cunha Goyana
Inocêncio José Galvão
Intendente da Marinha, Inspetor dos Armazéns Nacionais do Rio Grande do Norte
Jacinto José Gonçalves e Manoel Furtado de Mendonça
Jacinto José Pinto Moreira
Jerônimo Antônio Torres
João Antônio de Souza
João Baptista de Alvarenga
João Baptista de Oliveira
João Baptista Ribeiro
João Baptista Rodrigues da Silva
João Bernardo Gonzaga
João Camono
João da Silva Grego
João Evangelista de Alvarenga
João Gomes Correia
João Gonçalves Correa
João Henrique Rangel
João José Rodrigues
João Moretson
João Pedro de Alcântara
João Ribeiro da Silva
João Siqueira Campelo
João Torroela
João Vitorino de Souza
Joaquim Antônio de Macedo Tupinambá
Joaquim Gomes Monteiro
Joaquim José Dória

Joaquim José Ferreira Chaves
Joaquim Mathias Carreira
Joaquim Nunes de Carvalho e Anacleto Venâncio, segundos escriturários do Tesouro Nacional
Joaquim Nunes de Carvalho e Anacleto Venâncio Valderato
Joaquim Raimundo de Lamare
José Almeida Saldanha
José Antônio Barbosa
José Antônio de Oliveira Barreiros
José Antônio de Oliveira Guimarães
José Antônio Pereira de Carvalho
José Bernardo Pimentel
José Brown João Gomes Corrêa
José de Bitencourt e outros
José Inácio de Albuquerque
José Januário de Albuquerque Uchoa
José Joaquim Alves Leite
José Joaquim Calazans
José Joaquim de Siqueira
José Joaquim Ferreira Chaves
José Leide Pereira e Sá
José Luiz Brown
José Luiz Pereira de Sá
José Maria da Costa Paiva e Norberto Joaquim José Guedes
José Martins da Cruz Jobim
José Mathias Ferreira de Abreu
José Rabelo de Figueiredo
José Rodrigues Ferreira
Josepha Maria Nogueira
Juiz Almotacé da Corte
Juiz de Paz da freguesia de Sant'ana de Piraí
Juiz de Paz da freguesia de São Gonçalo, Vitorino José Ferreira
Juiz almotacé da Corte
Juiz e mais mesários da Irmandade de Nossa Senhora do Rosário dos Homens Pretos
Lentes da Academia Imperial Militar da Corte

Lourenço Antônio do Rego
Lourenço Francisco Marinho
Lourenço Marinho e Francisco de Paula Pinto
Luiz Antônio da Fonseca Machado
Luiz Bartholomeu Marquês
Luiz de Sant'Anna Gomes
Luiz Gabriel Emuma de Lablenia
Luiz José Morinelly
Luiz Morectz Sohan
Luiz Sant'anna Gomes
Luiza Maria Machado
Major do 76º. batalhão dos caçadores de 2ª linha
Major Joaquim Antônio de Macedo
Manoel Joaquim Ferrão
Manoel Antônio Pereira
Manoel da Silva Maia
Manoel dos Passos Corrêa
Manoel Francisco de Souza Medeiros
Manoel Inácio de Carvalho
Manoel Inácio de Mendonça
Manoel Joaquim Ferrão
Manoel Joaquim Xavier de Barros
Manoel José Alves da Fonseca
Manoel José de Almeida
Manoel José de Menezes
Manoel José Fernandes
Manoel José, presbítero
Manoel Martins Vieira
Manoel Monteiro de Sá
Manoel Pacheco da Silva
Manoel Passos Corrêa
Manoel Pereira Faria
Manoel Pereira Pinha
Manoel Rodrigues de Araújo
Manoel Rodrigues de Moura

Manoel Teixeira de Araújo Santos
Maximiano dos Santos Marques
Membros do conselho supremo militar
Miguel José de Araújo
Moradores da ilha de Paquetá
Moradores da província do Pará
Moradores da vila de Caravelas
Negociantes credores de valores aprisionados
Negociantes da Bahia
Negociantes da Corte, Simão da Rocha Loureiro e outros
Negociantes do Rio de Janeiro, consignatários do açúcar de Santos
Negociantes Platt e Milne
Nicolau Pereira de Proença
Nuno Augusto Garvelle
Oficiais da Câmara dos Deputados, porteiros e contínuos
Oficiais de Justiça e Eclesiástico de São Paulo
Oficiais espanhóis imigrados
Oficialidade de São Paulo
Olimpio Carneiro
Oponentes da nova medição do Tombo da Fazenda Nacional de Santa Cruz
Ourives do ouro e prata do Rio de Janeiro
Ouvidor de Ouro Preto
Padre Antônio Craveiro de Barros Leite
Padre Inácio Gomes Valente e João Antônio Monteiro
Padre Isaías Gomes Valente e João Antônio Monteiro
Padre João Antônio Torres
Padre Marcelino Pinto Ribeiro Duarte
Pároco de Santo Antônio de Alagoinhas
Párocos de Ouro Preto
Pedro Afonso de Carvalho
Pedro de Azevedo e Souza
Pedro Labatut
Pedro Ribeiro Sanches
Possidonio Carneiro da Silva
Povoação de Monte Alegre

Povos da vila de Santa Luzia
Presos na Fortaleza de Cinco Pontes
Presos na presinganga *Príncipe Real*
Professores de música da Bahia
Professores públicos de línguas e belas-artes da Bahia
Proprietários de engenhos de Pernambuco
Proprietários de fábricas de açúcar do Maranhão
Proprietários prejudicados pela medição da Fazenda de Santa Cruz
Rafael Fernandes
Raimundo Felipe Lobato
Raimundo José Menezes Fróes
René Ogier
Representantes da Câmara Municipal de Aracati
Representantes da Câmara Municipal de São José do Príncipe
Representantes da cidade de Mariana
Representantes da vila de Jundiaí
Requerimento da Oficialidade
Réus militares a bordo da nau *Príncipe Real*
Ricardo Francisco Nunes e D. Ana Jacem de Castro Seuro
Roberto Told
Rosa Clara Ribeiro e Luiza Maria de Lemos
Sabina Rosa de Jesus
Salvador José Maciel
Sargento-mor José Manoel da Luz
Sargento-mor Pedro de Alcântara
Sebastião Gaspar de Almeida Boto
Secretaria da Câmara de Porto Alegre
Segundo e Terceiros Escriturários do Tesouro Nacional
Sérgio de Souza Mello
Silvestre de Souza Telles
Soldados presos a bordo da presinganga
Substituto da cadeira de gramática latina e retórica de São Paulo
Taquígrafo Manoel Cypriano de Freitas
Tenente-coronel Francisco Lopes de Abreu e outros
Tenente-coronel João Francisco Chaby

Tenente-coronel Sebastião Gaspar de Almeida Boto
Tenente-coronel Sebastião Gaspar de Almeida Boto
Thomaz de Vila Nova e Portela
Thomaz José de Oliveira
Thomaz Lucas Gouvêa
Thomaz Luiz de Corrêa
Thomaz Soares de Andrade
Thomé Manuel de Jesus Varela
Thomé Pinto Barbosa e outros
Vários cidadãos da cidade de São Paulo
Vários moradores de Valença
Vários proprietários da cidade do Rio de Janeiro
Vários proprietários de prédios da Corte
Vereadores da Câmara de Santo Antônio de Sá
Veríssimo José da Silva e outros
Vicente Antônio de Miranda
Vicente Ferreira Titara
Vicente José de Araújo Lobo
Vieira Souto e Melo Mattos
Vigário e mais párocos da freguesia de Santa Luzia do Norte
Vila de Macaé
Vila de Pochim
Vila de Sabará
Vila de São Bento do Tamanduá
Vila de Urubu de Cima
Vila do Príncipe e juiz de paz do julgado do Brejo
Viscondessa da Cachoeira
Viúva e herdeiros do capitão José Pereira da Costa

1.4 – Requerimentos pesquisados no Arquivo Histórico da Câmara dos Deputados – CEDI

1823
Ângelo José Saldanha, AC1823/26/1

Antônio Gomes Touguinha, AC1823/26/1
Antonio José de Almeida, AC1823/26/1
Aquilino Alvarenga Delgado e França, AC1823/26/1
Bernardo José Pereira da Silva, AC1823/26/1
Caetano José Barbosa do Canto Brum, AC1823/26/1
Casimiro de Oliveira Páes, AC1823/26/1
Cleto Joaquim Ribeiro, AC1823/26/1
Francisco Gonçalves dos Santos, AC1823/26/1
Francisco José Gonçalves Chaves, AC1823/26/1
Francisco Xavier Pires Campos
Instruções da Câmara de Cantagalo aos Deputados da Província do Rio de Janeiro
João Clemente Vieira Souto, AC1823/26/1
Joaquim Inácio Lopes, AC1823/26/1
Joaquim José Nóbrega, AC1823/26/1
José Antônio Ferreira, AC1823/26/1
José Antônio Gonçalves de Amorim, AC1823/26/1
José Domingues Ataíde Moncorvo, AC1823/26/1
José Joaquim Monteiro, AC1823/26/1
José Manuel Ferreira, AC1823/26/1
José Maria Quaresma, AC1823/26/1
José Martins Rocha, AC1823/26/1
José Militão Soares, AC1823/26/1
Manoel Clemente de Sampaio, AC1823/26/1
Maria Joaquina, AC1823/30/3.2
Presos da Província de São Paulo, AC1823/20/2.8
Silvério Candido de Faria, AC1823/26/1

1826
André José Carlos Tupinambá
Antônio Francisco de Almeida e Gama, 429/1826
Cláudio José de Souza
Francisco Duarte Belas
Joana Francisca Margarida
José Joaquim da Fonseca
José Lauriano da Costa

José Manuel Franco e demais proprietários de secos e molhados, 557/1826
Major Ricardo e outros
Senhores de engenho e aguardentes, 475/1826

1827
Antônio José Gonçalves, 836/1827
Bootly Johnston e Comp., 1000/1827
Felipe Luiz de Oliveira, 905/1827
Inácia Pulgeria Bulhões, 833/1827
Isabel Coelho Carapeba, 1000/1827
Joaquim Bernardino de Moura, 832/1827

1828
Vitorino dos Santos Pereira

1830
André José Campos Tupinambá, Lata: 44, Maço: 6, Pasta: 2
Antônio da Costa Rodrigues Rosa, Lata: 44, Maço: 6, Pasta: 2
Antônio da Costa Rodrigues Rosa, Lata: 44, Maço: 6, Pasta: 2
Antônio da Costa Rodrigues Rosa, Lata: 44, Maço: 6, Pasta: 2
Antônio Elias de Moraes, Lata: 44, Maço: 6, Pasta: 1c
Antônio Joaquim de Oliveira, Lata: 44, Maço: 6, Pasta: 2
Antônio Joaquim Vaz Pinto, Lata: 45, Maço: 8, Pasta: 3
Antônio José Luiz da Silva, Lata: 43, Maço: 3, Pasta: 1
Antônio Manoel de Sá Ferreira, Lata: 44, Maço: 6, Pasta: 2
Antônio Manuel Correa (Ex- Encarregado de Negócios do Império do Paraguai), Lata: 43, Maço: 2, Pasta: 2
Antônio Maria de Almeida, Lata: 45, Maço: 8, Pasta: 3
Antônio Muniz de Souza
Antônio Rodrigues de Amorim, Lata: 43, Maço: 3, Pasta: 1
Bernardo Peres da Silva, Lata: 43, Maço: 2, Pasta: 2
Câmara Municipal da Cidade da Bahia, Lata: 44, Maço: 6, Pasta: 2
Cândido Martins dos Santos Vianna Filho, Lata: 44, Maço: 6, Pasta: 1c
Carlos Bertham, Lata: 44, Maço: 5, Pasta: 1

Conselheiro Antônio Manuel Correa da Câmara, Lata: 45, Maço: 8, Pasta: 3
Conselho Supremo Militar, Lata: 45, Maço: 8, Pasta: 3
Coronéis de 2ª linha do Exército, Lata: 45, Maço: 8, Pasta: 3
Coronel Elias Alexandre da Silva Correa, Lata: 43, Maço: 3, Pasta: 1
D. Abade do Mosteiro de S. Bento da Corte, Lata: 44, Maço: 6, Pasta: 1c
D. Francisca Maria da Silva, Vicente Eloy da Fonseca Silva, Lata: 44, Maço: 6, Pasta: 1c
Desembargador Bernardo José da Cunha Gusmão Vasconcellos, Lata: 43, Maço: 3, Pasta: 1
Dr. José Joaquim Correa da Costa Pereira do Lago, Lata: 44, Maço: 6, Pasta: 2
Empregados da Secretaria do Governo da Província de Minas Gerais, Lata: 45, Maço: 8, Pasta: 3
Escrivães e oficiais da Justiça da vila de Magé, Lata: 45, Maço: 8, Pasta: 3
Ex-soldados de diferentes corpos do Exército de Guarnição da Corte, Lata: 44, Maço: 6, Pasta: 2
Fazendeiros e criadores de gado do Rio de Janeiro, Lata: 43, Maço: 2, Pasta: 2
Fiéis dos Armazéns da Alfândega da Corte, Lata: 45, Maço: 8, Pasta: 3
Francisco Alves Machado, Lata: 43, Maço: 2, Pasta: 2
Habitantes das cabeceiras do rio Ibê, Macabu e Rio Grande, Lata: 43, Maço: 2, Pasta: 2
Herdeiros de Francisco José de Lima, Lata: 44, Maço: 6, Pasta: 1c
Irmãos Vinnie e Comp., Lata: 44, Maço: 5, Pasta: 1
João Adriano Chaves, Joaquim Gonçalves da Silva, José Ramos Neves, Narciso José de Sacavan e Antônio Francisco Gomes, Lata: 43, Maço: 3, Pasta: 1
João Baptista Rodrigues da Silva, Lata: 44, Maço: 5, Pasta: 1
João da Silva Grego, Lata: 44, Maço: 6, Pasta: 2
João da Siqueira Campelo, Lata: 44, Maço: 6, Pasta: 2
Joaquina Maria Pereia Vianna, Lata: 44, Maço: 6, Pasta: 1c
José Antônio Barbosa, Lata: 43, Maço: 2, Pasta: 2
José Antônio de Souza, Lata: 45, Maço: 8, Pasta: 3
José Antônio Pereira de Carvalho, Lata: 45, Maço: 8, Pasta: 3
José da Silva Guimarães, Lata: 44, Maço: 5, Pasta: 1
José de Barros Bernardes, Lata: 44, Maço: 6, Pasta: 2
José Januário de Albuquerque, Lata: 44, Maço: 6, Pasta: 2
José Manoel Pereira Pinna e sua mulher, Lata: 44, Maço: 6, Pasta: 1c
José Maria da Costa Paiva e Norberto Joaquim José Guedes, Lata: 44, Maço: 5, Pasta: 1
José Mathias Ferreira de Abreu, Lata: 45, Maço: 8, Pasta: 3
Josefa Maria Nogueira, Lata: 43, Maço: 3, Pasta: 1

Luiz de Santana Gomez, Lata: 44, Maço: 6, Pasta: 1c
Manoel Domingues de Moura, Lata: 45, Maço: 8, Pasta: 3
Manoel Inácio de Carvalho Mendonça, Lata: 44, Maço: 6, Pasta: 2
Manoel José Alves da Fonseca, Lata: 45, Maço: 8, Pasta: 3
Maximiniano dos Santos Marques, Lata: 45, Maço: 8, Pasta: 3
Moradores da Ilha de Paquetá, Lata: 43, Maço: 3, Pasta: 1
Negociantes da Praça da Bahia, Lata: 44, Maço: 5, Pasta: 1
Negociantes da Praça do Rio de Janeiro, Lata: 44, Maço: 5, Pasta: 1
Padre Joaquim José Menezes Zimblão e seus irmãos, Lata: 43, Maço: 3, Pasta: 1
Pedro Afonso de Carvalho, Lata: 44, Maço: 6, Pasta: 1c
Pedro Antônio da Silveira, Lata: 44, Maço: 6, Pasta: 2
Proprietários dos engenhos da freguesia de Serinhaém – Pernambuco, Lata: 44, Maço: 5, Pasta: 1
Segundos e Terceiros Escriturários Amanuenses e Praticantes do Tesouro Nacional, Lata: 45, Maço: 8, Pasta: 3
Silvestre de Souza Telles, Lata: 43, Maço: 3, Pasta: 1
Sociedade Filantrópica de São Paulo, Lata: 44, Maço: 6, Pasta: 2
Thenório Manuel de Jesus Varela, Lata: 44, Maço: 5, Pasta: 1
Thomaz Soares de Andrade, Lata: 43, Maço: 2, Pasta: 2
Venâncio Antônio Machado, Lata: 43, Maço: 3, Pasta: 1
Vicente Ferreira dos Guimarães Peixoto, Lata: 43, Maço: 2, Pasta: 2
Vicente José Araújo Lobo, Lata: 45, Maço: 8, Pasta: 3

1831
Acionistas do Banco do Brasil, Lata: 69A, Maço: 43, Pasta: 8
Agostinho Isidoro do Rosário, Lata: 69A, Maço: 44, Pasta: 1
Alexandre José de Oliveira
Alexandre Taveira dos Reis, Lata: 69B, Maço: 46, Pasta: 1
Alferes do Extinto Batalhão de Caçadores nº 10 de 1ª Linha, Lata: 59, Maço: 10, Pasta: 2
Alunos da Academia Médico- Cirúrgica, Lata: 69A, Maço: 4, Pasta: 3
Alunos da Academia Médico-Cirúrgica, Lata: 58, Maço: 9, Pasta: 2
Ambrosio Machado de Assumpção, Lata: 69A, Maço: 43, Pasta: 2
Ana Maria Gomes, Lata: 8, Maço: 8, Pasta: 8
André Joaquim da Costa, Lata: 58, Maço: 9, Pasta: 2
Antônio Barbosa da Silva, Lata: 69A, Maço: 43, Pasta: 8

Antônio Coelho de Souza, Lata: 69B, Maço: 46, Pasta: 1
Antônio de Mattos, Lata: 69A, Maço: 45, Pasta: 1
Antônio Dias de Oliveira e Andrade, Lata: 69A, Maço: 44, Pasta: 5
Antônio Ferreira Carroz, Lata: 59, Maço: 12, Pasta: 2
Antônio Francisco Correa Viana, Lata: 57, Maço: 6, Pasta: 1
Antônio Francisco do Nascimento França, Lata: 57, Maço: 6, Pasta: 1
Antônio Francisco Dutra e Luis José Aguiar, Lata: 57, Maço: 5, Pasta: 1
Antônio Joaquim da Silva, Lata: 69A, Maço: 43, Pasta: 8
Antônio José Batista de Salles, Lata: 58, Maço: 9, Pasta: 1
Antônio José da Câmara, Lata: 57, Maço: 6, Pasta: 1
Antônio José da Veiga, Lata: 8, Maço: 8, Pasta: 8
Antônio Machado de Carvalho, Lata: 59, Maço: 11, Pasta: 1
Antônio Muniz Souza, Lata: 69B, Maço: 48, Pasta: 9
Antônio Silvério Palmeira Lins, Lata: 59, Maço: 10, Pasta: 2
Antônio Telles de Vasconcellos, Lata: 58, Maço: 9, Pasta: 2
Augusto Roichter, Augusto Ernesto, Jorge Weber e João Usseig, Lata: 69B, Maço: 46, Pasta: 1
Barão Augusto Taube, Lata: 59, Maço: 12, Pasta: 2
Bernardo Paes Sardinha, Lata: 59, Maço: 10, Pasta: 2
Braz Pereira Mendes, Lata: 59, Maço: 12, Pasta: 2
Caetano Maria Lopes Gama, Lata: 58, Maço: 9, Pasta: 1
Câmara da vila de Alcobaça, Lata: 59, Maço: 11, Pasta: 2
Câmara da vila de Angra dos Reis da Ilha Grande, Lata: 58, Maço: 8, Pasta: 3
Câmara da vila de Jacareí, Lata: 59, Maço: 11, Pasta: 2
Câmara da vila de Paracatu, Lata: 58, Maço: 8, Pasta: 3
Câmara da vila de Paracatu, Lata: 59, Maço: 11, Pasta: 2
Câmara da Vila de Queluz, Lata: 69B, Maço: 47, Pasta: 1
Câmara da vila de São Bento do Tamanduá, Lata: 59, Maço: 11, Pasta: 2
Câmara da vila do Brejo, Lata: 59, Maço: 11, Pasta: 2
Câmara da Vila Nova da Campina Grande, Lata: 69B, Maço: 47, Pasta: 1
Câmara de Cantagalo, Lata: 59, Maço: 11, Pasta: 2
Câmara de Itaguaí, Lata: 58, Maço: 9, Pasta: 2
Câmara de Mariana, Lata: 59, Maço: 11, Pasta: 2
Câmara de Ouro Preto, Lata: 58, Maço: 9, Pasta: 2
Câmara de Santo Antônio de Sá, Lata: 57, Maço: 6, Pasta: 2
Câmara de Santo Antônio de Sá, Lata: 59, Maço: 11, Pasta: 2

Câmara Municipal da vila da Cachoeira, Lata: 57, Maço: 5, Pasta: 2
Câmara Municipal da vila de Cachoeira, Lata: 58, Maço: 9, Pasta: 2
Câmara Municipal da vila de São José, Lata: 58, Maço: 8, Pasta: 3
Câmara Municipal de Macaé, Lata: 58, Maço: 9, Pasta: 2
Câmara Municipal de Recife, Lata: 8, Maço: 8, Pasta: 8
Câmara Municipal de Santa Maria de Baependi, Lata: 8, Maço: 8, Pasta: 8
Câmaras de São Francisco Xavier de Itaguaí, Lata: 69A, Maço: 43, Pasta: 7
Capitão José Gomes de Araújo, Lata: 58, Maço: 9, Pasta: 1
Carlos Augusto Taunay, Lata: 57, Maço: 5, Pasta: 1
Carlos Bertram, Lata: 57, Maço: 5, Pasta: 1
Carlos Bertram, Lata: 69A, Maço: 43, Pasta: 8
Carlos Eimbck, Lata: 69A, Maço: 45, Pasta: 1
Carlos Ferdinando Nonnenoprediger, Lata: 59, Maço: 10, Pasta: 2
Carlos João Appletan, Lata: 59, Maço: 12, Pasta: 2
Cesário Gomes de Araújo, Lata: 57, Maço: 6, Pasta: 1
Cidadãos da Imperial cidade de Ouro Preto, Lata: 69B, Maço: 47, Pasta: 1
Comissão de liquidação do banco, Lata: 8, Maço: 8, Pasta: 8
Coronéis de 2ª Linha do Exército da província de São Paulo, Lata: 59, Maço: 12, Pasta: 2
Cunhadores, cortadores e publicadores da Oficina das Cunhas e Ferros da Casa da Moeda, Lata: 59, Maço: 12, Pasta: 2
Cypriano José Barata de Almeida Manoel, Lata: 69B, Maço: 46, Pasta: 1
Cyriaco Cipriano Claro, Lata: 69A, Maço: 43, Pasta: 2
D. Maria Ludivina da Cunha, Lata: 59, Maço: 11, Pasta: 1
D. Maria Magdalena da Cunha, Lata: 59, Maço: 11, Pasta: 1
Daniel Stenvenson, Lata: 69A, Maço: 43, Pasta: 8
David Cotter, Lata: 59, Maço: 12, Pasta: 2
Demétrio Graciano de Souza Mattos, Lata: 8, Maço: 8, Pasta: 8
Diogo Arthur, Lata: 59, Maço: 11, Pasta: 1
Diogo Rogers, Lata: 59, Maço: 12, Pasta: 2
Dioniso da Cunha Ribeiro, Lata: 57, Maço: 6, Pasta: 1
Documentos gerais sobre colonização, Lata: 58, Maço: 7, Pasta: 1
Domingos Lopes da Silva Araújo, Lata: 57, Maço: 6, Pasta: 1
Domingos Lourenço de Carvalho, Lata: 58, Maço: 9, Pasta: 2
Eduardo Thomaz Renaud e Co., Lata: 57, Maço: 5, Pasta: 1
Eduardo Thomaz Renaud, Lata: 57 Maço: 5, Pasta: 1

Empregados da Secretaria da Província da Paraíba do Norte, Lata: 59, Maço: 12, Pasta: 2
Empregados da Secretaria do Comando das Armas da Corte, Lata: 59, Maço: 12, Pasta: 2
Empregados do extinto Tribunal da Bula da Cruzada, Lata: 59, Maço: 11, Pasta: 2
Estanislau José dos Passos, Lata: 57, Maço: 5, Pasta: 4,
Estudantes do Imperial Colégio de São Joaquim, Lata: 58, Maço: 8, Pasta: 5
Felipe de Cerqueira, Lata: 69A, Maço: 45, Pasta: 1
Fernando Joaquim de Mattos, Lata: 57, Maço: 5, Pasta: 1
Fernando Maria de Mesquita, Lata: 57, Maço: 6, Pasta: 1
Firmino Guedes Monteiro, Lata: 69A, Maço: 44, Pasta: 5
Francisco Antônio Maciel, Lata: 59, Maço: 12, Pasta: 2
Francisco Antônio Martins, Lata: 69A, Maço: 43, Pasta: 2
Francisco Caribe Morotova, Lata: 69A, Maço: 44, Pasta: 6
Francisco Clarc, Lata: 59, Maço: 11, Pasta: 1
Francisco de Paula Santos e José Maria da Costa Reis, Lata: 59, Maço: 12, Pasta: 2
Francisco de Salles Gomes, Lata: 59, Maço: 11, Pasta: 1
Francisco dos Santos Moreira, Lata: 69A, Maço: 44 Pasta: 1
Francisco José Barbosa e José Mariano de Assunção Bailão, Lata: 58, Maço: 9, Pasta: 2
Francisco José da Silva Leal, Lata: 57, Maço: 6, Pasta: 3
Francisco Manuel Isidoro de Toledo e José Joaquim de Moraes, Lata: 59, Maço: 12, Pasta: 2
Francisco Pereira Guimarães Coutinho, Lata: 59 Maço: 12, Pasta: 2
Francisco Perrored, Lata: 8, Maço: 8, Pasta: 8
Francisco Theobaldo Sanches Brandão, Lata: 69B, Maço: 46, Pasta: 1
Frutuoso Luis da Motta, Lata: 57, Maço: 5, Pasta: 1
Galdino José Bezerra, Lata: 59, Maço: 12, Pasta: 2
George Agne Carruthers, Lata: 69B, Maço: 47, Pasta: 2
Gregório Wilhalba Alvim, Lata: 57, Maço: 6, Pasta: 3
Habitantes do arraial de Monte do Carmo, Lata: 69B, Maço: 47, Pasta: 1
Habitantes do Julgado de São Domingos do Araxá, Lata: 8, Maço: 8, Pasta: 8
Henrique Ernsdorf, Lata: 59, Maço: 12, Pasta: 2
Henrique Stepherson, Lata: 58, Maço: 9, Pasta: 2
Herdeiros de Caetano Reis Monteiro, Lata: 58, Maço: 9, Pasta: 1
Jean de Montigny, Lata: 58, Maço: 8, Pasta: 5
João Adrião Chaves e José Ramos Neves, Lata: 69A, Maço: 45, Pasta: 2
João Alvarez de Miranda Varejão, Lata: 59, Maço: 10, Pasta: 2

João Baptista Amaral e Mello, Lata: 58, Maço: 8, Pasta: 5
João Batista Pereira Sodré, Lata: 69A, Maço: 45, Pasta: 2
João Batista Xavier da Costa, Lata: 57, Maço: 6, Pasta: 1
João Camanos, Lata: 69A, Maço: 43, Pasta: 8
João Carlos Pedro, Lata: 69A, Maço: 45, Pasta: 2
João Constant, Lata: 57, Maço: 5, Pasta: 1
João da Silva (grego), Lata: 58, Maço: 9, Pasta: 2
João de Castro Silva, Lata: 57, Maço: 6, Pasta: 1
João de Deus Mena Barreto, Lata: 59, Maço: 10, Pasta: 2
João Dias, Antônio José Enriques e José Lemos – Correios do Gabinete de Estado e Regência, Lata: 59, Maço: 12, Pasta: 2
João Florêncio Perea, Lata: 59, Maço: 10, Pasta: 2
João Gonçalves Ferreira, Lata: 58, Maço: 9, Pasta: 1
João Homem de Carvalho, Lata: 58, Maço: 9, Pasta: 1
João José da Silva Leite, Lata: 57, Maço: 6, Pasta: 1
João José da Silva, Lata: 69A, Maço: 43, Pasta: 2
João Marques de Mattos, Lata: 69A, Maço: 45, Pasta: 1
João Midosi, Lata: 59, Maço: 12, Pasta: 2
João Rodrigues de Miranda, Lata: 69B, Maço: 47, Pasta: 1
João Rodrigues de Miranda, Lata: 69B, Maço: 47, Pasta: 1
João Schwalback, Lata: 59, Maço: 12, Pasta: 2
João Thimoteo Leite Pacheco, Lata: 59, Maço: 10, Pasta: 2
Joaquim Antônio Fonseca e outros, Lata: 58, Maço: 9, Pasta: 1
Joaquim Barroso Pereira, Lata: 57, Maço: 6, Pasta: 3
Joaquim Bernardo Leão, Lata: 57, Maço: 6, Pasta: 1
Joaquim Carlos Frederico da Gama, Lata: 57, Maço: 6, Pasta: 1
Joaquim Chicolla, Lata: 69A, Maço: 43, Pasta: 8
Joaquim de Sant'anna de Souza Campos, Lata: 59, Maço: 12, Pasta: 2
Joaquim José Ezequiel Almeida Galeão, Lata: 57, Maço: 6, Pasta: 1
Joaquim José Ezequiel de Almeida Galião, Lata: 59, Maço: 12, Pasta: 2
Joaquim José Pereira de Faro e outros, Lata: 59, Maço: 11, Pasta: 1
Joaquim José Teixeira Reis, Lata: 69B, Maço: 46, Pasta: 1
Joaquim Pinheiro de Campos, Lata: 57, Maço: 6, Pasta: 1
Joaquim Pinto, Nicolau José Marques, Lata: 69A, Maço: 45, Pasta: 2
Joaquina Rosa de São José, Lata: 69A, Maço: 44, Pasta: 6

Joaquina Rosa de Vasconcelos, Lata: 57, Maço: 5, Pasta: 4
José Antônio da Silva, Lata: 58, Maço: 9, Pasta: 1
José Antônio Esperança, Lata: 59, Maço: 10, Pasta: 2
José Antônio Pereira da Silva, Lata: 87, Maço: 9, Pasta: 1
José Bento dos Santos, Lata: 69A, Maço: 45, Pasta: 2
José Cornélio Martins Pereira, Lata: 57, Maço: 6, Pasta: 1
José Delamis, nação italiana, Lata: 58, Maço: 9, Pasta: 2
José Dias da Cruz Lima, Lata: 57, Maço: 6, Pasta: 1
José Inocêncio de Araújo, Lata: 57, Maço: 5, Pasta: 4
José Joaquim da Rocha, Lata: 58, Maço: 9, Pasta: 2
José Joaquim de Gouvêa, Lata: 57, Maço: 6, Pasta: 1
José Joaquim de Lima e Silva, Lata: 57, Maço: 6, Pasta: 3
José Joaquim dos Santos, Lata: 58, Maço: 8, Pasta: 5
José Laureano da Costa
José Lino de Moura, Lata: 8, Maço: 8, Pasta: 8
José Lopes Xavier, Lata: 57, Maço: 6, Pasta: 1
José Militão da Rocha, Lata: 59, Maço: 12, Pasta: 2
José Moreira Lírio, Lata: 59, Maço: 11, Pasta: 1
José Ramos de Azevedo, Lata: 59, Maço: 12, Pasta: 2
José Ribeiro da Silva, Lata: 57, Maço: 6, Pasta: 1
José Rodrigues Moreira, Lata: 59, Maço: 12, Pasta: 2
José Rodrigues, Lata: 59, Maço: 10, Pasta: 2
José Silvestre Rebelo, Lata: 69A, Maço: 43, Pasta: 8
José Vitorino Coimbra, Lata: 57, Maço: 6, Pasta: 1
Lata: 58, Maço: 8, Pasta: 4
Lourenço Antônio do Rego, Lata: 59, Maço: 10, Pasta: 2
Lourenço José Ribeiro, Lata: 59, Maço: 12, Pasta: 2
Luiz Almeida Maciel, Lata: 57, Maço: 5, Pasta: 3
Luiz Antônio da Silva Araújo, Lata: 57, Maço: 6, Pasta: 1
Luiz da Cunha Moreira, Lata: 69A, Maço: 45, Pasta: 2
Luiz Gomes Anjo, Lata: 69A, Maço: 44, Pasta: 6
Luiz Henrique de Aguiar, Lata: 57, Maço: 6, Pasta: 1
Manoel Franklin do Amaral, Lata: 69B, Maço: 46, Pasta: 1
Manoel Alexandre Taveira dos Reis, Lata: 69B, Maço: 46, Pasta: 1
Manoel Antônio Henriques Totta, Lata: 69A, Maço: 4, Pasta: 3

Manoel Candido Lopes de Araújo, Lata: 58, Maço: 9, Pasta: 1
Manoel da Costa e Oliveira, Lata: 58, Maço: 9, Pasta: 1
Manoel da Silva Santos, Lata: 69A, Maço: 43, Pasta: 2
Manoel Gomes Ninne, Lata: 58, Maço: 9, Pasta: 2
Manoel Joaquim Xavier de Barros, Lata: 57, Maço: 6, Pasta: 1
Manoel José Pereira da Silva, Lata: 69A, Maço: 43, Pasta: 2
Manoel Maria das Neves e outros, Lata: 58, Maço: 9, Pasta: 1
Manoel Martins Vieira
Manoel Monteiro e outros, Lata: 58, Maço: 9, Pasta: 1
Manoel Pedro dos Reis, Lata: 69A, Maço: 45, Pasta: 2
Manuel Martins Vieira, Lata: 58, Maço: 9, Pasta: 1
Manuel Nunes de Noronha, Lata: 59, Maço: 11, Pasta: 1
Marcos José Evangelista, Lata: 59, Maço: 10, Pasta: 2
Maria Cândida Conceição, Lata: 59, Maço: 11, Pasta: 1
Maria Rosa de Araújo, Lata: 69A, Maço: 44, Pasta: 6
Maria Rosa do Espírito Santo, Lata: 59, Maço: 11, Pasta: 1
Mariana de Almeida Lima, Lata: 58, Maço: 9, Pasta: 1
Mariana Vistoria de Souza Pinto Carneviva, Lata: 58, Maço: 8, Pasta: 4
Marianna Rita de Menezes, Lata: 69A, Maço: 44, Pasta: 6
Mariano Antônio Correia Borges, Lata: 69A, Maço: 43, Pasta: 7
Mariano de Almeida Lima, Lata: 58, Maço: 9, Pasta: 2
Matheus Welsh, Lata: 59, Maço: 12, Pasta: 2
Médicos cirúrgicos militares, Lata: 59, Maço: 10, Pasta: 2
Melchior Billeter, Lata: 59, Maço: 12, Pasta: 2
Mesários da Ordem 3ª da Senhora do Monte do Carmo, Lata: 69A, Maço: 44, Pasta: 1
Miguel Joaquim de Almeida, Lata: 57, Maço: 5, Pasta: 1
Negociantes da Praça do Rio de Janeiro, Lata: 58, Maço: 9, Pasta: 1
Negociantes da Vila de Baependi, Lata: 8, Maço: 8, Pasta: 8
Negociantes da vila de Guaratinguetá, Lata: 8, Maço: 8, Pasta: 8
Negociantes da Vila de São Pedro de Cantagalo, Lata: 58, Maço: 8, Pasta: 9
Nicolau Tolentino Pereira da Silva, Lata: 58, Maço: 9, Pasta: 1
Nuno Augusto Gravelle, Lata: 57, Maço: 6, Pasta: 3
Oficiais Amanuenses e Correios da Secretaria de Governo do Pará, Lata: 59, Maço: 12, Pasta: 2
Oficiais da Contadoria da Junta da Fazenda de Minas Gerais, Lata: 69B, Maço: 47, Pasta: 1

Oficiais da Contadoria da Junta da Fazenda de Minas Gerais, Lata: 69B, Maço: 47, Pasta: 1
Oficiais da Província da Bahia, Lata: 69B, Maço: 46, Pasta: 1
Oficiais da Secretaria de Governo de Pernambuco, Lata: 59, Maço: 12, Pasta: 2
Oficiais do 27º. Batalhão de Caçadores de 1ª Linha, Lata: 59, Maço: 10, Pasta: 2
Oficiais do Regimento de Infantaria da 2ª Linha do Exército, Lata: 69B, Maço: 46, Pasta: 1
Oficiais do Regimento de Infantaria da 2ª Linha do Rio de Janeiro, Lata: 59, Maço: 10, Pasta: 2
Padre Candido José de Castro, Lata: 57, Maço: 5, Pasta: 4
Padre Jacinto José Pinto Moreira, Lata: 58, Maço: 8, Pasta: 9
Padre Joaquim M. Limblão e irmãos. Lata: 58, Maço: 9, Pasta: 1
Passageiros do brigue *Ontário*, Lata: 69B, Maço: 47, Pasta: 2
Paul Leuroth, Lata: 59, Maço: 11, Pasta: 1
Pedro Hamim da Costa, Lata: 58, Maço: 9, Pasta: 1
Presos na Fortaleza de Santa Cruz, Lata: 69A, Maço: 45, Pasta: 1
Provincial dos franciscanos da província da Conceição Rio de Janeiro – Frei Joaquim de S. Daniel,
Raymundo Fillipe Lobato, Lata: 59, Maço: 12, Pasta: 2
Renato Pedro Boiret, Lata: 59, Maço: 10, Pasta: 2
Requerente: José Procópio de Castro, Lata: 58, Maço: 8, Pasta: 4
Requerente: Manoel Gomes Coelho do Valle, Lata: 58, Maço: 9, Pasta: 1
Ricardo Antônio do Nascimento, Lata: 57, Maço: 6, Pasta: 1
Ricardo de Vasconcellos, Lata: 57, Maço: 6, Pasta: 1
Rosa Maria de Müller, Lata: 59, Maço: 11, Pasta: 1
Sebastião José Silva, Lata: 59, Maço: 11, Pasta: 1
Severino José da Silva, Lata: 57, Maço: 6, Pasta: 1
Simão Álvares Barreto, Lata: 69A, Maço: 44, Pasta: 6
Sociedade Defensora da Liberdade e Independência, Lata: 69A, Maço: 45, Pasta: 2
Tenente-General Joaquim de Oliveira Alvarez, Lata: 58, Maço: 8, Pasta: 3
Thomaz de Aquino – vigário da freguesia de São João Batista da Vila Real da Praia Grande, Lata: 58, Maço: 8, Pasta: 9
Thomaz Francisco de Toledo, Lata: 57, Maço: 6, Pasta: 1
Tiburtino Pinto de Almeida, Lata: 59, Maço: 12, Pasta: 2
Trabalhadores da Casa do Selo da Alfândega da Corte, Lata: 59, Maço: 12, Pasta: 2
Tristão Francisco Pereira de Andrade, Lata: 59, Maço: 12, Pasta: 2
Tristão José da Silva, Lata: 57, Maço: 5, Pasta: 4

1832
Alexandre José dos Santos, Lata: 75, Maço: 17, Pasta: 6
Antônio Cordeiro Ramos, Lata: 75, Maço: 17, Pasta: 6
Antônio Francisco de Souza, Lata: 75, Maço: 17, Pasta: 9
Câmara da Vila de Macaé
Floriano José Fernandes, Lata: 75, Maço: 17, Pasta: 6
Herdeiros de Francisco José de Souza, Lata: 75, Maço: 17, Pasta: 6
Luiza Maria Machado, Lata: 75, Maço: 17, Pasta: 6

1.5 – Requerimentos pesquisados no Arquivo Histórico do Senado Federal

Acionistas do Banco do Brasil, Caixa: 17, Maço: 01, Pasta: 07
Capelão Antônio José de Castro, Caixa: 09, Maço: 02, Pasta: 05

1826
Brigadeiro Lourenço Maria de Almeida Portugal, Caixa: 02, Maço: 03, Pasta: 15
Caetano Maria Lopes Gama, Caixa: 03, Maço: 02, Pasta: 06
Claudino José de Souza, Caixa: 04, Maço: 01, Pasta: 27
Domingos Mendes, Caixa: 04, Maço: 01, Pasta: 06
Francisco de Souza Paraíso, Caixa: 02, Maço: 01, Pasta 01
Francisco Xavier de Barros Galvão, Caixa: 03, Maço: 01, Pasta: 10
Funcionários da Secretaria do Governo da Bahia, Caixa: 04, Maço: 02, Pasta: 20
Hércules Otaviano Muniz e outros, Caixa: 04, Maço: 03, Pasta: 14
Inácio Francisco Viera de Lacerda, Caixa: 05, Maço: 03, Pasta: 02
Jerônimo Xavier de Barros, Caixa: 05, Maço: 01, Pasta: 16
João Batista, Caixa: 29b, Maço: 03, Pasta: 23
João Caetano de Almeida França, Caixa: 04, Maço: 01, Pasta: 10
João Caetano de Almeida, Caixa: 03, Maço: 03, Pasta: 05
João Caetano de Almeida, Caixa: 04, Maço: 03, Pasta: 15
João Dantas Itapicuru e outros, Caixa: 03, Maço: 01, Pasta: 04
Joaquim de Sant'Anna Lima Araújo Marinho, Caixa: 03, Maço: 03, Pasta: 13
José Albino e outros, Caixa: 05, Maço: 01, Pasta: 11
José Albino Pereira, Caixa: 04, Maço: 02, Pasta: 17

José Lourenço Dias, Caixa: 04, Maço: 02, Pasta: 12
Laurindo José de Souza, Caixa: 04, Maço: 03, Pasta: 07
Manoel Correa da Gama, Caixa: 04, Maço: 03, Pasta: 17
Manoel Maria Figueiredo Nabuco de Araújo, Caixa: 03, Maço: 03, Pasta: 22
Moradores do arraial de Nossa Senhora da Oliveira, Caixa: 29, Maço: 02, Pasta: 02
Rodecindo Cualberto de Gouvêa, Caixa: 04, Maço: 01, Pasta: 03
Senado da vila de São Francisco da Barra do Sergipe do Conde, Caixa: 03, Maço: 01, Pasta: 13
Vendedores de Molhados da Corte, Caixa: 05, Maço: 01, Pasta: 13
Vitorino Ribeiro de Oliveira e Silva, Caixa: 05, Maço: 01, Pasta: 28

1827
Alexandre José dos Passos Herculano e Lopes, Caixa: 07, Maço: 02, Pasta: 02
Antônio F. Carvalho e outros negociantes, Caixa: 08, Maço: 03, Pasta: 02
Antônio Gerardo Curado, Caixa: 08, Maço: 02, Pasta: 11
Antônio José da Costa Amorim Freitas, Caixa: 07, Maço: 01, Pasta: 03
Antônio Rodrigues e outros, Caixa: 09, Maço: 01, Pasta: 06
Batista Caetano de Almeida, Caixa: 06, Maço: 02, Pasta: 08
Caetano Vicente de Almeida, Caixa: 20, Maço: 01, Pasta: 25
Cel. Joaquim Ferreira França, Caixa: 09, Maço: 03, Pasta: 06
Comissão de Comerciantes da Corte, Caixa: 29, Maço: 02, Pasta: 07
Empregados das Repartições da Junta de Fazenda da Bahia, Caixa: 07, Maço: 02, Pasta: 04
Francisco de Sousa Paraíso, do Conselho da Fazenda, Caixa: 07, Maço: 01, Pasta: 10
Francisco Sérgio de Mattos, Caixa: 08, Maço: 01, Pasta: 26
Frei Antônio do Carmo, provincial da Ordem de São Bento, Caixa: 09, Maço: 01, Pasta: 05
João Manoel Pio, Caixa: 07, Maço: 01, Pasta: 03
José Antônio Pereira do Lago, Caixa: 08, Maço: 02, Pasta: 14
José Corsino da Silva Raposo, Caixa: 09, Maço: 01, Pasta: 04
José Paulo Dias Jorge, Caixa: 07, Maço: 03, Pasta: 20
José Rezende Costa – escrivão da Mesa do Tesouro Público, Caixa: 09, Maço: 02, Pasta: 12
José Theodomiro dos Santos, Caixa: 06, Maço: 01, Pasta: 17
Maria da Glória de Oliveira Bello, Caixa: 09, Maço: 02, Pasta: 09
Mariano Carlos de Souza Corrêa, Caixa: 29, Maço: 02, Pasta: 30
Moradores do Arraial de Formiga, Caixa: 08, Maço: 02, Pasta: 05
Negociantes de Molhados da Corte, Caixa: 07, Maço: 01, Pasta: 08

Oficiais da Secretaria da Presidência da Bahia, Caixa: 07, Maço: 01, Pasta: 06
Pedro Machado de Miranda Malheiros, Caixa: 07, Maço: 01, Pasta: 16
Promotor do Juízo da Fisicatura-Mor – José Veríssimo dos Santos, Caixa: 09, Maço: 03, Pasta: 09
Severiano Maria Dias da Cruz, Caixa: 07, Maço: 01, Pasta: 03

1828
Alexandre Maria de Carvalho e Oliveira, Caixa: 11, Maço: 02, Pasta: 08
Antônio Fernandes Pereira Correia, Caixa: 12, Maço: 01, Pasta: 24
Benedita da Trindade do Lado de Cristo, Caixa: 11, Maço: 02, Pasta: 11
Bonifácio de Siqueira, Caixa: 11, Maço: 01, Pasta: 06
Jerônimo Xavier de Barros, Caixa: 09, Maço: 03, Pasta: 10
Jerônimo Xavier de Barros, Caixa: 29, Maço: 02, Pasta: 17
Jerônimo Xavier de Barros, Caixa: 29, Maço: 02, Pasta: 20
João José Duarte da Fonseca, Caixa: 11, Maço: 03, Pasta: 27
Joaquim Inácio de Lima, Caixa: 11, Maço: 02, Pasta: 14
Joaquim José da Silva Meneses, Caixa: 12, Maço: 01, Pasta: 27
Joaquim José de Araújo, Caixa: 29, Maço: 02, Pasta: 15
Joaquim José de Souza, Caixa: 10, Maço: 01, Pasta: 07
José Angelim Boreli, Caixa: 29, Maço: 02, Pasta: 18
José Bernardino Ribeiro Diniz, Caixa: 16, Maço: 03, Pasta: 05
José Caetano de Andrade Pinto, Caixa: 12, Maço: 01, Pasta: 7
José Francisco da Silva, Caixa: 29, Maço: 02, Pasta: 16
José Paulo Dias Jorge, Caixa: 10, Maço: 01, Pasta: 06
José Paulo Dias Jorge, Caixa: 10, Maço: 01, Pasta: 06
Maria da Glória de Oliveira Bello, Caixa: 11, Maço: 03, Pasta: 26
Miguel José Ferreira Chaves, Caixa: 29, Maço: 02, Pasta: 18
Oficiais e demais empregados da Secretaria do Senado, Caixa: 12, Maço: 01, Pasta: 14
Padre Antônio de Almeida Pacheco Ceslau, Caixa: 10, Maço: 03, Pasta: 12
Padre Antônio de Almeida Pacheco, Caixa: 12, Maço: 01, Pasta: 15
Padre Antônio de Almeida Pacheco, Caixa: 10, Maço: 01, Pasta: 03
Padre Antônio de Almeida Pacheco, Caixa: 12, Maço: 01, Pasta: 23
Roberto Ferreira da Silva, Caixa: 11, Maço: 03, Pasta: 25
Senador Pedro José da Costa Barros, Caixa: 17, Maço: 03, Pasta: 02
Umbelina Rita, Caixa: 10, Maço: 01, Pasta: 11

Ao Soberano Congresso

1829

Antônio Maria de Moura, Caixa: 14, Maço: 01, Pasta: 02
Antônio Rodriguez Afonso, Caixa: 13, Maço: 01, Pasta: 02
Convento Nossa Senhora da Conceição da Lapa, Caixa: 28, Maço: 03, Pasta: 04
Domingos Martins Faria, Caixa: 14, Maço: 02, Pasta: 33
Faustino Maria Lima e Fonseca Gutierrez, Caixa: 06, Maço: 01, Pasta: 10
Fidélis Honório da Silva dos Santos, Caixa: 14, Maço: 02, Pasta: 35
Francisco de Seixas de Souto Maior, Caixa: 29, Maço: 02, Pasta: 27
João Antônio da Silva Pimentel, Caixa: 14, Maço: 01, Pasta: 07
João José Oliveira Junqueira e outros, Caixa: 14, Maço: 02, Pasta: 35
Joaquim Inácio de Lima, Caixa: 12, Maço: 03, Pasta: 03
Joaquim Inácio Lopes de Andrade, Caixa: 14, Maço: 02, Pasta: 38
Joaquim Inácio Lopes de Andrade, Caixa: 14, Maço: 02, Pasta: 32
Joaquim José Ribeiro de Barros, Caixa: 29, Maço: 02, Pasta: 26
José Cursino da Silva Raposo, Caixa: 14, Maço: 02, Pasta: 03
José Fernandes, Caixa: 14, Maço: 02, Pasta: 31
José Paulo Dias Jorge, Caixa: 12, Maço: 03, Pasta: 4
Lucas Antônio de Souza Oliveira e Castro e outros Oficiais da Contadoria da Junta de Fazenda/MG, Caixa: 14, Maço: 02, Pasta 18
Luiz da Silva Alves Azambuja Susano, Caixa: 13, Maço: 01, Pasta: 14
Matilde Emília de Vasconcelos Pinto, Caixa: 14, Maço: 02, Pasta: 13
Moradores da freguesia de Nossa Senhora da Piedade de Matoim, Caixa: 14, Maço: 01, Pasta: 01
Moradores da ponte do Rio Vermelho, Caixa: 11, Maço: 03, Pasta: 08
Padre Luiz de Souza Dias, Caixa: 11, Maço: 03, Pasta: 29
Paulo José de Mello Azevedo e Brito, Caixa: 13, Maço: 03, Pasta: 19
Pedro Machado de Miranda Malheiro, Caixa: 13, Maço: 03, Pasta: 06
Silvério Antônio de Pádua, Caixa: 13, Maço: 03, Pasta: 09

1830

Barão do Rio da Prata, Caixa: 16, Maço: 03, Pasta: 16
Bento de Oliveira Braga, Caixa: 16, Maço: 02, Pasta: 15
Câmara Constitucional da Vila do Príncipe, Caixa: 74, Maço: 03, Pasta: 14
Euzébio Nunes de Paiva Mattos, Caixa: 15, Maço: 01, Pasta: 21
Fidélis Honório da Silva dos Santos Pereira, Caixa: 16, Maço: 02, Pasta: 17

João Inocêncio de Azeredo Coutinho, Caixa: 14, Maço: 03, Pasta: 06
João Torroela, Caixa: 16, Maço: 01, Pasta: 15
José Caetano de Brito, Caixa: 15, Maço: 02, Pasta: 28
José de Souza Santos, Caixa: 16, Maço: 02, Pasta: 12
José Joaquim de Calazans, Caixa: 16, Maço: 02, Pasta: 02
Leandro Bento de Barros, Caixa: 15, Maço: 02, Pasta: 13
Major César Cadolino, Caixa: 16, Maço: 01, Pasta: 04
Manoel de Santa Bárbara Garcia, Caixa: 16, Maço: 03, Pasta: 11
Manoel José Barbosa Lomba, Caixa: 15, Maço: 02, Pasta: 26
Moradores da Povoação da Telha da Freguesia do Crato, Caixa: 17, Maço: 01, Pasta: 02
Moradores do Povoado da Serra dos Santos Cosme e Damião, Caixa: 17, Maço: 01, Pasta: 05
Padre Manoel Inácio de Carvalho, Caixa: 15, Maço: 02, Pasta: 11
Silvério Antônio de Pádua, Caixa: 13, Maço: 03, Pasta: 09

1831
Agostinho Pereira da Costa, Caixa: 20, Maço: 03, Pasta: 12
Antônio José Vitorino Borges da Fonseca, Caixa: 18, Maço: 02, Pasta: 23
Antônio Rodrigues da Silva, Caixa: 17, Maço: 02, Pasta: 30
Antônio Rodrigues da Silva, Caixa: 19, Maço: 01, Pasta: 17
Antônio Rodrigues de Campos Leite, Caixa: 17, Maço: 02, Pasta: 27
Câmara Municipal da Província da Bahia, Caixa: 21, Maço: 01, Pasta: 05
Camilo Maria Tonnelet Freire, Caixa: 17, Maço: 02, Pasta: 21
D. Maria Álvares de Almeida e Albuquerque, Caixa: 18, Maço: 03, Pasta: 07
Dionísio da Cunha Ribeiro, Caixa: 19, Maço: 02, Pasta: 38
Domingos Antônio Machado, Caixa: 21, Maço: 02, Pasta: 24
Felipe Néri da Silva, Caixa: 19, Maço: 01, Pasta: 01
Jerônimo José dos Santos, Caixa: 17, Maço: 32, Pasta: 29
João Carlos Correa Lemos, Caixa: 18, Maço: 02, Pasta: 24
João de Siqueira Campelo, Caixa: 20, Maço: 01, Pasta: 25
João Francisco de Chaby, Caixa: 19, Maço: 01, Pasta: 15
Joaquim Diniz da Silva Faria, Caixa: 19, Maço: 02, Pasta: 24
Joaquim José Pinheiro, Caixa: 17, Maço: 02, Pasta: 03
José Antônio de Oliveira e Silva, Caixa: 20, Maço: 03, Pasta: 01
José Bernardino Ribeiro Diniz, Caixa: 17, Maço: 03, Pasta: 10

José Fernandes, Caixa: 19, Maço: 01, Pasta: 34
José Inácio Simões Junior, Caixa: 19, Maço: 02, Pasta: 07
José Manoel Ferreira, Caixa: 20, Maço: 20, Pasta: 06
Leandro Bento de Barros, Caixa: 21, Maço: 01, Pasta: 07
Luiz Antônio Ribas, Caixa: 21, Maço: 01, Pasta: 07
Luiz José da Fonseca Ramos, Caixa: 17, Maço: 03, Pasta: 02
Luiz Pacheco da Cunha, Caixa: 18, Maço: 02, Pasta: 30
Manoel de Jesus Freire de Andrade, Caixa: 20, Maço: 01, Pasta: 20
Manoel do Carmo Inojoza, Caixa: 18, Maço: 03, Pasta: 04
Manoel José de Abreu, Caixa: 20, Maço: 01, Pasta: 22
Manoel Pereira dos Reis e outros, Caixa: 20, Maço: 01, Pasta: 13
Manoel Pinheiro de Almeida, Caixa: 18, Maço: 03, Pasta: 22
Manoel Rodrigues Gomes de Souza, Caixa: 19, Maço: 03, Pasta: 16
Miguel Marques da Rocha, Caixa: 17, Maço: 02, Pasta: 28
Padre Ângelo Maria Camponesqui, Caixa: 19, Maço: 02, Pasta: 30
Padre Antônio de Abreu Góis, Caixa: 17, Maço: 03, Pasta: 20
Professores das cadeiras públicas da cidade da Bahia, Caixa: 22, Maço: 01, Pasta: 08
Vicente José Ferreira, Caixa: 17, Maço: 03, Pasta: 01

1832
Antônio Alves da Silva Pinto, Caixa: 24, Maço: 02, Pasta: 17
Antônio Francisco Lima, Caixa: 25, Maço: 01, Pasta: 19
Bartholomeu Joaquim Vasques, Caixa: 29, Maço: 02, Pasta: 34
Camilo Lelis Godinho, Caixa: 24, Maço: 02, Pasta: 14
Carlos Adams, Caixa: 22, Maço: 01, Pasta: 20
Felippe Bernício, Caixa: 21, Maço: 03, Pasta: 05
Fernando Maria de Mesquita, Caixa: 25, Maço: 01, Pasta: 15
Fidelis Honório da Silva dos Santos, Caixa: 29, Maço: 02, Pasta: 33
Francisco Antônio de Sá Barreto, Caixa: 24, Maço: 01, Pasta: 08
Francisco de Paula Vieira de Azevedo, Caixa: 22, Maço: 02, Pasta: 09
Francisco Marques Lisboa, Caixa: 24, Maço: 03, Pasta: 06
Habitantes do curato de São Sebastião de Barra Mansa, Caixa: 24, Maço: 04, Pasta: 07
Inácio Joaquim da Silva, Caixa: 22, Maço: 01, Pasta: 01
Jácomo Gerardo Maria Lumachi de Mello, Caixa: 24, Maço: 02, Pasta: 08
José Antônio Pereira do Lago, Caixa: 24, Maço: 01, Pasta: 04

José Caetano Gomes – Presidente da Junta de Comércio, Caixa: 24, Maço: 03, Pasta: 22
José Joaquim de Sant'Anna, Caixa: 22, Maço: 02, Pasta: 11
José Lima, Caixa: 24, Maço: 02, Pasta: 18
José Rodrigues Dantas e outros, Caixa: 21, Maço: 02, Pasta: 28
José Veríssimo dos Santos, Caixa: 29, Maço: 02, Pasta: 32
Lourenço da Silva Resende e outros moradores da Vila Nova do Príncipe, Caixa: 24, Maço: 01, Pasta: 21
Manoel Carvalho de Morais, Caixa: 21, Maço: 03, Pasta: 34
Manoel da Fonseca Lima e Silva, Caixa: 25, Maço: 01, Pasta: 01
Manoel Pereira dos Reis e outros, Caixa: 24, Maço: 02, Pasta: 26
Mariano Silvino e outros, Caixa: 21, Maço: 03, Pasta: 05
Oficiais da Secretaria do Senado, Caixa: 24, Maço: 01, Pasta: 12
Taquígrafos do Senado, Caixa: 23, Maço: 01, Pasta: 06
Thomaz de Aquino de las Casas, Caixa: 24, Maço: 02, Pasta: 17 – 228
Tomaz José Pinto Serqueira, Caixa: 22, Maço: 01, Pasta: 11
Valentim Garcia Monteiro, Caixa: 23, Maço: 02, Pasta: 23
Vitorino Ribeiro de Oliveira e Silva, Caixa: 23, Maço: 01, Pasta: 14
Vitorino Ribeiro de Oliveira e Silva, Caixa: 23, Maço: 01, Pasta: 01
Vitorino Ribeiro de Oliveira e Silva, Caixa: 23, Maço: 02, Pasta: 21 – 229

2 – Legislações e Constituições

Bases da Constituição Portuguesa de 1820. Disponível em < http://www.fd.unl.pt/Anexos/Investigacao/992.pdf>. Acesso em: 02/02/2006.

Coleção de Leis do Império 1820-1832. Disponível em <http://www2.camara.gov.br/legislacao/publicacoes/doimperio>.

Constituição do Império do Brasil 1824. Disponível em < http://www.arqnet.pt/portal/portugal/liberalismo/const822.html>. Acesso em: 15/01/2005.

Constituição Espanhola de 1812. Disponível em < http://www.cervantesvirtual.com/servlet/SirveObras/c1812/12260843118006070754624/index.htm> Acesso em: 20/11/2007.

Constituição portuguesa de 1822. Disponível em < http://www.arqnet.pt/portal/portugal/liberalismo/const822.html>. Acesso em: 15/12/2005.

Constituição portuguesa de 1826. Disponível em < http://www.arqnet.pt/portal/portugal/liberalismo/c1826t5.html>. Acesso em: 15/11/2007.

Declaração de Direitos – Bill of Rights – de 1689. Disponível em < http://www.cefetsp.br/edu/eso/cidadania/declaracaobill.html>. Acesso em: 05/12/2005.

Declaração dos Direitos do Homem e do Cidadão de 1789. Disponível em <http://www.direitoshumanos.usp.br/counter/Doc_Histo/texto/Direitos_homem_cidad.html>. Acesso em: 02/05/2006.

Declaração dos Direitos do Homem e do Cidadão de 1793. Disponível em <http://www.cefetsp.br/edu/eso/cidadania/declaracao1793.html>. Acesso em: 02/05/2006.

Estatuto de Bayona de 1808. Disponível em < http://www.cervantesvirtual.com/servlet/SirveObras/90239566214970317377757/>. Acesso em: 05/12/2005.

Ordenações Filipinas. Disponível em <http://www.uc.pt/ihti/proj/filipinas/ordenacoes.htm>. Acesso em: 25/01/2006.

3 – Obras de Referência

BLAKE, Augusto Victorino Alves Sacramento. *Diccionario Bibliográfico Brasileiro*. Rio de Janeiro: Imprensa Nacional, 1883-1902. 7 vol.

Diccionario da Real Academia Espanhola. Disponível em *Diccionario da Real Academia Espanhola de 1899*. Disponível em < http://www.rae.es/ >. Acesso em: 15/12/2006.

FIGUEIREDO, Cândido. *Novo Diccionário da Língua Portuguesa*. Lisboa: Livraria Clássica, 1913.

Laboratoire d'Analyse et de Traitement Informatique de la Langue Française, disponível em < http://www.atilf.fr/>, acesso em: 15/12/2006.

Dictionnaire Universel de la Langue Française de Louis-Nicolas Bescherelle (1856), disponível em <http://www.lexilogos.com/francais_dictionnaire_ancien.htm#19>, acesso em: 15/12/2006.

SILVA, Antônio de Moraes. *Diccionário da Língua Portuguesa*. Rio de Janeiro: Litho-Typ. Fluminense, 1922. Fac-símile da 2ª ed. de 1813. Lisboa, Typ lacérdina Ed., 2 vol.

SILVA, Antônio de Moraes. *Diccionario da lingua portugueza recopilado de todos os impressos até o presente oferecido ao muito alto, e muito poderoso senhor D. João VI, rei de Portugal, Brazil e Algarve*. Lisboa: Typ. de M. P. de Lacerda, 1823. 3ª ed.

4 – Jornais Citados

Correio Braziliense – 1820-1822, Imprensa Oficial de São Paulo, 2001, vol. XX, XXI, XXII, XXIII, XXIV.

Diário Fluminense – 1826, Biblioteca Nacional, Sessão de Obras Raras.

Revérbero Constitucional Fluminense – 1821-1822, Biblioteca Nacional, Sessão de Obras Raras.

Sentinela da Liberdade – 1823, Biblioteca Nacional, Sessão de Obras Raras.

Sentinela da Liberdade na Guarita de Pernambuco – 1823, Biblioteca Nacional, Sessão de Obras Raras.

5 – Fontes parlamentares e relatórios ministeriais

Anais da Câmara dos Deputados 1826-1831. Disponível em <http://www2.camara.gov.br/publicacoes>. Acesso em: 02/03/2006.

Anais do Senado 1826-1832. Disponível em <http://www.senado.gov.br/sf/publicacoes/anais/asp/PQ_Pesquisar.asp>. Acesso em: 02/03/2006.

As Falas do Trono 1823-1889. Câmara dos Deputados. Instituto Nacional do Livro/Ministério da Cultura, 1973.

Atas do Conselho de Estado 1822-1823. Disponível em <http://www.senado.gov.br/sf/publicacoes/anais/asp/AT_AtasDoConselhoDeEstado.asp>. Acesso em: 15/11/2006.

Atas do Conselho de Estado 1822-1834. Disponível em <http://www.senado.gov.br/sf/publicacoes/anais/asp/AT_AtasDoConselhoDeEstado.asp>. Acesso em: 15/11/2006.

BRASIL. Ministério da Justiça e Negócios Interiores. *Organizações e programas ministeriais: regime parlamentar no Império.* 2ª ed. Rio de Janeiro: Arquivo Nacional, 1962.

Coleção das Leis do Império 1821-1830. Disponível em < http://www2.camara.gov.br/internet/legislacao/publicacoes/doimperio/colecao2.html>. Acesso em: 15/11/2006.

Coleção das Leis do Império 1821-1830. Disponível em < http://www2.camara.gov.br/internet/legislacao/publicacoes/doimperio/colecao3.html>. Acesso em: 15/11/2006.

Diários da Assembleia Constituinte 1987-1988. Disponível em <http://www2.camara.gov.br/publicacoes>. Acesso em: 15/11/2006.

Diários da Assembleia Constituinte de 1823. Disponível em <http://www2.camara.gov.br/publicacoes>. Acesso em: 15/11/2006.

Relatório do Ministério da Fazenda 1825-1832. Disponível em <http://brazil.crl.edu/bsd/bsd/hartness/minopen.html>. Acesso em: 15/11/2006.

Relatório do Ministério da Guerra 1827-1832. Disponível em <http://brazil.crl.edu/bsd/bsd/hartness/minopen.html>. Acesso em: 15/11/2006.

Relatório do Ministério da Justiça 1825-1832. Disponível em <http://brazil.crl.edu/bsd/bsd/hartness/minopen.html>. Acesso em: 15/11/2006.

Relatório do Ministério do Império 1832. Disponível em <http://brazil.crl.edu/bsd/bsd/hartness/minopen.html>. Acesso em: 15/11/2006.

6 – Bibliografia

6.1 – Pensadores políticos e memorialistas

ALENCAR, José de. *A propriedade*. Brasília: Senado Federal, 2004.

ARISTÓTELES. *Política*. São Paulo: Martin Claret, 2004.

BENTHAN, Jeremy. *Uma Introdução aos princípios da Moral e da Legislação*. São Paulo: Nova Cultural, 1989 (Os Pensadores).

BUENO, José Antônio Pimenta. *Direito Público Brasileiro e Análise da Constituição do Império*. São Paulo: Editora 34, 2002.

BURKE, Edmund. *Reflexões sobre a Revolução em França*. 2ª ed. Editora da Universidade de Brasília: UnB, 1997.

CANECA, Frei. *Ensaios políticos*. Rio de Janeiro: Pontifícia Universidade Católica/Rio; Conselho Federal de Cultura; Editora Documentário, 1976.

CONSTANT, Benjamin. *A Liberdade dos antigos comparada à Liberdade dos modernos*. Edições Tenácitas, 2001.

_____. *Escritos de Política*. São Paulo: Martins Fontes, 2005.

_____. *Princípios Políticos Constitucionais*. Rio de Janeiro: Liber Juris, 1989.

DIDEROT, Denis e D'ALEMBERT, Jean Le Rond. *Verbetes políticos da Enciclopédia*. São Paulo: Discurso Editorial; Editora da Unesp, 2006.

FERREIRA, Silvestre Pinheiro. *Manual do cidadão em um governo representativo*. Brasília: Senado Federal, 1998.

HEGEL, G. F. *Hegel*. São Paulo: Abril Cultural, 1980 (Os Pensadores).

_____. *Textos dialéticos*. Rio de Janeiro: J. Zahar, 1969.

_____. *Fenomenologia do Espírito*. 4ª ed. Petrópolis/RJ: Editora Vozes; Bragança Paulista/SP: Editora Universitária São Francisco, 2007.

_____. *Princípios da filosofia do direito*. 2ª ed. São Paulo: Ícone, 1997, p. 243.

HOBBES, Thomas. *Leviatã ou matéria, forma e poder de um estado eclesiástico e civil*. 3ª ed. São Paulo: Abril Cultural, 1983 (Os Pensadores).

_____. *De Cive. Elementos filosóficos a respeito do cidadão*. Petrópolis/RJ: Editora Vozes, 1993.

KIDDER, Daniel P. *Reminiscências de viagens e permanência no Brasil: Rio de Janeiro e Província de São Paulo*. São Paulo, SP: Martins, 1972.

LOCKE, John. *Segundo tratado sobre o governo civil e outros escritos: ensaio sobre a origem, os limites e os fins verdadeiros do governo civil*. Petrópolis, RJ: Editora Vozes, 1994.

LUCCOCK, John. *Notas sobre o Rio de Janeiro e partes meridionais do Brasil: tomadas durante uma estada de dez anos nesse país, de 1808 a 1818*. 2ª ed. Rio de Janeiro, RJ: Livr. Martins, 1951.

MALHEIROS, Perdigão. *A escravidão no Brasil. Ensaio histórico, jurídico, social*. 3ª ed. Petrópolis-RJ: Editora Vozes, 1976, 2 vol.

MELLO, Francisco Ignácio Homem de. "A Constituinte perante a história". In: SOBRINHO, Barbosa L. et alli. *A Constituinte*. Brasília: Senado Federal, 1977, p. 79-105.

MONTESQUIEU. *O espírito das leis*. São Paulo: Abril Cultural, 1973 (Os Pensadores).

NABUCO, Joaquim. *Minha formação*. Brasília: Senado Federal, 1998.

_____. *Um estadista do Império*. Rio de Janeiro: Topbooks, 1997.

PAINE, Thomas. *O Senso Comum e A Crise*. Brasília: Editora da UnB, 1982.

PLATÃO. *A república*. São Paulo: Hemus, s/d.

ROUSSEAU, Jean Jacques. *Do Contrato Social*. 2ª ed. São Paulo: Abril Cultural, 1978 (Os Pensadores).

SCHLICHTHORT, C. *O Rio de Janeiro como é (1824-1826)*. Brasília: Senado Federal, 2000.

SEIDLER, Carl. *Dez anos no Brasil*. 3ª ed. São Paulo, SP: Martins, 1976.

SIEYÉS, Emmanuel Joseph. *A Constituinte Burguesa – Que é o Terceiro Estado?* 3ª ed. Rio de Janeiro: Editora Liber Juris, 1986.

SMITH, Adam. *A riqueza das nações: investigação sobre sua natureza e suas causas.* São Paulo: Abril Cultural, 1983 (Os Pensadores).

SOUZA, Paulino José de (Visconde do Uruguai). *Ensaio sobre o direito administrativo.* Brasília: Ministério da Justiça, 1997.

TOCQUEVILLE, Alexis de. *O antigo regime e a revolução.* Brasília: Editora da UnB, 1989.

VARNHAGEN, F. A. de. *História da Independência do Brasil até o reconhecimento pela antiga metrópole, compreendendo, separadamente, a dos sucessos ocorridos em algumas províncias até essa data.* 4ª ed. São Paulo: Editora Melhoramentos, s/d.

VOLTAIRE, François Marie Arouet de. *Carta acerca da tolerância.* São Paulo: Abril Cultural, 1973 (Os Pensadores).

VON TSCHUDI, Johann Jakob. *Viagem às Províncias do Rio de Janeiro e São Paulo.* Belo Horizonte, MG: Universidade de São Paulo, 1980.

6.2 – Teses e Dissertações

ALMEIDA, Maria Regina Celestino. *Os índios aldeados no Rio de Janeiro Colonial. Novos Súditos Cristãos do Império Português.* Tese de Doutorado. Departamento de Antropologia/Unicamp, Campinas, 2000.

ANDRADE, Débora Al-Jaick. *O paradoxo no pensamento de Thomas Carlyle: a Resistência à democracia e o culto ao grande homem.* Dissertação de Mestrado. Departamento de História/UFF, 2002.

ARRUDA, José Jobson. *O Brasil no Comércio colonial (1796-1808). Contribuição ao estudo quantitativo da economia colonial.* Tese de Doutorado. FFLCH/USP, 1972.

BARBOSA, Silvana Motta. *A Sfhinge monárquica: o poder moderador e a política imperial.* Tese de Doutoramento. Campinas: Unicamp, 2002.

BASILE, Marcello O. Néri C. *Anarquistas, rusguentos e demagogos: os liberais exaltados e a formação da esfera pública na Corte imperial (1829-1834).* Dissertação de Mestrado. Departamento de História/UFRJ, 2000.

BASILE, Marcello O. Néri C. *O Império em construção: Projetos de Brasil e ação política na Corte Regencial.* Tese de Doutorado. Departamento de História/UFRJ, 2004.

Batista, Luciana Marinho. *Muito Além dos Seringais: Elites, Fortunas e Hierarquias no Grão-Pará, c.1850 – c.1870*. Dissertação de Mestrado. Departamento de História/UFRJ, 2004.

Carlos, Érika Simone de Almeida. *O fim do monopólio: a extinção da Companhia Geral de Pernambuco e Paraíba (1770-1780)*. Dissertação de Mestrado. Departamento de História/UFPE, 2001.

Fortes, Alexandre. *'Nós do Quarto Distrito...' A classe trabalhadora porto-alegrense e a Era Vargas*. Tese de Doutorado. Departamento de História/Unicamp, 2001.

Lugar, Catherine. *The merchant community of Salvador, Bahia, 1780-1830*. State University New York, 1980.

Machado, André Roberto de Arruda. *A quebra da mola real das sociedades: A crise política do Antigo Regime Português na província do Grão-Pará (1821-1825)*. Tese de Doutorado. FFLCH/USP, 2006.

Marcondes, Renato Leite. *Desigualdades regionais brasileiras: comércio marítimo e posse de cativos na década de 1870*. Tese de Livre-Docência. FEA-Ribeirão Preto, São Paulo, 2005.

Martins, Mônica de Souza Nunes. *"Vadios" e mendigos no tempo da regência (1831-1834): construção e controle do estado público da Corte*. Dissertação de Mestrado. Departamento de História/UFF, 2002.

Menz, Maximiliano M. *Entre Dois Impérios: Formação do Rio Grande na Crise do Antigo Sistema Colonial (1777-1822)*. Tese de Doutorado. FFLCH/USP, 2006.

Miranda, Márcia E. *A estalagem e o Império: Crise do Antigo Regime, fiscalidade e fronteira na província do Rio Grande do Sul (1808-1831)*. Tese de Doutorado. Instituto de Economia/Unicamp, 2006.

Nigro, Raquel Barros. *Cidadania e Identidade Nacional. Considerações multidisciplinares sobre a construção do Estado Nacional Brasileiro no século XIX*. Dissertação de Mestrado. Departamento de Direito/PUC-Rio, 2000.

Oliveira, Hilton Meliande de. *A construção política do Estado-Nacional brasileiro, 1826-1831*. Dissertação de Mestrado. Programa de Pós-Graduação em História/UERJ, 2003.

Osório, Helen. *Estancieiros, lavradores e comerciantes na constituição da estremadura portuguesa na América: Rio Grande de São Pedro, 1737-1822*. Tese de Doutoramento. Departamento de História/UFF, 1999.

Pereira, Aline Pinto. *Domínios e Império: o Tratado de 1825 e a Guerra da Cisplatina na construção do Estado no Brasil*. Dissertação de Mestrado. Departamento de História/UFF, 2007.

Pereira, Vantuil. *Independência, libertação e liberdade: o dilema dos escravos no processo de independência do Brasil 1822-1835*. Trabalho de conclusão de curso. Universidade Federal Fluminense/ Niterói, RJ, 2004.

Piñeiro, Théo Lobarinhas. *"Os simples comissários". Negociantes e política no Brasil Império*. Tese de Doutorado. Departamento de História/UFF, 2002.

Rezende, Tadeu Valdir Freitas de. *A conquista e a ocupação da Amazônia brasileira no período colonial: a definição da fronteira*. Tese de Doutorado. FFLCH/USP, 2006.

Sampaio, Antônio Carlos Jucá. *Na curva do tempo, na encruzilhada do Império: hierarquização social e estratégia de classe na produção da exclusão (Rio de Janeiro, c. 1650-c.1750)*. Tese de Doutorado. Departamento de História/UFF, 2000.

Santos, Sandra Costa dos. *Cabanagem: crise política e situação revolucionária*. Dissertação de Mestrado. IFCH/Unicamp, 2004.

Silva, Kalina Vanderlei P. da. *'Nas Solidões Vastas e Assustadoras' – Os pobres do açúcar e a conquista do sertão de Pernambuco nos séculos XVII e XVIII*. Tese de Doutorado. Departamento de História/UFPE, 2003.

6.3 – Artigos e capítulos

Alberti, Verena. "A existência da História: Revelações e riscos da Hermenêutica". In: *Estudos Históricos*, vol. 9, nº 17, 1996, p. 31-57.

Alexandre, Valentim. "A desagregação do Império: Portugal e o reconhecimento do Estado brasileiro (1824-1826)". *Análise Social*, Lisboa, vol. 28, nº 121, p. 310-314.

Araújo, Ubiratan Castro de. "A política dos homens de cor no tempo da Independência". In: *Estudos Avançados*, 18 (50), 2004, p. 253-269.

AZEVEDO, Célia M. M. "Maçonaria, cidadania e a questão racial no Brasil escravagista". In: *Estudos Afro-Asiáticos* (34): 121-136, dez. 1998.

BACZKO, Bronislaw. "Imaginação Social". In: *Enciclopédia Einaudi*. Lisboa: Imprensa Nacional/Casa da Moeda, 1985. Vol. 5.

BARBOSA, Francisco B. da C. "Relações de produção na agricultura: algodão no Maranhão (1760 a 1888) e café em São Paulo (1886 a 1929)". In: *Revista de Agricultura São Paulo*, vol. 52, nº 2, jul./dez. 2005, p. 17-27; p. 18.

BERSTEIN, Serge. "A Cultura Política". In: RIOUX, J.-P. E SIRINELLI, J.-F. (orgs.). *Para uma história cultural*. Lisboa: Editorial Estampa, 1998, p. 349-363.

BICALHO, Maria Fernanda. "As Câmaras Municipais no Império Português: O Exemplo do Rio de Janeiro. In: *Revista Brasileira de História*, vol. 18, nº 36, São Paulo, 1998.

BRANDÃO, Marcos Sampaio. "O Sistema de produção na Bahia sertaneja do século XIX: uma economia de relações não capitalistas". In: *Campo-Território: Revista de Geografia Agrária*, vol. 2, nº 4, ago. 2007, p. 84-103.

CABRAL, Manuel Villaverde. "O exercício da cidadania política em perspectiva histórica (Portugal e Brasil)". In: *Revista Brasileira de Ciências Sociais*, vol. 18, nº 51, fevereiro 2003, p. 31-51.

CARDOSO, Ciro F. S. *Ciência Política*. Notas de Aula, 2004.

_____. *O Poder*. Notas de Aula, 2004.

_____. *Sobre as representações sociais*. Notas de Aula. Mimeo, 2004.

CARVALHO, José Murilo de. "Cidadania: Tipos e Percursos". In: *Estudos Históricos*, vol. 9, nº 18, 1995, p. 337-359.

_____. *Pontos e bordados*. Escritos de história e política. Belo Horizonte: Editora UFMG, 1999, p. 233-268.

CARVALHO, Marcus de. "Cavalcantis e cavalgados: a formação das alianças políticas em Pernambuco, 1817-1824". In: *Revista Brasileira de História*, vol. 18, nº 36. São Paulo: 1998.

_____. "O encontro da "soldadesca desenfreada" com os "cidadãos de cor mais leviano" no Recife em 1831". In: *Clio-Série História do Nordeste*. Recife-PE, vol. 1, nº 18, 1988, p.109-138.

CASTRO, Zília Osório de. "A ideia de liberdade (1821-1823). Fundamentação teórica e prática política". In: *Cultura: revista de História e Teoria das Ideias*. Centro de História da Cultura, Universidade Nova de Lisboa, vol. XIII, 2000-2001, p. 19-53.

CHAMON, C. S.; FARIA FILHO, L. M. "Processos de Socialização e de Formação Cívica no Brasil". In: *Cultura: revista de História e Teoria das Ideias*, Lisboa, vol. XIII, 2001, p. 225-242.

CHAYANOV, Alexander V. "Sobre a teoria dos sistemas econômicos não capitalistas". In: SILVA, José G. da e STOLKE, Verona (orgs.). *A questão agrária*. São Paulo: Editora Brasiliense, 1981.

CHIARAMONTE, José Carlos. "*La formación de los Estados nacionales en Iberoamerica*". In: *Boletín del Instituto de História Argentina y Americana Dr. Emílio Ravignani*. 3ª Série, nº 15. Universidad de Buenos Aires, 1997.

_____. "Metamorfoses do conceito de nação durante os séculos XVII e XVIII". In: JANCSÓ, István (org.). *Brasil Formação do Estado e da Nação*. São Paulo: Editora Hucitec/Editora Unijuí, 2003, p. 61-91.

COSTA, Lamartine P. "Identidade cultural: semelhança ou diferença? Ritual ou comunicação?". In: Rio de Janeiro: Universidade Gama Filho, 2004. Disponível em: <http://www.aafla.org/ sportslibrary/booksolympicstudies.pdf>. Acesso em: 20 de jan. 2004.

COUTINHO, Eduardo. "Mestiçagem e multiculturalismo na construção da identidade cultural latino-americana". In: _____. *Literatura Comparada na América Latina*. Rio de Janeiro: Editora da UERJ, 2003, p. 41-57.

CRUZ, Maria Cecília Velasco e. "Tradições negras na formação de um sindicato: sociedade de resistência dos trabalhadores em trapiches e café, Rio de Janeiro, 1905-1930". In: *Afro-Ásia*, nº 24, 2000, p. 243-290.

CUNHA, Manuela Carneiro da. "Sobre o silêncio da lei: Lei costumeira e positiva nas alforrias de escravos no Brasil do século XIX". In: CUNHA, Manuela Carneiro da. *Antropologia do Brasil: Mitos, história, etnicidade*. São Paulo: Editora Brasiliense; Editora da Universidade de São Paulo, 1986, p. 123-144.

CUNHA, Pedro Octávio C. da. "A fundação de um Império liberal". In: HOLANDA, Sérgio B. de (org.). *História Geral da Civilização Brasileira*. 9ª ed. Tomo II, vol. 1. São Paulo: Bertrand Brasil, 2003, p. 431-454.

DECCA, Edgar S. de. "Tal pai, tal filho? Narrativas da identidade nacional". In: CHIAPINNI, L. e BRESCIANNI, Maria Stella. *Literatura e cultura no Brasil – identidades e fronteiras*. São Paulo: Editora Cortez, s/d., p.15-27.

DIAS, Maria Odila L. da Silva. "A interiorização da metrópole (1808-1853)". In: MOTTA, Carlos G. *1822: Dimensões*. São Paulo: Editora Perspectiva, 1972, p. 160-184.

_____. "A Revolução Francesa e o Brasil: sociedade e cidadania". In: COGGIOLA, Osvaldo (org.). *A Revolução Francesa e seu impacto na América Latina*. 1ª ed. São Paulo: Editora Nova Stella; Brasília/DF: CNPq; São Paulo: Edusp, 1990, p. 299-309.

_____. "Ideologia liberal e construção do Estado no Brasil". In: *Anais do Museu Paulista*, t. XXX, 1980-1981, p. 211-225.

_____. "Sociabilidade sem História: votantes pobres no Império, 1824-1881". In: FREITAS, Marcos Cezar (org.). *Historiografia Brasileira em perspectiva*. 2ª ed. São Paulo: Contexto, 1998.

DOLHNIKOFF, Miriam. "O lugar das elites regionais". In: *Revista USP*, São Paulo, nº 58, jun./ago. 2003, p. 116-133.

FALCON, Francisco José C. "Da Ilustração à Revolução – percursos ao longo do espaço-tempo setecentista". In: *Acervo*, Rio de Janeiro, vol. 4, nº 1, jan./jun. 1989.

_____. "História e Cidadania". In: *Anais do XIX Simpósio Nacional da ANPUH*, Belo Horizonte/MG, 1998, vol. 1, p. 27-52.

_____. "A identidade do historiador". In: *Estudos Históricos*, vol. 9, nº 17, 1996, p. 7-30.

FONSECA, Maria Rachel Fróes da. "Luzes das ciências na Corte americana – Observações sobre o periódico *O Patriota*". In: *Anais do Museu Histórico Nacional*, vol. 31, 1999, p. 81-106.

FRAGOSO, João. "Mercados e negociantes imperiais: um ensaio sobre a economia do Império português (século XVII e XIX)". In: *História: Questões & Debates*, nº 36. Curitiba: Editora da UFPR, 2002, p. 99-127.

FRANCO, Maria Sylvia de Carvalho. "As ideias estão no lugar". In: *Cadernos de debate*, vol. 1. São Paulo, 1976, p. 61-65.

GARRIGA, Carlos. "*Orden Jurídico y Poder Político en el Antiguo Régimen*". In: http://www.istor.cide.edu/archivos/num_16/dossier1.pdf.

GORENDER, Jacob. "A Escravidão Reabilitada". In: PPH: *Revista de História*, vol. 3, nº 1, 1992, p. 245-266.

_____. "Escravidão e liberalismo". In: *Estudos Avançados*, nº 46, set./dez. 2002, p. 209-222.

GOUVÊA, Maria de Fátima Silva. "A história política no campo da História Cultural". In: *Revista de História Regional*, vol. 3, nº 1, verão 1998.

_____. "Redes de Poder na América Portuguesa – O Caso dos Homens Bons do Rio de Janeiro, ca. 1790-1822". In: *Revista Brasileira de História*, vol. 18, nº 36, São Paulo, 1998.

GRAHAN, Richard. "Construindo uma nação no Brasil do século XIX: visões novas e antigas sobre classe, política e estado". In: *Diálogos*. Universidade Estadual de Maringá/DHI, vol. 5, nº 1, 1999, p. 11-47; p. 42-43.

GRAHAN, Sandra L. "O Motim do Vintém e a Cultura Política do Rio de Janeiro 1880". In: *Revista Brasileira de História*, vol. 10, nº 20. São Paulo: mar./ago. 1991, p. 211-232.

GRYNSZPAN, Mário. "A Teoria das Elites e sua Genealogia Consagrada". In: BIB – *Revista Brasileira de Informação Bibliográfica em Ciências Sociais*, nº 41, Rio de Janeiro: 1º semestre de 1996, p. 35-83.

GUARINELLO, Norberto Luiz. "Cidades-Estado na Antiguidade clássica". In: PINSKY, Jaime e PINSKY, Carla B. (orgs.). *História da Cidadania*. São Paulo: Contexto, 2003, p. 29-47.

GUERRA, François-Xavier. "A nação moderna: nova legitimidade e velhas identidades". In: JANCSÓ, István (org.). *Brasil Formação do Estado e da Nação*. São Paulo: Editora Hucitec/Editora Unijuí, 2003, p. 33-60.

Guimarães, Manoel Luís S. "Nação e Civilização nos Trópicos: O Instituto Histórico e Geográfico Brasileiro e o Projeto de uma História Nacional". In: *Estudos Históricos*, nº 1, 1988, p. 5-27.

HESPANHA, A. M. "O debate acerca do Estado Moderno". In: Faculdade de Direito da Universidade Nova de Lisboa, nº 1, 1999. Disponível em <http://www.fd.unl.pt/>. Acesso em: 15/02/2008.

_____. "O Debate Acerca do 'Estado Moderno'". In: TENGARRINHA, José. *A Historiografia Portuguesa, Hoje*. São Paulo: Hucitec, 1999, p. 117-181.

HOLANDA, Sérgio Buarque de. "A Herança Colonial – Sua Desagregação". In: _____. (dir.). *História Geral da Civilização Brasileira*. 6ª ed. São Paulo: Difel, 1982, p. 9-39.

IANNI, Octávio. "Tipos e mitos do pensamento brasileiro". In: *Revista Brasileira de Ciências Sociais*, vol. 17, nº 49, junho/2002, p. 5-10.

JANCSÓ, István; PIMENTA, João Paulo G. "Peças de um mosaico (ou apontamentos para o estudo da emergência da identidade nacional brasileira)". In: MOTA, C. G. (org.). *Viagem incompleta: a experiência brasileira (1500-2000)*. 2ª ed. São Paulo: Senac, 2000, vol.1, p. 129-175.

JASMIN, Marcelo Gantus. "História dos conceitos e teoria política e social: referências preliminares". In: *Revista Brasileira de Ciências Sociais*, vol. 20, nº 57, fev. 2005, p. 27-38.

JUNQUEIRA, Eliana B. "O bacharel de direito no séc. XIX: herói ou anti-herói?" In: *Luso-Brazilian Review*, vol. 34, nº 1, 1997.

KLEIN, Herbert. "A participação política no Brasil do século XIX. Os votantes de São Paulo em 1880". *Dados – Revista de Ciências Sociais*, vol. 38, nº 3, 1995, p. 527-544.

KRAAY, H. "Repensando o recrutamento militar no Brasil Imperial". In: *Diálogos*, DHI/UEL, vol. 3, nº 3, 1999, p. 113-151.

KRAAY, Hendrik. "Em outra coisa não falavam os pardos, cabras, e crioulos": o "recrutamento" de escravos na guerra da Independência na Bahia. In: *Revista Brasileira de História*, vol. 22, nº 43, 2002.

LOBO, Eulália Maria L. "Evolução dos preços e do padrão de vida no Rio de Janeiro, 1820-1930 – resultados preliminares". In: *Revista Brasileira de Economia*, vol. 26, nº 4, out./dez. 1971, p. 235-265.

LOMNITZ, Cláudio. "O nacionalismo como um sistema prático: a teoria de Benedict Anderson da perspectiva da América Hispânica". In: *Novos Estudos*, nº 59, março 2001, p. 37-61.

LYRA, Maria de Lourdes V. "'Pátria do cidadão': a concepção de pátria/nação em Frei Caneca". In: *Revista Brasileira de História*, vol. 18, nº 36, 1998.

MARMENTINI, Juan Enrique Opazo. "*Ciudadanía y democracia*". In: *Metapolitica*, nº 15. México: julio-septiembre, 2000, p. 52-79.

MARSHALL, T. H. "Cidadania e Classe Social". In: _____. *Cidadania, classe social e status*. Rio de Janeiro: Jorge Zahar Editores, 1967.

MATTOS, Hebe Maria. "A escravidão moderna nos quadros do Império Português: O Antigo Regime em perspectiva". In: FRAGOSO, João; BICALHO, Maria Fernanda; e GOUVÊA, Maria de Fátima (orgs.). *O Antigo Regime nos trópicos: A dinâmica Imperial Portuguesa (Séculos XVI-XVIII)*. Rio de Janeiro: Civilização Brasileira, 2001.

MATTOS, Hebe Maria. *Escravidão e cidadania no Brasil monárquico*. Rio de Janeiro: Zahar, 2000.

MATTOS, Ilmar R. de. "Construtores e herdeiros: a trama dos interesses na construção da unidade política". In: *Almanack Braziliense*, nº 1, 2005, p. 8-26.

MENDONÇA, Sônia Regina de. "Classe, Poder e Estado no Brasil". Mesa de Abertura do I Seminário Regional / Universidade Federal Fluminense, 2004. Mimeo.

MOREL, Marco. "A política das ruas: os espaços públicos na cidade do Rio de Janeiro". In: *Estudos Ibero-Americanos*. PUC/RS, vol. XXIV, nº 1, junho 1998, p. 59-73.

BASSANEZI, Maria Silvia C. Beozzoi e BACELLAR, Carlos de Almeida Prado. "Levantamentos de População publicados da Província de São Paulo no século XIX". In: *Revista Brasileira de Estudos de População*, vol. 19, nº 1, jan./jun. 2002.

NARO, Nancy P. B. "A transição da mão de obra escrava para a livre: historiografia recente e comparação de dois casos ilustrativos: Rio Bonito e Vassouras (1870-1890)". In: *Estudos Afro-Asiáticos*, (22): 33-45, setembro de 1992.

NEGRO, Antonio Luigi. "O Fragmento como via de acesso à História Social". In: *Diálogos*, vol. 1, nº 1. Universidade Estadual de Maringá/DHI, 1997, p. 111-136.

NEVES, Guilherme Pereira das. "Nação, História e Cultura no Brasil: um ensaio de reflexão desencantada, para uso, talvez, das instituições de patrimônio". In: *Anais do Museu Histórico Nacional*, vol. 28, 1996, p. 91-104.

NEVES, Lúcia Maria Bastos P. das. "Da repulsa ao triunfo. Ideias francesas no Império luso-brasileiro, 1808-1815. In: *Anais do Museu Histórico Nacional*, vol. 31, 1999.

_____. "Da Ilustração à Revolução – percursos ao longo do espaço-tempo setecentista". In: *Acervo*, vol. 4, nº 1. Rio de Janeiro: janeiro-junho 1989, p. 53-87.

NEVES, Lucília de Almeida. "Cidadania: Dilemas e Perspectivas na República Brasileira". In: *Revista Tempo*, vol. 4, 1997, p. 80-102.

OLIVEIRA, Cecília Helena Lorenzini de Salles. "Nação e cidadania: a Constituição de 1824 e suas implicações políticas". In: *Horizontes*, vol. 16, 1998, p. 11-37.

PAMPLONA, Marco Antônio. "A Historiografia sobre o Protesto Popular: uma Contribuição para o Estudo das Revoltas Urbanas". In: *Estudos Históricos*, vol. 9, n° 17, p. 215-238.

PINHO, Wanderley. "Bahia – 1808-1856". In: HOLANDA, Sérgio Buarque de (dir.). *História Geral da Civilização Brasileira*. 6ª ed. São Paulo: Difel, 1982, p. 242-311.

POGREBINSCHI, T. "Emancipação Política, Direito de Resistência e Direitos Humanos em Robespierre e Marx". In: *Dados – Revista de Ciências Sociais*, vol. 46, n° 1, 2003, p. 129-152.

PUJOL, Xavier Gil. "Centralismo e Localismo: Sobre as relações políticas e culturais entre capital e territórios nas Monarquias Europeias dos séculos XVI e XVII". In: *Penélope*, n° 6. Lisboa: Cosmos, 1991, p. 119-144.

REIS, João José. "De olho no canto: trabalho de rua na Bahia na véspera da abolição". In: *Afro-Ásia*, n° 24, 2000, p. 199-242.

_____; e SILVA, Eduardo. "O jogo duro do dois de julho". In: REIS, João José e SILVA, Eduardo. *Negociação e conflito*. São Paulo: Editora Brasiliense, 1997.

RIBEIRO, Gladys S. "Os portugueses na formação da nação brasileira – o debate historiográfico desde 1836". In: *Revista Ler História*. Lisboa, vol. 38, 2000, p. 111-161.

_____. "Desenlaces no Brasil pós-colonial: a construção de uma identidade nacional e a Comissão Mista Brasil-Portugal para o reconhecimento da Independência". In: *Revista Convergência Lusíada*. Rio de Janeiro: Gabinete Português de Leitura, vol. 20, 2003.

_____. "Legalidade, legitimidade e soberania: o reconhecimento da Independência através do Tratado de Paz e Amizade entre Brasil e Portugal (29 de agosto de 1825)". *2° Seminário Regional do CEO* (Centro de Estudos do Oitocentos), São João del Rei, MG, 2004.

_____. "O Tratado de 1825 e a construção de uma determinada identidade nacional: os sequestros de bens e a Comissão Mista Brasil – Portugal". In: *O Tratado de 1825 e a Comissão Mista Brasil – Portugal* (título provisório), que está sendo organizado pela professora Gladys Ribeiro, a ser publicado no ano de 2006.

_____; e PEREIRA, Vantuil. "O Primeiro Reinado em revisão". In: GRINBERG, Keila; SALLES, Ricardo (org.). *Coleção Brasil Imperial*, 3 vol. Rio de Janeiro: Civilização Brasileira, 2007, no prelo.

ROCHE, Maurice. "*Citizenship, social theory, and social change*". In: *Theory and Society*, vol. 16, nº 3, 1987.

RODRIGUES, Jaime. "Liberdade, humanidade e propriedade: os escravos e a Assembleia Constituinte de 1823". In: *Revista Brasileira de História*, 39. São Paulo: 1995, p. 159-167.

RUSSEL-WOOD, A. J. R. "Centros e periferias no mundo Luso-Brasileiro, 1500-1808". In: *Revista Brasileira de História*, vol. 18, nº 36, 1998, p. 187-249.

SANTOS, Guilherme de Paula Costa. "O governo de D. João e o tráfico de escravos: A Convenção de 1817 e a sua repercussão na América Portuguesa". In: *Almanack Braziliense*, nº 4, novembro 2006.

SCHWARZ, Roberto. "As ideias fora do lugar". In: _____. *Aos vencedores as batatas*. São Paulo: Duas Cidades, 1977, p. 149-161.

SEIDI, Ernesto. "A construção de uma ordem; o Exército brasileiro e o nascimento da meritocracia (1850-1930)". In: *Ciências e Letras*, nº 37, jan. a jun. 2005, p. 107-137.

SEWELL JR., William. "*Le citoyen/la citoyenne: Activity, passivity, and the Revolutionary concept of citizenship*". In: LUCAS, Cohin (ed.). *The French Revolution and the creation of Modern Political Culture*. Oxford, Pergumon Press, 1988.

SMITH, Anthony D. "Criação do Estado e Construção da Nação". In: HALL, John (org.). *Estados na História*. Rio de Janeiro: Imago, 1992, p. 334-383.

SOARES, Luis Carlos. "Os Escravos de Ganho no Rio de Janeiro do Século XIX". In: *Revista Brasileira de História*, vol. 8, nº 16, 1988, p. 107-142.

_____. "A Albio Revisitada no Século XVIII: Novas Perspectivas para os Estudos sobre a Ilustração Inglesa". In: *Tempo*, vol. 8, nº 16. Niterói: 2004.

_____. "Ciência, religião e ilustração: as academias de ensino dos Dissidentes Racionalistas ingleses no século XVIII". In: *Revista Brasileira de História*, vol. 41, nº 21, 2001, p. 173-200.

_____. "O mecanicismo e as bases intelectuais da revolução industrial inglesa". In: *Revista de Economia*, vol. 27, nº 1(25). Curitiba: 2001, p. 103-133.

SOMERS, Margaret R. "*La ciudadanía y el lugar de la esfera pública: um enfoque histórico*". In: GARCÍA, Soledad e LUKES (comps.). *Ciudadania: justicia social y participación*. Madri: Siglo XXI, 1999, p. 217-234.

STONE, Lawrence. "O ressurgimento da narrativa. Reflexões sobre uma nova velha história". In: RH – *Revista de História*. Campinas, IFCH/Unicamp, inverno 1991, p. 13-37.

TOSTE, Vera Lúcia B. "Corre, cão, que te fazem barão". In: *Anais do Museu Histórico Nacional*, vol. 30, 1998, p. 99-108.

TURNER, Brian S. *"Outline a theory of citizenship"*. In: *Sociology*, vol. 24, n° 2, maio 1990, p. 189-217.

XAVIER, Ângela Barreto; HESPANHA, A. M. "A representação da sociedade e do Poder". In: HESPANHA, A. M. (coord.). *História de Portugal*. Vol. 4. O Antigo Regime. Lisboa: Editora Estampa, 1993, p. 121-155.

ZARET, David. *"Petitions and the "invention" of Public Opinion in the English Revolution"*. In: *American Journal Sociology*, 101, n° 6, maio 1996, p. 1.497-1.555.

6.4 – Livros

ABREU, Martha Campos; SOIHET, Rachel; e GONTIJO, Rebeca (orgs.). *Cultura política e leituras do passado: historiografia e ensino de história*. 1ª ed. Rio de Janeiro: Civilização Brasileira, 2007.

ADORNO, Sérgio. *Os aprendizes do poder: o bacharelismo liberal na política brasileira*. Rio de Janeiro: Paz e Terra, 1988.

AIJAZ, Ahmad. *Linhagens do presente*. São Paulo: Boitempo Editorial, 2002.

Alencastro, Luiz Felipe de. *O trato dos viventes: formação do Brasil no Atlântico Sul, séculos XVI e XVII*. São Paulo: Companhia das Letras, 2002.

ALEXANDRE, Valentim. *Os Sentidos do Império. Questão Nacional e Colonial na Crise do Antigo Regime Português*. Porto: Edições Afrontamento, 1993.

ALGRANTI, Leila Mezan. *O feitor ausente. Estudo sobre a escravidão urbana no Rio de Janeiro*. Petrópolis: Editora Vozes, 1988.

Altavila, Jayme de. *A Origem dos direitos dos povos*. 10ª ed. São Paulo: Ícone, 2004.

ANDERSON, Benedict. *Nação e consciência nacional*. São Paulo: Editora Ática, 1989.

ANDERSON, Perry. *Linhagens do Estado Absolutista*. 3ª ed. São Paulo: Editora Brasiliense, 1995.

ANDRADE, Maria José. *A mão-de-obra escrava em Salvador*. São Paulo: Corrupio, 1988.

ARENDT, Hannah. *Da Revolução*. São Paulo: Ática, 1989.

ARMITAGE, John. *História do Brasil*. São Paulo: Martins, 1972.

ARRIGHI, Giovanni. *O longo século XX – dinheiro, poder e as origens de nosso tempo*. Rio de Janeiro: Contraponto; São Paulo: Editora da Unesp, 1996.

AZEVEDO, Célia M. M. *Onda Negra Medo Branco – o Negro no imaginário das elites do Século XIX*. Rio de Janeiro: Paz e Terra, 1987.

BAKER, Keith M. *The political culture of the old regime*. Oxford, U.K.: Pergamon Press, 1991, vol. 1.

BAKHTIN, Mikhail. *A cultura popular na Idade Média e no Renascimento: o contexto de François Rabelais*. 4ª ed. São Paulo: Editora Hucitec; Brasília: Editora da UnB, 1999.

_____. *Marxismo e filosofia da linguagem*. São Paulo: Editora Hucitec, 1995.

BALAKRISHNAN, Gopal (org.). *Um mapa da questão nacional*. Rio de Janeiro: Contraponto, 2000.

BALANDIER, Georges. *O poder em cena*. Brasília: Editora da UnB, 1982.

BARBALET, J. M. *A Cidadania*. Lisboa: Editorial Estampa, 1989.

BARBOZA Filho, Rubem. *Tradição e artifício: Iberismo e Barroco na formação americana*. Belo Horizonte: Editora da UFMG; Rio de Janeiro: IUPERJ, 2000.

BARMAN, Roderick J. *Brazil: the forging of a nation*. Stanford: Stanford University, 1988.

BARRETTO, Vicente de P. *A Ideologia Liberal no Processo de Independência do Brasil*. Brasília: Câmara dos Deputados, 1973.

BASTIDE, Roger. *As Américas Negras*. São Paulo: Editora da Universidade de São Paulo / Difusão Europeia do Livro, 1974.

BENDIX, Reinhard. *Construção nacional e cidadania: estudos de nossa ordem social em mudança*. São Paulo: Editora da USP, 1996.

BENEVIDES, Maria Victória de Mesquita, *et alli*. *Reforma política e cidadania*. São Paulo: Instituto Cidadania / Editora Fundação Perseu Abramo, 2003.

_____. *A cidadania ativa: referendo, plebiscito e iniciativa popular*. 2ª ed. São Paulo: Ática, 1996.

BERBEL, Márcia. *A nação como artefato: deputados do Brasil nas cortes portuguesas (1821-1822)*. São Paulo: Hucitec/Fapesp, 1999.

BHABHA, Homi K. *O local da cultura*. Belo Horizonte: Editora UFMG, 2003.

BIANCHI, Giovanni e SALVI, Renzo. *Apud* MELLOTI, Umberto (org.). *Introduzione allá sociologia*. Milano: Centro Studi Terzo Mondo, 1980.

BICALHO, Maria Fernanda B. 1680-1720. *O Império deste mundo*. São Paulo: Companhia das Letras, 2000.

BLACKBURN, Robin. *A construção do escravismo no Novo Mundo: do barroco ao moderno: 1492-1800*. Rio de Janeiro: Editora Record, 2003.

_____. *A queda do escravismo colonial 1776-1848*. Rio de Janeiro: Editora Record, 2002.

BLOCH, Marc. *Introdução à História*. Lisboa: Publicações Europa-América, 1997.

_____. *Os Reis Taumaturgos*. São Paulo: Companhia das Letras, 1993.

BOBBIO, Norberto, *et alli*. *Dicionário de Política*. 5ª ed. Brasília: Editora da UnB; São Paulo: Imprensa Oficial, 2000. 2 vol.

_____. *A era dos direitos*. Rio de Janeiro: Editora Campus, 1992.

_____. *Estado, governo, sociedade: para uma teoria geral da política*. 6ª ed. São Paulo-Rio de Janeiro: Paz e Terra, 1997.

BONFIM, Manuel. *A América Latina. Males de origens*. 4ª ed. Rio de Janeiro: Topbooks, 1993.

BONNEY, Richard. *Absolutismo*. Lisboa: Publicações Europa-América.

BOSI, Alfredo. *Dialética da colonização*. 3ª ed. São Paulo: Companhia das Letras, 2000.

BOTTOMORE, T. B. *As elites e a sociedade*. Rio de Janeiro: Zahar Editores, 1965.

BOURDÉ, Guy e MARTIN, Hervé. *As escolas históricas*. 2ª ed. Lisboa: Publicações Europa-América, 2003.

BOURDIEU, Pierre. *A economia das trocas simbólicas*. 5ª ed. São Paulo: Editora Perspectiva, 1998.

_____. *O poder simbólico*. Lisboa: Difel, 1989.

_____. *Razões práticas – sobre a teoria da ação*. São Paulo: Papirus, 1996.

BOUTIER, Jean e JULIA, Dominique (orgs.). *Passados Recompostos: campos e canteiros da história*. Rio de Janeiro: Editora UFRJ / Editora FGV, 1998.

BOXER, Charles R. *A Idade de Ouro do Brasil. Dores de crescimento de uma sociedade colonial*. 3ª ed. Rio de Janeiro: Nova Fronteira, 2000.

_____. *O Império Marítimo Português, 1415-1825*. São Paulo: Companhia das Letras, 2002.

BRAUDEL, Fernand. *Reflexões sobre História*. São Paulo: Martins Fontes, 1992.

_____. *Gramática das civilizações*. São Paulo: Martins Fontes, 1989.

_____. *História e ciências sociais*. Lisboa, Portugal: Presença, 1972.

BRETAS, Marcos Luiz. *A guerra das ruas. Povo e polícia na cidade do Rio de Janeiro*. Rio de Janeiro: Arquivo Nacional, 1997.

BUESCO, Mircea. *Brasil: disparidades de renda no passado: subsídios para o estudo dos problemas brasileiros*. Rio de Janeiro: AFEC, 1979.

_____; e TAPAJÓS, Vicente. *História do desenvolvimento econômico do Brasil*. Rio de Janeiro: Casa do Livro, 1969.

_____. *Evolução econômica do Brasil*. 2ª ed. Rio de Janeiro: APEC, 1974.

_____. *História econômica do Brasil: pesquisas e análises*. Rio de Janeiro: APEC, 1970.

_____. *Trezentos anos de inflação*. Rio de Janeiro: APEC, 1972.

BURKE, Peter (org.). *A escrita da História. Novas Perspectivas*. São Paulo: Editora da Unesp, 1992.

_____. *A Escola dos Annales, 1929-1989: a Revolução Francesa da historiografia*. São Paulo: Editora da Unesp, 2000.

CALDEIRA, Jorge. *José Bonifácio de Andrada e Silva*. São Paulo: Editora 34, 2002.

CALÓGERAS, João Pandiá. *A política exterior do Império II. O Primeiro Reinado. Contribuições para a biografia de D. Pedro I (parte 2ª)*. Revista do Instituto Histórico e Geográfico Brasileiro. Tomo especial. Brasília, 1989.

Cardim, Pedro. "O quadro constitucional. Os grandes paradigmas de organização política: a coroa e a representação do reino. As Cortes". In: Xavier, Ângela Barreto; Hespanha, A. M. "A representação da sociedade e do Poder". In: Hespanha, A. M. (coord.). *História de Portugal*. Vol. 4.

Cardoso, Ciro F. S. "Sobre os modos de produção das colônias da América". In: Santiago, Théo A. (org.) *América Colonial*. Rio de Janeiro: Pallas, 1975.

_____; e Perez, Brignoli Hector. *Os métodos da história: introdução aos problemas, métodos e técnicas da história demográfica, econômica e social*. 5ª ed. Rio de Janeiro, rj: Graal, 1990.

_____; e Malerba, Jurandir (orgs.). *Representações: contribuição a um debate transdisciplinar*. Campinas, sp: Papirus, 2000.

_____; e Vainfas, Ronaldo (orgs.). *Domínios da História. Ensaios de Teoria e Metodologia*. Rio de Janeiro: Editora Campus, 1997.

Carvalho, Castelar de. *Para compreender Saussure: fundamentos e visão crítica*. Petrópolis: Editora Vozes, 1997.

Carvalho, José Murilo de (org.). *Bernardo Pereira de Vasconcelos*. São Paulo: Editora 34, 1999.

_____. *A Construção da Ordem: A elite política Imperial e Teatro de Sombra: A política Imperial*. Rio de Janeiro: Relume-Dumará/ufrj, 1996.

_____. *A Formação das Almas. O imaginário da República no Brasil*. São Paulo: Companhia das Letras, 1990.

_____. *Cidadania no Brasil: O longo caminho*. Rio de Janeiro: Civilização Brasileira, 2001.

_____. *Os bestializados: o Rio de Janeiro e a República que não foi*. São Paulo: Companhia das Letras, 2001.

_____. *A Construção da Ordem / Teatro de Sombras*. Rio de Janeiro: Editora da ufrj/Relume-Dumará, 1996. 2ª ed. Rio de Janeiro: Civilização Brasileira, 2003.

Carvalho, Marcus de. *Liberdade. Rotinas e rupturas do escravismo. Recife, 1822-1850*. Pernambuco: Editora Universitária ufpe, 2001.

Cassin, Bárbara; Loraux, Nicole; e Peschansku, Catharine. *Gregos, bárbaros, estrangeiros: a cidade e seus outros*. Rio de Janeiro: Editora 34, 1993.

Castro, Hebe Maria Mattos de. *Ao sul da História. Lavradores pobres na crise do trabalho escravo*. São Paulo: Editora Brasiliense, 1987.

_____. *Das cores do silêncio: os significados da liberdade no sudeste escravista – Brasil século xx*. Rio de Janeiro: Arquivo Nacional, 1995.

_____. *Escravidão e cidadania no Brasil monárquico*. Rio de Janeiro: Zahar, 2000.

Castro, Jeanne Berrance de. *A milícia cidadã: A guarda nacional de 1831 a 1850*. São Paulo: Companhia Editora Nacional, 1979.

Cavalcante, Berenice. *José Bonifácio: razão e sensibilidade, uma história em três mundos*. Rio de Janeiro: Editora fgv, 2001.

Cerutti, Simona. "Processo e experiência: indivíduos, grupos e identidades em Turim no século xvii". In: Revel, Jacques (org.). *Jogos de Escala: A experiência da Microanálise*. Rio de Janeiro: Editora da fgv, 1998, p. 173-201.

Cervo, Amado Luiz e Magalhães, J. C. de. *Depois das caravelas – As relações entre Portugal e Brasil 1808-2000*. Brasília: Editora da Universidade de Brasília, 2000.

Chalhoub, Sidney. *Visões da liberdade. Uma história das últimas décadas da escravidão na Corte*. São Paulo: Companhia das Letras, 1990.

_____. *Cidade febril: cortiços e epidemias na Corte imperial*. São Paulo: Companhia das Letras, 1999.

_____. *Machado de Assis historiador*. São Paulo: Companhia das Letras, 2003.

_____. *Trabalho, lar e botequim. O cotidiano dos trabalhadores no Rio de Janeiro da Belle Époque*. 2ª ed. Campinas: Editora da Unicamp, 2001.

Chalmer, A. F. *O que é ciência, afinal?* São Paulo: Editora Brasiliense, s/d.

Chartejee, Partha. *Colonialismo, Modernidade e Política*. Salvador: Editora da ufba; ceao; Fábrica de Ideias, 2004.

Chartejee, Partha. *Nationalist thought and the colonial world. A Derivative Discourse?* Minneapolis: University of Minnesota Press, 1993.

_____. *The Nation and Its fragments: colonial and postcolonial histories*. Princeton, New Jersey: Princeton University Press, 1993.

CHILDE, Gordon. *A evolução cultural do homem.* 5ª ed. Rio de Janeiro: Zahar Editores, 1986.

CLAVERO, Bartolomé. *Antidora. Antropologia Catolica de la economia moderna.* Milão: Giuffrè Editore, 1991.

CONRAD, Robert E. *Tumbeiros. O tráfico escravo para o Brasil.* São Paulo: Editora Brasiliense, 1985.

CONTIER, Arnaldo D. *Imprensa e Ideologia em São Paulo. 1822-1842: Matizes do Vocabulário Político e Social.* Petrópolis/Campinas: Vozes/Universidade Estadual de Campinas, 1979.

CORREA, Darcísio. *A construção da cidadania.* 3ª ed. *Reflexões Histórico-Políticas.* Ijuí: Editora da Unijuí, 2002.

COSTA, Emília Viotti da. *Da monarquia à República – Momentos Decisivos.* 7ª ed. São Paulo: Editora da Unesp, 1999.

_____. *Da senzala à colônia.* 4ª ed. São Paulo: Editora da Unesp, 1998.

COUTINHO, Carlos Nelson e TEIXEIRA, Andréa de Paula (orgs.). *Ler Gramsci, entender a realidade.* Rio de Janeiro: Civilização Brasileira, 2003.

COUTINHO, Carlos Nelson. *O Estruturalismo e a Miséria da Razão.* Rio de Janeiro: Paz e Terra, 1972.

COVRE, Maria de Lourdes Manzini. *O que é cidadania.* 3ª ed. São Paulo: Brasiliense, 2006.

CROIZET, A. e FIGUEIREDO, Genoino A. de. *A cidadania na Grécia e em Roma.* Brasília: Ministério do Interior, 1988.

DA MATTA, Roberto. *A casa e a rua: espaço, cidadania, mulher e morte no Brasil.* 4ª ed. Rio de Janeiro: Guanabara Koogan, 1991.

DAHRENDORF, R. *O Conflito Social Moderno. Um ensaio sobre a política da liberdade.* Rio de Janeiro: Jorge Zahar Editores; São Paulo: Editora da USP, 1992.

DARNTON, Robert. *O grande massacre de gatos e outros episódios da história cultural francesa.* 5ª ed. Rio de Janeiro: Graal, 2006.

DAVIS, Natalie Zemon. *Culturas do povo. Sociedade e cultura no início da França moderna.* Rio de Janeiro: Paz e Terra, 1990.

DELUMEAU, Jean. *A Civilização do Renascimento.* Lisboa: Editorial Estampa, 1983, 2 vol.

DIAS, Maria Odila Leite da S. *A interiorização da metrópole e outros estudos*. São Paulo: Alameda Casa Editorial, 2005.

_____. *Quotidiano e poder em São Paulo no século XIX*. São Paulo: Brasiliense, 1984.

DOBB, Maurice. *A evolução do capitalismo*. Rio de Janeiro: LTC, 1987.

DOLHNIKOFF, Miriam (org.). *Silva, José Bonifácio de Andrada e. Projetos para o Brasil*. São Paulo: Companhia das Letras, 1998.

_____. *O pacto imperial: origens do federalismo no Brasil*. São Paulo: Editora Globo, 2005.

DOTTI, Jorge E. et alli. *Estado e política: a filosofia política de Hegel*. Rio de Janeiro: J. Zahar, 2003.

DUARTE, Nestor. *Ordem privada e a organização política nacional: contribuição à sociologia política brasileira*. Brasília, DF: Ministério da Justiça, 1997.

DUBY, George (org.). *História e Nova História*. 2ª ed. Lisboa: Teorema, 1989.

DULMEN, Richard Van. *Los inícios de la Europa moderna (1550-1648)*. Buenos Aires: Siglo Veintiuno Editores, s/d.

ECO, Humberto. *Como se faz uma tese*. 14ª. ed. São Paulo: Perspectiva, 1996.

EISENBERG, Peter L. *Homens esquecidos*. Campinas: Editora da Unicamp, 1989.

ELIAS, Nobert. *A sociedade de corte*. Lisboa: Imprensa Universitária/Editorial Estampa, s/d.

FALCON, Francisco José Calazans. *A época pombalina: política econômica e monarquia ilustrada*. 2ª ed. São Paulo: Ática, 1993.

_____. *O Iluminismo*. 4ª ed. São Paulo: Ática, 2002.

FAORO, Raimundo. *Os Donos do poder. Formação do patronato político brasileiro*. 4ª ed. Porto Alegre: Editora Globo, 2 vol.

FAUSTO, Boris. *Trabalho urbano e conflito social*. São Paulo: Difel, 1976.

FEBVRE, Lucien. *Combates pela História*. 3ª ed. Lisboa: Presença, 1989.

FERNANDES, Florestan. *A integração do negro na sociedade de classes*. São Paulo: 1965.

FIGUEIREDO, Eurídice e SANTOS, Eloína Prati dos. *Recortes transculturais*. Niterói, RJ: 1997.

FINLEY, Moses I. *História Antiga: Testemunhos e modelos*. São Paulo: Martins Fontes, 1994.

_____. *Escravidão antiga e ideologia moderna*. Rio de Janeiro: Graal, 1991.

Florentino, Manolo G. *Em Costas Negras: Uma História do Tráfico Atlântico de Escravos entre a África e o Rio de Janeiro* (Séculos XVIII e XIX). Rio de Janeiro: Arquivo Nacional, 1995.

Florenzano, Maria Beatriz B. *O mundo antigo: economia e sociedade*. 12ª. ed. São Paulo: Editora Brasiliense, 1994.

Flory, Thomas. *El juiz de paz el jurado en el Brasil imperial, 1808-1871: Control social y estabilidad politica en el nuevo Estado*. México: Fondo de Cultura Económica, 1986.

Fogel, Robert W. e Elton, G. R. *Cuál de los caminos al pasado? Dos visiones de historia*. México: Fondo de Cultura Económica, 1994.

Foner, Eric. *Nada além da liberdade*. Rio de Janeiro: Paz e Terra; Brasília: CNPq, 1988.

Fontana, Josep. *História: análise do passado e projeto social*. São Paulo: Editora da USC, 1998.

Fortes, Alexandre (org.). *Culturas de classe. Identidade e diversidade na formação do operariado*. Campinas: Editora da Unicamp, 2004.

Foucault, Michel. *Microfísica do poder*. 3ª ed. Rio de Janeiro: Graal, 1982.

_____. *Vigiar e Punir: Nascimento da prisão*. 16ª ed. Petrópolis: Editora Vozes, 1997.

Fragoso, João L.; Bicalho, M. F.; e Gouvêa, M. F. (orgs.). *O Antigo Regime nos trópicos: A dinâmica imperial portuguesa* (séculos XVI-XVIII). Rio de Janeiro: Civilização Brasileira, 2001.

_____. *Homens de Grossa Aventura: Acumulação e Hierarquia na Praça Mercantil do Rio de Janeiro (1790-1830)*. Rio de Janeiro: Arquivo Nacional, 1992.

_____; e Florentino, Manolo Garcia. *O arcaísmo como projeto: mercado atlântico, sociedade agrária e elite mercantil em uma economia colonial tardia: Rio de Janeiro, c.1790-c.1840*. 4ª ed. Rio de Janeiro: Civilização Brasileira, 2001.

Franco, Maria Sylvia de Carvalho. *Homens livres na ordem escravocrata*. São Paulo: Editora Ática, 1972.

Freitas, Marcos Cezar (org.). *Historiografia Brasileira em perspectiva*. 2ª ed. São Paulo: Contexto, 1998.

Freyre, Gilberto. *Casa-grande & senzala: formação da família brasileira sob o regime de economia rural*. 8ª ed. Rio de Janeiro, rj: José Olympio, 1954.

_____. *Sobrados e mocambos: decadência do patriarcado rural e desenvolvimento urbano*. 6ª ed. Rio de Janeiro, rj: José Olympio, 1981.

Furtado, Celso. *Formação econômica do Brasil*. 7ª ed. São Paulo: Editora Nacional, 1967.

Garcia-Pelayo, Manuel. *Frederico II de Suábia e o nascimento do Estado Moderno*. Faculdade de Direito, Universidade de Minas Gerais, s/d.

Gebara, Ademir. *O mercado de trabalho livre no Brasil (1871-1888)*. São Paulo: Brasiliense, 1986.

Geertz, Clifford. *A interpretação das culturas*. Rio de Janeiro: ltc, 1989.

Gellner, E. *Nações e nacionalismo*. Lisboa: Gradiva, 1993.

Genovese, Eugene. *Economia Política da Escravidão*. Rio de Janeiro: Pallas, 1976.

Gil, José Carlos Amador. *Projetos de Estado no alvorecer do Império*. Vitória: Instituto Histórico e Geográfico do Espírito Santo, 2002.

Ginzburg, Carlo. *A micro-história e outros ensaios*. Rio de Janeiro: Bertrand; São Paulo: Difel, 1991.

_____. *Mitos, emblemas, sinais: morfologia e história*. São Paulo: Companhia das Letras, 1991.

_____. *O queijo e os vermes: o cotidiano e as ideias de um moleiro perseguido pela inquisição*. São Paulo: Companhia das Letras, 1987.

_____. *Os andarilhos do bem: feitiçaria e cultos agrários nos séculos xvi e xvii*. São Paulo: Companhia das Letras, 1990.

_____. *Relações de força: história, retórica, prova*. São Paulo: Companhia das Letras, 2002.

Girardet, Raoul. *Mitos e mitologias políticas*. São Paulo: Companhia das Letras, 1987.

Godinho, V. M. *Estrutura da Antiga Sociedade Portuguesa*. 2ª ed. Lisboa: Arcádia, 1975.

Goldmann, Lucien. *Ciências humanas e filosofia: que é a sociologia?* 9ª ed. São Paulo: Difusão Europeia do Livro, 1984.

Goldmann, Lucien. *Dialética e Cultura*. 2ª ed. Rio de Janeiro: Paz e Terra, 1979.

GOLDSMITH, Raymond W. *Desenvolvimento Financeiro sob um século de inflação*. São Paulo: Editora Harper & Row, 1986.

GOMES, Flávio dos Santos. *Liberdade por um fio. História dos quilombos no Brasil*. Rio de Janeiro: Companhia das Letras, 1997.

GORENDER, Jacob. *O escravismo colonial*. 4ª ed. São Paulo: Editora Ática, 1985.

GRAHAN, Richard. *Clientelismo e política no Brasil do século XIX*. Rio de Janeiro: Editora da UFRJ, 1997.

GRAMSCI, Antônio. *Escritos políticos*. Lisboa: Seara Nova, 1978, vol. IV.

_____. *Maquiavel, a política e o Estado Moderno*. Rio de Janeiro: Civilização Brasileira, 1976.

_____. *A concepção dialética da História.* Rio de Janeiro: Civilização Brasileira, 1991.

_____. *A questão meridional*. São Paulo: Paz e Terra, 1987.

_____. *Antologia*. México: Siglo XXI, 1970.

_____. *Cadernos do Cárcere*. Rio de Janeiro: Civilização Brasileira, 2002, 5 vol.

GRINBERG, Keila. *Liberata – A lei da ambiguidade: Ações de liberdade da Corte de Apelação do Rio de Janeiro no século XIX*. Rio de Janeiro: Relume-Dumará, 1994.

_____. *Código Civil e cidadania*. Rio de Janeiro: Zahar, 2001.

_____. *O fiador dos brasileiros*. Cidadania, escravidão e direito civil no tempo de Antonio Pereira Rebouças. Rio de Janeiro: Civilização Brasileira, 2002.

GRUPPI, Luciano. *O conceito de hegemonia em Gramsci*. Rio de Janeiro: Graal, 1978.

GRYNSZPAN, Mário. *Ciência, política e trajetórias sociais: uma sociologia histórica da teoria das elites*. Rio de Janeiro: Editora da FGV, 1999.

GUERRA, François Xavier. *Modernidad e independencias. Ensayos sobre las revoluciones hispanicas*. México: Mapfre/ Fondo de Cultura Económica, 1992.

_____; e LEMPERIERE, Annick et. al. *Los espacios públicos en Iberoamerica. Ambiguidades y problemas. Siglos XVIII-XIX*. México: Fondo de Cultura Económica, 1998.

GUIBERNAU, Montserrat. *Nacionalismos. O Estado nacional e o nacionalismo no século XX*. Rio de Janeiro: Zahar, 1997.

GUIMARÃES, Alberto Passos. *As classes perigosas. Banditismo urbano e rural*. Rio de Janeiro: Edições Graal, 1981.

GUIMARÃES, Lúcia Maria P. e PRADO, Maria Emília. *O liberalismo no Brasil Imperial*. Origens, Conceitos e Práticas. Rio de Janeiro: Revan / UERJ, 2001.

HABERMAS, Jürgen. *Mudança estrutural da esfera pública: investigação quanto a uma categoria da sociedade burguesa*. Rio de Janeiro: Tempo Brasileiro, 1984.

HALL, Stuart. *A identidade cultural na pós-modernidade*. 7ª ed. Rio de Janeiro: DP & A, 2002.

HARTOG, François. *Os antigos, o passado e o presente*. Brasília: Editora da UnB, 2003.

HERMET, Guy. *História das nações e do nacionalismo na Europa*. Lisboa: Editorial Estampa, 1996.

HESPANHA, A. M. *A história do direito na história social*. Lisboa: Livros Horizonte, 1978.

_____. *Às Vésperas do Leviathan*. Instituições e Poder Político em Portugal – séc. XVII. Coimbra: Livraria Almedina, 1994.

_____ et alli. *Justiça e litigiosidade – História e prospectiva*. Lisboa: Fundação Calouste Gulbenkian, 1993.

_____. *Panorama histórico da cultura jurídica europeia*. Lisboa: Publicações Europa-América, 1997.

_____. *Poder e Instituições na Europa do Antigo Regime* (org.). Lisboa: Fundação Calouste Gulbenkian, 1984.

HIGOUNET, C.; VEYNE, Paul; e VILAR, Pierre (orgs.). *História e Historicidade*. Lisboa: Gradiva, 1988.

HILL, Christopher. *O mundo de ponta cabeça: ideias radicais durante a Revolução Inglesa de 1640*. São Paulo: Companhia das Letras, 1987.

HILTON, Rodney *et alli*. *A transição do feudalismo para o capitalismo*. São Paulo: Paz e Terra, 2004.

HINTZE, Otto. *Historia de las formas políticas*. Madri: Revista de Occidente, s/d.

HIRSCHMAN, Albert. *A retórica da intransigência. Perversidade, futilidade, ameaça*. São Paulo: Companhia das Letras, 1992.

HOBSBAWM, E. J. *A era das revoluções: Europa 1789-1848*. 20ª ed. Rio de Janeiro: Paz e Terra, 2006.

_____. *A era do capital: 1848-1875*. 2ª ed. Rio de Janeiro: Paz e Terra, 1979.

_____. *A era dos Impérios: 1875-1914*. 8ª ed. Rio de Janeiro: Paz e Terra, 2003.

_____. *Bandidos*. Rio de Janeiro: Forense, 1975.

_____. *Da revolução industrial inglesa ao imperialismo*. 5ª ed. Rio de Janeiro: Forense, 2003.

_____. *Ecos da Marselhesa: dois séculos reveem a Revolução Francesa*. São Paulo: Companhia das Letras, 1996.

_____. *Os Trabalhadores: Estudos sobre a História do Operariado*. São Paulo: Paz e Terra, 1981.

_____. *Revolucionários: ensaios contemporâneos*. Rio de Janeiro: Paz e Terra, 1982.

_____. *Sobre história: ensaios*. 7ª ed. São Paulo: Companhia das Letras, 2005.

_____; e RANGER, Terence. *A Invenção das tradições*. Rio de Janeiro: Paz e Terra, 1997.

_____. *Mundos do Trabalho. Novos estudos sobre História Operária*. 3ª ed. São Paulo: Paz e Terra, 2000.

_____. *Rebeldes Primitivos – estudos sobre as formas arcaicas dos movimentos sociais nos séculos XIX e XX*. Rio de Janeiro: Zahar Editores, 1970.

HOLANDA, Sérgio B. de. *Caminhos e fronteiras*. 2ª ed. Rio de Janeiro: José Olympio, 1975.

_____. *Raízes do Brasil*. São Paulo: Companhia das Letras, 1995.

_____. *Visão do paraíso: os motivos edênicos no descobrimento e colonização do Brasil*. 6ª ed. São Paulo: Brasiliense, 2002.

_____ (coord.). *História Geral da Civilização Brasileira – Período Monárquico*. 8ª ed. São Paulo: Bertrand Brasil, 2004, 5 vol.

MAIA, Fernanda Paula Sousa. *O discurso parlamentar português e as relações Portugal-Brasil. A Câmara dos Deputados (1826-1852)*. Lisboa: Fundação Calouste Gulbenkian, 2002.

VIEIRA, Benedita Maria Duque. *O problema político português no tempo das primeiras cortes liberais*. Lisboa: Edições João Sá da Costa, 1992.

HOLLOWAY, Thomas H. *A polícia no Rio de Janeiro: repressão e resistência em uma cidade do século XIX*. Rio de Janeiro, RJ: Fundação Getulio Vargas, 1997.

HUNT, Lynn. *A nova História Cultural*. São Paulo: Martins Fontes, 1995.

IGLÉSIAS, Francisco. *Historiadores do Brasil*. Rio de Janeiro: Nova Fronteira; Belo Horizonte, MG: Editora da UFMG, 2003.

JANCSÓ, István (org.). *Brasil: Formação do Estado e da Nação*. São Paulo: Editora Hucitec, 2003.

_____. *Na Bahia, contra o Império: história do ensaio de sedição de 1798*. São Paulo: Hucitec; Salvador: Editora da UFBA, 1996.

JENKINS, Keith. *A História repensada*. São Paulo: Contexto, 2004.

KANTOROWICZ, Ernst. *Os dois corpos do rei*. São Paulo: Companhia das Letras, 1998.

KAPLAN, Marcos T. *Formação do Estado Nacional*. Rio de Janeiro: Livraria Eldorado, 1974.

KARASCH, Mary C. *A vida dos escravos no Rio de Janeiro: 1808-1850*. São Paulo: Companhia das Letras, 2000.

KOWARICK, Lúcio. *Trabalho e vadiagem. A origem do trabalho livre no Brasil*. 2ª ed. Rio de Janeiro: Editora Paz e Terra, 1994.

KRANTZ, Frederick. *A outra história. Ideologia e protesto popular nos séculos XVII a XIX*. Rio de Janeiro: Jorge Zahar Editores, 1990.

LADURIE, Emmanuel Le Roy. *Montaillou – povoado occitânico 1294-1324*. São Paulo: Companhia das Letras, 1997.

_____. *O Estado Monárquico. França, 1460-1610*. São Paulo: Companhia das Letras, 1994.

LAFER, Celso. *A reconstrução dos Direitos Humanos – Um diálogo com o pensamento de Hanna Arendt*. São Paulo: Companhia das Letras, 1991.

LE GOFF, Jacques e NORA, Pierre (orgs.). *História: Novos Problemas*. Rio de Janeiro: Francisco Alves, 1976, 3 vol.

_____. *História e memória*. 2ª ed. Campinas: Editora da Unicamp, 1992.

LEITE, Ilka Boaventura. *Antropologia da viagem: escravos e libertos em Minas Gerais no século XIX*. Minas Gerais: Editora da UFMG, 1996.

LEITE, Renato Lopes. *Republicanos e Libertários: Pensadores radicais no Rio de Janeiro (1822)*. Rio de Janeiro: Civilização Brasileira, 2000.

LENHARO, Alcir. *As tropas da moderação: o abastecimento da Corte na Formação Política do Brasil, 1808-1842*. Rio de Janeiro: Secretaria Municipal de Cultura, Turismo e Esporte, Departamento Geral de Documentação e Informação Cultural, Divisão de Editoração, 1993.

LEVI, Giovani. *A herança imaterial: trajetória de um exorcista no Piemonte do século XVII*. Rio de Janeiro: Civilização Brasileira, 2000.

LIMA, Heitor Ferreira. *História político-econômica e industrial do Brasil*. São Paulo: Nacional, 1970.

LIMA, Oliveira. *O Movimento da Independência 1821-1822*. 6ª ed. Rio de Janeiro: Topbooks, 1987.

LOBO, Eulália Maria L. *História do Rio de Janeiro (Do capital comercial ao capital industrial e financeiro)*. Rio de Janeiro: IBMEC, 1978.

LONER, Beatriz Ana. *Construção de classe: Operários de Pelotas e Rio Grande (1888-1930)*. Pelotas: Editora e Gráfica Universitária – UFPel, 2001.

LOVEJOY, Paul E. *A escravidão na África: uma história de suas transformações*. Rio de Janeiro: Civilização Brasileira, 2002.

LUKÁCS, G. *Revolución y antiparlamentarismo*. México: Edições Passado e Presente, 1978.

LUSTOSA, Isabel. *As trapaças da sorte: Ensaios de história e política e de história cultural*. Belo Horizonte, MG: Editora da UFMG, 2004.

_____. *Insultos Impressos. A guerra dos jornalistas na Independência – 1821-1823*. São Paulo: Companhia das Letras, 2000.

LYRA, Maria de Lourdes V. *A utopia do poderoso Império Portugal e Brasil. Bastidores da política – 1798-1822*. Rio de Janeiro: Sette Letras, 1994.

MACHADO, Humberto Fernandes. *Escravos, senhores e café: a crise da cafeicultura escravista do Vale do Paraíba Fluminense, 1860-1888*. Niterói, RJ: Cromos, 1993.

MAGALHÃES JR., R. *Três Panfletários do Segundo Reinado*. São Paulo: Companhia Editora Nacional, 1945.

MALERBA, Jurandir (org.). *A História escrita – teoria e história da historiografia*. São Paulo: Editora Contexto, 2006.

_____. *Os brancos da lei: liberalismo, escravidão e mentalidade patriarcal no Império do Brasil*. Maringá/PR: Editora da Universidade Estadual de Maringá, 1994.

MARTINHO, Lenira M. e GORENSTEIN, Riva. *Negociantes e caixeiros na sociedade da Independência*. Rio de Janeiro: Secretaria Municipal de Cultura, Turismo e Esporte, Departamento Geral de Documentação e Informação Cultural, Divisão de Editoração, 1993.

MARTINS, José de Souza. *Introdução Crítica à Sociologia Rural*. São Paulo: Editora Hucitec, 1981.

MARX, K. *A questão judaica*. 4ª ed. São Paulo: Centauro Editora, 2002.

_____. *A Sagrada Família. Crítica da Crítica crítica contra Bruno Bauer e seus seguidores*. São Paulo: Centauro Editora, 2005.

_____. *Contribuição à crítica da economia política*. 2ª ed. São Paulo: Martins Fontes, 1983.

_____. *Crítica da Filosofia do Direito de Hegel*. São Paulo: Boitempo Editorial, 2005.

_____ e ENGELS, F. *A ideologia alemã*. São Paulo: Martins Fontes, 2002.

_____. *Miséria da filosofia: resposta à filosofia da miséria do Senhor Proudhon*.

_____. *O 18 brumário de Louis Bonaparte*. São Paulo: faltou!!!!

_____. *Obras Escolhidas*. Rio de Janeiro: Editora Brasileira, 1956, vol. 1.

MATTOS, Ilmar R. de. *O Tempo Saquarema. A formação do Estado Imperial*. 4ª ed. Rio de Janeiro: Access/INL, 1994.

MATTOS, Marcelo Badaró (org.). *História: Pensar e fazer*. Niterói: LDH/UFF, 1988.

MATTOSO, José. *Fragmentos de uma composição Medieval*. Lisboa: Editorial Estampa, 1987.

MATTOSO, Kátia M. de Queirós. *Bahia: século XIX*. Rio de Janeiro: Nova Fronteira, 1992.

MAXWELL, Kenneth. *Chocolate, piratas e outros malandros. Ensaios Tropicais*. São Paulo: Paz e Terra, 1999, p. 89-123.

_____. *A devassa da devassa. A Inconfidência Mineira: Brasil e Portugal 1750-1808*. 6ª ed. São Paulo: Paz e Terra, 2005.

MAYER, Arno. *A força da tradição: a persistência do Antigo Regime (1848-1914)*. São Paulo: Companhia das Letras, 1987.

MELLO, João Manuel Cardoso de. *O capitalismo tardio*. 3ª ed. São Paulo: Editora Brasiliense, 1982.

MELLO, Evaldo Cabral de. *A outra Independência: o federalismo pernambucano de 1817 a 1824*. São Paulo: Editora 34, 2004.

_____. *Rubro Veio. O Imaginário da Restauração Pernambucana*. Rio de Janeiro: Nova Fronteira, 1986.

_____. *Um Imenso Portugal. História e historiografia*. São Paulo: Editora 34, 2002.

_____. *Frei Joaquim do Amor Divino Caneca*. São Paulo: Editora 34, 2001.

MELLOTI, Umberto (org.). *Introduzione allá sociologia*. Milano: Centro Studi Terzo Mondo, 1980.

MENDONÇA, Nadir Domingues. *O uso dos conceitos: uma tentativa de Interdisciplinaridade*. 2ª ed. Petrópolis/RJ: Editora Vozes, 1985.

MENDONÇA, Sônia Regina de. *O ruralismo brasileiro (1888-1931)*. São Paulo: Editora Hucitec, 1997.

MENEZES, Lená Medeiros de. *Os indesejáveis. Protesto, crime e expulsão na Capital Federal (1890-1930)*. Rio de Janeiro: Editora da UERJ, 1996.

MERCADANTE, Paulo. *A consciência conservadora no Brasil: contribuição ao estudo da formação brasileira*. 3ª ed. Rio de Janeiro: Nova Fronteira, 1980.

MERQUIOR, José Guilherme. *O liberalismo antigo e moderno*. Rio de Janeiro: Nova Fronteira, 1991.

MINTZ, Sidney W. *O nascimento da cultura Afro-americana: uma perspectiva antropológica*. Rio de Janeiro: Pallas; UCAM, Centro de Estudos Afro-Brasileiros, 2003.

MONTEIRO, Nuno Gonçalo. *O crepúsculo dos grandes (1750/1832)*. Lisboa: Imprensa Nacional/Casa da Moeda, 1998.

MONTEIRO, Tobias. *História do Império: A Elaboração da Independência*. Belo Horizonte: Editora Itatiaia; São Paulo: Editora da Universidade de São Paulo, 1981.

Montenegro, João Alfredo de S. *O discurso autoritário de Cairu*. Brasília: Senado Federal, 2003.

Moore Jr., Barrington. *Poder Político e Teoria Social*. São Paulo: Cultrix, 1972.

_____. *Injustiça. As bases sociais da obediência e da revolta*. São Paulo: Editora Brasiliense, 1987.

Morel, Marco. *As transformações dos espaços públicos: imprensa, atores políticos e sociabilidades na Cidade Imperial, 1820-1840*. São Paulo: Editora Hucitec, 2005.

_____. *Frei Caneca: entre Marília e a pátria*. Rio de Janeiro: Editora da fgv, 2000.

Morse, Richard M. *O espelho de Próspero: cultura e ideias nas Américas*. São Paulo: Companhia das Letras, 2000.

Moscovici, Serge e Doise, Willem. *Dissensões e consenso: uma teoria geral das decisões coletivas*. Lisboa: Livros Horizontes.

Mossé, Claude. "Igualdade". In: *Dicionário da Civilização Grega*. Rio de Janeiro: Zahar, 2004, p. 173-175.

Mota, Carlos Guilherme. *Nordeste 1817: estruturas e argumentos*. São Paulo: Perspectiva, 1982.

Mota, Carlos Guilherme. *Os juristas na formação do estado-nação brasileiro, século xvi a 1850*. Rio de Janeiro: Fundação Getulio Vargas; São Paulo: Quartier Latin, 2006.

Motta, Carlos G. (org.). *Brasil em perspectiva*. Rio de Janeiro: Bertrand Brasil, 1990.

Motta, Márcia M. M. *Nas fronteiras do poder: conflito e direito à terra no Brasil do século xix*. Rio de Janeiro: Vício de Leitura; Arquivo Público do Estado do Rio de Janeiro, 1998.

Moura, Denise A. Soares de. *Saindo das sombras: homens livres no declínio do escravismo*. Campinas, sp: Unicamp, Centro de Memória; Fapesp, 1998.

Mumford, Lewis. *A cultura das cidades*. Belo Horizonte: Editora Itatiaia Ltda., 1961.

_____. *A cidade na História*. Belo Horizonte: Editora Itatiaia Ltda., 1965, 2 vol.

Nadalin, Sérgio Odilon. *A demografia em uma perspectiva histórica*. Belo Horizonte: ABEP, 1994.

Naef, W. *La Idea del Estado em la Edad Moderna*. Madri: Aguilar, 1973.

Neder, Gizlene. *Iluminismo Jurídico-Penal Luso-Brasileiro: Obediência e Submissão*. Rio de Janeiro: Freitas Bastos Editora, 2000.

Neves, Guilherme Pereira das. *E receberá mercê: a mesa da consciência e ordens e o clero secular no Brasil 1808-1828*. Rio de Janeiro: Arquivo Nacional, 1997.

Neves, Lúcia Maria Bastos P. das. *Corcundas e Constitucionais. A cultura política da Independência (1820-1822)*. Rio de Janeiro: Editora Revan / Faperj, 2003.

Nogueira Filho, Octaciano da Costa. *Introdução à ciência política*. Brasília: Senado Federal, Unilegis, 2007.

_____. *Introdução à filosofia política*. Brasília: Senado Federal, Unilegis, 2007.

Novais, Fernando A. e Mota, Carlos Guilherme. *A independência política do Brasil*. 2ª ed. São Paulo: Editora Hucitec, 1995.

_____. A. *Portugal e Brasil na Crise do Antigo Sistema Colonial (1777-1808)*. 6ª ed. São Paulo: Editora Hucitec, 1995.

Olival, Fernanda. *As Ordens Militares e o Estado Moderno. Honra, Mercê e Venalidade em Portugal (1641-1789)*. Lisboa: Estar, 2000.

Oliveira, Cecília Helena Lorenzini de Salles. *A Astúcia Liberal. Relações de Mercado e Projetos Políticos no Rio de Janeiro (1820-1824)*. Bragança Paulista/SP: Ícone/UDUSF, 1999.

Oliveira, Geraldo de Beauclair Mendes de. *A construção inacabada: a economia brasileira, 1828-1860*. Niterói, RJ: Vício de leitura, s/d.

_____. *Raízes da indústria no Brasil*. Rio de Janeiro: Studio F&S, 1992.

Pacheco, Anelise; Cocco, Giuseppe; e Vaz, Paulo (orgs.). *O Trabalho da multidão: Império e resistências*. Rio de Janeiro: Gryphus; Museu da República, 2002.

Pacheco, Ricardo de Aguiar. *O cidadão está nas ruas – Representações e práticas acerca da cidadania republicana em Porto Alegre (1889-1991)*. Porto Alegre: Editora da UFRGS, 2001.

Paim, Antônio. *História do liberalismo brasileiro*. São Paulo: Mandarim, 1998.

Pereira, Miriam Halpern. *A crise do Antigo Regime e as Cortes Constituintes de 1821-1822. Negociantes, fabricantes e artesãos, entre as velhas e as novas instituições*. Lisboa: Edições João Sá da Costa, 1992, vol. II

_____. *Das revoluções liberais ao Estado Novo*. Lisboa: Editorial Presença, 1994.

Perissinoto, Renato M. *Classes dominantes e hegemonia na República velha*. Campinas, SP: Editora da Unicamp, 1994.

PERONE, Maria Thereza S. *O barão de Iguape. Um empresário da época da Independência.* São Paulo: Editora Nacional; Brasília: INL, 1976.

PERROT, Michele. *Os excluídos. Operários, mulheres e prisioneiros.* 2ª ed. Rio de Janeiro: Paz e Terra, 1988.

PIÑEIRO, Théo Lobarinhas. *Crise e resistência no escravismo colonial: os últimos anos da escravidão na província do Rio de Janeiro.* Passo Fundo/RS: Editora da Universidade Federal de Passo Fundo, 2002.

PINSKY, Jaime e PINSKY, Carla B. (orgs.). *História da Cidadania.* São Paulo: Contexto, 2003.

PIRENNE, Henri. *As cidades da Idade Média.* Lisboa: Publicações Europa-América, 1964.

PLEKHANOV, Gheorghi V. *A concepção materialista da História: da filosofia, da História, da concepção materialista da História, o papel do indivíduo na História.* 2ª ed. Rio de Janeiro: Vitória, 1963.

POCOCK, John G. A. *Linguagens do ideário político.* São Paulo: Editora da USP, 2003.

POLANYI, Karl. *A grande transformação: as origens da nossa época.* Rio de Janeiro: Editora Campus, 2000.

POMIAN, K. *El orden del tiempo.* Madrid: Júcar Universidad, 1990.

PORTELLI, Hugues. *Gramsci e o Bloco Histórico.* Rio de Janeiro: Paz e Terra, 1977.

POULANTZAS, Nicos. *O Estado, o poder, o socialismo.* 3ª ed. Rio de Janeiro: Graal, 1985.

_____. *Poder Político e classes sociais.* São Paulo: Martins Fontes, 1977.

PRADO JR., Caio. *Formação do Brasil contemporâneo: colônia.* 16ª ed. São Paulo: Brasiliense, 1979.

_____. *Evolução Política do Brasil e outros estudos.* 11ª ed. São Paulo: Editora Brasiliense, 1979.

PRADO, Maria Emilia. *Memorial das desigualdades: os impasses da cidadania no Brasil, 1870/1902.* Rio de Janeiro: Revan/Faperj, 2005.

QUEIROZ, Maria Isaura P. *O Mandonismo local na vida política brasileira e outros ensaios.* São Paulo: Alfa-Ômega, 1976.

QUINTÃO, Antônia Aparecida. *Irmandades negras: outro especo de luta e resistência (São Paulo: 1870-1890).* São Paulo: Annablume/Fapesp, 2002.

QUINTAS, Amaro. *O sentido social da Revolução Praieira*. Rio de Janeiro: Civilização Brasileira, 1967.

RAMINELLI, Ronald. *A escrita e a espada em busca de mercê*. Mimeo. 2004.

REIS, J. J. *Rebelião escrava no Brasil. A história do levante dos malês (1835)*. São Paulo: Editora Brasiliense, 1986.

REIS, José Carlos. *A História, entre a Filosofia e a Ciência*. 3ª ed. Belo Horizonte: Editora Autêntica, 2004.

REMOND, René (org.). *Por uma História política*. Rio de Janeiro: Editora da UFRJ/ FGV, 1996.

RENAN, Ernest. *"Qu'est-ce qu'une Nation?"* Conferência na Sorbonne em 11/03/82, *in Discours et Conferences*, 3ª ed., 1887.

REVEL, Jacques (org.). *Jogos de Escala: A experiência da Microanálise*. Rio de Janeiro: Editora da FGV, 1998.

RIBEIRO, Gladys S. *A liberdade em construção. Identidade nacional e conflito antilusitano no Primeiro Reinado*. Rio de Janeiro: Relume-Dumará, 2002.

RIDENTI, Marcelo. *Classes sociais e representação*. São Paulo: Cortez, 1994.

RIVIÈRE, Claude. *As liturgias políticas*. Rio de Janeiro: Imago, 1989.

ROBIN, Régine. *História e linguística*. São Paulo: Cultrix, 1977.

RODRIGUES, José Honório. *A Assembleia Constituinte de 1823*. Petrópolis: Editora Vozes, 1974.

_____. *Independência: Revolução e Contra-Revolução*. São Paulo: Francisco Alves, 1975, 5 vol.

RODRIGUES, Nina. *Os africanos no Brasil*. 5ª ed. São Paulo: Editora Nacional, 1977.

RUDÉ, George; e HOBSBAWM, E. J. *Capitão Swing*. Rio de Janeiro: Francisco Alves, 1982.

_____. *A Multidão na história*. Rio de Janeiro: Editora Campus, 1991.

RUDÉ, George. *Ideologia e protesto popular*. Rio de Janeiro: Zahar Editores, 1982.

RUSSELL-WOOD, A. J. R. *Governantes e Agentes*. In: *História da Expansão Portuguesa – O Brasil na Balança do Império (1697-1808)*. Volume III. Portugal, s/d.

SÁBATO, Hilda (org.). *Ciudadanía política y formación de las naciones: perspectivas históricas de América Latina*. México: Fondo de Cultura Económica, 1999.

SADER, Emir Simão (org.). *Gramsci: poder, política e partido.* São Paulo: Expressão Popular, 2005.

SAES, Décio. *A formação do Estado burguês no Brasil (1888-1889).* Rio de Janeiro: Paz e Terra, 1985.

_____. *Estado e Democracia: Ensaios teóricos.* 2ª ed. Campinas: IFCH, 1998.

SAID, Edward W. *Cultura e Imperialismo.* São Paulo: Companhia das Letras, 1995.

_____. *Orientalismo: O Oriente como invenção do Ocidente.* São Paulo: Companhia das Letras, 1990.

SALLES, Ricardo. *Guerra do Paraguai: escravidão e cidadania na formação do Exército.* Rio de Janeiro: Paz e Terra, 1990.

_____. *Nostalgia Imperial: a formação da identidade nacional no Segundo Reinado.* Rio de Janeiro: Topbooks, 1996.

SANTIAGO, Théo (org.). *Capitalismo: transição.* 2ª ed. Rio de Janeiro: Eldorado, 1975.

_____. *América Colonial – ensaios.* Rio de Janeiro: Pallas, 1975.

SANTOS, Boaventura de S. *Pela Mão de Alice. O Social e o político na pós-modernidade.* 2ª ed. São Paulo: Cortez Editora, 1996.

SANTOS, Wanderley Guilherme dos. *Cidadania e justiça: a política social na ordem brasileira.* Rio de Janeiro: Editora Campus, 1994.

_____. *Ordem burguesa e liberalismo político no Brasil.* São Paulo: Duas Cidades, 1978.

_____. *Paradoxos do Liberalismo. Teoria e História.* Rio de Janeiro: Editora Revan, 1999.

SCARANO, Julita. *Devoção e escravidão.* 2ª ed. São Paulo: Companhia Editora Nacional, 1978.

SCHAFF, Adam. *História e verdade.* São Paulo: Martins Fontes, 1991.

SCHORSKE, Carl E. *Pensando com a história: indagações na passagem para o modernismo.* São Paulo: Companhia das Letras, 2000.

SCHWARTZ, Stuart B. *Segredos internos: engenhos e escravos na sociedade colonial, 1550-1835.* São Paulo: Companhia das Letras, 1988.

SCOTT, Rebecca J. *Emancipação escrava em Cuba: a transição para o trabalho livre, 1860-1899.* Rio de Janeiro: Paz e Terra, 1991.

SEMERARO, Giovanni. *Gramsci e a sociedade civil*. Petrópolis/RJ: Editora Vozes, 1999.

SENNETT, Richard. *Carne e Pedra*. Rio de Janeiro/São Paulo: Editora Record, 1997.

_____. *O declínio do homem público: as tiranias da intimidade*. São Paulo: Companhia das Letras, 1993.

SILVA, Eduardo. *As queixas do povo*. Rio de Janeiro, RJ: Paz e Terra, 1988.

SILVA, Maria Beatriz Nizza da. *A primeira gazeta da Bahia: Idade d'Ouro do Brasil*. São Paulo: Cultrix, 1978.

SILVA, Maria Beatriz Nizza da. *Silvestre Pinheiro Ferreira: Ideologia e Teoria*. Lisboa: Livraria Sá Costa Editora, 1975.

SILVA, Mozart Linhares da. *O Império dos bacharéis: o pensamento jurídico e a organização do Estado-nação do Brasil*. Curitiba: Juruá Editora, 2003.

Silva, Rogério Forastieri da. *História da Historiografia*. Bauru/SP: Edusc, 2001.

SIMONSEN, Roberto C. *História econômica do Brasil (1500-1820)*. 7ª ed. São Paulo: Editora Nacional, 1978.

SINGER, Paul. *A formação da classe operária*. 5ª ed. São Paulo: Atual; Campinas/SP: Editora da Unicamp, 1988.

SKINNER, Quentin. *Liberdade antes do liberalismo*. São Paulo: Editora da Unesp, 1999.

SOARES, Carlos Eugênio L. *A capoeira escrava e outras tradições rebeldes no Rio de Janeiro (1808-1850)*. 2ª ed. Campinas, SP: Editora da Unicamp, 2004.

_____. *A negrada instituição: os capoeiras no Rio de Janeiro*. Rio de Janeiro: Secretaria Municipal de Cultura, 1994.

_____. *Zungu: Rumos de muitas vozes*. Rio de Janeiro: Arquivo Público do Estado do Rio de Janeiro, 1998.

SOBOUL, Albert. *Le Civilisation Et La Revolution Francaise – La Crise De L'ancien Regime*. Paris: Arthaud, 1978, tomo 1.

SOBRINHO, Barbosa L. *et alli*. *A Constituinte*. Brasília: Senado Federal, 1977.

SODRÉ, Nelson Werneck. *Formação da Sociedade Brasileira*. Rio de Janeiro: Livraria José Olympio, 1944.

SODRÉ, Nelson Werneck. *A história da imprensa no Brasil*. Rio de Janeiro: Civilização Brasileira, 1966.

_____. *As razões da Independência*. Rio de Janeiro: Civilização Brasileira, 1978.

_____. *Formação histórica do Brasil*. 3ª ed. São Paulo: Brasiliense, 1964.

SOIHET, Rachel; BICALHO, Maria Fernanda B. e GOUVÊA, Maria de Fátima S. *Cultura Política: ensaios de história cultural, história política e ensino de história*. Rio de Janeiro: Mauad, 2005.

SOROMENHO-MARQUES, Viriato. *A Era da Cidadania*. Lisboa: Publicações Europa-América, 1996.

SOUSA, Octávio Tarquínio de. *A mentalidade da Constituinte*. Rio de Janeiro: Officinas Gráphicas Assembléia A. P. Barthel, 1931.

SOUZA, Iara Lis Carvalho. *Pátria coroada: o Brasil como corpo autônomo, 1780-1831*. São Paulo: Editora da Unesp, 1999.

SOUZA, Laura de Mello e. *Desclassificados do ouro: a pobreza mineira no século XVIII*. 3ª ed. Rio de Janeiro: Edições Graal, 1986.

_____. *O sol e a sombra: política e administração na América portuguesa do século XVIII*. São Paulo: Companhia das Letras, 2006.

_____; BICALHO, Maria Fernanda B. 1680-1720. *O Império deste mundo*. São Paulo: Companhia das Letras, 2000.

STONE, Lawrence. *El pasado y el presente*. México: Fondo de Cultura Económica, 1981.

SUBTIL, José Manuel Louzada Lopes. *O Desembargo do Paço (1750-1833)*. Lisboa: Universidade Autónoma de Lisboa, 1996.

SZMRECSÁNVI, Tamás; e LAPA, José Roberto Amaral. *História econômica da Independência e do Império*. São Paulo: Editora Hucitec / Fapesp, 1996.

TAVARES, Luiz Henrique Dias. *A Independência do Brasil na Bahia*. Rio de Janeiro: Civilização Brasileira, 1982.

TEGARRINHA, J. (org.). *História de Portugal*. Bauru/SP: Edusc; São Paulo/SP: Unesp, 2000.

TEIXEIRA, João Gabriel Lima Cruz. *A construção da cidadania*. Brasília: UnB, 1986.

THOMPSON, E. P. *A Formação da classe operária inglesa*. 3ª ed. Rio de Janeiro: Paz e Terra, 1987, 3 vol.

_____. *A peculiaridade dos Ingleses e outros artigos*. Campinas, SP: Editora da Unicamp, 2001.

_____. *Costumes em comum*: Estudo sobre a cultura popular tradicional. São Paulo: Companhia das Letras, 1998.

_____. *A miséria da teoria ou um planetário de erros*. Rio de Janeiro: Zahar, 1981.

_____. *Senhores e caçadores: A origem da lei negra*. Rio de Janeiro: Paz e Terra, 1987.

THORNTON, John K. *A África e os africanos: na formação do mundo atlântico, 1400-1800*. Rio de Janeiro: Elsevier, 2004.

TRABULSI, José Antônio D. *Ensaio sobre a mobilização política na Grécia Antiga*. Belo Horizonte: Editora da UFMG, 2004.

URICOECHEA, Fernando. *O minotauro imperial*. São Paulo: Difel, 1978.

VAINFAS, Ronaldo. *Ideologia e escravidão: os letrados e a sociedade escravista no Brasil colonial*. Petrópolis, RJ: Editora Vozes, 1986.

_____. *Os protagonistas anônimos da história: micro-história*. Rio de Janeiro: Editora Campus, 2002.

VARGUES, Isabel Nobre. *A aprendizagem da cidadania em Portugal (1820-1823)*. Coimbra: Minerva História, 1997.

VERGER, Pierre. *Fluxo e Refluxo do tráfico de escravos entre o Golfo do Benin e a Bahia de Todos os Santos dos séculos XVII a XIX*. 4ª ed. Salvador: Corrupio, 2002.

VERÓN, Eliseo. *A produção de sentido*. São Paulo: Cultrix/Editora da USP, 1981.

VIANA FILHO, Luis. *O negro na Bahia*. 2ª ed. São Paulo: Martins, 1976.

VIANNA, Oliveira. *Instituições políticas brasileiras*. Belo Horizonte: Editora Itatiaia, 1987, 2 vol.

VIANNA, Luiz W. *A revolução passiva. Iberismo e Americanismo no Brasil*. Rio de Janeiro: Revan/IUPERJ, 1997.

VIEIRA, Lizt. *Cidadania e Globalização*. Rio de Janeiro/São Paulo: Editora Record, 2002.

VIOTTI DA COSTA, Emília. *Da monarquia à República*. Momentos decisivos. 7ª ed. São Paulo: Editora da Unesp, 1999.

WEBER, Max. *Economia y Sociedad. Ezbozo de sociología compresiva*. México: Fondo de Cultura Económica, 1997, 11ª reimpressão.

WERNET, Augustin. *Sociedades políticas: 1831-1832*. São Paulo: Cultrix, 1978.

WILLIAMS, Raymond. *Cultura e Sociedade*. São Paulo: Companhia Editora Nacional, 1969.

WILLIAMS, Raymond. *Cultura*. 2ª ed. Rio de Janeiro: Paz e Terra, 2000.

WOOD, Ellen M. *A Origem do Capitalismo*. Rio de Janeiro: Zahar, 2001.

_____. *Democracia contra capitalismo. A renovação do materialismo histórico*. São Paulo: Boitempo, 2003.

ZOPPI-FONTANA, Mônica. *Cidadãos modernos. Discurso e representação política*. Campinas: Editora da Unicamp, s/d.

Notas

1. Consideramos a estimativa da população livre apresentada na Memória publicada pelo Marquês de Caravelas.
2. Os números expressos neste quadro desconsideram 94 requerimentos que foram encontrados na leitura do Diário da Assembleia Constituinte de 1823. Estes não permitem a identificação do destino inicial da petição.
3. Governo e organismos estatais centrais.
4. Câmaras, Assembleias eleitorais, magistrados...
5. Deputados.
6. Ordens militares, religiosas, confrarias.
7. Moradores, habitantes, grupos profissionais ou de interesses.
8. Sociedades patrióticas.

Esta obra foi impressa em São Paulo na primavera de 2010 pela Prol Gráfica. No texto foi utilizada a fonte Adobe Garamond Pro em corpo 10 e entrelinha de 15 pontos.